Joachim Christian Huth (Hrsg.)

Das Lindenstraße Universum

Alle Geschichten

vgs

Die Deutsche Bibliothek - CIP-Einheitsaufnahme

Das Lindenstraße-Universum / Joachim Christian Huth (Hrsg.). –
Köln: vgs
Alle Geschichten. - 1. Aufl. - 1998
ISBN 3-8025-2613-9

Fotografen: Thomas Kost, Diane Krüger, Kevin J. Benjamin, Edgar Gerhard, Dietmar Seip

1. Auflage 1998

Redaktion: Judy Bister
Umschlaggestaltung: Papen Werbeagentur, Köln
Satz: CCG, Köln
Produktion: W. Arntz, A. Rekowski
Druck: Clausen & Bosse, Leck
Printed in Germany
ISBN 3-8025-2613-9

Die „Lindenstraße“ ist längst zu einer nationalen Größe geworden. Ihre Schauspieler sind so bekannt wie der Bundeskanzler oder Beckenbauer, als Flaggschiff der ARD gehört die Serie zum deutschen Fernseh-Alltag wie die „Tagesschau“ oder der „Tatort“. Woche für Woche verfolgen rund sieben Millionen Zuschauer die Schicksale und Ereignisse in Deutschlands bekanntester Straße – und die Autoren, Produzenten und Schauspieler werden sicher dazu beitragen, daß sich an diesem Erfolg auch in den kommenden Jahren nichts ändert.

Obwohl die „Lindenstraße“ im Hier und Jetzt spielt und ihre Geschichten beständig nach vorn streben, lohnt ein Blick zurück auf die ersten 13 Jahre dieses mittlerweile fast schon zur gesellschaftlichen Institution gereiften Fernsehereignisses. Es ist das Verdienst des nunmehr vorliegenden „Lindenstraße-Universums“ erstmals in ebenso kompakter wie kompetenter, in ebenso faktenreicher wie unterhaltsamer Weise alles Wissenswerte über die Serie, ihre Protagonisten und ihre Macher zusammengetragen zu haben.

Möge der Blick zurück die Freude an neuen Geschichten aus und in der „Lindenstraße“ noch steigern!

Fritz Pleitgen

„Lindenstraße-Universum" – welch ein Titel! „Lindenstraße" ist doch so ziemlich das kleinste gesellschaftliche Knotensystem unseres Landes, und wir machen es nur einmal die Woche und dann nicht einmal ganze 30 Minuten lang. Wenn Verlag und Herausgeber trotzdem vom „Lindenstraße-Universum" reden, erfüllt mich dies mit Stolz, aber auch mit dem dringenden Bedürfnis, Mäßigung und Bescheidenheit anzumahnen. Meine Mitautoren und ich haben 13 Jahre lang nichts anderes getan, als unsere eigenen Lebensirrungen und -wirrungen und die unserer Freunde und unserer Umwelt in Geschichten zu packen und in dramatischer Form vorzuführen. Unsere kühne Hoffnung, daß wir etwas zu sagen haben, was für andere Menschen interessant und wichtig ist, wurde immer wieder durch Selbstzweifel und die Reaktion auf diese Sendung erschüttert.
Daß wir auch nach 13 Jahren immer noch im deutschen Fernsehen dabeisein dürfen und offensichtlich auch gehört und gesehen werden, ist für mich ein Glücksfall, dem auch dieses vorliegende Buch zu verdanken ist. Ich wünsche mir, daß es all denen, die ein bißchen mehr über „Lindenstraße" wissen wollen, die ein bißchen tiefer schürfen wollen, wie alles zusammenhängt und wie das Leben der „Lindensträßler" mit dem Leben in unserem Land verwoben ist, ein Diener ist. Ich wünsche mir ebenfalls, daß alle, die an „Lindenstraße" arbeiten und an ihrer Forterzählung beteiligt sind, trotz der Erhebung in den „Universalstand" auf dem Teppich bleiben.

Hans W. Geißendörfer
im Juni 1998

Herzlich Willkommen

Spieltag: 05.12.1985 • Sendetag: 08.12.1985

Folge: 1

Siegfried Kronmayr und seine Verlobte Elfie Hoffmann ziehen in der Lindenstraße 3 ein. Dabei lernen sie einige Mieter des Hauses kennen: Stefan Nossek, Egon und Else Kling, Philo und Joschi Bennarsch, sehr flüchtig auch Gabi Skabowski, Benno Zimmermann, Gottlieb Griese, Chris Barnsteg und die etwas penetrante alte Jungfer Berta Nolte. Trotz des Umzugs hat der Zollhauptsekretär Siegfried Kronmayr keinen Urlaub bekommen, um 11.00 Uhr muß er im Amt sein. Er ist besorgt, da sich im Büro seit Tagen alle etwas merkwürdig verhalten. Allein gelassen, verstaucht sich Elfie den Knöchel. Spät und total verstört kommt Sigi abends nach Hause; er erzählt Elfie, daß gegen ihn wegen Verdachts der Bestechlichkeit ermittelt wird.

Vorweihnachtliche Hausmusik bei Familie Beimer.

Das Hausmeisterehepaar Egon und Else Kling hat einige Arbeit durch den Einzug der „Neuen". Else mischt sich überall ein, und als sie dann die Haustiere der neuen Mieter – Mäuse – entdeckt, ist sie außer sich.

Bei Familie Beimer herrscht Aufregung: Sohn Klausi hat Masern und wird von Hausarzt Dr. Dressler untersucht. Klausis Schwester Marion ist gereizt, sie hat offensichtlich einen neuen Freund, von dem die Eltern nichts Genaues wissen sollen. Die vorweihnachtliche Hausmusik wird durch den Protest der Kinder ungemütlich. Sohn Benny hat keine Lust zu üben. Abends gelingt es Marion schließlich, ihren griechischen Freund Vasily zu treffen. Hans und Helga Beimer können nicht schlafen, solange Marion unterwegs ist. Als sie nach Mitternacht endlich nach Hause kommt, ist ihr Parka zerrissen, sie blutet – es sieht gefährlich aus. Auf seine erschrockenen Fragen bekommt ihr Vater jedoch keine Antwort.

Die „Lindenstraße" wurde erstmals am Sonntag, den 8. Dezember 1985, um 18:40 Uhr in der ARD ausgestrahlt. 14,8 Millionen Menschen, das waren 39% der Fernsehhaushalte, schalteten ein.

Hausarrest

Spieltag: 12.12.1985 • Sendetag: 15.12.1985

Folge: 2

Trotz des Hausarrestes ist aus Marion nichts über den nächtlichen Vorfall der letzten Woche herauszubekommen. Erst nachdem die Polizei bei Familie Beimer war, gesteht sie ihren Eltern, daß sie mit ihrem

Freund in eine Schlägerei mit türkischen Jugendlichen geraten ist – den Namen ihres Freundes nennt sie jedoch auch auf eindringlichstes Bitten hin nicht. Klausi – immer noch krank – gewinnt bei einem Malwettbewerb der Sparkasse ein Fahrrad. Mutter Beimer ärgert sich, daß sie auf Klausis Bild aussieht wie eine Tonne: Schließlich soll ein Plakat daraus gemacht werden ...

Familie Schildknecht ißt gesund.

Elfie und Siegfried haben Krach. Er ist wegen des laufenden Verfahrens gegen ihn nervös. Sie ist eifersüchtig auf seine Ex-Freundin. Sigi arbeitet nach seiner Rückversetzung nicht nur wieder mit ihr zusammen, sie bringt ihm auch die im Büro vergessenen Hausschlüssel nach Hause. Elfie will weglaufen, vergißt aber, Geld mitzunehmen. Helga Beimer findet sie schließlich weinend und mit dickem Fuß in der Waschküche.

Else Kling beschimpft Philo Bennarsch, als dieser ein Regal mit Lindenblütenhonig und Heimaterde zum Verkauf in den Hausflur stellt.

Familie Schildknecht lebt, zum Ärger von Vater Franz und Tochter Meike, sehr gesundheitsbewußt. Im Gegensatz zu ihrem Mann unterstützt Henny die Zukunftswünsche ihrer Tochter Tanja, die eine Tennis-Profikarriere anstrebt. Als eine Zeitschrift eine Reportage über Tanja machen will, droht Franz, den Reporter eigenhändig aus der Wohnung zu werfen, wenn seine Frau Henny den vereinbarten Termin nicht wieder absagt. Henny denkt nicht daran ...

Die Absage

Spieltag: 19.12.1985 • Sendetag: 22.12.1985

Folge: 3

Henny Schildknecht verabredet hinter dem Rücken ihres Mannes ein Interview zu einem Termin, an dem Franz nicht zu Hause ist. Letztlich durchkreuzt jedoch Tanja Hennys Pläne, da sie plötzlich mit einer starken Allergie auf die Gesundheitsmittel ihrer Mutter reagiert. Franz ist überglücklich: Er glaubt, Henny hätte wenigstens dieses eine Mal Einsicht gezeigt und sich seinen Wünschen gebeugt. Trotz schlechten Gewissens verschweigt Henny die Wahrheit.

Sigi belauscht ein Telefongespräch von Joschi über Heimaterde. Elfie gegenüber regt er sich dann furchtbar auf über den illegalen Handel mit Erde aus den ehemaligen deutschen Ostgebieten. Es kommt zum Streit, und Elfie, die sich mit Gabi Skabowski angefreundet hat, flüchtet in die WG. Dort lernt sie Gabis Freund, den gutmütigen, aber auch

sturen Benno kennen; außerdem Chris, eine weitere Mitbewohnerin der WG, die kurz – ziemlich betrunken – auftaucht. Bei der Versöhnung am Abend macht Sigi Elfie einen Heiratsantrag.
Wirbel bei Familie Beimer: Heute ist die Preisverleihung an Klausi. Helga ist immer noch deprimiert wegen ihres Übergewichtes. Marion trifft sich weiterhin mit ihrem Freund. Hans erwischt seine Tochter nachts auf der Straße mit Vasily. Als er allein mit ihr sprechen möchte, sagt Marion kurz und knapp: „Ich habe aber jetzt keine Zeit, Papa!"

Frohes Fest
Spieltag: 24.12.1985 • Sendetag: 29.12.1985

Folge: 4

In der Wohngemeinschaft bleiben Gung und Chris allein zurück. Die anderen WG-Bewohner – Wolf, Gabi, Benno und Phil Seegers – verreisen über Weihnachten. Chris betrinkt sich mal wieder.
Die Schildknechts streiten sich über die Aufstellung und Art ihres Weihnachtsbaumes, was dazu führt, daß sie zunächst zwei Bäume im Wohnzimmer stehen haben und dann keinen.
Hans und Helga Beimer können nicht verhindern, daß ihre Tochter Marion mit Vasily über Weihnachten nach Griechenland fährt. Hans, der beim Jugendamt arbeitet, bringt von dort zwei Kinder mit nach Hause, deren Eltern am Vorabend des Heiligen Abends tödlich verunglückt sind. Heiligabend haben die Beimers noch weitere Gäste: Gung, der Vietnamese aus der WG, und die Damen Lydia und Berta Nolte aus dem zweiten Stock. Spätabends findet Helga Beimer im Bad einen Brief, in dem Marion ihr mitteilt, daß sie in der Eile Helgas Antibabypillen mit nach Griechenland genommen hat. Sie hofft, sie werden ihr gut bekommen.

Beimers wohnen im 1. Stock links, Schildknechts im 3. Stock auf derselben Seite.

Unabsehbare Wendungen
Spieltag: 31.12.1985 • Sendetag: 05.01.1986

Folge: 5

Der Präsident des Tennisclubs und Stefan Nossek, Tanjas neuer Trainer, sind zu Silvester bei Schildknechts zum Essen eingeladen. Zu Franz Schildknechts Ärger übertreiben Henny und Tanja gewaltig bei den Vorbereitungen. Die Gäste, die für halb acht geladen waren, kommen erst nach neun und sind zudem betrunken. Franz rettet die Situation und versöhnt sich auch mit Tanja.
Versöhnung und Entwarnung auch bei Kronmayrs. Elfie hat der Ex-Freundin von Sigi das Geständnis abgerungen, daß sie gegen Siegfried intrigiert hat und für die Bestechungsanschuldigungen gegen ihn ver-

antwortlich ist. Elfie überredet Sigi, zur geplanten Hochzeit alle Hausbewohner einzuladen, da beide, abgesehen von Elfies Vater, keine Verwandten haben.
In der Wohngemeinschaft sind Chris und Gung immer noch allein. Gung versucht, Chris mit asiatischer Philosophie auf andere Gedanken zu bringen, woraufhin die betrunkene Chris heulend aus dem Zimmer läuft.
Beimers machen sich Sorgen – zum einen um die Pflegekinder, die nun ins Heim müssen, zum anderen um Marion, von der sie noch nichts aus Griechenland gehört haben.
Else Kling wird nach Mitternacht vom Telefon geweckt. Joschi ruft aus der DDR an. Sofort überbringt Else Philo die Nachricht, daß Joschi dort wegen Spionageverdachts verhaftet worden ist.

Auch in Folge 430 nimmt Helga wieder zwei Pflegekinder auf: Ivo und Milena.

Die Heimkehrer

Spieltag: 09.01.1986 • Sendetag: 12.01.1986

Folge: 6

Joschi kommt stark erkältet aus der DDR zurück. Er erzählt, daß man ihn tatsächlich wegen Verdachts der Bodenprobenentnahme und heimlicher Schürfungen vernommen hat.
Frank Dressler, der Sohn von Ludwig, und Carsten Flöter, der Sohn von Dresslers Sprechstundenhilfe und Freundin Elisabeth, kehren von einem gemeinsamen halbjährigen Amerikaaufenthalt zurück. Zwischen den jungen Männern besteht eine unterschwellige Konkurrenz. Beide wollen Medizin studieren, haben aber noch keinen Studienplatz. Nachmittags trifft Gottlieb Griese auf den betrunkenen Frank und liefert ihn bei seinem Vater ab. Bei einer Untersuchung muß dieser eine Herzschwäche bei seinem Sohn feststellen. Am Abend kocht Carsten für seine Mutter Elisabeth und warnt sie vor ihrem Freund Ludwig Dressler, der sie seiner Meinung nach nur ausnutzt, aber nie heiraten wird.
Marion kommt aus Griechenland zurück. Trotz des festen Vorsatzes, sie nicht überschwenglich zu begrüßen, um die Reise nicht noch nachträglich gutzuheißen, kann Hans seine Freude nicht verbergen. Marion reagiert jedoch einsilbig und weigert sich, etwas zu erzählen. Nach einem Streich von ihrem Bruder Benny und einem Streit mit den Eltern droht Marion auszuziehen und schließt sich dann auf dem Klo ein. Morgens um 4.00 Uhr kann Hans nicht mehr schlafen. Er beschließt, Vasily bei nächster Gelegenheit über die Vorfälle in Griechenland zu befragen.

Ein Unglück kommt selten allein

Spieltag: 16.01.1986 • Sendetag: 19.01.1986

Folge: 7

Henny Schildknecht geht mit ihrer Tochter Meike wegen deren Appetitlosigkeit zu Dr. Dressler. Der aber kann nichts finden. Unter vier Augen beichtet ihm Meike dann, daß sie das Essen ihrer Mutter nicht mag und nur durch heimliches Schokoladeessen überlebt.

Elisabeth Flöter muß Carsten trösten, der vorerst keinen Studienplatz bekommt, da er beim Eignungstest zu schlecht abgeschnitten hat.

Else Kling hat durch die Dummheit der Sekretärin des Hausverwalters Weinreb erfahren, daß mehreren Mietern über Jahre hinweg zuviel Heizungsgeld berechnet wurde. Herr Weinreb schenkt Else daraufhin einen prachtvollen Schreibtisch, der sie zum Schweigen gegenüber den Nachbarn bringen soll. Egon mag solche krummen Touren gar nicht, muß sich aber von Else darauf hinweisen lassen, daß er seinen Job als Hausmeister schließlich auch nur einer Lüge verdankt. Er hatte bei seiner Anstellung 1965 behauptet, Elektriker zu sein.

Siegfried Kronmayr beobachtet, wie Joschi Bennarsch für fast DM 400 Erde an einen Kunden verkauft. Gegen Elfies Willen beschließt er, Joschi wegen Betrugs anzuzeigen.

Nach Tagen gelingt es Hans Beimer endlich, mit Vasily zu reden, und er erfährt, daß Marion und ihr Freund sich schon auf der Fahrt nach Griechenland verkracht hatten. Marion hat Weihnachten und Neujahr allein in der Jugendherberge von Saloniki verbracht. Nachmittags überrascht Hans seine Frau und die Kinder mit der Nachricht, daß er mit Helga für drei Tage zum Skilaufen fährt. Kurz nach ihrer Abreise stehen sie jedoch am selben Abend wieder vor der Tür. Hans hat noch innerhalb Münchens einen Unfall gebaut, das Auto hat einen Totalschaden. Alle sind gereizt. Als Marion dann noch von Hans erfährt, daß Vasily gesagt hat, es sei aus zwischen ihm und ihr, flippt sie aus und verbittet sich jede weitere Einmischung in ihre Angelegenheiten. Hans faßt daraufhin den Entschluß, jetzt andere Saiten aufzuziehen.

Bargeld

Spieltag: 23.01.1986 • Sendetag: 26.01.1986

Folge: 8

Eigentlich will Dr. Dressler Elisabeth mit einem Heiratsantrag und einer Ferienwohnung als Hochzeitsgeschenk überraschen. Doch die daraus entstehenden Heimlichkeiten werden von Elisabeth beobachtet und mißverstanden. Sie denkt, daß Dressler mit Hilfe seines Freundes und Kollegen Tenge-Wegemann Frank einen Studienplatz besorgt, während ihr Sohn Carsten demnächst seinen Zivildienst antreten muß. Heimlich schnüffelt sie herum, findet „Beweise“ und beobachtet

Dr. Dressler wohnt nicht im Mietshaus Lindenstraße 3, sondern im ersten Stock seiner Villa in der Lindenstraße 7 über der Praxis.

die Geldübergabe. Dresslers Enttäuschung ist groß, als sie ihn mit ihrer Anklage überrascht. Das Vertrauen zwischen den beiden ist tief verletzt.
Geldsorgen machen Vater Beimer nervös. Zwar ist ein neues Auto bestellt, Hans weiß aber nicht, wie er es finanzieren soll. Seine schlechte Laune läßt er an den Kindern aus. Marion leidet sehr unter Vasilys Verhalten, der – wie sie bestürzt erfährt – eine neue Freundin hat, die im Gegensatz zu ihr auch mit ihm schläft. Schließlich kommt es zu einer Aussprache zwischen Marion und Hans. Glücklicherweise entdeckt Hans bei der Überprüfung der Heizkostenabrechnung, daß er über Jahre hinweg zuviel gezahlt hat und ihm noch fast DM 7.000 zustehen.
Gabi Skabowski hat einen Umschulungsantrag in ihrer Firma gestellt, der jedoch abgelehnt wurde. Alle Hausbewohner bekommen eine Einladung zur Hochzeit von Elfie und Sigi. Joschi Bennarsch findet außerdem eine Anzeige wegen Betrugs in seinem Briefkasten. Er ist erschüttert.
Abends treffen sich Berta Nolte und Elisabeth Flöter am Aufzug. Berta will wissen, ob Frau Flöter zur Hochzeit dieser fremden Leute geht. Aber Elisabeth hat im Augenblick andere Sorgen ...

Die Hochzeit

Spieltag: 30.01.1986 • Sendetag: 02.02.1986

Folge: 9

Elfie und Siegfried heiraten. Fast alle Bewohner des Hauses Lindenstraße 3 erscheinen zur Feier im griechischen Restaurant Akropolis, das von Vasilys Eltern Elena und Panaiotis Sarikakis geführt wird. Marion, die noch immer in Vasily verliebt ist, hilft ihm, die Hochzeitstafel nach deutschen Traditionen zu dekorieren. Dabei malt sie sich ihre eigene Hochzeit aus. Das wertvollste Hochzeitsgeschenk für Sigi und Elfie, eine alte Bibel, kommt ausgerechnet von Joschi Bennarsch. Der ahnt nicht, daß es Sigi war, der ihn angezeigt hat.
Elisabeth Flöter versucht vergeblich, sich mit Ludwig Dressler zu versöhnen. Dressler ist ihr gegenüber wie ausgewechselt: kalt und zynisch, sein Ton äußerst geschäftlich. Elisabeth leidet sehr unter seinem Verhalten. Zu allem Überfluß fliegt ihre Tochter Beate aus dem Inter-

Sigi und Elfie Kronmayr schließen den Bund fürs Leben.

nat und sitzt zu Elisabeths Entsetzen plötzlich daheim im Sessel. Unter hämischen Bemerkungen von Philo wird Elses Schreibtisch wieder hinausgetragen. Hans Beimer war wegen der Heizkostenabrechnung bei Weinreb, der nun vermutet, Else hätte geredet.
Als sich Chris Barnsteg, die mit ihrem Freund Wolf Drewitz für den musikalischen Rahmen der Hochzeit sorgt, übergeben muß, diagnostiziert Elena Sarikakis mit Kennerblick, daß Chris schwanger ist.

Gin und die Folgen

Spieltag: 06.02.1986 • Sendetag: 09.02.1986

Folge: 10

Berta Nolte wird nach 37jähriger Betriebszugehörigkeit im Wäschegeschäft als Abteilungsleiterin entlassen und in den Versand versetzt, woraufhin sie beschließt, ganz zu kündigen. Ihre Mutter Lydia, mit der sie zusammenlebt, erfährt davon zunächst allerdings nichts.
Dressler verhält sich Elisabeth gegenüber nach wie vor abweisend. Weinend klagt sie im Friseursalon der Chefin Isolde Panowak ihr Leid. Isolde bietet ihr an, Elisabeths Tochter Beate als Hilfskraft im Friseursalon einzustellen. Beide sind glücklich über diese Lösung, Elisabeth weiß ihre aufmüpfige Tochter tagsüber beschäftigt, und Isolde hat eine billige Arbeitskraft. Später packt Isolde die Koffer für ihren Gatten Hubert, der wieder einmal für mehrere Monate beruflich ins Ausland muß.
Dressler stellt fest, daß Chris tatsächlich schwanger ist, und rät ihr – wegen ihres Alkoholproblems – zu einer Abtreibung. Auch Wolf ist gegen das Kind, er interessiert sich mehr für seine Musik. Chris bleibt mit ihren Problemen allein. Gegen den Rat aller beschließt sie schließlich, ihr Baby auszutragen. Um den guten Vorsatz zu bekräftigen, schüttet sie ihren Gin-Vorrat in den Müllcontainer.

Schon im ersten Jahr „Lindenstraße" wurden einige Nachbarn arbeitslos: Berta, Elisabeth, Benno und Nossek.

Die Drift

Spieltag: 13.02.1986 • Sendetag: 16.02.1986

Folge: 11

Berta Nolte verheimlicht ihrer Mutter weiterhin, daß sie arbeitslos ist. Tagsüber bummelt sie herum, vertreibt sich die Zeit in der Volkshochschule und begegnet dort in einem Segelkurs ihrem Nachbarn Gottlieb Griese. Die beiden finden Gefallen aneinander. Später, im Treppenhaus, werden sie aber bei der ersten Andeutung von Zärtlichkeit von Henny Schildknecht, Gottliebs Tochter, beobachtet.
Chris Barnsteg versucht unterdessen wegen ihrer Schwangerschaft ei-

nen Alkoholentzug ohne ärztliche Hilfe. Doch schließlich muß Dr. Dressler kommen, weil ihre Entzugserscheinungen doch viel zu qualvoll sind.
Franz und Meike Schildknecht gehen Henny aus dem Weg, die wegen Tanjas Teilnahme am Endspiel der Bezirksjugendmeisterschaften nervös ist. Schließlich kommt Nossek mit einer Flasche Champagner und der frohen Botschaft von Tanjas Sieg zu Henny. Ein Bruderschaftskuß wird zu einem richtigen, was zufällig von Franz beobachtet wird. Hennys Versöhnungsversuche bleiben erfolglos, und sie hat keine Gelegenheit, ihrem Mann eine zweite, freudige Nachricht mitzuteilen: Auf einem Grundstück im Fränkischen, das ihr und ihrem Vater Gottlieb gehört, wurde bei Testbohrungen eine Quelle mit hochwertigem Mineralwasser gefunden. Abends im Bett berichtet Henny Franz von Berta und ihrem Vater. Sie fürchtet um die Gewinne, die die Quelle möglicherweise erbringen könnte.

Die Überschwemmung

Spieltag: 20.02.1986 • Sendetag: 23.02.1986

Folge: 12

Lydia Nolte hat beim Friseur von Else Kling einige Unverschämtheiten über die beginnende Liebesbeziehung ihrer Tochter mit anhören müssen. Es gelingt Berta und Gottlieb nach Bewältigung diverser Hindernisse, gemeinsam essen zu gehen. Sie verleben einen herrlichen Abend, und es stellt sich heraus, daß Berta gar nicht so altjüngferlich ist, wie alle denken. Griese schenkt ihr das Modell einer Segelyacht und gibt mit seinen griechischen Sprachkenntnissen an. Im Hause Schildknecht dagegen ist die Stimmung auf dem Nullpunkt, Franz hat Hennys Flirt mit Tanjas Trainer noch nicht vergessen.

Kronmayrs wohnen im Dachgeschoß rechts, unter ihnen, im 3. Stock, leben Lydia und Berta.

Elfie trifft sich mit Gabi und erzählt ihr strahlend, daß sie schwanger ist. Siegfried will zwar keine Kinder, aber sie glaubt ihn vom Gegenteil überzeugen zu können. Beim Rausgehen hat Elfie vergessen, das Badewasser abzustellen. Durch Lydia Nolte erfährt Sigi, daß die Wohnung unter ihm völlig unter Wasser steht. Leider nimmt er Lydia nicht für voll und bemerkt den Ernst der Lage erst viel später. Wie von der Tarantel gestochen, eilt Sigi zu Elfie ins Akropolis und zerrt sie aus der Sirtaki tanzenden Gesellschaft. Doch das will sie sich nicht gefallen lassen, und sie beißt ihm in die Hand. Wütend schreit sie ihm ins Gesicht, daß man eine schwangere Frau so nicht behandelt.

Ohne Liebe geht es nicht

Spieltag: 27.02.1986 • Sendetag: 02.03.1986

Folge: 13

Dr. Dressler stellt bei Elfie Kronmayr eine Scheinschwangerschaft fest und erklärt Sigi, daß nur er Elfie jetzt helfen kann. Siegfried aber verbittet sich jede Einmischung in sein Privatleben. Dennoch versucht er später erfolgreich, sich mit Elfie zu versöhnen.
Wolf Drewitz hat unterdessen das Angebot bekommen, auf einer Kreuzfahrt als Saxophonist mitzufahren. Zum Leidwesen von Chris fährt er auch gleich los.
Beate Flöter fragt Isolde nach einem Lehrvertrag. Diese will es sich überlegen, hat im Moment jedoch andere Sorgen. Als sie ihren Mann Hubert in Nairobi anruft – er arbeitet dort als Tonmeister –, meldet er sich schließlich aus dem Zimmer seiner Kollegin Helga. Er leugnet nicht, eine Affäre mit ihr zu haben. Abends findet Beate Isolde allein und weinend im Salon.
Schock für Familie Beimer! Helga entdeckt einen stinkenden toten Fisch in ihrem Briefkasten. Zudem sind alle vier Reifen des neuen Autos zerstochen. Hans und Helga vermuten, daß irgendein „Kunde" von Hans sich an ihm rächen will. Es gibt jedoch keine konkreten Anhaltspunkte. Beim Abendessen fliegt dann ein Stein mit einer Nachricht durchs Fenster: „Das ist erst der Anfang!"

Die Söhne

Spieltag: 06.03.1986 • Sendetag: 09.03.1986

Folge: 14

Der Terror im Hause Beimer hält an, diesmal ist das Auto bunt angesprüht. Ein gewisser Herr Proobst, den Hans wegen Kindesmißhandlung ins Gefängnis gebracht hatte und der nun flüchtig ist, gerät unter Verdacht. Zu allem Unglück ist auch noch Klausi verschwunden. Obwohl Marion ihn bis zur Tür der Schule gebracht hat, ist er in seiner Klasse nicht angekommen. Die Sorge ist groß. Schließlich bringt ein türkischer Müllmann ihn nach Hause. Klausi wollte seinen abgeliebten Teddybären wiederhaben, den Helga gegen seinen Willen in den Müll geschmissen hatte, und war dem Müllauto quer durch die Stadt gefolgt. Stolz zeigt er Benny den geretteten Freund.
Dresslers Sohn Frank erklärt seinem Vater, daß er nicht länger Medizin studieren will, weil er kein Blut sehen kann. Ludwig reagiert wütend und uneinsichtig. Er will unbedingt, daß sein Sohn auch Mediziner wird. Seine Wut läßt er an Elisabeth aus und besäuft sich dann.
Stefan und Henny scheinen sorglos und unternehmen immer häufiger etwas zusammen, während Franz seinen Kummer darüber in sich hineinfrißt. Auch Chris fühlt sich einsam, seit Wolf weg ist. Es kommt zu

Klausi ist zwar der erste, aber nicht der einzige Ausreißer in der Familie Beimer: In Folge 39 verschwindet Benny nach Portugal.

einem Streit zwischen ihr und ihrem WG-Mitbewohner Phil Seegers, in dessen Verlauf er sie rücksichtslos aufs Bett schmeißt. Dann verläßt er das Haus. Die allein gelassene Chris krümmt sich vor Schmerzen und ruft Dressler an, aber der liegt betrunken auf seiner Behandlungsliege und nimmt nicht ab. Als sie später im Flur erneut stürzt, ist sie zu schwach, sich zum Telefon zurückzuschleppen. Ihre Hilferufe hallen durchs Treppenhaus.

INA

Spieltag: 13.03.1986 • Sendetag: 16.03.1986

Folge: 15

Gabi und Benno kommen vom Skiurlaub zurück und finden die Wohnung verwahrlost vor. Währenddessen identifiziert der Zivildienstleistende Carsten Flöter im Krankenhaus die Patientin INA – Identitätsnachweis Nicht Auffindbar – als Chris Barnsteg und verständigt Gabi telefonisch. Die fährt sofort ins Krankenhaus und erfährt vom zuständigen Oberarzt, daß Chris eine Fehlgeburt hatte und er die Polizei und den Sozialdienst verständigen mußte. Benno und Gabi sind ratlos. Das mindeste, was sie befürchten müssen, ist Ärger wegen unerlaubter Untervermietung und Verletzung der Meldepflicht. Als die Polizei bei ihnen klingelt, öffnen sie nicht.

Griese und Berta duzen sich mittlerweile. Dennoch weiß er – ebenso wie Lydia – nichts von ihrer Arbeitslosigkeit. Als ihre Mutter ihr am Abend erzählt, sie habe zweimal versucht, Berta im Geschäft zu erreichen, es sei aber immer besetzt gewesen, erschrickt Berta. Unter einem Vorwand verbietet sie ihrer Mutter, im Geschäft anzurufen.

Hans Beimer erfährt, daß sein „Feind“ Proobst wieder geschnappt worden ist. Gleichzeitig bekommt er das verlockende Angebot, mit der ganzen Familie nach Lissabon zu ziehen und ein Internat zu übernehmen, das eine große deutsche Firma dort für die Kinder ihrer Mitarbeiter errichten will. Er bespricht sich mit seiner Familie, und es sieht ganz so aus, als würde er das Angebot annehmen. Benny ist begeistert, ganz im Gegensatz zu seiner Schwester Marion. Sie weigert sich strikt mitzugehen.

Lissabon

Spieltag: 20.03.1986 • Sendetag: 23.03.1986

Folge: 16

Hans Beimer will tatsächlich nach Portugal gehen. Helga und die Kinder – mit Ausnahme von Marion – haben sich dem Willen des Vaters angeschlossen, und die ersten Vorbereitungen laufen. Abends

wollen Helga und ihr Mann zu einer Party von Hans' neuem Arbeitgeber gehen. Phil Seegers klingelt und bietet an, diverse Haushaltsartikel günstig per Bestellzettel zu ordern. Zwischen Tür und Angel gibt die gestreßte Helga zehnmal Toilettenpapier in Auftrag. Als die Beimers dann endlich in ihr immer noch bunt besprühtes Auto steigen wollen, bemerkt Hans ein verwahrlostes Mädchen, das offensichtlich mit ihm sprechen will. Er bittet die wütende Helga, allein auf die Party zu gehen, da er sich um dieses Mädchen kümmern müsse.
Chris geht es besser. Wolf, der von seinem Job als Bordmusiker zurückgekehrt ist, besucht sie und entschuldigt sich, daß er nicht da war, als seine Freundin ihn brauchte.
Elisabeth hat Probleme mit Beate, die Liebeskummer hat. Langsam kommt es zu einer Annäherung zwischen Mutter und Tochter. Dr. Dressler hingegen bricht endgültig mit Elisabeth. Er glaubt, sie würde ihm weiter hinterherschnüffeln. Elisabeth kündigt ihm an, daß die Praxis ohne sie den Bach runtergehen würde. Am Abend findet Carsten Flöter seine Mutter ohnmächtig auf dem Teppich. Er ruft Dressler an und bittet ihn, zu kommen. Doch Dressler lehnt ab. Er falle auf Elisabeths Tricks nicht mehr herein – außerdem kündigt er Elisabeth fristlos!

Die Anzeige

Spieltag: 27.03.1986 • Sendetag: 30.03.1986

Folge: 17

Elisabeth Flöter wird von Carsten gepflegt. Sie liegt im Bett und erholt sich von dem Schock, daß Dressler ihr nicht helfen wollte. Als sie dann auch noch von ihren Kindern erfährt, daß Ludwig ihr wegen Vertrauensmißbrauch fristlos gekündigt hat, zeigt sie ihn wütend wegen unterlassener Hilfeleistung an. Noch am selben Tag bekommt Dressler Besuch von einem Kripobeamten, doch der Arzt kehrt den Spieß um. Er diagnostiziert bei dem Beamten einen erheblichen Leberschaden, um zu demonstrieren, daß er durchaus Hilfe leistet. Der erschreckte Beamte vergißt darüber seine eigentliche Aufgabe.
Chris darf nach Hause. Leider kümmert sich Wolf nicht um sie. Familie Beimer geht nun doch nicht nach Portugal. Die

Mit so viel Klopapier hat Helga nicht gerechnet ... (Der Lieferant ist Antonio Paradiso, der später als Fausto Rossini im Casarotti arbeitet!)

Begebenheit mit dem Mädchen Heidi, das sich ohne Hans' Hilfe wahrscheinlich umgebracht hätte, hat diesem gezeigt, wie sinnvoll seine Arbeit beim Jugendamt ist. Marion hat erfahren, daß Elena seit zwei Tagen im Krankenhaus liegt, und geht zu Vasily, um ihm ihre Hilfe anzubieten. Die beiden versöhnen sich. Marions Bruder Benny hat sich über Ostern eine Videokamera geliehen. Heimlich macht er Aufnahmen von Nachbarn, wobei er von seinen Eltern ertappt wird. Hans muß feststellen, daß sein Ältester sich bereits intensiv mit Mädchen beschäftigt. Als er ein langes Vater-Sohn-Gespräch ankündigt, kann Benny nur grinsen. Überdies wird Helgas bestelltes Klopapier geliefert. Der Schock ist groß, als sie feststellen muß, daß sie zehn Industriepaletten geordert hat, die jetzt den gesamten Eingangsbereich verstellen. Sie beschwert sich bei Phil, der jede Schuld bestreitet und auf den von Helga unterschriebenen Kaufvertrag verweist. Hans ist wütend.

Das Medium Videofilm liegt Benny auch weiterhin am Herzen: siehe Folgen 93, 205 und 253.

Am Weiher

Spieltag: 03.04.1986 • Sendetag: 06.04.1986

Folge: 18

Lydia Nolte ist auf ein Glas „Versöhnungswein" bei Sigi Kronmayr eingeladen, der sich für die Überschwemmung entschuldigen will. Lydia erzählt all die Schandberichte, die sie von Else Kling über die junge Frau Kronmayr gehört hat. Daraufhin stellt Siegfried nicht etwa Else, sondern seine Frau zur Rede.

In der WG streiten sich Gabi und Elfie heftig, wessen Mann denn nun der Schlimmere sei. Die total betrunkene Chris macht die beiden Frauen an, sie sollen sich nicht so spießig streiten. Danach will sie „zum Weiher" gehen, schläft aber im Treppenhaus ein.

Ein Krankenhaus kauft den Klopapiervorrat der Beimers. Marion vermittelt Philo Bennarsch als Köchin an die Sarikakis-Familie und hilft selbst im Lokal als Bedienung mit. Hans ist davon nicht begeistert, er befürchtet eine Wiederholung der „griechischen Tragödie". Als Marion abends nach Hause kommt, erwischt sie ihren Bruder Benny, wie er die betrunkene Chris filmt, die auf der Treppe in einer leicht anzüglichen Position eingeschlafen ist. Es kommt zu einem erneuten Gespräch zwischen Benny und seinen Eltern.

Berta Nolte nutzt die Abwesenheit ihrer Mutter zu einem heimlichen Treffen mit Gottlieb, wobei ein bißchen zuviel Likör fließt. Als sie relativ spät nach Hause kommt, wird sie von ihrer Mutter mit strengen Worten begrüßt. Aber Berta ist viel zu beschwipst, um Rede und Antwort zu stehen. Um ein Haar verrät sie, daß sie arbeitslos ist. Lydia wartet vergeblich auf eine Entschuldigung. Das einzige, was Berta zu sagen hat, ist, sie könne ja ausziehen, wenn ihrer Mutter ihre neue Art zu leben nicht paßt.

Geheimnisse

Spieltag: 10.04.1986 • Sendetag: 13.04.1986

Folge: 19

Auf dem Weg zu Berta Nolte trifft Dr. Dressler Elisabeth im Hausflur. Beide verhalten sich äußerst kindisch und siezen sich. Im Hause Nolte kommt es zu einem Machtkampf zwischen Mutter und Tochter. Berta besteht darauf, daß Lydia während der Untersuchung das Zimmer verläßt, was Lydia nicht einsieht. Es dauert lange, bis Dr. Dressler mit der Untersuchung beginnen kann. Berta hat eine Lungenentzündung. Nun muß sie dem überraschten Dressler beichten, daß sie seit neun Wochen arbeitslos ist, dies aber verheimlicht hat. Als Gottlieb Griese sie nachmittags besucht, lüftet er versehentlich Bertas Geheimnis. Lydia beschließt, daß Berta ab sofort Klavierunterricht geben soll.

Franz Schildknecht kann unterdessen nicht verhindern, daß seine Frau einen Heimtrainer für Tanja im Wohnungsflur einbauen läßt.

Hans Beimer versucht sich – zum Ärger seiner Frau – seit einer Woche als Psychologe bei Chris Barnsteg, die einen „klassischen" Werdegang hinter sich hat. Später geht sein Sohn Benny zu Chris in die WG, er will sie unbedingt etwas fragen. Als es dann soweit ist, verläßt ihn der Mut. Als Helga ihn schließlich dort sucht, läßt Gabi sie nicht in Chris' Zimmer, sie soll warten. Helga hat einen furchtbaren Verdacht ...

Fabio Sarno alias Francesco tritt als Handwerker bei Familie Schildknecht auf.

Verwirrung der Gefühle

Spieltag: 17.04.1986 • Sendetag: 20.04.1986

Folge: 20

Gabi will ihre Aufstellung zur Betriebsratskandidatin mit einem Essen feiern, doch außer Phil ist noch niemand da. Gabi übergeht seine Komplimente und das Geständnis, daß er sie sehr mag. Als die anderen dazukommen, kommt es zu einer Auseinandersetzung zwischen dem überheblichen Phil und Chris, die in Aussicht auf einen Job im Behindertenheim eine „Wasserkur" macht. Auch Gung hat Probleme: Beate, die er nicht besonders mag, ist sehr in ihn verliebt. Währenddessen sitzt Benno mit Franz Schildknecht beim Griechen. Gegenseitig klagen sie sich ihr Leid. Benno paßt Gabis Art von Karriere überhaupt nicht, und Franz ist eifersüchtig auf Nossek.

Beim Heimkommen fällt Franz über Tanjas Ruderanlage und verletzt sich am Fuß. Er ist ohnehin schon wütend, weil Meike barfuß beim Griechen auftauchte. Sie konnte nicht schlafen, weil sie Hunger hatte und Tanja bis spät in den Abend am Gerät trainiert hat. Nun will er endlich klare Verhältnisse in der Familie schaffen.

Marion und Benny sind zu Beates Namenstagsparty eingeladen. Helga und Hans machen sich Sorgen um den plötzlich stark an Mädchen in-

teressierten Benny. Auch die Sache mit Chris Barnsteg bleibt ungeklärt. Benny behauptet zwar, daß sie ihm lediglich Tanzschritte gezeigt hätte, aber Helga hat da ihre Zweifel. Auf der Party bemüht sich Elisabeth vergeblich, ihren Sohn Carsten mit einem Mädchen zu verkuppeln. Sie beendet die Party abrupt, als sich Gung und Beate näherkommen. Gung will jedoch nichts von Beate, was er ihr auch sagt. Es kommt zu einer Szene zwischen Mutter und Tochter.
Nachts kann Gabi nicht schlafen; in der Küche trifft sie auf Phil, der dort alleine ein Bier trinkt. Ihre Frage, ob er es ernst gemeint hat, daß er sie gut leiden mag, bejaht er.

Der Vater

Spieltag: 24.04.1986 • Sendetag: 27.04.1986

Folge: 21

In der Beziehung von Gabi und Benno kriselt es gewaltig. Benno möchte, daß Gabi ein Haus besichtigt, das sehr billig zu kaufen wäre. Aber Gabi hat weder Interesse an dem Haus noch an Benno. Sobald er die Wohnung verlassen hat, will sie Phil verführen und versucht mit allen Tricks, ihn aufzuwecken. Als sie es endlich schafft, ist er so verschlafen, daß er gar nicht versteht, was Gabi von ihm will. Zum Glück – kurz darauf kommen alle Mitbewohner nach Hause.
Beate kommt viel zu spät und übernächtigt in den Friseursalon. Else Kling weiß sofort zu berichten, daß Beate in der Nacht mit einem Mann im Auto weggefahren ist. Tatsächlich hatte Dr. Dressler sie zu ihrem Vater in die Klinik gefahren. Der war auf dem Weg zu ihr mit dem Auto kurz vor München schwer verunglückt und ist noch in der Nacht im Krankenhaus gestorben. Elisabeth, die ihrer Tochter eigentlich verboten hatte, den Vater zu sehen, erzählt ihr nachmittags doch von ihm. Sie hat ihn einmal sehr geliebt ...
Else Kling erklärt Joschi Bennarsch in ihrer bekannt freundlichen Art, daß sie in seinem Prozeß wegen unerlaubten Handels als Zeugin geladen sei. Sie werde nachweisen, daß Joschi ein Betrüger sei. Glücklich kommt Benno dazu und küßt Else übermütig. Er hat ein Haus gekauft. Gabi wird Augen machen!
Eifersuchtsdrama bei Beimers: Helga hat einen Lippenstiftfleck auf Hans' Hemd entdeckt. Alles stellt sich jedoch als harmlos heraus. Chris bedankte sich mit einer Umarmung bei Hans, weil der sich um einen Job für sie bemüht hatte – auch wenn daraus letztlich nichts geworden war. Helga entschuldigt sich. Als sie später jedoch auf Hans' Wange erneut Lippenstift entdeckt, geht der Streit von vorne los. Dieser wird von Benny gefilmt. Als er seinen Eltern das Video zeigt, sind sie geschockt über ihr Streitverhalten und vertragen sich wieder.

In Folge 74 kauft Hans Beimer ähnlich kurz entschlossen ein Haus wie Benno. Und auch er hätte vorher besser seine Frau gefragt ...

Nibelungentreue

Spieltag: 01.05.1986 • Sendetag: 04.05.1986

Folge: 22

Gabi ist außer sich vor Wut über Bennos Hauskauf, zumal er auch von ihrem Konto Geld genommen hat. Als sich der Streit zwischen ihnen auf ihr Sexproblem ausweitet, geht Benno. Er zieht es vor, in seinem neuen Haus zu übernachten. Phil macht Gabi erneut Komplimente, und schließlich landen sie in Phils Bett. Benno, dem alles leid tut, kommt spät am Abend zurück und ertappt die beiden um ein Haar. Der ahnungslose Benno erzählt Phil von seiner ungebrochenen Liebe zu Gabi. Die ist derweil mit Wolf im Akropolis und wartet auf Phil, in den sie sich verliebt hat. Als er endlich kommt, versichert ihm Gabi, daß sie Benno verlassen wird. Phil windet sich, bis Wolf eingreift und Gabi klarmacht, daß die Sache für Phil offensichtlich etwas anderes bedeutet als für sie.
Nachdem Else vergeblich versucht hat, Gottlieb als weiteren Zeugen gegen Bennarsch zu gewinnen, kann dieser kurz darauf die genesene Berta in seinem Kiosk begrüßen. Sie spielt zu seiner Überraschung Lotto und gesteht ihm außerdem, daß sie sich entschlossen hat, mit ihm auf seine lange Segelreise zu gehen.
Joschi Bennarsch bereitet sich auf seinen bevorstehenden Prozeß vor. Philo richtet ihm den schwarzen Anzug, während Joschi seinen Nachlaß ordnet, für den Fall, daß er doch ins Gefängnis muß. Abends im Bett weint Philo und nimmt alle Schuld auf sich. Er habe nichts verbrochen, sie sei schuldig. Erstaunt fragt Joschi: „Du?“

Heimaterde

Spieltag: 08.05.1986 • Sendetag: 11.05.1986

Folge: 23

Philo Bennarsch hat vor Gericht gestanden, in einem Fall die Heimaterde mit Dreck gestreckt zu haben. Joschi macht ihr deswegen große Vorwürfe. Am Vormittag sucht Joschi dann Sigi auf, um wenigstens die kostbare Bibel, die er Kronmayrs zur Hochzeit geschenkt hat, zurückzuholen. Die hat Sigi jedoch bereits für DM 4.800 verkauft. Es kommt zum Streit, und Sigi verläßt die Wohnung. Elfie gegenüber bekennt Joschi, daß er Sigi eigentlich nur habe verzeihen wollen. Dennoch freut er sich, daß Sigi sich hat übers Ohr hauen lassen, schließlich war die Bibel DM 50.000 bis 60.000 wert. Während seine Versöhnungsversuche auch bei Else fehlschlagen, gelingt zumindest die Aussöhnung mit seiner Frau Philo.
Die Wohngemeinschaft kommt nicht zur Ruhe: Gung hat Schwierigkeiten mit Beate, und Gabi glaubt immer noch an eine Zukunft mit Phil. Benno hat sie nichts von ihrer Affäre gebeichtet, aber ihre Betten

Auch in den Folgen 586 und 633 ohrfeigen sich Phil und Gabi.

stehen schon getrennt. Phil schläft mit Gabi, während in seinem Zimmer eine Blondine auf ihn wartet. Als Gabi nach dem Sex etwas zu essen machen will, kommt das junge, attraktive und fast nackte Mädchen aus Phils Zimmer. In ihrer Wut und Enttäuschung gibt Gabi Phil eine schallende Ohrfeige.

Verlassene Seelen

Spieltag: 15.05.1986 • Sendetag: 18.05.1986

Folge: 24

Elisabeth Flöters Probleme werden immer verzwickter. Heute geht sie zu Ludwig, der vorübergehend Berta Note als Sprechstundenhilfe angestellt hat, und versucht mit ihm zu sprechen. Doch Dressler ist uneinsichtig und kalt. Zudem macht sie sich Sorgen um Beate, die völlig fertig ist, weil Gung für sechs Wochen verreist ist. Elisabeth will sich Rat bei Gungs Mitbewohnern Chris und Wolf holen. Im Verlauf des Gesprächs gesteht sie, in Beates Tagebuch gelesen zu haben. Beate, die zufällig alles mit angehört hat, ist zutiefst getroffen von diesem Vertrauensbruch ihrer Mutter und bleibt unversöhnlich. So erfährt Elisabeth auch nicht, daß Beate von ihrem Vater 20.000 englische Pfund und ein Landhaus in England geerbt hat.

Gabi und Elfie begraben in der Waschküche ihren lange zurückliegenden Streit und schütten sich gegenseitig ihr Herz über ihre Beziehungsprobleme aus. Elfie schildert ihren Kummer mit Siegfried, und Gabi zeigt Elfie Phils Frauenkartei: Fotos mit Adresse, Eigenschaften und Bewertungen auf der Rückseite. Gabi schwört Rache. Erfreulich in der WG ist im Augenblick nur der Erfolg von Chris, die für mehrere Tage einen Job als Background-Sängerin bekommen hat.

In Folge 443 wird an derselben Tür eine sehr spezielle Alarmanlage angebracht.

Die Bennarschs bringen einen Riegel an ihrer Wohnungstür an, um zu verhindern, daß Else mit dem Generalschlüssel bei ihnen hereinkommt und herumstöbert. Else beklagt sich bei Egon über diese Sondermaßnahme, doch der verteidigt Joschi.

Als Elfie Sigi am Abend mitteilt, daß sie ab nächster Woche wieder arbeiten gehen will, verbietet Sigi dies – er droht, sich sofort scheiden zu lassen.

Liebe?

Spieltag: 22.05.1986 • Sendetag: 25.05.1986

Folge: 25

Siegfried will sich endlich mit Elfie versöhnen. Doch als er nach Hause kommt und sie nicht da ist, geht er wütend zum Griechen. Nur wenige Sekunden später trifft Elfie, die inzwischen einen Halbtagsjob als

Kindergärtnerin angenommen hat, zu Hause ein. Sie folgt Sigi ins Akropolis. Dort entbrennt ein lautstarker Streit zwischen den beiden, in dessen Verlauf Elfie Sigi als „impotenten Waschlappen“ bezeichnet. Dann verläßt sie das Lokal. Als der inzwischen ziemlich betrunkene Sigi heimkommt, ist es zu spät für Elfies Versöhnungsversuch. Er schlägt sie, woraufhin sie sich zu Gabi rettet. Trotz allem liebt Elfie Sigi und hat Mitleid mit ihm, was Gabi überhaupt nicht verstehen kann. Als Sigi später auf der Suche nach Elfie in der WG auftaucht, schmeißt Benno ihn raus.

Berta Nolte und Gottlieb Griese wollen heiraten. Sie möchte trotz ihres Alters in Weiß heiraten, schließlich sei sie noch Jungfrau! Mutter Lydia schickt Gottfried zum Arzt, da sie sicher sein will, daß ihre einzige Tochter keinen kranken Mann ehelicht.

Elisabeth Flöter hat immer noch Hoffnung, daß Dressler sie eines Tages wieder einstellt. Ludwig merkt schnell, daß sie Else Kling, die regelmäßig bei ihm putzt, über die Vorgänge in der Praxis aushorcht. Während Carsten versucht, seine Mutter endlich von ihrer Fixierung auf Dr. Dressler zu heilen, bleibt Beate allein mit ihrem Protest gegen die Mutter.

Nachts beobachtet Else durch den Spion, wie Henny und Nossek nach Hause kommen und sich im Hausflur küssen. Als Henny ihren Mann dann schlafend vorfindet, ruft sie Stefan an und teilt ihm mit, daß sie zu ihm kommen kann. Franz beobachtet jedoch, von Henny unbemerkt, ihr Davonschleichen.

Neurosen

Spieltag: 29.05.1986 • Sendetag: 01.06.1986

Folge: 26

Ludwig kommt zu einem Krankenbesuch zu Elisabeth, wohlwissend, daß sie simuliert. Beim gemeinsamen Teetrinken taut er etwas auf, und es kommt endlich zu einer Annäherung zwischen den beiden. Nachdem Lydia Nolte sich im Lift bei Dressler für die gründliche Untersuchung bedankt hat, die der Arzt bei Griese durchgeführt hat, trifft Dressler auf Sigi Kronmayr. Der bittet ihn, in seine Wohnung mitzukommen, da Elfie apathisch im Bett liegt. Dr. Dressler redet ernsthaft mit Sigi, der seine Frau erneut geschlagen hat, und schickt ihn dann aus der Wohnung. Er schafft es schließlich, Elfie aus ihrer Apathie zu erwecken. Sigi rät er zu einer Therapie.

Henny Schildknecht ist zu ihrem Vater geflüchtet, der sie jedoch loszuwerden versucht, damit sie sich ihrer Ehekrise stellt. Doch Henny läßt sich nicht hinausschmeißen. Sie will ihn überreden, DM 30.000 in eine weitere Suchbohrung auf der Zwetschgenwiese im Fränkischen zu investieren. Griese braucht das Geld jedoch für sein Boot, seine Reise und die Hochzeit, von der Henny bisher nichts wußte. Sie ist geschockt. Abends hört Meike, wie Henny Nossek am Telefon bittet, ihr die DM 30.000 zu leihen, die Griese ihr verweigert hat. Stefan bittet sich Bedenkzeit aus.

Geld

Spieltag: 05.06.1986 • Sendetag: 08.06.1986

Folge: 27

Meike Schildknecht beobachtet heimlich, wie ihre Mutter DM 30.000 von Nossek bekommt und die beiden sich leidenschaftlich küssen. Eilig holt sie Opa Griese und berichtet ihm, was sie beobachtet hat. Sofort stellt er seine Tochter zur Rede. Doch Henny zeigt sich uneinsichtig. Sie wird Stefans Geld behalten und damit eine weitere Testbohrung auf ihrem und Gottliebs Grundstück vornehmen lassen. Die Aussicht auf Reichtum trübt ihr jeglichen Realitätssinn.

Gottlieb, Berta und Lydia treffen Vorbereitungen für die Hochzeit, die schon in zwei Wochen stattfinden soll. Dann soll es nach Ancona gehen, wo Griese eine preiswerte Yacht angeboten bekommen hat. Gabi wird gebeten, Lydias Hochzeitskleid für Berta neu herzurichten. Die Gästeliste wird besprochen, und Berta bittet Ludwig Dressler, Trauzeuge zu sein.

Am 14.11.1991 wird Dressler wieder als Trauzeuge in Anspruch genommen: bei der Hochzeit von Gabi Zimmermann und Andy Zenker.

Gabi ist Benno gegenüber immer noch sehr abweisend. Während Gungs Abwesenheit schläft sie in dessen Zimmer. Sigi dagegen bemüht sich sehr um Elfie. Es kommt zu einer Aussprache, in welcher Sigi sich erklärt und schließlich auch Elfies Arbeit akzeptiert.

Frank besucht seinen Vater in der Praxis und eröffnet ihm, daß er sein Medizinstudium endgültig geschmissen habe. Jede Diskussion sei zwecklos. Dressler hat nur ein Wort für seinen Sohn übrig: „Raus!“

Das Hochzeitskleid

Spieltag: 12.06.1986 • Sendetag: 15.06.1986

Folge: 28

Morgens um acht beobachtet Frank Dressler, wie sein Vater das Haus verläßt. Sofort geht er hinein, um etwas zu stehlen. Später setzt er zu einem letzten Versuch an, sich mit seinem Vater zu einigen. Nachdem Elisabeth seine Bitte um Vermittlung ablehnt, spricht er selbst mit seinem Vater, der nur mit trotzigem Schweigen reagiert. Er nimmt seinem Sohn die Hausschlüssel ab, und Frank bleibt hilflos und allein zurück. Griese sucht für die Zeit seiner Hochzeitsreise eine Vertretung für den Kiosk. Philo Bennarsch gibt ihm den Tip, es doch mal mit Frau Kling zu versuchen. Else kann, als sie begreift, daß dies ein ernsthaftes Angebot ist, ihr Glück gar nicht fassen. Am Abend will Berta ihr Hoch-

zeitskleid von Gabi abholen, muß aber lange warten, da es angeblich noch nicht fertig ist. Doch dann wird Berta mitsamt Kleid zurechtgemacht. Stolz präsentieren sie Griese das Traumkleid.
Franz Schildknecht will sich mit Henny versöhnen, wobei er viel Geduld und Verständnis zeigt. Aber Henny reagiert mit kühler Sachlichkeit. Um seine Bereitschaft zu einem Neuanfang zu signalisieren, schenkt Franz Henny eine wertvolle Halskette. Henny nimmt das kostbare Stück nicht an, sondern legt sich zum Schlafen auf die Couch im Wohnzimmer. Sie will keinen Neuanfang.

Berta möchte in Weiß heiraten – schließlich ist sie noch Jungfrau!

Bande fürs Leben

Spieltag: 19.06.1986 • Sendetag: 22.06.1986

Folge: 29

Gottlieb Griese und Berta Nolte heiraten in Anwesenheit fast aller Hausbewohner. Else verdirbt die Feier, indem sie über Nossek lästert und damit Henny und Franz öffentlich bloßstellt. Nachdem Henny die Feier brüskiert verlassen hat, schmeißt Griese Else raus.
Gung hat einen Job bei der Post bekommen und ist sehr stolz. Gabi führt am Abend stolz ihr neues Kleid und ihre neue Frisur vor. Benno macht sie erneut klar, daß sie weder mit dem Haus noch mit ihm etwas zu tun haben will. Sie erzählt ihm von ihrer Affäre mit Phil, der aber alles abstreitet und behauptet, Gabi wolle sich wegen des Hauskaufs an Benno rächen. Benno weiß schließlich nicht mehr, wem er glauben soll.
Nach der Hochzeitsfeier kommt es zum großen Krach zwischen den Schildknechts. Henny sagt Franz, daß sie ihn nie geliebt habe und daß ihre ganze Ehe nur aus Rücksichtnahme bestehe. Aber damit sei jetzt Schluß, ab jetzt werde sie ihre Gefühle ausleben. Sie verläßt Franz und zieht einen Stock höher zu Stefan. Meike und Tanja werden Zeuge dieser nächtlichen Aktion. Tanja sieht es überhaupt nicht gerne, daß ihre Mutter zu Stefan zieht.

In Folge 299 wird Gung seinen Job bei der Post leider wieder verlieren ...

Kampfschreie

Spieltag: 26.06.1986 • Sendetag: 29.06.1986

Folge: 30

Franz bittet seinen Schwiegervater Gottlieb Griese um Hilfe wegen der Affäre zwischen Henny und Nossek. Schweren Herzens gibt Griese, der kurz vor der Abreise nach Ancona steht, ihm die Hälfte des Geldes, das Henny Nossek schuldet. Henny wohnt nun zusammen mit Tanja bei Nossek. Sie ist empört, als Franz Nossek das Geld zurückzahlt.

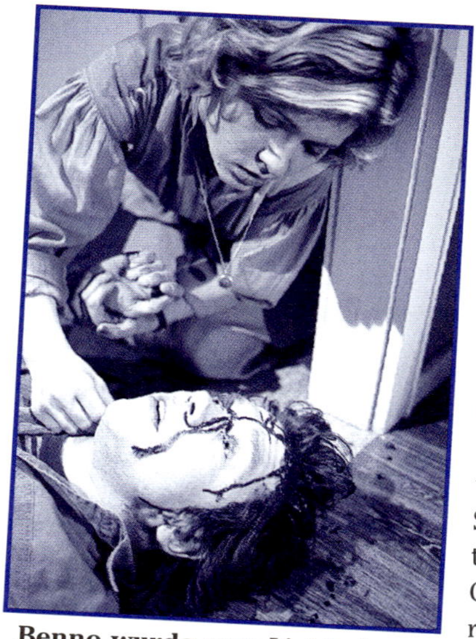

Benno wurde vom Liebhaber seiner Freundin Gabi niedergeschlagen.

Obwohl Phil weiterhin behauptet, nichts mit Gabi gehabt zu haben, kann Gabi Benno schließlich von der Wahrheit überzeugen. Sie zeigt ihm die Karteikarten. Daraufhin greift Benno Phil an, im Verlauf der Schlägerei greift Phil zu einer Flasche und verletzt Benno damit schwer am Kopf. Benno wird in ein Krankenhaus eingeliefert. Phil kann ihn überreden anzugeben, er habe einen Unfall gehabt.

Berta und Griese fiebern ihrer Abreise entgegen. Alles ist fertig gepackt, der Laden an Else Kling übergeben, und das Taxi wartet vor der Haustür. Sie fahren ab, kommen aber nach wenigen Minuten wieder zurück. Wütend rennt Berta ins Haus. Gottlieb bringt es letztlich doch nicht fertig, abzureisen, während seine Tochter und seine Enkelkinder in größten Schwierigkeiten stecken.

Spätabends sitzt Else Kling aufrecht im Bett. Sie hat vergessen, das Bügeleisen bei Dressler abzuschalten. Sofort eilt sie in die Praxis hinüber. Plötzlich wird sie dort von hinten niedergeschlagen.

Die Vertreibung

Spieltag: 03.07.1986 • Sendetag: 06.07.1986

Folge: 31

Horst D. Scheel alias Herr Hülsch tritt als Kommissar auf.

Dressler wird wegen des Überfalls auf Else Kling, bei dem Betäubungsmittel gestohlen wurden, von einem Polizisten verhört, der Frank Dressler verdächtigt. Ludwig warnt seinen Sohn und verspricht ihm Hilfe. Hastig steckt er Geld und Flugtickets in einen Umschlag und will zu ihm. Gerade als er zur Tür raus will, geht ein Notruf ein. Ein Kind wurde angefahren, und Dr. Dressler muß zum Unfallort. Er beauftragt daher seine Sprechstundenhilfe Rottmann, den Umschlag bei Frank vorbeizubringen. Als Else vernehmungsfähig ist, identifiziert sie Frank Dressler als Täter, der daraufhin verhaftet wird. Abends macht

Ludwig sich große Sorgen, daß der Umschlag gefunden wurde und er Ärger wegen Fluchthilfe bekommt. Elisabeth tröstet ihn, wobei sich herausstellt, daß Dresslers Fluchthilfeangebote Frank nie erreicht haben. Benno wäre fast an einer Hirnblutung gestorben und muß nun noch mindestens drei Wochen im Krankenhaus bleiben. Gabi, die will, daß Phil auszieht, erpreßt ihn, indem sie ihm androht, die Frauenfotos mit Phils Beschriftungen an die jeweiligen Frauen zurückzuschicken. Phil geht „freiwillig".
Berta und Griese haben sich wieder versöhnt. Mitten in der Nacht klingelt es Sturm. Draußen steht Henny, die ihren Vater bittet, bei ihm übernachten zu dürfen.

Birne Philomena

Spieltag: 10.07.1986 • Sendetag: 13.07.1986

Folge: 32

Gottlieb und Berta streiten, weil Berta sich vernachlässigt fühlt. Da Henny zur Zeit mit in Grieses Wohnung lebt, bleibt für das frischvermählte Paar kaum Gelegenheit, allein zu sein. Berta geht vorübergehend zurück zu ihrer Mutter, was Griese die Gelegenheit bietet, sich gründlich mit seiner Tochter Henny auseinanderzusetzen. Währenddessen gelingt es Lydia Nolte, ihre Tochter zu beruhigen.
Nachdem Henny Nossek nach dem heftigen Streit der vergangenen Woche verlassen hat, wohnt dieser nun allein mit Tanja zusammen. Franz Schildknecht hat eine Unterredung mit Nossek: Er will, daß Tanja zurück in seine Wohnung kommt. Tanja aber weigert sich.
Helga hat völlig vergessen, daß Hans heute seinen neuen Chef und dessen Gattin zum Abendessen mitbringen wollte. Das Ehepaar Hütthusen steht in vornehmer Abendgarderobe vor der Tür und ist pikiert über Helgas nachlässige Aufmachung. Es gelingt ihr aber, mit Hilfe der Kinder und Vasilys in wenigen Minuten ein phantastisches Dinner zu zaubern. Zum Nachtisch reicht sie Zimtbirnen, die Benny von Philo geschenkt bekommen hat. Nachts leidet dann die ganze Familie an Magenkrämpfen und muß sich übergeben. Im Bett erschrickt Helga furchtbar: Sie hat Frau Hütthusen drei Nachschläge der Birnen aufgeschwatzt ...

In Folge 258 wird Hans Beimer vom strengen Herrn Hütthusen suspendiert.

Gift

Spieltag: 17.07.1986 • Sendetag: 20.07.1986

Folge: 33

Versöhnung bei Henny und Stefan: Er verführt Henny und überzeugt sie, daß er nichts mit Tanja hat. Außerdem gibt er ihr die DM 30.000 wieder zurück, woraufhin Henny ihrem Vater seinen Anteil auszahlt und ihm spöttisch schöne Segeltage wünscht. Als Nossek später Tanja von einer gemeinsamen Venedig-Reise erzählt, freut sie sich wahnsinnig. Die Enttäuschung ist um so größer, als sie versteht, daß nicht sie, sondern ihre Mutter gemeint ist.
Lydia Nolte veranstaltet ein feierliches Essen für Tochter und Schwiegersohn und eröffnet den beiden, daß sie heute einen größeren Betrag auf Grieses Konto überwiesen habe, damit sie ihre Reise doch noch antreten können.
Familie Sarikakis hingegen hat ernste Schwierigkeiten mit der Brauerei, da der Bierumsatz weit unter dem vertraglich festgesetzten Volumen liegt. Entweder die Pacht muß kräftig erhöht werden, oder die Kündigung steht ins Haus.

Thema Salmonellen: siehe Folgen 436 und 478.

Die ganze Familie Beimer liegt mit Verdacht auf Salmonellenvergiftung im Bett und muß in Quarantäne bleiben. Nachdem sein neuer Chef ihn am Telefon beschimpft hat, da Frau Hütthusen ebenfalls unter Magenproblemen leidet, bringt Hans die restlichen Birnen aufgebracht zu Philo. Die ißt aus Empörung den Rest des eingemachten Obstes, um zu beweisen, daß die Birnen nicht verdorben waren. Am Abend erreicht die leidgeprüfte Familie ein erneuter Anruf von Beimers Chef: Frau Hütthusen mußte ins Krankenhaus eingeliefert werden ... es besteht Lebensgefahr.

Thema mit Variationen

Spieltag: 24.07.1986 • Sendetag: 27.07.1986

Folge: 34

Beimers sind weiter in Quarantäne. Sie haben tatsächlich Salmonellen. Beim erzwungenen ganztägigen Beisammensein in der Wohnung entdeckt Hans, daß Bennys Versetzung gefährdet ist, und regt sich fürchterlich auf. Wenigstens ist die Frau seines Chefs außer Lebensgefahr, aber Hütthusens haben aufgrund der Krankheit ihren Keniaurlaub absagen müssen und wollen nun, daß Hans Beimer die Rechnung von DM 9.720 bezahlt. Doch dann kommt alles ganz anders: Herr Hütthusen muß kleinlaut gestehen, daß im Restaurant seines Bruders, in das er die Belegschaft des Sozialamtes zum Essen eingeladen hatte, verdorbener Lachs serviert worden war. Auch Philo Bennarsch ist über diese Nachricht sehr erleichtert, obwohl Joschi bereits ihre gesamten Einmachgläser zertrümmert hat.

Gottlieb und Berta treffen erneut Vorbereitungen zur Abreise, worüber vor allem Meike traurig ist. Sie leidet sehr unter der Trennung ihrer Eltern, und ihre schulischen Leistungen haben sich rapide verschlechtert. Henny wohnt wieder bei Tanja und Stefan. Als sie Franz im Lift begegnet, teilt er ihr mit, daß Meike nicht mehr in Nosseks Wohnung kommen darf; außerdem will er dafür sorgen, daß auch Tanja dort auszieht.
Zuerst glaubt Dressler, Elisabeths Kommen bezwecke eine Annäherung oder sie wolle ihren alten Job zurück. Dann erfährt er jedoch, daß Frank ihr geschrieben hat und sie bittet, Ludwig zu einem Besuch im Gefängnis zu überreden.
Nach einem Termin bei Dr. Dressler will Gabi Benno im Krankenhaus besuchen, traut sich dann aber doch nicht in sein Zimmer. Statt dessen erzählt sie Wolf, der gerade ein neues Musikstück komponiert – „Thema mit Variationen“ –, daß sie ein Kind erwartet – von Phil.

Das Geständnis

Spieltag: 31.07.1986 • Sendetag: 03.08.1986

Folge: 35

Henny hat das vorläufige Sorgerecht für Meike beantragt. Beim Jugendamt hat sie angegeben, Franz' Wohnung sei verwahrlost und er trinke, was sich beim Besuch einer Sozialarbeiterin auch bestätigt. Doch Meike will Franz auf keinen Fall verlassen.
Elisabeth erfährt von Lydia Nolte, daß Dr. Dressler seine Sprechstundenhilfe entlassen hat. Tatsächlich stellt Dressler Elisabeth wieder ein, bleibt aber privat auf Distanz.
Benny Beimer hat die Versetzung nicht geschafft. Er denkt aber nicht daran, die Klasse zu wiederholen, sondern will die Schule verlassen.
Gabi fürchtet sich vor Bennos Heimkehr aus dem Krankenhaus. Bisher hatte sie nicht den Mut, ihm ihre Schwangerschaft zu gestehen. Sie hat Angst, daß er sie – jetzt, wo sie weiß, wie sehr sie ihn liebt – verläßt. Als Benno nach Hause kommt, muß er feststellen, daß Gabi jetzt in Phils ehemaligem Zimmer schläft. Trotzdem überrascht er sie mit einem Ring, den Gabi jedoch nicht annimmt. Sie läßt Benno stehen. Beim Abendessen, zu dem auch Kronmayrs eingeladen sind, verkündet Elfie, daß sie so schnell wie möglich ein Kind wollen. Chris plaudert versehentlich aus, daß Gabi schwanger ist, worüber sich Benno riesig freut. Das ändert sich allerdings, als Gabi ihm schließlich eröffnet, daß das Kind nicht von ihm, sondern von Phil ist.

Schockbehandlung

Spieltag: 07.08.1986 • Sendetag: 10.08.1986

Folge: 36

Dr. Dressler ist zum Prozeß gegen seinen Sohn Frank geladen, und auch Elisabeth soll als Zeugin aussagen.

Bei einer Nachuntersuchung klagt Benno Dr. Dressler sein Leid, weil Gabis Kind nicht von ihm ist. Am liebsten wäre ihm eine Abtreibung, doch Dressler verweist ihn auf die Möglichkeit, das Kind zur Adoption freizugeben. Zu allem Unglück erfährt Benno am selben Tag, daß seine Firma Pleite gemacht hat und er somit arbeitslos ist. Seinen Kummer ertränkt er im Alkohol. Selbst Gabi schafft es diesmal nicht, den total betrunkenen Benno aufzumuntern.

Henny Schildknecht hat ein Verhältnis mit dem Tennislehrer ihrer Tochter.

Beimers haben Schwierigkeiten mit Benny, der jetzt Schauspieler werden will. Außerdem scheint er eine Freundin zu haben. Helga macht Hans darauf aufmerksam, daß es wohl Zeit für ein Vater-Sohn-Gespräch sei. Das Aufklärungsgespräch scheitert jedoch, da Benny einen Lachanfall bekommt und seinem Vater erklärt, er wisse alles schon seit Jahren.

Henny Schildknecht zieht von Nossek in die leerstehende Wohnung ihres Vaters. Franz und Henny haben eine Aussprache, und obwohl es für einen Moment so aussieht, als käme es doch noch zu einer Versöhnung, ändert sich letztlich nichts. Als Nossek Henny abends besucht, träumt sie von der Legalisierung ihrer Beziehung zu ihm. Tanja erscheint halbnackt und provozierend im Flur. Auf die Bitte ihrer Mutter, sie solle hier nicht so herumlaufen, weil Stefan da sei, erwidert Tanja kalt: „Meinst du, der sieht was Neues, wenn er mich so sieht?"

Die Herausforderung

Spieltag: 14.08.1986 • Sendetag: 17.08.1986

Folge: 37

Vergeblich bemüht sich Benno um eine neue Stelle. Gabi erhält einen Brief von Phil, in dem er ihr von seiner großen Erbschaft berichtet und gesteht, daß er Gabi liebt und nur sie zu seinem Glück fehlt. Daraufhin schlägt Gabi Benno vor, doch noch gegen Phil zu klagen und Schmerzensgeld zu verlangen.

Dresslers Sohn Frank wird zu zweieinhalb Jahren Gefängnis ohne Bewährung verurteilt. Else Kling berichtet außerdem, daß Benny Beimer mit Beate Flöter gesehen wurde.
Tanja und Henny reden nicht mehr miteinander und kommunizieren nur noch per Zettel. Während Hennys Abwesenheit versucht Tanja, Stefan zu verführen. Der läßt sich zwar zu einem Kuß hinreißen, besinnt sich dann aber und klärt erneut die Fronten – er ist mit Henny zusammen. Beim Abendessen mit Henny erklärt Tanja den Kampf um Nossek, den sie liebt, für eröffnet.
Franz Schildknecht versinkt in tiefe Resignation. Er flüchtet sich in den Alkohol, was auch Meike nicht verhindern kann. Als die Sozialarbeiterin Ingelbert und ein Gerichtsvollzieher vor seiner Tür stehen, um Meike der ausschließlichen Erziehungsgewalt ihrer Mutter zuzuführen, wehrt Franz sich nicht. Meike, die kurz vorher noch bei ihm in der Wohnung war, ist jedoch plötzlich verschwunden.

Verbotene Liebe

Spieltag: 21.08.1986 • Sendetag: 24.08.1986

Folge: 38

Familienfotos aus einer glücklicheren Zeit sind im Wohnzimmer verteilt. Endlich schöpft Franz trotz aller Melancholie Kraft aus der Erinnerung, um etwas gegen seinen „Verfall" zu unternehmen. Er stellt eine Haushälterin ein, um die Verfügung des Jugendamtes rückgängig machen zu können. Meike, die nun bei Henny wohnt, unterstützt ihn, wo sie kann.
Außer sich vor Wut und Schmerz, kommt Chris heim und verbrennt Wolfs Noten. Benno und Gabi zeigt sie eine Karte von Wolf, auf der er ihr mitteilt, daß er sich von ihr trennt, da er die Frau seines Lebens gefunden hat. Chris soll ein Schatz sein und seine Sachen zusammenpacken.
Helga muß feststellen, daß ihr Sohn Benny nicht etwa ein Auge auf Beate, sondern auf Tanja Schildknecht geworfen hat. Sie ist darüber alles andere als glücklich. Unter dem Vorwand, Benny müsse unbedingt ein Kochbuch zu Helgas Onkel Franz bringen, verhindert sie, daß Benny Tanjas Tenniswettkampf um die bayerische Jugendmeisterschaft besuchen kann. Außerdem ist heute das zwanzigste Kennenlernjubiläum von Hans und Helga. Nachdem ihr erst alle erfolgreich vorgespielt haben, Hans habe diesen besonderen Tag vergessen, kommt er schließlich mit Rosen und einer echten Perlenkette, für die er die letzten zwanzig Jahre gespart hat. Helga hatte sich diese Kette vor langer Zeit gewünscht. Die Beimers feiern glücklich zusammen. Später schleicht sich Benny zu Nossek, mit dem er ein Wörtchen über Tanja reden möchte.

Helgas Onkel Franz lernt der Fernsehzuschauer ab Folge 89 persönlich kennen.

Nächtlicher Donnerschlag

Spieltag: 28.08.1986 • Sendetag: 31.08.1986

Folge: 39

Benno tapeziert Lydia Noltes Wohnung. Lydia faßt trotz ihres hohen Alters mit an und erzählt Benno von ihrem Sohn, der 1942 mit vier Jahren auf der Flucht in den Westen von einer Granate getötet wurde. Sie serviert Benno starken Kaffee, was dazu führt, daß der nachts nicht schlafen kann. Als er in der Wohnung über sich einen heftigen Schlag hört, reagiert er sofort. Lydia öffnet auf sein Klopfen hin die Tür nicht, und so holt Benno Else. Mit Hilfe des Generalschlüssels von Else verschafft er sich Zugang zu Lydia Noltes Wohnung.

Endlich versöhnen sich Elisabeth und Ludwig.

Dressler und Elisabeth kommen sich wieder näher. Er gesteht, daß er ihr für ihre – trotz allem – ungebrochene Loyalität dankbar ist. Am Abend gehen die beiden zusammen essen und trinken danach noch einen Mokka bei Elisabeth. Es kommt zu ersten Zärtlichkeiten, die jedoch durch das Klingeln von Else Kling und Benno Zimmermann, die Hilfe für Lydia brauchen, abrupt beendet werden.

Benny hat es wirklich ordentlich erwischt. Seine Liebesbriefe an Tanja Schildknecht sind poetische Glanzleistungen, stoßen bei ihr aber auf taube Ohren, weil sie nur ihren Tennislehrer Nossek im Kopf hat. Über Bennys Besuch bei Stefan ist Tanja ebenso wütend wie über dessen Aussage Benny gegenüber, daß nichts zwischen Tanja und ihm sei. Sie besucht Marion und liest ihr einen von Bennys Briefen vor. Marion aber verteidigt ihren Bruder und wirft Tanja hinaus. Als Benny erfährt, was geschehen ist, schließt er sich weinend in seinem Zimmer ein. Nachts wird Helga vom Martinshorn des Notarztwagens aufgeweckt. Sie entdeckt, daß Bennys Bett leer ist, und findet einen Brief: „Ich geh weg und will irgendwo ein Stück von der Natur sein. Bitte, sucht mich nicht."

Tränen auf der Geburtstagstorte

Spieltag: 04.09.1986 • Sendetag: 07.09.1986

Folge: 40

Meike Schildknecht hat Geburtstag. Sie wünscht sich, mit ihrer Familie, inklusive ihrem Vater, wie früher Geburtstagskaffee zu

trinken. Schweren Herzens geht Henny zu Franz, um ihn einzuladen. Dabei trifft sie zum ersten Mal Franz' Haushaltshilfe Angelika Kur. Franz sagt zu und kommt pünktlich zum Kaffee. Als er Meike sein Geschenk - Kinder-Rollschuhe - überreicht, weist Tanja ihn hämisch darauf hin, daß Meike von Stefan echte Roller-Skates bekommen hat. Der arme Franz interpretiert diese Tatsache als erneute Intrige von Henny und verläßt die Festtafel. Meike schließt sich traurig im Schlafzimmer ein, wo sie weinend alleine ihre Geburtstagstorte verzehrt.
Phil ist bereit, Benno DM 10.000 Schmerzensgeld zu bezahlen. Allerdings muß Benno unterschreiben, daß er keine weiteren Ansprüche mehr an Phil stellen wird. Gabi erhöht den Scheck auf DM 20.000, und Benno und Phil unterschreiben. Erst jetzt erfährt Phil durch Benno, daß Gabi von ihm schwanger ist. Er versucht vergeblich, mit Gabi zu reden: Seinen Vater soll ihr Kind nie kennenlernen.
Lydia Nolte ist wieder zu Hause. Sie hatte letzte Woche einen Zuckerschock. Dressler will Griese und Berta suchen lassen, damit sie sich um Lydia kümmern können, doch die alte Dame lehnt das ab.
Benny Beimer ist trotz polizeilicher Suche bis zum heutigen Tag nicht gefunden worden. Schließlich wird ein Junge gefunden, auf den die Beschreibung Bennys genau paßt. Der Junge liegt im Leichenschauhaus. Hans und Helga sollen ihn identifizieren.

Mutterliebe

Spieltag: 11.09.1986 • Sendetag: 14.09.1986

Folge: 41

Tanja Schildknecht provoziert Stefan mit einem neuen Freund, dem Sohn des Präsidenten vom konkurrierenden Tennisclub Concordia. Sie droht Nossek, den Verein zu wechseln, wenn er nicht tut, was sie will. Gleichzeitig intrigiert sie mit Hilfe der ahnungslosen Meike gegen Henny und schafft es so, mit Stefan allein einen Ausflug zu machen. Abends versöhnen sich Meike und Henny. Tanja hat beide reingelegt und vor allem Meikes kindliches Vertrauen mißbraucht.
Im Friseursalon schaffen es Bianca Guther, Isoldes Angestellte, und Beate durch einen Streik, daß Isolde Beate einen regulären Lehrvertrag gibt.
Helga ist mit ihren Nerven am Ende. Der Junge im Leichenschauhaus war – Gott sei Dank – nicht Benny! Der ist aber immer noch nicht gefunden worden. Hans kommt später mit der guten Nachricht nach Hause, Benny habe ihm ins Amt einen Brief aus Portugal geschickt. Er arbeitet dort bei einem Fischer und schreibt, daß er vielleicht irgendwann wieder nach Hause kommt. Helga will sofort zu ihrem Sohn und packt ihre Koffer. Hans und Marion schaffen es nicht, Helga davon abzuhalten. Mit dem Taxi fährt sie zum Bahnhof, in der Aufregung vergißt sie jedoch ihre Euroschecks.

Tanjas Freund vom Tennisclub Concordia sieht einem jungen deutschen Tennisprofi aus Leimen sehr ähnlich.

Die Frau in Weiß

Spieltag: 18.09.1986 • Sendetag: 21.09.1986

Folge: 42

Am frühen Morgen erhält Hans Beimer einen Anruf von der weinenden Helga aus Portugal. Bis jetzt ist sie gut über die Runden gekommen, da sie ihre Haushaltsreserven mitgenommen hatte. Hans staunt nicht schlecht. Nun wurden ihr jedoch Geld und Paß gestohlen, und Benny hat sie auch noch nicht gefunden. Hans verspricht ihr, telegrafisch Geld anzuweisen. Um so größer ist die Überraschung, als Helga am späten Nachmittag mit einem strahlenden Spanier in der Tür steht. Sie hatte Benny noch am Morgen gefunden. Es geht ihm ausgesprochen gut, er will aber noch bleiben, bis der Sohn des Fischers wieder gesund ist. Der Spanier hat für Helgas Flugticket gebürgt. Alle Beimers sind glücklich.

Helga ohne Paß und Geld – in Folge 246 wiederholt sich diese Situation in Paris.

Weniger glücklich ist Gabi, die am Morgen, als sie von der Nachtschicht nach Hause kommt, feststellen muß, daß Phil in der WG auf sie wartet, um mit ihr zu reden. Gabi aber bleibt konsequent und läßt ihn nicht in ihr Zimmer. Phil bittet Gabi durch die geschlossene Tür um Verzeihung, und er will zu dem Kind stehen und Vater sein. Als Benno nach Hause kommt, setzt er Phil vor die Tür.

Lydia Nolte hat Post von Berta und Griese bekommen, die jetzt in Korfu vor Anker liegen. Beim Frühstück fragt Henny Nossek, ob er mit ihr zusammenziehen will. Stefan bleibt die Antwort schuldig, er ist sehr in Eile. Als sie durchs Fenster beobachtet, daß er von einer – ganz in Weiß gekleideten – Frau abgeholt wird, vermutet sie mehr dahinter. Dieser Verdacht bestätigt sich später, als Henny die beiden in flagranti in Nosseks Wohnung erwischt. Stefan erklärt ihr, daß er einfach nicht treu sein kann. Daraufhin beschließt Henny, sich wieder mit ihrem Mann zu versöhnen. Doch Franz ist dazu nicht mehr bereit. Jetzt droht Henny ihm wütend, daß er die Kinder niemals wiedersehen wird.

Die Gezeiten der Gefühle

Spieltag: 25.09.1986 • Sendetag: 28.09.1986

Folge: 43

Elisabeth versucht Ludwig davon abzubringen, seine Praxis zu verkaufen. Nachdem Meike Dressler Mut gemacht hat, sich mit Frank zu versöhnen, besucht er seinen Sohn zum ersten Mal im Gefängnis. Frank freut sich, lehnt die Hilfe des Vaters jedoch ab. Wenn er wieder in Freiheit ist, möchte er beweisen, daß er auf eigenen Füßen stehen kann.

Isolde Panowak erfährt, daß das Haus, in dem sich ihr Friseursalon befindet, zwangsversteigert werden soll. Diese Nachricht schockiert

Isolde sehr, muß sie doch um die Existenz ihres Salons fürchten. Sie entwickelt einen Plan.
Henny besteht auf einer Aussprache mit Nossek. Der macht ihr klar, daß es ein „Wir“ nicht gibt, gab oder geben wird. Meike will unterdes ihre Eltern um jeden Preis wieder zusammenbringen. Sie bittet daher Dr. Dressler, sie schwerkrank zu spritzen, was dieser natürlich ablehnt. Alarmiert berichtet der Arzt ihrem Vater von Meikes Vorhaben. Während Franz Schildknecht und seine junge Haushälterin Angelika sich näherkommen und schließlich im Bett landen, zieht sich Meike in der Wohnung ihres Großvaters bis auf die Unterwäsche aus und steigt in den Kühlschrank, um krank zu werden. Dann fällt jedoch die Tür zu. Meike versucht vergeblich, sie von innen zu öffnen. Niemand hört ihre Schreie.

Erpressung

Spieltag: 02.10.1986 • Sendetag: 05.10.1986

Folge: 44

Seitdem Henny Schildknecht Meike vor einer Woche in letzter Sekunde aus dem Kühlschrank befreit hat, ist das Mädchen bewußtlos, was nicht allein an der Unterkühlung liegen kann. Henny und Franz treffen sich schuldbewußt an Meikes Bett. Die Gerüchte im Haus über Meikes „Selbstmordversuch“ sind gespickt mit Vorwürfen gegen das Ehepaar Schildknecht. Henny will sich mit Franz arrangieren, aber der ist dazu nicht mehr bereit. Sigi Kronmayr versucht währenddessen, durch eine Unterschriftensammlung zu erreichen, daß Henny und Franz die Erziehungsberechtigung für ihre Kinder entzogen wird.
Im Friseursalon empört sich Gabi über Sigis Schreiben. Elfie Kronmayr, die neben ihr sitzt, erfährt erst jetzt von der Aktion. Zwar findet auch sie das Bestreben ihres Gatten falsch, ist aber sehr enttäuscht, daß Gabi diese Sache nun gegen sie ausspielt. Aufgebracht verläßt sie den Salon. Auch bei den Beimers entfacht Sigis Pamphlet eine Diskussion. Hans schmeißt den Brief in den Müll.
Isolde Panowak erreicht inzwischen ihren untreuen Gatten in Afrika und schlägt ihm vor, das Haus mit dem Friseursalon zu kaufen. Als die Telefonleitung zusammenbricht, schickt sie Hubert ein Telegramm, in dem sie ihm alles Geschäftliche erklärt, aber auch, daß sie ihn nicht mehr liebt.
Tanja möchte auf einen Tennislehrgang in die USA fahren. Als Franz ihr abends am Telefon seine Erlaubnis gibt, bedankt sie sich glücklich und betont nochmals, allein zu fahren. Nach dem Telefonat jedoch fallen sich Tanja und Nossek glücklich in die Arme. Sie haben fast zwei Wochen für sich.

Ein Fiebertraum

Spieltag: 09.10.1986 • Sendetag: 12.10.1986

Folge: 45

Gabi und Elfie wollen Sigis Aktion gegen Schildknechts rückgängig machen. Sie sammeln alle Briefe ein und verbrennen sie. Trotz aller Unterschiede wächst zwischen Elfie und Gabi ein stärkeres Gefühl der Freundschaft.

Isolde Panowak erfährt, daß ihr Mann sie bei dem Kauf des Hauses nicht unterstützen will. Aber sie gibt nicht auf und versucht, die Sarikakis, über denen ebenfalls das Damoklesschwert der Kündigung schwebt, zum gemeinsamen Kauf zu bewegen. Die haben jedoch kein Geld.

Meike Schildknecht ist wieder aufgewacht und wird heute aus dem Krankenhaus entlassen. Zu Hause angekommen, will Meike nicht bei Henny bleiben, die sich extra zwei Wochen vom Schuldienst hat beurlauben lassen. Meike teilt ihrer Mutter unmißverständlich mit, daß sie sie nicht mehr liebt. Sie will zu ihrem Vater und setzt dies auch durch – mit Hilfe von Dr. Dressler, den sie heimlich per Telefon zu Hilfe ruft. Der Arzt droht Henny an, sie wegen seelischer Grausamkeit anzuzeigen. Henny schmeißt beide aus der Wohnung. Am Nachmittag bekommt Meike, die jetzt bei Franz ist, hohes Fieber und redet im Traum vom glücklichen Zusammensein der Familie. Hilflos und erregt über die Vorfälle mit ihrer Tochter, will Henny verzweifelt Nossek ihr Leid klagen. In dessen Wohnung eingetroffen, muß sie aber feststellen, daß er nicht zu Hause ist. Sie schwelgt in Erinnerungen – als sie auf dem Tisch eine telegrafische Bestätigung eines Hotels aus San Francisco findet. Henny braucht ein paar Sekunden, um die Bedeutung dieser Nachricht zu verstehen ...

Der Schlüssel steckt von innen

Spieltag: 16.10.1986 • Sendetag: 19.10.1986

Folge: 46

Sigi Kronmayr hat Geburtstag. Er erzählt Elfie, daß ihm eine Beförderung in Aussicht gestellt worden ist. Daß diese jedoch mit einer Versetzung nach Rosenheim verbunden ist, bekommt Elfie nicht mit. Abends bereitet sie ein Festmahl vor, und die beiden verstehen sich ausgesprochen gut und verschwinden zum „Nachtisch" im Schlafzimmer.

Lydia hat eine weitere Postkarte von Berta und Griese bekommen, auf der Berta mitteilt, daß sie zwei junge Amerikaner als Crew an Bord genommen haben. Lydia, das Schlimmste ahnend, erkundigt sich sofort bei der amerikanischen Botschaft über die beiden jungen Männer. Wenig später bekommt sie die Bestätigung ihrer Befürchtungen: Es handelt sich tatsächlich um zwei gesuchte Raubmörder.

Meike ist immer noch krank und depressiv. Sie macht keinen Hehl daraus, daß sie Angelika nicht mag. Immer wieder beschäftigt sie sich mit dem Thema Tod. Dressler weist Henny und Franz darauf hin, daß sie nur gemeinsam ihrer Tochter helfen können, ihren Lebensmut wiederzufinden. Tanja kommt zurück, nicht ahnend, daß ihre Eltern wissen, daß sie mit Nossek in den USA war. Franz verliert die Nerven und greift Stefan an. In einem Vater-Tochter-Gespräch gibt Tanja zwar zu, daß sie mit Nossek in San Francisco war, beide waren jedoch in verschiedenen Hotels. Es kommt zu einer offenen Aussprache, bei der Franz frei von Selbstmitleid und ehrlich ist, was die verstockte Tanja allerdings nicht erkennen will. Nachdem Franz sie gebeten hat, die Wohnung zu verlassen, möchte Tanja zu Stefan. Sie versucht, mit ihrem Schlüssel die Wohnung zu öffnen, aber Nossek hat seinen Schlüssel von innen stecken lassen. Henny steht ebenfalls im Hausflur, auch sie hat er nicht hereingelassen ...

Der Schmuck der Lydia Nolte

Spieltag: 23.10.1986 • Sendetag: 26.10.1986

Folge: 47

Das Ehepaar Schildknecht lebt weiterhin getrennt. Meike wohnt bei Franz, Tanja bei Henny. Das gemeinsame Leid vereint die beiden Frauen. Als Nossek versucht, sich mit Henny zu versöhnen, erhält er eine gründliche Abfuhr. Daraufhin erinnert er sie an das Geld, das er ihr geliehen hat. Henny verspricht, so schnell wie möglich zu zahlen. Später schreibt sie Stefan einen Liebesbrief, in dem sie bekennt, ihm hörig zu sein. Doch schließlich verbrennt Henny den Brief.

Benno ist wegen seiner anhaltenden Arbeitslosigkeit sehr deprimiert. Seine finanzielle Lage ist katastrophal, auch die DM 20.000 von Phil sind für das Haus draufgegangen. Gabi versucht Benno zu trösten, was damit endet, daß sich die beiden bei einem ausgedehnten Schäferstündchen versöhnen.

Dressler schafft es, durch eine List Meikes Lebensunlust zumindest vorübergehend zu beseitigen. Er bittet sie, ihm bei seinem Problem mit Frank zu helfen, der sich von seinem Vater nichts sagen lassen will. Meike geht noch am selben Tag mit Dressler ins Gefängnis, um dort von Frank von dem Trick seines Vaters zu erfahren. Denn im Moment verstehe Frank sich mit ihm besser als je zuvor.

Gutgelaunt hilft Benno Zimmermann Lydia, einen Diaprojektor abzubauen, mit dem diese der Polizei Fotos von den beiden Amerikanern gezeigt hat, die bei Berta und Gottlieb auf dem Segelboot angeheuert haben. Dabei entdeckt er eine Schmuckschatulle. In einem unbeobachteten Moment stiehlt Benno einige kostbare Stücke.

Männertränen

Spieltag: 30.10.1986 • Sendetag: 02.11.1986

Folge: 48

Als Lydia Nolte zur Beerdigung eines Freundes ihren Familienschmuck anlegen will, entdeckt sie, daß wertvolle Stücke fehlen. Zunächst fällt der Verdacht auf Else Kling, doch bald richtet Lydia ihr Augenmerk auf Benno. Als sie ihn ganz direkt mit ihrem Verdacht konfrontiert, leugnet er. Lydia sagt ihm, daß sie eine Anzeige gegen Unbekannt machen werde. Zu Hause plagt Benno jedoch das schlechte Gewissen. Er ruft bei der Polizei an, um sich zu stellen, muß aber erfahren, daß keine Anzeige vorliegt. Also geht er zurück zu Lydia. Er gesteht unter Tränen und gibt ihr den Schmuck zurück. Lydia, die Männertränen noch nie geschätzt hat, verzeiht ihm.

Auch Folge 441 heißt „Männertränen". Elfie und Sigi Kronmayr ziehen heute aus.

Beate und Gung fahren für ein verlängertes Wochenende an den Bodensee. Beimers beschließen, für eine Woche nach Portugal zu fahren, um Benny abzuholen. Marion könnte vier Tage schulfrei bekommen, sie weigert sich aber mitzufahren, da sie in der Zeit viel lieber mit einer Freundin eine Radtour nach Österreich machen würde. Hans ist dagegen: Marion kann zwar zu Hause bleiben, soll dann aber gefälligst auch zur Schule gehen. Kaum sind die Eltern abgereist, ruft sie jedoch einen gewissen Thomas an, und die beiden verabreden sich für eine Radtour nach Österreich.
Henny und Meike verstehen sich wieder besser. Während Franz mit Angelika im Urlaub ist, zieht Meike es vor, bei ihrer Mutter und Tanja zu wohnen. Die drei sitzen beim Abendessen, als es klingelt. Draußen stehen Gottlieb und Berta – abgerissen, müde und ohne Gepäck ...

Honig und Salz

Spieltag: 06.11.1986 • Sendetag: 09.11.1986

Folge: 49

Berta und Griese wurde das Segelboot mitsamt Pässen und Geld von den Amerikanern gestohlen. Da es in der Griese-Wohnung nun wirklich zu eng ist, besteht Berta darauf, daß Henny mit ihren Kindern die Wohnung räumt. Die setzt kurzerhand Angelika vor die Tür und zieht wieder bei Franz ein. Am Abend warten Henny, Meike und Tanja auf Franz. Der versöhnt sich zwar mit Tanja, besteht aber im Gespräch mit Henny auf Scheidung. Stefan Nossek ist aufgebracht: Er hat seinen Trainerjob verloren, da Franz ihn wegen Unzucht mit Abhängigen angezeigt hat.
Joschi erleidet einen Herzinfarkt, weigert sich aber, ins Krankenhaus zu gehen, und besteht auf seinem Recht, zu Hause zu bleiben. Zudem lehnt er jegliche Medikamente ab, er verläßt sich lieber auf Honigmilch mit Salz und Steinöl.

Familie Beimer bleibt eine Woche länger in Portugal, wie Hans Marion per Telegramm mitteilt. Marion ist allerdings noch gar nicht von ihrer Radtour zurück.
Elisabeth freut sich sehr über Dresslers Einladung zum Essen, muß zu ihrer Enttäuschung jedoch feststellen, daß Carsten, der in Jugoslawien in Urlaub ist, ihn gebeten hat, mit ihr zu sprechen. Die geschockte Elisabeth erfährt, daß ihr Sohn homosexuell ist. Als Beate abends nach Hause kommt, findet sie ihre Mutter laut weinend im versperrten Schlafzimmer. Sie versucht, mit ihr zu reden, aber Elisabeths Tür bleibt verschlossen.

Der Tod und die Haselbärchen

Spieltag: 13.11.1986 • Sendetag: 16.11.1986

Folge: 50

Joschi erzählt Meike ein märchenhaftes Gleichnis vom „Tod und den Haselbärchen". Noch am selben Tag stirbt er einen friedlichen Tod. Mit Dr. Dresslers Hilfe bahrt Philo ihn auf dem Wohnzimmertisch auf, und selbst Else ist voller Mitgefühl.
Elisabeth ist immer noch am Boden zerstört und sucht nach Erklärungen für Carstens Homosexualität. Sie ist sehr enttäuscht von ihrem Sohn. Als er dann mit seinem Freund Gert Weinbauer aus dem Urlaub zurückkommt, will Elisabeth Gert gar nicht erst kennenlernen. Mit viel Geduld gelingt es Carsten und seinem Freund, Elisabeth davon zu überzeugen, daß Gert kein Ungeheuer ist.
Gabi hat die Idee, daß Benno die Tankstelle an der Ecke Lindenstraße/Dietrichstraße übernehmen könnte, da der bisherige Pächter in Pension geht. Isolde Panowak und die Sarikakis wollen nun ernsthaft versuchen, das Haus zu ersteigern.
Familie Beimer kommt aus Portugal in die leere Wohnung zurück. Else informiert Hans, er möge sich bei der Polizei melden. Als er das tut, erfährt er, daß Marion in Österreich einen Unfall hatte. Sie liegt mit gebrochenem Bein im Krankenhaus in Innsbruck. Außerdem hat sie einen Schock erlitten, da sie mit ansehen mußte, wie ihr Freund Thomas von einem Rowdy totgefahren wurde.

Drei Ohrfeigen

Spieltag: 20.11.1986 • Sendetag: 23.11.1986

Folge: 51

Helga und Hans machen sich große Sorgen um Marion, die immer noch im Krankenhaus liegt und das Bild vom Unfall und von ihrem toten Freund nicht mehr aus dem Kopf bekommt. Benny bringt seine

Der Hobbykeller dient in den folgenden Jahren noch vielen als Wohnung: Beate, Hans, Klausi, Andy, Valerie und Julia.

Eltern auf andere Gedanken. Er verlangt ein eigenes Zimmer, da er mit „diesem Kind" Klausi nicht mehr zusammenwohnen möchte. Er schlägt vor, in den unbenutzten Hobbyraum im Keller zu ziehen.
Philo Bennarsch gibt bei Sarikakis einen Leichenschmaus für die Nachbarn und Freunde. Vasily fragt Hans, ob er Marion in Innsbruck besuchen darf. Aber Beimer lehnt ab und erklärt Vasily, daß Marion nicht mit einer Freundin, sondern mit einem Freund unterwegs war.
Als Henny und Franz Schildknecht wieder zu streiten beginnen – er hat keine Lust mehr auf das Harmoniegetue –, flüchtet Meike zu Joschis Leichenschmaus. Gottlieb hat die Schulden bei Nossek inzwischen bezahlt. Als Henny später in Stefans leere Wohnung geht und diverse Gegenstände betrachtet, versucht sie sich selbst zu erklären, was sie immer wieder zu diesem Mann hinzieht. Dabei stößt sie auf eine mit Herzchen verzierte Videokassette und schaut sie an. Der Schock ist groß, als sie Tanja beim Striptease sieht. Am Abend geht Henny zu Nossek, der sie freudig begrüßt. Seine Freude ist jedoch nur von kurzer Dauer: Wütend gibt sie ihm drei heftige Ohrfeigen!

Joschi im Himmel

Spieltag: 27.11.1986 • Sendetag: 30.11.1986

Folge: 52

Gemeinsam mit den Sarikakis ersteigert Isolde Panowak das Haus für DM 897.000.
Meike malt ein Bild mit dem Titel „Joschi im Himmel" und schenkt es Philo Bennarsch, die seit Joschis Tod stark gealtert ist. Ihr Lebenswille scheint gebrochen. Sie sitzt in ihrer Stube und hält Zwiegespräche mit ihrem toten Mann.
Endlich erzählt Henny Franz von dem Videotape, das Stefan von Tanja gemacht hat. Gemeinsam stellen sie Nossek zur Rede. Tanja versichert, daß sie alles freiwillig gemacht hat – aus Liebe. Trotzdem will Franz Anzeige erstatten. Henny ist verzweifelt, und Nossek macht sich nun ernsthaft Sorgen um seine Zukunft als Trainer. Tanja allerdings trifft sich nach wie vor heimlich mit ihm. Abends jedoch entdeckt Tanja in Nosseks Schlafzimmer einen ganzen Karton mit Kopien des Tapes. Als er sein Vorhaben, ihre kleine Privatspielerei kommerziell zu nutzen, auch noch zu rechtfertigen versucht, wird es auch ihr zuviel. „Ich hasse dich" schreiend, läuft sie hinaus.

Isolde Panowak und das Ehepaar Sarikakis sind jetzt Hausbesitzer.

Die Wellen der Brandung ...
Spieltag: 04.12.1986 • Sendetag: 07.12.1986

Folge: 53

Bei der Durchsicht von Bennys Schulheften entdeckt Helga, daß er wieder schulische Probleme hat. Ihren Sohn stört das wenig, er will das Abitur eh nicht machen. Abends versuchen Hans und Helga wieder einmal, Benny zu erklären, wie wichtig der Schulabschluß für seinen Erfolg im Leben ist. Aber Benny zeigt sich wenig berührt, er möchte selbst über sein Leben bestimmen.

Erst in Folge 335 entscheidet sich Benny ganz bewußt, das Abitur zu machen.

Die Geldsorgen von Isolde Panowak nehmen kein Ende. Ihr fehlen die DM 17.000, um die sie den Bankkredit beim Hauskauf überzogen hat. Die Bank gibt ihr jedoch nichts mehr. Auch Bianca und Beate können ihr nicht helfen. Schließlich will Isolde per Scheckbetrug an das Konto ihres Mannes herankommen. Mit Biancas Hilfe fälscht sie seine Unterschrift und eilt zur Bank. Doch dann kommt Isolde deprimiert zurück, denn das Konto ihres Mannes existiert überhaupt nicht mehr! Auch Else Kling ist völlig verstört. Griese hat behauptet, sie hätte die gesamte Kundschaft des Kiosks vergrault.

Im Beisein von Franz und Henny vernichtet Nossek alle Videotapes. Er hat Angst, überhaupt keinen Trainerjob mehr zu bekommen, nachdem er schon seine bisherige Stelle verloren hat. Schildknechts verzichten schließlich, auch im Hinblick auf Tanja, auf eine Anzeige. Als Tanja zufällig hört, wie Nossek verspricht, jeden Kontakt mit ihr zu vermeiden, will sie sich rächen. Am Abend zeigt sie Meike eine Videokassette. Meike wundert sich: Schließlich haben sie doch keinen Videorecorder. Tanja erklärt ihr daraufhin siegessicher, daß aber die Polizei einen hat.

Spätes Glück
Spieltag: 11.12.1986 • Sendetag: 14.12.1986

Folge: 54

Die Bank droht Isolde Panowak mit gerichtlichen Schritten, falls sie die restlichen DM 17.000 nicht binnen 24 Stunden bezahlt. Isolde sieht keinen Ausweg und fährt mit Bianca nach Bad Wiessee in die Spielbank. Tatsächlich gewinnt sie das Geld und ruft mitten in der Nacht den Bankangestellten an, um ihm mitzuteilen, daß sie morgen zahlen wird.

Nach gutem Zureden durch Lydia Nolte macht Dr. Dressler Elisabeth endlich einen Heiratsantrag. Elisabeth ist selig. Endlich ist sie am Ziel ihrer Träume! Noch am selben Abend teilen Elisabeth und Ludwig Beate die Neuigkeit mit. Aber Beate hat Liebeskummer: Gung hat ihr klargemacht, daß er nichts von ihr wissen will. So nimmt sie die Nachricht von der Heirat ihrer Mutter nicht sonderlich interessiert auf.

In Sachen Nossek/Tanja spitzt sich die Lage gefährlich zu. Tanja hat tatsächlich selbst gegen Nossek Anzeige erstattet und die letzte der verräterischen Videokassetten der Polizei ausgehändigt. Die völlig ahnungslosen Eltern bekommen Besuch von einem Kriminalbeamten, der sie zur Sache verhören will. Ein Gespräch mit Tanja bringt keine Klärung der Angelegenheit. Franz macht Henny klar, was diese Anzeige für Tanja und die ganze Familie bedeuten kann: Die Presse wird sich auf den Fall stürzen, und auch Hennys Verhältnis mit Nossek wird wahrscheinlich an die große Glocke gehängt werden. Die Unterhaltung wird durch das Klingeln des Postboten unterbrochen, der ein Einschreiben bringt. Entsetzt reicht Franz den Brief an Henny weiter: Tanja muß sich medizinisch auf ihre Jungfräulichkeit untersuchen lassen.

Lydias Augen

Spieltag: 18.12.1986 • Sendetag: 21.12.1986

Folge: 55

Bei Schildknechts trifft die Scheidungsklage mit der Post ein. Dazu die Vorladung vom Untersuchungsrichter in Sachen Nossek. Franz entschließt sich, Henny und Tanja zu Dr. Dressler zu begleiten, der den Jungfräulichkeitstest bei Schildknechts Tochter vornehmen soll. Aber Tanja reißt aus.

Marion Beimer kommt aus dem Innsbrucker Krankenhaus zurück. Sie hat große Probleme, den Tod ihres Freundes Thomas zu verarbeiten. Mit viel Liebe versuchen Helga und Hans ihrer Tochter beizustehen.

Gabi und Benno sind sehr glücklich miteinander und freuen sich gemeinsam an Gabis wachsendem Bauch. Doch Benno hat nach wie vor Schwierigkeiten, zu akzeptieren, daß das Kind von Phil und nicht von ihm ist. Er klagt Lydia sein Leid, die ihm vorschlägt, Gabi noch vor der Geburt zu heiraten; so trüge das Kind in jedem Fall seinen Namen. Benno steckt Gabi den Ring an den Finger, den sie damals, als er aus dem Krankenhaus kam, nicht angenommen hat, und fragt sie, ob sie ihn, Benno, dazunehmen wolle. Gabi umarmt ihn glücklich.

Fest der Liebe

Spieltag: 24.12.1986 • Sendetag: 28.12.1986

Folge: 56

Tanja wird zufällig Zeugin eines Gesprächs zwischen Nossek und dem Präsidenten des Tennisclubs. Der erklärt Nossek, daß er sicher nie wieder irgendwo auf der Welt in einem seriösen Club beschäftigt werden wird. Mit schlechtem Gewissen beschließt Tanja, ih-

re Anzeige zurückzuziehen, und gesteht noch am selben Tag, daß sie sich nur aus enttäuschter Liebe an Stefan habe rächen wollen. An ihren Anschuldigungen sei nichts Wahres dran. Um alles zu vergessen, möchte sie nun doch auf ein Internat. Für Henny bedeutet Tanjas Abkehr vom Tennis das Ende ihrer Träume.
Philo Bennarsch schwelgt nur noch in Erinnerungen an Joschi. Meike ermuntert sie, lieber mal wieder zu putzen und Wäsche zu waschen, was sie seit Joschis Tod nicht mehr getan hat. Im Hause Schildknecht findet dieses Jahr kein Weihnachtsfest statt. Franz, Henny und Tanja sitzen je in einem anderen Zimmer, während Meike mit Philo die Mitternachtsmesse besucht.
Gabi und Benno feiern allein in der Wohnung ein altbayrisches Weihnachtsfest. Ihre traute Zweisamkeit wird von Chris gestört, die plötzlich völlig betrunken in der Tür steht. Eigentlich hatte Chris mit Wolf in Garmisch ein Engagement. Doch es gab Streit, und Wolf hat sie schnöde im Stich gelassen. Lautes Poltern und Krachen schrecken Gabi und Benno erneut von ihrem Weihnachtsessen auf. Chris will Wolfs Sachen aus ihrem Zimmer schmeißen. Benno kann das Schlimmste verhindern und Chris beruhigen.

Tanjas Leidenschaft für ältere Männer bleibt bestehen: Ihr Freund Mourrait ist 25 Jahre älter als sie, Ehemann Dressler dann sogar 37 Jahre.

Knallbonbons

Spieltag: 31.12.1986 • Sendetag: 04.01.1987

Folge: 57

Tanjas Abreise ins Internat steht unmittelbar bevor. Sie trifft Stefan zu einem Abschiedsgespräch in seiner Wohnung und bemüht sich, ihm ihr Verhalten zu erklären. Aber Nossek reagiert kühl und ironisch. Als Tanja feststellen muß, daß er als Schutzmaßnahme eine befreundete Anwältin das ganze Gespräch hat mithören lassen, stürzt sie verletzt aus der Wohnung. Später findet Marion Tanja völlig verheult in der Waschküche. Marion versucht sie zu trösten. Langsam findet eine Annäherung zwischen den beiden so verschiedenen Mädchen statt. Schließlich lädt Marion Tanja zur Silvesterparty der Beimers ein.
In der WG hat Chris Wolfs sämtliche Sachen in Kisten verpackt. Sie will nun endgültig nichts mehr von ihm wissen. Benno und Gabi feiern am Silvesterabend ganz allein in der Küche der WG. Gabis Bauch ist ein rundes Ruhekissen voll Zärtlichkeit für Benno.
Am gleichen Tag heiraten Dr. Dressler und Elisabeth Flöter. Trauzeugen sind Lydia Nolte und Frank Dressler, der für diesen Tag Urlaub aus der Strafanstalt bekommen hat. Carsten hat ein festliches Abendessen für Elisabeth und Ludwig vorbereitet. Es wird eine heitere kleine Feier. Carsten hat exquisit gekocht, und die Anwesenden genießen das Essen und lesen sich gegenseitig die Sprüche aus den Knallbonbons vor.
Um Mitternacht stehen die Bewohner der Lindenstraße vor dem Haus

und schauen sich das Feuerwerk an. Auf Hans Beimers Anregung tanzen alle miteinander ins neue Jahr.
Zu später Stunde eröffnet Lydia Nolte den völlig verblüfften Grieses, die den ganzen Abend unermüdlich getanzt haben, ihren größten Herzenswunsch für das Jahr 1987: Sie wünscht sich ein Enkelkind!

Kinder, Kinder ...

Spieltag: 08.01.1987 • Sendetag: 11.01.1987

Folge: 58

Lydia Nolte strickt voller Vorfreude auf ein Enkelkind ein Babystrampelhöschen. Währenddessen versucht Berta, die nun tatsächlich ein Kind möchte, Griese zu überreden. Dieser nimmt ihren Wunsch in Anbetracht ihres Alters anfänglich nicht ernst. Jedoch verspricht er Berta, Dr. Dressler nach seiner Meinung zu befragen. Seine Frau ist völlig begeistert von seiner halben Zustimmung.
Henny Schildknecht versucht vergeblich, ihr Leben wieder in den Griff zu bekommen und an frühere Zeiten anzuknüpfen. Aber Tanja ist im Internat in Bonn, und Franz und Meike kommen jetzt ohne sie aus, gehen ihr sogar aus dem Weg. Henny wird immer einsamer und verzweifelter.
In der Wohngemeinschaft backt Gabi eine große Pizza. Benno zieht sie zärtlich wegen ihres zunehmenden Heißhungers auf Herzhaftes auf. Dann zeigt er ihr einen wunderschönen bemalten Holzwagen, den er für ihr Baby gebaut hat. Ein Mann wollte Benno den Wagen auf der Straße abkaufen, was ihn auf die Idee gebracht hat, sich von nun an sein Geld mit dem Bau von Holzspielzeug zu verdienen. Während des Essens besprechen die versammelten WGler Bennos Idee. Sie werden dabei von Beate unterbrochen, die nach einem Streit zwischen Elisabeth und Dressler zu ihnen geflüchtet ist. Sie weigert sich kategorisch, mit ihrer Mutter zu Dressler zu ziehen.
In Elisabeths Wohnung unterhalten sich sie und Ludwig über Beate. Dressler rät Elisabeth, Beate nicht gegen ihren Willen zum Umzug zu nötigen. Aber Elisabeth zeigt sich uneinsichtig. Wird sie Beate zum Umzug zwingen können?

Wie man sich bettet ...

Spieltag: 15.01.1987 • Sendetag: 18.01.1987

Folge: 59

Elisabeth zieht zu Dr. Dressler. Carsten und Beate weigern sich einmütig, ihr zu folgen. Carsten will mit seinem Freund Gert in der Wohnung seiner Mutter bleiben, und Beate möchte sich endlich von

ihrer Mutter unabhängig machen. Nach einigem Hin und Her gibt Elisabeth schließlich nach.
Beate sucht vergeblich eine neue Bleibe. Da in der WG kein Platz ist, überlegt Beate, bei Philo Bennarsch nachzufragen, die ja nun allein in der Parterrewohnung lebt. Sie stört Philo in einem ihrer Jenseitsgespräche mit Joschi. Eine Untervermietung an Beate lehnt Philo mit der Begründung ab, die letzten Tage würde sie gerne allein in dieser Wohnung bleiben, aber Beate könne doch sicher ein paar Wochen warten, denn dann könnte sie ja die ganze Wohnung haben. Auf Nachfrage Beates, wohin Philo denn gehe, antwortet diese ihr: „Nach oben."
Helga Beimer geht der Hausfrauenalltag auf den Geist: Jedes Mitglied ihrer Familie will etwas von ihr, sie strampelt sich für alle ab, und am Ende sind doch alle unzufrieden. Im Friseursalon hört sie dann auch noch, wie Elisabeth sich in einem Gespräch mit Isolde über Nur-Hausfrauen mokiert. Als Hans Helga später auch noch vorhält, sich nicht genügend um Benny zu kümmern, teilt sie ihrem verblüfften Mann ihren Entschluß mit, Ferien von der Familie zu nehmen und sich zwei Wochen lang auf einer Schönheitsfarm zu erholen.

Beim Friseur blättert Helga in einer Zeitschrift, auf der Marie-Luise Marjan abgebildet ist.

In der Wohngemeinschaft herrscht gemütliches häusliches Leben: Gabi ist bereits im Mutterschaftsurlaub und genießt ihr Leben ohne Arbeit. Benno baut eifrig an einem Holzwagen, und Gung bittet darum, den Wagen mit chinesischen Schlangen und Drachenmustern bemalen zu dürfen. Die drei machen einen sehr zufriedenen Eindruck.
Helga Beimer muß bei einem Besuch im Hobbykeller feststellen, daß Beate Flöter bei Benny eingezogen ist.

Erziehungsprinzipien

Spieltag: 22.01.1987 • Sendetag: 25.01.1987

Folge: 60

Im Friseursalon Panowak sitzt Henny Schildknecht und verlangt einen radikalen Kurzhaarschnitt. Als Isolde und Bianca ihr diese Frisur gutmeinend auszureden versuchen, bricht Henny in Tränen aus und erzählt verzweifelt von ihrer Angst vor der Einsamkeit. Isolde und Bianca trösten Henny und bringen sie schließlich von der Frisur ab. Noch am selben Tag steht Henny ein Besuch beim Scheidungsanwalt bevor. Dort geht es dann um die häßlichen Details der Trennung: Hausratsaufteilung, Zugewinn, Vermögen ... Aber Henny interessiert das alles gar nicht. Sie überläßt es Franz, die Details zu klären.
Carsten und Gert haben inzwischen Elisabeths alte Wohnung übernommen. In einem Gespräch mit Elisabeth erfährt Dr. Dressler die wahren Hintergründe für ihr gestörtes Verhältnis zu Beate: Beates Vater hat Elisabeth unmittelbar nach der Geburt des Kindes verlassen.
Beate wohnt noch immer im Hobbyraum der Beimers. Dafür ist Benny

mitsamt seinem Schlagzeug zurück ins enge Jungenzimmer gezogen. Helga entschließt sich zu einem Gespräch mit Elisabeth. Diese reagiert zwar verständnisvoll, muß aber ihre eigene Hilflosigkeit zugeben. Die beiden Frauen einigen sich, daß Beate im Haushalt helfen soll, wenn Helga in Urlaub fährt. Zu Hause streiten Marion und Benny. Helga bleibt gelassen, als ginge sie das alles nichts an. Als Hans von der Arbeit nach Hause kommt, findet er in der leeren Wohnung eine Nachricht von Helga mit einer Telefonnummer. Helga sitzt bereits unter einer Gurkenpackung und erklärt ihm am Telefon, daß sie nun endlich einmal an sich denke und vielleicht in ein oder zwei Wochen zurückkomme.

Hilfe

Spieltag: 29.01.1987 • Sendetag: 01.02.1987

Folge: 61

Während Helgas Abwesenheit hält Beate mit Bennys Hilfe den Haushalt in mustergültiger Ordnung. Die beiden putzen und spülen und turteln dabei ausgiebig miteinander. Zu Ehren Hans Beimers kochen sie ein Festmenü, da er an diesem Tag zum Abteilungsleiter befördert worden ist. Unerwartet kommt Helga von ihrer Schönheitsfarm zurück: Sie hat das ständige Getue dort einfach nicht ausgehalten. Staunend bemerkt Helga Beates überraschende Wandlung und faßt einen Entschluß: Beate soll aus dem Hobbyraum in die Beimer-Wohnung ziehen.
Henny Schildknecht findet keinen Ausweg aus ihrer Isolation und Verzweiflung. Während Franz und Meike bei Tanja in Bonn sind, schreibt sie tränenüberströmt einen Brief an ihren Vater. Vor ihr stehen eine Flasche Rotwein und ein Pillendöschen. Henny zieht die traurige Bilanz ihres Lebens: eine gescheiterte Ehe, eine gescheiterte Liebesbeziehung, kaum Kontakt zu ihren Töchtern und nun die Scheidung. Sie hat keinen Mut mehr weiterzuleben und bittet ihren Vater, sich um die Kinder zu kümmern. Dann schiebt sie den Brief unter Grieses Wohnungstür hindurch. In ihrem Schlafzimmer schluckt sie nach kurzem Zögern die Tabletten mit Rotwein hinunter.
Gottlieb hat sich vorsichtig mit der Idee an ein Baby angefreundet. Deshalb will er sich mit Berta bei Dr. Dressler über die Risiken einer Schwangerschaft erkundigen. Während Dressler Berta untersucht, unterhält sich Griese im Wartezimmer mit Anna Ziegler, der Cousine von Gabi, die in ein paar Tagen in die Kastanienstraße 7 einzieht. Anna erfährt, daß sie schwanger ist, und ist überglücklich. Kurz darauf hören Grieses, daß das Risiko einer Schwangerschaft für Berta kalkulierbar sei. Persönlich rät Dressler ihnen allerdings, noch einmal über die Angelegenheit nachzudenken. Berta und Gottlieb beschließen, das Risiko einer Schwangerschaft einzugehen. Gutgelaunt kommen die beiden

Dressler gratuliert Anna: „Sie sind im dritten Monat schwanger.“ Doch erst in Folge 100 kommt Sarah zur Welt. Ein Schwangerschaftsrekord!

nach Hause. Während Berta eine Flasche Weißwein aus der Küche holt, fällt Griese Hennys Brief auf. Entsetzt stürzen sie in Hennys Wohnung hinauf und finden sie bewußtlos im Schlafzimmer.

So fern der Morgen vom Abend

Spieltag: 05.02.1987 • Sendetag: 08.02.1987

Folge: 62

Hennys Tod hat ihre Familie tief getroffen. In ihrer Unfähigkeit, mit Trauer und Schuldgefühlen umzugehen, entfremden sich die Familienmitglieder voneinander, anstatt sich gegenseitig Trost zu spenden und Halt zu geben. Griese macht sich und Franz schwere Vorwürfe. Auf Hennys Beerdigung ist außer ihrer Familie auch ein Großteil der Bewohner der Lindenstraße versammelt.

In der WG ist Gabis Cousine Anna Ziegler zu Besuch. Voller Stolz erzählt sie, daß ihr Mann Friedhelm gute Aussichten hat, beruflich aufzusteigen.

Im Friseursalon Panowak ist Hennys Tod das Thema des Tages. Alle sind betroffen. Während Isolde auf der Beerdigung ist, bleiben Beate und Bianca allein im Salon zurück. Nossek kommt dazu und sucht Trost bei Bianca. Beate läßt die beiden allein. Spät abends betreten Benny und Beate leicht beschwipst und kichernd das Haus. In der Wohnung wartet Helga unterdessen unruhig auf Bennys Rückkehr. Sie befürchtet, daß ihr Sohn mit Beate im Hobbykeller sein könnte. Schließlich entschließt sie sich, selbst nachzusehen. Im Hobbyraum öffnet Benny ihr betont unschuldsvoll die Tür ...

Keine Lust auf Kundschaft!
Beate stellt vor Isoldes Salon ein vor dem Kiosk entwendetes Schild: „Heute geschlossen“.

Gegenwind

Spieltag: 12.02.1987 • Sendetag: 15.02.1987

Folge: 63

Bei Beimers findet ein doppelter Umzug statt. Beate zieht aus dem Hobbyraum mit in Marions Zimmer, Benny zurück in den Keller. Helga ist erleichtert: Zum einen hat sie die Kontrolle über die Beziehung zwischen Benny und Beate, zum anderen hofft sie, daß Beate die immer noch unter dem Tod ihres Freundes leidende Marion ein wenig ablenken wird. Marion hält wenig von den Absichten ihrer Mutter. Hans zieht seine Frau wegen ihrer übertriebenen Sorge um Bennys Beziehung zu Beate auf.

Bei den Schildknechts ist die Stimmung immer noch düster. Meike ist sehr blaß und lustlos. Franz kann sie nur mit Mühe überreden, in die Schule zu gehen. Die Stimmung zwischen Franz und Gottlieb ist nach wie vor gespannt. Auch Tanja will nicht zurück in die Schule gehen.

Sie kapselt sich immer noch völlig von ihrer Umwelt ab.
Gabi ist hochschwanger, Benno liebevoll besorgter Vater in spe. Die beiden machen einen ausgesprochen glücklichen Eindruck. Benno hat seinen ersten Holzwagen abgeliefert und gut dabei verdient. Lydia besucht sie, und kurz darauf kommt Phil, der sich nach Gabi und dem Baby erkundigen will. Lydia plaudert die bevorstehende Hochzeit aus, worauf Phil entrüstet reagiert. Er will nicht, daß sein Kind mit Bennos Namen auf die Welt kommt. Als Phil die Wohnung verläßt, stößt er eine wilde Drohung aus: Er werde diese Hochzeit verhindern!

Mit Argusaugen beobachtet Helga diesen Kuß zwischen Benny und Beate.

Fest mit Haken

Spieltag: 19.02.1987 • Sendetag: 22.02.1987

Folge: 64

Nach hektischen Vorbereitungen geben Benno und Gabi sich im Beisein der Lindenstraßen-Bewohner in der Kirche das Jawort. Die Zeremonie wird von dem angetrunkenen Phil gestört, der lauthals erklärt, daß das Kind in Gabis Bauch von ihm stamme. Der Priester verweist auf die standesamtlich bereits vollzogene Trauung und auf sein eigenes Hausrecht. Phil bleibt neben Gabi stehen und weigert sich, seinen Platz zu verlassen. Da ergreift Lydia Nolte die Initiative. Sie nimmt Phil energisch am Arm und führt ihn aus der Kirche.
Nach Beendigung der Trauung bleibt Marion allein in der Kirche zurück. Der junge Priester, Matthias Steinbrück, ist ein liebevoller Zuhörer und bietet Marion seine Gesprächsbereitschaft für die Zukunft an.
Währenddessen findet im Akropolis Lydias Party statt, die sie für Benno und Gabi als Hochzeitsgeschenk veranstaltet. Nochmals kommt es zu Schwierigkeiten mit Phil, aber der Abend endet schließlich trotz allem noch friedlich. Doch während alle ausgelassen tanzen, bricht Meike Schildknecht plötzlich zusammen.

Erste Liebe

Spieltag: 26.02.1987 • Sendetag: 01.03.1987

Folge: 65

Franz und Dr. Dressler machen sich große Sorgen um Meike. Bei ihr besteht der Verdacht auf eine anämische Abwehrschwäche. Für eine genauere Diagnose stehen weitere Untersuchungen bei Spezialisten an. In einem Gespräch mit Tanja kommt es zu einer deutlichen Annäherung zwischen Vater und Tochter. Tanja ist jetzt entschlossen, ihr Leben wieder in die Hand zu nehmen und die Familie zusammenzuhalten. Noch am selben Abend lädt sie Gottlieb und Berta zu einem Abendessen ein, das eine Annäherung bringen soll, aber die Erwachsenen tun sich schwer. Nach dem Essen bringt Meike einen Teller mit Kerzen. Sie verlangt, daß alle sich an den Händen fassen und an Henny denken, so wie sie es bei Philo gelernt hat.

Nossek bemüht sich heftig um Bianca Guther. Um sie endlich etwas aufzutauen, erzählt er ihr von einem Freund, der Chefmaskenbildner an der Oper sei. Bianca, deren größter Wunsch es ist, wieder als Maskenbildnerin zu arbeiten, ist zu einem kurzen Treffen mit Nossek in seiner Wohnung bereit. Sie widersteht seinen Verführungsversuchen und macht ihm klar, daß sie nur an dem Job interessiert sei. Weitere Versuche Nosseks schlagen fehl.

Helga Beimer fiebert einem Treffen mit zwei alten Freundinnen entgegen, die im Gegensatz zu ihr berufstätig geblieben sind. Als Helga am Abend zurückkommt, ist Bennys Bett leer. Hans erinnert sie daran, daß sie Benny selbst zum Schlafen in den Hobbykeller geschickt hat, um seine Streitereien mit Klausi zu beenden. Marion berichtet, daß Beate nach einem Streit mit ihr ebenfalls in den Keller gezogen ist. Die Eltern Beimer sind schockiert ...

Die schwere Stunde

Spieltag: 05.03.1987 • Sendetag: 08.03.1987

Folge: 66

Die Enge bei den Beimers ist nervenaufreibend, zumal Beate und Marion sich dauernd streiten. Beate hat einen Brief Marions entdeckt, der an einen jungen Priester namens Matthias gerichtet ist. Benny bekommt Nachhilfestunden in Englisch von Carsten Flöter. Beim Abendessen erzählt Benny seinen Eltern arglos von Carstens Freund. Helga ist von dieser Nachricht nicht gerade begeistert. Benny hat sich im Hobbykeller mit Beate verabredet. Die beiden turteln verliebt und kommentieren Helgas Reaktion auf die vor einer Woche gemeinsam im Hobbykeller verbrachte Nacht. Sie wirken nicht so, als wollten sie Helgas Wunsch, „daß das nicht noch mal vorkommt", Folge leisten.

In Bezug auf Homosexualität und Sohn Klaus macht sich Helga in den Folgen 295 und 469 Sorgen.

Dr. Dressler teilt Franz mit, daß Meike Leukämie hat. Jedoch ist weder die Art der Leukämie, noch das Krankheitsstadium bislang sicher. Dressler rät, die Ruhe zu bewahren, da bei Kindern eine 50prozentige Heilungschance bestehe. Franz versucht später Meike zu beruhigen, doch diese hat sich bereits im Lexikon über die Krankheit informiert. Sie bittet Franz, den anderen die Wahrheit über ihre Krebserkrankung nicht zu sagen.
Nur noch schwer kann Gabi ihren Zustand jetzt ertragen. Sie hat Schmerzen und kann sich nur noch schlecht bewegen. Anna, die zu Besuch ist und von ihrer Schwangerschaft erzählt, nervt Gabi ebensosehr wie das Gezeter Else Klings über eine geplatzte Milchtüte im Treppenhaus. Als Chris später mit Gabi allein ist, setzen bei ihr vorzeitig heftige Geburtswehen ein. Chris versucht vergeblich, Dr. Dressler zu erreichen. Verzweifelt ruft sie schließlich den Notarzt.

Die Farbe der Hoffnung

Spieltag: 12.03.1987 • Sendetag: 15.03.1987

Folge: 67

Gabi und Benno sind glückliche Eltern eines Sohnes geworden. Benno kann sich außerdem über einen Auftrag zum Bau von zehn Holzwagen freuen. Der Name des Babys wird diskutiert: Benno ist für Max, Gabi für Julian. Ein Problem ist nun die Raumfrage, da Gabi Chris' Zimmer zum Kinderzimmer machen möchte.
Franz ist gerade vom Spezialisten nach Hause gekommen und informiert Tanja über das Ergebnis der Untersuchungen: Meike hat eine akute myeloische Leukämie, bei der die Heilungsaussichten gering sind. Sie muß sofort ins Krankenhaus. Franz bricht in Tränen aus.
Im Salon Panowak ist das Baby Thema des Tages. Die Einzelheiten des dramatischen Ereignisses erfahren die Damen von Nossek: Nachdem Chris vor Aufregung in Ohnmacht gefallen war, hatte Nossek Dr. Dressler alarmieren können. Unterdessen bekommt Isolde Panowak einen Brief, der sie offensichtlich verstört: Ihr Mann kommt aus Afrika zurück. Vor lauter Aufregung färbt sie Elisabeths Haare aus Versehen knallgrün. Die droht wütend mit einer Schadensersatzklage. Dressler amüsiert sich jedoch königlich über Elisabeths Malheur.
Bianca soll am Abend endlich Nosseks Freund von der Oper in Stefans Wohnung treffen. Als

Carsten und sein Freund Gert. Wird Elisabeth je akzeptieren, daß ihr Sohn schwul ist?

dieser sich verspätet, wirft Bianca Nossek dumme Tricks vor und rauscht ab. Aus dem Lift kommt ihr ein Herr entgegen – der erwartete Maskenchef. Aber jetzt verhindert Nossek das Gespräch und verbringt mit seinem Freund einen netten Herrenabend. Obwohl für Bianca kein Job in Aussicht steht, bittet Nossek seinen Freund, ihr Versprechungen zu machen.
Abends sind Beate, Ludwig und Elisabeth – Elisabeth mit Tuchhochfrisur – bei Carsten und Gert zum Essen eingeladen. Später äußert sich Dressler sehr anerkennend über Elisabeths Kinder. Aber Elisabeth wirkt traurig. Als Ludwig versucht, sie zärtlich zu trösten, bricht sie in stilles Weinen aus. Sie fühlt sich unverstanden ...

Das Versprechen

Spieltag: 19.03.1987 • Sendetag: 22.03.1987

Folge: 68

Carsten und Gert sind genervt von Elisabeth, die Carstens Homosexualität nicht akzeptieren kann. Sie beschließen, die Mietkosten für die Wohnung selbst zu übernehmen. In der Praxis sucht Elisabeth Hilfe bei Ludwig. Aber ihr Gespräch wird zweimal unterbrochen: von Anna Ziegler, die zu einer Routineuntersuchung kommt, und dann von Philo Bennarsch, die den Arzt um Sterbehilfe bittet. Dressler lehnt ab. Jetzt hat er Zeit für Elisabeth und erfährt die Ursache für ihre Depressionen. Voller Selbstvorwürfe fragt sie sich, ob sie mit ihrem Verhalten für Carstens Homosexualität verantwortlich sein könnte. Dressler rät ihr, ihren Sohn zu akzeptieren, wie er ist.
In der WG findet wegen der Raumprobleme eine Art Kriegsrat in der Küche statt: Chris könnte zu Lydia Nolte ziehen, was sie aber nicht will. Doch Lydia holt Chris einfach ab, um ihr das Zimmer zu zeigen. Anfänglich versucht Chris unhöflich, jegliches Gespräch zu blockieren. Im Laufe der Unterhaltung ändert sie allerdings ihre Meinung, denn Lydia reagiert souverän und beweist Humor. Die beiden so unterschiedlichen Frauen finden Gefallen aneinander. Lydia bietet Chris an, daß diese halbtags im Haushalt arbeiten könne. Dafür würde sie mietfrei wohnen und bekäme zusätzlich etwas Geld.
Griese malt Bilder, die er zu einem Bilderbuch für Meike zusammenstellen will. Berta, die eine Babydecke häkelt, ist gerührt über seine Anteilnahme.
Philo sitzt vor ihrem Joschi-Altar und erzählt, daß Dressler seine Hilfe verweigert habe. Philo verspricht ihrem verstorbenen Mann aber, an ihrem goldenen Hochzeitstag in acht Tagen ihr Versprechen einzulösen.

Sterbehilfe – ein ernstes Thema, das auch in Zusammenhang mit Meike Schildknecht und Enrico Pavarotti diskutiert wird.

Die goldene Hochzeit

Spieltag: 26.03.1987 • Sendetag: 29.03.1987

Folge: 69

Bevor Philo am Tag der goldenen Hochzeit zu Joschi gehen will, hat sie noch einige Dinge zu erledigen: Zunächst besucht sie Meike im Krankenhaus. Außerdem möchte sie beichten und sich ihre Sünde – Selbstmord – im voraus vergeben lassen. Priester Matthias versucht sie von ihrem Vorhaben abzubringen. Dann sammelt Philo allen Dreck und Abfall in ihrer Wohnung zusammen und karrt den ganzen Unrat genüßlich vor Elses Wohnungstür. Anschließend setzt sie sich konzentriert in den Sessel und hält die Luft an. Später wird sie von Griese und den Klings gefunden. Bei ihrem „Atemstopp" ist sie ohnmächtig geworden. Mit Dresslers Hilfe ist Philo schnell wiederhergestellt, beklagt sich aber heftig, daß man sie nicht sterben lasse.

Auch Marion Beimer zieht es zu dem jungen Priester Matthias in die Kirche. Obwohl die beiden ganz allgemein über den Sinn des Lebens reden, ist deutlich eine starke, aufkeimende Zuneigung von beiden Seiten zu spüren. Abends diskutiert Hans mit Helga, was er über das Thema Grundstück, Hausbau und Finanzierungsmöglichkeiten herausbekommen hat. Helga hat sich entschlossen, wieder zu arbeiten. Beate zieht bei Beimers aus und quartiert sich bei ihrem Bruder Carsten und seinem Freund Gert ein.

Auch wenn Helga sich heute entschließt, wieder zu arbeiten: Erst am 02.01.1991 hat sie ihren ersten Arbeitstag.

Else Kling läßt wieder mal keine Gelegenheit aus, Egon zu schikanieren und anzügliche Bemerkungen über ihre Mitbewohner zu machen. Gegen Philos Willen hat Dr. Dressler Else aufgetragen, sich um sie zu kümmern. Diese nimmt ihre Aufgabe äußerst ernst. Doch Philo wehrt sich wütend gegen Elses Zudringlichkeit ...

Reiner Tisch

Spieltag: 02.04.1987 • Sendetag: 05.04.1987

Folge: 70

Helga Beimer will ernsthaft auf Jobsuche gehen, um den geplanten Hauskauf mitzufinanzieren. Während sie sich beim Geschirrspülen mit Benny darüber unterhält, ruft Matthias für Marion an. Helga weiß von gar nichts und wird von Benny eingeweiht. Marion verabredet sich mit Matthias. Von einem Finanzberater der Bausparkasse erfährt Helga, daß sie in frühestens ein oder zwei Jahren mit der Zuteilung des Finanzierungsgeldes für ein Haus rechnen können. Benny besucht Beate im Friseursalon und will sich für abends verabreden. Nur widerwillig sagt Beate zu. Beim Abendessen diskutieren Beimers ihre Möglichkeiten, sich ein eigenes Haus zu leisten. Helga schätzt die Chancen realistisch als sehr gering ein.

Gabi und Benno sind glücklich mit ihrem Max – Chris ist geradezu ge-

nervt von so viel „heiler Welt". Später hockt sie in Lydias Küche und fabriziert ein ziemliches Chaos. Abends kommt Lydia von einem Besuch bei Dr. Dressler nach Hause und erzählt hocherfreut, daß Frank in zwei Wochen vorzeitig entlassen wird. Dann beginnt sie, Chris im Stil einer Grande Dame darüber zu belehren, wie der Tisch richtig gedeckt werden muß. Trotz der völlig unterschiedlichen Standpunkte verstehen sich die beiden eigentlich gut.
Abends sitzt Beate mit Benny im Akropolis und macht ihm behutsam klar, daß sie sich von ihm trennen will. Benny reagiert so verständnislos, daß sie ihm schließlich in verzweifelter Offenheit gesteht, daß sie ihn nicht liebt und wahrscheinlich nie geliebt hat. Fluchtartig verläßt Benny das Lokal.

Der kleine Kolibri und die Sonne

Spieltag: 09.04.1987 • Sendetag: 12.04.1987

Folge: *71*

Vom Fenster aus beobachtet Benny mit einem Fernglas den Eingang des Friseursalons. Vergeblich versucht er so, einen Blick auf Beate zu erhaschen. Am Abend sind die drei Friseurinnen und Elisabeth im Akropolis verabredet – Isolde will über die Zukunft des Salons sprechen. Auf dem Weg ins Lokal fängt Benny Beate ab und versucht noch einmal eine Annäherung. Beate behandelt ihn freundschaftlich, aber reserviert. Benny bleibt traurig zurück.
Im Krankenhaus erzählt Meike Franz, daß ihr Arzt über eine Blutwäsche als Therapie nachdenkt. Meike geht mit ihrer Krankheit und deren Behandlung so gelassen und tapfer um, daß Franz ganz erschüttert ist. Er und Tanja haben das Gefühl, Meike gar nicht helfen zu können.
Bianca hat sich abends mit Nossek in seiner Wohnung verabredet. Bei Champagner und Lachs bedankt sie sich für die Vermittlung in Sachen Münchener Oper und entschuldigt sich für ihr Verhalten beim letzten Treffen. Der Chefmaskenbildner habe ihr für die nächste Spielzeit eine Stelle in Aussicht gestellt. Endlich hat Stefan Erfolg bei Bianca; er nimmt sie einfach in die Arme und küßt sie.
Im Akropolis will unterdessen Beate ihre Mutter dazu überreden, Isolde Geld zu leihen. Doch Elisabeth ist noch nicht so ganz überzeugt. Als dann nach ihrem Besuch bei Nossek Bianca gutgelaunt im Akropolis auftaucht, erzählt sie nicht, wie der Abend bei Stefan verlaufen ist. Nachts bekommt Isolde ein Telegramm – ihr Mann hat einen Herzinfarkt, sie soll sofort nach Afrika kommen.

Wirklichkeit und Phantasie

Spieltag: 16.04.1987 • Sendetag: 19.04.1987

Folge: 72

Isolde erhält die Nachricht, daß ihr Mann Hubert gestorben ist, und bricht zusammen. Ludwig und Elisabeth erwarten Frank, der heute auf Bewährung entlassen wird. Gerade als Frank kommt, wird Dressler zu Isolde gerufen. Da Elisabeth und Frank jetzt allein sind, versucht sie eine Annäherung an Dresslers Sohn. Nach anfänglichem Zögern geht er auf ihr Friedensangebot ein. Frank plant, sich ein Zimmer zu nehmen, und will dabei aus seiner Vergangenheit keinen Hehl machen.

Stolz präsentiert Gabi ihrer Cousine Anna Sohn Max.

Franz und Tanja richten das Pflegezimmer für Meike her, die in einer Woche vorübergehend entlassen wird. Das Zimmer muß gründlich gereinigt, desinfiziert und von allen überflüssigen Gegenständen geräumt werden. Berta und Gottlieb helfen dabei. Zwischen Gottlieb und Franz kommt es erneut zu gegenseitigen Vorwürfen. Tanja stellt sich diesmal auf Franz' Seite, indem sie daran erinnert, daß Griese Hennys Brief zu spät entdeckt hat. Daraufhin entschuldigt er sich bei Franz. Tanja und Franz sind sich wieder sehr nah. Im Krankenhaus bemerkt Franz, daß Meike, die nun eine Chemotherapie macht, zum ersten Mal sehr verzweifelt ist.

Anna bittet Gabi bei einem Besuch, ihr einen Schnellkurs im Nähen zu geben, damit sie sich ein paar schöne Umstandskleider machen kann. Gabi sorgt sich um die Ehe der Zieglers, aber Anna behauptet, es sei alles in Ordnung.

Frank wird von der Wohnungsvermieterin, Frau Tibor, sehr freundlich empfangen und fühlt sich sofort wohl bei ihr. Frau Tibor bietet ihm eine Tasse Tee an und bittet ihn, ein wenig von sich zu erzählen. Frank zögert zunächst, dann gesteht er ihr, wo er die letzten Monate verbracht hat. Wie wird Frau Tibor auf dieses Geständnis reagieren?

Von Liebe

Spieltag: 23.04.1987 • Sendetag: 26.04.1987

Folge: 73

Frau Tibor, Franks Vermieterin, hat sehr verständnisvoll auf sein „Geständnis" reagiert. Er ist inzwischen bei ihr eingezogen.

Meike kommt aus dem Krankenhaus nach Hause und wird von allen liebevoll empfangen. Die behandelnde Ärztin gibt Franz letzte Anwei-

sungen und weist ihn darauf hin, daß Meike durch Bezugspersonen neuen Lebensmut gewinnen muß.
Benny versucht erneut, Beate wieder für sich zu gewinnen. Ihr wird das langsam lästig. Wiederholt erklärt sie ihm, er sei zu jung für sie. Benny will das jedoch nicht gelten lassen. Klausi bekommt einen kleinen Cockerspaniel geschenkt und versteckt ihn im Hobbykeller. Nur Benny weiht er ein, der „Beimer" als Namen vorschlägt. Abends entdecken Hans und Helga den jaulenden Welpen. Widerstrebend erklärt sich Helga schließlich mit dem „Familienzuwachs" einverstanden.
Marion hat sich mit Matthias Steinbrück zum Tee bei ihm verabredet. Bei einem intensiven Gespräch kommt es zwischen den beiden zu Meinungsverschiedenheiten. Nachts warten Helga und Hans sorgenvoll auf Marions Rückkehr, denn Matthias hat schon mehrmals angerufen, um nach ihr zu fragen. Er weiß auch nicht, wo sie ist. Sie hat ihm gesagt, daß sie sich endgültig verabschieden wolle ...

Klausis Hunde: Nach Beimer folgt die Terrierhündin Esther, dann Beule, schließlich wohnt Klaus mit Sahne in einer WG ...

Spekulationen

Spieltag: 30.04.1987 • Sendetag: 03.05.1987

Folge: 74

Marion ist in der letzten Woche eine ganze Nacht auf dem Friedhof spazierengegangen und hat dabei den Schmerz um ihren toten Freund überwunden. Benny dagegen hat noch immer Liebeskummer. Nur seine Umweltaktivitäten lenken ihn ein bißchen ab. Im Hinterhof hat er einen Komposthaufen angelegt. Außerdem hat er an die Umweltgruppe Robin Wood geschrieben, bei der er mitarbeiten will. Hans ist nachmittags unterwegs, um ein Haus zu besichtigen.
Schildknechts haben sich so organisiert, daß immer jemand bei Meike sein kann: Während Tanja und Franz in der Schule sind, kümmert sich Carsten Flöter um das Mädchen; danach wechseln Vater und Schwester sich an ihrem Krankenbett ab. Tanja will nicht mehr in die Schule gehen. Franz ist mit diesem Entschluß einverstanden.
Berta Griese soll sich im Krankenhaus untersuchen lassen, ob sich eine 15 Jahre zurückliegende Unterleibsentzündung negativ auf ihre Fruchtbarkeit ausgewirkt hat.
Im Friseursalon Panowak verteilt Bianca Guther heute rote Nelken an die Kundinnen. Else trägt ihre Nelke voller Stolz, bis Griese sie auf deren politische Bedeutung aufmerksam macht – da wirft sie die Blume wutentbrannt in den Abfall.
Abends kommt Hans Beimer in übermütiger Stimmung nach Hause. Seiner versammelten Familie eröffnet er eine verblüffende Neuigkeit: Er hat spontan ein Haus in Baldham gekauft!

Die Stimme der Natur

Spieltag: 07.05.1987 • Sendetag: 10.05.1987

Folge: 75

Mitten in die Idylle der WG platzt Phil Seegers, der regelmäßige Besuchszeiten für Baby Max mit den Zimmermanns vereinbaren will. Benno und Gabi erklären ihm, daß er mit ihrer Heirat keinerlei Anspruch mehr auf das Kind habe. Nur widerwillig verläßt Phil daraufhin die Wohnung.

Bei einem Willkommensessen für Frank bei Lydia und Chris, zu dem auch Gabi und Benno geladen sind, singt Lydia in Erwartung ihres Enkelkindes ein altes Wiegenlied. Berta bricht zusammen. Sie ist unfruchtbar – was sie Lydia jedoch nicht zu sagen wagt. Unbemerkt hat sich Phil Zutritt zu Lydias Wohnung verschafft. Sturzbesoffen macht er wieder einmal sein Recht auf Max geltend. Chris und Frank finden sich mehr als nur sympathisch.

Nossek kauft Isolde eine „wertlose" afrikanische Maske für DM 50 ab, die er jedoch später jemandem für DM 5.500 anbietet. Daraufhin verläßt Bianca empört seine Wohnung.

Außer Klausi freut sich bei Familie Beimer jetzt doch keiner mehr auf das Haus in Baldham. Während Marion und Matthias sich erneut verabreden, hält Bennys Unglücksphase weiterhin an. Robin Wood teilt ihm mit, daß eine Tätigkeit bei ihnen nur ehrenamtlich sein kann; und seine Schulprobleme werden immer schlimmer. Helga stellt ihren Sohn im Hobbyraum zur Rede: Sie hat eine Englischarbeit gefunden, in der er nur groß „fuck it" quer über das Papier geschrieben hat. Benny hat aber eine noch schlimmere Nachricht für sie. Er zeigt ihr einen Brief des Schuldirektors: Wegen Leistungsverweigerung wurde per Lehrerkonferenz ein befristetes Schulverbot über Benny verhängt.

Das Angebot

Spieltag: 14.05.1987 • Sendetag: 17.05.1987

Folge: 76

Den windigen Makler Panowski spielt der bekannte Kabarettist Richard Rogler. 1998 fällt Klaus Beimer auf ihn rein.

Hans Beimer will vom Kaufvertrag des Hauses zurücktreten, wofür der Makler Panowski DM 40.000 verlangt. Helga, die weiterhin versucht, wieder in ihrem alten Beruf als Bankangestellte tätig zu werden, hat noch keinen Job gefunden und ist darüber todunglücklich. Der clevere Makler versucht sie zu ködern, indem er ihr eine Arbeitsstelle anbietet. Helga lehnt ab – sie steht zu der Entscheidung ihres Mannes. Marion indes ist in Matthias verliebt.

Berta hat es immer noch nicht gewagt, ihrer Mutter die Wahrheit über ihre Unfruchtbarkeit zu sagen.

Frank erzählt Chris von seinen Zukunftsplänen als Theaterschauspieler. Im Gefängnis hat Frank – entgegen dem Willen seines Vaters –

Kontakt zu seiner in den USA lebenden Mutter aufgenommen. Da auch sie Schauspielerin ist, hat Frank Angst, seinem Vater von seinen beruflichen Plänen zu erzählen.
Stefan und Bianca sitzen im Akropolis. Mit einiger Mühe gelingt es ihm, Bianca davon zu überzeugen, daß er Isolde mit dem Kauf der Maske nicht übers Ohr hauen wollte.
Benno und Gabi verlegen einen neuen Teppichboden im Babyzimmer. Gung unterbricht die beiden bei der Arbeit: Mit Hilfe einer Wünschelrute will er feststellen, ob die Metaphysik des Raumes stimmt. Auch Anna ist da, sie fühlt sich allein, weil Friedhelm häufig beruflich unterwegs ist. Nachts weckt Gabi – mit einem leblosen Bündel auf dem Arm – völlig in Panik Benno. Als sie nach dem Kind sehen wollte, fand sie es nur noch schwach atmend mit blauem Gesicht in seinem Bettchen vor. Was ist mit Max?

Widersagst du dem Bösen?

Spieltag: 21.05.1987 • Sendetag: 24.05.1987

Folge: 77

Max ist wieder kerngesund. Dr. Dressler konnte ihn vor einer Woche retten – das Baby hatte einen Asthmaanfall, der auf die giftigen Ausdünstungen des neu verlegten Teppichbodens zurückzuführen war. Bei den Vorbereitungen zu Maxls Taufe erfährt Lydia, daß Berta keine Kinder bekommen kann, und bricht daraufhin fast zusammen. Nach der katholischen Taufzeremonie – Ludwig Dressler und Lydia sind die Paten – wird beim Griechen gefeiert. Wieder einmal taucht Phil Seegers ungeladen auf. Er macht Benno den schweren Vorwurf, Max umbringen zu wollen. Daraufhin schlägt Benno Phil zu Boden.
Hans plagt sich immer noch mit der unglücklichen Hauskaufgeschichte herum. Makler Panowski besteht weiterhin auf Zahlung der DM 40.000. Marion wartet nach der Taufe von Max auf Matthias. Sie machen einen Spaziergang, und endlich können sich beide nicht mehr zurückhalten: Sie küssen sich leidenschaftlich.
Meike macht Berta auf die Möglichkeit einer Adoption aufmerksam. Franz beschließt, sich nach dem laufenden Schuljahr beurlauben zu lassen.
Benno dreht durch. Er beschuldigt Gabi, heimlich noch immer Phil zu lieben. Ihn habe sie nur geheiratet, weil Phil sie ja nicht genommen hätte. Ihren Max wolle er nie wieder im Leben sehen.

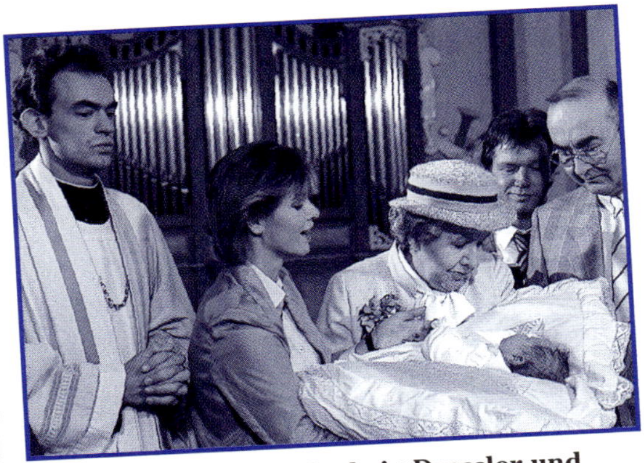
Die Taufe von Max. Ludwig Dressler und Lydia Nolte sind Taufpaten.

Die letzte Chance

Spieltag: 28.05.1987 • Sendetag: 31.05.1987

Folge: 78

In der WG leben im Moment alle in getrennten Zimmern. Dennoch kümmert sich Benno heimlich um Max, zu dem er durchaus eine starke emotionale Beziehung hat. Später holt ein Kunde einen Holzwagen bei Benno ab und ist so begeistert davon, daß er sogar noch mehr dafür bezahlt als vereinbart. Benno und Gung, der den Wagen bemalt hat, überlegen, wie sie das Geschäft weiter ausbauen können. Gung schlägt vor, Benno solle sich eine Werkstatt in der Garage im Hinterhof einrichten, um besser arbeiten zu können. Abends – man hat sich wieder versöhnt – berichtet Gabi Benno, daß ihr wegen Rationalisierungsmaßnahmen gekündigt worden ist.

Die Garage wird später von Andy Zenker genutzt, dann von Olaf Kling.

Helga, Hans, Benny und Klausi wollen diesen strahlenden Himmelfahrtstag in ihrem Haus in Baldham verbringen. Dort angekommen, hat sich auf der Terrasse eine fröhliche, offensichtlich schwer angetrunkene Vatertagsgesellschaft breitgemacht. Den vieren bleibt nichts anderes übrig, als sich dazuzusetzen. Hans Beimer muß feststellen, daß eine Hausmauer einen Riß von der Decke bis zum Fußboden hat. Währenddessen besucht Matthias Marion: Er will sich wegen seines Gelübdes von ihr trennen. Seine Trostversuche enden jedoch in einer zärtlichen Umarmung ...
Meikes Zustand hat sich dramatisch verschlechtert, und sie muß zurück ins Krankenhaus. Als sie sich von Philo verabschiedet, erzählt sie ihr, daß sie Joschi im Traum gesehen habe. Eine Knochenmarkstransplantation scheint jetzt Meikes letzte Chance zu sein. Da bei Geschwistern am häufigsten die genotypische Identität des Knochenmarks auftritt, muß zunächst Tanjas Knochenmark auf Übereinstimmung untersucht werden. Tanja erklärt sich sofort bereit zu der nicht ganz risikolosen Operation.

Mitgefühl

Spieltag: 04.06.1987 • Sendetag: 07.06.1987

Folge: 79

Tanja übersteht die Knochenmarkentnahme gut und muß nun noch für zwei Wochen zur Beobachtung in der Klinik bleiben. Meike erklärt Franz, daß sie für den Fall, daß ihr Tanjas Knochenmark nicht hilft, sterben möchte. Die Schmerzen sind zu groß, und Meike weiß, daß es keine andere Hoffnung mehr gibt. Sie fragt Franz, ob er ihr helfen würde, schneller zu sterben.
Marion büffelt für ihr Abitur, das kurz bevorsteht. Makler Panowski besucht Hans und Helga. Hans droht ihm mit dem Bauamt, sollte der Vertrag nicht aufgelöst werden. Der Makler kündigt seinerseits einen

Zahlungsbefehl für die längst fällige Zahlung der Eigenleistung von zehn Prozent (DM 28.000) an. Später beweist Panowski Helga mit amtlichen Papieren die einwandfreie Durchführung sämtlicher Genehmigungsanträge und Bauarbeiten. Erneut kommt die Angst auf, den Vertrag doch nur durch Zahlung einer Strafe auflösen zu können. Doch schließlich stellt sich heraus, daß die Nummer auf den Papieren nicht mit der des Grundstücks übereinstimmt. Hans und Helga wollen die Baubehörde umgehend um die Einleitung einer Untersuchung bitten.
Else hat einen Vierer im Mittwochslotto. Griese muß jedoch feststellen, daß er wegen der Ereignisse um Meike letzte Woche vergessen hat, Elses Tipschein zu registrieren, und bezahlt ihren Gewinn aus eigener Tasche. Er empfiehlt ihr, den gesamten Betrag gleich noch einmal einzusetzen, was sie auch macht.
Franz Schildknecht ist erneut bei Meike. Sie fragt ihn nochmals, ob er ihr hilft, schneller zu Joschi in den Himmel zu kommen.

Der Gewinn

Spieltag: 11.06.1987 • Sendetag: 14.06.1987

Folge: 80

Mutter und Tochter Beimer feiern beim späten Sektfrühstück den letzten Abiturtag von Marion. Ein weiterer Grund zur Fröhlichkeit besteht darin, daß Hans' Beschwerde beim Bauamt akzeptiert wurde und die Untersuchungen eingeleitet sind. Sollte sich ergeben, daß Hans beim Kauf des Hauses betrogen wurde, wird der Vertrag aufgelöst.
Franz hat die ganze Nacht Bücher über Sterbehilfe gelesen, was Gottlieb beunruhigt. Marion Beimer begleitet Franz ins Krankenhaus. Meike geht es besser. Marion erzählt Tanja, die in einer Woche entlassen werden soll, daß sie nach dem Abitur für eine Woche nach Paris fahren wird, und lädt Tanja spontan ein mitzukommen. Obwohl sich Tanja über diese Einladung sehr freut, lehnt sie letztlich ab.
Benno und Gung bekommen einen großen Auftrag von einem reichen Geschäftsmann. Die Werkstatt wird nun in die Garage verlegt – was Else Kling gar nicht paßt. Doch dafür hat sie im Mittwochslotto fünf Richtige mit Zusatzzahl und damit DM 31.000 gewonnen. Griese „inszeniert" das Überbringen dieser Meldung gutgelaunt und bekommt von Else einen Kuß. Sie geht jedoch nicht auf Egons Vorschlag ein, davon endlich mal eine ordentliche Urlaubsreise zu machen, sondern will das Geld anlegen.
Gabi, Benno und Gung feiern in der Garage Einweihung. Else beschwert sich über die Musik, kommt dann aber doch zu der kleinen Gesellschaft und tanzt mit Gung Walzer. Dabei stolpert sie, fällt hin und verliert die Besinnung.

Kinder der Musen

Spieltag: 18.06.1987 • Sendetag: 21.06.1987

Auch Helga, Erich, Lisa und Sahne müssen im Laufe der Jahre mal unter einer Halskrause leiden.

Folge: 81

Else trägt nach ihrem Sturz eine Halskrause und sitzt so dekoriert mit einem ziemlich genervten Anlageberater in ihrem Wohnzimmer. Sie hat sich noch nicht entschieden, was sie mit ihrem Vermögen machen wird.
Beate bittet ihre Mutter, in die vorzeitige Verwendung ihres Vatererbes einzuwilligen. Beate will sich mit DM 150.000 an Isolde Panowaks Salon beteiligen. Elisabeth erbittet sich Bedenkzeit und fordert auch von ihrer Tochter noch einmal intensives Nachdenken, da das Geld ja auch für jeden anderen Berufswunsch eingesetzt werden könnte.
Franz ist bei Ludwig und Elisabeth zum Essen eingeladen. Das Gespräch kommt sehr schnell auf Meike. Der Arzt erklärt dem besorgten Vater, daß durchaus noch berechtigte Hoffnung bestünde. Dennoch kreist das Gespräch bald um das Thema Sterbehilfe. Franz gibt zu, daß er sich vorstellen könne, Meike die Qual zu verkürzen; Dressler versucht, ihn davon abzubringen.
Die Garage ist jetzt fast fertig als Werkstatt eingerichtet, und Benno arbeitet an seinem Auftrag. Gabi sucht dringend jemanden, der auf Max aufpaßt, doch niemand hat Zeit. Schließlich landet er dann bei Chris. Chris jedoch arbeitet mit Frank an einer Pantomime und hat sich dafür Kopfhörer aufgesetzt, so daß sie den schreienden Max nicht hören kann. Nachdem Lydia Frank um Punkt 22.00 Uhr verabschiedet hat, schleust Chris ihn heimlich wieder in die Wohnung. Lydia entdeckt in der Nacht, daß Frank in Chris' Bett liegt. Sie ist empört.

Kinderwünsche

Spieltag: 25.06.1987 • Sendetag: 28.06.1987

Folge: 82

Lydia Nolte ist stocksauer auf Chris und Frank und wird die nächtlichen Besuche auf keinen Fall erlauben.
Franz bittet Gottlieb, heute an seiner Stelle Meike zu besuchen, er ertrage ihren Anblick nicht mehr. In einem Anfall verzweifelten Selbstmitleids beschimpft Franz Griese, bricht dann in den Armen seines erschütterten Schwiegervaters zusammen und bittet ihn um Verzeihung. Am späten Nachmittag besuchen doch alle zusammen Meike, der es bessergeht. Sie fragt Gottlieb nach den Fortschritten in Sachen Adoption, ohne zu wissen, daß sie damit ein Thema anschneidet, das bisher nur zwischen ihr und Berta diskutiert worden ist. Nach Hause zurückgekehrt, bestätigt Berta ihrem überraschten Mann, wie ernst es ihr mit der Adoption ist. Währenddessen erfährt Franz von der Ärztin, daß die nächsten zwei Wochen für Meike entscheidend sein werden.

Hans Beimer ist überglücklich – der Kaufvertrag für das Haus wurde aufgelöst. Helga allerdings ist noch glücklicher: Sie kann die leidige Jobsuche endgültig beenden. Benny bastelt Anti-Atom-Aufkleber und bringt sie im Haus an. Matthias und Marion sind sehr verliebt. Der junge Priester steckt jedoch in einem großen Gewissenskonflikt.
Gert und Carsten wollen mittlerweile eine eigene Theatergruppe gründen. Beates Angebot, den kaufmännischen Teil der geplanten Theaterkompanie zu übernehmen, lehnt Carsten ab.
Franz erhält ein Schreiben von einer Firma, die die Mineralwasserwiese im Fränkischen für DM 50.000 erwerben möchte. Er bemerkt dazu lediglich, daß er sich am Erbe seiner Frau nicht bereichern wolle. Er will noch nicht einmal auf das Angebot antworten.

Fieber

Spieltag: 02.07.1987 • Sendetag: 05.07.1987

Folge: 83

Franz wird in die Klinik gerufen - Meike hat eine Lungenentzündung. Die Ärztin informiert Franz darüber, daß seine Tochter kaum noch eine Chance hat. Weinend bricht Franz zusammen. Tanja wurde inzwischen von Meike beauftragt, den Vater an sein Versprechen zu erinnern, ihr zu helfen. In der Nacht schreibt Franz, von seinem Gewissen geplagt, einen Brief an Meike, zerreißt ihn jedoch wieder.
Nossek möchte die 100 Quadratmeter große Wohnung im ersten Stock von Isoldes Haus mieten, um dort ein Fotoatelier einzurichten. Die Miete würde er für zehn Jahre im voraus bezahlen – ca. DM 120.000. So könnte Isolde ihren Laden renovieren und eventuell sogar vergrößern. Isolde stimmt zu. Nun braucht sie Beates Geld nicht mehr.
Dr. Brock ist sehr zufrieden mit der Arbeit von Benno und Gung und stellt dafür einen Scheck über DM 7.500 aus. Er will Benno in seinem Freundes- und Bekanntenkreis empfehlen.
Berta war auf dem Jugendamt: Es wird etwa vier bis sechs Monate dauern, bis sie den ersten Gesprächstermin mit dem für Adoptionen zuständigen Abteilungsleiter bekommen kann.
Else Kling beabsichtigt, von ihrem Lottogewinn im Keller einen Waschsalon einzurichten. Nachdem sie von allen Mietern das Einverständnis hat, ist sie am Abend auffallend lieb zu Egon. Sie erzählt von der Wäscherei, die ja nun als Existenzgrundlage notwendig werde, und legt Egon ein Kündigungsschreiben vor: Der neue Besitzer des Hauses hält die Hausmeister ab sofort für überflüssig.

Das Mädchen mit den roten Haaren

Spieltag: 09.07.1987 • Sendetag: 12.07.1987

Phil hat insgesamt 34 Häuser geerbt, darunter die Gebäude Lindenstraße 1 und 3.

Folge: 84

Phil Seegers stellt sich als der neue Hausbesitzer vor. Aus dem Studenten ist ein smarter Jungunternehmer geworden, der von seinem Onkel ein Vermögen geerbt hat. Er erteilt Else die Erlaubnis, den Waschsalon einzurichten, und setzt die Miete für die ehemalige Hausmeisterwohnung fest, die Else und Egon nunmehr bezahlen müssen. Die Kündigung der Hausmeisterstelle nimmt er zu Egons Ärger nicht zurück. Anschließend besucht Phil Gabi und bietet ihr einen Mietnachlaß für sein Besuchsrecht an. Benno ist ziemlich erbost, als seine Frau ihm das erzählt. Abends hinterläßt Phil in der WG die Nachricht, daß ihm nichts anderes übrigbleibe, als Gabi und Benno die Wohnung zu kündigen, falls ihm sein Kind weiterhin vorenthalten würde.

Helga improvisiert, während sie das Abendessen zubereitet, vor Bennys Videokamera einen Koch-Sketch. Marion hat das Abitur bestanden – am Abend wird gefeiert, und die frischgebackene Schulabgängerin bekommt die Parisreise geschenkt. Beim Essen verkünden Marion und Matthias, daß sie zusammen nach Paris fahren werden. Hans und Helga sind sehr besorgt. Vater Beimer will bei nächster Gelegenheit ein ernstes Wort mit Matthias reden.

Franz ist bei Meike, die furchtbar leidet. Sie möchte zu ihrer Mutter und zu Joschi, sie hat sich selbst aufgegeben. Franz wird die Nacht bei seiner Tochter im Krankenhaus verbringen. Als er später ihre Hand berührt, merkt er, daß Meike tot ist.

Glaube, Liebe, Hoffnung

Spieltag: 16.07.1987 • Sendetag: 19.07.1987

Folge: 85

Meike wurde neben ihrer Mutter beerdigt. Franz lehnt Gottliebs Hilfe ab – er möchte in seinem Schmerz allein sein. Am Abend überreicht Tanja ihm einen Brief, in dem sie die Ereignisse der Vergangenheit aufgearbeitet hat. Sie will ihrem Vater klarmachen, daß sie für ihn da ist, daß beide sich brauchen – Franz ist gerührt. Philo taucht auf und teilt den beiden mit, Joschi habe ihr erzählt, Meike sei schon bei ihm, und gemeinsam werden sie sich jetzt auf die Suche nach dem vermißten Sohn von Philo und Joschi machen.

Lydia verschafft sich beim Jugendamt Zutritt zum Büro des Abteilungsleiters und erreicht, daß Berta bereits in zwei Wochen einen Termin bekommt. Am Abend sitzen Carsten, Beate, Gert, Chris und Frank zusammen bei Lydia. Sehr schnell wird klar, daß alle dasselbe wollen: Theater spielen. Erste konkrete Pläne zur Gründung einer Theatertruppe werden geschmiedet. Beate geht nun doch ins Management

und finanziert den Laden. Carsten schreibt, Gert führt Regie, Chris und Frank sind die Schauspieler.
Phil erscheint erneut bei Gabi und Benno. Da sie ein Gespräch mit ihm ablehnen, präsentiert er ihnen die Kündigung. Die beiden erklären daraufhin, daß sie es auf einen Kampf ankommen lassen werden. Phil verbietet zudem umgehend die Nutzung der Garage. Da Benno keine Genehmigung zur gewerblichen Nutzung hat, bleiben er und Gabi ziemlich hilflos zurück.
Philo Bennarsch sitzt mit Franz und Tanja vor dem Fernseher. Es läuft ein Dokumentarfilm über Hochseefischerei im Russischen Eismeer. Als der Kapitän ins Bild kommt, wird Philo ganz aufgeregt. Sie ist sicher, ihren verschollenen Sohn erkannt zu haben!

Das Zölibat

Spieltag: 23.07.1987 • Sendetag: 26.07.1987

Folge: 86

Philo besucht aufgeregt die Beimers. Sie hat wegen der Dokumentation über Hochseefischerei an die Fernsehanstalt geschrieben. Sie ist ganz sicher, daß der Kapitän des Schiffes ihr seit dem Krieg vermißter Sohn Paul ist. Marions Parisreise steht kurz bevor. Helga macht Marion klar, daß Matthias wohl ernste Absichten hat, denn für eine kurze Liebelei würde er sicher nicht Tag für Tag das Gesetz der Kirche brechen. Währenddessen spricht Hans Beimer mit Matthias. Er erfährt, daß der Priester Marion liebt und nach Paris eine Entscheidung treffen will.
Beate bittet Elisabeth erneut um die Einverständniserklärung für die vorzeitige Auszahlung ihrer Erbschaft; diesmal für die Theatergründung. Danach verhandelt sie mit Vasily und Panaiotis Sarikakis über die Möglichkeit, das geplante Theater im Nebenraum der Gaststätte einzurichten. Beate ist von Vasilys Charme sehr angetan.
Nossek und Bianca versuchen vergeblich, Isolde von einem neuen Stil für den Friseurladen zu überzeugen. Für Stefans Fotoatelier wird ein Tisch geliefert, den man in einen Spieltisch verwandeln kann. Er wisse noch von früher, erklärt er Bianca, daß Mannequins leidenschaftlich gern Backgammon spielen.
Elisabeth versucht, Dressler zu einer kurzen Urlaubsreise zu überreden. In dem Moment klingelt es. Als Elisabeth öffnet, steht draußen eine elegante, gutaussehende Frau, die sich als Ex-Gattin von Dr. Dressler vorstellt. Ihr Name ist Nina Winter.

Erinnerungen

Spieltag: 30.07.1987 • Sendetag: 02.08.1987

Folge: 87

In Sachen Adoption haben Berta und Gottlieb Griese erfahren, daß sie – wenn überhaupt – nur ein älteres Kind annehmen könnten. Langsam freunden sie sich mit der Idee an, ein Kind aus der „Dritten Welt" zu adoptieren. Franz verreist, worüber Tanja sehr traurig ist. Er hat ihr seinen Anteil an der Mineralwasserwiese überschrieben und bittet Gottlieb, in den nächsten Wochen nach seiner Tochter zu sehen.
Else hat endlich ihren Waschsalon fertig eingerichtet. Zur Eröffnung überbringt Phil Seegers einen Blumenstrauß und ein Bündel schmutziger Wäsche. Da Egon auf Erfüllung seines Arbeitsvertrages besteht, verdoppelt Phil kurzerhand die Miete für den Waschsalon. Anschließend versucht er erneut – und abermals vergeblich – eine Annäherung an Benno und spricht die Warnung aus, daß auch er stur bleibe, sollten Benno und Gabi ihre Meinung nicht ändern.
Ludwig betrachtet Fotos aus seiner ersten Ehe. Es bleibt Elisabeth nicht verborgen, daß Ninas Auftauchen für Dressler ein großes Problem darstellt. Frank seinerseits ist sehr stolz auf seine Mutter. Beim Abendessen, zu dem außer Nina und Frank auch Beate und Carsten eingeladen sind, dreht sich das Gespräch hauptsächlich um Nina, von deren Erscheinung Ludwig völlig hingerissen ist. Elisabeth spürt, daß sie gegen Nina keine Chance hat. Immerhin findet sie heraus, daß Ninas Theaterstück damals in Amerika gleich nach der Premiere abgesetzt wurde. Am späten Abend – die Gäste sind längst gegangen – klingelt bei Dresslers das Telefon. Ludwig nimmt ab und verspricht dem Anrufer hastig, sofort zu kommen. Zu Elisabeth sagt er, er müsse zu einem Notfall, sie solle nicht auf ihn warten ...

Eröffnung von Elses Waschsalon, Vermieter Phil Seegers bringt Blumen ... und eine Mieterhöhung.

Die Vergangenheit kommt zurück

Spieltag: 06.08.1987 • Sendetag: 09.08.1987

Folge: 88

Dressler hat eine Affäre mit seiner Ex-Frau Nina. Elisabeth macht ihm Vorwürfe und bittet ihn, im Gästezimmer zu schlafen, solange er sich nicht im klaren darüber ist, wen er liebt. Außerdem solle er sie nicht mehr „Cinderella" nennen. Dressler gibt zu, verwirrt zu sein. Bei der ersten Theaterprobe – Cocteaus „Orphée“ – in Carstens und Gerts Wohnung ist Nina als fachmännische Beraterin dabei. Beate nutzt die Gelegenheit, allen zu erzählen, daß Nina die Eurydike nur einmal gespielt hat, worauf Nina Mühe hat, ihre Haltung zu bewahren. Beate ermuntert ihre Mutter, endlich etwas gegen ihre Konkurrentin zu unternehmen.

Die Vergangenheit kommt zurück. Ludwig bändelt wieder mit Ex-Frau Nina an.

Marion kommt aus Paris zurück. Begeistert erzählt sie, daß die Stadt sie dazu inspiriert habe, Architektur zu studieren. Helgas Fragen, wie es denn mit Matthias geklappt habe, beantwortet sie knapp und ausweichend.

Franz Schildknecht ist vor fünf Tagen mit unbekanntem Ziel abgereist. Seine Tochter Tanja hilft Griese im Kiosk. Bei einem Treffen mit einem Vertreter von Terre des Hommes erfahren Berta und Gottlieb alle wichtigen Details und Probleme der geplanten Adoption. Am Abend zeigt Tanja ihrem Großvater aufgeregt das Foto einer griechischen Landschaft. Das Foto ist beschriftet mit „Peloponnes 1962“. Auf die Rückseite hat Franz geschrieben, daß er dorthin zurückkehren werde, wenn es ihm ganz elend gehe. Tanja ist ganz sicher, daß Franz dort ist, und beschließt, am nächsten Morgen nach Athen zu fliegen, um ihn zu suchen.

Die Frau am Steuer

Spieltag: 13.08.1987 • Sendetag: 16.08.1987

Folge: 89

Berta fährt nach Rotterdam, um dort alles für die Adoption eines mexikanischen Jungen in die Wege zu leiten. Wegen der Sorgen um Franz und Tanja bleibt Gottlieb zu Hause. Am gleichen Tag erhält er den Bescheid, daß alle Formalitäten des Wiesenverkaufs erledigt sind und das Geld in voller Höhe überwiesen wird – eine Hälfte auf sein Konto, die andere Hälfte auf ein Treuhandkonto für Tanja. In Griechenland gelingt es Tanja tatsächlich, Franz zu finden. Die beiden fallen sich wortlos in die Arme.

„Beimer“ ist verschwunden. Klausi sucht den ganzen Tag nach ihm, bis Else Kling ihn abends findet und vorbeibringt. Helga erhält einen Anruf, daß ihr Onkel Franz gestürzt ist und mit einem Oberschenkelhalsbruch im Krankenhaus liegt. Da sie die einzigen Verwandten sind,

werden die Beimers Onkel Franz für ein paar Wochen bei sich aufnehmen müssen.
Elisabeth verabredet sich mit Nina zu einer Aussprache im Hotel, die jedoch zu keiner Einigung führt. Abends trifft sich Elisabeth mit Beate im Akropolis. Sie begleitet schließlich ihre Mutter nach Hause. Das Gespräch der beiden, das sich nur um Nina dreht, wird unterbrochen von einem Anruf. Dressler liegt nach einem Autounfall im Krankenhaus; die Frau, die den Wagen gefahren hat, ist tot.

Die Rosenkavaliere

Spieltag: 20.08.1987 • Sendetag: 23.08.1987

Folge: 90

Dressler und Elisabeth sitzen beim Frühstück. Die tödlich verunglückte Frau war eine Schulfreundin Ninas, die die beiden nach Hause gefahren hat, weil Dressler zu betrunken war. Trotz allem, was vorgefallen ist, will Ludwig Elisabeth nicht verlassen. Inzwischen hat Carsten über eine Detektei Oben-ohne-Fotos von Nina bekommen. Der Verdacht, daß sie eine Hochstaplerin ist, liegt nahe. Bei der Theaterprobe erzählt Beate, daß Nina seit 15 Jahren kein Engagement mehr hatte. Jeder der Anwesenden ist davon überzeugt, daß Ninas Darbietung ein Reinfall wird. Zum Erstaunen aller spielt Nina die Eurydike jedoch unglaublich gut.
Die Grieses fahren nach Mexiko, um den Adoptivsohn Manoel abzuholen und eine vierwöchige Urlaubsreise zu machen. Egon Kling wird solange den Kiosk übernehmen. Im übrigen scheint er eine Schwäche für Isolde Panowak zu haben und legt nachts einen Rosenstrauß vor die Tür des Salons. Dabei wird er aber von Else beobachtet, die ihm prompt den Strauß um die Ohren haut.
Am Abend veranstalten die Beimer-Kinder für Matthias eine Geburtstagsparty. Marion und Benny sind leicht irritiert, als Beate mit Vasily erscheint.
Elisabeth ist eifersüchtig und macht Dressler eine Szene, woraufhin er ihr mitteilt, daß er die Scheidung einreichen will.

Egon wird seine Schwärmerei für Isolde bis zu seinem Tod nicht aufgeben. Für sie macht er Jahre später einen Benimm-Kurs.

Der Antrag

Spieltag: 27.08.1987 • Sendetag: 30.08.1987

Folge: 91

Elisabeth und Ludwig unterhalten sich über die geplante Scheidung.
Tanja und Franz, aus Griechenland zurückgekehrt, planen einen Neuanfang und beginnen mit der Veränderung der Wohnung.

Stefan macht Bianca einen Heiratsantrag. Sie entzieht sich jedoch lachend einer Antwort. Zwischen Vasily und Beate hat sich ein heißer Flirt entwickelt. Ungeniert küssen sie sich im Lokal.
Else beklebt die Scheiben des Kiosks, um Egon die Sicht auf den Friseursalon zu versperren. Sie glaubt, Egon habe es auf Bianca abgesehen. Trotzdem gelingt es Egon, in einem unbewachten Augenblick einen Blumenstrauß, in dem eine Karte steckt, vor den Eingang zum Salon zu legen. Isolde merkt nicht, wie Egon, der ihr seine Hilfe anbietet, sie anhimmelt. Ahnungslos sagt sie ihm, wie sehr sie sich über die Blumen des Unbekannten freut.
Die Zimmermanns unterhalten sich über Anna, die verzweifelt Gabi um Hilfe bittet. Ihr Mann behandle sie wie eine Gefangene. Zudem habe sie Angst um ihr Kind, da Friedhelm sie schlägt. Gabi beschließt, Anna am kommenden Wochenende zu besuchen. Benno hat inzwischen die Werkstatt in seinem Haus eingerichtet. Er bekommt von Lydia den Auftrag, Kindermöbel für ihr Enkelkind zu bauen. Mitten in der Nacht werden Gabi und Benno geweckt. Vor der Wohnungstür steht Anna mit einer Reisetasche. Friedhelm hat sie, trotz ihrer Schwangerschaft, wieder brutal geschlagen. Anna fragt, ob sie in der WG bleiben kann.

Das extrem belastbare Sitzmöbel, das Lydia bei Benno in Auftrag gibt, heißt Top-Banana-Stuhl.

Der Verehrer

Spieltag: 03.09.1987 • Sendetag: 06.09.1987

Folge: 92

Nachdem Isolde herumgerätselt hat, wer ihr heimlicher Verehrer sein könnte, gesteht ihr Egon seine Gefühle. Isolde ist sehr enttäuscht, schafft es aber, Egon nicht vor den Kopf zu stoßen.
Die Liebesgeschichte von Marion und Matthias geht inzwischen weiter. Marion entschließt sich, in Berlin zu studieren; Matthias will sich dorthin versetzen lassen. Benny braucht Geld, um seinen Film zu schneiden. Nachdem er sich mit diversen Arbeiten im Haushalt innerhalb weniger Stunden über hundert Mark verdient hat, gibt Helga ihm vom Haushaltsgeld den Rest dazu.
Dr. Dressler informiert Gabi über Annas Befinden, die vor einer Woche mit Schmerzen im Unterleib ins Krankenhaus eingeliefert werden mußte. Das Kind scheint unverletzt zu sein. Außerdem hat Dressler gegen Annas Willen Friedhelm Ziegler angezeigt und ersucht Gabi, sich um ihre Cousine zu kümmern. In Elisabeths Anwesenheit bittet Nina Ludwig um einen Scheck über DM 5.000, da ihr Geld aus Amerika immer noch nicht eingetroffen sei. Dressler stellt ihr ohne Zögern den Scheck aus, woraufhin Elisabeth fassungslos den Raum verläßt. Dann bittet Nina Frank, sein Zimmer in der Stadt bewohnen zu dürfen. Frank stimmt zu, da er ja doch meistens bei Chris ist. Die hat jedoch nach einer Auseinandersetzung mit Lydia wegen der nächtlichen Be-

suche von Frank die Absicht zu kündigen. Elisabeth hat sich entschlossen, um ihren Mann zu kämpfen. Während sie ihm ankündigt, wie sehr sie ihn verwöhnen wolle, klingelt das Telefon – der Arzt, der Anna Ziegler im Krankenhaus behandelt, fürchtet um das Leben ihres Babys. Dressler telefoniert mit Anna, der es nicht gutgeht. Es besteht die Gefahr einer Frühgeburt. Sie will von Dressler wissen, ob ihr Kind durch Friedhelms Schläge Schaden erlitten hat.

Rien ne va plus

Spieltag: 10.09.1987 • Sendetag: 13.09.1987

Folge: 93

In der Nacht hat der Sprayer von Zürich zugeschlagen: Eine tanzende Dame ziert die Hauswand. Else versucht erfolglos, die Zeichnung wegzuschrubben.

Der Hausflur soll renoviert werden, und die Bewohner des Hauses diskutieren darüber, ob sich daraus wohl eine Mieterhöhung ergeben wird. Bei Gabi und Benno trudelt in der Zwischenzeit ein Brief vom Mieterschutzverein ein, der die beiden darüber aufklärt, daß die Kündigung des Vermieters unwirksam ist. Nach der Entlassung aus dem Krankenhaus zieht Anna vorübergehend in die WG und erzählt von dem Verhör, zu dem sie aufgrund der Anzeige von Dressler mußte. Sie hat die Wahrheit über Friedhelm erzählt; trotzdem quält sie ein schlechtes Gewissen.
Carsten präsentiert Chris und Frank neue Nacktfotos von Nina. Frank regt sich maßlos auf, sucht die Auseinandersetzung mit seiner Mutter und äußert Zweifel an ihrer Glaubwürdigkeit. Nina ist tief getroffen. Ludwig und Elisabeth haben dasselbe Thema. Elisabeth, die bisher relativ gefaßt auf Nina reagiert hatte, verliert nun die Geduld und macht Dressler eine Szene, in deren Verlauf er sich zu der Bemerkung hinreißen läßt, daß er Nina liebt.
Bei Beimers findet die feierliche Privatpremiere von Bennys Kurzfilm statt mit dem Titel „Wie mogelt man beim Kochen?“. Zur Vorführung ist auch Marions Freund Matthias eingeladen. Benny ist nervös und ärgert sich mächtig, daß die Vorführung unterbrochen werden muß: Philo steht mit einer Videokassette des Hochseefischerei-Films, auf dem sie ihren Sohn entdeckt hatte, vor der Tür und bittet höflich darum, die Kassette ansehen zu dürfen. Philo schaut sich den Film dreimal an und ist sicher, daß der Kapitän ihr Sohn ist. Nun muß sie nur noch seine Adresse ausfindig machen, und Hans rät ihr, sich an die russische Botschaft zu wenden. Am Abend wird Bennys Kochfilm dann unter großer Anteilnahme der ganzen Familie vorgeführt.
In der Nacht steht Elisabeth mit einer Tasche vor der Tür ihrer ehemaligen Wohnung und bittet ihre Kinder, bei ihnen bleiben zu dürfen.

Feuerprobe

Spieltag: 17.09.1987 • Sendetag: 20.09.1987

Folge: 94

Nina und Dressler sind in das Dresslersche Ferienhaus gefahren, ohne jemandem davon erzählt zu haben. Elisabeth wohnt weiter bei Carsten und Gert, zwischen denen es Spannungen wegen Chris gibt. Elisabeth registriert verwirrt, daß ihr Sohn, der sich sonst nur für Männer interessiert, plötzlich an einem Mädchen Gefallen findet.
Isolde hat zur Einweihungsfeier ihres neugestylten Salons geladen. Eine Menge Kunden aus der Lindenstraße sind gekommen. Egon Kling gesteht Isolde erneut seine Verehrung. Sie verbietet ihm jedoch, ihr weiterhin Blumen zu schicken, und muß sich sehr beherrschen, um ihn nicht ernsthaft zu beleidigen. Nossek verkündet seine Verlobung mit Bianca, die von solchen Plänen noch gar nichts weiß, zunächst aber mitspielt. Erst später kommt es zu einem Streit wegen dieser Überrumpelung. Stefan erklärt Bianca seine Liebe und macht ihr erneut einen Heiratsantrag. Es gelingt ihm, sie zu beruhigen, und sie finden einen Kompromiß: Für ein halbes Jahr ziehen sie zusammen und werden danach entscheiden, ob sie heiraten oder nicht.
Benno und Gabi haben Schwierigkeiten mit Anna, die panische Angst vor Friedhelm hat. Abends liegt Anna mit starken Schmerzen im Bett. Als sie Geräusche hört, reagiert sie panisch. Sie ruft im Akropolis an und bittet Gabi inständig, sofort zu ihr zu kommen.

Bienvenido

Spieltag: 24.09.1987 • Sendetag: 27.09.1987

Folge: 95

Nachdem Elisabeth schon ihre Sachen gepackt hatte, beschließt sie nun, doch nicht auszuziehen, sondern bei Ludwig zu bleiben. Nina hingegen trennt sich endgültig von ihm – sie liebt ihn nicht. Ihre große Liebe war ihr in den USA an Krebs verstorbener Mann. Zusammen mit Frank will Nina jetzt nach Amerika zurückgehen. Dressler ist verzweifelt.
Benny und Helga führen ihren Kochfilm einem Redakteur des Bayerischen Rundfunks vor. Der findet den Film nicht schlecht, lehnt einen Kauf allerdings ab. Onkel Franz wird unterdessen aus der Klinik entlassen und quartiert sich bei den Beimers auf der Couch ein, da er nicht richtig gehen und sich deshalb nicht allein versorgen kann. Hans redet mit Marion über Matthias, der daran denkt, das Priesteramt aufzugeben, um sie zu heiraten. Marion will sich nicht festlegen.
Lydia begrüßt überglücklich Berta und Gottlieb, die gerade mit dem völlig verschüchterten Manoel aus Mexiko zurückgekommen sind. Bevor Lydia geht, schaut sie noch einmal ins Kinderzimmer und findet

den Jungen auf dem Boden sitzend. Er hat in der Ecke seine Notdurft verrichtet. In der Nacht erwacht Manoel weinend. Berta und Gottlieb können ihn nicht beruhigen, zumal das Kind beide heftig abwehrt und nur noch lauter zu schreien beginnt. Ratlos schauen sie sich an.

Spiele

Spieltag: 01.10.1987 • Sendetag: 04.10.1987

Folge: 96

Manoel ist zur Untersuchung bei Dr. Dressler. Im Wartezimmer treffen Berta und Gottlieb auf Philo, die erfahren hat, daß das in dem Dokumentarfilm gezeigte russische Schiff, auf dem sie ihren vermißten Sohn vermutet, in einer Woche in Hamburg eintreffen wird. Philo ist entschlossen hinzufahren. Gottlieb und Berta diskutieren mit Dressler darüber, wie Manoel seine Eingewöhnungsschwierigkeiten überwinden könnte. Der Arzt empfiehlt spielerische Annäherungsversuche. Gegen Ende des Gespräches kann Dressler dem Jungen das erste Wort entlocken: Bonbon. Zu Hause erreicht dann auch Berta eine erste Annäherung an Manoel. Bei Dressler und Elisabeth hängt der Haussegen weiterhin schief.
Egon Kling hört nicht auf, Isolde Geschenke zu machen, was diese sehr verärgert. Bianca ist glücklich mit Stefan. Zusammen arbeiten sie an der Erstellung von Bildern für den Fotowettbewerb „Nachbarn“. Am Abend erwischt Bianca Nossek beim illegalen Glücksspiel in seinem Atelier. Nossek spielt die Angelegenheit herunter.
Gert und Frank verlassen wegen des andauernden Flirts von Chris und Carsten die Theaterprobe. Die beiden bleiben allein zurück, und es kommt zu körperlichen Zärtlichkeiten. Abends entbrennt wegen dieses heftigen Flirts ein Streit zwischen Frank und Chris. Lydia will Frank hinauswerfen. Chris droht ihr, daß sie auf der Stelle mit Frank die Wohnung verläßt, wenn er nicht bleiben darf. Obwohl Lydia Angst davor hat, allein zu sein, bleibt sie hart. Chris packt das Nötigste zusammen und verläßt mit Frank türenschlagend Lydias Wohnung.

Das Knie des Kapitäns

Spieltag: 08.10.1987 • Sendetag: 11.10.1987

Folge: 97

Lydia fühlt sich seit Chris' Auszug sehr einsam und bittet diese zurückzukehren. Chris lehnt das jedoch ab, da Lydia nach wie vor nicht bereit ist, Franks nächtliche Besuche zu akzeptieren.
Vergeblich versucht Ludwig eine Annäherung an seine Frau: Auch nachdem Elisabeth von der endgültigen Trennung zwischen Nina und

Dressler erfahren hat, ist sie zu keiner Versöhnung bereit.
Benny und Helga versuchen erneut, ihren Film zu verkaufen, bleiben aber auch diesmal erfolglos. Jedoch soll Helga zum Thema „Hausfrauen“ interviewt werden. Matthias gesteht Hans, daß er Marion heiraten und Kinder mit ihr haben möchte. Klausi hat über seinen Hund Kontakt zu Manoel Griese geknüpft. In Klausis Gegenwart taut Manoel schnell auf und spricht alles nach. Als Berta das mitbekommt, ist sie überglücklich.
Philo reist nach Hamburg und trifft den Kapitän des russischen Schiffes, der jedoch erklärt, nicht ihr Sohn Paul zu sein. Doch Philo läßt sich nicht beirren. Für sie hat ihr „Sohn“ einen Gedächtnisverlust erlitten. Sie bittet den russischen Kapitän, ihr sein rechtes Knie zu zeigen, da ihr Sohn als Kind beim Spielen in einen Stacheldraht gefallen ist und eine große Narbe oberhalb des Knies zurückbehalten hat. Der Russe tut ihr den Gefallen – und siehe da: Er hat eine Narbe oberhalb des rechten Knies.

Ungeheure Forderungen

Spieltag: 15.10.1987 • Sendetag: 18.10.1987

Folge: 98

Philo erkundigt sich bei Dr. Dressler über Gedächtnisschwund, Gehirnwäsche etc. Sie möchte den Rest des Lebens mit ihrem Sohn verbringen, auch wenn sie dafür nach Rußland übersiedeln muß. Zum ersten Mal versagt ihre Kommunikation mit Joschi.
Franz äußert Tanja gegenüber die Überlegung, Lehrer an einer Waldorfschule zu werden. Tanja hat sich endgültig entschieden, den Beruf Krankengymnastin zu erlernen.
Manoel und Klausi sind inzwischen Freunde geworden. Helga erzählt ihrer Familie von ihrer Zusage, bei der Reportage mitzuwirken. Bei Beimers hat jedoch keiner große Lust darauf, tagelang ein Fernsehteam in der Wohnung zu haben. Benny übt Schlagzeug für seine neue Band, die „Mini Pigs“. Am Abend informiert Matthias Marion, daß er seine Versetzung nach Berlin beantragt hat. Marion ist über diese Mitteilung nicht gerade begeistert. Ihrer Meinung nach hätte er vorher mit ihr darüber reden müssen.
Vasily und Beate sind schwer verliebt. Vasilys Mutter Elena ist jedoch gegen diese Beziehung, und es kommt zum Streit mit ihrem Sohn. Elena erklärt Vasily, daß eine Verbindung mit Beate oder auch einer anderen Deutschen für ihn nie in Frage kommt. Doch dieser bleibt stur: das werde man ja sehen!

Nach Tanjas Berufswünschen Tennisprofi, Krankengymnastin und Reporterin wird sie schließlich Callgirl.

Teamarbeit

Spieltag: 22.10.1987 • Sendetag: 25.10.1987

Folge: 99

Die Bewohner der WG akzeptieren die von Phil veranschlagte Mieterhöhung, da Anna endgültig einziehen wird und sich an der Miete beteiligen will. Phil kann ihnen zunächst also nichts mehr anhaben. Gabi wird zu Anna ins Krankenhaus gerufen – die Wehen haben eingesetzt, und Anna möchte ihre Cousine bei der Geburt dabei haben. Egon Kling arbeitet nun, zum Ärger seiner Frau, als freier Mitarbeiter bei Benno.

In der Beimer-Wohnung ist das Fernsehteam in voller Aktion. Helga ist ganz aufgeregt; Hans, Marion und Benny sind von den Dreharbeiten genervt.

Beate und Vasily. Seine Eltern sind gegen die Beziehung.

Bei Sarikakis laufen die Vorbereitungen für die Theaterpremiere auf Hochtouren. Panaiotis stellt Vasily ein Ultimatum: Wenn sein Sohn den Umgang mit Beate nicht einstellt, muß er das Haus verlassen. Vasily, der sich Beate gegenüber den ganzen Tag sehr merkwürdig verhalten hat, erklärt seiner Freundin schließlich, daß er nichts mehr mit ihr zu tun haben will.

Erfolge

Spieltag: 29.10.1987 • Sendetag: 01.11.1987

Folge: 100

In Folge 652 wiederholt Klaus mit Dani und Philipp diesen Streich. Dann ist es allerdings Helga, die das brennende Häufchen löscht.

Klausi und Manoel spielen Else Kling einen Streich. Sie plazieren die „Tagesproduktion" von Klausis Hund in Papier eingewickelt vor Elses Tür und zünden das Papier an. Dann klingeln sie Sturm und ergreifen kichernd die Flucht. Elses Empörung ist groß, als sie das Feuer austritt und bemerkt, was an ihren Schuhen klebt.

Marion sagt Matthias, daß sie ohne ihn nach Berlin gehen wird. Sie hat Angst vor der Verantwortung, wenn er ihretwegen seinen Beruf aufgibt. Matthias ist am Boden zerstört.

Im Krankenhaus zeigt Anna Ziegler ihrer Cousine Gabi strahlend ihre kerngesunde Tochter Sarah. Obwohl sie sehr gerne eine richtige Familie hätte, gerät sie in Panik, als plötzlich ihr Mann im Zimmer steht. Vasily versöhnt sich mit Beate. Ihm ist klargeworden, daß er sie liebt. Notfalls läßt er es auf einen Konflikt mit den Eltern ankommen. Beate ist überglücklich. Am Abend findet die Premiere von „Orphée" im vollbesetzten Akropolis statt – das Stück wird ein Erfolg. Auch Lydia und Chris versöhnen sich bei der anschließenden Premierenfeier. Bei dem Fest ertappt Panaiotis Vasily und Beate bei Zärtlichkeiten und dem Tausch von Ringen. Vasily verkündet, daß sich Beate und er soeben verlobt haben. Panaiotis verlangt von Vasily, daß er das Mädchen heiratet, das seine Eltern für ihn ausgesucht haben.

Klausi und Manoel planen einen Anschlag auf Else Kling.

Fremde Lieben

Spieltag: 05.11.1987 • Sendetag: 08.11.1987

Folge: 101

Gottlieb hat immer noch Schwierigkeiten mit Manoel. Berta erklärt ihm, der Junge merke instinktiv, daß er abgelehnt werde, weil er der Grund dafür sei, daß Gottlieb vorerst seine Weltreise nicht verwirklichen kann. Es wird überlegt, ob Griese für einige Wochen allein segeln fahren sollte. Manoel bekommt erneut Ärger mit Else Kling, als er mit Klausi zusammen den Fahrstuhl blockiert und von den Hausbewohnern Geld fürs Mitfahren verlangt.

Else erscheint bei Isolde im Salon und verlangt das Geld für die Blumensträuße zurück, die Egon ihr angeblich zu „Dekorationszwecken" besorgt hatte. Isolde wirft Else hinaus und ist erbost darüber, daß Egon nicht zu seinen „Taten" steht. In diese Unterhaltung platzt Nossek mit der Nachricht, daß seine Fotos beim Wettbewerb abgelehnt wurden. Er macht Bianca Vorwürfe, weil sie ihm eingeredet habe, er sei ein begabter Fotograf. Bianca wiederum äußert den Verdacht, daß sein Fotoatelier nur als Deckmantel diene, ein illegales Spielcasino zu betreiben.

Bei Sarikakis hängt der Haussegen schief. Elena, die Beate nicht leiden kann, besteht darauf, daß die Tradition der Familie und vor allem die Absprachen mit den Freunden aus dem Heimatdorf eingehalten werden. Sie hat Daphne, das griechische Mädchen, das Vasily heiraten soll, und deren Eltern eingeladen und hofft, daß Vasily sich fügen wird. Elena und Panaiotis versuchen, ihren Sohn zu überreden. Doch Beate und Vasily setzen Panaiotis und Elena unter Druck: Wenn sie einer baldigen Hochzeit nicht zustimmen, wird das junge Paar noch in dieser Nacht abhauen.

Eine Art Tauschgeschäft

Spieltag: 12.11.1987 • Sendetag: 15.11.1987

Folge: 102

Die Eltern Sarikakis scheinen der Heirat zuzustimmen. Man beschließt, die Hochzeit in Griechenland zu feiern. Vasily und Beate ahnen nicht, daß Panaiotis und Elena am selben Tag die Ankunft des griechischen Mädchens und ihrer Eltern erwarten. Während Vasily und Panaiotis bei Elisabeth offiziell um Beates Hand anhalten, empfängt Elena die griechischen Gäste. Elena erklärt der wunderschönen Daphne die komplizierte Lage. Als Daphne ins Lokal kommt, ist Vasily von ihr begeistert.

Elisabeth lehnt die Hochzeit anfänglich ab, stimmt nach einem Gespräch mit Beate aber doch zu. Freudestrahlend kommt Beate ins Lokal und sieht Vasily heftig mit Daphne flirten. Vasily beruhigt Beate, indem er ihr erklärt, er müsse mit der Griechin nur über „eine Art Tauschgeschäft" sprechen.

Helga fiebert nervös der Ausstrahlung der Fernsehsendung entgegen, in der sie mitgewirkt hat. Die Sendung wird von allen Familienmitgliedern – außer Benny, der mit seiner Band unterwegs ist – vielseitig kommentiert. Helga strahlt vor Stolz über das Lob ihrer Lieben.

Else hat sich von Benny überzeugen lassen, Biowaschmittel auszuprobieren. Während des Waschgangs schleichen sich Klausi und Manoel an die Waschmaschine und werfen kleine bunte Tabletten ins Pulverfach. Das Resultat: bunt verfärbte Bettwäsche. Else schiebt die Schuld natürlich auf das Biowaschmittel, läuft zu Beimers und knallt ihnen die Wäsche vor die Füße.

Beate bleibt das Herz fast stehen, als sie mit ansehen muß, wie Daphne an diesem Abend zu Vasily ins Auto steigt. Sie sieht deutlich, daß die beiden sich küssen ...

Hochzeitsvorbereitungen

Spieltag: 19.11.1987 • Sendetag: 22.11.1987

Folge: 103

Die Eltern von Vasily und von Daphne haben die Verbindung offiziell aufgelöst, da Daphne schon seit zwei Jahren heimlich mit einem Mann aus ihrem Dorf verlobt ist. Vasilys scheinbarer Flirt mit ihr entsprang nur der Freude über diese Nachricht. Obwohl Elena sehr unglücklich ist und Beate nicht wirklich als ihre Schwiegertochter akzeptieren kann, präsentiert sie ihr im Restaurant ihr altes Hochzeitskleid.

Elisabeth macht sich Sorgen, weil immer weniger Patienten in die Sprechstunde kommen. Sie wirft Dressler vor, daß er sich gehen läßt, seit Nina ihn verlassen hat.

Anna ist mit ihrer Tochter Sarah in die WG eingezogen. Plötzlich steht Friedhelm vor der Tür und bittet sie, zu ihm zurückzukommen. Doch Anna glaubt nicht, daß er sich wirklich ändern kann. Benno ist bedrückt, weil ein Kunde seinen Auftrag zurückgezogen hat. Dafür hatte er alle anderen Angebote abgelehnt, auch eines von Hans Beimer für ein Kinderheim. Er spricht deshalb erneut mit Hans, der ihm verspricht, im Amt nachzufragen, ob der Auftrag bereits anderweitig vergeben worden ist.
Matthias taucht völlig verstört bei Beimers auf und erzählt Marion, daß er einen anonymen Brief erhalten habe, in dem er aufgefordert wird, seine Affäre mit ihr zu beenden. Andernfalls werde die Diözese von dem Verhältnis erfahren!

In den Folgen 387 und 388 schreibt Marions Bruder Klausi anonyme Briefe – an Urzula Winicki.

Entdeckungen

Spieltag: 26.11.1987 • Sendetag: 29.11.1987

Folge: 104

Die Theatergruppe streitet sich. Es kommt zum ernsthaften Zerwürfnis zwischen Chris und Frank. Auch Carsten und Gert haben Probleme, weil Robert Engel – ein alter Freund von Carsten – in der gemeinsamen Wohnung zu Besuch ist. Zur Vorstellung im Akropolis kommen nur vier Besucher – das Ende der Theatergruppe scheint gekommen.
Philo erzählt Gottlieb Griese traurig, daß Joschi sich nicht mehr meldet. Gerade jetzt, wo sie ihn so dringend braucht, schweigt er. Das Rote Kreuz hat ihr bestätigt, daß es sich bei dem russischen Kapitän tatsächlich um ihren Sohn handelt. Da dieser nicht nach Deutschland kommt, möchte sie zu ihm nach Rußland ziehen.
Helga, Hans und Klausi fahren nach Griechenland zur Hochzeit von Vasily und Beate. Marion und Benny, der endlich einmal mit seiner Band im Hobbykeller üben möchte, bleiben zu Hause. Matthias berichtet Marion, daß er dem Bischof alles erzählt habe und nun sein Priesteramt aufgeben muß. Sie werden von Onkel Franz gestört, der seinen ganzen Hausrat in Beimers Wohnung verteilt. Matthias und Marion entwerfen einen Anzeigentext für die Berliner Zeitung. Marion braucht in Berlin dringend ein Zimmer. Beim Tippen entdeckt sie, daß Matthias den Erpresserbrief selbst verfaßt hat – er wurde auf der gleichen Maschine geschrieben. Wütend wirft sie ihm das Papier an den Kopf und geht.

Die Hexe

Spieltag: 03.12.1987 • Sendetag: 06.12.1987

Folge: 105

Matthias betet in tiefer Verzweiflung. Seine große Liebe zu Marion hat ihn dazu getrieben, den anonymen Brief zu schreiben. Verzweifelt versucht er, mit ihr Kontakt aufzunehmen. Marion will aber nur in Ruhe gelassen werden. Gleichzeitig haben sie und Benny beschlossen, Onkel Franz zu boykottieren. Von Hans und Helga kommt ein Anruf aus Griechenland, daß sie ihren Urlaub um eine Woche verlängern. Benny und seine Freunde, die Mini Pigs, proben weiter im Hobbykeller. Mit Else Kling hat Benny ein Abkommen getroffen: Sie bekommt täglich DM 10 für Watte und duldet dafür den Lärm.

Die völlig zerstrittene Theatergruppe löst sich auf. Chris und Frank trennen sich, und auch die Beziehung von Gert und Carsten ist nicht mehr zu kitten. Gert ist eifersüchtig, weil Robert mit in die gemeinsame Wohnung eingezogen ist: Er zieht aus.

Elena gewöhnt sich doch noch an Beate. In Folge 316 bricht sie in Tränen aus, als sie hört, daß Beate sich von Vasily scheiden läßt.

Panaiotis und Elena sind aus Griechenland zurück. Letztere steigert sich so in ihren Haß auf Beate hinein, daß sie behauptet, Beate sei eine Hexe und habe den „bösen Blick“. Als Beweis zeigt sie Panaiotis Beates Hochzeitskleid, das einen Brandfleck über dem Herzen hat. Elena hat Angst um ihren Sohn und läßt sich von Panaiotis nicht daran hindern, im Lokal Kruzifixe aufzuhängen. Am Abend kommen auch Vasily und Beate überglücklich aus Griechenland zurück. Als Beate ins Lokal kommt, fällt zu Elenas Entsetzen ein Kreuz herunter.

Der Simulant und das Chaos

Spieltag: 10.12.1987 • Sendetag: 13.12.1987

Folge: 106

Beate und Vasily wohnen mit in der Wohnung von Carsten. Beate träumt von einer eigenen Wohnung, aber Vasily hat finanzielle Bedenken. Beate arbeitet tagsüber weiterhin in Isoldes Salon und hilft abends in der Kneipe. Argwöhnisch bemerkt Elena, daß kaum noch Gäste im Lokal sind. Die Idee ihrer Schwiegertochter, ein Kneipentheater zu machen, weist sie schroff ab.

Philo will nach Leningrad reisen, muß jedoch von einem Mitarbeiter des Roten Kreuzes erfahren, daß es noch Monate dauern kann, bis sie alle Papiere beisammen hat. So lange will sie auf keinen Fall warten.

In der Beimer-Wohnung herrscht Chaos. Benny und Marion fordern Onkel Franz ultimativ auf, seine Unordnung zu beseitigen, da ihre Eltern zurückkommen. Daraufhin verstaut Onkel Franz seinen ganzen Müll in Schubladen und Schränken – und verschwindet erst einmal. Nach der Rückkehr aus Griechenland schlägt Helgas Freude über den Zustand der Wohnung ins Gegenteil um, als ihr aus den Schränken der

Unrat entgegenfällt. Marion weicht allen Fragen nach Matthias aus. Hans und Helga erfahren jedoch, daß Matthias den anonymen Brief selbst geschrieben hat. Onkel Franz spielt inzwischen so überzeugend neue Schmerzen vor, daß Helga ihn gegen Hans' und Bennys Rat weiterhin bei sich wohnen läßt. Als Matthias einen erneuten Versuch macht, mit Marion zu reden, verläßt diese die Wohnung. Ihre ratlose Mutter und Matthias bleiben allein zurück.

Abschied

Spieltag: 17.12.1987 • Sendetag: 20.12.1987

Folge: 107

Marion willigt in eine Aussprache mit Matthias ein, der ihr erklärt, den Brief nur geschrieben zu haben, um einen Vorwand für das Ausscheiden aus der Kirche zu haben. Marion will trotz seiner „edlen“ Motive nicht, daß Matthias mit ihr nach Berlin geht. Sie schlägt ihm eine vorläufige Trennung vor, mit der sich Matthias nur schwer abfinden kann. Indes laufen die Weihnachtsvorbereitungen auf vollen Touren. Onkel Franz bekommt per Post ein längliches Paket und erklärt der neugierigen Else, daß es sich um eine Weihnachtsüberraschung für seinen Neffen handle.

Frank erklärt dem geschockten Dressler, daß er am nächsten Tag mit seiner Mutter nach Amerika gehen wird, und übergibt ihm einen Abschiedsbrief von Nina. Anschließend hat Ludwig das Bedürfnis, allein zu sein, und weist Elisabeth zurück.

Unterdessen hilft die ganze WG Benno, den Großauftrag fürs Kinderheim rechtzeitig fertigzustellen. Sogar Chris arbeitet gegen Bezahlung mit. Nachdem sich Anna erst geweigert hatte, Weihnachten bei Friedhelm zu verbringen, tut es ihr kurze Zeit darauf doch leid. Inzwischen hat Friedhelm aber bei Sarikakis zwei Flaschen Wein getrunken und verläßt wütend das Lokal, als Vasily ihm eine weitere Flasche verweigert. Anna kommt genau in dem Moment mit Sarah aus dem Haus, als Friedhelm stark angetrunken über die Straßen taumelt. Enttäuscht will sie sich zurückziehen, doch Friedhelm bemerkt sie, weil Sarah anfängt zu weinen. Zornig geht er auf die beiden zu ...

Oh Tannenbaum

Spieltag: 24.12.1987 • Sendetag: 27.12.1987

Folge: 108

Anna bittet Dressler vergeblich, die Anzeige gegen Friedhelm zurückzuziehen. Selbst ihre Beteuerung, daß er ein guter Mann und Vater sei, läßt Dr. Dressler kalt. Er ist der Meinung, daß ein Mann, der

eine schwangere Frau wiederholt zusammenschlägt, bestraft werden muß. Elisabeth bemüht sich heute, ihrem Mann, trotz aller Enttäuschungen, ein schönes Fest zu bereiten.
Bei Beimers laufen die Weihnachtsvorbereitungen. Nachdem beschlossen wurde, daß die Kinder sich um den Baum kümmern, steht zum Entsetzen der Eltern plötzlich eine Plastiktanne im Wohnzimmer. Kurz vor der Bescherung kommt Matthias Steinbrück, um ein Geschenk für Marion abzugeben. Helga lädt ihn zu Marions Ärger ein, den Heiligen Abend mit ihnen zu verbringen.

Lydia schenkt Manoel den Top-Banana-Stuhl.

Während Chris und Lydia Geschenke einpacken, erzählen sie sich Geschichten von früheren Weihnachtsfesten. Schließlich bringt Lydia die atheistische Chris dazu, mit ihr gemeinsam ein Weihnachtslied zu singen. Am Abend wird auch bei Grieses gefeiert. Berta hat ein ganz besonderes Geschenk für Gottlieb: ein Flugticket nach Nassau/Bahamas. Sie erklärt ihrem überraschten Mann, daß sie auf die Annonce eines Yachteigners geantwortet habe, der ein Besatzungsmitglied für die Überführung einer Yacht von Nassau nach Hamburg sucht. Gottlieb ist begeistert.
Genau wie Klausi: Als der das Geschenk von Onkel Franz auspackt, hält er ein Luftgewehr in den Händen.

Der Wurm

Spieltag: 31.12.1987 • Sendetag: 03.01.1988

Folge: 109

Klausi fordert ein neues Geschenk von Onkel Franz, da ihm Hans das Gewehr abgenommen hat. Unterdessen bereitet Beate für die Silvesterfeier im Akropolis den Salat vor. Mit Unbehagen hat Elena gehört, daß Beate und Vasily davon reden, ein eigenes Lokal zu eröffnen. An der großen Silvesterfeier nehmen dann außer Dr. Dressler alle Nachbarn teil. Else hat alle Hände voll damit zu tun, ihren Egon zu beaufsichtigen, der immer wieder sehnsüchtig zu Isolde hinüberschaut. Für Musik sorgen Benny und die Mini Pigs, unterstützt von Benno mit seiner Tuba. Plötzlich entdecken mehrere Gäste Würmer in ihrem Salat. Elena unterstellt Beate, das Ungeziefer absichtlich in den Salat getan zu haben, damit das Lokal geschlossen wird. Beate ist über diesen Vorwurf erschüttert.
Während der Silvesterfeier eröffnet Tanja Schildknecht ihrem Vater, daß sie nach den Weihnachtsferien nicht mehr in die Schule geht, sondern sich an einer Krankengymnastikschule bewerben möchte. Bei Grieses ist der Abschiedsschmerz groß: Gottlieb, der Bertas Trauer bemerkt, ist bereit, ihr zuliebe auf die Fahrt zu verzichten, doch Berta lehnt ab. Egon Kling wird während Grieses Abwesenheit wieder den Kiosk führen. Griese ist gerührt von dem heiligen Christopherus, den Manoel ihm als Talisman gebastelt hat, vergißt aber, ihn mitzuneh-

men. Wie vor einem Jahr werden vor dem Lokal Lautsprecher aufgebaut, und alle Nachbarn tanzen ins neue Jahr.
Kurz vor Mitternacht verabschiedet sich Elisabeth dann von den anderen, um den Jahreswechsel mit ihrem Mann zu verbringen. Doch sie sucht ihn vergeblich – das Haus ist verlassen.

Reise ins Ungewisse

Spieltag: 07.01.1988 • Sendetag: 10.01.1988

Folge: *110*

Manoel entdeckt den vergessenen Talisman und veranlaßt Berta, sofort mit ihm in die Kirche zu gehen, um für den Heiligen Christopherus eine Kerze anzuzünden.
Beate und Vasily erzählen Chris gutgelaunt, daß Elena sich entschuldigt hat. Beate ist über die Vorstellung, daß man sie für eine Hexe hält, amüsiert. Unterdessen erscheint ein Herr vom Gewerbeaufsichtsamt und erklärt den verblüfften Sarikakis, daß eine anonyme Anzeige wegen unzureichender Hygiene gegen sie vorliege. Nach einer Inspektion ermahnt er die Wirtsleute zu größerer Sauberkeit. Erneut wirft Elena Beate vor, für alles Unglück der Familie verantwortlich zu sein. Panaiotis versucht erfolglos, bei Elena ein gutes Wort für die Schwiegertochter einzulegen.
Tanja hat tatsächlich mit der Schule aufgehört und führt, bis sie einen Praktikumsplatz gefunden hat, den Haushalt.
Marion reist nach Berlin ab, und Onkel Franz bezieht prompt ihr Zimmer. Viel zu spät erscheint Matthias bei den Beimers. Marion hatte ihm eine falsche Abreisezeit genannt. Auch Philo verabschiedet sich, weil sie noch heute in die UdSSR fahren will. Sie redet ein letztes Mal mit Joschi, dann nimmt sie ihr Gepäck und verläßt die Wohnung. Nach einer Diskussion mit Else, die sie zurückhalten will, verläßt Philo das Haus und fährt mit dem Bus zum Großmarkt. Dort klettert sie in einen Lastwagen mit russischer Aufschrift.

Philo kurz vor ihrer Abfahrt nach Rußland, Else will sie noch zurückhalten.

Tarnungen

Spieltag: 14.01.1988 • Sendetag: 17.01.1988

In Folge 289 wird Friedhelm Ziegler, in Folge 538 Momo Sperling in die Psychiatrie eingeliefert.

Folge: 111

Else Kling erfährt von zwei Polizisten, daß Philo in Hannover halb erfroren in einem Lastwagen gefunden wurde. Sie ist jetzt in einer Nervenheilanstalt. Als Lydia und Chris die alte Frau dort besuchen, erkennt sie die beiden zwar, glaubt aber in Leningrad zu sein. Folglich wundert sie sich, daß die beiden den weiten Weg auf sich genommen haben. Lydia und Chris beschließen, Philo aus dem Heim zu holen.

Nossek präsentiert Bianca und Isolde stolz seinen neuen Sportwagen. Angeblich besitzt er durch eine Erbschaft Vermögen in der Schweiz. Isolde wiederum sorgt sich um ihre Finanzen und überredet Bianca, Nossek ihren Salon zum Kauf anzubieten. Obwohl Bianca nicht glaubt, daß es Isolde ernst ist, willigt sie ein, mit ihm zu reden. Abends dann stellt Bianca überrascht fest, daß Nossek im Fotoatelier ein illegales Spielkasino betreibt. Er verspricht Bianca aber, ihr zuliebe alles zu verkaufen.

Franz hat keine Lust mehr zu unterrichten, weil seine Schüler nicht mehr mitarbeiten. Tanja deutet an, daß das vielleicht an ihm liegen könnte. Immerhin habe er sich seit Hennys und Meikes Tod verändert. Sie schlägt ihm vor, sich beurlauben zu lassen und vielleicht nach Gomera zu gehen. Außerdem freut sich Tanja über die Praktikums-Zusage einer Klinik.

Eine alte Frau steht vor Carstens Wohnungstür. Als Carsten sie nicht gleich durchschaut, gibt sich Chris zu erkennen. Froh über ihr gelungenes Experiment, erklärt sie, daß sie fest entschlossen sei, Philo aus dem Heim zu entführen.

Alles Lüge

Spieltag: 21.01.1988 • Sendetag: 24.01.1988

Folge: 112

Egon hat eine Softeismaschine für Grieses Kiosk besorgt. Nachdem Egon die Maschine repariert hat, zapft Berta Manoel ein Eis. Die Maschine läßt sich aber nicht mehr abstellen, so daß Berta schließlich bis zum Knöchel in der weißen Creme steht.

An diesem Tag hat Berta mit Manoel einen Termin beim Schulamt. Sie erzählt Lydia, daß Manoel im September in eine Übergangsklasse für ausländische Kinder gehen wird und nach zwei Jahren in eine normale Grundschule wechseln kann.

Familie Sarikakis ist erschüttert. An die Hauswand sind ausländerfeindliche Parolen gesprüht worden, die auf das Silvesteressen anspielen. Später, auf einer von Chris einberufenen Mieterversammlung

im Akropolis, diskutieren die Lindensträßler über Philos Schicksal, ohne zu einem Entschluß zu kommen. Am Ende der Versammlung bittet Vasily die Stammkunden um Solidarität und lädt alle zu einem Fischessen in der nächsten Woche ein.
Dr. Dressler verordnet Isolde wegen einer Venenentzündung völlige Ruhe. Erneut bietet Isolde Bianca den Salon für einen Freundschaftspreis zum Kauf an. Daraufhin bittet Bianca Nossek um einen Kredit. Der will ihr die Hälfte der Summe leihen, den Rest soll sie sich aber bei der Bank besorgen. Als Überraschung verkündet Stefan, jetzt ein ehrliches Leben führen zu wollen. Doch Bianca kommen Zweifel, als sie ein merkwürdiges Telefonat zwischen Nossek und Herrn Benninger, dem Präsidenten des Tennisclubs, mithört. Als Bianca in der Nacht erwacht, ist Nossek nicht da. Sie geht ins Fotoatelier und findet ihn zusammengeschlagen, gefesselt und bewußtlos am Boden liegend.

Wo man singt ...

Spieltag: 28.01.1988 • Sendetag: 31.01.1988

Folge: 113

Bianca versorgt den verletzten Nossek, wobei sie versucht, endlich die wahren Hintergründe des Überfalls zu erfahren. Nossek vermutet, daß ein glückloser Zocker der Übeltäter war. Er will weder zum Arzt, noch zur Polizei gehen.
Isolde will schnellstmöglich nach Ischia reisen und kann deshalb nicht mehr lange mit dem Verkauf des Salons warten. Um Nossek nicht zu verraten, erzählt Bianca Isolde, er sei verreist. Nossek bleibt bei seiner Zusage, Bianca Geld zu leihen. Er will in die Schweiz fahren, sobald es ihm etwas besser geht.
Onkel Franz macht mit Klausi in der Wohnung Schießübungen.
Anna und Friedhelm Ziegler versuchen vergeblich, den nicht mehr ganz nüchternen Dr. Dressler davon zu überzeugen, beim bevorstehenden Prozeß nicht gegen Friedhelm auszusagen. Elisabeth nimmt stumm und traurig zur Kenntnis, daß Dressler ein Glas Cognac nach dem anderen leert. Der Arzt hat eindeutig ein Alkoholproblem.
An der Wand der griechischen Gaststätte stehen erneut Hetzparolen. Auch das Haus Nr. 3 ist nicht verschont geblieben. Beate, Elena, Vasily und Panaiotis geben sich für das Fischessen große Mühe. Die meisten Bewohner der Lindenstraße haben sich eingefunden, und wieder spielen die Mini

Onkel Franz bemüht sich sehr, einen guten Einfluß auf seinen Großneffen auszuüben.

Pigs. Kaum ist das Fischessen bei Sarikakis beendet, bekommen die ersten Gäste, darunter auch Helga, Magenprobleme. War der Fisch nicht in Ordnung?

Das Urteil

Spieltag: 04.02.1988 • Sendetag: 07.02.1988

Folge: *114*

Dresslers Wartezimmer ist gut gefüllt. Isolde, die wegen ihrer Venenentzündung das Rauchen aufgeben soll, hat heute den ersten Akupunkturtermin. Sie raucht ihre letzte Zigarette und erntet wütende Proteste von Franz Wittich. Gleichzeitig betrachtet Onkel Franz sorgenvoll seinen Spazierstock, an dem eine Plakette fehlt. Chris will von Dressler erfahren, wie sie Philo helfen kann. Der Doktor macht Chris darauf aufmerksam, daß Philo auf jeden Fall ärztliche Aufsicht braucht. Er selbst kann und will die Verantwortung nicht übernehmen. Als Chris Dressler ihre Hilfe bei seinem offensichtlichen Alkoholproblem anbietet, beendet dieser empört das Gespräch. Seine schlechte Laune läßt er an Elisabeth aus.

Nach dem gescheiterten Fischessen der vergangenen Woche wurde das Akropolis geschlossen. Zwei Beamte der Gesundheitsbehörde inspizieren nun das Lokal. Elena ist immer noch überzeugt, daß Beate eine Hexe ist. Als Beate ein Kreuz als Geschenk ablehnt, fühlt sie sich in ihrem Verdacht bestätigt. Beate überlegt es sich aber anders und hängt sich das Kreuz zu Elenas Erstaunen doch noch um.

Bei der Verhandlung gegen Friedhelm verweigert Anna auf die Frage, ob Friedhelm sie in besagter Nacht geschlagen habe, die Aussage. Gabi berichtet, in welchem Zustand Anna nachts zu ihr kam. Nachdem auch Dressler gegen ihn ausgesagt hat, legt Friedhelm ein Geständnis ab, zeigt Reue und bittet um Gnade. Er wird zu zwölf Monaten auf Bewährung verurteilt. Daraufhin beschimpft er Anna, sie habe ihn mit der Verweigerung der Aussage zusätzlich belastet. Am Abend verläßt Anna das Haus. Als sie die Straße überqueren will, rast ein Auto direkt auf sie zu.

Die Entführung

Spieltag: 11.02.1988 • Sendetag: 14.02.1988

Folge: *115*

Chris stellt sich, als alte Frau verkleidet, in der Nervenheilanstalt als Schwägerin von Philos Sohn Paul vor und entführt die alte Frau. Zu Hause legt Philo sich glücklich schlafen. Als Carsten später nach ihr sieht, muß er feststellen, daß sie tot ist.

Bianca will mit Stefan zusammen in die Schweiz fahren, um das Geld für den Salon zu holen. Nossek möchte aber nicht, daß seine Freundin ihn begleitet, und holt sie zum verabredeten Termin einfach nicht ab. Isolde vermutet dunkle Geschäfte hinter Nosseks Verhalten und setzt direkt eine Verkaufsanzeige in die Zeitung.

Der Geschäftsführer von Phil Seegers, Herr Hülsch, parkt am frühen Morgen seinen Wagen vor dem Haus. Er entdeckt eine Beschädigung an der Hauswand, und Else erklärt ihm, daß Friedhelm Ziegler vor einer Woche mit dem Auto auf seine Frau losgerast sei. Sie konnte aber noch rechtzeitig zur Seite springen. Derweil versucht Friedhelm, Anna in der WG zu erreichen, weil er Angst hat, sie könnte ihn anzeigen. Anna läßt sich verleugnen. Dann steht Herr Hülsch vor der Tür und überreicht Gabi ein Päckchen und einen Abschiedsbrief von Phil, der nach Amerika zieht. Um seine Freundschaft zu beweisen, hat er veranlaßt, daß die Kündigung rückgängig gemacht wird, daß Benno ab sofort seine Werkstatt wieder in der Garage einrichten kann und daß für Max ein Treuhandkonto eingerichtet wird.

Als Beate in der Küche des Lokals den Boden wischt, entdeckt sie die verloren geglaubte Plakette von Onkel Franz' Wanderstock.

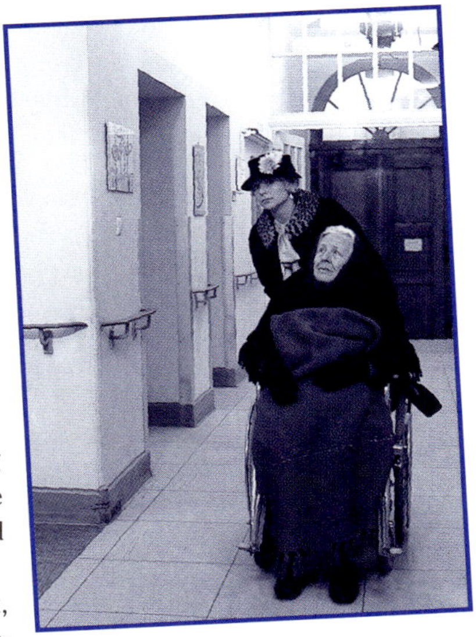

Als alte Frau verkleidet, entführt Chris Philo Bennarsch aus der Psychiatrie.

Der arme Onkel

Spieltag: 18.02.1988 • Sendetag: 21.02.1988

Folge: 116

Berta hat endlich einen Brief von Gottlieb bekommen. Er schreibt, daß die Yacht, nachdem sie überholt werden mußte, in drei Tagen wieder auslaufe. Berta ist froh, überhaupt etwas von Griese zu hören, wundert sich aber, daß der Brief von den Bahamas bis nach München drei Wochen unterwegs war.

Bianca gelingt es nicht, Stefans Aufenthaltsort ausfindig zu machen. Isolde hat ein Immobilienbüro beauftragt, den Verkauf des Salons in die Wege zu leiten. Sie will noch an diesem Wochenende nach Ischia fahren und bittet Bianca offiziell, den Laden bis zum Verkauf weiterzuführen. Plötzlich betritt Herr Benninger den Friseursalon und fragt nach Nossek. Bianca möchte diesem doch ausrichten, er könne das Geld abholen.

Bei Beimers kommt es zum Eklat: Franz Wittich ist verantwortlich für alle Aktionen gegen Sarikakis. Er glaubt, richtig gehandelt zu haben, weil „die Ausländer" schließlich an den Mißständen in Deutschland schuld seien. Hans erklärt ihm, daß er ausziehen muß, und Benny ver-

In Folge 465 soll sich Wittich wieder einmal entschuldigen: bei Matthias Steinbrück.

langt, daß Onkel Franz sich öffentlich bei den Sarikakis entschuldigt, was dieser entrüstet ablehnt. Hans – dankbar, daß Panaiotis Onkel Franz nicht angezeigt hat – verspricht, sich um den Schadensersatz zu kümmern. Unterdessen hat Benny Wittich heimlich die Schlüssel geklaut und macht sich auf den Weg in seine Wohnung. Nach längerer Suche entdeckt er ein Geheimfach im Schreibtisch. Er versucht, es zu öffnen, und muß dabei tief in den hinteren Teil eines Schubfaches greifen. Plötzlich schreit er qualvoll auf. Er kann die Hand nicht mehr aus dem Schubfach ziehen.

Verbotene Früchte

Spieltag: 25.02.1988 • Sendetag: 28.02.1988

Folge: 117

Franz hat sich vorgenommen, bei seiner schwierigen Klasse hart durchzugreifen. Tanja schlägt erneut vor, nach Gomera umzuziehen, doch ihr Vater meint, sie müsse erst ihre Ausbildung beenden. Als Franz von der Schule nach Hause kommt, berichtet er begeistert, daß seine Kollegin Vera Sash sich auch für Gomera interessiere. Sie habe ihn und Tanja eingeladen, mit ihr auszugehen. Als die beiden spätabends wieder zu Hause sind, merken sie nicht, daß die Wohnungstür nicht ganz geschlossen ist. So kann Else Kling beobachten, wie Franz und Tanja, nur leicht bekleidet, miteinander schäkern.
Dressler versucht, betrunken Bennys linke Hand zu verbinden. Der Junge hatte in eine Rattenfalle gefaßt, die im Schreibtisch von Onkel Franz versteckt war. Später erfährt Benny, daß von den DM 24.000, die er dort gefunden hat, eine Entschädigung an Familie Sarikakis gezahlt worden ist.
Beate und Bianca vergraulen geschickt einen potentiellen Käufer. Da taucht Stefan plötzlich im Friseursalon auf. Ohne eine Erklärung verabredet er sich für den Abend mit Bianca und verschwindet wieder. Kurz vor Geschäftsschluß ruft Isolde bester Laune aus Ischia an. Sie bietet Bianca einen Preisnachlaß an, falls sie noch kaufen will. Nossek hat die Wohnung mit Tausend-Mark-Scheinen tapeziert, die er Bianca großzügig schenken will. Doch die besteht auf einem korrekten Darlehensvertrag. Auf die Frage, woher er das Geld habe, erhält sie wieder keine konkrete Antwort. Nach einem kurzen Telefonat mit Benninger teilt Nossek Bianca mit, daß sie nicht auf ihn warten soll, und eilt hinaus.

Vo Dao
Spieltag: 03.03.1988 • Sendetag: 06.03.1988

Folge: *118*

Helgas Gefrierschrank ist versehentlich abgetaut, deshalb verschenkt sie jetzt ihre Vorräte an die Nachbarn. Abends veranstaltet sie ein Essen, zu dem Lydia, Berta, Manoel und Matthias eingeladen werden. Dabei gibt Berta zum erstenmal zu, daß sie sich Sorgen um ihren Mann macht.
Gung gibt Anna Unterricht in Vo Dao – eine Kunst der Selbstverteidigung und der Meditation. Dabei kommen sie sich etwas näher. Als sie dann mit Gabi und Benno zusammensitzen, werden die beiden von Anna und Gung auf ein zweites Kind angesprochen. Beide weichen diesem Thema aus, besonders Gabi ist es sichtlich unangenehm. Als Benno mit Gabi alleine ist, gesteht er ihr seinen großen Wunsch nach einem zweiten Kind – einem eigenen. Während Gabi zahlreiche Bedenken vorbringt, glaubt ihr Mann, daß sie das schon irgendwie hinkriegen würden.
Bianca wird von Else auf das merkwürdige Vater-Tochter-Verhältnis der Schildknechts angesprochen und vor Nossek gewarnt. Der bevollmächtigte Treuhänder von Isolde Panowak verhandelt mit Bianca über die Details des Kaufvertrages. Unterdessen versucht Stefan seinen Sportwagen, den er nicht – wie er Bianca erzählt hat – in die Werkstatt gebracht, sondern verkauft hatte, für DM 5.000 Aufpreis zurückzukaufen. Am Abend überrascht Nossek Bianca mit dem Cabrio. Beide feiern einen ausgelassenen Abend, bei dem Isolde und ihr neuer Freund auf Ischia Hauptgesprächsthema sind.
Die beiden Schildknechts verstehen sich auffallend gut. Franz gesteht Tanja, daß er sich verguckt habe. Das wisse sie, sagt Tanja gutgelaunt. Aber Franz erklärt ihr, daß die neue Frau in seinem Leben Vera heißt.

Mitbringsel
Spieltag: 10.03.1988 • Sendetag: 13.03.1988

Folge: *119*

Manoel mußte auch aus der zweiten Vorschulkindergruppe herausgenommen werden, weil er sich dort nicht wohl fühlte. Das einzige Kind, das er akzeptiert, ist Klausi Beimer. Kritik von Lydia weist Berta trotzig zurück. Chris wird bei einer privaten Schauspielschule vorsprechen. Wie sie den Unterricht bezahlen soll, weiß sie allerdings noch nicht. Sie hofft auf Hilfe von Lydia. Später kommt Chris völlig durchnäßt nach Hause. Auf dem Heimweg von der Schauspielschule ist sie in eine Demonstration geraten und von einem Wasserwerfer erfaßt worden. Als Chris in der Nacht einen Fieberanfall bekommt, ruft Lydia bei Dressler an, der aber angeblich selbst krank ist.

Weil Chris keinen anderen Arzt will, bleibt Lydia bei ihr und umsorgt sie rührend.
Friedhelm wartet, bis Anna allein in der Wohnung ist. Dann geht er zu ihr und überreicht ihr einen Scheck. Er möchte zu Anna und Sarah zurückkommen und erzählt von einer Therapie, die er macht. Fassungslos hört er, daß Anna die Scheidung eingereicht hat. Wütend zerreißt er den Scheck und verschwindet.

Celins Macke: Er läßt ständig einen Tischtennisball hüpfen.

Franz kündigt Tanja an, daß Vera und ihr Sohn Celin zum Abendessen kommen. Vater und Tochter sprechen sich endlich aus. Celin erweist sich als schwieriger Junge, der seine Mitmenschen spüren läßt, daß sie ihm geistig nicht gewachsen sind. Celin bittet Tanja, ihren Vater vor seiner Mutter zu warnen. Vera sei von Grund auf schlecht. Tanja soll dafür sorgen, daß Franz nie wieder mit Vera redet.

Tricks

Spieltag: 17.03.1988 • Sendetag: 20.03.1988

Folge: *120*

Onkel Franz verschafft sich mit einem Trick Zugang zu Beimers Wohnung. Als Helga nach Hause kommt, stehen die Räume voller zusätzlicher Möbel. Onkel Franz erklärt Helga, daß er seine Wohnung gekündigt habe und ab sofort wieder bei seiner Familie wohne. Zu spät erkennt Helga, daß sie überrumpelt worden ist. Hans macht Onkel Franz klar, daß er am nächsten Tag ins Altersheim ziehen muß. Benny erklärt, daß er mit Wittich auf keinen Fall die Wohnung teilen werde und verzieht sich in den Hobbykeller.
Vera und Celin kommen zum Essen zu Schildknechts. Während Vera und Franz in der Küche das Essen richten, will Celin von Tanja wissen, ob sie ihren Vater vor Vera gewarnt habe. Tanja erklärt ihm, daß ihr Vater selbst wisse, mit wem er Freundschaft schließe. Als Celin Tanja zu küssen versucht, handelt er sich eine Ohrfeige ein. Später bittet Tanja Vera, ihren Sohn nicht noch einmal mitzubringen.
Berta hat seit Wochen keine Nachricht mehr von ihrem Mann bekommen und telefoniert nun mit dem Yachteigner. Sie erfährt, daß die Yacht frühestens in zwei Wochen in Hamburg eintreffen kann. Allerdings ist seit zehn Tagen der Funkkontakt mit dem Schiff abgebrochen. Während Berta sich Sorgen um Gottlieb macht, schlägt Lydia ihr vor, Chris als Deutschlehrerin für Manoel zu engagieren. Berta gefällt die Idee aber gar nicht; ihrer Meinung nach kann Manoel von Chris kein gutes Deutsch lernen. Von Helga bekommt Berta den Rat, die Wochen ohne Gottlieb zu genießen – fragt sich nur wie ...

Das Ultimatum

Spieltag: 24.03.1988 • Sendetag: 27.03.1988

Folge: 121

Die Kiosk-Bilanz, die Berta mit Egon macht, ist verheerend. Zudem erfährt sie, daß die Segelyacht, mit der ihr Mann unterwegs ist, zu einer Kursänderung gezwungen wurde.
Chris engagiert sich neben der Schauspielschule nun auch in der Anti-Atom-Bewegung und hat deshalb wenig Zeit für Lydia. Am Abend informiert sie Robert und Carsten darüber, daß Lydia sich einsam fühle. Sie beschließen, per Annonce einen Kavalier für die alte Dame zu finden. In der Anzeige heißt es, die Enkelin einer Aristokratin suche für ihre Großmutter einen geeigneten Begleiter.
Elena ist nach Griechenland geflogen, da ihr Vater einen Schlaganfall erlitten hat. Dadurch ist Beate gezwungen, im Lokal mitzuarbeiten, und muß Bianca im Stich lassen. Als Bianca Nossek von ihrer personellen Notlage erzählt, bietet er ihr an, ihn zu heiraten. Damit wären all ihre finanziellen Probleme auf einen Schlag gelöst. In das Gespräch platzt Benninger mit der Nachricht, daß im Tennisclub eine Betriebsprüfung durchgeführt werde. Dahinter vermutet er Nossek, der aber alles abstreitet und den drohenden Benninger hinauswirft.
Helga hat heute Geburtstag. Klausi und Benny haben für ihre Mutter eine Überraschung vorbereitet. Die Mini Pigs haben ein Lied mit dem Titel „Mama“ arrangiert. Als Klausi es singt, hat Helga vor Rührung Tränen in den Augen.
Stefan und Bianca besteigen das Cabriolet und fahren mit offenem Verdeck durch den lauen Frühlingsabend. Plötzlich schreit Stefan auf und hat Mühe, den Wagen zum Stehen zu bringen. An seiner Schläfe fließt Blut. Bevor Stefan bewußtlos zusammenbricht, gibt er einen Hinweis: Benninger.

In Folge 649 schenkt Klaus Iffi Zenker eine CD mit einem Mitschnitt des Liedes „Mama“.

Das Gelbe vom Ei

Spieltag: 31.03.1988 • Sendetag: 03.04.1988

Folge: 122

In der Klinik werden Nossek und Bianca vom behandelnden Arzt darüber informiert, daß der Sehnerv getroffen wurde – Nossek ist für immer blind. Daraufhin beichtet Nossek, daß Benninger jahrelang Mitgliedsbeiträge des Tennisclubs unterschlagen hat. Er selbst hat regelmäßig Schweigegelder abkassiert. Als er aber vor Wochen die übliche Summe vorzeitig verlangte, weil er Bianca das Geld für den Salon geben wollte, hat Benninger die Schläger ins Fotoatelier geschickt. Nun, da Benninger Nossek wegen der Betriebsprüfung verdächtigt, wolle er ihn entweder beseitigen oder ihm einen Denkzettel verpassen.

Klausi liegt apathisch und mit hohem Fieber im Bett. Helga weiß, daß ihn etwas bedrückt, aber Onkel Franz beschwört den Jungen zu schweigen. Wenn seine Eltern etwas von den Schießübungen erfahren, könne er eingesperrt werden. Klausis Zustand verschlechtert sich, als er am Abend erfährt, daß Nossek erblindet ist.
Ostern steht bevor und die Küche der WG quillt vor Eiern über. Anna flirtet unverhohlen mit Gung. Als am Abend alle zusammen Eier färben, hänselt Chris Anna und Gung. Peinlich berührt verschwindet Gung in seinem Zimmer. In der Nacht schlüpft Anna zu ihm ins Bett ...

Lydia und die Männer

Spieltag: 07.04.1988 • Sendetag: 10.04.1988

Folge: 123

Klausi gibt zu, auf Nossek geschossen zu haben. Auf den Schreck braucht Helga erst mal ein paar Spiegeleier.

Klausi sieht sehr elend aus und behauptet, nicht mehr sehen zu können. Dann fragt er, ob er jetzt so enden werde wie Nossek. Hans und Helga werden hellhörig, und Klausi erzählt nun die Wahrheit: Zusammen mit Onkel Franz hat er Schießen geübt und dabei versehentlich Nossek getroffen. Als Hans Wittich zur Rede stellen will, hat dieser die Wohnung bereits verlassen. Klausi, erleichtert, daß die Wahrheit heraus ist, kann wieder sehen. Später rät Bianca Hans davon ab, zur Polizei zu gehen.
Chris hat es sehr eilig. Als Lydia sagt, sie sei traurig und einsam, rät Chris ihr, Dr. Dressler zu besuchen. Der ist aber angetrunken, unrasiert und geradezu verwahrlost. Lydia versucht vergeblich, ihm ins Gewissen zu reden. Währenddessen wählen Chris, Carsten und Robert im Akropolis einen Herrn für Lydia aus. Chris vereinbart mit einem adeligen Kandidaten, Herrn von Salen-Priesnitz, daß er sich als Ahnenforscher ausgeben soll. Lydia ist erstaunt über den ungewöhnlichen Besuch.
Anna ist glücklich, weil sie es geschafft hat, Friedhelm abzuweisen. Gung gesteht, daß er sich in seine Kollegin Katharina verliebt hat, worüber Gabi enttäuscht ist. Sie hatte gehofft, es wäre Anna. Am Abend taucht Friedhelm wieder auf, vermag es aber nicht, Anna von der Scheidung abzubringen. Sie erzählt, daß sie in Gung verliebt sei. Als sie Gung küßt, verläßt Friedhelm wütend die Wohnung. In der Nacht läutet Chris Sturm bei Dressler. Lydia liegt bewegungslos im Wohnzimmer und blutet aus einer Kopfwunde. Chris verlangt vom betrunkenen Dressler, daß er Lydia hilft. Doch dazu ist er nicht in der Lage.

Der erste Schritt

Spieltag: 14.04.1988 • Sendetag: 17.04.1988

Folge: 124

Onkel Franz muß ins Altersheim. Hans fährt ihn persönlich hin, um sicher zu sein, daß er auch dort ankommt. Nur Else wird er fehlen. Hans und Helga kommen überein, daß Klausi sein „Opfer" vorerst nicht sehen soll. Nossek hat sich als erstaunlich großmütig erwiesen und verzichtet darauf, die Polizei einzuschalten. Am Nachmittag besucht Helga Nossek in der Klinik. Sie überreicht ihm eine Kassette, die Klausi für ihn besprochen hat, und bittet ihn nochmals um Vergebung. Gemeinsam hören sie vom Band die ersten anrührenden Sätze einer kindlichen Bitte um Verzeihung.

Nachdem der vorgetäuschte Unfall in der letzten Woche keinerlei Wirkung gezeigt hat, bittet Elisabeth Lydia und Chris erneut um Hilfe wegen Dressler. Als sie in die Praxis kommen, die inzwischen von einem Vertreter, Dr. Kerckhoff, geführt wird, werden sie Zeugen, wie Dressler einen Tobsuchtsanfall bekommt. Während Elisabeth, Chris und Dr. Kerckhoff zurückweichen, bleibt Lydia ruhig sitzen. Sie meint, dieser Ausbruch sei notwendig, um ihn zur Vernunft zu bringen. Zu Hause begegnen Lydia und Chris der sehr irritierten Berta, die von Problemen auf Grieses Schiff erfahren hat. Im Verlauf einer Diskussion kommt es zum Streit zwischen Berta und Chris.

Franz Schildknecht glaubt, daß sich seine Schüler gebessert haben, muß dann aber einen üblen Streich über sich ergehen lassen. Eine Versetzung scheint nunmehr verlockend. Zu Hause berichtet er Vera von dem Vorfall. Plötzlich steht Celin vor der Tür. Er schaut Vera durchdringend an und verschwindet wieder. Am Abend diskutieren Franz und Vera über seine mögliche Versetzung. Dann bittet der verliebte Franz seine Vera, bei ihm einzuziehen.

Die Schüler von Schildknecht haben sich mit ihm zusammen in der Klasse eingeschlossen, Franz kann den Raum nicht verlassen.

Röslein auf der Heiden ...

Spieltag: 21.04.1988 • Sendetag: 24.04.1988

Folge: 125

Vera hat Geburtstag. Franz wiederholt seinen Wunsch, sie möge zu ihm ziehen. Doch sie weicht ihm aus, denn sie befürchtet Celin für immer zu verlieren. Tanja erzählt Vera von Celins dubiosen Warnungen, die Vera auf seine krankhafte Eifersucht schiebt. Vergeblich versucht Tanja, mehr über Vera, ihren Sohn und dessen Vater zu erfahren. Franz berichtet erfreut, daß es mit seiner Versetzung wahrscheinlich schon zu Beginn des nächsten Schuljahres klappen wird. Daraufhin versucht Tanja sofort, ihre Freundin auf Gomera zu erreichen, denn sie will auf keinen Fall mit Vera und Celin zusammenleben. Bianca macht sich Sorgen darüber, wie es nach Stefans Entlassung aus

dem Krankenhaus in zwei Wochen weitergehen soll. In einem Gespräch mit Beate muß sie sich eingestehen, daß sie Stefan liebt. Bianca besucht Nossek in der Klinik und verlangt von ihm, die Geschichte mit Benninger zu beenden. Aber Nossek verweigert der erstaunten Bianca diesen Wunsch: Die Schweigegelder von Benninger stellen auf lange Sicht seine einzige Einnahmequelle dar.
Beate besucht ihre Mutter Elisabeth in der Praxis. Dr. Kerckhoff ist nicht mehr im Haus, alle Geräte sind mit Plastikhüllen abgedeckt, und Ludwig selbst sitzt betrunken in seinem Sprechzimmer und spielt Mundharmonika. Elisabeth sieht keinen Weg mehr, ihrem Mann zu helfen. In einem Tobsuchtsanfall wirft er Elisabeth und Beate aus dem Haus. Am Abend sitzt Dressler allein in seinem Wohnzimmer und trinkt. Mit zitternden Händen versucht er, sein Feuerzeug aufzufüllen, wobei er das Benzinfläschchen achtlos auf den Boden fallen läßt. Nachdem er eingeschlafen ist, fällt ihm seine glühende Zigarette aus der Hand. Ein Feuer breitet sich aus.

Zitternde Hände

Spieltag: 28.04.1988 • Sendetag: 01.05.1988

Folge: *126*

Beate und Vasily ziehen fröhlich in die ehemalige Wohnung der Kronmayrs. Dressler hat Beate den halbverkohlten Sessel aus seinem Wohnzimmer geschenkt, als Dank dafür, daß sie ihm das Leben gerettet hat. Elisabeth hatte vor einer Woche Beate noch einmal zurückgeschickt, um ihre Tabletten zu holen. Bei ihrer Einweihungsfeier werden Vasily und Beate von Bianca gestört, die freudestrahlend mitteilt, daß sie kurzfristig zur Meisterprüfung zugelassen wird. Auch Beate freut sich: Sie hat sich entschlossen, ihre Lehre abzuschließen. Chris bietet Berta nochmals an, Manoel zu unterrichten. Obwohl Berta starke Bedenken hat, läßt sie sich auf das Experiment ein. Lydia schlägt Berta vor, den Kiosk, der keinen Umsatz mehr bringt, bis zur Rückkehr Grieses zu schließen. Während Manoel und Lydia sich bei Kakao und Kuchen unterhalten, verschluckt Manoel unbemerkt eine Wespe. Er ringt nach Luft. Lydia erkennt die Gefahr und ruft Dressler, der aber wieder einmal betrunken ist. Sie fleht ihn an, trotzdem zu kommen. Unsicher macht er sich auf den Weg. Obwohl ihm die Hände zittern, gelingt Dressler ein Luftröhrenschnitt, der Manoel das Leben rettet.

> Onkel Franz droht, einen Freund bei der Zeitung zu informieren, wenn die Familie ihn hinauswirft.

Mit einer Erpressung gelingt es Onkel Franz, Helga zu überrumpeln und wieder einzuziehen. Etwas später erscheint Hans, lockt Onkel Franz mit einem Trick wieder aus dem Zimmer und bringt ihn zurück ins Altersheim. Unterdessen hat Klausi sich ohne Wissen seiner Eltern ins Krankenhaus geschlichen. Leise betritt er Nosseks Zimmer, legt seinen Teddy auf die Bettdecke und läuft davon.

Am Abend meldet sich endlich Gottlieb telefonisch bei Berta. Doch deren anfängliche Freude schlägt im Laufe des Gesprächs in Traurigkeit um.

Scherben bringen Glück

Spieltag: 05.05.1988 • Sendetag: 08.05.1988

Folge: 127

Beate hilft Bianca, Nosseks Wohnung für seine Heimkehr zu richten. Sie weist Bianca darauf hin, daß es für Nossek besser wäre, er käme die ersten Wochen in ein Blindenheim, um zu lernen, sich alleine zu versorgen. Bianca will davon jedoch nichts wissen und holt Stefan vom Krankenhaus ab.
Vera wird nun doch bei Franz einziehen, voraussichtlich mit Celin. Tanja nimmt die Nachricht kühl auf, da sie ohnehin nach Gomera fahren will. Auf Veras Geständnis, daß ihr unwohl dabei sei, Tanja zu vergraulen, sagt Tanja ihr auf den Kopf zu, daß nicht sie, sondern Celin der Grund für Veras Zögern sei. Vera gibt zu, ein ungewöhnliches Verhältnis zu ihrem Sohn zu haben. Als Vera ein Brief von Celin aus der Tasche fällt, steckt Tanja ihn unbemerkt ein. Irritiert nimmt sie den sehr intimen Inhalt zur Kenntnis.
Berta hat einen Brief von ihrem Mann bekommen. Er schreibt, daß er ihre Enttäuschung zwar verstehen könne, aber dennoch eine weitere Yachtüberführung machen möchte. Im Spätsommer werde er wieder bei ihr und Manoel sein. Berta geht mit Manoel zur Nachuntersuchung. Das Wartezimmer ist leer, aber Dressler verkündet, daß er ab Montag die Sprechstunde wieder aufnimmt. Elisabeth ist glücklich. Sie weiß, daß es ihrem Mann sehr ernst damit ist, noch einmal neu anzufangen; außerdem hat Carsten endlich einen Medizinstudienplatz. Am Abend spielen Elisabeth und Dressler bei einem Glas Mineralwasser Schach, als das Telefon klingelt. Ein Kollege informiert Dressler, daß ein Standesgerichtsverfahren gegen ihn eingeleitet worden ist.

Gottlieb hat eine Yachtüberführung von Stockholm nach Bodrum zugesagt.

Demonstrationen

Spieltag: 12.05.1988 • Sendetag: 15.05.1988

Folge: 128

Während Dressler vom Vorsitzenden des Disziplinarausschusses im Sprechzimmer verhört wird, kommen – von Lydia mobilisiert – fast alle Nachbarn in die Praxis und drängen ins Sprechzimmer. Energisch schildert Lydia den Hergang des Unfalls. Dressler sei völlig nüchtern am Unfallort erschienen und habe ihrem Enkel das Leben gerettet. Falls der Vorsitzende dies nicht glauben wolle, solle er doch die Patienten befragen, ob sie ihren Doktor jemals unter Alkoholeinfluß erlebt hätten. Gerührt nimmt Dressler zur Kenntnis, daß alle für ihn lügen. Das Disziplinarverfahren wird eingestellt. Am Abend sind Dressler und Elisabeth allein. Während Ludwig romantische Musik auflegt, postiert Elisabeth im Wohnzimmer einen ihrer hochhackigen Schuhe und verläßt den Raum. Dressler sieht den Schuh, versteht den Wink und eilt seiner Frau glücklich hinterher. Endlich läßt sich Elisabeth von ihm wieder „Cinderella" nennen.

Anna ist verliebt in Gung, doch der würde lieber meditieren ...

Anna versucht, sich an Gung heranzumachen. Sie zieht ein verführerisches Kleid an und nötigt ihn, mit ihr zu tanzen. Da steht Friedhelm plötzlich im Zimmer, woraufhin Anna einen Wutanfall bekommt und aus der Wohnung stürmt.
Chris erfährt, daß nächste Woche Lydias 80. Geburtstag bevorsteht. Sofort macht sie Pläne für ein großes Fest. Aber Lydia möchte ihren Geburtstag wie jedes Jahr in aller Stille verbringen. Später kommt Chris erschöpft von einer Anti-Atom-Demo nach Hause. Sie berichtet, daß sie von einem sympathischen jungen Mann angesprochen wurde, dem sie Adresse und Telefonnummer gegeben hat, der sich aber später als Polizist in Zivil herausstellte. Kurz vor Mitternacht klingelt es bei Lydia an der Tür. Zwei Polizisten fragen nach Chris Barnsteg.

Tyrannen

Spieltag: 19.05.1988 • Sendetag: 22.05.1988

Folge: 129

Marion schreibt, daß sie sich in Berlin sehr wohl fühlt. Helga und Hans machen sich aber Sorgen um Klausi, der voller Schuldgefühle steckt. Plötzlich ist er verschwunden, und Hans findet ihn auf der Straße, wo er Nossek spazierenführt. Zu Hause bekommt Nossek Besuch von Benninger, von dem er höhere Schweigegelder fordert. Bianca, der Nossek versprochen hatte, die Erpressungen einzustellen, ist verärgert.
Tanja trifft Chris im Waschsalon und will Näheres über den nächtlichen Vorfall vor einer Woche wissen. Chris erzählt, daß die Polizisten ihr auf der Wache klargemacht haben, daß sie jederzeit wegen Landfriedensbruchs verhaftet werden könne. Jetzt müsse man um so überzeugter kämpfen.
Es ist Lydias 80. Geburtstag. Obwohl sie darauf bestanden hat, in al-

ler Stille zu feiern, ist sie sehr enttäuscht, daß keiner Zeit hat, mit ihr Kaffee zu trinken. Am frühen Abend wird sie dann von Berta zu Sarikakis „entführt", wo die Nachbarn eine Überraschungsparty vorbereitet haben. Lydia verschlägt es vor Rührung die Sprache, dann beginnt eine fröhliche Feier.
Dabei erfährt Tanja von Berta, daß es noch immer keine Nachricht von Griese gibt. Tanja hätte ihren Opa gerne noch einmal gesehen, bevor sie nach Gomera fährt. Von Else Kling aufgestachelt, faßt Berta am späten Abend den Entschluß, ihren Mann zu suchen.
Bianca hat sich umgezogen und legt letzte Hand an ihr Make-up. Plötzlich wird sie brutal von hinten gepackt, der Mund wird ihr zugehalten.

Blinde Wut

Spieltag: 26.05.1988 • Sendetag: 29.05.1988

Folge: 130

Bei dem Überfall vor einer Woche konnte Bianca sich befreien und die Polizei alarmieren. Daraufhin wurde Benninger an der Grenze verhaftet. Auch Nossek wurde zunächst eingesperrt, kam aber wieder frei, da keine Fluchtgefahr besteht. Gegen ihn ist Anzeige wegen Erpressung erstattet worden. Bianca macht sich Sorgen um den Fortbestand ihres mit Erpressergeld gekauften Salons und gesteht Beate, daß sie Angst davor hat, Nossek zu begegnen. Sie bittet Beate, am Abend mit ihr in die Wohnung zu kommen. Dort angekommen, verlangt Nossek, daß Beate geht, und erklärt Bianca, daß er ihr den Verrat nie verzeihen werde. Bianca versucht vergeblich, ihm klarzumachen, daß sie zur Polizei gegangen ist, weil sie ihn liebt.
In der WG kämpft Benno mit seiner ersten Steuererklärung. Anna berichtet, daß Friedhelm sehr großzügig sei und auf alle Ansprüche verzichte. Nur einmal im Monat möchte er Sarah sehen. Glücklich zeigt sie Gabi einen Kimono, den sie Gung schenken will. Der kommt bester Laune von der Arbeit zurück, weil er es endlich geschafft hat, sich mit seiner heimlichen Liebe zu verabreden. Voller Stolz stellt er Benno und Gabi Katharina vor. Anna kommt ahnungslos mit ihrem Geschenkpaket dazu und muß stumm mit ansehen, wie Gung und Katharina zusammen weggehen.
Berta packt ihre Koffer. Sie ist sicher, daß sie Gottlieb in ein paar Tagen sehen wird. Unterdessen ist Stefan allein in der Wohnung. Seine Hände tasten den Boden ab. Endlich findet er, was er sucht. In einem Loch im Boden liegt ein Revolver.

Die Erpressungsgeschichte steht groß auf dem Titelblatt der Tageszeitung: „Millionenunterschlagung. Tennispräsident verhaftet!"

Klare Verhältnisse

Spieltag: 02.06.1988 • Sendetag: 05.06.1988

Folge: 131

Nossek trägt aus Angst vor Benninger ständig eine Waffe bei sich. Die Atmosphäre zwischen ihm und Bianca ist weiterhin gespannt, obwohl sie wieder bei ihm wohnt. Klausi schenkt Nossek schweren Herzens seinen Hund Beimer. Nossek nimmt den Hund an die Leine und bittet Bianca, mit ihm zum Grab von Henny Schildknecht zu gehen. Während Stefan seine Beziehung zu Henny Revue passieren läßt, vergräbt Bianca seine Waffe. Als er sie zu Hause vermißt, erklärt sie ihm, sie habe die Waffe weggeworfen.

Anna ist traurig, aber Gabi und Benno gelingt es schließlich, sie aufzumuntern. Als Katharina zu Besuch kommt, verläßt Anna jedoch demonstrativ die Küche. Gabi empfiehlt ihr, ihren Zorn auf Gung rauszulassen, was Anna, zu Gabis Verblüffung, sofort tut, indem sie Gung vor Katharinas Augen eine Szene macht. Als Gung und Katharina gegangen sind, zeigt Anna ihre Erleichterung. Für sie ist die Geschichte mit Gung erledigt.

Wegen seines schlechten Gewissens schenkt Klausi Stefan Nossek Hund Beimer.

Berta Griese ist in Frankreich. Nach mehreren erfolglosen Anläufen findet sie einen Holländer, der die „Osiris“ gesehen hat. Dankbar nimmt Berta sein Angebot an, die Suche mit seinem Boot fortzusetzen. Als sie das Schiff tatsächlich finden, verabschiedet sich Berta und läuft schnell auf das Boot ihres Mannes zu. Doch sie entdeckt an Deck eine fremde Frau, mit der Gottlieb offensichtlich sehr vertraut ist. Fassungslos sieht Berta, wie die beiden sich umarmen und küssen. Enttäuscht wendet sie sich ab, wirft ihr Wörterbuch ins Wasser und macht sich langsam auf den Heimweg.

Korbinian

Spieltag: 09.06.1988 • Sendetag: 12.06.1988

Folge: 132

Tief enttäuscht zieht Berta mit Manoel in die Wohnung von Bennarschs. Lydia macht Berta Vorwürfe wegen des überstürzten Auszugs, ist aber geschockt, als sie schließlich hört, was Berta beobachtet hat.

Bianca erfährt von Dressler, daß sie schwanger ist. Else Kling, die das zufällig hört, gibt die Neuigkeit gleich an Nossek weiter. Wieder allein,

zeigt der eine unerwartete Freude über den Nachwuchs. Inzwischen hat Beate von Bianca erfahren, daß diese das Kind gar nicht will. Für den Abend bereitet Stefan ein Festmahl vor. In seiner Freude stößt er aus Versehen eine Flasche Champagner um, die krachend zu Boden geht. Ein Fest ohne Champagner ist für ihn aber undenkbar. Er sperrt Beimer ein und verläßt eilig die Wohnung.
Elisabeth und Dressler reisen nach Italien. Dressler will eine Entziehungskur machen, und Elisabeth hat die Hoffnung, daß sich ein ausgedehnter Urlaub anschließen wird. Die Praxis wird von einem Vertreter weitergeführt.
Bianca und Beate verlassen den Friseursalon. Von Haus Nr. 3 eilt Nossek laut singend durch die parkenden Autos Richtung Supermarkt. Bianca und Beate entdecken ihn. Erschrocken ruft ihm Bianca zu, er solle aufpassen. Aber ihre Warnung kommt zu spät. Ein Auto hat ihn bereits erfaßt.

Explosionen

Spieltag: 16.06.1988 • Sendetag: 19.06.1988

Folge: 133

Else Kling beschwert sich darüber, daß der Friseursalon schon seit Tagen geschlossen ist. Beate findet es ganz normal, daß Bianca nach Nosseks Tod nicht sofort zur Tagesordnung übergeht. Sie begleitet Bianca zur Beerdigung. Noch während der Pfarrer die letzten Worte am offenen Grab spricht, verläßt diese den Friedhof. Beate tröstet sie, als Bianca die Verzweiflung der letzten Wochen herausschreit.
Tanja räumt ihr Zimmer aus. Sie packt für Gomera. Franz versucht vergeblich, sie umzustimmen. Am Nachmittag kommt es zu einer hitzigen Diskussion zwischen Tanja und Celin, an deren Ende sie ihn kurzerhand aus ihrem Zimmer wirft.
Unverhofft taucht Onkel Franz bei Beimers auf. Nachdem Nossek tot ist, glaubt er, wieder bei seinen Verwandten wohnen zu können. Er streitet jede Schuld an Nosseks Tod ab und ist so unverschämt, daß Helga ihn vor die Tür setzt. Klausi ist traurig über Nosseks Tod. Gleichzeitig freut er sich aber, daß Hund Beimer wieder bei ihm ist. Helga versucht ihm die Schuldgefühle darüber zu nehmen. An diesem Tag erlebt das Ehepaar Beimer eine freudige Überraschung: Benny bittet um Hilfe bei den Hausaufgaben, denn er möchte die-

Innerlich verabschiedet sich Bianca von Stefan. Wenig später verläßt sie die Lindenstraße für immer.

ses Mal auf keinen Fall sitzenbleiben.
Abends gibt Tanja ihrem Vater den Liebesbrief von Celin an seine Mutter, den Vera verloren hatte. Franz liest ihn laut vor. Dann schaut er Vera fassungslos an und bittet um eine Erklärung.

Naturinstinkte

Spieltag: 23.06.1988 • Sendetag: 26.06.1988

Bianca hat die Dachwohnung von Nossek aufgelöst. Bald werden sich Dimitri Pallas und dann Else Kling dort verstecken.

Folge: 134

Bianca und Beate putzen den Salon, der am Dienstag wieder eröffnet werden soll. Der Termin für die Meisterprüfung ist in zwei Wochen. Inzwischen wohnt Bianca wieder in ihrer alten Wohnung. Sie ist unentschlossen, ob sie nun abtreiben soll oder nicht.
Friedhelm ist wieder aufgetaucht, und es sieht so aus, als würde Anna sich erneut rumkriegen lassen. Aber dieses Mal will Gabi auf Anna aufpassen. Unterdessen versucht Benno vergeblich, Gabi zu einem zweiten Kind zu überreden.
Franz und Tanja sprechen beim Abschiedsfrühstück über Celins Brief. Vera hatte erklärt, Celin sehe sich als Dichter und sie sei seine Muse. So sei der schwärmerische und anzügliche Inhalt zu verstehen. Franz leuchtet diese Erklärung ein, Tanja ist weniger überzeugt. Als die Zeit für den Abschied gekommen ist, muß Franz sichtlich mit den Tränen kämpfen. Am Nachmittag ziehen dann Vera und Celin ein. Franz sieht etwas hilflos zu, wie alles in seiner Wohnung verändert wird. Gegen Celins Willen gehen Franz und Vera abends ins Kino, danach schickt Vera Franz jedoch allein in die Kneipe.
Benny kommt triumphierend mit einer guten Note für die Nacherzählung, bei der ihm Helga geholfen hatte, aus der Schule. Hans hat schon den ganzen Tag schlechte Laune. Sein Mißmut erreicht den Höhepunkt, als er feststellt, daß kein Bier mehr im Haus ist. Beleidigt geht er ins Akropolis, wo er auf Franz trifft. Als die beiden leicht angetrunken nach Hause kommen, treffen sie Anna im Treppenhaus. Hans macht einige fast anzügliche Bemerkungen und beobachtet interessiert ihre Beine. Franz tadelt Hans Beimer scherzhaft: Er habe Hans immer für einen grundsoliden Ehemann gehalten!

Wechselbäder

Spieltag: 30.06.1988 • Sendetag: 03.07.1988

Folge: 135

Hans hat schlechte Laune. Sein Urlaubsantrag wurde abgelehnt, und er schlägt seiner sehr enttäuschten Frau vor, allein mit den Söhnen wegzufahren. In diese Unterhaltung platzt Anna, die Hans we-

gen Friedhelms Schwierigkeiten mit seinem Bewährungshelfer um Rat fragen will. Hans verspricht, ihren Mann zu beraten, und entschuldigt sich etwas verlegen für sein Verhalten der letzten Woche. Plötzlich steht Matthias wieder einmal vor der Tür. Er ist gerade aus Berlin zurück und will Helga von seinem Besuch bei Marion berichten. Traurig klagt er über Marions wilden Lebensstil. Auch Helga macht sich Gedanken und ist froh, daß Marion in zwei Wochen zu Besuch kommt. Berta muß aus finanziellen Gründen Manoels Privatunterricht absagen, worüber Chris nicht traurig ist. Am Abend erzählt Lydia ganz aufgeregt, daß Griese bei ihr angerufen hat. Er macht sich Sorgen, weil er nichts mehr von Berta hört. Erneut ermahnt sie ihre Tochter, Gottliebs Rückkehr und Erklärungen abzuwarten. Aber Berta hat beschlossen, ihr Leben selbst in die Hand nehmen. Sie will sich Arbeit suchen und sogar den Führerschein machen.
Benno hat Geldsorgen. Als Gabi endlich einem zweiten Kind zustimmt, ist er aber überglücklich. Am Abend kommt Friedhelm in die WG und ist ausgesprochen höflich. Sogar Benno muß in einem Gespräch mit Gabi zugeben, daß Annas Mann vielleicht doch kein solches Schwein sei, wie er immer gedacht hat.
Als Helga abends mit ihrer Tochter in Berlin telefoniert, muß sie erfahren, daß Marion nicht nach München kommt, sondern mit ihren neuen Freunden eine Reise nach Nepal plant.

Rückschläge

Spieltag: 07.07.1988 • Sendetag: 10.07.1988

Folge: *136*

Bianca hat heute ihre Meisterprüfung. Anna läßt sich von Beate zurechtmachen, weil sie abends eine Verabredung mit Friedhelm hat. Am Nachmittag kommt dann Bianca zurück: Sie hat bestanden, worauf sofort Sekt getrunken wird. Abends will Bianca dann allein sein. Trotz der bestandenen Prüfung bleibt ihre tiefe Traurigkeit. Der Termin für die Abtreibung steht kurz bevor, und sie denkt an Nossek. Unterdessen macht Helga sich Sorgen um Marion. Nach einem Telefonat, bei dem die Tochter einfach den Hörer aufgelegt hat, fährt sie kurzentschlossen nach Berlin. Am Abend geht Hans zu Franz und fragt, ob er nicht Lust auf ein Bier habe. Vera und Franz stimmen sofort zu, aber Vera wird von Celin zurückgehalten. Celin gesteht seiner Mutter, daß er sie schrecklich vermißt und ohne sie nicht leben kann. Auch Veras Aussage, daß sie Franz liebe, hindert ihn nicht daran, sie stürmisch zu küssen. Nach kurzem Widerstand läßt Vera seine Zärtlichkeiten zu. Außer Atem kommt sie später in den Biergarten, wo Franz zuvor von seinen Schwierigkeiten mit Celin, aber auch seiner großen Liebe zu Vera erzählt hat. Während Hans zuhört, wirft er immer wieder verstohlene Blicke zu Anna Ziegler rüber.

Bei Carsten und Robert bahnen sich Spannungen an, weil Carsten zu häuslich geworden ist und Robert mit seinem Sauberkeitswahn auf die Nerven geht. Fröhlich pfeifend kommt dagegen Hans Beimer nach Hause, als plötzlich das Telefon klingelt. Helga meldet sich aufgeregt aus Berlin: Marion ist verschwunden!

Happy Birthday

Spieltag: 14.07.1988 • Sendetag: 17.07.1988

Folge: *137*

Bianca ist unsicher, ob es richtig war, das Kind abzutreiben. Zudem fordert der Tennisclub die DM 80.000 zurück, die Nossek von Benninger erpreßt hat. Juristisch ist Bianca zur Zurückzahlung gezwungen. Sie steht vor den Trümmern ihres Lebens. Zu Beates großer Freude taucht überraschend Isolde mit ihrem Freund Enrico auf. Nachdem Isolde die ganze Geschichte gehört hat, entwirft sie einen Plan: Beate soll Bianca die DM 80.000 vorstrecken, und zwar von dem Geld, das sie von ihrem Vater geerbt hat. Bianca soll die Summe dann in monatlichen Raten von den Mieteinnahmen für das Atelier, das Isolde zur Verfügung stellt, und für das Nossek die Miete für 10 Jahre im voraus bezahlt hatte, zurückzahlen.

Isolde ist glücklich mit ihrem Topolino.

Helga kommt aus Berlin zurück. Sofort ist Matthias zur Stelle. Helga kann seine Sorge um Marion nicht teilen. Ihre Tochter hat eine Menge Freunde in Berlin und fühlt sich wohl. Marion hatte vor einer Woche Helgas Kommen geahnt und sich bei Freunden einquartiert. Die geplante Nepalreise ist aber aus Geldmangel geplatzt.

In der WG wird Annas 29. Geburtstag gefeiert. Als Friedhelm nachmittags kommt, lädt er sie zum Abendessen ein. Während des Essens macht Friedhelm Anna eine Überraschung: Er möchte mit ihr und Sarah nach Italien fahren. Nach einigem Hin und Her sagt sie zu und geht mit Friedhelm in dessen Wohnung, um Fotos von einem Ferienhaus anzusehen. In der Wohnung nähert sich Friedhelm seiner Frau zärtlich. Anna weicht zurück und bittet ihn, ihr noch etwas Zeit zu lassen. Doch Friedhelm schließt die Tür von innen ab und geht langsam auf Anna zu.

Alpträume

Spieltag: 21.07.1988 • Sendetag: 24.07.1988

Folge: 138

Nachdem Robert sein Volontariat gekündigt hat, bekommen Carsten und er einen handfesten Streit. Robert gehen Carstens Sauberkeitsfimmel und sein Gerede von einem soliden Einkommen derart auf die Nerven, daß er droht auszuziehen. Wütend verläßt er die Wohnung. Im Treppenhaus trifft er Manoel, der gerade weinend nach Hause kommt. Er war mit Berta im Zoo, hat sie dort aber verloren. Robert kümmert sich um ihn. Als Berta kommt, lädt sie Robert dankbar zum Abendessen ein. Dabei erzählt er ihr von seinen beruflichen Plänen. Eine Versöhnung mit Carsten lehnt er ab.

Anna erwacht aus einem Alptraum. Weinend erzählt sie Gabi, wie Friedhelm sie letzte Woche geschlagen und vergewaltigt hat. Sie hatte sich nach der Tat nach Hause geschleppt, und Gabi war mit ihr sofort zum Arzt gegangen. Anna hat Friedhelm angezeigt und traut sich nun nicht mehr aus dem Haus.

Franz und Vera schmieden Pläne für ihre Portugalreise. Celin, der eigentlich den Urlaub bei seinem Vater in Frankreich verbringen wollte, hat sich umentschieden und möchte mit nach Portugal, was Franz entschieden ablehnt. Da Vera sich für Franz entscheidet, verläßt Celin wütend die Wohnung.

Franz geht zu Beimers, um sich Lesematerial über Portugal zu holen. Dabei erzählt Helga, daß sie ohne Hans nach Langeoog fahren wird. Nachts, als Vera und Franz schon im Bett liegen, ruft Celin an. Er verlangt noch einmal von Vera, auf die Reise mitgenommen zu werden und droht, etwas Entsetzliches zu tun, falls Vera und Franz alleine fahren.

Ein Meer von Blumen

Spieltag: 28.07.1988 • Sendetag: 31.07.1988

Folge: 139

Helga packt die letzten Sachen für die Reise ein. Sie ist traurig über den getrennten Urlaub, und auch Benny und Klausi haben wenig Lust, nur mit der Mutter zu verreisen. Nachdem Hans seine Familie zum Bahnhof gebracht hat, macht er sich gutgelaunt etwas zu essen und genießt es, allein zu sein. Im Hausflur begegnet er Anna Ziegler und ist erneut verzaubert von ihr.

Helga hat für Hans vorgekocht und ihm eine Liste geschrieben, wo wann was zu finden ist.

Franz und Vera treffen letzte Vorbereitungen für die Abreise nach Portugal. Celin streicht wortlos und düster durch die Wohnung. Vera, von Zweifeln geplagt, bittet Franz vergeblich hierzubleiben. Auf der Fahrt ist Vera nachdenklich und still. Als Franz an einer Tankstelle etwas Proviant einkauft, setzt sich Vera ans Steuer, fährt davon und läßt

Franz ratlos zurück. Unterdessen hat Celin die Wohnung üppig mit Rosen geschmückt. Er stellt Sekt bereit, setzt sich in den Sessel und wartet. Als Vera die Wohnung betritt, sehen sich die beiden schweigend an, fallen sich in die Arme und klammern sich wie Ertrinkende aneinander.
Als Carsten Robert das Frühstück bringt, erklärt Robert ihm, daß er ausziehen wird, sobald er eine Wohnung gefunden hat. Später spielt er mit Manoel, als Berta von ihrer ersten Fahrstunde heimkehrt. Bertas Einladung zum Tee lehnt Robert ab, da Carsten auf ihn warte. Zu Hause erwartet ihn allerdings eine Überraschung. Carsten hat Roberts Sachen gepackt und wirft ihn raus. Deshalb bittet Robert Berta, vorübergehend in Grieses leerstehender Wohnung bleiben zu dürfen. Berta ist einverstanden und lädt ihn auf ein Glas Wein ein. Dabei macht Robert ihr den Vorschlag, aus dem Kiosk einen Buchladen zu machen.
Franz kommt mit dem Taxi nach Hause. In der Wohnung liegen noch zahlreiche Blumen. Von Vera und Celin fehlt jede Spur. Ratlos steht Franz in der leeren Wohnung.

Vera und Celin

Spieltag: 04.08.1988 • Sendetag: 07.08.1988

Chris ist überzeugt, daß Theater revolutionär sein muß, Lydia ist da wieder einmal ganz anderer Meinung.

Folge: *140*

Chris ist ganz aufgeregt, weil sie heute an einer namhaften Schauspielschule das „Gretchen" vorsprechen muß. Ihre Interpretation dieser Figur ist sehr eigenwillig: Sie wird das „Gretchen" als jungen Arbeiter in Männerkleidung spielen. Carsten ist schlechter Laune, weil er erkältet ist, und sucht außerdem einen Untermieter. Chris rät ihm, eine Annonce in die Zeitung zu setzen.
Egon soll die Einrichtung für den Buchladen bauen. Berta überrascht Robert und Egon mit einem Regalentwurf, den Robert als genial bezeichnet. In ihrer Wohnung setzen die beiden dann einen Nutzungsvertrag auf. Anschließend bietet Berta Robert an, Gottliebs Wohnung fest zu mieten. Bei einem gemeinsamen Abendessen teilt Lydia ihrer Tochter mit, daß sie Bedenken wegen deren Freundschaft zu Robert hat. Mitten in dieses ernsthafte Gespräch platzt Chris und berichtet, daß sie die Aufnahmeprüfung bestanden hat.
Bei einem gemeinsamen Frühstück erzählt Franz seinem neuen Freund Hans Beimer, daß er seit einer Woche weder von Vera noch von Celin etwas gehört hat. Doch mittags steht Vera plötzlich vor der Tür. Sie gesteht Franz, daß Celin nicht ihr Sohn, sondern ein ehemaliger Schüler ist, mit dem sie ein Verhältnis hatte. Sie hat diese Beziehung beendet, weil sie Franz liebt. Franz verzeiht ihr. Abends klingelt Celin an der Wohnungstür, legt aber nur einen Brief auf die Fußmatte. Er fordert Vera auf, binnen einer Woche zu ihm zurückzukommen. Andernfalls zeige er sie wegen Unzucht mit Abhängigen an.

Der Untermieter

Spieltag: 11.08.1988 • Sendetag: 14.08.1988

Folge: 141

Gutgelaunt bringt Franz seiner Vera das Frühstück ans Bett. Sie bekräftigen sich gegenseitig noch einmal, Celin nicht nachgeben zu wollen. Franz überrascht Vera mit einem Heiratsantrag, der sie zunächst einmal sprachlos macht. Nachdem Celins erster Besuch an diesem Tag erfolglos endet, kommt er mittags zurück, um sich zu entschuldigen und seine Beziehung zu Vera endgültig zu beenden. Froh, diesen Alptraum überstanden zu haben, beschließen Vera und Franz, Tanja auf Gomera zu besuchen.

Friedhelm Ziegler, der ein paar Wochen untergetaucht war, kommt in die WG und gibt Benno einen Blumenstrauß für Anna. Er bittet ihn, Anna zu sagen, daß er zu Hause sei. Offensichtlich will er sich stellen. Sofort ruft Anna die Polizei an. Von ihrem Fenster aus beobachtet sie, wie Friedhelm, von Kriminalbeamten begleitet, einen Brief ins Haus bringt. In dem Schreiben bittet Friedhelm sie, Sarah nie zu sagen, was er getan hat.

Carsten erzählt Elisabeth, die aus Italien anruft, daß Robert ihn verlassen und er das Zimmer heute in die Zeitung gesetzt hat. Als Else Kling bemerkt, daß rund 80 Menschen darauf warten, sich das Zimmer anzusehen, will sie dies kurzerhand verbieten, wird aber von Egon daran gehindert. Verwirrt entscheidet Carsten sich für den erstbesten Interessenten, der sich „Zorro“ nennt, in Wirklichkeit aber Franz Joseph Pichelsteiner heißt. Zorro bezieht umgehend das Zimmer und richtet sich erstaunlich ungeniert in der Wohnung ein. Der Untermieter nervt Carsten schon bald, weil er ihn um alles mögliche anbettelt. Schließlich fragt Zorro sogar, ob er Carstens Zahnbürste benutzen darf.

Zorros gesamte Habe besteht aus einem Aktenkoffer.

Beginn einer Affäre?

Spieltag: 18.08.1988 • Sendetag: 21.08.1988

Folge: 142

Robert kommt morgens bei Carsten vorbei, um ihn zur Einweihung des Buchladens einzuladen. Auch Hans und Anna, die sich zufällig beim Einkaufen treffen, unterhalten sich über das bevorstehende Ereignis. Helga ist immer noch verreist, und Hans freut sich darauf, Anna später wiederzusehen. Die Eröffnung findet unter reger Beteiligung der Nachbarn statt. Anna bittet Hans um fachlichen Rat wegen ihrer Scheidung, woraufhin Hans sie in seine Wohnung einlädt, um ihr ein Buch über Ehe- und Scheidungsrecht zu geben.

Chris und Lydia sind wieder einmal in ein Streitgespräch verwickelt. Chris findet es wichtiger, für Abrüstung zu demonstrieren, als zur

Schauspielschule zu gehen. Am Nachmittag blockiert sie mit dem Transparent „Waffen raus aus Europa“ die Straße. Die meisten Buchladengäste sind empört, aber Lydia geht zu Chris und gibt ihr einen Becher Sekt. Im stillen bewundert die alte Dame den Mut, den ihre Untermieterin aufbringt. Nach kurzer Zeit kommt die Polizei und trägt Chris zur Seite.
Zorro stellt sich als begeisterter Spermüllsammler heraus, was Carsten zur Verzweiflung treibt. Er stellt Zorro vor die Wahl, entweder den ganzen Müll wieder aus der Wohnung zu schaffen, oder auszuziehen. Um den geschockten Carsten aufzumuntern, führt Zorro ihn in die Küche, wo erlesene Spezialitäten auf sie warten. Er hat die Sachen auf Kosten seines Bruders bestellt.
Anna verabschiedet sich von Hans. Dabei gesteht sie ihm, daß sie ihn gerne wiedersehen möchte. Hans ist verwirrt.

Paare

Spieltag: 25.08.1988 • Sendetag: 28.08.1988

Folge: *143*

Während Hans die Wohnung für die Rückkehr der Familie aufräumt, kommt Anna mit einem Geschenk vorbei und bedankt sich dafür, daß er ihr am gestrigen Abend so geduldig zugehört hat. Die Spannung zwischen ihnen ist unübersehbar. Hans bittet Anna, Benno auszurichten, daß er ihm eventuell eine Arbeitsstelle als Vorarbeiter in einer Behindertenwerkstatt vermitteln kann. Als Helga mit den Söhnen zurückkommt, trifft sie Anna im Treppenhaus und lädt sie spontan zum Essen ein. Abends ist Anna sehr schweigsam; die meiste Zeit redet Helga.
Die WG hat Geldsorgen. Sogar das Telefon ist abgestellt worden. Gungs Freundin Katharina schlägt vor, daß sie gemeinsam zum Blutspenden gehen sollen. Bis auf Anna, die auf die Kinder aufpaßt, ziehen alle sofort los.
Beate und Vasily sprechen mit Elena und Panaiotis über ihre Idee, die vorhandene Bühne im Restaurant jedermann als Ort für Kleinkunst zur Verfügung zu stellen. Panaiotis fragt, was denn aus ihm und Elena werden solle, wenn Beate und Vasily das Zepter in die Hand nehmen. Am Abend übt Panaiotis dann mit einer kleine Runde einen griechischen Tanz ein. Dabei bemerkt Gabi, daß Panaiotis der geborene Tanzlehrer ist, und Beate schlägt vor, er könne doch in Nosseks Atelier eine Tanzschule aufmachen. Panaiotis ist zwar geschmeichelt, lehnt den Plan aber ab. Während des Tanzens wird es Gabi plötzlich schwindlig. Sie hat den Verdacht, daß sie schwanger ist. Für Benno wäre das das Schönste!

Die herrliche Leichtigkeit des Lebens

Spieltag: 01.09.1988 • Sendetag: 04.09.1988

Folge: 144

Lydia erhält einen Anruf von Gottlieb: Er kündigt seine Rückkehr an, kann sich aber auf keinen genauen Termin festlegen. Später berichtet Lydia ihrer Tochter von diesem Gespräch. Robert will sich sofort nach einer anderen Bleibe umsehen, aber Berta rät abzuwarten, ob ihr Mann wirklich heimkommt.

Bianca teilt Isolde mit, daß sie ein Angebot hat, am Ulmer Theater als Maskenbildnerin zu arbeiten. Sie vereinbaren, daß Isolde den Salon wieder übernimmt. Dann bekommt Bianca Besuch von Panaiotis, der sich doch für die Tanzschule entschieden hat und Nosseks ehemaliges Atelier mietet.

Benno sorgt sich rührend um Gabi. Die beiden sind fest davon überzeugt, daß Nachwuchs unterwegs ist. Inzwischen hat Benno den Job in der Behindertenwerkstatt angenommen, so daß ein geregeltes Einkommen garantiert ist. Hans kommt vorbei, um Bennos Vertrag abzugeben und trifft dabei Anna. Sie hat ihre Scheidung hinter sich gebracht und fühlt sich wie neu geboren. Wieder fällt es den beiden schwer, ihre Blicke voneinander zu lösen. Benno findet einen Brief vom Blutspendedienst vor, in dem er aufgefordert wird, sich zu melden. Unterdessen hat Gabi bemerkt, daß sie doch nicht schwanger ist, weiß aber nicht, wie sie es Benno beibringen soll. Gung ist überglücklich, weil er Katharina zum erstenmal geküßt hat. Für Katharina hingegen ist Gung auf Dauer langweilig. Sie verläßt ihn. Apathisch betritt später Benno die Wohnung. Beim Blutspendedienst hat er erfahren, daß er sich mit dem Aidsvirus infiziert hat.

Auch Anna bestätigt Katharina, daß Gung in sexueller Hinsicht ein Stoffel ist.

Häschen in der Grube

Spieltag: 08.09.1988 • Sendetag: 11.09.1988

Folge: 145

Benno ist verzweifelt. Er kommt zu dem Schluß, daß der Aidsvirus nur bei einer Bluttransfusion, die er vor Jahren nach einem Unfall bekam, übertragen worden sein kann. Gabi hält zwar zu ihrem Mann, hat aber große Angst, sich oder Max zu infizieren. Sie besorgt sich Informationsmaterial über Aids, doch durch die Lektüre bekommt sie Panik und reißt Benno das Kind aus den Armen. Später entschuldigt sie sich bei ihm. Auch Benno hat sich inzwischen informiert und versucht Gabi klarzumachen, daß er Max gar nicht anstecken kann. Trotzdem ist Gabi ihm gegenüber so reserviert, daß Benno sie mitsamt ihrem Bettzeug wegschickt.

Dressler und Elisabeth kommen gutgelaunt von ihrer Italienreise zurück. Dressler hat eine Entziehungskur hinter sich und wirkt ausge-

ruht. Elisabeth besucht ihren Sohn Carsten, der sich bei ihr über seinen Untermieter Zorro beklagt, was Elisabeth nach Besichtigung der Wohnung gut verstehen kann.
Seit vier Tagen geht Manoel in die Schule. Zum Erstaunen aller macht es ihm großen Spaß. Berta findet eine Karte im Briefkasten, auf der Gottlieb seine bevorstehende Rückkehr mitteilt. Zum erstenmal redet Berta mit Robert über ihr Verhältnis zu ihrem Mann. Lydia versucht geduldig, Berta versöhnlich zu stimmen. Am späten Abend hört Berta dann ein Auto vorfahren, tritt ans Fenster und sieht ihren Mann aus einem Taxi steigen. Griese schleicht sich in seine Wohnung und beugt sich über die in seinem Bett schlafende Person. Er glaubt, es sei Berta, und erschrickt, als er Robert vorfindet. Berta kommt hinzu und bietet Robert an, unten bei ihr zu schlafen. Verstört schaut Gottlieb seiner Frau und dem jungen Mann hinterher.

Besuch aus Berlin

Spieltag: 15.09.1988 • Sendetag: 18.09.1988

Folge: 146

Gottlieb wohnt allein in seiner alten Wohnung. Er muß damit fertig werden, daß seine Frau im gleichen Haus mit seinem Adoptivsohn und einem fremden jungen Mann lebt. Lydia bemuttert ihn und versucht, zwischen den Eheleuten zu vermitteln. Während Griese Manoel Dias von seiner Reise zeigt, fragt er ihn über Berta und Robert aus. Am Nachmittag findet endlich eine Aussprache zwischen Gottlieb und Berta statt. Sie erklärt ihm, daß sie in Frankreich war und was sie dort gesehen hat. Betroffen bittet Griese um Verzeihung. Er möchte mit Berta noch einmal neu anfangen. Doch dazu ist sie nicht mehr bereit. Auch Robert versucht vorsichtig, Berta zur Umkehr zu bewegen, was diese aber erneut ablehnt.
Marion kommt auf der Durchreise nach Spanien zu einem Kurzbesuch vorbei. Überraschend bringt sie sechs Kommilitonen mit. Da die Vorräte nicht ausreichen, schickt Helga ihren Mann in die WG, um etwas auszuleihen. Dort trifft er Anna. Wieder kommen beide kaum voneinander los.
Beate und Vasily haben die Bühne endgültig zur „Agora" erklärt. Abends ist das Akropolis jetzt ein Forum für Kleinkunst. Panaiotis übergibt die Leitung der umdekorierten Gaststätte feierlich seinem Sohn und dessen junger Frau. Elena wird weiterhin in der Küche für das leibliche Wohl der Gäste sorgen. Panaiotis will seine Tanzschule nächste Woche eröffnen.
Helga ist verwirrt. Ihr Mann hat im Schlaf laut und deutlich den Namen „Anna" genannt.

Der erste Tanz

Spieltag: 22.09.1988 • Sendetag: 25.09.1988

Folge: 147

Benno teilt Gung und Anna mit, daß er HIV-positiv ist. Für Gung ändert das nichts, aber Anna macht Benno Vorwürfe, weil es schließlich auch um die Gesundheit ihres Kindes gehe. Gabi und Benno wollen allen anderen gegenüber verschweigen, daß Benno sich infiziert hat. Nachdem Gabi aber überstürzt aus Dresslers Praxis gelaufen ist, sucht der Arzt sie besorgt zu Hause auf. Dort erfährt er von Bennos Erkrankung.

Hans hat Schlafstörungen. Für Helga steht fest, daß ihr Mann zuviel arbeitet. Sie umsorgt ihn liebevoll und überredet ihn, zur Eröffnung der Tanzschule mitzukommen.

Zur Eröffnung der Tanzschule trägt Beate griechische Nationaltracht.

Berta ist mittlerweile klargeworden, daß sie Robert liebt. Sie macht den Versuch, es ihm zu sagen, wird aber von Manoel gestört. Im Buchladen erscheint Gottlieb mit der Bitte, eine Ankündigung für seinen Dia-Vortrag ins Fenster hängen zu dürfen. Später, als Berta ihren Sohn von Griese abholt, versucht er mit ihr zu reden, steht ihrer schnippischen Art aber hilflos gegenüber. Abends, bei der Eröffnung der Tanzschule, muß Gottlieb dann mitansehen, wie Berta hingebungsvoll mit Robert tanzt.

Als auch Hans und Anna miteinander tanzen, springt der Funke endgültig über. Hans sagt, daß er sie wiedersehen möchte, aber diesmal ohne Publikum! Anna versucht, besonnen zu sein, und erinnert ihn daran, daß er verheiratet ist. Beide bemerken nicht, daß Helga sie unauffällig, aber aufmerksam beobachtet. Nachts treibt es Hans, der wieder nicht schlafen kann, auf die Straße. Er begegnet Anna, die ebenfalls keine Ruhe gefunden hat. Benny kommt spät von einer Robin Wood-Versammlung nach Hause und entdeckt ein sich küssendes Pärchen am Straßenrand. Erschrocken schaut Hans auf und sieht seinem Sohn in die Augen.

Bora-Bora

Spieltag: 29.09.1988 • Sendetag: 02.10.1988

Folge: 148

Anna zieht zurück in ihre Wohnung in der Kastanienstraße. Ab nächster Woche hat sie auch wieder eine Halbtagsstelle im Kindergarten. Noch einmal bekräftigt sie Gabi gegenüber, daß sie nicht wegen Benno auszieht. Gabi erfährt von Dressler, daß die Aids-Tests von ihr und Max negativ waren. Else Kling hört mit, wie Dressler Gabi Mut macht und sie auffordert, ganz normal mit ihrem Mann weiterzuleben. Für Else steht daraufhin fest, daß Gabi Aids hat. Sofort rennt sie zur WG, um Gabis Auszug zu fordern.

Helga streitet sich mit Benny, der wegen seines Engagements für Robin Wood immer später nach Hause kommt. Mittags holt Hans Benny von der Schule ab und erklärt ihm, daß er in Anna verliebt ist, aber dagegen ankämpfen will. Benny rät ihm, Anna nicht wiederzusehen. Er würde sie am liebsten nach Bora-Bora verbannen, um seinen Vater von ihr fernzuhalten. Zu Hause erzählt Helga ihrem Mann, daß sie Anna angeboten hat, Hans könne diverse Handwerksarbeiten für sie erledigen. Sofort möchte Benny für seinen Vater einspringen, aber Helga besteht darauf, daß er früh ins Bett geht. Hilflos schauen sich Vater und Sohn an. Gegen 22 Uhr ist Hans immer noch nicht zurück. Von Anna erfährt Benny, daß Hans nicht bei ihr gewesen ist. Er findet seinen Vater schließlich total betrunken bei Sarikakis.

Hans bei der Krisenbewältigung. Er ist verliebt in Anna Ziegler.

Carsten verläßt gerade die Wohnung, als Else vor der WG-Tür steht. Nun überschüttet sie ihn und Zorro mit Vorwürfen und behauptet, Carsten betreibe einen Männerpuff. Es sei kein Wunder, daß „der Virus“ im Haus sei. Später ruft Else den Hausbesitzer Phil Seegers an und läßt ihm ausrichten, daß eine gewisse „G. Z.“ Aids habe.

Benno kommt erst in der Nacht nach Hause. Sein Arbeitgeber hat von seiner Erkrankung erfahren. Ihm ist gekündigt worden.

Träume

Spieltag: 06.10.1988 • Sendetag: 09.10.1988

Folge: 149

Benno entscheidet sich aus Kostengründen gegen einen Prozeß vor dem Arbeitsgericht. Später erscheinen Herr Hülsch und Phil Seegers´ Mutter in der WG und wollen Max abholen. Als Frau Seegers fragt, ob ihr Enkel gesund sei, ist Gabi sprachlos. Benno erklärt wütend, daß er der Infizierte sei, und wirft den Besuch energisch hinaus. Später, allein mit Gabi, bricht er erschöpft zusammen.

Gottlieb kommt in den Buchladen und bittet Berta, später zu ihm zu kommen. Bevor sie geht, bekräftigen Robert und Berta ihre unverbrüchliche Freundschaft. Während des Gespräches fragt Griese dann, wann sie zu ihm zurückkommt. Eine Antwort gibt sie ihm erst nachmittags: Sie bittet ihren Mann, ihr Zeit zu lassen. Abends zeigt Griese im Akropolis seine Dias. Der Vortrag entwickelt sich zur Liebeserklärung an Berta. Die Zuhörer verlassen nach und nach den Raum.

Berta läßt ihren Mann mit den Worten zurück, es gebe Träume, die man sich nicht erfüllen könne.
Auch Chris und Zorro verlassen den Vortrag frühzeitig. Sie hatten sich zuvor im Treppenhaus kennengelernt und auf Anhieb sehr gut verstanden. Nun wollen sie es sich gemeinsam gemütlich machen, aber gerade als sie in der unordentlichen Wohnung einen romantischen Platz für ihr Tête-à-tête gefunden haben, kommt Carsten betrunken nach Hause. Er fühlt sich einsam, weshalb Chris Zorro großmütig auffordert, Platz für Carsten zu machen. Zu dritt schlafen sie ein.
Benno dagegen kann nicht einschlafen und will sich an Gabi kuscheln, aber diese entzieht sich ihm. Daraufhin fragt Benno, wie lange sie das wohl noch durchhalten werden.

Das Zeichen

Spieltag: 13.10.1988 • Sendetag: 16.10.1988

Folge: 150

Gabi will mit Benno einen Tag aufs Land fahren, um ihn auf andere Gedanken zu bringen. Sie bringt Max zu Anna und berichtet ihr von ihrem Plan, demnächst wieder zu arbeiten, da Benno wohl kaum jemals wieder eine Anstellung finden wird. Auf dem Weg zum Kindergarten klemmt Anna eine Rose hinter einen der Scheibenwischer von Hans Beimers Auto. Nachmittags trifft Anna Helga im Treppenhaus. Helga erkundigt sich, wie es ihr gehe und erfährt, daß Friedhelm in U-Haft war. Anna verhält sich Helga gegenüber sehr zurückhaltend, fast verlegen. Abends steht Hans mit einem Strauß Rosen vor Annas Tür. Die lang aufgestaute Sehnsucht entlädt sich in einer leidenschaftlichen Umarmung. Unterdessen warten Beimers auf Hans, weil sie gemeinsam zur Eröffnung der Agora gehen wollten. Er erscheint gerade noch rechtzeitig zum Abendessen und beteiligt sich nur mühsam am Tischgespräch.
Carsten und Chris unterziehen Zorro einer Zwangswaschung. Der stinkende Untermieter wird von Kopf bis Fuß gesäubert. Schließlich steht ein völlig neuer Zorro vor ihnen, der aber darauf beharrt, daß seine Seele so schwarz bleibe wie bisher. Während sie über Zorros „Klebrigkeit“ flachsen, kommt den dreien eine Idee: Sie planen mit Leim einen Verkehrsstau zu provozieren, um so gegen den zunehmenden Autoverkehr zu demonstrieren.
Die offizielle Agora-Eröffnung im Akropolis wird zu einem großen Erfolg. Angeregt von dem schönen Abend will Helga nachher mit Hans schlafen. Doch der dreht sich zu ihrer Enttäuschung unwillig ab.

Carsten spendet frische Unterwäsche für Zorro.

Aus heiterem Himmel

Spieltag: 20.10.1988 • Sendetag: 23.10.1988

Folge: 151

Helga freut sich über einen Besuch von Marion. Sie erzählt ihrer Tochter von ihrem Verdacht, daß Hans und Anna ein Verhältnis haben. Unterdessen beendet Hans seine Affäre. In einem Restaurant erklärt er Anna, daß er die Situation nicht länger ertrage. Anna verläßt weinend das Lokal. Besorgt sucht Hans sie später noch einmal in ihrer Wohnung auf, wo sie voneinander Abschied nehmen. Nachher bedankt sich Hans bei Benny dafür, daß er Helga nichts gesagt hat. Sie wollen kein Wort mehr über die Sache verlieren.

Griese, dem Bennos Krankheit nichts ausmacht, bietet ihm die Mitarbeit am Bau seines Schiffes an, das „Berta“ heißen soll. Benno nimmt glücklich an. Berta findet den Namen äußerst geschmacklos. Als Gottlieb ihr aber erklärt, daß der Schiffsname eine Liebeserklärung an sie sei, ist Berta nicht mehr so abweisend wie sonst.

Benno will aufs Land ziehen, weil Herr Hülsch erneut seinen Auszug verlangt hat. Als Benno Gabi erzählt, daß Griese offensichtlich der einzige Mensch im ganzen Haus ist, der ihn nicht für ein Monstrum hält, reicht Gabi ihm ein Präservativ und schläft mit ihm. Jetzt weiß Benno, daß Gabi zu ihm steht, und es ist ihm egal, was die anderen denken.

Maultaschen

Spieltag 27.10.1988 • Sendetag 30.10.1988

Folge: 152

Benno möchte wissen, wer nicht mehr mit ihm unter einem Dach wohnen möchte. Im Laufe des Tages reden er und Gabi mit allen Nachbarn und stellen fest, daß nur Else Kling Bennos Auszug fordert. Erleichtert gönnen sie sich ein Essen im Akropolis, wo Beate und Vasily von Elena und Panaiotis mit der Frage nach Enkeln genervt werden.

Chris, Carsten und Zorro kommen ins Lokal und bringen Hans Beimer mit, den sie auf der Straße aufgelesen haben. Während das Trio die geplante Protestaktion diskutiert, fragt sich Else Kling, mit wem Zorro wohl etwas hat, mit Carsten oder mit Chris.

Als Helga zufällig Anna trifft, erklärt sie ihr, daß sie über alles Bescheid wisse. Anna ist den Tränen nahe und kann nur noch sagen, daß sie Helga niemals weh tun wollte, Hans aber liebe. Später berichtet Anna dem fassungslosen Hans am Telefon von dem Gespräch. Unterdessen bereitet Helga Maultaschen vor. Diese kocht sie sonst jedes Jahr genau an dem Tag, an dem sie und Hans sich kennengelernt haben. Helga kämpft mit den Tränen, als Hans am Abend nicht pünktlich zum Essen erscheint. Er trinkt sich bei Sarikakis Mut an. Als er endlich nach Hause kommt, erklärt Helga ihm, daß sie ihn liebe, aber mit ihrer Dominanz wohl erdrückt und in die Arme der jungen Anna getrieben habe. Jetzt seien sie an einem Punkt, wo sie entweder neu anfangen oder aufgeben könnten. Hans muß sich zwischen seiner Familie und Anna entscheiden!

Wenn ich ein Vöglein wär ...

Spieltag: 03.11.1988 • Sendetag: 06.11.1988

Folge: 153

Berta hilft Lydia, die heute zur Kur nach Garmisch fährt, beim Packen. Bei dieser Gelegenheit gibt Lydia ihrer Tochter noch einmal gute Ratschläge und wünscht sich, daß deren Ehe, wenn sie zurückkommt, wieder in Ordnung ist. Chris, Zorro und Carsten bescheren der gerührten Lydia einen überwältigenden Abschied. An diesem Tag will Manoel bei Gottlieb übernachten.

Hans Beimer hat sich Urlaub genommen, weil Helga mit Grippe im Bett liegt. Noch einmal bekräftigt Hans seinem ältesten Sohn die Entscheidung, bei der Familie zu bleiben. Er kümmert sich liebevoll um Helga. Beide versichern sich, daß ihr Entschluß nicht nur der Kinder wegen getroffen wurde.

Nachdem Chris, Carsten und Zorro Lydia verabschiedet haben, besprechen sie Einzelheiten der für die nächste Woche geplanten Klebstoff-Aktion. Chris und Carsten sind unsicher geworden und würden die Sache am liebsten abblasen, weil man auch bei größter Sorgfalt nicht ausschließen kann, daß Menschen zu Schaden kommen. Doch Zorro zerstreut alle Bedenken.

Das Thema Verkehrsberuhigung wird ab Folge 583 in der Lindenstraße wieder sehr aktuell.

Allein mit Robert, geht Berta zur Offensive über. Sie zieht ein elegantes Kleid und hochhackige Schuhe an. Dann führt sie Robert eine Show zu dem Song „New York, New York“ vor. Der ist hingerissen. Schließlich wirft sich Berta Robert an den Hals. In Panik befreit er sich aus der Umarmung und verläßt die Wohnung.

Wahre Freundschaft

Spieltag: 10.11.1988 • Sendetag: 13.11.1988

Folge: 154

Der Tag der Leimaktion ist gekommen. Carsten und Chris ist immer noch unwohl dabei, den Plan in die Tat umzusetzen, doch Zorro steht nach wie vor dahinter. Carsten hat unter einem Vorwand DM 1.000 von seiner Mutter erschummelt, und nun ist Zorro unterwegs, um Leim zu kaufen. Als Zorro zurückkommt, überwältigen und fesseln sie ihn. Während Zorro sie wütend anschreit, verlassen Chris

und Carsten die Wohnung. Doch Zorro schafft es, sich zu befreien.
Robert zieht bei der fassungslosen Berta aus. Später verlangt sie eine Aussprache, in welcher sie Robert Vorwürfe macht. Robert erklärt ihr, daß er es nicht mehr ertrage, wie sie sich an ihn heranmache. Er sei schwul und könne mit Frauen nichts anfangen. Berta bricht weinend zusammen. Später versucht Gottlieb, seine Frau zu trösten. Seine Zuneigung tut ihr sichtlich gut.
Benno ist bei Dr. Dressler in der Sprechstunde. Dressler befürchtet, daß Benno eine Lungenentzündung haben könnte und überweist ihn an einen Spezialisten.
Nachts klingelt bei Carsten das Telefon. Die Polizei erkundigt sich, ob ein gewisser Franz Joseph Pichelsteiner bei ihm wohne.

Umarmungen

Spieltag: 17.11.1988 • Sendetag: 20.11.1988

Folge: *155*

Bei den Beimers wird renoviert. Helga besteht darauf, den Neuanfang auch optisch deutlich zu machen. Hans hat sich Urlaub genommen, und nun wird in allen Räumen angestrichen und tapeziert. Sogar ein neues Bett wurde gekauft, das Hans und Helga umgehend ausprobieren. Als Benny nach Hause kommt, findet er seine Eltern friedlich schlafend im neuen Bett. Die Familie beschließt, in den Weihnachtsferien in den Skiurlaub zu fahren. Helga ruft gleich Marion an, bekommt aber eine Absage, sowohl für den Urlaub als auch für das Weihnachtsfest.
Zorro ist immer noch sauer auf Chris und Carsten, beruhigt sich allerdings wieder, als die beiden ihm zur Aussöhnung das Frühstück machen. Er hatte sich vor einer Woche nach seiner Befreiung in einer Kneipe betrunken und anschließend den Verkehr für kurze Zeit blockiert.

Der „Lindenstraße"-Regisseur George Moorse ist als Arzt im Krankenhaus zu sehen.

Benno hat eine Lungenentzündung. Er weigert sich aber, ins Krankenhaus zu gehen. Obwohl er hohes Fieber hat, bittet er Gabi, mit ihm in die Berge zu fahren. Er will zu einem Berggasthof, in dem er schon als Kind mit seinem Vater war. Gabi willigt ein, nächste Woche zu fahren. Anna Ziegler ist bereit, solange auf Max aufzupassen. Benno verfaßt ein Testament, das Lydia aufbewahren soll. Als Gabi von der Arbeit kommt, liegt ihr Mann mit hohem Fieber phantasierend im Bett. Voller Angst ruft sie Dr. Dressler, der einen Krankenwagen kommen läßt. Obwohl es Benno sehr schlecht geht, versucht er sich dagegen zu wehren. Mutlos sagt er, die im Krankenhaus könnten ihm auch nicht mehr helfen.

Der erste Schnee
Spieltag: 24.11.1988 • Sendetag: 27.11.1988

Folge: 156

Berta hat ihre Führerscheinprüfung bestanden. Vor Begeisterung fällt sie Gottlieb um den Hals. Der nutzt die Gelegenheit zu einem Kuß, gegen den sich Berta zu seiner Freude nicht wehrt. Am Abend versöhnen sich die beiden endlich wieder.
Bei den Beimers sind die Adventsvorbereitungen getrübt. Helga ist sehr traurig, daß Marion nicht kommen wird. Auch die Hausmusik will in diesem Jahr ohne die Tochter nicht so recht klappen.
Anna holt Mäxchen ab. Gabi erzählt ihr, daß Bennos Lungenentzündung nicht gestoppt werden konnte, er aber trotzdem auf die Alm fahren will. Die Ärzte haben nichts dagegen. Gabi holt ihren Mann aus dem Krankenhaus ab und fährt mit ihm in die Berge. Von den Besitzern des Gasthofes, den Wiesenhubers, werden sie herzlich empfangen. Von seinem Zimmer aus betrachtet Benno die herrliche Landschaft. Er ist glücklich und bedauert, nicht früher hierhergekommen zu sein. Er möchte den Ort nie mehr verlassen. Gabi verspricht, bei ihm zu bleiben – für immer. Als Benno im Bett liegt, wird es in ihm ganz ruhig. Er fühlt, daß in der Nacht der erste Schnee fallen wird. Gabi ist unendlich traurig. Jetzt, da sie Angst um ihren Mann hat, merkt sie, wie sehr sie ihn liebt. Benno tröstet sie. Ruhig liegt der Berggasthof da. Es hat tatsächlich angefangen zu schneien. In Bennos Zimmer geht das Licht aus.

Laura
Spieltag 01.12.1988 • Sendetag 04.12.1988

Folge: 157

Heute wird Benno Zimmermann beerdigt. Außer den Nachbarn und einigen Verwandten sind auch Gabis Mutter Rosi Koch sowie die Wirtsleute des Berggasthofes, in dem Benno starb, gekommen. Gabi steht am offenen Grab, Tränen laufen ihr über die Wangen.
Unterdessen kommt Tanja von Gomera zurück und erzählt, daß Vera und Franz, verliebt wie am ersten Tag, eine glückliche Zeit auf Gomera verbringen. Sie selbst habe gemerkt, daß sie dort nicht hinpasse.
Nach der Beerdigung verliest Lydia, die ihre Kur unterbrochen hat, Bennos Testament: Seine gesamte Habe hat er Gabi vermacht, nur sein Häus-

Benno Zimmermanns Beerdigung.

chen in Aying soll seinem Sohn Max gehören. Bis zu Max' Volljährigkeit darf das Haus nicht verkauft werden. Inzwischen hat Gabis Mutter Rosi das Regiment im Haushalt übernommen. Das Verhältnis zwischen den beiden Frauen war in letzter Zeit nicht sehr eng, weil Gabi Rosis zweiten Mann Hubert nicht leiden kann.
Gottlieb und Berta entscheiden sich dafür, den Buchladen zu schließen. Berta hat sich, zu Manoels und Lydias Freude, entschlossen, mit ihrem Mann einen Neuanfang zu wagen. Als Berta in einer seiner Bootszeitschriften blättert, findet sie einen an Griese adressierten Brief von einer Dame namens Laura, die sich auf ein Wiedersehen freut.

Die Wahrheit schmerzt immer

Spieltag: 08.12.1988 • Sendetag: 11.12.1988

Folge: *158*

Rosi verbrennt sich den Fuß mit kochender Suppe.

Kreidebleich und mit Übelkeit kämpfend, erzählt Anna Gabi, daß Friedhelm seit gestern als Hilfskraft im Supermarkt arbeitet. Gabi wiederum ist erleichtert, daß Rosi heute abreisen will. Aber als Rosi sich den Fuß verbrennt, wird doch nichts aus der Abreise. Am Abend fühlt sich Anna wieder nicht wohl. Gabi ist zwar mißtrauisch, hält aber eine Schwangerschaft bei Anna für ausgeschlossen.
Tanja hat sich entschlossen, Journalistin zu werden. Ein Redakteur einer Münchener Zeitung stellt ihr ein Praktikum in Aussicht. Überglücklich erzählt sie Franz am Telefon davon und erfährt, daß Franz und Vera zu Weihnachten ebenfalls nach Hause kommen wollen.
Im Buchladen regelt Griese mit Robert endgültig die Kioskübergabe. Berta ist wieder in ihre ehemalige Wohnung gezogen. Sie kann ihrem Mann nun nichts mehr glauben. In einem Gespräch versucht Gottlieb Berta zum wiederholten Mal zu erklären, daß sein Verhältnis mit Laura beendet sei und er nicht mehr an sie denke – ohne Erfolg. Bertas Vorwürfe werden immer heftiger, bis Griese schließlich der Kragen platzt. Als er gerade seine ganze Wut herausläßt, kommt Manoel herein und fragt verstört, ob Gottlieb jetzt für immer gehe.

Abschied im Advent

Spieltag: 15.12.1988 • Sendetag: 18.12.1988

Folge: *159*

Anna Ziegler erfährt von Dr. Dressler, daß sie schwanger ist und bricht zusammen. Elisabeth versucht sie zu trösten und erfährt die Wahrheit. Sie muß versprechen, das Geheimnis für sich zu behalten. Später beklagt sich Gabi bei Anna über ihre Mutter, die un-

ter dem Vorwand, Gabi an Weihnachten nach Bennos Tod nicht allein lassen zu können, verkündet hat, auch die Feiertage bei ihr verbringen zu wollen. Zu allem Überfluß hat sich auch noch ihr Stiefvater Hubert angekündigt.
Am Vortag ist Hund Beimer überfahren worden. Um Klausi zu trösten, bekommt er einen neuen Hund aus dem Tierheim: einen Terrier namens „Esther“. Benny ist verkatert und nicht in der Lage, zur Schule zu gehen. Am Vorabend wurde der Geburtstag seiner Freundin Kornelia gefeiert. Als Helga eine Strafpredigt von Hans zum Mittagessen ankündigt, beschließt Benny, zur Unterstützung Kornelia mitzubringen. Sie wird prompt in die traditionelle Hausmusik einbezogen, genau wie Matthias, der sich erkundigen wollte, wann Marion kommt. Ihm vergeht die Lust am Singen, als er erfährt, daß sie Weihnachten in Paris verbringen wird.
Else Kling hält sich fast nur noch im Treppenhaus auf, um zu erfahren, wie es bei Grieses weitergeht. Die Ehe ist endgültig gescheitert, und Gottlieb will die Lindenstraße verlassen. Deshalb hat er den Kiosk sowie die Wohnung auf Berta überschrieben und die Miete für ein Jahr im voraus bezahlt. Außerdem bekommen Berta und Manoel je DM 35.000. Es kommt zu einem kurzen bewegenden Abschied zwischen Gottlieb und seiner Frau. Als Griese schließlich zu seinem Auto geht, schenkt er Manoel seinen Schal. Dann fährt er davon. Manoel fragt Berta, ob er irgendwann wiederkommen werde.

Berta und Gottlieb stehen vor den Trümmern ihrer Ehe.

Die Bescherung

Spieltag: 24.12.1988 • Sendetag: 25.12.1988

Folge: 160

Leicht angewidert baut Hans den Plastikweihnachtsbaum aus dem Vorjahr auf. Obwohl die ganze Familie beschlossen hat, sich nichts zu schenken und statt dessen für den anstehenden Skiurlaub zu sparen, hat jeder doch etwas für den anderen vorbereitet. Selbst Anna hat eine Schallplatte für Hans vor die Tür gelegt. Helga kann trotz größter Anstrengungen ihren Kummer über die Abwesenheit Marions nicht ganz verbergen. Als sie am späten Abend allein sind, bestätigen sich Hans und Helga gegenseitig, daß die Ereignisse des vergangenen Jahres zur Festigung ihrer Beziehung beigetragen haben.
Manoel ist traurig und wütend über Grieses Abreise. Berta gibt sich

große Mühe, ihm ein schönes Fest zu bereiten und ihm über den Verlust des Vaters hinwegzuhelfen. Zu allem Unglück hat auch noch Lydia aus gesundheitlichen Gründen absagen müssen. Sie bleibt in Garmisch. In der Nacht hört Manoel das laute Weinen von Berta. Er geht ins Wohnzimmer, legt sich zu ihr und drückt sich fest an sie.
Franz, Vera und Tanja beschließen, nicht nach Gomera zurückzugehen. Franz will sich voll und ganz seiner Malerei widmen und den Schuldienst quittieren.
Hubert Koch, Gabis Stiefvater, kommt in der Lindenstraße an. Gung und Gabi schmücken den Christbaum, wie Benno ihn gerne mochte. Für den Abend laden sie Chris, Zorro und Carsten ein. Zorro schafft es schließlich, selbst Gabi zum Lachen zu bringen, auch wenn sie ein fast körperliches Unwohlsein gegen Hubert empfindet. Abends erklären Hubert und Rosi ihrer entsetzten Tochter gerührt, daß sie sich entschlossen haben, für immer zu ihr nach München zu ziehen.

Am Ende eines langen Jahres ...

Spieltag: 31.12.1988 • Sendetag: 01.01.1989

Folge: 161

Nach dem Skiunfall muß Hans mit Gipsbein herumlaufen, Helga trägt eine Halskrause.

Onkel Franz wird von Else Kling aufgenommen, nachdem er feststellen mußte, daß seine Familie verreist ist. Zu Elses Überraschung kehren Beimers an diesem Tag aber vorzeitig aus dem Urlaub zurück, weil Helga und Hans einen Skiunfall hatten. Marion bittet ihre Eltern in einem Brief, eine Französin namens Dominique für sechs Monate als Austauschschülerin aufzunehmen. Sie könnte dann im Gegenzug bei deren Familie wohnen. Helga ist sofort einverstanden, aber Benny protestiert, weil er nicht wieder in den Keller ziehen will. Onkel Franz verbringt den Abend bei Else und geht später mit ihr und Egon ins Akropolis.
Gabi sucht eine Wohnung für ihre Eltern, die sich in der WG allerdings recht wohl fühlen. Um sie loszuwerden, behauptet Gabi, daß Anna demnächst wieder einziehen werde. Erst später erzählt Gabi Anna von diesem Plan. Nach anfänglichem Sträuben willigt Anna ein. Als sie sieht, daß Familie Beimer zu Sarikakis geht, eilt auch sie ins Lokal.
Ludwig und Elisabeth feiern ihren zweiten Hochzeitstag. Am Abend im Akropolis beobachtet Elisabeth besorgt, wie Anna immer wieder versucht, die Aufmerksamkeit von Hans auf sich zu ziehen. Als die Mini Pigs eine Pause einlegen, hält Matthias eine sehr besinnliche Ansprache, die aber von Benny mit einem Trommelwirbel unterbrochen wird. Als Matthias sieht, daß Friedhelm Ziegler von Dressler die Teilnahme am Fest verweigert wird, folgt er Friedhelm und entschuldigt sich im Namen aller bei ihm. Währenddessen sitzt Manoel im Hinterhof auf den Resten von Grieses Boot und schaut sich das Feuerwerk an.

Engels Abgang

Spieltag 05.01.1989 • Sendetag 08.01.1989

Folge: 162

Die Französin Dominique Mourrait wird von ihrem Vater Jean-Luc nach München gebracht. Hans begegnet vor dem Haus Anna. Er bedankt sich für die Schallplatte, die sie ihm geschenkt hat, bittet sie aber energisch, in Zukunft jede Annäherung zu unterlassen. Als sie ihm erklärt, daß sie demnächst wieder bei Gabi einziehen wird, ist Hans darüber alles andere als erfreut. In dieser Nacht schafft es Hans nicht, mit Helga zu schlafen.
Onkel Franz hat sich nun scheinbar endgültig bei Else Kling eingerichtet. Deshalb kommt es zum Krach zwischen Egon und Else, in dem Egon klein beigeben muß. Aber er weiß sich zu helfen: Mit Bier, Zigaretten und einer Kiste Pornos ausgerüstet, zieht er sich in Nosseks leerstehende Wohnung zurück.
Der Kiosk wird von Robert und seinem Freund Thomas termingerecht geräumt. Franz, Tanja und Vera helfen Berta, die restlichen Bücher zu verpacken. Traurig verabschiedet sich Robert von Manoel, der sich in seine Hütte im Hof zurückzieht. Klausi, der ihn dort entdeckt, muß ihm schwören, keinem zu sagen, wo er ist. Später kann Berta, die Manoel durch die Hektik im Kiosk erst nach einiger Zeit vermißt, ihn nirgends finden. Am Abend ist Manoel noch immer verschwunden. Nach eindringlichem Verhör durch Hans, Helga und Berta gesteht Klausi, daß Manoel nach Garmisch trampen wollte, um dort bei Oma Lydia Zuflucht zu suchen.

Familienplanung

Spieltag: 12.01.1989 • Sendetag: 15.01.1989

Folge: 163

Beate und Vasily beschließen zu Elenas Bedauern, sich um Nachwuchs erst Gedanken zu machen, wenn Beate ihre Lehre beendet hat. Unterdessen kommt Isolde mit Enrico von Ischia zurück. Beim Begrüßungstrunk im Akropolis gesteht die glückliche Isolde, daß sie Enrico inzwischen geheiratet hat. Nun müssen sie sich aus Platzgründen eine neue Wohnung suchen. Bis auf weiteres ziehen sie ins Hotel. Egon Kling wird am Abend von Else zu Sarikakis geschickt, um Bier für Onkel Franz zu holen. Obwohl er über die Anwesenheit Enricos nicht sehr glücklich ist, genießt er die kurze Begegnung mit Isolde.
Lydia kommt mit Manoel, der die letzte Woche bei ihr verbracht hat, aus Garmisch zurück. Manoel wurde von dem ersten Autofahrer, den er anhalten konnte, einem Polizisten, dorthin gebracht. Lydia, die von Bertas Absicht erfährt, sich scheiden zu lassen, ist durch die Aufregung der letzten Woche und die Reise nach München sehr ge-

schwächt. Sie wird, von Berta begleitet, mit dem Krankentransport zurück nach Garmisch fahren. Manoel bleibt derweil bei Beimers.

Elena und ihr Bruder Dimitri. Er bringt mit den Eiernudel-Kartons viel Aufregung in die Lindenstraße.

Während der munteren Feier anläßlich Isoldes Heimkehr betritt unbemerkt Elenas Bruder Dimitri das Lokal. Er ist auf der Flucht vor der Polizei und sucht ein Versteck für sich und seine Schmuggelware – 300 Videorecorder. Obwohl sie seine Tat nicht gutheißen kann, ist es für Elena selbstverständlich, ihrem Bruder zu helfen. Spät in der Nacht konfrontiert sie ihren Mann mit der Situation. Panaiotis lehnt die Hilfe allerdings ab, woraufhin Elena erregt erwidert, wenn er Dimitri wegschicke, gehe sie mit.

Der Brief

Spieltag: 19.01.1989 • Sendetag: 22.01.1989

Folge: *164*

In der Post findet Helga einen Brief für Hans mit Münchener Poststempel, aber ohne Absender. Sie hat den Verdacht, er könnte von Anna stammen. Hans überläßt Helga den Brief ungeöffnet, um zu bekräftigen, daß er mit Anna nichts mehr zu tun hat. In Anwesenheit von Hans zerreißt Helga den Brief. Später wollen beide, ohne daß der andere etwas davon weiß, das Briefpuzzle wieder zusammensetzen, was Helga erst spät in der Nacht gelingt, und wobei sie von Hans ertappt wird. Lachend stellen sie fest, daß der Brief eine belanglose Werbesendung enthält.

Der Friseursalon ist wieder geöffnet. Beate setzt ihre Lehrzeit bei Isolde fort. Staunend beobachtet sie, wie Vasily und Panaiotis ca. 300 Kartons mit Eiernudeln aus dem Auto laden und in der Tanzschule deponieren. Die Sarikakis haben beschlossen, Dimitri zu helfen. Er soll so lange in der Tanzschule versteckt werden, bis die 300 gestohlenen Videorecorder nach Griechenland gebracht werden können. Vom Erlös dieser Aktion will er sich dann ins Ausland absetzen.

Manoel fühlt sich bei Beimers sehr wohl. Nach ihrer Rückkehr aus Garmisch bittet Berta Chris, sich nach einer anderen Wohnung umzusehen, da Lydia, falls sie zurückkommt, bei Berta wohnen will. Chris bespricht das Problem mit Zorro und Carsten, und Zorro lädt sie großzügig ein, zu ihm in Carstens Wohnung zu ziehen. Wie immer hat Carsten keine Chance, sich gegen Zorro zu wehren.

Else und Onkel Franz haben am Abend den Verdacht, daß Einbrecher in der Tanzschule sind und eilen zu Panaiotis. Da der nicht reagiert, greift Else zum Telefon, um selbst die Polizei zu alarmieren. Doch Panaiotis hindert sie daran.

Spione

Spieltag: 26.01.1989 • Sendetag: 29.01.1989

Folge: 165

Anna zieht zurück in die WG, wo Gabi kurz vor dem Nervenzusammenbruch steht. Die Auseinandersetzung mit ihren Eltern spitzt sich zu, als die erfahren, daß Gabi ihnen nichts von der leerstehenden Wohnung im Parterre erzählt hat, in die nun Isolde und Enrico einziehen. Berta zeigt Rosi und Hubert daraufhin Lydias Wohnung, die demnächst frei wird. Beide sind, im Gegensatz zu Gabi, begeistert.

Franz arbeitet als Ausfahrer in einer Wäscherei, steht ansonsten aber in jeder freien Minute vor seiner Staffelei. Tanja sammelt beim Einzug von Isolde und Enrico Material für eine Reportage.

Else und Onkel Franz beobachten mit einem Fernglas, was in der Tanzschule vor sich geht. Sie haben herausgefunden, daß dort ein riesiger Vorrat an Eiernudeln lagert. Onkel Franz vermutet einen Billigeinkauf, weil das für Ausländer typisch sei. Die Nudeln seien sicher aus verdorbenem Eigelb hergestellt. Egon hat inzwischen aus der Zeitung erfahren, daß zwei Mitglieder einer internationalen Schmugglerbande, die vor einer Woche aufgeflogen war, gefaßt worden sind. Ein Dritter, ein Grieche namens Dimitri P., sei weiterhin flüchtig. Egon verbirgt den Artikel vor den beiden Hobby-Detektiven, kann aber nicht verhindern, daß Onkel Franz plant, die Gesundheitsbehörden zu verständigen. Egon konfrontiert Panaiotis am Abend mit seinen Erkenntnissen. Wird er die Sarikakis anzeigen?

Die Bilder von Franz Schildknecht malte in Wirklichkeit die Kölner Künstlerin Tamara Folwill.

Mummenschanz

Spieltag: 02.02.1989 • Sendetag: 05.02.1989

Folge: 166

In Nosseks ehemaliger Wohnung, die Egon bisher als heimlicher Zufluchtsort vor Else und Onkel Franz gedient hat, haust nun Dimitri Pallas. Egon hat die Wohnung von Hausverwalter Hülsch gemietet, ohne daß Else etwas davon weiß. Die Sarikakis haben dankbar Egons Angebot angenommen, die heiße Ware nach Griechenland zu bringen. Else und Onkel Franz beschließen, am Abend beim Faschingsball im Lokal eine Essensprobe einzupacken, um sie beim Gesundheitsamt abzugeben.

Mit Unterstützung von Carsten, Zorro und Chris räumt Berta Lydias

Wohnung aus. Außerdem bereitet Berta Manoels morgigen Geburtstag vor. Chris hat Post von ihrem Ex-Freund Wolf erhalten, der ihr als eine Art Versöhnungsgeschenk DM 100 schickt. Es kommt zu einem heftigen Streit zwischen Chris und Carsten, weil das Geld wegen des Durcheinanders in der Wohnung letztendlich im Müll landet.

Auf dem Maskenball erscheinen Onkel Franz als Napoleon, Isolde als Hera und Egon als Seeräuber.

Die Schildknechts bereiten sich auf den Faschingsball bei Sarikakis vor. Tanja verkleidet sich als rasende Reporterin, denn sie plant Interviews zum Thema „Warum maskieren Sie sich?". Fast alle Nachbarn erscheinen beim Fest, und außer Onkel Franz geben alle bereitwillig Auskunft.

Mitten in der Nacht klingelt dann bei Berta das Telefon. Der Arzt in Garmisch meldet, daß Lydia nicht mehr lange leben wird.

Gipslos glücklich

Spieltag: 09.02.1989 • Sendetag: 12.02.1989

Folge: 167

Helga und Hans sind glücklich. Heute ist der Tag, an dem der Gips abgenommen wird. Die Freude darüber wird ihnen jedoch sehr schnell verdorben: Nicht nur, daß Anna bei Dressler im Wartezimmer sitzt – auch mit Benny, Klausi und Dominique gibt es Schwierigkeiten. Doch endlich ist der Gips ab, und Helga startet mit Sekt eine kleine Verführungsaktion.

Manoel sitzt draußen und ist, obwohl es schneit, nicht dazu zu bewegen, nach Hause zu kommen. Daraufhin erlaubt Helga Klausi, die Schule zu schwänzen, und bringt ihn zu Manoel. Manoel erklärt Klausi, daß er, obwohl es Lydia wieder besser geht, die bösen Geister vertreiben müsse. Seufzend beteiligt sich Klausi an dem Ritual.

Anna, die einen Termin bei Dr. Dressler hat, flieht zu Elisabeth, als Helga und Hans im Wartezimmer auftauchen. Elisabeth bietet ihr an, sie für die nächsten Monate in ihrer Ferienwohnung am Starnberger See unterzubringen. Anna nimmt dieses Angebot an und packt umgehend ihre Sachen. Gabi erfährt am Abend durch Elisabeth von Annas Schwangerschaft. Sie ist ratlos und entsetzt zugleich. Von wem ist das Kind?

Geheimnisse

Spieltag: 16.02.1989 • Sendetag: 19.02.1989

Folge: 168

Beate verlangt Aufklärung über die ungewöhnlichen Vorkommnisse der letzten Zeit. Daraufhin weiht Vasily sie in die Schmuggelaktion ein, die Beate ausgesprochen spannend findet.

Dominique hat eine unübersehbare Schwäche für Benny, der jedoch zu ihrem Kummer völlig auf Kornelia fixiert ist. Helga ist ebenfalls bekümmert, aber nur, weil Dominique so wenig ißt. Am Abend versucht Matthias vergeblich, Marions Adresse in Paris herauszubekommen. Dabei erzählt er Helga von seinem neuen Freund Friedhelm Ziegler und dessen Ex-Frau Anna, die Friedhelm jetzt wegen angeblicher Vergewaltigung den Prozeß macht. Er traut Friedhelm diese Tat nicht zu und glaubt, daß Anna lüge. Gabi bekommt einen Brief von Anna und erfährt so, wer der wirkliche Vater des Kindes ist. Am Telefon versucht Gabi erfolglos, ihre Cousine dazu zu bewegen, Hans Beimer mit den Tatsachen zu konfrontieren.

Dominique kann sich mit Helgas Essen nicht so recht anfreunden.

Else erwischt Egon, als er in Nosseks alte Wohnung geht. Sie hat den Verdacht, daß Egon einen seiner Pennerfreunde hier ab und zu übernachten läßt, was Egon erleichtert bestätigt. Im Verlauf des Tages versucht Egon vorsichtig, Else und Onkel Franz darauf vorzubereiten, daß er in der nächsten Woche verreisen wird. Sein Freund habe ihm als Gegenleistung dafür, daß er sich um seine Wohnung kümmert, einen Campingbus geliehen. Stolz zeigt er ihnen den Bus, der bereits vor dem Haus steht. Schließlich verkünden Else und Onkel Franz freudestrahlend ihren Plan, Egon auf seiner Reise in den Süden zu begleiten.

Wind

Spieltag: 23.02.1989 • Sendetag: 26.02.1989

Folge: 169

Egon bringt Else und Onkel Franz zum Flughafen. Er konnte sie von ihrem Plan abbringen, ihn zu begleiten. Dafür mußte er ihnen allerdings eine Reise nach Mallorca spendieren, die er sich vom grollenden Panaiotis ersetzen läßt. Noch einmal wird er von Dimitri instruiert: Die Ladung soll er am Abend auf einem Waldweg von Vasily übernehmen. Unterdessen beladen Vasily und Beate unauffällig das Auto mit den Nudelkartons.

Ludwig denkt wehmütig an die Ferienwohnung, in der er mit Nina so glücklich war. Schließlich schreibt er einen Brief an seine Ex-Frau.

Berta hat die Idee, Enrico könnte aus dem Kiosk eine Pizzeria machen. Sofort besichtigt der begeistert die Örtlichkeiten, und der Handel wird beschlossen. Isolde hat an diesem Tag noch ein Erfolgserlebnis: Die neue Friseurin, Maria Neufeld, die Isolde engagiert hat, erweist sich als Volltreffer.

Als Vasily und Beate in das beladene Auto steigen und losfahren, eilt Dressler mit dem Brief an Nina zum Briefkasten. Der Brief wird vom Wind erfaßt und auf die Straße geweht. Ludwig eilt ihm nach, ohne auf den Verkehr zu achten, und wird von Vasilys Wagen erfaßt. Beate hat Dressler, der bewußtlos am Boden liegt, erkannt und will aussteigen, aber Vasily gibt Gas und fährt mit quietschenden Reifen davon.

Das Ja-Wort

Spieltag: 02.03.1989 • Sendetag: 05.03.1989

Folge: 170

Beate und Vasily werden von Schuldgefühlen geplagt. Von Egon, der mit der Ladung nach Griechenland unterwegs ist, gibt es keine Nachricht. Elisabeth erfährt im Krankenhaus, daß Ludwig, der noch auf der Intensivstation liegt, sehr wahrscheinlich von der Hüfte abwärts gelähmt sein wird.

Der Prozeß gegen Friedhelm Ziegler soll in der Woche nach Ostern stattfinden. Gabi hat eine Unterredung mit Annas Anwalt, in der sie ihn bittet, Anna aufzusuchen, um mit ihr die Prozeßstrategie durchzusprechen. Sie erfährt, daß Annas Chancen nicht sehr gut stehen, da sie zum Zeitpunkt der Vergewaltigung noch verheiratet war. Erbost diskutiert Gabi später mit Gung über die deutsche Rechtsprechung in Sachen Vergewaltigung. Ein weiteres Problem ist Annas Schwangerschaft, die beim Prozeß nicht mehr zu verheimlichen sein wird. Sie kommen auf die Idee, der Öffentlichkeit Zorro als Scheinvater zu präsentieren. Gabi ruft sofort Anna an, erntet aber nur eine entrüstete Ablehnung.

Franz bedrängt Vera, ihn zu heiraten. Doch Vera ist das noch zu früh. Franz gibt aber nicht nach und erreicht schließlich, daß sie ja sagt. Abends geht Tanja mit einem Bekannten in die Disco, und Vera besucht eine Freundin, während Franz allein zu Hause bleibt und malt. Tanja traut ihren Augen nicht, als sie in der Disco plötzlich Vera mit einem jungen Mann entdeckt, mit dem sie sich offensichtlich sehr konzentriert unterhält.

Der Kulturschimpanse

Spieltag: 09.03.1989 • Sendetag: 12.03.1989

Folge: 171

Beate muß mehrmals am Tag Elenas Bruder Dimitri versorgen, der sich nun seit fünf Wochen in Nosseks ehemaliger Wohnung versteckt. Seit zwei Wochen fehlt jegliche Nachricht von Egon, der die Schmuggelware längst bei den Mittelsmännern hätte abliefern müs-

sen. Im Friseursalon trifft Beate ihre Mutter Elisabeth, die Ludwig in der Klinik besucht hat. Die Diagnose des behandelnden Arztes hat sich bestätigt: Dressler wird mit hoher Wahrscheinlichkeit den Rest seines Lebens im Rollstuhl sitzen müssen.
Vera hat Tanja überzeugend dargelegt, daß der junge Mann, mit dem sie sich vor einer Woche getroffen hat, ein alter Bekannter ist, der sich aus Sorge um den selbstmordgefährdeten Celin bei ihr gemeldet hat. Franz überrascht Vera mit dem Vorschlag, für einige Wochen nach New York zu fahren. Vera lehnt die Reise zunächst ab, weil Franz sie als Hochzeitsreise plant. Als er auf die Hochzeit aber von sich aus verzichtet, ist Vera so überwältigt, daß sie einwilligt, ihn Ostern zu heiraten.
Carsten und Zorro haben wieder einmal Streit. Gabi hat Anna inzwischen überreden können, wenigstens zu testen, ob sich Zorro als vermeintlicher Vater für ihr Kind eignet. Gabi und Gung nötigen Zorro, in ihrer Abwesenheit auf Max aufzupassen. Dann beobachten sie ihn heimlich. Noch am gleichen Abend wird Zorro einem weiteren Test unterzogen: ein Abendessen mit Hubert und Rosi. Er besteht mit Bravour. Nachdem Gabis Eltern gegangen sind, fragt Gabi Zorro, ob er bereit wäre, den Vater von Annas Kind zu spielen.

Weil Zorro ständig an seinen Müllplastiken herumhämmert, kann Carsten nicht lernen. Er sperrt Zorro nur mit Unterhose bekleidet im Treppenhaus aus.

Rollenspiele

Spieltag: 16.03.1989 • Sendetag: 19.03.1989

Folge: *172*

Zorro hat dem Plan, die Rolle des Vaters zu übernehmen, zugestimmt und übt bereits mit einer Puppe Wickeln und Baden. Gabi unterbreitet Zorro später einen von Anna aufgesetzten Vertrag, in dem seine Rechte und Pflichten als Scheinvater genauestens definiert sind. Jetzt wird Zorro energisch: Eine Unterschrift will er auf gar keinen Fall leisten. Er willigt aber schließlich doch ein, da Anna ihre Rückkehr von dieser Unterschrift abhängig macht. Für sein Entgegenkommen soll er täglich eine warme Mahlzeit erhalten. Als Anna erfährt, daß alles geregelt ist, kündigt sie ihre Ankunft für den nächsten Tag an.
Bei Sarikakis, die wegen des ungewissen Ausgangs der Schmuggelaktion sehr nervös sind, sitzen Friedhelm Ziegler und Matthias Steinbrück. Sie sprechen über Zieglers bevorstehenden Prozeß. Matthias glaubt fest an Friedhelms Unschuld.
Bei Franz und Vera sind die Hochzeitsvorbereitungen in vollem Gange. Man plant eine romantische Hochzeit in einer Kapelle auf dem Land. Celin scheint sich mit dem Verlust Veras abgefunden zu haben; er begleitet Franz auf den Friedhof zu Hennys und Meikes Grab. Dabei findet er, von Franz unbemerkt, Nosseks Revolver, den Bianca kurz vor dessen Tod dort versteckt hat, und nimmt ihn an sich.

Celins Befreiung

Spieltag: 23.03.1989 • Sendetag: 26.03.1989

Folge: 173

Franz und Vera werden in einer kleinen Kapelle getraut. Trauzeugen sind Hans Beimer und Tanja, außerdem sind Berta und Celin anwesend. Während der Zeremonie holt Celin plötzlich den Revolver aus seiner Manteltasche, führt ihn langsam zum Kopf, steckt ihn bei Veras „Ja" aber wieder ein und verläßt die Kirche. Er rennt auf eine Wiese und wirft den Revolver dort mit einem Schrei in hohem Bogen weg. Langsam geht er zurück. Er gratuliert Franz und geht, ohne mit Vera zu reden, davon. Während des Hochzeitsessens im Akropolis kommen zwei Polizisten in das Restaurant und wollen Elena sprechen. Sie haben inzwischen herausgefunden, daß sie die Schwester des gesuchten Dimitri Pallas ist. Elena versichert glaubhaft, daß sie von ihrem Bruder seit Monaten nichts gehört hat.

Vera heiratet Franz Schildknecht. Für Celin ein Grund, an Selbstmord zu denken.

Auch an diesem Tag hält der ständig schwelende Streit zwischen Carsten und Zorro an. Schließlich haut Zorro wütend ab und kehrt kurze Zeit später mit einem alten, eiförmigen Wohnwagen zurück. Er will ihn in den Hinterhof stellen und zusammen mit Chris dort leben. Chris ist begeistert. Gabi hat Zorro außerdem Bennos ehemalige Garagenwerkstatt vorübergehend zur Verfügung gestellt.

Else und Onkel Franz sitzen als letzte betrunken an der Festtafel. Beate bemüht sich vergeblich, die beiden loszuwerden. Da kommt ein Anruf von Egon. Er hat die Schmuggelware zwar wie verabredet abgeliefert, aber bis heute noch kein Geld bekommen.

Wahrheitsfindung

Spieltag: 30.03.1989 • Sendetag: 02.04.1989

Folge: 174

Heute findet der Prozeß gegen Friedhelm Ziegler statt. Fassungslos beobachtet Matthias, wie Friedhelm seine Tat zunächst leugnet, sie aber dann doch zugeben muß. Er wird zu einer Freiheitsstrafe von acht Monaten ohne Bewährung verurteilt.

Hubert und Rosi Koch sind mit Max und Sarah auf dem Spielplatz und sprechen über den Prozeß gegen Friedhelm Ziegler. Hubert vertritt die Meinung, daß zu einer Vergewaltigung immer zwei gehören und

läßt spitze Bemerkungen über Rosis Familie fallen. Er versucht Rosi einzureden, daß sie sich Gabi und Anna aufdränge und nur Undank ernte. Als Gabi am Abend ihrer Mutter verkündet, daß sie sich nicht ständig um sie kümmern soll, muß Rosi ihrem Hubert ausnahmsweise einmal recht geben.
Egon kommt gutgelaunt zurück. Er überbringt Sarikakis das Geld für die Schmuggelware, wovon er wie vereinbart einen Teil behalten kann. Elena eilt zu Dimitri, um ihm die gute Nachricht zu überbringen. Er soll noch in dieser Nacht ins Ausland verschwinden. Vorher wird aber noch ein kleines Abschiedsfest veranstaltet. Als Elena ihren Bruder später zum Abschied noch einmal umarmt, biegt ein Polizeiauto um die Ecke. Dimitri wird festgenommen. Verstört verfolgen die Sarikakis die Verhaftung. Bang fragen sich Beate und Vasily, wann sie wohl abgeholt werden.

Katz und Maus

Spieltag: 06.04.1989 • Sendetag: 09.04.1989

Folge: 175

Benny gesteht seinen Eltern, daß seine Versetzung erneut gefährdet ist. Daraufhin verdonnert Hans seinen Sohn zu Nachhilfestunden und verbietet ihm die Robin Wood-Aktionen. Im Friseursalon muß Helga neben Anna Platz nehmen und erfährt, daß sie ein Kind erwartet. Zu Hause erzählt Helga Hans die Neuigkeit. Dieser ist wie vor den Kopf geschlagen.

Benny hat je eine sechs in Erdkunde und Physik.

Onkel Franz fühlt sich durch die Festnahme von Elenas Bruder in seiner ausländerfeindlichen Haltung bestätigt. Als Else in der Zeitung einen Bericht über die Schmuggelaffäre liest, kombinieren die beiden, daß sich in den Nudelkartons, die inzwischen verschwunden sind, die Videorecorder befunden haben. Sofort wollen sie die Polizei verständigen. Egon, der das Gespräch mitgehört hat, hat in der Zwischenzeit aber das Telefon im Wohnzimmer sowie die Telefonzelle vor dem Haus lahmgelegt. Wenig später verläßt er zusammen mit Panaiotis hektisch das Akropolis. Als die Polizei schließlich doch die Tanzschule durchsucht, reagiert Panaiotis ausgesprochen gelassen. Er führt die Beamten zur Theaterbühne im Restaurant und präsentiert einen hinter dem Vorhang versteckten Stapel Nudelkartons. Panaiotis kann die Beamten davon überzeugen, daß die Ware lediglich von der Tanzschule, die er wiedereröffnen will, ins Lokal gebracht wurde. Else und Onkel Franz werden von der Polizei ermahnt, in Zukunft vorsichtiger mit Anschuldigungen zu sein. Else schiebt die Schuld sofort auf Onkel Franz, den Egon noch an diesem Abend aus der Wohnung wirft. Beimers liegen schon im Bett, als es klingelt: Onkel Franz steht mit Gepäck vor der Tür.

Salz in den Wunden

Spieltag: 13.04.1989 • Sendetag: 16.04.1989

Folge: 176

Neben der Sorge um Benny lastet auf Helga nun auch noch die Sorge, daß Hans der Vater von Annas Kind sein könnte. In dieser Situation kann sie Onkel Franz, den Hans vergangene Woche wieder ins Altersheim gebracht hat, am Telefon nur entnervt abwimmeln. Hans geht zu Anna, um zu erfahren, ob er der Vater ist. Anna erzählt von Zorro, woraufhin für Hans Beimer eine Welt zusammenbricht. Helga gegenüber beschwert er sich bitterlich über Anna, die offensichtlich gleichzeitig ein Verhältnis mit ihm und einem anderen Mann hatte. Helga hingegen fällt ein Stein vom Herzen.

Ludwig überrascht Elisabeth im Krankenhaus mit der Nachricht, daß er einen Vertreter für die Praxis engagiert hat. Seine Laune verdüstert sich aber wieder, als Elisabeth ihm berichten muß, daß es von dem Täter weiterhin keine Spur gibt. Am Nachmittag zeigt Elisabeth dem von Dressler engagierten Vertreter, Dr. Manfred Pauli, die Praxis. Als Elisabeth gegangen ist, telefoniert Pauli mit einem Freund, dem er sogleich von ihr vorschwärmt. An eine Wette, von der der Freund spricht, kann er sich nicht erinnern. Später besucht Elisabeth Beate und wettert über den fahrerflüchtigen Täter. Sie erzählt ihrer Tochter von dem Plan, ins Treppenhaus einen Lift einbauen zu lassen. Die Kosten dafür werden auf ca. DM 25.000 geschätzt.

Anna präsentiert den stolzen Zorro als Vater ihres Babys.

Else versucht, sich wieder mit Egon zu vertragen. Doch der bleibt kühl und abweisend.

In der Nacht kommt Benny zu Helgas Entsetzen sturzbetrunken nach Hause und muß sich übergeben.

Transaktionen

Spieltag: 20.04.1989 • Sendetag: 23.04.1989

Folge: 177

Den elterlichen Auflagen gehorchend, nimmt Benny Nachhilfestunden. Allerdings möchte er heute abend unbedingt bei einem Frühlingsfest im Rahmen einer Robin Wood-Aktion mitwirken. Während Hans konsequent bleibt, läßt Helga ihn unter der Bedingung gehen, daß er spätestens um Mitternacht wieder zu Hause ist. Sie ist

glücklich, als Benny ihr Vertrauen nicht enttäuscht.
Enricos Pizzeria ist ein voller Erfolg. Seine Enttäuschung darüber, daß niemand anschreiben läßt, ändert sich schlagartig mit dem Auftauchen Zorros, der Enrico einen Handel anbietet: Er verspricht, Pilze und Gemüse zu liefern. Im Gegenzug soll er dafür etwas zu essen bekommen. Bis zur ersten Lieferung, läßt Zorro kräftig anschreiben. Zudem will Enrico Klavierstunden bei Berta nehmen.
Beate läßt sich auf der Bank DM 10.000 auszahlen. Währenddessen organisiert Elisabeth neben dem normalen Praxisalltag auch noch den Umbau des Treppenhauses und der Wohnung. Später überreicht Beate ihrer Mutter das Geld als Beitrag zum Treppenhausumbau. Elisabeth wundert sich über diese Geste und weist das Geld energisch zurück. Schließlich rückt Beate mit der Wahrheit heraus: Vasily hat den Unfall gebaut, und sie war dabei! Elisabeth läßt ihre Tochter im unklaren darüber, ob sie schweigen wird oder Vasily bei der Polizei anzeigt.

Von Angesicht zu Angesicht

Spieltag: 27.04.1989 • Sendetag: 30.04.1989

Folge: *178*

Franz und Vera sind aus New York zurückgekehrt und erzählen begeistert von ihren Eindrücken. Tanja berichtet ihrerseits von ihrem Praktikum, das sich gut anläßt.
Enrico hat Klavierunterricht, beklagt sich aber bei Berta, daß er, statt richtige Lieder zu spielen, immer nur Tonleitern üben muß. Unterdessen schwänzt Manoel die Schule und verbringt den Tag mit Zorro.
Elisabeth bereitet Ludwigs Heimkehr vor. Sie wird Vasily Beate zuliebe zwar nicht anzeigen und auch Dressler gegenüber schweigen, will den Schwiegersohn aber nie wieder in ihrem Haus sehen. Als Dressler nach Hause kommt, kann er sich schon recht gut mit dem Rollstuhl bewegen und freut sich über den gut funktionierenden Lift. Er möchte den ersten Abend zu Hause mit einem kleinen Essen im Kreis der ganzen Familie verbringen und neben Dr. Pauli Carsten, Beate und Vasily einladen. Elisabeth überbringt Beate die Einladung, besteht aber darauf, daß Vasily nicht mitkommt. Gequält läßt Beate das Essen und die Nähe zu Dressler über sich ergehen. Wieder zu Hause, macht Beate Vasily erneut heftige Vorwürfe und be-

Ludwig hat sich mit seinem Leben als Behinderter arrangiert.

nutzt dabei unbewußt die gleichen Worte wie Elisabeth am Vormittag. Schließlich packt sie ihre Sachen und verläßt voller Verzweiflung die Wohnung.

Verschlossene Türen

Spieltag: 04.05.1989 • Sendetag: 07.05.1989

Folge: 179

Dominique hat Geburtstag. Als Überraschungsgast kommt ihr Vater. Doch Dominique rennt vor ihm davon und schließt sich im Bad ein. Sie kommt erst wieder heraus, als ihr Vater gegangen ist. Helga muß ihr versprechen, daß sie bei Beimers bleiben darf. Ihren Vater will sie nie mehr wiedersehen.
Die Schildknechts planen einen Vatertagsausflug. Franz kann sich aber wieder einmal nicht von der Staffelei losreißen, und so ziehen Vera und Tanja alleine los. Franz geht mit seinem Skizzenblock in den Hinterhof, wo er Zorro, Egon und Hubert trifft, die schon leicht angeheitert sind. Die Feier wird allerdings durch einen Platzregen unterbrochen. Sie beschließen, in Franz' Wohnung weiter zu feiern. Die Tür fällt jedoch ins Schloß, bevor alles umgeräumt ist, und so sitzen die vier ohne Schlüssel im Treppenhaus und müssen schließlich den Schlüsseldienst holen.
Beate hat die ganze letzte Woche bei Carsten verbracht. Vasily besucht sie und bittet um ein Gespräch unter vier Augen. Er teilt ihr mit, daß er bereit ist, sich der Polizei zu stellen. Beide glauben, daß sie die schwere Zeit, die vor ihnen liegt, schon irgendwie meistern werden. Beate geht mit Vasily in die Wohnung, um die nötigsten Sachen einzupacken. Nach einer letzten Umarmung geht Vasily. Am Fenster sieht Beate ihm nach. Dann rennt sie plötzlich hinter ihm her, kann ihn auf der Straße aber nicht mehr sehen. Da steht er, wie aus dem Nichts kommend, vor ihr. Erleichtert fällt sie ihm um den Hals und fleht ihn an, bei ihr zu bleiben.

Va banque

Spieltag: 11.05.1989 • Sendetag: 14.05.1989

Folge: 180

Elisabeth kümmert sich rührend um ihren Mann, der besorgt ist, ob er ihren Bedürfnissen noch gerecht werden kann. Er ermuntert sie, häufiger auszugehen. Später, in der Praxis, sprechen Berta, die wieder in der Praxis arbeitet, und Elisabeth über Dr. Pauli. Berta ist fest davon überzeugt, daß der neue Arzt ein Auge auf Elisabeth geworfen hat. Damit scheint sie recht zu haben, denn Dr. Pauli

schenkt Elisabeth einen großen Blumenstrauß. Seinem Freund erzählt er am Telefon, er müsse aufpassen, daß er sich nicht in diese Frau verliebe. Am Abend beichtet Elisabeth Anna ihre Sehnsucht nach einem erfüllten Sexualleben. Ihr ist jedoch klar, daß sie ihre Gefühle aus Rücksicht auf ihren Mann unterdrücken müßte.
Hubert und Rosi streiten sich. Rosi will ihm einen Denkzettel verpassen und läßt ihn den ganzen Tag allein. Im Laufe des Tages vermißt jeder den anderen, und am Abend dauert es nicht lange, bis sie sich wieder versöhnt haben.
Vasily erwacht schweißgebadet aus einem Alptraum. Er wird mit seiner Schuld einfach nicht fertig. Hilflos legt er Dressler Blumen vor die Tür. Einen Versuch, den Doktor anzurufen, bricht er aber ab. Als Elisabeth nach Hause kommt, sitzt Dr. Pauli noch hinter seinem Schreibtisch. Er hat auf Elisabeth gewartet und stellt eine Flasche Champagner und zwei Gläser auf den Tisch. Er teilt ihr mit, er habe so starke Gefühle für sie, daß er die Praxis verlassen werde.

Hubert und Rosi Koch - (meistens) ein Herz und eine Seele.

Zu neuen Ufern

Spieltag: 18.05.1989 • Sendetag: 21.05.1989

Folge: 181

Elisabeth ist Pauli gegenüber sehr distanziert. Sie besteht zwar darauf, daß er die Praxis weiterführt, erlaubt ihm aber kein privates Wort mehr. Später bittet Ludwig seinen Kollegen, mit Elisabeth essen zu gehen, damit sie endlich einmal etwas anderes sieht als nur die Praxis. Elisabeth sagt nach kurzem Zögern zu. Während des Essens taut sie sichtlich auf, und schließlich erzählt jeder dem anderen private Geschichten aus seinem Leben.
Zorro leidet mal wieder unter akutem Geldmangel. Egon gibt ihm den Tip, bei den Hausbewohnern Sperrmüll zu sammeln und diesen auf dem Flohmarkt zu verkaufen. Sofort zieht er los und macht reichlich Beute. Chris überrascht Zorro mit der Nachricht, daß sie mit ihrer Theatergruppe in Dänemark auftreten wird. Bis zum Herbst wird sie unterwegs sein, und noch heute soll es losgehen. Fassungslos beobachtet Zorro, wie Chris ihre Sachen packt und Abschied nimmt.
Else richtet ihre ganze Aufmerksamkeit auf Egon. Kleinlaut gesteht sie ihm ihre Sehnsucht nach mehr Freundlichkeit und Zuwendung. Doch Egon bleibt davon unbeeindruckt. Als er am Abend immer noch nicht

Distanz zwischen Elisabeth und Dr. Pauli – doch die Darsteller Dieter Schaad und Dagmar Hessenland sind privat ein Paar.

zu Hause ist, packt Else ein paar Vorräte, einen Groschenroman und zwei Rollen Klopapier ein. Als Egon spätnachts ins Bett geht, findet er eine Nachricht auf dem Kopfkissen. Da er so abweisend zu ihr sei, schreibt Else, verlasse sie ihn. Nach dem ersten Schreck ist Egon sicher: Die wird schon wiederkommen!

Wer zuletzt lacht ...

Spieltag: 25.05.1989 • Sendetag: 28.05.1989

Folge: 182

Zu Helgas Entsetzen kommt an diesem Morgen mit der Post ein Schulverweis für Benny, weil er mit Kornelia in der Schule den Strom lahmgelegt hat. Helga informiert ihren Mann, der sofort den Schuldirektor aufsucht. Doch dieser ist unnachgiebig. Währenddessen erklärt Benny seiner Mutter, durch das Abschalten des Stromes habe er auf die zunehmende, gedankenlose Energieverschwendung aufmerksam machen wollen. Die erregte Diskussion endet damit, daß Benny sich wütend mit Kornelia in den Keller zurückzieht.

Vasily begegnet Elisabeth auf der Straße und bittet sie um ein Gespräch. Doch sie läßt ihn einfach stehen. Vasily steht kurz vor einem Zusammenbruch: Er läßt im Lokal seine Arbeit im Stich und geht, trotz Panaiotis' lautem Protest, nach Hause. Apathisch liegt er im Bett und erklärt Beate, daß er am liebsten weggehen würde – egal wohin.

Während Elses Abwesenheit führt Egon ihren Waschsalon: Er wäscht, bügelt und liefert die Wäsche aus.

Egon hat sich getäuscht mit seiner Prognose, daß Else schnell wieder zurückkommen wird. Sie ist seit einer Woche verschwunden. Längst hat er die Polizei verständigt und überall herumgefragt. Bei jeder Gelegenheit jammert er, was für ein guter Mensch seine Else im Grunde doch sei. Zufällig und von ihr unbemerkt entdeckt er sie schließlich in Nosseks leerer Wohnung. Gutgelaunt bereitet er sich nun sein Essen zu und denkt nicht daran, Else zu befreien. Jetzt soll sie schmoren.

Bei Beimers besteht Kornelias Vater darauf, daß Kornelia und Benny keinen Kontakt mehr haben dürfen. Unterdessen schmieden die beiden im Hobbykeller eine erneute Aktion, die einen endgültigen Schulverweis zur Folge haben kann.

Liebesdienste

Spieltag 01.06.1989 • Sendetag 04.06.1989

Folge: 183

Hans und Helga diskutieren erneut ohne großen Erfolg mit Benny über die Schule. Später trifft Helga die hochschwangere Anna vor dem Supermarkt. Irritiert stellt sie fest, daß Anna durchaus selbstbewußt auftritt. Gerade liest Helga einen Brief von Marion, da

kommt Matthias zu Besuch. Als er von Bennys Problemen in der Schule erfährt, bietet er Helga an, mit dem störrischen Junior zu reden. Er geht zu Kornelia und Benny in den Hobbykeller, die dort eine Transparentaktion vorbereiten. Sofort beziehen sie ihn in die Aktion mit ein. Ahnungslos macht Matthias Vorschläge, die von Benny und Kornelia mit Begeisterung aufgenommen werden.
Gabi hat wegen Bennos Haus Probleme mit der Bank. Von ihrem Gehalt kann sie nur mühsam den Lebensunterhalt für sich und Max bestreiten. Sie kann und will das Haus aber nicht verkaufen. Abends berichtet Gabi von ihren Problemen. Spontan kratzen Anna und Gung ihre letzten Ersparnisse zusammen und geben sie Gabi.
Da Else in ihrer Wohnung keinerlei Essensvorräte gefunden hat, das Haus aber nicht verlassen kann, bittet sie Onkel Franz telefonisch, sie mit neuen Vorräten zu versorgen. Bereitwillig bringt er die erbetenen Lebensmittel, nutzt aber Elses prekäre Situation sofort dahingehend aus, daß er den Tag bei ihr verbringt und sich von ihr bedienen läßt. Spätabends fordert Else Onkel Franz auf, zurück ins Altersheim zu gehen. Doch der denkt nicht daran. Lässig zieht er sich aus und erklärt der verblüfften Else, entweder sie teile das Lager mit ihm oder er werde Egon ihren Aufenthaltsort verraten.

Der neue Mieter

Spieltag: 08.06.1989 • Sendetag: 11.06.1989

Folge: *184*

Else kehrt trickreich mit einem Taxi in die Lindenstraße zurück. Begeistert berichtet sie Egon von einer angeblich erlebnisreichen Reise, die sie unter anderem an den Wolfgangsee geführt habe. Amüsiert stellt Egon detaillierte Fragen, in deren Fallen Else sich mehrmals verfängt. Zu Hause erfährt Else dann, daß Herr Hülsch am Nachmittag einem potentiellen Mieter Nosseks ehemalige Wohnung zeigen will. Ihr Entsetzen ist groß, als sie feststellen muß, daß Onkel Franz der neue Mieter ist.
Ludwig verläßt zum erstenmal allein das Haus und begegnet dabei Beate und Vasily, die er zum Mittagessen einlädt. Beate entschuldigt sich, weil sie in den Salon muß, aber Vasily begleitet ihn. Dabei bietet Dressler ihm und Beate seine Unterstützung an. Vasilys Schuldgefühle nehmen durch diese Zuwendung nur noch zu. Auch für Elisabeth hat Dressler eine Überraschung: zwei Karten für einen Klavierabend. Erfreut sagt sie das Essen mit Dr. Pauli, dem sie

Benny und Kornelia sind aus der Schule geflogen.

schon zugestimmt hatte, ab. Später kommen Ludwig und Elisabeth vergnügt nach Hause. Das Konzert ist ausgefallen, weshalb die beiden es sich daheim gemütlich machen.
Beimers planen eine gemeinsame Reise ins Fichtelgebirge während der Sommerferien. Benny möchte aber mit Kornelia allein zu Hause bleiben. Auch Klausi macht Schwierigkeiten, da er nicht ohne Manoel fahren will. Zu allem Überfluß weigert sich auch Dominique, mitzufahren. Spätabends erscheinen Benny und Kornelia im Wohnzimmer. Bedrückt erzählen sie, daß sie in der Schule waren und das wahrscheinlich zum letzten Mal.

Abendseufzer

Spieltag 15.06.1989 • Sendetag 18.06.1989

Folge: 185

Benny und Kornelia sind wegen politischer Agitation von der Schule verwiesen worden. Sie hatten ein Transparent aus dem Fenster des Klassenzimmers gehängt und wurden dabei vom Hausmeister erwischt. Hans sucht nun eine neue Schule für seinen Sohn, aber Benny will nie wieder die Schulbank drücken. Für Helga wird ein weiterer Alptraum wahr, als sie sieht, daß Onkel Franz in Nosseks Wohnung zieht.

Stolz trägt Wittich einen ausgestopften Wildschweinkopf in sein neues Domizil „Sperlingsruh".

Vera freut sich nun nach den Ferien wieder auf ihre Arbeit in der Schule und versucht ohne Erfolg, auch Franz davon zu überzeugen, erneut in den Schuldienst einzutreten. Ihr Mann fühlt sich eben zum Künstler berufen. Als die Schildknechts am Abend mit Tanjas Kollegen Werner zusammensitzen, bleibt nicht verborgen, daß Werner in Tanja verliebt ist. Tanja läßt das offensichtlich völlig kalt.
An diesem Morgen bestellt sich Dressler ein Taxi und fährt allein in die Stadt. Um die Mittagszeit taucht er mit einem Paket im Akropolis auf und gibt dem überraschten Vasily eine neue Musikanlage. Am Abend – Zorro versucht auf der Bühne im Lokal seine Müllskulpturen zu verkaufen – ist Beate fassungslos darüber, daß Vasily das Geschenk überhaupt angenommen hat. Daraufhin sucht Vasily Dressler auf. Er hat den Karton mit der neuen Musikanlage dabei. Stockend erklärt er, daß er das Geschenk nicht annehmen kann. Er selbst sei der Fahrer des Unfallwagens gewesen, und es stehe Dressler frei, ihn anzuzeigen.

Vitamin B

Spieltag 22.06.1989 • Sendetag 25.06.1989

Folge: 186

Bei Beate und Vasily herrscht große Erleichterung. Dressler ist auf Vasilys Angebot, sich der Polizei zu stellen, nicht eingegangen. Allerdings zeigt er sich sehr zurückhaltend gegenüber Vasily. Ludwig schenkt Elisabeth und Pauli Opernkarten, um sich so für dessen ständige Hilfsbereitschaft zu bedanken. Zutiefst beunruhigt vertraut Elisabeth Carsten an, daß sie sehr gern mit Pauli zusammen ist, und wird zu ihrem Erstaunen von ihm zum Flirt mit dem Arzt ermuntert. Währenddessen ruft Dressler Vasily zu sich und läßt sich von ihm ein Bücherregal aufstellen. Glücklich, etwas für Dressler tun zu können, bietet Vasily ihm an, jederzeit zu helfen.
Gabi wird immer noch von Geldsorgen geplagt. Deprimiert will sie sich schon damit abfinden, Max' Haus verkaufen zu müssen. Rosi bemerkt Gabis Kummer und rät ihr, doch Hubert um Hilfe zu bitten. Schließlich überwindet Gabi tatsächlich ihren Stolz, bekommt von ihrem Stiefvater aber eine klare Absage. Bei Geld höre für ihn die Freundschaft auf.
Matthias hat es geschafft, Benny ab September an seiner Schule unterzubringen, was der Junge jedoch ablehnt. Er will künftig seinen Lebensunterhalt selbst verdienen. Da erfährt Kornelia von ihrem Vater, daß sie dank seiner guten Kontakte wieder ihre alte Schule besuchen kann. Für Benny jedoch gelte diese Regelung nicht. Herr Harnisch rät seiner fassungslosen Tochter dringend, den Kontakt zu Benny abzubrechen. Wütend verläßt sie das Büro. Gemeinsam mit Benny beschließt sie, die Aktion ihres Vaters publik zu machen.

Streik

Spieltag: 29.06.1989 • Sendetag: 02.07.1989

Folge: 187

Berta hat Schwierigkeiten mit Manoel, der nicht mehr zur Schule gehen will, weil die anderen Kinder ihn angeblich nicht mögen. Als sie sich Rat bei Schildknechts holen will, ist sie fasziniert von Franz' neuen Bildern. Sie rät ihm, seine Werke auszustellen. Zusammen mit Vera wird sie noch am gleichen Abend die Tanzschule als möglichen Ausstellungsraum inspizieren.
Bei Beimers haben sich alle Klassenkameraden von Benny und Kornelia eingefunden, um einen Streik zu organisieren. Kornelia hat den Deal ihres Vaters tatsächlich allen mitgeteilt, und der Direktor erteilt ihr nun endgültig einen Schulverweis. Das einzige, was er für sie noch tun kann, ist, ihr eine Empfehlung für ein anderes Gymnasium mitzugeben. Allein mit Benny, teilt ihm Kornelia mit, daß sie das Angebot

des Direktors annehmen wird, weil sie später auf jeden Fall studieren möchte.
Vasily geht nun fast täglich zu Dressler. Panaiotis hat zwar Verständnis dafür, daß Vasily Ludwig hilft, besteht aber darauf, daß das Lokal nicht darunter leiden darf. Enricos florierender Pizza-Kiosk entwickelt sich zu einer echten Konkurrenz. Panaiotis beschließt deshalb, das freundschaftliche Verhältnis zu Enrico und Isolde zu intensivieren, um die Gefahr eines Streites von vornherein auszuschalten.
Gutgelaunt kommt Berta nachts von der Tanzschule zurück. Zu ihrem Erstaunen sitzt Manoel in der Küche. Als Berta ins Kinderzimmer schaut, erstarrt sie. Der ganze Raum ist mit Farbe verschmiert und völlig verwüstet.

Schuld und Sühne

Spieltag: 06.07.1989 • Sendetag: 09.07.1989

Folge: 188

Zorro kümmert sich so besorgt um Anna, als wäre er der echte Vater ihres Kindes. Er erhält einen Brief von seinem Bruder Otto, einem Rechtsanwalt, der ihm den Termin für die Verhandlung seines Antrages auf Wehrdienstverweigerung in der dritten Instanz mitteilt. Zugleich äußert der Bruder nur geringe Hoffnung auf Erfolg.
Berta bringt Manoel morgens zum Bus. Sie hat ihm eine Überraschung versprochen, wenn er abends ohne Protest allein zu Hause bleibt. Manoel ist fest davon überzeugt, daß die angekündigte Überraschung eine Reise zu Gottlieb ist. Mit Schildknechts bespricht Berta am Abend die Details der geplanten Ausstellung. Als sie nachts zurückkommt, ist Manoel noch wach. Berta eröffnet ihm, daß sie mit ihm in den Ferien nach Holland ans Meer reisen wolle. Manoel ist enttäuscht.
Ludwig bemerkt, daß Elisabeth und Dr. Pauli sich äußerst gut verstehen. Beim Mittagessen erklärt er seiner Frau, daß er Verständnis dafür habe, wenn sie sich zur Befriedigung ihrer körperlichen Sehnsüchte einem anderen Mann zuwenden würde. Seine einzige Bedingung sei, daß sie ihre Affären nicht vor ihm verheimliche. Später überreicht Dressler Vasily eine Wunschliste mit Arbeiten, durch die er seine Schuldgefühle überwinden könne, darunter unter anderem: tägliche Rasur, tägliche Beinmassagen und zweimal Baden pro Woche. Nahezu glücklich nimmt Vasily die Aufgaben an. Doch am Abend muß der junge Grieche zu seinem Schreck entdecken, daß auf der Straße zwei Polizisten sein Auto inspizieren.

Föhn
Spieltag: 13.07.1989 • Sendetag: 16.07.1989

Folge: 189

Die Polizeiaktion vor einer Woche hat Vasily lediglich einen Strafzettel wegen Falschparkens eingebracht. Während er wie jeden Tag Ludwig rasiert, stellt Vasily erleichtert fest, daß auch Elisabeth ihm offensichtlich verziehen hat. Ihre gute Laune rührt unter anderem aus ihren immer intensiver werdenden Gefühlen für Dr. Pauli her. Weil Carsten eine Prüfung bestanden hat, schenken Elisabeth und Ludwig ihm einen Gebrauchtwagen.
Onkel Franz' Wohnung ist immer noch sehr spärlich möbliert. Von Helga leiht er sich deshalb einen Stuhl. Später erhält er Besuch von seinem Freund Hilmar, der dem Onkel unter anderem seine Waffensammlung in die neue Wohnung bringt.
Manoel möchte auf die Reise nach Holland unbedingt Klausi mitnehmen, was Berta Beimers mitteilt. Doch Klausi will gar nicht allein mit Grieses wegfahren, und Hans wird auserkoren, Berta dies mitzuteilen. Im Treppenhaus trifft er Anna und hilft ihr, den Kinderwagen die Treppen hinunterzutragen. Mit einem langen, verwirrten Blick schaut er sie an. Am Abend hilft Berta den Schildknechts beim Verschicken von Einladungen für die Vernissage. Sie ist froh, daß Manoel allein in der Wohnung geblieben ist. Doch ihre Freude währt nicht lange. Barfuß und im Schlafanzug steht er plötzlich vor der Tür. Als Lydia anruft und Manoel dieses Telefonat auch noch stört, ist Berta am Ende ihrer Geduld. Sie zerrt den Jungen in sein Zimmer und schließt ihn ein. In seinem Zimmer zieht sich Manoel an, öffnet das Fenster und klettert hinaus. Dominique, die mit Hund Esther die Straße entlangkommt, sieht ihn hilflos am Fensterbrett hängen.

Enrico übt in seinem Kiosk auf einem „Klaviertischtuch".

Grünes Licht
Spieltag: 20.07.1989 • Sendetag: 23.07.1989

Folge: 190

Manoel besteht darauf, von Dominique in die Schule gebracht zu werden, weil sie ihn vor einer Woche gerettet hat. Helga hat ihrem Mann unterdessen vorgeschlagen, Manoel mit in den Urlaub zu nehmen, was Hans aber übertrieben findet. Später drängt Helga ihren Sohn Benny erneut, wenigstens eine Ausbildung anzufangen. Zur Feier des Wiedersehens mit ihrer alten Freundin Ingeborg hat Helga auch Berta zum Kaffee eingeladen. Dabei erzählt Berta, daß sie mit Manoel in den gleichen Ferienort fahren könnte wie Beimers. Auf diese Weise wären die Kinder tagsüber beisammen. Helga bringt es nicht übers Herz, diesen Plan zurückzuweisen. Hans ist genervt.
Alle warten auf die Geburt von Annas Kind. Der Termin ist bereits um

zwei Tage überschritten. Sie hat sich inzwischen entschlossen, Zorro doch als Vater ihres Kindes beim Standesamt anzugeben. Zorro kommt am Abend deprimiert von der Verhandlung über seine Verweigerung zurück. Er hat den Prozeß verloren.

Carsten präsentiert Elisabeth den gekauften Gebrauchtwagen, der leider erhebliche Macken hat.

Elisabeth schüttet Carsten ihr Herz aus: Selbstverständlich liebe sie ihren Mann nach wie vor, aber trotzdem sei Dr. Pauli für sie sehr wichtig geworden. Er habe sie für den Abend zum erstenmal zu sich nach Hause eingeladen, und sie fürchte nun, ihm nicht mehr widerstehen zu können. Am Abend erzählt Elisabeth ihrem Mann, daß sie sich mit Dr. Pauli trifft, aber nicht wo. Elisabeth steigt vor Paulis Tür aus dem Taxi, zögert, dreht sie sich um und will wieder gehen. Da öffnet sich ein Fenster, und Pauli bittet sie, nicht wegzulaufen.

Fixierungen

Spieltag: 27.07.1989 • Sendetag: 30.07.1989

Folge: 191

Otto bringt seinem Bruder Zorro den Einberufungsbescheid. Doch Zorro denkt nicht daran, in einer Woche den Dienst anzutreten. Er will sich in Ottos Berghütte verstecken, bis Gras über die Sache gewachsen ist. Am selben Tag setzen bei Anna die Wehen ein. Umgehend informiert Gabi Zorro, der sich Carstens Auto leiht und Anna in den Wagen bringt. Doch dann verlassen ihn die Nerven. Er gesteht Anna, daß er keinen Führerschein hat. Außerdem zieht er sein Einverständnis, daß sein Name und seine Adresse aktenkundig werden, zurück. Anna bittet ihn nur flehentlich, endlich ein Taxi zu holen. Schließlich fährt Helga Anna in die Klink.

Dr. Pauli und Elisabeth sind allein in der Praxis. Als sie sich leidenschaftlich küssen, kommt Franz Schildknecht mit schmerzverzerrtem Gesicht in die Praxis gestürmt. Beim Aufhängen der Bilder in der Tanzschule hat er sich auf den Daumen gehauen. Abends finden sich fast alle Nachbarn bei der Vernissage ein. Dressler lehnt Vasilys Bitte ab, ins Lokal gehen zu dürfen. Freundlich, aber bestimmt erklärt er ihm, er wolle im Anschluß an die Veranstaltung noch ein Bad nehmen.

Else wird von Onkel Franz erpreßt. Sie soll kostenlos seine Wäsche waschen, sonst will er Egon verraten, daß sie mit ihm in Nosseks Wohnung gehaust habe. Zu seinem Erstaunen erklärt ihm Else, daß sie Egon alles erzählt und er ihr verziehen habe. Daraufhin geht Onkel Franz schnurstracks zu Egon. Belustigt hört sich Egon an, wie die beiden sich streiten. Abends entdeckt Hans bei Onkel Franz dessen Waffensammlung. Entgeistert droht Hans, den Onkel anzuzeigen.

Auf und davon

Spieltag: 03.08.1989 • Sendetag: 06.08.1989

Folge: 192

Beimers fahren in den Urlaub. Hans belädt gerade das Auto, als Berta ihn bittet, bei ihnen mitfahren zu dürfen, da ihr Auto nicht anspringt. Benny bekommt noch letzte Instruktionen, dann kann er endlich erleichtert dem Auto nachwinken. Später bekommt Dominique einen handfesten Krach mit ihm und Kornelia, weil sie alle von Helga vorbereiteten Speisen ins Klo geschüttet hat.
Anna wird heute aus dem Krankenhaus entlassen. Auf dem Weg dorthin erzählt Zorro Rosi von einer bevorstehenden Dienstreise nach Wanne-Eickel. Unterdessen hat Gung zum Empfang von Baby Tom die Wohnung liebevoll dekoriert. Anna freut sich über die Aufmerksamkeiten, reagiert aber zu Rosis und Huberts Erstaunen sehr gelassen auf die Angekündigung, daß Zorro abreisen muß. Abends erzählt Gabi Anna gerade von den ergebnislosen Verhandlungen mit einem Interessenten für das Haus, als Zorro aus seinem Versteck in der Berghütte anruft. Zu Zorros Kummer ist Anna wieder sehr distanziert.
In Enricos Pizzeria ist eingebrochen worden. Else ist sich sicher, daß es die italienische Mafia war, und Onkel Franz hält die Aufstellung einer Bürgerwehr für unumgänglich. Sofort mobilisiert er ein paar Freunde. Noch am gleichen Abend beginnen die alten Männer, ausgerüstet mit Waffen und dem Schäferhund Hermann II., durch die Gegend zu patroullieren.
Abends starrt Benny entsetzt in Dominiques Zimmer: Überall stapeln sich verdorbene Speisen. Im Bad findet er Dominique, die sich qualvoll übergibt.

Bei der Befragung durch die Polizei übersetzt Isolde für Enrico und erhöht dabei augenzwinkernd den Wert der gestohlenen Gegenstände.

Zufällige Bekanntschaften

Spieltag: 10.08.1989 • Sendetag: 13.08.1989

Folge: 193

Dominique weist Bennys und Kornelias Unterstellungen, sie habe Magersucht, energisch zurück. Zu dritt beschließen sie, zum Baden zu fahren. Kaum sind sie losgeradelt, hält ein Taxi in der Lindenstraße und Jean-Luc Mourrait steigt aus. Gleichzeitig verläßt Tanja das Haus. Im Gespräch stellt sich heraus, daß Mourrait Kunsthändler ist, und Tanja nimmt ihn mit in die Ausstellung ihres Vaters. Bester Laune kommen Benny, Kornelia und Dominique vom Baden zurück. Doch Dominiques Laune ändert sich schlagartig, als ihr Vater vor der Tür steht. Sie will nicht mit ihm reden und bittet ihn zu gehen. Ratlos verabschiedet er sich wieder.
Ein Unbekannter bestellt telefonisch elf Bilder von Franz Schildknecht. Der Käufer will DM 1.000 pro Bild bezahlen und die Werke

noch am gleichen Abend abholen. Auf allen verkauften Bilder ist Vera zu sehen. Als die Gemälde abgeholt werden, erkennt Franz Celin im Wagen.
Im Fichtelgebirge ist Hans genervt von Berta und Manoel. Helga tröstet ihn mit der Aussicht auf eine Wanderung zu zweit zu einem einsamen Waldgasthof. Klausi bleibt bei Berta. Als Hans und Helga um die Mittagszeit im Gasthof eintreffen, werden sie zu ihrem Erstaunen stürmisch von Klausi und Manoel begrüßt. Klausi erzählt, daß Berta einen Herrn getroffen hat, der sie alle hierhergefahren habe. Berta stellt ihnen Herrn Lösch vor, der alle zum Abendessen einlädt. Als Helga und Hans spät in der Nacht in ihr Pensionszimmer zurückkommen, wirft Hans seiner Frau vor, mit Lösch geflirtet haben. Eifersüchtig will er wissen, ob sie sich vorstellen könne, mit diesem Mann etwas anzufangen, worauf Helga meint, vorstellen könne sie sich alles.

Fromme Lügen

Spieltag: 17.08.1989 • Sendetag: 20.08.1989

Folge: 194

Hans kommt wie geplant früher als die anderen aus dem Urlaub zurück. Als er das Haus betritt, begegnet ihm Anna mit dem Baby. Er vermeidet es krampfhaft, einen Blick in den Kinderwagen zu werfen. Mit einem hilflosen Lächeln gratuliert er ihr, worauf Anna nur leise antwortet, sie ihm auch. Dann läßt sie ihn stehen.

Im Fichtelgebirge teilt Berta Helga unterdessen mit, daß Herr Lösch sie beide zum Abendessen eingeladen hat. Berta freut sich sehr auf den Abend, aber Helga wird nicht mitkommen. Nach dem Essen ist Berta klar, daß Herr Lösch nicht an ihr, sondern nur an Helga interessiert ist.

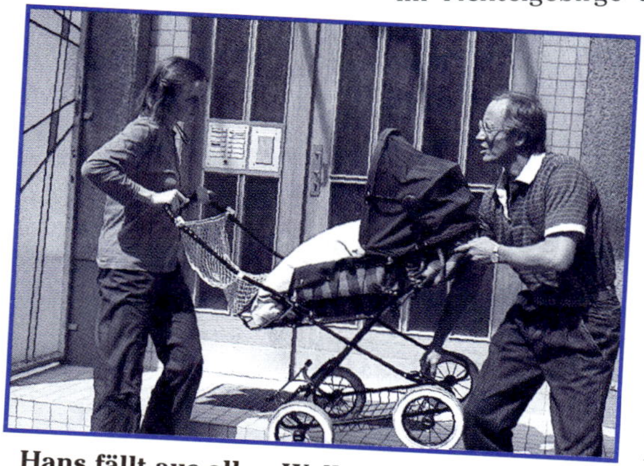

Hans fällt aus allen Wolken: Ist Baby Tom sein Sohn?

Vom Kreisverwaltungsreferat ist ein Brief gekommen. Onkel Franz wird der Waffenschein nicht entzogen, was Hans und Benny gleichermaßen aufregt. Außerdem geht Hans noch Annas Bemerkung über das Baby durch den Kopf. Er geht zu ihr und verlangt eine Erklärung. Doch Anna erinnert ihn an seine Bitte, ihn aus ihrem Leben zu streichen. Das gleiche gelte nun auch für ihn. Am gleichen Tag bekommt Anna Besuch von einem Beamten des Jugendamtes. Trotz seines Drängens gibt sie die Identität des Vaters nicht preis. Abends kommt dann Gabi mit der unerfreulichen Nach-

richt heim, daß sie auf die beantragte Genehmigung des Vormundschaftsgerichtes, die für den Verkauf von Bennos Häuschen notwendig ist, noch wochenlang wird warten müssen. In sechs Wochen läuft aber die Frist der Bank ab.
Elisabeth verabschiedet sich von Carsten, der in den Urlaub fahren will. Sie erzählt ihm, daß sie sehr in Dr. Pauli verliebt sei und deshalb Schuldgefühle habe. Carsten erinnert sie daraufhin an die Zeit, in der Dressler sie mit Nina betrogen hat. Als Onkel Franz nachts mit Hilmar Streife geht, beobachten sie, wie Pauli Elisabeth leidenschaftlich umarmt.

Die Macht des Schicksals

Spieltag: 24.08.1989 • Sendetag: 27.08.1989

Folge: *195*

Onkel Franz berichtet Ludwig von seinen nächtlichen Beobachtungen. Zu seiner Enttäuschung reagiert Dressler scheinbar gelassen. Er wisse, so erklärt er Onkel Franz, von dem Verhältnis seiner Frau mit Dr. Pauli. Sie habe in allem, was sie tue, sein volles Einverständnis. Zufällig hört Dressler später, wie Pauli seinem Freund am Telefon mitteilt, daß Elisabeth und er seit drei Wochen ein Liebespaar seien. Jetzt müsse der Freund die Wette, die sie eingegangen waren, einlösen. Nachdem Elisabeth am Abend das Haus verlassen hat, manipuliert Dressler das Telefon so, daß jeder Anruf aus der Praxis in der Wohnung mitgehört werden kann.
Dominique bereitet eine kleine Überraschung für Helga vor, deren Heimkehr bevorsteht. Da klingelt es plötzlich und Mourrait steht vor der Tür. Obwohl er liebevoll auf sie eingeht, weicht Dominique erneut ängstlich vor ihrem Vater zurück. Sie erzählt ihm von einem Traum, in dem ihre Mutter noch lebte, doch Mourrait lenkt das Gespräch sofort auf ein anderes Thema. Daraufhin lehnt sie es ab, abends mit ihm essen zu gehen. Mit viel Gepäck kommen Helga, Klausi, Berta und Manoel aus dem Fichtelgebirge zurück. Herr Lösch hat Helga einen großen Blumenstrauß geschickt, der erneut Hans' Eifersucht weckt. Helga fragt Hans, ob er in der vergangenen Woche zufällig Anna gesehen habe. Hans erzählt beiläufig, er habe Anna einmal kurz im Treppenhaus getroffen. Auf Helgas Frage, wie denn das Baby aussehe, antwortet Hans unwillig, wie jedes andere auch.
Im Morgengrauen verlassen Tanja und Mourrait eine Bar. Nach ein paar Schritten bleibt Mourrait stehen und nimmt Tanja in die Arme. Sie erwidert seinen Kuß leidenschaftlich. Mourrait fragt Tanja zärtlich lächelnd, ob sie mit zu ihm komme.

Onkel Franz ist der Meinung, Frauen sollte man schon hart an die Kandare nehmen – doch bei Amelie von der Marwitz sieht das ab Folge 269 ganz anders aus.

Anträge

Spieltag: 31.08.1989 • Sendetag: 03.09.1989

Folge: 196

Gabi hat es geschafft, die Verkaufsgenehmigung für Bennos Häuschen zu bekommen. Sie hat auch schon zwei Interessenten und verabredet ein Treffen noch für den gleichen Tag. Unterdessen entdeckt Anna einen Brief von Hans Beimer, der ihr DM 500 schickt und sie bittet, das Geld für Tom anzunehmen, da er sonst keine Möglichkeit sehe, ihr zu helfen. Sie steckt das Geld in einen neutralen Umschlag und wirft es in Beimers Briefkasten. Aus heiterem Himmel steht Zorro vor der Tür und freut sich über einen netten Empfang durch Anna. Helga findet den unbeschrifteten Umschlag von Anna im Briefkasten. Dem heimkehrenden Hans stellt sie die Frage, ob er sich die Herkunft des Geldes erklären könne. Hans, der betroffen auf die Scheine starrt, verneint.

Franz Schildknecht befindet sich in einer Schaffenskrise. Vera ermutigt ihn, seinen Traum vom Leben als Künstler nicht aufzugeben. Franz schlägt zusätzlich auf die Stimmung, daß Tanja teure Geschenke von einem neuen Freund erhält, und es abzusehen ist, daß er sie bald verlieren wird. Erst als Vera den Wunsch äußert, ein Kind zu bekommen, heitert sich seine Stimmung wieder auf. Sie werden von Matthias gestört, der Franz um ein Porträt von Marion bittet.

Dressler hört ein Telefongespräch mit, in dem Dr. Pauli seinem Freund Elisabeths Qualitäten im Bett schildert. Später gibt Ludwig seiner Frau eine Gelegenheit, ihm das Verhältnis anzuvertrauen, die von ihr aber nicht genutzt wird. Am Abend gesteht er Elisabeth dann, daß er durchaus zu intimen Beziehungen in der Lage ist. Er erwartet sie in seinem Schlafzimmer.

Väter

Spieltag: 07.09.1989 • Sendetag: 10.09.1989

Folge: 197

Ludwig gesteht Elisabeth, wie glücklich er darüber ist, daß ihre Beziehung wieder wie früher sei. Nur schwer kann Elisabeth seine Schwärmerei über sich ergehen lassen. Auf der Heimreise aus seinem Urlaub hat Carsten einen 12jährigen Anhalter namens Michael mitgenommen, der aus einem Internat ausgerissen ist. Er liegt fiebrig im Bett in Carstens Wohnung. Dr. Pauli untersucht den Jungen und stellt eine eitrige Angina fest. Carsten will Michael nach dessen Genesung zurück ins Internat bringen. Im Anschluß an die Untersuchung spricht Carsten mit Pauli über Elisabeth. Pauli reagiert sehr aufrichtig. Er liebe Elisabeth und möchte mit ihr leben.

Gottlieb meldet sich telefonisch bei Berta und schlägt ihr die Schei-

dung vor. Am Abend bringt Berta Manoel ins Bett und wird von Vera zum Tanzunterricht abgeholt. Auf dem Nachhauseweg macht Berta eine empörende Entdeckung. Manoel steht im Schlafanzug auf der Straße, Onkel Franz' Gewehr in der Hand. Aufgebracht schimpft sie mit Onkel Franz.
Hans ist wütend auf Benny, weil der nicht arbeiten will. Beim Mittagessen fällt Helga auf, daß das Kuvert mit den DM 500 verschwunden ist. Hans erklärt ihr glaubhaft, er habe vergessen, daß er einem Kollegen das Geld vor dem Urlaub geliehen hatte. Dieser habe es kurzerhand in den Briefkasten geworfen, weil niemand zu Hause war. Abends erzählt Helga ihrem Mann, daß nachmittags Herr Lösch da war. Hans reagiert äußerst unwirsch und läßt seine Wut erneut an Benny aus. Er besteht darauf, daß sein ältester Sohn sich an gewisse Regeln des Zusammenlebens hält. Dieser droht, zu Kornelia zu ziehen.

Erst in Folge 400 erhält Berta endlich ihre Scheidungsurkunde.

Defekte

Spieltag: 14.09.1989 • Sendetag: 17.09.1989

Folge: 198

Beimers sind erleichtert, daß Benny nicht auszieht. Die Stimmung zwischen Vater und Sohn ist aber immer noch angespannt. Außerdem ist Dominique in ihrem Zimmer zusammengebrochen. Dr. Pauli stellt fest, daß die junge Frau an Magersucht leidet. Am frühen Abend erscheint überraschend Dominiques Vater. Doch Dominique lehnt sein Vorhaben ab, sie mit nach Paris zu nehmen. Als Hans Jean-Luc an der Wohnungstür verabschiedet, kommt ein Blumenbote mit einem riesigen Strauß für Helga. Hans legt ihn mit einem schadenfrohen Grinsen vor Bertas Tür. Bertas Gefühlswelt bringt er damit völlig durcheinander. Immer wieder liest sie die Karte, in der Herr Lösch seiner Angebeteten seine tiefe Verehrung zum Ausdruck bringt.
Michael geht es bereits besser. Er studiert inzwischen die Einrichtung der Pizzeria und erkundigt sich, wann Enrico abends schließt.
Tanja und Mourrait treffen sich tagsüber zu einem Liebesabenteuer im Luxushotel. Später wird Tanja von Franz mit der Ankündigung überrascht, daß Monsieur Mourrait, der zwei Bilder zu je DM 1.500 gekauft hat, zum Abendessen kommt. Franz bedankt sich überschwenglich bei seiner Tochter, die diesen Kontakt eingefädelt hat. Endlich ein Käufer, der etwas von Kunst versteht und nicht aus privaten Motiven kauft ...
Nachts entdeckt Onkel Franz einen Einbrecher in der Pizzeria. Als der Dieb sich davonschleichen will, fordert er ihn auf, stehenzubleiben, doch der Dieb rennt davon. Onkel Franz hebt sein Gewehr und drückt ab. Getroffen stürzt Michael zu Boden.

Im Ernst

Spieltag: 21.09.1989 • Sendetag: 24.09.1989

Folge: 199

Carsten muß ununterbrochen Telefonanrufe beantworten, in denen sich besorgte Nachbarn nach dem Befinden von Michael erkundigen. Dem geht es wieder besser. Inzwischen hat Michaels Vater von Carsten Einzelheiten über den Unfall seines Sohnes erfahren. Mit Franz Wittich will niemand mehr etwas zu tun haben, was dieser überhaupt nicht versteht. Er ruft seinen Freund Hilmar an und bittet ihn, mit seinem Hund zu kommen, um ihn zu bewachen. Am meisten ärgert Onkel Franz, daß sich auch Else dem Boykott gegen ihn angeschlossen hat.

Zorro gesteht Anna, daß er als Deserteur gesucht wird. Zu seiner großen Erleichterung hält sie zu ihm. Als sie nach Hause kommen, steht ein junger Mann vor der Tür, der sich als Anton Gruber vorstellt. Er will Gabis Haus in Aying kaufen.

Anton Gruber will das Haus im Namen seines Bruders kaufen. Die Familie besitzt einen Gasthof auf dem Nachbargrundstück.

Berta zerbricht beim Aufräumen einen von Lydias kostbaren alten Tellern. Großmütig bietet Manoel an, ihn zu reparieren. Dabei nimmt er sich auch gleich des Klaviers an, an dem sich der Belag einer Taste gelockert hatte. Berta trifft fast der Schlag, als sie feststellt, daß er mehrere Tasten miteinander verklebt hat. Trotzdem schimpft sie nicht mit ihrem Sohn, sondern sagt ihm nur, daß die Reparatur sehr teuer wird. Als Manoel abends allein ist, nimmt er ein großes Fleischmesser und versucht, die verklebten Tasten wieder auseinander zu schneiden. Berta, die gutgelaunt nach Hause kommt, entdeckt Manoel mit dem Messer, entreißt es ihm wütend und ohrfeigt ihn. Dann erschrickt sie vor der eigenen Tat, nimmt ihn in die Arme und bittet ihn um Verzeihung.

Großreinemachen

Spieltag: 28.09.1989 • Sendetag: 01.10.1989

Folge: 200

Seit einer Woche schläft Manoel nicht mehr in seinem Bett, sondern kauert in der Ecke, wie damals, als er aus Mexiko kam. Er redet nicht und rührt das Essen nicht an. Alle Bemühungen Bertas sind vergeblich. Am Nachmittag schüttet Berta Helga ihr Herz aus: Sie hat den Jungen zwar gern, aber nicht wie eine leibliche Mutter. Sie glaubt, völlig versagt zu haben – als Ehefrau und als Mutter. Später trifft sie Herrn Lösch, der mit einem großen Blumenstrauß das Haus betritt, und muß zu ihrer großen Enttäuschung erfahren, daß die Blumen vor zwei Wochen für Helga waren.

Rosi und Hubert gehen mit Baby Tom spazieren. Vor dem Haus treffen sie Hans, der endlich Gelegenheit hat, seinen Sohn einmal ausgiebig

zu bewundern. Irritiert hört er, wie Rosi sich darüber aufregt, daß Anna sich geweigert hat, den Namen des Vaters anzugeben.
Nachdem Gabi schon mit einer Zwangsversteigerung des Hauses gerechnet hatte, bietet Anton Gruber zu ihrer großen Freude an, es für DM 1.500 im Monat zu mieten.
Dressler beobachtet, wie Elisabeth sich im Morgengrauen in die Wohnung schleicht. Trotzdem spielt er den liebevollen Ehemann. In der Praxis trennt sich Elisabeth dann endgültig von Pauli. Als sie in die Wohnung zurückkommt, wirft Ludwig ihr schonungslos ihr Verhältnis mit Pauli vor, von dem er seit fünf Wochen wisse. Er spielt ihr die Aufnahme von Paulis Telefonat mit seinem Freund vor, als plötzlich das Telefon klingelt. Dressler nimmt ab und hält nach kurzem Zuhören Elisabeth mit der Frage den Hörer hin, ob sie für Herrn Dr. Pauli noch zu sprechen sei.

Unter einer Bedingung

Spieltag: 05.10.1989 • Sendetag: 08.10.1989

Folge: 201

Dominique erleidet am Morgen einen Schwächeanfall und muß – nur noch 40 Kilo leicht – ins Krankenhaus gebracht werden. Helga, die sich selbst Vorwürfe macht, verständigt den Vater der jungen Frau.
Im Friseursalon verabschieden Isolde, Maria und Enrico mit vielen guten Wünschen die nervöse Beate, die an diesem Tag den letzten Teil ihrer Gesellenprüfung absolvieren muß. Zu Beates Empfang am Abend bereiten die drei eine kleine Feier im Kiosk vor. Beate, die ohne Probleme die Prüfung bestanden hat, nimmt Isoldes Angebot, weiterhin bei ihr zu arbeiten, dankend an.
Die Praxis ist bis auf weiteres geschlossen. Elisabeth und Ludwig überhäufen sich gegenseitig mit Vorwürfen. Er kann es nicht verwinden, daß sie ihn belogen hat, sie wiederum fühlt sich von ihm zum Narren gehalten, da er sie nicht sofort über Paulis Absichten informiert hat. Als Elisabeth erneut Zeugin wird, wie hart Dressler mit Vasily umspringt, verabredet sie sich heimlich mit Pauli. Sie konfrontiert ihn mit der Aufnahme des von Ludwig aufgenommenen Telefonats. Obwohl es Pauli gelingt, Elisabeth von der Ehrlichkeit seiner Gefühle für sie zu überzeugen, teilt sie ihm mit, sie wolle bei ihrem Mann bleiben. Am Abend sitzt Dressler immer noch allein in seiner Wohnung. Er denkt daran, daß seine Frau bei ihrem Liebhaber ist, und beginnt hemmungslos zu weinen. In der Nacht empfängt er, wieder völlig beherrscht, die heimkehrende Elisabeth. Anhand eines nicht korrekt geschlossenen Knopfes erkennt er, daß sie ihn erneut betrogen hat. Elisabeths Frage, ob sie nun für immer gehen soll, beantwortet Dressler nicht.

In Dominiques Schrank entdeckt Helga einen Berg von verdorbenen Essensresten.

Berührungsängste

Spieltag: 12.10.1989 • Sendetag: 15.10.1989

Folge: 202

Blaß und durchsichtig liegt Dominique in der Klinik. Sie wird künstlich ernährt. Mourrait betrachtet sorgenvoll seine Tochter. Helga klärt ihn über den gefährlichen Zustand Dominiques auf. Mourrait wehrt sich anfangs gegen den Gedanken, seine Tochter in psychotherapeutische Behandlung zu geben, willigt jedoch schließlich ein. Für Tanja hat Jean-Luc ein luxuriöses Hotelapartment gemietet. Tanja ist begeistert – Franz zeigt jedoch keinerlei Verständnis. Es kommt zu einem heftigen Streit zwischen Vater und Tochter, woraufhin Tanja, ohne eine Adresse zu hinterlassen, die Wohnung verläßt.

Paragraph 175 beinhaltete die Bestrafung von homosexuellen Handlungen zwischen Männern, wenn einer von diesen minderjährig ist.

Carsten, der mit den Vorbereitungen zu einem Fest am Abend beschäftigt ist, rät seiner Mutter, sich wenigstens vorübergehend von ihrem Mann zu trennen. Der Anlaß des Festes ist die Abschaffung des § 175 heute vor 20 Jahren. Auf dem Höhepunkt der Party erscheint Onkel Franz, der die Gesellschaft beschimpft. Traurig stellt Carsten fest, daß sich in den letzten zwei Jahrzehnten nicht viel geändert hat. Überraschend reist Lydia an, da ihre Freundin Amelie von der Marwitz 75 Jahre alt wird. In einem ernsten Gespräch zwischen Mutter und Tochter meint Berta, sie habe als Ehefrau und Mutter versagt. Behutsam versucht Lydia, ihre Tochter aufzurichten. Nachts betritt Berta weinend Manoels Zimmer. Sie schildert ihm ihre Ratlosigkeit und bietet ihm eine Freundschaft an, ohne falsche Erwartungen. Schließlich steigt der Junge aus seinem Bett, legt der am Boden kauernden Berta eine Decke um die Schultern und kriecht zu ihr darunter. Er weiß noch nicht, ob er Bertas Angebot annimmt

Balthasar

Spieltag: 19.10.1989 • Sendetag: 22.10.1989

Folge: 203

Berta und Manoel haben sich arrangiert. Der Junge geht wieder in die Schule, Berta „bemuttert" ihn nicht mehr, der Ton zwischen ihnen ist freundschaftlich. Enrico bemüht sich für Berta um neue Klavierschüler und kann sogar Else überreden. Gemeinsam mit ihrer Freundin Amelie besucht Lydia einen „Urschrei"-Kurs in der Volkshochschule.

Klausi erzählt seiner Mutter von Manoel und der eigenen Angst, auch nicht Helgas richtiger Sohn zu sein, und daß sie ihn wegschicken könne, wenn sie ihn nicht mehr mag. Gerührt beruhigt Helga ihn. Frühmorgens stellt Manoel fest, daß Zorros Lieblingshase Balthasar verschwunden ist. Zorro läßt sich von Manoels Befürchtung, Balthasar sei entführt worden, überzeugen. Er schwört Rache.

Indes besetzt Hubert die WG-Küche, da er für seine Rosi zum Geburtstag ein Menü kochen möchte. Am Nachmittag kommt Hans in die WG und bietet Anna Geld und Hilfe für Baby Tom an. Doch Anna lehnt ab. Das einzige, was sie akzeptiert, ist, daß er ein Konto für seinen Sohn einrichtet. Am Abend öffnet Hubert endlich für Rosi, Gabi, Anna – und zu seinem Ärger auch für Zorro – die Küche. Stolz präsentiert er einen dampfenden Hasenbraten, bei dessen Anblick Zorro der Appetit vergeht. Er vermutet, daß es sich um seinen Balthasar handelt, und verläßt die Küche. Hubert will gerade das Fleisch anschneiden, als Zorro wieder hereinstürmt, den Braten mitsamt dem Topf an sich reißt und mit den Worten „Mein Balthasar wird nicht gefressen" türenknallend verschwindet. Hubert ist entschlossen, sich seinen Braten zurückzuholen.

Auch in Folge 328 wird ein Topf mit Inhalt geraubt.

Die Morddrohung

Spieltag: 26.10.1989 • Sendetag: 29.10.1989

Folge: 204

Zorro hat Balthasar wieder. Manoel hat das Tier mit eingeklemmter Pfote gefunden. Hubert wartet vergebens auf Zorros Entschuldigung – und auf einen Ersatzbraten.
Benny erzählt Helga von einer geplanten bundesweiten Unterschriftenaktion gegen Atomenergie. Während der erregten Diskussion erscheint der Rechtsanwalt von Onkel Franz. Er versteht es, Helgas abweisende Worte zu Wittichs Gunsten zu verdrehen. Als Helga Dominique im Krankenhaus besucht, trifft sie dort auf Matthias. Er hat sich Marions Adresse in Paris geben lassen. Hans kommt derweil nach Hause, wo Herr Lösch im Wohnzimmer sitzt und auf Helga wartet. Mit einer Ausrede drängt der eifersüchtige Ehemann ihn aus der Wohnung – genau in dem Moment, als Helga auf der Matte steht. Sie spielt Hans' Spiel mit, und Herr Lösch muß sich verabschieden.
Am Nachmittag besucht Tanja ihren Vater. Franz wirft ihr vor, daß sie sich von Mourrait kaufen lasse. Tanja kontert, er sei nur eifersüchtig, weil sie ihm das, was Mourrait mit ihr mache, nie erlaubt habe. Dafür handelt sie sich eine Ohrfeige ein. Sofort tut es Franz leid, er nimmt sein schluchzendes „Tanjakind" in die Arme und bittet sie um Entschuldigung.
Elisabeth trennt sich endgültig von Pauli. Vor Beate und Vasily, die am Ende ihrer Kräfte sind, verteidigt sie Ludwig, der Vasily weiterhin schikaniert. Abends versucht sie vergeblich, umgekehrt bei Ludwig ein gutes Wort für Vasily einzulegen. Dressler stellt nun Vasily zur Rede, weil der sich über seinen Dienst beklagt. Dabei droht er ihm mit Gefängnis, sollte er die Behandlung abbrechen – Vasily rastet aus. Er würgt Dressler, droht ihm, ihn umzubringen, und verläßt aufgebracht das Arzthaus.

Absagen

Spieltag: 02.11.1989 • Sendetag: 05.11.1989

Folge: 205

Dressler zeigt sich unversöhnlich gegen alle. Elisabeth läßt sich von Carsten trösten. Zu ihrer Überraschung erscheint Pauli und macht einen letzten Annäherungsversuch. Sie beharrt jedoch auf ihrem Entschluß, bei Ludwig zu bleiben. Als der in Carstens Wohnung anruft und sie bittet, zu ihm zu kommen, sagt sie sofort zu und läßt Pauli stehen.

Wegen des Trubels in der Griese-Wohnung sagt Else ihre Klavierstunde für heute ab.

Manoel hat heute seinen „Wunschtag". Berta ist der Meinung, daß ein solcher Tag einmal im Jahr, unabhängig vom Geburtstag, begangen werden soll. Manoel bekommt Geschenke und darf sich wünschen, wie er den heutigen Tag verbringen möchte. Begeistert sagt er als erstes den Schulbesuch ab und lädt für den Nachmittag neben Klausi auch Zorro und Lydias Freundin Amelie von der Marwitz ein.

Beim Frühstück ist Hans schlecht gelaunt – Helga will eine Einladung von Lösch annehmen. Benny nervt Helga mit einem Vortrag über Atomenergie und mit einer größeren Geldforderung zur Herstellung von Kopien des Videospots, den er gedreht hat und der am Wochenende im Fernsehen gesendet werden soll. In dem Clip wird die Bevölkerung dazu aufgefordert, Protestkarten gegen Atomkraftwerke an Robin Wood zu schicken, die dann dem Umweltminister übergeben werden sollen. Benny soll das Video nach Hamburg bringen. Am Abend wird Helga von dem Textilfabrikanten nicht an der Bar, sondern in seinem Hotelzimmer erwartet. Sehr energisch erteilt sie ihm eine Absage und geht – allerdings nicht nach Hause, sondern ins Akropolis. Sie betrinkt sich bis tief in die Nacht. Hans bekommt derweil einen Anruf von Benny aus Hamburg, der sich für die nächsten zwei Wochen abmeldet. Er ist in größter Sorge, daß der Junge irgendwelche Dummheiten macht.

Das Apartment

Spieltag: 09.11.1989 • Sendetag: 12.11.1989

Folge: 206

Rosi möchte Gabi mit Anton Gruber verkuppeln und arrangiert für die beiden ein Abendessen zu zweit. Im Akropolis macht Gabi ihm allerdings klar, daß sie nichts von ihm möchte. Gruber sucht freiwillig das Weite, als er hört, daß Benno an Aids gestorben ist.

Die Beimers sind sich über die geplante Robin Wood-Aktion nach wie vor im unklaren. Mal wieder völlig überraschend erscheint Matthias und jammert wegen Marion. Helga platzt der Kragen, woraufhin Matthias geschockt flüchtet. Tatsächlich wird am Nachmittag im Fernsehen der Videospot von Robin Wood gezeigt. Mit schlechtem Gewissen

stellen Hans und Helga fest, daß sie ihre Unterschriften noch nicht abgeschickt haben.
Am Nachmittag besucht Vera Tanja in ihrem Apartment. Sie hat ihr Praktikum aufgegeben und beschäftigt sich nun intensiv mit Kunstgeschichte. Jean-Luc hat ihr einen Job in einer seiner Galerien – vielleicht in Rom – versprochen. Indessen besucht Mourrait seine Tochter in der Klinik. Er akzeptiert, daß Dominique nicht nach Paris zurückkommen möchte, will sie aber in ein Internat schicken. Bei einem Besuch in der Klinik erzählt Vera Dominique von ihren Sorgen um Tanja. Dominique meint, daß ihr Vater zu wahrer Liebe nicht fähig sei. Als Vera Franz von Tanjas geänderten Berufswünschen berichtet, ist er verzweifelt. Er will auf der Stelle Mourrait die Meinung sagen und eilt zum Hotel. Als Franz an die Tür klopft und keine Reaktion kommt, läßt er sich von einer Angestellten die Tür aufschließen. Entschlossen betritt er das Apartment.

Vasilys Beichte

Spieltag: 16.11.1989 • Sendetag: 19.11.1989

Folge: 207

Dominique wird aus der Klinik entlassen. Mourrait zeigt ihr Prospekte von einem Internat in der Schweiz, doch sie will in München bleiben. Mourrait, der nicht die geringste Ahnung zu haben scheint, daß er wesentlich an Dominiques Erkrankung schuld war, ist letztlich damit einverstanden und verabschiedet sich mit einem großzügigen Geldgeschenk. Dominique freut sich riesig, daß sie es geschafft hat, sich gegen ihren Vater durchzusetzen, und blüht regelrecht auf.
Franz erhält einen Abschiedsbrief von Tanja. Sie wird mit Mourrait für längere Zeit nach Rom gehen. Franz sucht seine Tochter auf, und schließlich kommt es zwischen den beiden doch noch zur Versöhnung. Zu Hause entdeckt Franz ein Schreiben von Mourrait. Der Franzose möchte sieben Bilder von ihm kaufen. Den beigefügten Scheck über DM 25.000 verbrennt Franz wütend.
Beate teilt Dressler mit, daß Vasily nicht mehr kommen wird. Sie bietet ihm an, einen Masseur und eine Pflegerin zu bezahlen. Dressler lehnt strikt ab und kündigt Konsequenzen an, sollte Vasily nicht erscheinen. Währenddessen hat Vasily seinem Vater alles erzählt und zeigt sich selbst an. Am Abend bieten Beate und Vasily Dressler weitere Hilfe auf freiwilliger Basis an, doch Ludwig bleibt unversöhnlich. Er bleibt auch dabei, Elisabeth nicht zu brauchen, und kündigt Berta Griese. Die Praxis bleibt bis auf weiteres geschlossen. Voller Selbstmitleid bleibt Dressler zurück. Er rollt in die Praxis zum Medikamentenschrank, löst den Inhalt von zwei Tablettenröhrchen in Wasser auf und trinkt das Glas in großen Schlucken aus.

Vasily steht im Höchstfall eine Strafe von sechs Monaten bevor, und diese mit großer Wahrscheinlichkeit zur Bewährung.

Die Fahndung läuft

Spieltag: 23.11.1989 • Sendetag: 26.11.1989

Folge: 208

Dresslers Selbstmordversuch ist gescheitert. Als Vasily am Abend nach ihm sehen wollte, hat er ihn gefunden. Frank kommt nach München und erfährt durch Elisabeth vom Zustand seines Vaters. Franks Besuch weckt in Dressler neue Energien.
Als Benny sich in aller Frühe aus dem Haus schleichen will, steht Hans vor ihm. Benny erklärt, daß heute die gesammelten Unterschriften dem Umweltminister übergeben werden sollen, und geht. Hans vermutet aber eine größere und gefährliche Aktion. Am Nachmittag bekommen Beimers überraschend Besuch von zwei Polizisten, die wissen möchten, wo Benny ist, da er am Morgen bei der Mitfahrzentrale ins Auto von potentiellen Terroristen gestiegen sei. Beimers bestreiten heftig, daß Benny etwas mit Terrorismus zu tun habe. Nicht sehr überzeugt verabschieden sich die Beamten, setzen sich ins Auto und beobachten das Haus. In den Abendnachrichten kommt endlich ein Bericht über die Aktivitäten von Robin Wood: Die Postkarten wurden vor dem Haus des Umweltministers abgeladen.
Anna und Gabi unterhalten sich über Männer. Beide sind überzeugt, daß man nur einmal im Leben den Richtigen trifft – wie Gabi Benno und Anna Hans. Als Zorro am Abend Tom von einem Spaziergang zurückbringt, fällt er den Polizisten auf, die immer noch das Haus beobachten. Sie verlangen seinen Ausweis zu sehen. Zorro gibt vor, ihn oben in der Wohnung zu haben. Es gelingt ihm, die Polizisten abzuhängen. Per Linienbus verläßt Zorro die Lindenstraße.

Nachwehen

Spieltag: 30.11.1989 • Sendetag: 03.12.1989

Folge: 209

Zur großen Verwunderung von Anna und Gabi schreibt Zorro aus dem Gefängnis. Er hat sich gestellt, da er das Versteckspielen satt hatte. Anna besucht ihn und erfährt, daß er sechs Monate Knast amüsanter findet als 15 Monate Wehrdienst. Als sie nach Hause kommt, wird sie auf der Straße von Friedhelm angesprochen. Er ist aus dem Gefängnis entlassen worden und tritt jetzt eine Therapie in der Nähe von Fulda an. Danach plane er, nach Australien auszuwandern. Nachdem er Sarah noch einmal in seine Arme genommen hat, verabschiedet er sich weinend.
Frank will trotz der schwierigen Situation, in der Dressler sich befindet, seine Schauspielausbildung in Amerika fortsetzen. Nachdem er sich verabschiedet hat, weint Dressler hemmungslos. Elisabeth kann ihn nicht trösten.

Vergeblich: Anton Gruber – inzwischen Aids-aufgeklärt – macht einen zaghaften Versuch, mit Gabi anzubändeln.

Benny ist wieder zu Hause. Die erfolgreich durchgeführte Aktion hat für ihn keine juristischen Konsequenzen. Trotzdem ist er ziemlich enttäuscht, da nicht so viele Postkarten eingegangen sind wie erhofft. Am Abend geben Beimers ein Versöhnungsessen für Matthias. Er freut sich sehr darüber und verspricht Helga, sie nicht mehr mit Fragen nach Marion zu nerven. Dominique will in den nächsten Tagen nach Paris fahren, um mit ihrem Vater zu reden. Mitten in der Nacht werden Hans und Helga durch angstvolle Schreie aus Dominiques Zimmer geweckt. Sofort eilen sie zu ihr. Die junge Frau ist schweißgebadet, ein schrecklicher Alptraum quält sie.

Der Radetzkymarsch

Spieltag: 07.12.1989 • Sendetag: 10.12.1989

Folge: 210

Tanja fühlt sich in Rom sehr wohl – trotzdem ist Franz besorgt um seine Tochter. Mittags bringt Vera ihm Prospekte über einen neunwöchigen Malkurs in der Toskana mit. Franz ist zwar sehr angetan von der Idee, hat aber erstens kein Geld und zweitens keine Lust, so lange von Vera getrennt zu sein. Vera gelingt es, seine Zweifel zu zerstreuen. Während der Weihnachtsferien wird sie mit nach Italien kommen. Heimlich ruft Vera in Rom an und bittet Tanja, Mourrait dazu zu bringen, den Scheck, den Franz verbrannt hat, erneut auszustellen.

Noch regt sich Hubert über den Spielautomaten auf ...

Hubert verfolgt interessiert die Montage eines Geldspielautomaten im Akropolis. Er diskutiert mit Egon und Panaiotis über den Unsinn solcher Geräte. Auch Rosi gegenüber äußert er seine helle Empörung über die Primitivität solcher Anlagen. Trotz seines Ärgers über die Spielautomaten geht Hubert an diesem Tag noch einmal ins Akropolis, spielt und gewinnt zu seiner Überraschung.

Da sie immer noch von Alpträumen geplagt wird, die in Verbindung mit ihrem Vater stehen, will Dominique nun endlich ein Gespräch mit ihm führen und fährt nach Paris. Während Beimers beraten, was sie Benny zum 18. Geburtstag schenken sollen, kommt Dominique erschöpft und weinend nach Hause. Sie gesteht, daß sie München gar nicht verlassen hat.

Immer noch steht Hubert vor dem Spielautomaten. In einem endlosen Geldregen spuckt der Automat plötzlich den Jackpot aus.

Nicht Sie, Herr Beimer

Spieltag: 14.12.1989 • Sendetag: 17.12.1989

Folge: 211

Dressler reagiert weiterhin abweisend auf alle Bemühungen von Elisabeth. Auf der Bank muß sie zudem erfahren, daß er ihr die Vollmacht für sein Konto entzogen hat. Elisabeth will Ludwig zur Rede stellen, stößt aber bei ihm auf taube Ohren. Im Schrank findet sie mehrere Röhrchen mit Schlaftabletten. Da reißt Elisabeth der Geduldsfaden. Sie schüttet die Tabletten weg, geht in Carstens Wohnung, packt ihre Sachen und zieht zu Dresslers Erstaunen wieder im Arzthaus ein.

Rosi drückt Hubert ihren Geldbeutel in die Hand und schickt ihn zum Semmeln holen. Er verspielt das Geld am Automaten im Akropolis und beschwert sich später bei Rosi, sie habe ihm einen leeren Geldbeutel mitgegeben. Obwohl Rosi sicher ist, daß Geld in der Börse war, läßt sie sich von Hubert derart verunsichern, daß sie gesteht, ab und zu mit dem Haushaltsgeld zu mogeln. Großmütig verzeiht er ihr.

Den Abend von Bennys Geburtstagsparty verbringt Helga mit ihrer Freundin Ingeborg. Hans geht unterdessen ins Akropolis und trifft dort auf Anna und Gabi. Als Gabi die beiden kurz allein läßt, erkundigt sich Hans nach Tom und fragt Anna, ob er ihn nicht doch ab und zu sehen könne. Gabi kommt zurück, Anna nimmt ihre Cousine an der Hand, tanzt mit ihr, ohne Hans weiter zu beachten. Spät kommt er in seine Wohnung zurück, in der das Fest noch in vollem Gange ist. Dann ruft Helga zu Hause an und kündigt an, daß ihre Tour mit Ingeborg sich sicher bis zum Morgen hinzieht. Hans verläßt die Wohnung, geht zögernd die Treppe hinauf und klingelt an der Wohnungstür von Anna.

Drei Flaschen Sekt

Spieltag: 24.12.1989 • Sendetag: 24.12.1989

Folge: 212

Der Titel der Folge bezieht sich auf die drei Flaschen Sekt, die Franz Schildknecht im Akropolis besorgt hat: Alle drei gehen nacheinander zu Bruch.

Im Hof spitzt Hans den Weihnachtsbaum zu. Durchs Fenster beobachtet Helga, wie er Anna anspricht. Er entschuldigt sich für sein nächtliches Auftauchen vor einer Woche. Anna hatte ihm die Tür vor der Nase zugeschlagen, noch bevor er etwas sagen konnte. Später legt Hans heimlich ein kleines Geschenk für Tom vor die WG-Tür. Bei Beimers steht überraschend Marion vor der Tür. Am Nachmittag kommt Matthias und bringt vor Staunen über Marions Anwesenheit kaum ein Wort heraus. Marion erzählt ihm von Paris und zeigt ihm Fotos von ihrem neuen Freund Frederique. Das geht über Matthias' Kräfte, er verabschiedet sich schnell.

Bei den Weihnachtsvorbereitungen in der WG vermeidet es Anna be-

wußt, mit Gabi über Hans zu reden, dessen Geschenk für Tom Gabi vor der Tür entdeckt hat. Später besuchen sie Zorro im Gefängnis.
Franz und Vera sind äußerst gut gelaunt. Tanja hat ihrem Weihnachtsbrief einen Scheck von Mourrait beigefügt – als Ersatz für den, den Franz verbrannt hatte. Nun ist Franz bereit, ihn anzunehmen.
Vasily und Beate haben dieses Jahr das Lokal am Heiligen Abend geöffnet. Doch zunächst sitzt nur Onkel Franz an einem Tisch und betrinkt sich sinnlos. Plötzlich steht er auf und ruft im Altersheim an. Wenig später öffnet sich die Tür des Lokals, und eine Gruppe alter Menschen strömt herein. Onkel Franz fordert die konsternierte Elena auf, seine Gäste zu bewirten. Während die Sarikakis alle Hände voll zu tun haben, sonnt sich Onkel Franz sichtlich in seiner Gönnerrolle.

Gute Vorsätze

Spieltag: 31.12.1989 • Sendetag: 31.12.1989

Folge: 213

Dressler hat sich entschlossen, mit Elisabeth neu anzufangen. Die hofft, er könne endlich auf dem Weg sein, Depressionen und Selbstmitleid zu überwinden.
Helga und Hans philosophieren über das vergangene Jahr. Hans versichert Helga seiner Liebe. Später sucht er Anna auf und bittet sie vergeblich, im neuen Jahr öfter seinen Sohn sehen zu dürfen.
Überraschend steht Tanja bei Vera und Franz vor der Tür. Im Treppenhaus wird sie von Dominique angesprochen, die Tanja bittet, ihrem Vater mitzuteilen, daß sie ihn unbedingt sprechen muß. Dominique hat Matthias angerufen und ihn zur Silvesterfeier eingeladen. An der Bushaltestelle wartet sie auf ihn. Als Matthias mit großer Verspätung auf die durchgefrorene Dominique trifft, legt er unbeholfen den Arm um sie.
Die traditionelle Silvesterfeier im Akropolis soll diesmal eine richtige Werbeveranstaltung werden, um die drohende Schließung des Lokals abzuwenden. Elena und Panaiotis sind zutiefst erleichtert, als Onkel Franz erscheint und seine Rechnung vom Weihnachtsfest bezahlt. Später hält Dressler eine Ansprache, in der er die wahren Gründe seiner Invalidität erklärt. Er wolle aber diesen Moment benutzen, um zu erklären, daß er Vasily alles verziehen habe, und bittet die Nachbarn, es ihm gleichzutun. Elisabeth und Beate, die Dresslers Rede entsetzt verfolgen, schieben ihn aus dem Lokal, ohne auf seine Proteste zu achten. Im Saal herrscht betretenes Schweigen. Vasily verkriecht sich vor Wut und Scham. Isolde versucht zu retten: Sie springt auf die Bühne und erklärt, sie habe für den heutigen Abend ein Chanson vorbereitet. Vasily erklärt Beate, daß er keinen Tag länger in diesem Land bleiben wolle.

Die Aussprache

Spieltag: 04.01.1990 • Sendetag: 07.01.1990

Folge: 214

In der Beimer-Wohnung redet Dominique allein mit ihrem Vater. Nun erfährt Mourrait, warum seine Tochter sich so von ihm distanziert hat: Als Kind hat Dominique beobachtet, wie ihre Mutter nach einem heftigen Streit mit ihrem Mann die Treppe herunterstürzte. Dominique ist überzeugt, daß Mourrait seine Frau gestoßen hat. Zehn Jahre lang wollte sie diese schreckliche Tatsache nicht wahrhaben. Erst durch die Hilfe des Therapeuten fühle sie sich jetzt stark genug, sich damit auseinanderzusetzen, daß sie einen Mörder zum Vater habe. Sie werde ihn nicht anzeigen, möchte ihn aber nie wieder sehen. Der geschockte Mourrait versucht zu erklären, daß es ein Unfall war, aber Dominique weist ihn aus der Wohnung.

Im Friseursalon werden die Ereignisse von Silvester diskutiert. Alle haben Mitleid mit Vasily. Der ist unterdes fest entschlossen, Deutschland zu verlassen. Sein Entschluß provoziert einen Streit mit Beate. Sie findet seine panikartige Reaktion falsch und möchte auch nicht nach Griechenland – zumindest nicht zum jetzigen Zeitpunkt. Vasilys Pläne werden durch die andauernde Umsatzkrise des Familienbetriebes bekräftigt. Eine von ihm heimlich aufgegebene Verkaufsanzeige für das Lokal sorgt für einen heftigen Streit zwischen Panaiotis und ihm. Hubert betritt unterdessen das noch geschlossene Lokal und beginnt zu spielen.

Während Franz und Vera in die Toskana starten, macht Tanja sich besonders hübsch zurecht. Sie erwartet die Ankunft von Mourrait, mit dem sie am Abend nach Rom fliegen wird. Als er zu ihr kommt, ist er merkwürdig bedrückt, erzählt aber nicht, welcher Kummer ihn quält. Tanja fragt Mourrait, ob er sie heiraten will.

Die Henne

Spieltag: 11.01.1990 • Sendetag: 14.01.1990

Folge: 215

Vera erzählt Berta, daß Franz in der Toskana sehr glücklich sei und in Sachen Tanja sein Mißtrauen gegen Mourrait langsam verliere. Tanja habe ihnen gegenüber außerdem behauptet, daß sie und Mourrait bald heiraten würden. Das Zusammenleben zwischen Berta und ihrer Mutter läuft nach wie vor reibungslos. Lydia lehnt aber Bertas Angebot, bis auf weiteres bei ihr und Manoel zu bleiben, ab, da die Wohnung zu klein ist. Am Nachmittag besucht Lydia Dressler, der untätig und apathisch in seiner Wohnung sitzt. Elisabeth läßt die beiden allein. Lydia erkundigt sich, wann Dressler wieder praktizieren werde, sie brauche unbedingt seine ärztliche Hilfe, und be-

kommt tatsächlich seine Zusage, sie wieder zu behandeln.
Morgens gibt Rosi ihrem Mann ihre Geldbörse und schickt ihn in den Supermarkt, wo er ein Tiefkühlhuhn besorgen soll. Statt im Laden landet Hubert allerdings im Akropolis, wo er am Spielautomaten abermals das Geld verspielt. Mit Manoels Hilfe gelingt es ihm, eines von Zorros Hühnern zu fangen. Stolz präsentiert Hubert seiner Rosi das frische Huhn, das er angeblich bei einem Bauern gekauft hat, und läßt sich dafür gebührend loben. Als Manoel in der WG erscheint und vom Hühnerdiebstahl berichtet, flüchtet Hubert beschämt.
Für Dominique hat offensichtlich seit der Aussprache mit ihrem Vater ein neuer Lebensabschnitt begonnen. Sie verkündet den verblüfften Beimers, daß sie sich Arbeit und Wohnung suchen wird.
Als Lydia abends von einem Besuch zurückkommt, rutscht sie auf der vereisten Treppe aus und fällt. Sie ist nicht in der Lage, sich allein zu erheben. Verzweifelt ruft sie um Hilfe.

Ein Wunder geschieht

Spieltag: 18.01.1990 • Sendetag: 21.01.1990

Folge: 216

Carsten bittet Elisabeth, seine Wohnung zu kündigen. Fürs erste will er zu seinem Freund Hans-Peter ziehen. Auf keinen Fall will er weiterhin Geld von Elisabeth und Ludwig nehmen. Nachdem der sich erneut über das Essen beklagt, platzt Elisabeth endgültig der Kragen: Sie könne seine ewigen Beschwerden nicht länger ertragen. Später erklärt Dressler ihr, wie sehr ihn ihre Vorwürfe getroffen haben; er will nun noch einen Versuch wagen.
Berta besucht ihre Mutter im Krankenhaus. Lydia, die sich das Bein gebrochen hat, möchte unbedingt zu Hause gepflegt werden. Berta bespricht das mit Vera, die spontan ihre Hilfe anbietet. Während des Gespräches bekommt Vera einen Anruf von Franz, der seinen Besuch übers Wochenende ankündigt. In Anbetracht der glücklichen Schildknecht-Ehe fühlt Berta sich plötzlich sehr allein ...
Beate weint sich bei Carsten und Elisabeth aus. Sie hat sich entschlossen, vorerst nicht mit Vasily nach Griechenland zu fahren. Währenddessen sitzen die Sarikakis im Lokal und besprechen, wie es weitergehen soll. Elena geht davon aus, daß auch sie und Panaiotis in die Heimat zurückgehen, sobald sie einen Käufer für das Lokal gefunden haben. Am Abend gibt es im Akropolis eine kleine Abschiedsfeier. Da erscheinen Dressler und Elisabeth. Ludwig hat offensichtlich den ehrlichen Wunsch, seine Verbitterung gegenüber Vasily in diesem Moment des Abschieds endgültig zu besiegen. Wortlos reicht er Vasily die Hand, die dieser nach kurzem Zögern auch ergreift. Nachdem Carsten Vasily zum Bahnhof gebracht hat, sind Panaiotis und Elena allein. Elena ist geschockt, als ihr Mann ihr klar macht, daß er auf keinen Fall

nach Griechenland gehen werde. Er ist zu stolz, um mit leeren Händen zurückzukehren. Elena faßt einen Entschluß: Auch wenn Panaiotis hierbleibt – sie wird auf jeden Fall gehen.

Wetterwechsel

Spieltag: 25.01.1990 • Sendetag: 28.01.1990

Folge: 217

Lydia kommt aus dem Krankenhaus nach Hause zu Berta und Manoel und soll dort weiter gepflegt werden.

Elena versucht weiterhin vergeblich, Panaiotis zur Rückkehr in die Heimat zu bewegen. Vasily ruft endlich aus Griechenland an und berichtet von einem Hotel, das er kaufen möchte. Das Akropolis läuft immer noch schlecht; im fast leeren Lokal sitzt nur ein Stammgast: Hubert – vor dem Spielautomaten.

Benny will zum Kreiswehrersatzamt, um seine Musterung voranzutreiben. Anschließend wird er auf die Suche nach einem Ziviplatz gehen. Auf dem Weg zur Arbeit gerät Hans ins Zögern und geht dann eine Treppe höher. Wenig später trifft Helga im Treppenhaus Gabi, die sich mit schweren Einkäufen und ihrem quengelnden Max abmüht. Helga hilft ihr, die Taschen nach oben zu tragen. Gabi sperrt auf, Helga stellt die Taschen ab und erstarrt: Durch die offene Zimmertür hört sie ihren Hans, der mit Anna über das gemeinsame Baby redet. Nach einigen Schrecksekunden stürzt Helga fluchtartig aus der Wohnung. Weder Gabi noch Anna und Hans haben etwas bemerkt. In tranceartigem Zustand betritt Helga ihre Wohnung. Wie eine Marionette öffnet sie in ihrem Schlafzimmer den Schrank. Am Abend findet Hans seine Söhne und Dominique verstört in der Küche vor. Helga habe nachmittags mit einem Koffer die Wohnung verlassen, mit der Aussage, vielleicht nie wiederzukommen.

Wer einmal lügt

Spieltag: 01.02.1990 • Sendetag: 04.02.1990

Folge: 218

Hans-Peter hat es abgelehnt, Carsten in seiner Wohnung aufzunehmen. Er zieht schließlich zu seiner Schwester.

Hubert hat sich inzwischen intensiv mit dem Mechanismus des Spielautomaten befaßt. Er ist zuversichtlich, demnächst hinter das Geheimnis und damit ans große Geld zu kommen. Fast täglich holt er DM 100 in kleinen Münzen von der Bank. Elena drängt Panaiotis, für Hubert nicht weiter anzuschreiben. Nach einer erneuten sehnsüchtigen Bemerkung über die Heimat nimmt Panaiotis seine Frau in die Ar-

me. Wenn es ihr wirklich wichtig ist, will er auf der Stelle mit ihr zurück gehen. Doch Elena behauptet jetzt, hier nicht so einfach alles aufgeben zu können.
Bei Beimers herrscht bedrückte Stimmung. Helga ist bei ihrer Freundin Ingeborg und für Hans nicht zu sprechen. Die Kinder versuchen vergeblich, von ihm den wahren Grund für Helgas Verhalten herauszufinden – mit dem Ergebnis, daß sowohl Benny als auch Dominique befürchten, Helga mit ihren jeweiligen Problemen aus dem Haus getrieben zu haben. Am Nachmittag treffen Helga und Hans in der Wohnung aufeinander. Zunächst versucht sie, eine sachliche Aussprache zu führen. Doch dann schreit Helga sich all ihren Zorn, ihre Trauer, ihre Enttäuschung, ihre Demütigung und auch ihre Angst aus der Seele. Die Tatsache, daß Hans sie mit Anna betrogen hat, war für sie schon ein harter Schlag. Daß er es aber fertiggebracht hat, ihr über Monate seine Vaterschaft zu verschweigen, zerstöre jede Basis ihres Zusammenlebens. Dominique, Benny und Klausi müssen miterleben, wie Helga Hans anschreit, sie könne ihn nicht mehr ertragen. In äußerster Rage reißt sie die Tür auf und schiebt ihn aus der Wohnung.

Die Besucher

Spieltag: 08.02.1990 • Sendetag: 11.02.1990

Folge: 219

Dr. Dressler bereitet sich auf seinen ersten Arbeitstag in der Praxis vor und ist sichtlich nervös. Mittags ist er zwar erschöpft, aber glücklich. Er hat bei der Behandlung seiner Patienten keinerlei Probleme gehabt und bedankt sich bei Elisabeth für ihre Unterstützung. Zur Feier des Tages hat Elisabeth zum Abendessen Carsten und Beate eingeladen. Carsten erzählt freudig, daß er einen Nachmieter gefunden habe, einen gewissen Herrn Zenker.

Auch Berta Griese nimmt heute ihre Arbeit in der Praxis Dressler wieder auf.

Seit sie mit ihrem Gipsbein im Bett liegen muß, fühlt sich Lydia vom Leben abgeschnitten. Erst Amelie gelingt es, sie aufzuheitern.
Seit einer Woche wohnt Hans im Hobbykeller. Er kündigt Helga an, daß er am Nachmittag mit ihr reden möchte. Im Café Bayer, wo er täglich frühstückt, trifft er auf Anna, die Mitleid mit ihm hat. Traurig schaut Hans ihr hinterher. Helga bietet Hans an, der Kinder wegen die Ehe aufrechtzuerhalten – unter der Bedingung, daß Anna Ziegler die Stadt verläßt. Später will Klausi von Helga wissen, wann sein Vater wieder einzieht und ob das Baby von Frau Ziegler wirklich sein Bruder sei. Geschockt stellt Helga fest, daß Benny dem Jüngsten die Situation ausführlich erklärt hat. Obwohl sie zutiefst gekränkt ist, muß sie sich eingestehen, daß sie ihren Mann noch immer mag. Am Abend treffen sich Hans und Benny im Akropolis. Auf Bennys Frage, ob sein Vater Helga etwa nicht mehr liebe, schweigt Hans. Fassungslos fragt Benny, ob er etwa für immer zu Anna Ziegler wolle.

Familienbande

Spieltag: 15.02.1990 • Sendetag: 18.02.1990

Folge: 220

Noch immer wohnt Hans im Hobbykeller. Er sieht sich außerstande, Anna zu einem Entschluß zu drängen. Gekränkt verlangt Helga nun von Hans, er solle sich sofort um seine Versetzung in eine andere Stadt bemühen. Sie sucht Anna auf und fordert sie auf auszuziehen. Anna reagiert sachlich und erklärt Helga, warum sie die Lindenstraße nicht verlassen werde. Sie habe in der WG endlich ein Zuhause gefunden, könne ihre Kinder selbst ernähren, und sei nicht bereit, ihnen den schwierigen Neuanfang in einer fremden Stadt zuzumuten. Als Benny Helga erklärt, er werde noch heute zu Kornelia ziehen, rastet sie aus. Sie ruft Hans' Chef an, erzählt ihm alles und bittet ihn um Hans' Versetzung. Jetzt kommt es zum Streit zwischen den Eheleuten Beimer. Helgas Versuche, hinter seinem Rücken zu agieren, empfindet Hans als unerträglich. Hans will sich ein Zimmer suchen und verläßt im Zorn die Wohnung.

An diesem Vormittag fragt Beate Isolde, ob sie nun eine Nachfolgerin für sie gefunden habe. Beate ist ungeduldig, Vasily nun doch nach Griechenland zu folgen. Als Isolde später im Akropolis bemerkt, wie es um das Lokal steht, beschließt sie mit Enrico, die Sarikakis bei einer Renovierung finanziell zu unterstützen.

Um ein Haar wird Else auf der Straße von einem Taxi angefahren. Der Fahrer, Andy Zenker, gerät in einen kurzen, heftigen Disput mit ihr und begibt sich dann schnurstracks zu Carsten Flöter. Als Herr Hülsch und Zenker gemeinsam aus der Wohnung kommen, treffen sie auf die Klings. Hülsch stellt Zenker als neuen Mieter vor. Spät am Abend vernimmt Else im Treppenhaus laute Musik und Gelächter aus der Flöter-Wohnung. Sie klingelt an der Tür und sieht im Hintergrund vier Jugendliche auf dem Fußboden sitzen. Auf Elses entgeisterte Frage, wer die vier seien, antwortet Zenker, es sei seine Familie – was Else total die Sprache verschlägt.

Nervensache

Spieltag: 22.02.1990 • Sendetag: 25.02.1990

Timo Zenker macht eine Lehre als KFZ-Mechaniker, die Mädchen gehen noch zur Schule.

Folge: 221

An diesem Morgen verlassen zu Elses Verdruß drei Zenker-Kinder nacheinander lärmend das Haus: der 18jährige Timo, die 14jährige Valerie, wegen ihrer Körperfülle Walze genannt, und die 12jährige Iffi. Jo, der älteste Sohn, ist bei der Bundeswehr und kommt nur selten nach Hause. Im Waschsalon gerät Else mit Andy aneinander, der aufgrund einer Mietklausel Anspruch auf eine Waschmaschine erhebt. Else kann sich gegen den energischen Andy nicht durch-

setzen. Indes drücken sich Manoel und Klausi vor der offenen Zenker-Tür herum. Neugierig beobachten sie, wie Iffi auf dem Flur ein artistisches Training absolviert.
Helga ist verzweifelt, fühlt sich allein und unverstanden. Zu ihrer Überraschung trifft Tochter Marion, die von Hans telefonisch über die Lage informiert wurde, aus Paris ein. Als Hans ankündigt, einige Sachen zu holen, stellt Helga diese ins Treppenhaus und läßt ihn erst gar nicht in die Wohnung. Hans hat die Gelegenheit genutzt, nach Baby Tom zu sehen. Traurig betrachtet er seinen Sohn.
Rosi Koch erfährt von Herrn Hülsch, daß die Miete für Februar noch nicht bezahlt ist. Rosi vermutet einen Fehler bei der Bank und will den Irrtum sofort aufklären. Hubert hindert sie jedoch daran, geht selbst zur Bank und verliert im Akropolis das restliche Geld. Verlegen bittet er Enrico, ihm etwas zu leihen. Hubert will das Akropolis verlassen. An der Tür hält er inne, schaut zum Automaten. Zögernd macht er ein paar Schritte, das geliehene Geld von Enrico in der Hand.

Andy Zenker mit seinen Töchtern Iffi und Valerie.

Offene Rechnungen

Spieltag: 01.03.1990 • Sendetag: 04.03.1990

Folge: 222

Wütend und verbittert stellt Helga fest, daß offenbar jeder im Haus über ihre Eheprobleme Bescheid weiß. Sie ruft Hans an, er solle sofort zu ihr kommen. Zornig verlangt sie dann von ihm, eine neue Wohnung für seine Familie zu suchen, auf keinen Fall wolle sie länger in diesem Haus bleiben. Aber Hans macht Helga unmißverständlich klar, er wolle nicht mehr mit ihr zusammenleben. Aufgebracht weist sie ihrem Mann die Tür.
Am frühen Morgen brütet Hubert über seinen Schulden. Als Rosi auf das Thema Finanzen kommt und ihr Haushaltsgeld verlangt, redet Hubert sich heraus. Später leiht er sich auch noch Geld von Onkel Franz. Beim Mittagessen ist Dressler auffallend still. Die Staatsanwaltschaft hat ein Verfahren wegen Nötigung und Freiheitsberaubung gegen ihn eingeleitet. Aber das ist noch nicht alles: Pauli hat einen Brief an Elisabeth geschickt. Als sie ihm vorwirft, daß er sich zu wenig Mühe gebe, besinnt Ludwig sich und schenkt ihr nach langer Zeit wieder einmal Blumen. Außerdem erhält sie die Kontovollmacht zurück. Spätabends

sitzt Ludwig, der seit Monaten im Gästezimmer schläft, nachdenklich im stillen Wohnzimmer. Schließlich rollt er langsam zur Schlafzimmertür, wagt jedoch nicht zu klopfen. Da ruft Elisabeth ihm von innen zu, er solle zu ihr kommen. – Er ist von Zweifeln geplagt.

Die Abrechnung

Spieltag: 08.03.1990 • Sendetag: 11.03.1990

Folge: 223

Entsetzt erfährt Rosi das ganze Ausmaß der Tragödie: Hubert hat die gesamten Spargelder durchgebracht, das Konto überzogen und erhebliche Schulden gemacht. Sie kann kaum glauben, daß das ganze Geld in einem Spielautomaten gelandet ist. Hubert ist allerdings felsenfest davon überzeugt, das Geld wieder zurückzugewinnen. Rosi bittet Enrico, ihrem Mann nichts mehr zu leihen. In Zukunft will sie alle finanziellen Angelegenheiten selbst in die Hand nehmen und nötigt ihrem Hubert das Versprechen ab, nie wieder auch nur eine Münze in so eine Teufelsmaschine zu stecken.
Nachdem die Kinder aus dem Haus sind, legt sich Andy nach der Nachtschicht schlafen. Er hört nicht, als vorsichtig an die wie immer tagsüber offen stehende Wohnungstür geklopft wird, und erwacht erst, als Berta mit Walzes Schultasche, die sie im Treppenhaus gefunden hat, vor ihm steht. Berta ist voller Mitleid, als sie erfährt, daß Zenkers Frau vor Jahren bei einem Autounfall ums Leben gekommen ist.
Im Waschkeller gerät Andy erneut mit Hülsch und Else wegen der Nutzung der Waschmaschinen in Streit.
Elisabeth entdeckt Dressler dabei, wie er im Wohnzimmer – auf Krücken gestützt – auf den Beinen steht. Er gesteht ihr, daß er diese Übung schon seit einiger Zeit beherrsche und sie damit überraschen wollte. Er ist blendender Laune. Auch Elisabeth wirkt gelöst und glücklich. Abends sind sie, Carsten und Beate in bester Stimmung, als es an Beates Tür klingelt. Carsten öffnet. Vor ihm steht in ziemlich schlechter Verfassung Robert Engel, der den entgeisterten Carsten bittet, für eine Nacht bei ihm bleiben zu dürfen.

Das Horoskop

Spieltag: 15.03.1990 • Sendetag: 18.03.1990

Folge: 224

Nachdem Else in ihrem Horoskop gelesen hat, daß heute in geschäftlichen Dingen Vorsicht geboten sei, erscheint prompt eine Mitarbeiterin des Gewerbeaufsichtsamtes im Keller, die Einsicht in Elses Geschäftsunterlagen verlangt. Else muß gestehen, daß sie weder

einen Gewerbeschein besitzt, noch je eine Steuererklärung gemacht hat. Fassungslos hört sie, daß auf Steuerhinterziehung Geld- oder Gefängnisstrafe steht. Beim Gewerbeaufsichtsamt ist ein anonymes Schreiben eingegangen – Else verdächtigt Zenker. Egon glaubt jedoch, daß er nichts mit der Anzeige zu tun hat.
Die bettlägerige Lydia langweilt sich entsetzlich. Nun ist auch noch das Radio kaputt. Manoel, Klausi und Iffi wollen ihr ein neues kaufen. Da ihr Geld nicht ausreicht, führt Iffi auf der Straße Kunststücke vor. Abends präsentieren sie der gerührten Lydia stolz ein kleines Radio.
Beim Frühstück unterhalten sich Beate und Carsten über Robert, der noch immer bei ihnen wohnt. Carsten verteidigt den einstigen Freund gegenüber Beate. Am Nachmittag kommt Carstens Freund Hans-Peter und verlangt eifersüchtig – und ohne Erfolg – daß Carsten „den Schmarotzer" hinauswirft. Hans-Peter und Carsten trennen sich im Streit. Am Abend eröffnet Robert dem beeindruckten Carsten, er schreibe gerade an einem großen Roman. Um Carsten ist es vollends geschehen, als Robert sich ihm zärtlich nähert. Sie liegen auf der Couch, als das Telefon klingelt. Robert nimmt eilig ab, gibt einsilbige Antworten und legt wieder auf. Er erklärt Carsten, er müsse noch einmal weg, ein Notfall ... Ohne auf Carstens Fragen zu antworten, verschwindet Robert aus der Wohnung.

Räumaktionen

Spieltag: 22.03.1990 • Sendetag: 25.03.1990

Folge: 225

Temperamentvoll hat Isolde das Kommando bei den Umbauarbeiten im Akropolis übernommen. Beates Abreise nach Griechenland steht kurz bevor. Weinend verabschiedet sie sich von Isolde und ihrer Familie. Carsten ist glücklich mit Robert. Nach Beates Auszug möchte der ein eigenes Zimmer, was Carsten – wenn auch widerwillig – akzeptiert. Er glaubt ihm auch, daß sein Verschwinden vor einer Woche nachts mit dem Roman zu tun hatte.
Am Nachmittag bringt Elisabeth ihre Tochter zum Bahnhof. Als seine Frau abends noch nicht zurück ist, wird Dressler unruhig. Er vermutet, sie betrüge ihn wieder. Elisabeth hat aber lediglich ein bestimmtes Buch für Ludwig besorgt. Der entschuldigt sich sofort.
Allein in der Wohnung, weiß Helga nicht viel mit sich anzufangen und freut sich riesig über Bennys Besuch, der begeistert von seinem Zusammenle-

Robert Engel – ein Fiesling erster Qualität. Carsten Flöter sieht das anders.

ben mit Kornelia erzählt. Außerdem steht sein Musterungstermin kurz bevor. Helga beschließt, Hans zu ihrem 50. Geburtstag am Wochenende einzuladen. Sie hofft, daß er zu ihr zurückkommt. Unterdessen entdeckt Hans auf der Straße Anna mit Tom. Zärtlich begrüßt er seinen Sohn. Anna zeigt viel Verständnis für Hans' traurige Situation und bietet ihm an, sie jederzeit anzurufen. Und Tom könne er sehen, wann immer er wolle. Dominique meldet sich mit den für Helga deprimierenden Nachrichten, daß sie sowohl eine Wohnung als auch einen Job gefunden hat und sie den Abend mit Matthias verbringen möchte. Klausi möchte heute nacht mit Manoel bei Iffi schlafen. Traurig wählt Helga die Nummer von Hans' Pension, legt aber wieder auf, bevor er sich meldet. Nachts nimmt Helga mit einem Schraubenzieher das Ehebett auseinander, als es klingelt. Durch den Spion sieht sie Hans draußen stehen. Ratlos starrt Helga auf die Tür.

Die arme Else

Spieltag: 29.03.1990 • Sendetag: 01.04.1990

Folge: 226

Helga hat das Ehebett in den Flur gestellt und versucht erfolglos, es Benny oder Dominique anzudrehen.

Dominique wird mit Matthias' Hilfe am Wochenende in ihre neue Wohnung ziehen. Benny kommt zum Frühstück zu seiner Mutter, erkundigt sich nach Hans und erfährt, daß sein Vater zu Helgas 50. Geburtstag nur einen Blumenstrauß geschickt hat. Letzte Woche hatte er nur Klausi seinen Turnbeutel gebracht. Zu Helgas Freude steht plötzlich Ingeborg vor der Tür. Sie bestärkt Helga, sich auf ein Weiterleben ohne Ehemann einzurichten.

Erschöpft liegt Vera im Bett, als Franz überraschend nach Hause kommt. Er entdeckt seine schlafende Frau und legt sich vorsichtig dazu. Beide werden erst wach, als es an der Wohnungstür klingelt. Nach einem kurzen Moment der Überraschung fallen sich Vera und Franz voller Freude in die Arme. Franz zeigt Vera Fotografien eines Hauses in der Toskana. Er bittet die verblüffte Vera, mit ihm dorthin zu fahren und dann zu entscheiden, ob sie mit ihm nach für immer Italien zieht. Else ist immer noch wütend über die anonyme Anzeige. Wüst beschimpft sie Andy Zenker und ärgert sich über die DM 200 Strafe, die sie zahlen mußte, obwohl sie ihren Salon nun mit Gewerbeschein betreibt. Später erscheint auch noch ein Herr vom Finanzamt bei Else und will ihren Waschsalon sehen. Else behauptet, daß sie überhaupt nie etwas verdient habe. Die reine Gutmütigkeit sei's gewesen und es habe gerade gereicht, um die Unkosten zu decken. Auch Egon trifft es hart, als Else ihm später erzählt, daß sie mit ca. DM 15.000 Steuernachzahlung rechnen müsse. Falls sie die nicht zahle, müsse sie ins Gefängnis.

Teure Zeiten

Spieltag: 05.04.1990 • Sendetag: 08.04.1990

Folge: 227

Gabi nimmt eine Halbtagsstelle im Café Bayer an. Hubert ist bei Dr. Dressler, der ihn bei der Gelegenheit bittet, eine sehr alte und wertvolle Uhr zu reparieren. Glücklich nimmt Hubert diesen Auftrag an. Während seines zwölfstündigen Ausgangs erfährt Zorro von Rosi, daß Hans der Vater von Tom ist – und ist total geschockt. Kurz darauf kommt ein strahlender Hubert in die WG, Sarah und Max an den Händen. Er habe vor dem Haus Anna getroffen, sie habe ihm die Kinder mitgegeben. Wahrscheinlich werde sie erst spät wiederkommen. Zorros Enttäuschung ist groß.

Lydia hat einen regelrechten Koller. Ihr Leben besteht im Moment nur aus ihrem eingegipsten Bein und dem wunden Rücken. Berta beneidet Vera und Franz, die am Wochenende das Haus in der Toskana anschauen. Sie würde auch gern noch einmal irgendwo ganz neu anfangen.

Inzwischen weiß Else, wer sie angezeigt hat: Onkel Franz – für den sie sich nun die schlimmsten Strafen ausdenkt. Sie entschuldigt sich bei Zenker mit einem Geschenk und der Zusage für drei kostenlose Waschgänge. Außerdem dürfe Iffi ausnahmsweise ihr Fahrrad im Hausflur abstellen. Während Andy schläft, bereitet Iffi das Mittagessen. Walze, die wie immer mit Lesen beschäftigt ist, ißt nicht mit, weil sie in der Schule wegen ihrer Figur gehänselt wurde.

Else schenkt Andy Egons Barometer.

Hubert sitzt allein im Schein der Lampe über Dresslers Uhr. Nachdenklich starrt er auf die Einzelteile. Dann holt er sein Notizbuch und geht zum Telefon. Er ruft einen Freund an, der einmal im Pfandhaus gearbeitet hat, und fragt ihn, was man für die Uhr wohl bekommen würde.

Kekse und Salz

Spieltag: 15.04.1990 • Sendetag: 15.04.1990

Folge: 228

Es ist Ostersonntag. Helga bemüht sich, keine sentimentale Stimmung aufkommen zu lassen. Nach einigem Zögern überwindet sie ihre Scheu und geht allein zur Wiedereröffnung des Akropolis, wo Isolde, von Berta am Flügel begleitet, ein Chanson vorträgt. Helga bekommt einen Platz neben Gabi und erklärt ihrer erstaunten Nachbarin, es habe doch keinen Sinn, daß sie und Anna sich auf Dauer aus dem Weg gingen. Währenddessen lernen Benny und Kornelia Timo Zenker kennen, und auch Dominique und Matthias kommen nach einem Spaziergang ins Akropolis.

Rosi sitzt frühmorgens grübelnd in ihrem Bett. Sie ruft Gabi an und er-

zählt ihr, daß Hubert die ganze Nacht nicht nach Hause gekommen sei. Bevor sie sich entschließen kann, zur Polizei zu gehen, erscheint Hubert – mit hängenden Schultern, wortlos und übernächtigt. Rosi ist sofort klar, daß er wieder gespielt – und verloren – hat. Hubert gesteht, Dresslers Uhr versetzt und sich gegen seinen Personalausweis DM 1.000 von einem Fremden geliehen zu haben. Rosi verläßt ohne ein Wort die Wohnung. Letzten Endes jedoch hält sie zu Hubert.
Als Carsten von einem Essen bei Dresslers zurückkommt, beendet Robert auffallend schnell ein Telefongespräch. Kurz darauf klingelt das Telefon wieder. Carsten hebt ab, und es meldet sich eine Frau, die Robert sprechen will. Robert erledigt das Gespräch kurz und weicht Carstens Fragen aus, indem er ihn kurzerhand verführt.
Matthias und Dominique verlassen nachts das Lokal. Sie bleiben vor Dominiques Haus stehen. Schließlich nimmt Matthias allen Mut zusammen und küßt Dominique. Sanft drängt er sie zur Haustür. Sie hält ihn zurück und sagt ihm, daß sie Angst davor habe. Sie habe noch nie mit einem Mann geschlafen. Doch Matthias bittet sie trotzdem.

Frühlingserwachen

Spieltag: 19.04.1990 • Sendetag: 22.04.1990

Folge: 229

In Dominiques kleiner Wohnung sitzen sie und Matthias beim Frühstück. Sie wirken sehr glücklich, haben aber offensichtlich bis jetzt noch nicht miteinander geschlafen. Als Matthias später seiner Freundin Blumen kauft – und die neue Ladeninhaberin Claudia Rantzow kennenlernt –, fahren Mourrait und Tanja in der Lindenstraße vor. Von Helga erfährt Mourrait die Adresse des Reisebüros, in dem seine Tochter arbeitet, und sucht sie dort auf. Doch sie weigert sich erneut, mit ihm zu reden. Zurück in der Kastanienstraße lernt er Matthias kennen. Am Abend erzählt Matthias Dominique von dem sehr guten Gespräch, das er mit ihrem Vater hatte. Doch Dominique macht ihm ungewöhnlich heftig klar, daß dieser Mann für sie tot sei. Sie will nie wieder über ihre Familie reden.
Carsten und Robert bekommen Streit, weil Robert zu spät nach Hause kommt und seinen Freund mitsamt dem angekündigten Forellen-Essen vergessen hat. Robert gibt vor, stundenlang spazieren gewesen zu sein, um einen klaren Kopf zu bekommen.
Als die Kinder morgens aus dem Haus sind, erscheint Andy in Begleitung einer Frau. Mittags kommt Iffi mit Rita, einer alten Flamme ihres Vaters, die sie zufällig getroffen hat, ins Haus. Walze, die schon in der Wohnung war und weiß, daß Andy mit Eva im Bett liegt, versucht vergeblich, Iffi zu warnen. Es kommt zu einem regelrechten Kampf zwischen den beiden Rivalinnen. Abends gibt es bei Zenkers nur ein Gesprächsthema: Das heutige Liebesdrama von Andy. Dem geht die

übertriebene Anteilnahme seiner Kinder an seinem Intimleben allerdings zu weit. Nachts kriecht Walze vorsichtig zu ihrer Schwester auf die Matratze. Zögernd gesteht sie Iffi, daß sie sich verliebt hat, und zwar in jemanden aus dem Haus.

Je später der Abend

Spieltag: 26.04.1990 • Sendetag: 29.04.1990

Folge: 230

Als Iffi und Walze am Morgen das Haus verlassen, sehen sie Robert zur Bäckerei eilen. Elektrisiert macht Iffi ihre Schwester auf deren homosexuellen Traummann aufmerksam. Iffi ist der Überzeugung, daß Schwulsein nur eine vorübergehende Krankheit sei – so ähnlich wie Masern. Ihre Vermutung bestätigt sich, als sie Robert mittags in der Stadt in Begleitung einer Frau sieht. Nachmittags trifft Walze im Lift auf Robert. Er bietet der verschüchterten Walze freundlich an, ihr mal Lesestoff zu leihen. In der Bäckerei geraten Andy und Gabi aneinander. Sie, verärgert über seine anzüglichen Bemerkungen, fordert ihn auf, seine Wohnungstür in Zukunft geschlossen zu halten, wenn er wieder einmal Frauenbesuch hat. Abends diskutieren Andy und Timo über die Möglichkeit, umweltfreundlichen Kraftstoff zu entwickeln. Dabei werden sie von Walze gestört. Verlegen fragt sie den verblüfften Andy, woran er merke, daß eine Frau ihn gern habe.

Bei einem Spaziergang gesteht Hans Anna, daß er Tom und sie vermißt. In dem Bewußtsein, diesen Mann immer noch zu lieben, sinkt sie in seine Arme; sie küssen sich leidenschaftlich. Am Abend besucht sie Hans in seinem Pensionszimmer.

Rosi und Hubert müssen in vier Tagen wegen ihrer Mietrückstände die Wohnung verlassen. Ihnen bleibt nichts anderes übrig, als Gabi zu bitten, sie wieder aufzunehmen. Stinksauer sagt Gabi schließlich für drei Monate zu. Abends klingelt es bei Kochs. Arglos öffnet Rosi die Tür. Zwei düstere Typen verlangen die Rückzahlung der DM 1.000. Hubert stammelt, er habe das Geld nicht – und wird daraufhin brutal geschlagen.

Enrico schenkt Hubert eine Gratis-Pizza.

... und heiter die Kunst

Spieltag: 03.05.1990 • Sendetag: 06.05.1990

Folge: 231

Dressler erkundigt sich bei Hubert nach seiner Uhr. Hubert gesteht schließlich seine ganze Misere und auch, daß er die Uhr versetzt hat. Dressler gibt ihm einen Scheck über DM 1.700 und bittet ihn, die Uhr und auch den Personalausweis noch heute auszulösen. Rosi

hat jetzt einen Job bei Elena in der Küche angenommen. Erst nachts kommt Hubert strahlend nach Hause und erzählt, daß er es geschafft habe, mit dem Geld von Dressler in verschiedene Spielhöllen zu gehen, ohne zu spielen. Glücklich fällt Rosi ihm um den Hals.
Isolde beklagt sich bei Enrico über den mangelnden Charme der deutschen Männer. Seitdem sie im Akropolis auftrete, habe sie noch nicht einmal Blumen bekommen. Heimlich bestellt Enrico für sie Rosen. Mittags kommt Isolde strahlend mit dem gigantischen Strauß in den Kiosk. Sie glaubt, der anonyme Absender sei Dr. Kirch, ein großer Blonder, der immer ganz hinten im Lokal sitzt. Enrico ist eifersüchtig. Zwischen den beiden entwickelt sich der erste Ehekrach ihres Lebens.
Anna eröffnet Gabi, daß sie in absehbarer Zeit mit Hans zusammenziehen wird. Als Hans seinerseits Helga mitteilt, er werde mit Anna zusammenzuziehen, brennt bei Helga eine Sicherung durch. Sie glaubt, daß Hans und Anna ihre Beziehung nie wirklich beendet haben. Als Benny ihr dann auch noch zur Scheidung rät, schreit Helga ihre Empörung laut heraus. Benny ist erleichtert, als Berta kommt und sich um Helga kümmert. Sie nimmt sie am Abend mit ins Akropolis, wo Helga einen Schnaps nach dem anderen kippt. Nachts schwankt sie mühsam die Treppen hoch und versucht vergeblich, die Tür aufzuschließen – allerdings nicht ihre eigene. Die Tür wird von innen geöffnet, und Helga fällt der erschrockenen Berta in die Arme.

Auch wenn bei Beimers schon von Scheidung die Rede ist – erst ab Folge 300 sind Hans und Helga geschiedene Leute.

Der absolute Kracher

Spieltag: 10.05.1990 • Sendetag: 13.05.1990

Folge: 232

Helga geht durch die Wohnung und erstellt eine Aufteilungsliste, was ihr ziemlich schwerfällt. Zu ihrem Leidwesen bekommt Klausi später die Aufstellung in die Finger. Mittags treffen Benny und Kornelia, deren Verhältnis zur Zeit leicht angespannt ist, auf Berta. Benny bedankt sich, daß sie sich vor einer Woche so rührend um die betrunkene Helga gekümmert hat. Wieder nüchtern hatte die sich über ihren Blackout köstlich amüsiert. Als Benny und Kornelia im Hof Kornelias Rad reparieren, kommt Timo Zenker dazu und verwickelt die beiden in ein Gespräch über alternative Technik. Er findet in Kornelia eine begeisterte Zuhörerin. Da Benny zur Fahrstunde muß, übernimmt es Timo, Kornelias Rad auf Vordermann zu bringen. Am Abend entdeckt Benny die beiden im Akropolis. Er setzt sich widerwillig zu ihnen.
Robert bekommt unerwarteten Besuch von seiner Ex-Freundin Flora. Nachdem er sich zunächst gar nicht über ihr Auftauchen freut, machen sie es sich in der Wohnung gemütlich. Später nimmt Walze all ihren Mut zusammen und will sich bei Robert Bücher leihen. Doch als sie vor ihm steht, bringt sie kein Wort heraus. Am Abend entdeckt

Carsten Lippenstift an einem Glas. Robert erklärt eilig, die kleine Zenker sei dagewesen.
Berta wird am Morgen von Isolde besucht, die unbedingt eine neue Melodie am Klavier ausprobieren will. Dabei versucht Isolde vergeblich, Berta über Helgas Zustand auszufragen. Lydias langersehnter Tag der Gipsabnahme ist da.
Immer noch sitzen Timo, Kornelia und Benny im Akropolis. Als Benny endlich gehen will, fragt Kornelia ihren verblüfften Freund, ob er nicht Lust habe, mit Timo und ihr ins Kino zu gehen.

Das Barometer fällt

Spieltag: 17.05.1990 • Sendetag: 20.05.1990

Folge: 233

Als die Kinder aus dem Haus sind, brät Andy sich in der Küche Speck und Zwiebeln für sein Frühstück an. Vor Erschöpfung schläft er aber sogleich ein und wird kurz darauf ziemlich unsanft von Gabi geweckt. Sie macht ihn auf den Gestank aufmerksam, da Andys Frühstück inzwischen verkohlt ist. Während Andy fluchend die Pfanne vom Herd zieht und die Fenster aufreißt, nutzt Gabi die Gelegenheit, sich erneut darüber zu beschweren, daß die Wohnungstür den ganzen Tag offenstehe. Es kommt zum Krach zwischen den beiden. Nachdem Andy noch mehrmals aus dem Schlaf gerissen wurde, stürmt er fuchsteufelswild ins Treppenhaus, wo sich Timo und Benny in einer Keilerei befinden. Der Krach treibt auch Gabi aus ihrer Wohnung, die sich endlich Ruhe ausbittet. Nun rastet Andy aus: Er schreit Gabi an, sie sei eine frigide Kuh und solle sich um ihren eigenen Dreck kümmern. Gabi verpaßt ihm eine saftige Ohrfeige. Verblüfft reibt sich Andy die Backe.

Das Barometer, das Else Andy in Folge 227 geschenkt hat, fällt von der Wand und zerbricht, als Gabi türenschlagend die Wohnung verläßt.

Else Kling bekommt einen Brief vom Finanzamt, mit der Aufforderung, DM 13.578,73 Steuern nachzuzahlen oder ersatzweise 13 Wochen ins Gefängnis zu gehen. Nachdem Egon ihr das Versprechen abgerungen hat, sieben Wochen lang keine Fragen zu stellen, gibt er ihr das Geld. Sofort will Else wissen, woher es kommt, aber Egon erinnert sie nur grinsend an ihren Schwur.
Nachdem Dominique Matthias das Versprechen abgenommen hat, daß er mit niemandem darüber redet, gesteht sie ihm, die Tochter eines Mörders zu sein. Dominique bestätigt Matthias noch einmal, wie sehr sie ihn liebe. Später schleicht er sich leise aus der Wohnung.

Solidarität

Spieltag: 24.05.1990 • Sendetag: 27.05.1990

Folge: 234

Rosi berichtet Gabi aufgeregt, daß Hubert Arbeit bei Dr. Dressler bekommen habe. Er soll diverse Arbeiten im Garten erledigen. Im Café Bayer bedient Gabi Else Kling, während Andy grinsend auf die Theke trommelt und Gabi damit so nervös macht, daß ihr ein Stück Torte herunterfällt.

Telefonisch erfährt Anna von Hans, daß er den Mietvertrag für die gemeinsame Wohnung unterschreiben werde. Kaum hat Anna aufgelegt, klingelt das Telefon erneut. In der Meinung, es sei noch einmal Hans, haucht sie zärtliche Worte in den Hörer. Am anderen Ende der Leitung freut sich Zorro über die ungewohnt liebevolle Begrüßung. Er kündigt an, daß er in einer Woche aus dem Gefängnis entlassen wird. Obwohl Gabi sich wegen der Wohnung sehr mit Anna freut, ist sie doch traurig, demnächst allein mit Gung und den Kochs zu wohnen.

Onkel Franz geht an Dresslers Vorgarten vorbei und sieht den dort arbeitenden Hubert. Sofort vermutet Wittich Schwarzarbeit und will wissen, ob der Doktor gut zahlt. Dann besucht er Helga und ermahnt Benny, seiner Mutter Schild und Stütze zu sein. Helga beeilt sich, den alten Onkel wieder loszuwerden.

Dominique lädt Helga zu einem Himmelfahrtsausflug mit ihr und Matthias ein. Helga freut sich zwar über dieses Angebot, lehnt aber ab. Sie möchte heute mit Benny reden, der Liebeskummer hat. Am Abend kommen Dominique und ihr Freund müde und durstig nach Hause. Matthias geht ins Akropolis, um etwas zu trinken zu besorgen. Dann steuert er jedoch die Telefonzelle an, wählt eine lange Nummer und verlangt, Monsieur Mourrait zu sprechen.

Erotische Weisheiten

Spieltag: 31.05.1990 • Sendetag: 03.06.1990

Folge: 235

Matthias versucht wieder, Mourrait telefonisch zu erreichen – vom Café Bayer aus, wodurch Gabi die ganze Geschichte mitbekommt. Matthias erfährt, daß Mourrait noch nicht von seiner Reise zurück ist.

Benny stellt sich heute bei Frau Bogner und ihrem Sohn Christoph vor, wo er morgen seinen Zivildienst antritt. Christoph ist Spastiker und sitzt im Rollstuhl. Frau Bogner ist geschieden und ganztags berufstätig. Als Benny nach Hause kommt, wartet dort Kornelia auf ihn. Helga flüstert ihm zu, sie habe herausgefunden, daß Kornelia ihn immer noch sehr mag. Kornelia gegenüber gesteht Benny seine Angst vor dem Job und bekennt, daß er auch Ekel empfindet. Kornelia

schlägt ihm vor, am Abend zusammen ihre letzte Abiturarbeit zu feiern. Von der Aussicht auf eine intime Fete ist Benny schwer begeistert. Als Kornelia später erscheint, hat sie jedoch kurzerhand auch Timo eingeladen. Während sich die beiden im Wohnzimmer um Musik und Sekt kümmern, verläßt Benny leise die Wohnung. So machen es sich Kornelia und Timo allein gemütlich. Timo geht in die Offensive – was Kornelia zunächst gefällt; als er aber zudringlicher wird, gibt sie ihm eine Ohrfeige.
Zurück aus dem Gefängnis erfährt Zorro von Anna über ihre Liebe zu Hans und ist untröstlich. Er hatte sich schon eine gemeinsame Zukunft mit ihr ausgemalt. Den Abend verbringt er im Akropolis, wo er sich mit Benny, der hier ebenfalls seinen Kummer ertränken will, volllaufen läßt. Enrico beobachtet eifersüchtig, wie seine singende Frau von ihrem Verehrer Kirch angehimmelt wird. Kornelia kommt ins Akropolis und tritt zu Benny, der mit Zorro besoffen an der Theke steht. Doch Benny will Kornelia nie wiedersehen.

Skatkarten

Spieltag: 07.06.1990 • Sendetag: 10.06.1990

Folge: 236

Benny bemüht sich, mit dem schwierigen Christoph zurechtzukommen, als überraschend Kornelia bei den Bogners erscheint. Schließlich geht Benny auf ihr Versöhnungsangebot ein. Sie verabreden sich für den Abend, und Kornelia verabschiedet sich mit einem langen Kuß von Benny. Christoph ist von Kornelia total begeistert. Währenddessen macht Helga sich für einen Besuch von Hans sorgfältig zurecht. Doch ihre Freude ist sofort verflogen, da Hans ankündigt, an Fronleichnam mit Anna zusammenzuziehen. Daraufhin rechnet Helga ihm schonungslos vor, wieviel Geld nach Abzug aller Unterhaltsverpflichtungen für ihn übrig bleibt. Hans ist erschüttert: Er hat nur knapp 900 Mark zur Verfügung. Später sitzt Hans bei Anna in der WG, als Klausi klingelt: Da Helga seit zwei Stunden weinend im Wohnzimmer sitze, bittet Klausi seinen Vater, heute nacht bei ihm schlafen zu dürfen.
Gabi macht der Auszug ihrer Cousine arg zu schaffen. Als sie den Lift betritt, schlüpft Andy schnell dazu. Gabi wendet sich grußlos ab und merkt nicht, daß Andy den Nothalteknopf betätigt. Der Lift bleibt stehen. Während Gabi sich bemüht, Andy zu ignorieren, grinst er sie provozierend an. Als Egon Kling von außen nachfragt, ob jemand eingeschlossen sei, setzt Andy den Aufzug wieder in Bewegung. Gabi ist sehr wütend ...
Mourrait erklärt Matthias, wie unglücklich er über Dominiques Verdacht ist. Er schwört, daß der Tod seiner Frau ein Unfall war. Abends findet Matthias Dominique fiebernd im Bett. Das Aufrühren der Ver-

gangenheit hat sie in eine tiefe Krise gestürzt. Über Matthias' Gespräch mit ihrem Vater will sie kein Wort hören. Matthias macht ihr den Vorschlag, sich mit ihrem Vater auszusprechen. Doch sie erklärt ihm, daß sie ihn, wenn er noch einmal davon rede, verlassen werde.

Weisheit statt Schönheit

Spieltag: 14.06.1990 • Sendetag: 17.06.1990

Folge: 237

Am heutigen Feiertag ziehen Anna und Hans in die Wohnung im Akazienweg. Arm in Arm inspizieren die beiden ihr neues Reich. Anna erklärt freudestrahlend, wie sie sich die Wohnung im einzelnen vorstellt. Hans jedoch macht sie darauf aufmerksam, daß für ihre Pläne schlicht kein Geld da ist. Doch Anna ist zu glücklich, um sich mit solchen Problemen zu befassen. Mitten im Umzugschaos lieben sie sich.

Mourrait ist in München geblieben, weil er hofft, daß seine Tochter irgendwann bereit ist, mit ihm zu reden. Tanja ist nicht so geduldig, geht zu Dominique und schlägt ihr eine Rekonstruktion des Unfalles in der Pariser Villa vor. So könne man beweisen, daß Dominique damals einer optischen Täuschung aufgesessen sei.

Lydia, Amelie, Berta und Helga sitzen beim Kaffee, während Klausi und Manoel im Flur spielen. Amelie erzählt, daß sie und Lydia demnächst nach Rom fahren werden. Als Klausi im Treppenhaus die Stimme seines Vaters hört, eilt er hinaus und steht betroffen vor den Umzugskisten. Hilflos klammert er sich an seinen Vater. Amelie versucht unterdessen mit witzigen Erzählungen aus ihren vier Ehen Helga aufzuheitern – vergeblich.

Anna schreckt aus dem Schlummer auf und bemerkt, daß sie vor lauter Liebesglück vergessen hat, ihre Kinder bei Gabi abzuholen. Während sie sich anzieht, zeigt Hans ihr eine Liste mit langen Zahlenreihen: Kosten, von denen beide nicht wissen, wie sie sie decken sollen. Sie haben sich ganz eindeutig übernommen.

Prinzessin Iffi

Spieltag: 21.06.1990 • Sendetag: 24.06.1990

Folge: 238

Morgens kommt Andy von seiner nächtlichen Taxitour nach Hause. Sofort gerät er in einen Streit mit Else, die ihre Erlaubnis zurückzieht, daß Iffis Rad im Hausflur stehen darf. Als Gabi auf der Bildfläche erscheint, rennt Andy ihr hinterher. Doch auch diesmal würdigt sie ihn keines Blickes. Am Abend kommt Jo mit drei Kamera-

den in Uniform, zudem taucht Andys Freundin Rita auf. Andy verläßt mit Rita das heitere Familienchaos. Kaum sitzen sie im Taxi, küssen sie sich leidenschaftlich. Gabi, die sie dabei beobachtet, flucht über diesen „Scheiß-Typen“.
Hans hat wegen der finanziellen Notlage eine Nebenbeschäftigung als Nachtportier in einem Hotel angenommen, obwohl er als Beamter dazu eine Genehmigung bräuchte. Nachmittags erscheint Helga unter einem Vorwand bei Anna. Die beiden Frauen diskutieren über Hans und über Beziehungen im allgemeinen. Helga bittet Anna, Hans nichts von ihrem Besuch zu sagen.
Im Friseursalon herrscht munterer Betrieb, als eine junge, sehr sexy gekleidete Dame den Salon betritt. Es ist Gloria Birnbaum, die Sekretärin von Dr. Kirch. Sie überreicht Isolde ein Kuvert. Kirch fragt an, ob Isolde heute abend wieder singe. Abends sitzen Isolde und Enrico im Akropolis am Tisch von Kirch. Der Anwalt ist überzeugt, daß sich für Isolde ein Plattenproduzent finden läßt. Kirch und Isolde flirten miteinander, was Enrico gar nicht gefällt. Nach Isoldes Auftritt macht er ihr im Lokal eine Szene. Er dulde nicht, daß Isolde Kirch noch einmal sieht. Isolde verteidigt sich heftig. Enrico droht mit dem Schlimmsten, sollte Isolde Dr. Kirch wirklich in der Kanzlei besuchen. Er warnt sie: einen Neapolitaner beleidige man nur ein einziges Mal!

Helgas Vorwand: Sie suche ein bestimmtes Buch, das Hans wohl aus Versehen mitgenommen habe ...

Wiedergeburt

Spieltag: 28.06.1990 • Sendetag: 01.07.1990

Folge: 239

In Mourraits Pariser Villa wird der Todessturz von Dominiques Mutter rekonstruiert. Tatsächlich stellt sich heraus, daß es ein Unfall war. Endlich sinken sich Vater und Tochter in die Arme.
Isolde hat einen Termin mit Dr. Kirch. Bestens gelaunt, sagt sie ihrem eifersüchtigen Mann, wie sehr sie ihn liebt, und rauscht davon. Enrico ist entschlossen, Isolde umzubringen, wenn sie ihn betrügt. In Kirchs Büro entdeckt Isolde das versteckte Foto von einer Frau und zwei Kindern. Kirch berichtet ihr, er habe bereits mit zwei Plattenproduzenten geredet, und beide wollten ein Demotape hören. Währenddessen wartet Enrico unruhig vor der Kanzlei. Als Isolde endlich kommt, will er sofort Einzelheiten erfahren. Isolde berichtet, daß Kirch einer der Männer sei, die gerne verheimlichen, daß sie verheiratet sind. Sie habe ihn in dem Glauben, er sei der tollste Mann aller Zeiten, belassen. Erst das Geschäft, dann die Wahrheit. Die Sprache versteht Enrico. Die Pavarottis versöhnen sich wieder.
Carsten wundert sich, daß sein Freund neuerdings immer Geld hat. Er habe es von seinem Onkel, so Robert. Mittags trifft Robert auf der Straße Walze. Zum erstenmal bringt sie es fertig, sich halbwegs gefaßt mit ihm zu unterhalten. Kurz darauf bekommt Robert Besuch von

Flora. Als Carsten abends seinen Freund müde und abgeschlafft vorfindet, behauptet der, er habe den ganzen Tag intensiv gearbeitet. Als Carsten ein Seidentuch und in Deutschland nicht erhältliche Zigaretten entdeckt, kommt es zu einem heftigen Streit. Carsten vermutet, daß Robert einen Lover hat. Später fällt Carstens Blick auf Roberts Tischkalender. Ein leuchtend roter Lippenstiftabdruck befindet sich genau auf dem Datum des heutigen Tages. Carsten ist entsetzt – eine Frau?!

Drei sind einer zuviel

Spieltag: 05.07.1990 • Sendetag: 08.07.1990

Folge: 240

Elses 7wöchige Fragen-Auszeit ist heute beendet. Jetzt will sie wissen, woher Egon das Geld hatte, doch der schweigt.

Hans kommt erschöpft vom Nachtdienst nach Hause und hat gerade noch Zeit für einen Kaffee, bevor er ins Büro muß. Anna hat ein schlechtes Gewissen, weil er ihretwegen soviel arbeiten muß. Hans informiert Klausi über ein in den Sommerferien vom Jugendamt veranstaltetes Zeltlager an der Nordsee. Klausi möchte nur angemeldet werden, wenn Iffi auch mitkommt. Manoel dagegen müsse nicht unbedingt dabeisein. Abends besucht Benny Hans im Hotel. Er befürchtet, daß er den Dienst bei Christoph nicht durchhält. Es macht ihm schwer zu schaffen, den ganzen Tag mit dem Kranken eingesperrt zu sein. Hans hingegen gesteht Benny, daß er zum erstenmal seit langem wieder richtig glücklich ist.

Carsten hat Liebeskummer und schwänzt deswegen sogar die Uni. Als er mit einem Blumenstrauß seine Wohnung betritt, um sich mit Robert zu versöhnen, beobachtet er ihn in flagranti mit Flora. Bevor sie geht, drückt sie Robert Geld in die Hand. Nachdem Flora die Wohnung verlassen hat, entdeckt Robert verblüfft Carsten, der ihn fassungslos anschaut. Walze hat sich derweil mit Iffis Unterstützung dazu durchgerungen, bei Robert zu klingeln. Doch der wimmelt Walze unfreundlich ab.

Manoel vertrödelt am Morgen den Schulbesuch. Abends teilt er Berta mit, daß er nicht mehr zur Schule gehen möchte. Weder die anderen Kinder noch die Lehrerin könnten ihn leiden. Lydia sitzt unterdessen erschöpft in ihrem Zimmer. Ihr ist schwindlig, und sie ringt nach Luft. Erschrocken ruft Berta Dr. Dressler an. Dressler gibt Lydia ein kreislaufstärkendes Mittel und verbietet ihr die Reise nach Rom. Doch die alte Dame protestiert: Sie will auf jeden Fall fahren!

Schweigen ist Gold

Spieltag: 12.07.1990 • Sendetag: 15.07.1990

Folge: 241

Vor der Schule berichtet Iffi Klausi, daß sie mit ins Zeltlager dürfe. Verblüfft stellt Helga fest, daß die beiden Manoel noch nicht gefragt haben. Iffi erzählt Klausi, sie würde Timo zum Geburtstag gerne eine Platte von Frank Zappa kaufen, habe jedoch nur fünf Mark. Klausi hat offenbar eine Idee, wie man zu der Platte kommen könnte. Er läßt sich die fünf Mark geben und macht sich nach der Schule allein auf den Weg. Zufällig hört Manoel, wie Iffi mit ihrem Vater über ihren und Klausis Urlaub spricht. Ihm ist klar, daß Iffi und Klausi das Zeltlager absichtlich verschwiegen haben. Als Andy abends das Haus verläßt, begegnet er Gabi mit Max und schenkt dem Kind ein Bonbon. Befriedigt verfolgt er, wie Gabi sich ein Dankeschön abpreßt.
Das Thema Flora schwelt seit einer Woche zwischen Carsten und Robert. Abends konfrontiert Robert Carsten gegen seinen Willen mit der Frau. Verletzt weigert sich Carsten, bei einer Dreiecksgeschichte mitzumachen. Daraufhin erklärt Flora, sie habe absolut keine Lust, sich in einen kleinkarierten Privatclinch hineinziehen zu lassen.
Hülsch stellt Else Herrn Scholz als neuen Mieter der Wohnung im dritten Stock vor. In der ehemaligen Wohnung von Lydia stehen nur zwei Koffer und der Kontrabaß von Hajo Scholz. Später betritt er mit einem Klapptisch, einem Stuhl und einem undefinierbaren Bündel unterm Arm erneut das Treppenhaus. Abends setzt Scholz sich mit seinem Kontrabaß ans Fenster und blickt unverwandt auf das Haus in der Kastanienstraße 26.
Helga ist in großer Sorge. Klausi ist am Abend noch nicht zu Hause. Als Iffi klingelt, nutzt Helga die Gelegenheit, sie zu bitten, Manoel nicht auszuschließen. Klausi erscheint schließlich in Begleitung eines Polizisten. Der Junge sei beim Stehlen erwischt worden.

Manipulation

Spieltag: 19.07.1990 • Sendetag: 22.07.1990

Folge: 242

Als Techniker verkleidet, manipuliert Herr Scholz den Telefonzentralkasten in der Lindenstraße. Zurück in seiner Wohnung, stellt er zufrieden fest, daß er jetzt die Gespräche in der Kanzlei von Rechtsanwalt Dr. Kirch mithören kann. Später bricht er in Kirchs Büro ein und installiert dort eine Wanze. Im Treppenhaus lernt er Berta kennen und ist augenblicklich von ihr angetan.
Isolde bereitet sich auf den Besuch bei Dr. Kirch vor, wo sie einen Plattenproduzenten treffen soll. In der Kanzlei lernt sie dann Herrn Stenzel kennen, einen großkotzigen Yuppie, der ihr gleich beibringt, was in

der Musikbranche Sache ist. Isolde händigt ihm ihr Demotape aus. Kirch macht einen eindeutigen Annäherungsversuch, der von Isolde zurückgewiesen wird.
Helga ist immer noch fassungslos darüber, daß ihr Jüngster in einem Schallplattenladen versucht hat, Preisschilder zu vertauschen. Sie hat Angst, daß ihr Sohn verwahrlost. Sie ruft Hans an und fordert ihn auf, sich Klausi vorzuknöpfen. Außerdem bittet sie ihn inständig, ab und zu abends mal vorbeizukommen, um den Kindern etwas mehr Halt zu geben. Nun erfährt Helga von seinem nächtlichen Nebenjob und ist erbittert darüber, daß wegen Hans' neuer Familie ihre eigene zu kurz kommt. Nachdem Hans mit Klausi geredet hat, entschuldigt sich der Junge bei seiner Mutter wegen des Vorfalls. Unterdessen hat es Berta geschafft, auch für Manoel noch einen Platz im Zeltlager zu bekommen. Abends sitzt Helga über einem Brief an Marion. Sie macht aus ihrer Verzweiflung keinen Hehl. Ihr Leben habe keinen Sinn mehr, sie sei am Ende – am liebsten würde sie sich umbringen.

Wiedersehensfreuden

Spieltag: 26.07.1990 • Sendetag: 29.07.1990

Folge: 243

Benny hat immer noch Probleme mit Christoph, der ihn ständig herumkommandiert. Kornelia kommt vorbei und berichtet Benny stolz, daß sie für heute abend Theaterkarten ergattert hat. Doch ausgerechnet heute hat Benny überhaupt keinen Nerv auf Kultur – Kornelia zieht beleidigt davon. Kaum ist sie weg, schwärmt Christoph in den höchsten Tönen: So eine Frau wünsche er sich auch.
Im Café Bayer trifft Berta Herrn Scholz, der sehr verlegen wird. Beim Verlassen der Bäckerei begegnet sie Robert und Carsten, die bester Laune sind. Die beiden haben sich wieder versöhnt, nachdem Robert versichert hat, er werde Flora nicht wiedersehen. Nachmittags kommen Lydia und Amelie gut gelaunt aus Rom zurück. Die beiden alten Damen berichten aufgeregt von ihren Abenteuern. Bertas Staunen ist grenzenlos, als ihre Mutter ihr eröffnet, sie werde umgehend zu Amelie ziehen.
Andy fährt die drei Kinder, die heute ins Zeltlager starten, zum Bahnhof. Indes kommt Marion aus Paris. Helga bedauert, ihre Tochter mit dem Brief erschreckt zu haben, und erklärt, daß sie sich zwar insgesamt mit der Situation mehr schlecht als recht abgefunden hat, aber jedes Mal aufs neue verzweifle, wenn sie Hans begegne. Die Selbstmordgedanken bezeichnet sie im nachhinein als Unsinn. Helga läßt sich überreden, mit Marion nach Paris zu fahren. Als Hans vom Büro nach Hause kommt, findet er Marion bei Anna und den Kindern vor. Marion wollte unbedingt ihren Halbbruder kennenlernen und sagt Hans ehrlich, daß Anna ihr gefällt. Als Hans Marion zurück in die Lin-

denstraße begleitet, erläutert er ihr seine finanzielle Notlage und versucht sie zu überreden, wieder nach München zu ziehen. Doch Marion denkt nicht daran, Paris aufzugeben – eher schon das Studium.

Brot und Spiele

Spieltag: 02.08.1990 • Sendetag: 05.08.1990

Folge: 244

In der Bäckerei Bayer entwickelt sich wieder einmal ein Streitgespräch zwischen Andy und Gabi, das wie immer zu keinem Ergebnis führt und nur den Betrieb aufhält. Walze trifft im Hausflur auf Robert und Carsten. Carsten klapst seinem Freund vergnügt auf den Po. In höchster Verlegenheit sucht Walze das Weite. Andy bittet Timo, sich um die traurige Schwester zu kümmern. Timos Vermutung, es könnte sich um Liebeskummer handeln, verblüfft Andy total. Gemeinsam mit Zorro besprechen sie dann die Konstruktion eines Solarmobils. Andy hat Bedenken wegen der niedrigen Geschwindigkeit und ist skeptisch, ob das Auto überhaupt zugelassen wird.
Onkel Franz bietet Helga an, während ihrer Abwesenheit Wohnung und Hund zu versorgen, und nötigt ihr den Wohnungsschlüssel ab. Helga ist sehr überrascht, als er Marion eine monatliche Unterstützung von DM 250 anbietet. Sie ist entschieden dagegen. Ihrer Meinung nach ist Hans für den Unterhalt zuständig. Marion sieht das anders. Sie will das Geld annehmen und es dem Onkel später zurückzahlen. Außerdem könne er jede Mark, die er ihr gibt, nicht mehr in seine rassistischen Spinnereien stecken.
Hocherfreut erhält Isolde per Post ihren Plattenvertrag. Enrico entdeckt allerdings bei näherem Hinsehen Klauseln, nach denen sie 24 Titel pro Jahr liefern soll – und das zwei Jahre lang umsonst. Sofort eilt Isolde mit dem Vertrag zu Dr. Kirch, bei dem sie sich bitter beklagt. In seiner Wohnung hört Scholz amüsiert zu, wie Kirch ihr feierlich versichert, sofort den Kontakt zu Stenzel abzubrechen.
Am Abend warten Helga und Marion auf den französischen Studenten, der sie mitnehmen will. Marion meint, ihre Mutter werde sich mit Sicherheit in Paris verlieben. Nach kurzem Protest meint Helga schließlich: Warum eigentlich nicht?

Bonjour Paris

Spieltag: 09.08.1990 • Sendetag: 12.08.1990

Folge: 245

Seit einer Woche ist Helga bei Marion in Paris. Zum Erstaunen beider hat sie noch keinen Mann kennengelernt. Am Nachmittag greift Helga zu einem Trick: Mit Stadtplan bewaffnet, spielt sie die Hilflose. Plötzlich steht ein Mann vor ihr, der sich angeblich ebenfalls verlaufen hat. Der Fremde heißt Jan Sautier und kommt aus Hamburg. Helga ist von ihrer neuen Bekanntschaft sichtlich angetan. Sie entschließt sich, nicht wie geplant am nächsten Tag nach München zurückzufahren.

Herr Seidich, Onkel Franz' Anwalt, ist gekommen, um mit seinem Mandanten die Taktik für den in zwei Wochen stattfindenden Prozeß zu diskutieren. Er hält es für ratsam, auf Notwehr zu plädieren. Onkel Franz solle einfach behaupten, der Junge habe ihn mit einem Messer angegriffen. Wittich allerdings sträubt sich dagegen, vor Gericht zu lügen. Er ist sicher, ohnehin recht zu bekommen. Aber Seidich überzeugt ihn schließlich von seiner Taktik.

Bei Hubert kündigt Bruder Karl aus Rostock seinen Besuch in einer Woche an. Hubert bittet Rosi inständig, Karl nichts von den finanziellen Engpässen in der Familie zu erzählen. Abends fragt Andy vorsichtig bei Gabi an, ob er ihre Garage mieten könne, um dort das Solarauto zu bauen. Gabi zögert, dann geht sie mit Andy zur Besichtigung in den Hinterhof. Andy findet den Raum für seine Pläne hervorragend geeignet und bietet einen angemessenen Mietpreis an. Aber Gabi lehnt ab. Andy hat nun doch etwas Mühe, die Geduld nicht zu verlieren, und sagt Gabi deutlich seine Meinung. Als sie empört die Hand zur Ohrfeige hebt, fängt Andy ihre Hand ab, und erklärt ihr, daß ein Andy Zenker sich nicht zweimal schlagen läßt.

Hart wie Stein

Spieltag: 16.08.1990 • Sendetag: 19.08.1990

Folge: 246

Hubert identifiziert den Stein unter seiner Lupe: Granit.

Morgens findet Gabi vor der WG-Tür ein Stück Felsgestein und eine Blume. Sie kann sich ein Lächeln nicht verkneifen. Zu Rosi sagt sie, dies sei nur das Dankeschön dafür, daß sie die Garage doch vermietet hat. Huberts Bruder Karl, der inzwischen angekommen ist, rückt mit dem Grund seines Besuches heraus: Der Ausreiseantrag einer in Lodz lebenden Nichte dritten Grades sei genehmigt worden, und da Hubert der einzige Verwandte im Westen sei, möchte sie mit ihrem Mann die erste Zeit bei ihm wohnen. Hubert schaut seinen Bruder entgeistert an. Gabi regt sich furchtbar auf, als sie davon hört – und Karl erfährt dabei doch von Huberts Spielsucht. Gabi flüchtet in

den Hinterhof, wo sie auf Andy trifft. Er überredet sie, mit ihm ein Bier zu trinken. Sie sitzen zusammen, bis es dunkel ist. Doch Andy findet nicht die richtigen Worte, ihr seine Verehrung zu gestehen.
Benny bittet Kornelia, mittags zu Christophs Geburtstag zu erscheinen. Christoph möchte unbedingt, daß sie mitfeiert. Ihr ist es allerdings unangenehm, von Christoph so angehimmelt zu werden. Dessen Wut und Enttäuschung sind riesengroß, als Kornelia nicht kommt. Auch Benny ist stinksauer auf seine Freundin.
In Paris lädt Jan Sautier die glückliche Helga zum Essen ein, um Abschied zu feiern. Als er ihr abends im Restaurant des Luxushotels gesteht, daß ihn schon lange keine Frau mehr so verwirrt habe wie sie, ist es vollends um Helga geschehen, und sie geht mit ihm aufs Zimmer. Mitten in der Nacht erwacht sie. Das Bett neben ihr ist leer. Sie entdeckt einen Zettel, auf dem Jan sich verabschiedet. Erschrocken entdeckt Helga, daß Schecks, Geld und Papiere verschwunden sind.

Helga mit ihrem Lover Jan Sautier in Paris.

Nichts als die Wahrheit

Spieltag: 23.08.1990 • Sendetag: 26.08.1990

Folge: 247

In Marions Pariser Wohnung rückt Helga endlich mit der Wahrheit heraus. Unter Tränen gesteht sie Marion, von Jan bestohlen worden zu sein. Zum Gang zur Polizei kann Marion ihre Mutter nicht bewegen, sie gehen jedoch zusammen zur Deutschen Botschaft. Helga versinkt in Selbstmitleid. Sie hatte allen Ernstes daran gedacht, daß aus Jan und ihr etwas werden könnte. Traurig erinnert sie sich daran, daß sie vor genau 24 Jahren Hans kennengelernt hat.
Die Rückreise von Huberts Bruder steht für den nächsten Tag bevor. Rosi schickt Hubert und Karl zu einem ausgedehnten Einkaufsbummel. In der WG-Küche, wo Rosi zu Gabis Ärger Andy zum Kaffee eingeladen hat, präsentiert Karl seine Erwerbungen und bittet Gabi noch einmal, sich für das Ehepaar Winicki aus Polen einzusetzen. Gabi will sich eine Lösung überlegen.
Beim Prozeß gegen Onkel Franz klagt der Staatsanwalt ihn wegen gefährlicher Körperverletzung an und beantragt eine Freiheitsstrafe von

vier Jahren. Onkel Franz befolgt den Rat seines Anwaltes und behauptet reumütig, in Notwehr geschossen zu haben. Obwohl Michael als Zeuge vernommen wird und dies abstreitet, wird Onkel Franz freigesprochen, da Aussage gegen Aussage steht. Später regt er sich vor seinem Freund Hilmar über seinen Anwalt und dessen Taktik auf. Mit dieser blödsinnigen Notwehrtheorie stehe er jetzt da wie ein verkalkter Alter, der vor lauter Angst losgeballert hat. Er eröffnet Hilmar, er habe eine Woche Zeit, gegen das Urteil Berufung einzulegen. Er will die Wahrheit ans Licht bringen und zu seinem Recht kommen – so, wie es ihm zusteht.

Bilder der Vergangenheit

Spieltag: 30.08.1990 • Sendetag: 02.09.1990

Folge: 248

Helga kommt aus Paris zurück. Von Benny erfährt sie, daß Klausi seit drei Tagen bei seinem Vater ist, weil er es im Zeltlager nicht mehr ausgehalten habe. Benny erzählt sie, daß sie in Paris in einem Café bestohlen worden sei. Zu ihrem großen Erstaunen hat Helga Post von Jan bekommen. Er schickt ihr einige Fotos von Paris und alles bis aufs Geld zurück. Seine überstürzte Abreise begründet er mit einem finanziellen Engpaß. Er denke gerne an die Zeit mit ihr zurück. Helga muß sich setzen. Als Klausi kommt, erzählt er ihr begeistert, daß Hans, da er das Familienauto verkauft hat, für sie ein kleines Auto gekauft habe.

Am Abend sucht Onkel Franz den Richter auf, der seinen Fall verhandelt hat und erklärt ihm, er habe vorsätzlich geschossen. Der Richter ist überhaupt nicht erstaunt über Wittichs Geständnis; er habe ihn nur mangels Beweisen freigesprochen. Eine Wiederaufnahme des Verfahrens lehnt er ab, damit ein solcher Fall nicht auch noch Sympathisanten bekommt. Onkel Franz versteht die Welt nicht mehr.

Enrico ist der einzige, der Valerie mit ihrem richtigen Namen anredet.

Auf dem Weg zur Bücherei macht Walze Station bei Enrico. Als der sich mit Tomatensaft bekleckert, löst er seine Bandage vom rechten Handgelenk. Dabei entdeckt Walze eine tätowierte Nummer an der Stelle, die sonst immer verdeckt ist. – Enrico sagt nur, daß die Nummer aus seiner KZ-Zeit stamme. Fassungslos starrt Walze Enrico an. Wie betäubt geht sie nach Hause und fragt Andy über Konzentrationslager aus. Andys Erklärungen zu den Verbrechen der Nazis sind reichlich allgemein. Umgehend besorgt Walze sich daher zahllose Bücher. Nachts liegt sie im Bett, betrachtet verstört Bilder von im KZ mißhandelten und ermordeten Juden und bricht plötzlich in heftiges Schluchzen aus.

Gemischtes
Spieltag: 06.09.1990 • Sendetag: 09.09.1990

Folge: 249

Wanda und Jaruslav Winicki sowie deren Tochter Urzula kommen in der WG an. Die 22jährige Urzula, von deren Aussiedlung bislang nicht die Rede war, ist hochschwanger. Der Vater des Kindes sei „ein russisches Versehen" gewesen. Gabi verschlägt es erst einmal die Sprache. Es ist offensichtlich, daß Urzula sofort ein Auge auf Gung geworfen hat und auch dieser von der hübschen, lebenslustigen Polin fasziniert ist. Hubert, sehr reserviert gegenüber den Neuankömmlingen, ändert sofort sein Verhalten, als er erfährt, daß Urzulas Kind an Rosis Geburtstag zur Welt kommen soll. Jahrelang hat Hubert über die Unpünktlichkeit der Frauen in Rosis Familie gewettert, jetzt wird Urzula beweisen, daß in seiner Familie alles termingerecht erledigt wird.

Drei Männer – ein Thema: Autos.

Erneut schleppt Walze einen Stapel Bücher über die Geschichte der Juden nach Hause. Endlich nimmt sie ihren Mut zusammen, mit Jo über ihr Problem zu reden. Doch kaum hat sie das Thema angeschnitten, kommt Andy dazu. Walze verdrückt sich in den Hinterhof, wo Zorro am Solarauto werkelt. Zorros schnodderige Art, hinter der Walze sofort das weiche Herz spürt, weckt ihr Vertrauen. Sie liest ihm den Bericht eines Mädchens vor, das das KZ überlebt hat. Zorro ist genauso betroffen wie Walze.
Hans hat sich im Kinderzimmer eingeschlossen und baut dort eine Strandlandschaft auf. Mit den Kindern spielen Anna und Hans Ferien und träumen davon, im nächsten Jahr „richtigen" Urlaub zu machen.
In der WG fehlt noch eine Matratze. In der Annahme, Andy sei schon mit dem Taxi unterwegs, klingelt Gabi bei Zenkers. Zu ihrer Überraschung steht Andy vor ihr. Er hört sich ihr Anliegen an und meint grinsend, er würde wahnsinnig gerne eine Matratze zur Verfügung stellen, aber nur, wenn sie selbst darauf schlafe – in seiner Wohnung.

Herzschläge

Spieltag: 13.09.1990 • Sendetag: 16.09.1990

Folge: 250

Manoel stellt sich krank. Er will nicht zur Schule gehen, da er von seiner Lehrerin schikaniert wird. Berta beruhigt ihn und schickt ihn los. Später klingelt sie bei Scholz und bietet ihm an, gemeinsam mit ihr und Isolde zu musizieren. Er freut sich über das Angebot. Unterdessen schaut Manoel im Hof sehnsüchtig dem Federballspiel von Iffi und Klausi zu. Wieder schließen die beiden ihn aus.
In der WG wird mit Bauer Wiesenhuber eine mögliche Unterbringung und Beschäftigung der polnischen Familie auf seinem Hof besprochen. Urzula will lieber in der Stadt bleiben. Hubert begleitet seine schwangere Großnichte zu Dressler und zahlt ihm bei der Gelegenheit einen Teil seiner Schulden zurück. Allein mit dem Arzt, fragt Urzula, ob es einen Trick gäbe, das Baby pünktlich zur Welt zu bringen.
Elena und Panaiotis freuen sich, daß das Akropolis im Augenblick sehr gut läuft. Während Elena zum x-ten Mal eine Postkarte liest, auf der Beate und Vasily ihren Besuch im November ankündigen, wird ihr Mann von drei Männern angesprochen. Sie stellen sich als Mitglieder einer „rechten" Partei vor und möchten für eine Wahlveranstaltung im November das Lokal mieten. Panaiotis' Einwand, die Partei sei ausländerfeindlich, dementieren sie. Schließlich ist er einverstanden und nennt einen völlig übertriebenen Mietpreis. Die Rechten verlassen das Lokal. Am Abend haben Isolde, Berta und Hajo Scholz im Akropolis ihren ersten gemeinsamen Auftritt. Dabei betritt einer der Rechten erneut das Lokal und fragt Panaiotis, was er nun wirklich verlange. Als der auf DM 100.000 erhöht, meint der Mann leise drohend, er würde sich das an Panaiotis' Stelle noch mal gut überlegen.

Die Frage

Spieltag: 20.09.1990 • Sendetag: 23.09.1990

Folge: 251

Frühmorgens beobachtet Enrico, wie Panaiotis Wahlplakate von rechten Parteien vor dem Lokal wegräumt. Enrico unterstützt die Griechen in ihrer Haltung, das Lokal an diese Leute nicht zu vermieten. Vor der Schule überwindet Walze ihre Hemmungen und spricht Enrico auf die NS-Zeit an. Doch er sagt ruhig, darüber wolle er nicht reden. Später wendet sie sich an Isolde, doch auch die will ihr keine Antwort geben.
Bei Bogners sitzen Benny, Kornelia und Christoph über Entwürfen für Aufkleber, die sie am Abend über die Wahlplakate kleben wollen. Ingeborg ist zu Besuch bei Helga und bietet ihr zum wiederholten Mal einen Job an, den Helga – der Kinder wegen – ablehnt.

Auf Empfehlung von Scholz sucht Berta Rechtsanwalt Dr. Kirch auf. Scholz hört in seiner Wohnung das Gespräch heimlich mit: Berta will sich scheiden lassen, hat aber keine Ahnung, wo ihr Mann ist. Nachforschungen, meint Kirch, würden wahrscheinlich sehr langwierig – und teuer. Davon läßt sich Berta aber nicht abschrecken. Manoel verkündet, nie wieder in die Schule zu gehen, da er von der Lehrerin schikaniert werde. Am Abend verabredet sich Berta telefonisch mit Frau Rohe, Manoels Lehrerin, zu einem persönlichen Gespräch nächste Woche. Spätabends steht Herr Scholz mit einer Flasche Wein vor Bertas Tür. Ihre Einladung, ein Glas mit ihr zu trinken, lehnt er allerdings ab. Kaum hat er sich verabschiedet, steht Manoel verschlafen in der Tür. Jämmerlich gesteht er, daß sein Bett naß ist.

Erfüllungen

Spieltag: 27.09.1990 • Sendetag: 30.09.1990

Folge: 252

Seit einer Woche näßt Manoel ein. Im Gespräch mit Berta weist seine Lehrerin jede Mitschuld ab und vermutet die Ursachen für Manoels Probleme zu Hause oder im Freundeskreis. Frau Rohe ist dagegen, daß Manoel wegen seelischer Probleme vom Schulbesuch befreit wird. Später erzählt Berta dem Jungen jedoch, daß Frau Rohe gesagt habe, er solle erst wieder in die Schule kommen, wenn er es wirklich wolle. Berta ermuntert ihn, zu einem geplanten Zirkusbesuch Iffi und Klausi einzuladen. Abends holen die beiden Manoel dann auch für den Zirkus ab – nachdem sie ihn am Nachmittag mal wieder von ihren Spielen ausgeschlossen hatten.

Roberts Roman ist fertig. Total erschöpft sinkt er in einen tiefen Schlaf und erwacht erst abends wieder. Unrasiert und zerzaust schlurft er in die Küche. Zu seinem Erstaunen sitzen dort Carsten, Elisabeth und Dressler in Festkleidung und prosten ihm überschwenglich zu. Elisabeth bittet um eine kleine Autorenlesung. Doch Robert will nicht.

Roberts Roman heißt „Rosa Oktober".

Rosi ermahnt Gabi, sich doch nicht immer so abweisend gegen den netten Herrn Zenker zu verhalten. Wieder einmal beteuert Gabi, sie und Zenker könnten sich nicht riechen. Als Andy jedoch am Nachmittag – er hat die Winickis zum Wiesenhuberhof gefahren – Gabi um einen starken Kaffee bittet, ist sie doch sichtlich nervös, und als er sie kurzerhand in die Arme reißt und sie küßt, wehrt sie sich nicht ... Abends liegen die beiden immer noch in Gabis Bett. Gabi ermahnt Andy, ihrer Mutter nichts vom Schäferstündchen zu verraten. Doch Andy will sich Rosi offiziell als Liebhaber ihrer Tochter vorstellen.

Das Lied

Spieltag: 04.10.1990 • Sendetag: 07.10.1990

Folge: 253

Benny will mit einem Video zum bundesweiten Stromboykott aufrufen und den Spot bei einem Fernsehsender unterbringen. Er erklärt Helga, daß selbst dann, wenn alle AKWs auf einmal abgeschaltet werden, noch genug Strom erzeugt würde, um jedermanns Bedürfnisse nach Elektrizität zu befriedigen. Helga hat andere Sorgen: Sie hat sich zur Scheidung entschlossen. Iffi rät Klausi, sich von Helga doch nicht immer wie ein Baby „Klausi“ und „mein Hase“ nennen zu lassen. Abends nimmt er allen Mut zusammen und bittet seine Mutter, ihn nicht mehr mit dem Kosenamen anzureden. Das „i“ hinter Klaus dürfe sie aber behalten. Iffi bittet Klausi, einen Brief an Marion zu schreiben, um Auskünfte über Artistenschulen in Paris einzuholen. Dafür verspricht sie etwas, das nur für Erwachsene sei.

Iffi vermutet, daß Andy eine neue Schrapnelle hat, die ihn total fertig macht ...

Nachmittags hat Gabi Besuch von Anna, der schnell klar ist, daß sich zwischen ihr und Andy etwas angebahnt hat. Gabi bittet ihre Cousine, Rosi und Hubert nichts zu verraten. Sie würde dann bloß mit Liebeskommentaren und Eheplänen belabert werden.

Enrico erzählt Walze seine Geschichte: Bis auf ihn und einen älteren Bruder wurde seine ganze Familie Opfer der Nazis. Erschüttert hört Walze zu. Als Isolde nach Hause kommt, zeigt er dem Mädchen gerade Fotos seiner Geschwister und vier gelbe Stoffsterne. Tränen laufen über Walzes Gesicht. Bei ihrem abendlichen Auftritt im gut besetzten Akropolis, in dem zwei in Leder gekleidete Typen auffallen, ändert Isolde ihr übliches Programm und singt ein jüdisches Volkslied. Die Rechten verlassen das Lokal mit der Drohung, dagegen werden sie etwas unternehmen müssen.

Begegnungen

Spieltag: 11.10.1990 • Sendetag: 14.10.1990

Folge: 254

Anna hat Grippe. Daher bringt Hans Sarah in den Kindergarten und nimmt Tom mit ins Büro. Dort sitzt er mit dem schreienden Baby auf dem Schoß, als Hütthusen, sein strenger Chef, hereinkommt. Derweil besucht Helga Anna und fragt sie, ob sie sicher sei, daß Hans und sie zusammenbleiben werden. Anna versichert ihr, daß sie nach der Scheidung heiraten würden. Später besucht Helga ihren Mann im Hotel, um das Thema Scheidung zu besprechen. Da taucht ausgerechnet Hütthusen mit seiner Geliebten, Frau Engelbrecht, auf – und erfährt so von Hans' Nebenjob.

Elena erzählt Elisabeth aufgeregt von ihrer Angst vor den Rechtsradikalen. Elisabeth ihrerseits hat andere Sorgen: Sie hat Roberts Roman

gelesen und festgestellt, daß darin Carstens Leben und dessen Beziehung zu seiner Mutter ausführlich beschrieben sind. Zwar hat Robert andere Namen verwendet, doch Elisabeth fürchtet, daß alle Bekannten, die das Buch lesen, sie wiedererkennen werden. Doch Carsten will das Buch veröffentlicht sehen.
In einer Synagoge fragt Walze einen alten Mann, ob und wie man zum jüdischen Glauben übertreten könne. Der alte Herr macht ihr klar, daß keine Tat auf der Welt das Geschehene ungeschehen machen könne. Nur wer in seinem tiefsten Herzen bereit sei, an der Erinnerung mit Demut teilzuhaben, und wer die Kraft habe, das Wissen zu ertragen, der werde auch eine neuerliche Eskalation von Menschenverachtung verhindern können. Abends sitzt Zorro mit einer Flasche Bier im Wohnwagen. Walze kommt und bittet ihn mit fester Stimme, ihr die Haare abzurasieren.

Geburtstage

Spieltag: 18.10.1990 • Sendetag: 21.10.1990

Folge: 255

Rosis Geburtstag steht für den nächsten Tag bevor. Da am gleichen Tag Urzulas Kind zur Welt kommen soll, wird vorsorglich abends in den Geburtstag hineingefeiert – mit Zorro, Anna und Hans, der gesamten Zenker-Familie und Onkel Franz.
Mitten in die heitere Stimmung hinein klingelt das Telefon: Urzula hat eine Tochter bekommen – genau zwei Stunden und 52 Minuten vor Mitternacht. Hubert ist enttäuscht: Die drei Stunden hätte Urzula auch noch warten können. Währenddessen geraten sich Onkel Franz und Zorro in die Haare. Ausgelöst durch Onkel Franz' Kritik an Walzes „Frisur", streiten sie über die deutsche Vergangenheit.

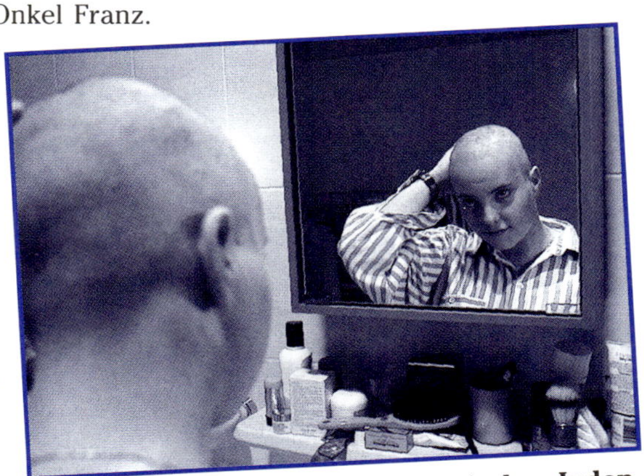

Aus Solidarität und Mitgefühl mit den Juden hat Walze sich die Haare abrasiert.

Berta gibt Manoel, der heute zum erstenmal wieder in die Schule geht, Bonbons zum Verteilen mit. Im Treppenhaus macht Manoel den zaghaften Versuch, Iffi und Klausi Bonbons zu geben, wird von ihnen jedoch – von Berta unbemerkt – auf den Arm genommen. Berta erzählt Scholz von ihren Sorgen um Manoel und fragt ihn vorsichtig, ob er sich nicht einmal mit ihrem Sohn beschäftigen könne. Abends kommt Scholz tatsächlich und spielt mit dem Jungen. Berta lädt Scholz danach ins Akropolis ein und ist so heiter wie schon lange nicht mehr.

Elena hatte einen Alptraum. Sie spürt, daß etwas Böses kommt. Mittags nimmt Panaiotis eine umfangreiche Essensbestellung von zwei Faschotypen auf, die sie dann, als serviert wird, widerrufen und sich laut beschweren, nicht bedient zu werden. Die beiden schauen sich das Lokal sehr genau an. Am Abend wird plötzlich die Tür aufgestoßen, zwei Vermummte stürmen mit großen Kanistern herein und besprühen das Lokal mit Gülle. Nach wenigen Augenblicken ist der Spuk vorbei.

Die Wahrheit

Spieltag: 25.10.1990 • Sendetag: 28.10.1990

Folge: 256

Benny probt den Text für seinen Videospot, in dem er die Bevölkerung auffordert, aus Protest gegen die Atomkraftwerke am 4. November um 19 Uhr für fünf Minuten den Strom abzuschalten. Als Kornelia und Benny Christoph ihr Video vorführen, hat der wie immer nur Augen für Kornelia. Im Café Bayer wollen Hans und Helga indes noch einmal ganz sachlich alles durchsprechen, bevor sie zum Scheidungsanwalt gehen. Doch als die Sprache auf Anna kommt, verliert Helga die Beherrschung und verläßt fluchtartig das Café. Der Anwaltstermin platzt. Am Abend ist Hans ziemlich deprimiert. Zum einen wegen des geplatzten Anwaltstermins, zum anderen, weil er seinem Chef vorgelogen hat, er hätte nur aushilfsweise im Hotel März gearbeitet. Er kann aber auch künftig nicht auf das zusätzliche Geld verzichten.

Walze und Zorro besuchen erschüttert und schweigend das Gelände eines ehemaligen KZ. Zorro legt der weinenden Walze seinen Schal über den kahlen Kopf und nimmt sie in die Arme. Abends sitzen sie im Wohnei. Walze bedauert, sich die Haare abrasiert zu haben. Sie meint, daß sie die Juden damit beleidigt habe.

Esther frißt im Park Gift und muß beim Tierarzt sofort eingeschläfert werden.

Manoel geht zwar wieder zur Schule, macht aber immer noch jede Nacht ins Bett. Nachmittags präsentiert Iffi Manoel einen Regenwurm und stellt ihm eine Stunde Federballspiel täglich in Aussicht, wenn er das Tier aufißt. Manoel betrachtet entsetzt den Wurm, dann schleudert er ihn angeekelt von sich und läuft davon. Klausi und Iffi einigen sich schließlich, sich mit Manoel wieder zu vertragen, und beschließen, einen Versöhnungskuchen zu backen, in dem eine Überraschung steckt. Manoel ist schon im Bett, als die beiden mit ihrem Kuchen vor Grieses Tür stehen. Berta freut sich über das Geschenk und holt Manoel aus seinem Zimmer. Doch bevor Iffi und Klausi ihre Entschuldigung vorbringen können, schreit Manoel sie an, er hasse sie, und flüchtet in sein Zimmer.

Boykott

Spieltag: 04.11.1990 • Sendetag: 04.11.1990

Folge: 257

Vasily taucht ohne Beate auf. Er berichtet Elisabeth und Elena, daß sie ein Baby erwarte und auf Anraten des Arztes nicht mitgeflogen sei. Sie lasse jedoch herzlich grüßen. Elena ist überglücklich. Rosi verplappert sich Vasily gegenüber, und so erfährt er – was Elena unbedingt verhindern wollte – von dem Überfall auf das Lokal.

Helga hat sich entschlossen, vorerst doch nicht in eine Scheidung einzuwilligen. Sie ist sich sicher, daß Hans sie noch liebt – er weiß es nur nicht. Bevor Benny zu Christoph geht, erinnert er Klausi und Helga daran, ja nicht zu vergessen, heute um 19 Uhr die Lichter auszumachen. Bei den Bogners wird der Videospot vorgeführt. Benny und Kornelia klären Frau Bogner auf, daß die Aktion lediglich ein Signal sei, um vor AKWs zu warnen. Abends ist es dann soweit, und tatsächlich werden in der Straße mehrere Wohnungen dunkel. Sogar bei Klings gehen die Lichter aus – zu Elses Ärger, denn sie wollte sich unbedingt ihre TV-Serie ansehen.

Nachmittags ist Scholz bei Berta zum Musizieren eingeladen. Berta versucht, mehr über sein Privatleben zu erfahren. Scholz schaut zum Fenster hinaus und sieht, wie in Dr. Kirchs Büro das Licht angeht. Eilig verabschiedet er sich mit Handkuß von Berta, die glücklich lächelnd zurückbleibt. Gerade will sie ins Bett gehen, als es an ihrer Wohnungstür klingelt. Es ist Mourrait, der Tanja sucht. In dem Moment, als Mourrait die Wohnung betritt, kommt Scholz durchs Treppenhaus und wirft einen traurigen Blick auf Berta und ihren nächtlichen Besucher. Mourrait sucht Tanja in der ganzen Wohnung. Zu Berta meint er, Tanja sei zu allem fähig.

Die Abmahnung

Spieltag: 08.11.1990 • Sendetag: 11.11.1990

Folge: 258

Vasily erzählt Carsten bedrückt von seinem heute bevorstehenden Prozeß wegen Fahrerflucht. Carsten verspricht ihm, als moralische Unterstützung mitzugehen. Elena, die heute Geburtstag hat, wartet mittags ungeduldig auf den Prozeßausgang. Rosi präsentiert ihr die neuesten astrologischen Erkenntnisse über den Wahlausgang, was Elena jedoch herzlich wenig interessiert. Daß Ausländer in Deutschland nicht wählen dürfen, nimmt Rosi betroffen zur Kenntnis. Da stürzt ein glücklicher Vasily herein. Er hat lediglich eine Geldstrafe von DM 3.600 bekommen und ist nun ein freier Mann.

Tanja besucht Berta – die gerade erleichtert feststellt, daß Manoels Bett zum erstenmal wieder trocken ist – und erzählt ihr, daß sie Mour-

rait davongelaufen sei, weil sie ihr Leben im goldenen Käfig nicht mehr ausgehalten habe. Tanja rechnet fest damit, daß er sie zurückholen und auf jede ihrer Bedingungen eingehen wird. Als Berta auf der Straße Herrn Scholz trifft, ist er ihr gegenüber ungewöhnlich zurückhaltend. Erst als sie ihm erklärt, wer der nächtliche Besucher vor einer Woche war, ist die alte Vertrautheit wiederhergestellt.
Frau Hütthusen beauftragt Hans, eine Festschrift zum 30jährigen Dienstjubiläum ihres Mannes zu verfassen. Der wiederum erteilt Hans wegen des Nebenjobs eine offizielle Abmahnung. Nun reicht es Hans. Er nimmt seine Verschwiegenheit in Sachen Frau Engelbrecht als Beispiel dafür, daß man auch mal ein Auge zudrücken könne. Am Abend bekommt Hans Besuch von der Geliebten seines Chefs. Sie bittet ihn, niemandem von dem Verhältnis zu erzählen. Hans betont, daß er nicht die Absicht hatte, mit seinem Wissen Herrn Hütthusen zu erpressen. Spät in der Nacht erhält er im Hotel Besuch von Anna. Der völlig betrunkene Hütthusen habe sie angerufen und ihr klargemacht, daß Hans suspendiert sei, da er sich erneut an den verbotenen Arbeitsplatz begeben habe.

Die Jungfernfahrt

Spieltag: 15.11.1990 • Sendetag: 18.11.1990

Folge: 259

Kaum haben die Zenker-Kinder die Wohnung verlassen, schlüpft Gabi herein. Ungeduldig reißt Andy sie in seine Arme. Im Gegensatz zu ihm ist Gabi noch nicht bereit, ihr Verhältnis publik zu machen. Später legt Andy letzte Hand an das Solarauto und schläft darüber ein. Zorro weckt ihn mit „weiblich" verstellter Stimme und erfährt von Andys und Gabis Geheimnis, weil Andy sich im Halbschlaf verplappert. Mittags startet unter großer Anteilnahme der Hausbewohner das Solarmobil zu seiner ersten Fahrt. Nach hundert Metern bockt es jedoch und muß zurückgeschoben werden. Am späten Abend liegen Walze und Zorro auf Zorros Lotterbett nebeneinander – angezogen, ohne sich zu berühren. Walzes Vertrauen ist inzwischen so groß, daß sie ihm ihre hoffnungslose Liebe zu Robert schildert.
Hans ist heute zu Hause. Ihn plagen gräßliche Magenschmerzen. Obwohl die Suspendierung erst einmal zurückgenommen wurde, macht ihm die Ungewißheit, ob er vielleicht seinen Job verliert, schwer zu schaffen. Dann trudelt per Einschreiben die Genehmigung für einen Nebenjob ein – für ein halbes Jahr. Hans eilt glücklich ins Büro.
Beim Mittagessen klingelt es an der WG-Tür. Draußen steht die verführerische Urzula. Gung sinkt fast in Ohnmacht, als sie ihn zur Begrüßung mitten auf den Mund küßt. Strahlend erklärt Urzula, sie sei ein Stadtmensch und wolle in München bleiben. Ihre Tochter Irina hat sie bei ihren Eltern gelassen. Als Anna Gabi besucht, schüttet die der

Cousine ihr Herz aus, daß sie und Andy so wenig Gelegenheit haben, allein zu sein. Nachts besucht Anna Hans im Hotel und erzählt ihm aufgeregt von einem Gespräch mit Helga: Die wolle Hans zurückhaben und denke nicht im Traum daran, sich scheiden zu lassen. Anna ist überzeugt, daß Helga mit allen Mitteln um ihn kämpfen wird.

Erkenntnisse

Spieltag: 22.11.1990 • Sendetag: 25.11.1990

Folge: 260

Morgens früh erscheint Frank im Wartezimmer, müde und nervös. Nina Winter hat ihn vor dem Haus abgeliefert und fliegt nun direkt in die Staaten zurück. Ludwig und Elisabeth erfahren, daß Frank heroinabhängig ist. Als Ludwig seinen Freund Prof. Tenge-Wegemann um Methadon bittet, klärt der ihn auf, daß man nicht ohne weiteres an Ersatzdrogen herankommen kann. Er gibt ihm aber die Adresse eines befreundeten Arztes in Holland. Dressler möchte Frank solange mit Methadon versorgen, bis er einen Therapieplatz gefunden hat.

Hajo Scholz beobachtet und belauscht eine Verabredung von Dr. Kirch mit einem Herrn Merkel. Merkel bittet Kirch, für einen Transport ins Ausland die notwendigen Speditions- und Zollpapiere zu besorgen – schnell und diskret wie immer.

In einem Brief an Marion schreibt Helga, sie sei nun wieder gefestigt in ihrer Liebe zu Hans. Anna sei nicht die richtige Frau für ihn. Später besucht Benny seine Mutter und wird von ihr über seinen Vater ausgefragt. Arglos erzählt Benny, daß Hans mit Anna und den Kids happy sei und daß er um ein Haar seine Arbeit verloren hätte. Das beunruhigt Helga dermaßen, daß sie Hans anruft und ihn bittet, ihr solche, auch für sie wichtigen, Dinge doch in Zukunft selbst mitzuteilen. Am Abend will Iffi von Klausi wissen, ob er schon mal richtig geküßt habe, woraufhin der großspurig erklärt, das mache er schon lange nicht mehr. Als Helga ihre Wohnung betritt, bleibt sie erstarrt stehen. Sie erblickt Klausi, der von Iffi gerade den ersten „richtigen" Kuß seines Lebens verpaßt bekommt. Manoel sitzt fasziniert daneben.

Da staunt Manoel nicht schlecht. Iffi verpaßt Klausi seinen ersten Zungenkuß.

Wer die Wahl hat

Spieltag: 02.12.1990 • Sendetag: 02.12.1990

Folge: 261

Am Wahl-Sonntag begleitet Scholz Berta zum Wahllokal, und endlich erfährt sie einige Details aus seinem Leben. Bis vor einem halben Jahr war er Polizist und hat dann den Dienst quittiert. Zu Bertas großer Erleichterung ist er weder verheiratet noch geschieden.
Am Abend haben sich viele Nachbarn im Akropolis eingefunden, um gemeinsam die Wahlergebnisse zu verfolgen. Bei der Gelegenheit erinnert Benny seinen Vater an eine Einladung Helgas für nächsten Donnerstag. Als das Wahlergebnis dann feststeht, ist nur Rosi zufrieden. Das Ergebnis stimmt mit ihren Vorhersagen nahezu überein. Vor allem Benny ist stinksauer darüber, daß sich nichts ändern wird.
Im Treppenhaus fängt Helga Andy ab und beschwert sich bei ihm über sein frühreifes Früchtchen Iffi. Er versucht seine Nachbarin zu beschwichtigen: Solche Spiele seien in dem Alter doch normal.
Ratlos beobachtet Dressler seinen Sohn, dem die tägliche Menge Methadon nicht ausreicht. Er fleht um richtigen Stoff und beschimpft seinen Vater. Bevor Vasily am Abend nach Griechenland zurückfliegt, berichtet er Elisabeth von einem Streit zwischen ihm und Beate wegen seines Militärdienstes. Inständig bittet er Elisabeth, mit ihm zu fliegen und mit Beate zu reden. Zögernd willigt sie ein. Am Abend ist Frank in so guter Verfassung, daß er sogar ins Akropolis geht. Dort unterhält er sich angeregt mit Robert. Mitten in der Nacht treffen sich die zwei im Park. Robert bietet Frank Heroin an, doch der kann es nicht bezahlen. Robert macht Frank klar, daß er Stoff in unbegrenzter Menge liefert – gegen Bares.

Schönen Abend!

Spieltag: 06.12.1990 • Sendetag: 09.12.1990

Folge: 262

Mit gemischten Gefühlen erscheinen Hans und Anna zum Abendessen bei Helga. Zunächst verläuft alles harmonisch. Doch als die Sprache auf das Dienstjubiläum von Hütthusen kommt und Helga erfährt, daß Anna anstelle der eingeladenen Ehefrau dabei war, wirft sie Anna vor, sich in eine glückliche Ehe gedrängt zu haben, und erklärt, niemals in die Scheidung einzuwilligen. Triumphierend meint Anna daraufhin, daß Hans die Scheidung auch allein durchziehen kann – sobald im Februar die einjährige Trennungsfrist um ist.
Frank, zitternd und stöhnend, hat sich in seinem Zimmer eingeschlossen. Ludwig versteht die Welt nicht mehr: Letzte Woche ging es Frank doch so gut. Er ruft Carsten an und bittet ihn, bei seinem Sohn zu bleiben, da er selbst in die Praxis muß. Doch Carsten hat eine Vor-

lesung und nimmt dankbar Roberts Angebot, an seiner Stelle zu gehen, an. Robert heuchelt den hilfsbereiten Freund, hat aber tatsächlich Stoff mitgebracht; Konditionen wie immer – Geld und Schweigen. Frank stiehlt Dressler Geld und setzt sich sofort eine Spritze.
Zwischen Tanja und Mourrait kommt es zur Aussprache. Überzeugt, ihn um den Finger wickeln zu können, erklärt Tanja, daß sie am liebsten ein normales Leben in München mit ihm wolle. Doch ihre Rechnung geht nicht auf. Ruhig erklärt ihr Mourrait, sie besitze bei weitem nicht das Niveau, das er von der Frau an seiner Seite erwarte. Er läßt Tanja traurig und verzweifelt zurück. Abends betrinkt sie sich im Akropolis und erklärt Panaiotis, daß sie nun für immer in der Lindenstraße bleiben wolle. Da erhält Panaiotis einen Anruf von Vasily aus Griechenland: Beate, Elisabeth und er hatten auf dem Weg zum Flughafen einen Unfall. Beate hat eine Fehlgeburt erlitten, Elisabeth ist tot. Dressler will vergnügt in sein Auto steigen, als Panaiotis auf ihn zukommt und ihm mühsam mitteilt, er müsse dringend mit ihm reden. Doch Ludwig hat keine Zeit. Er müsse zum Flughafen, und Elisabeth warte nicht gern ...

Abschied

Spieltag: 13.12.1990 • Sendetag: 16.12.1990

Folge: 263

Dressler ist völlig apathisch. Auch Carsten ist untröstlich über den Tod seiner Mutter und wird von Robert liebevoll umsorgt, während Beate Vasilys Annäherung zurückweist. Vor der Beerdigung klaut Frank DM 200 aus Ludwigs Schlafzimmer und gibt sie Robert. Auf dem Friedhof bekommt er dann heimlich von Robert etwas zugesteckt. Dressler will Carstens Ausbildung finanzieren, damit er in Elisabeths Sinne sein Studium beenden könne. Beate erzählt ihrem Bruder weinend, wie sehr sich Vasily in Griechenland zum Macho gewandelt habe. Hundertmal habe sie ihn vergeblich gebeten, mit ihr nach Deutschland zurückzugehen, um dem Militärdienst zu entgehen. Sie gibt ihm die Schuld am Tod ihrer Mutter und des Babys und hat ihn gebeten, zu seinen Eltern zu ziehen, während sie bei Carsten wohnen will.

Die Schauspielerin Dagmar Hessenland alias Elisabeth wohnt als ein „Herr in Schwarz“ ihrer eigenen Serienbeerdigung bei.

Urzula macht zu Huberts Ärger keinerlei Anstalten, sich um eine eigene Wohnung oder um Arbeit zu kümmern. Statt dessen will sie einen Sprachkurs belegen. Auch Rosi beklagt sich bitter, daß Urzula lieber mit Gung flirtet, als im Haushalt zu helfen. Als Andy und Gabi wieder eine heimliche Verabredung in Andys Wohnung haben, erwischt Iffi die beiden im Bett. Sie posaunt die Neuigkeit heraus. – Rosi ist stinksauer, und Hubert läßt sich wieder einmal über die Frauen in Rosis Familie aus. Andy indes hat Mühe, seine Kinder zu beruhigen. Sie sprechen sich gegen Gabi aus.

Matthias will mit Dominique zusammenziehen, da es unsinnig sei, Miete für zwei Wohnungen zu bezahlen. Dominiques Einwände übergeht er. Auf dem Weg zum Bus trifft Dominique Tanja und lädt sie auf einen Kaffee ein. Tanja glaubt nicht, daß die Trennung von Mourrait endgültig ist. Am Abend bittet Dominique in einem Brief ihren Vater, es noch einmal mit Tanja zu versuchen. Matthias kommt später mit einem Teil seiner Habe fröhlich in die Wohnung seiner Freundin, doch sie erklärt ihm ruhig, daß sie mit seinem Einzug nicht einverstanden ist. Er habe die Wahl: Entweder er gehe oder sie.

Platz genug

Spieltag: 20.12.1990 • Sendetag: 23.12.1990

Folge: 264

Zu Klausis Verdruß lädt seine Mutter telefonisch Matthias zum Mittagessen ein. Matthias schüttet Helga sein Herz aus, denn seine Beziehung zu Dominique steckt in einer Krise. Seine Freundin gehe deutlich auf Distanz. Errötend gesteht er Helga, daß er mit Dominique noch nie „richtig" geschlafen hat. Inzwischen stattet Benny Anna und den Kindern einen Besuch ab und erwähnt später seinen Besuch gegenüber Helga. Als die Anna im Treppenhaus trifft, fordert sie sie auf, die Beimer-Kinder nicht weiterhin ihrer Mutter zu entfremden. Hans ruft später Helga an und bittet sie um Mäßigung. Sie besprechen noch kurz den Ablauf des Weihnachtsfestes, bevor Helga erbittert auflegt.
Elena drängt Vasily, Beate für die Dauer seines Militärdienstes in München zu lassen und danach zu ihr zurückzukommen. Als Vasily Beate das erzählt, teilt sie ihm nur mit, daß sie ein Zimmer in der Stadt gefunden habe. Er solle nicht mehr mit ihr rechnen. Am Abend fragt Beate schüchtern bei Ludwig an, ob sie an Heiligabend zu ihm kommen dürfe. Zu den Sarikakis wolle sie nicht, und bei Carsten und Robert fühle sie sich immer im Wege. Gerührt heißt Dressler seine Stieftochter herzlich willkommen.
Schon am frühen Morgen wird in der WG die Wohnungsplanung diskutiert. Nach Gabis Plan sollen die Kochs und Urzula in die kleinere Zenker-Wohnung ziehen und die Zenkers zu ihr und Max. Rosi und Hubert erklären sich nach einigem Zögern einverstanden. Andys Kinder sind allerdings über den geplanten Wohnungstausch empört. Nachts schreckt Gabi entsetzt hoch. Ihr fällt ein, daß sie in der ganzen Umzugsplanung Gung vergessen haben.

Widerstand

Spieltag: 27.12.1990 • Sendetag: 30.12.1990

Folge: 265

Bedauernd erklärt Scholz Berta, daß er zum geplanten Abendessen nicht kommen kann. Die enttäuschte Berta wird ihn nun zwei Wochen lang nicht sehen, da sie morgen mit Manoel zu Franz und Vera nach Italien fährt. Kurz entschlossen zeigt Scholz Berta die Abhöranlage in seiner Wohnung und erklärt ihr, einem Verbrechen auf der Spur zu sein. Am Abend sitzt Scholz dann vor seinem Gerät und ärgert sich, als er hört, daß das Merkel-Projekt ein simpler Kaufvertrag über ein Grundstück ist. Kurz darauf steht er vor Bertas Tür und überreicht ihr ein Notenblatt mit einem selbst komponierten Stück. An diesem Abend kommt es zum ersten Kuß zwischen den beiden.

Noch heute zieht Beate aus. Sie verabschiedet sich von Isolde und auch von Ludwig. Dabei gesteht sie ihm, daß sie ihn mag. Vasily, der heute nach Griechenland abreist, fleht seine Frau erneut an, auf ihn zu warten. Zum Abschied will er sie in die Arme nehmen. Doch Beate macht sich weinend frei, sie könne nicht mehr mit ihm zusammenleben. Elena und Panaiotis erleben am Abend eine Überraschung. Vasily hat sich entschlossen, nicht nach Griechenland zu fahren, sondern will um Beate kämpfen. Daß er dadurch fahnenflüchtig wird und nicht mehr in seine Heimat zurückkehren kann, ohne ins Gefängnis zu müssen, nimmt er in Kauf.

Gung möchte mit zu Kochs ziehen, da er sich heftig in Urzula verliebt hat. Auch bei Zenkers ist die Wohnungsfrage weiterhin Thema. Mit ungewohnter Autorität erklärt Andy seinen Kindern, daß sie Gabi als seine neue Freundin zu akzeptieren hätten. Daraufhin verlassen Timo, Walze und Iffi die Küche. Jo nutzt diese Gelegenheit, um mit seinem Vater darüber zu sprechen, sich für weitere acht Jahre beim Bund zu verpflichten. Am Abend bauen sich Timo, Walze und Iffi vor ihrem Vater und Gabi auf. Niemals werden sie freiwillig die Zenker-Wohnung verlassen!

Manoel warnt Berta vor Scholz: Iffi habe behauptet, er sei ein Bigamist!

Frank und frei

Spieltag: 03.01.1991 • Sendetag: 06.01.1991

Folge: 266

Frank kann heute mit seiner Therapie beginnen. Carsten fährt ihn zur Klinik. Doch noch bevor Frank das Gebäude betritt, stellt sich ihm Robert in den Weg. – Unterdessen ruft Tenge-Wegemann bei Dressler an und fragt, wo Frank bleibe. Aufgeregt ruft Ludwig Carsten zu sich, der sich nun Vorwürfe macht, weil er Frank nicht bis in die Klinik hinein begleitet hat. Am Abend ist Frank auf der Suche nach Geld für Stoff und schreckt auch vor einem Überfall nicht

zurück. Carsten erzählt Robert, Dressler habe ihm eine Lebensversicherung von Elisabeth gezeigt. Demnächst bekäme er, Carsten, DM 250.000 ausbezahlt, und natürlich werde Robert davon auch etwas abbekommen. Scheinbar ungerührt teilt ihm Robert mit, daß das bescheidene Studentenleben ihm voll und ganz genüge.
Am Entschluß der Zenker-Kinder, nicht umzuziehen, hat sich nichts geändert. Gabi rät Andy zu Geduld und sucht ihrerseits ein Gespräch mit Walze. Es entwickelt sich eine behutsame Unterhaltung über Gefühle, und Walze hört sehr aufmerksam zu. Es gelingt Gabi kurz darauf, auch Iffi auf ihre Seite zu ziehen. Nur bei Timo hat sie kein Glück.
Dominique und Matthias treffen sich im Café Bayer. Dominique erklärt ihm, daß sie sich von Anfang an sexuell nicht zu ihm hingezogen gefühlt habe. Sie sei ihm dankbar dafür, daß er ihr geholfen habe, ihre Schwierigkeiten mit ihrem Vater zu überwinden, aber sie liebe ihn eben nicht. Später trifft Dominique Tanja und erzählt ihr, daß sie nach Paris zurückgehen will. Abends studiert Tanja die Stellenangebote in der Zeitung. Nichts kommt für sie in Frage. Schließlich bleibt ihr Blick an einer kleinen Anzeige hängen: Agentur sucht Begleiterinnen mit Niveau für Geschäftsleute. Seriosität und ein hoher Verdienst werden zugesichert ...

Luxus

Spieltag: 10.01.1991 • Sendetag: 13.01.1991

Folge: 267

Auf dem Weg zur Arbeit erfährt Berta, die erst in der Nacht aus Italien zurückgekommen ist, von Carsten, daß Frank seit einer Woche verschwunden ist. Indes hört Scholz über seine Abhöranlage, wie Kirch und Merkel über eine offensichtlich heiße Sache reden. Abends verrät er der erstaunten Berta, er sei einer Geschichte auf der Spur, die er einer Zeitung verkaufen wolle. Im Laufe des Abends kommen sich die beiden näher und schlafen zum erstenmal miteinander.

Berta und Hajo kommen sich näher ...

Frühmorgens wird Tanja überraschend von ihrem Vater aus dem Schlaf gerissen. Er sorgt sich wegen der Trennung von Mourrait um sie. Tanja erzählt Franz von ihrem neuen Job als „Dolmetscherin“. Für den Abend nimmt sie einen besonders gut bezahlten Termin an. Und so sitzt Franz dann mit seinem wunderbaren Essen allein in der Küche. Nachdem Berta seine Einladung zum

Essen abgelehnt hat, geht er zu Helga. Franz schwärmt ihr vom Leben in Italien vor und ermuntert sie, ebenfalls einen Neuanfang zu wagen. Doch Helga kann nicht weggehen von ihrem Mann – noch nicht.
Hans und Anna reden über Hans' bevorstehende Scheidung und ihre anschließende Hochzeit. Außerdem verspricht Hans, sich umgehend darum zu kümmern, daß er offiziell als Toms Vater eingetragen wird. Auf dem Weg ins Büro fährt er bei Helga vorbei und bittet sie um Stundung des Unterhalts. Erbost gibt sie ihm eine Woche Frist. Indes bemerkt Anna, daß sie wieder schwanger ist. Sie freut sich riesig über das ungeplante Kind. Hans hat jedoch Bedenken, denn das Geld reicht schon jetzt nicht. In der Nacht diskutieren sie immer noch die Probleme, die ein drittes Kind bringen wird. Schließlich erklärt Hans der entsetzten Anna, daß ihnen nur eine Abtreibung übrigbleibe.

Verspätungen

Spieltag: 17.01.1991 • Sendetag: 20.01.1991

Folge: 268

Am Nachmittag wird Amelie von Berta zum Abendessen eingeladen. In der Zwischenzeit spielt Amelie mit Manoel, Klausi und Iffi im Hinterhof und gerät dabei in einen Disput mit Onkel Franz. Am Abend kommt sie zu spät zum Essen, verrät der neugierigen Berta aber nicht, wo sie war.
Seit seine Heizung im Wohnwagen kaputt ist, übernachtet Zorro im Kiosk. Morgens wird er von Enrico aus dem Schlaf gerissen, der ihm rät, sich endlich um einen Job zu kümmern, damit er seine Schulden begleichen kann. Doch von Arbeit will Zorro nichts wissen. Er ist schließlich Künstler. Zwei Herren vom Stadtbauamt erklären Berta, daß dort, wo der Kiosk steht, ein U-Bahnhof-Zugang gebaut werden soll. Berta soll eine angemessene Entschädigung erhalten und zeigt sich kooperationsbereit. Allerdings weist sie auf Pavarottis für zwei weitere Jahre gültigen Mietvertrag hin. Scholz empfiehlt Berta, die Angelegenheit mit Rechtsanwalt Dr. Kirch zu besprechen. Enrico fleht Berta später an, alles zu tun, um den Kiosk zu erhalten.
Inzwischen hat Hans seine Meinung geändert und will von einer Abtreibung nichts mehr wissen. Als Anna Max zum Kindergarten abholt, spricht sie mit Gabi im Treppenhaus über die Schwangerschaft. Helga bekommt das Gespräch mit und feindet Anna aggressiv und verbittert an. Am Abend bekommt Gabi einen besorgten Anruf von Hans: Weder die Kinder noch Anna sind zu Hause! Gabi sagt ihm, die Kinder seien bei ihr und Anna habe wohl die Zeit vergessen. Später ruft Hans Polizei und Unfallkliniken an. Keine Spur von Anna. In der Nacht telefoniert Hans zum x-ten Male mit Gabi. Anna hat sich immer noch nicht gemeldet. Hans macht sich große Sorgen ...

Contenance

Spieltag: 24.01.1991 • Sendetag: 27.01.1991

Folge: 269

Anna ist bis jetzt nicht zurückgekehrt. Alle machen sich inzwischen die größten Sorgen. Die Polizei unternimmt nichts, da es keine Anzeichen für ein Verbrechen gibt. Hans ist überzeugt, daß Anna nun doch irgendwo eine Abtreibung vornehmen läßt, und macht sich Vorwürfe. Als er von Hubert vom Streit zwischen Helga und Anna hört, stellt er Helga zur Rede. Zerknirscht gesteht sie ihm, daß sie Anna gegenüber ihren Aggressionen freien Lauf gelassen hat. Hilflos bietet sie ihre Unterstützung an, doch Hans schreit ihr nur seinen Zorn ins Gesicht.

Früh am Morgen schleicht sich Frank in Dresslers Haus und sucht nach Geld. Ludwig wacht auf und sagt Frank, er freue sich, ihn zu sehen, auch wenn er nur gekommen sei, um ihn zu bestehlen. Panisch läuft Frank aus dem Zimmer. Dressler versucht, ihm auf Krücken zu folgen, und fällt hin. Da kommt Frank zurück, fällt seinem Vater weinend um den Hals und fleht ihn an, ihm bei einem Entzug zu Hause zu helfen. Am Abend besprechen Carsten, Robert, Vasily und Egon, die alle ihre Hilfe zugesagt haben, mit Dressler detailliert den Entzug. Frank muß rund um die Uhr betreut werden. Zunächst wehrt sich Frank dagegen, daß auch Robert eine Schicht übernimmt, kann den anderen aber nicht den Grund seiner Weigerung nennen – und gibt sich schließlich geschlagen.

Berta möchte einen gemütlichen Tag mit Scholz verbringen. Da erscheint überraschend Amelie und bittet ihn hartnäckig, mit ihr und Onkel Franz Skat zu spielen. Nur mit äußerster Beherrschung läßt Scholz die Skatrunde über sich ergehen. Am Abend kommt Onkel Franz ins Akropolis und setzt sich neben Amelie, der er bewundernde Blicke zuwirft. Als sie das Lokal verläßt, folgt er ihr und bittet sie um ein paar Minuten. Er müsse ihr eine lebenswichtige Frage stellen: Ob er ihr fünfter Ehemann sein dürfe.

Schlaflos

Spieltag: 31.01.1991 • Sendetag: 03.02.1991

Folge: 270

Amelie versteht den Heiratsantrag von Onkel Franz als gelungenen Scherz. Sowohl Berta als auch Lydia sind jedoch entsetzt darüber, daß sie sich mit Wittich trifft. Als Amelie von einem weiteren Treffen mit ihm zurückkommt, erzählt sie Berta freudestrahlend, Herr Wittich und sie seien sich heute endlich näher gekommen.

Am Morgen bemüht sich Hans, Sarah und Tom bei Laune zu halten und den Haushalt auf Vordermann zu bringen. Helga, die sich immer

Amelie versteht den Heiratsantrag von Onkel Franz als gelungenen Scherz.

noch mit Selbstvorwürfen plagt, bietet ihm an, sich um Kinder und Haushalt zu kümmern. Doch Hans lehnt rigoros ab. Er beschuldigt Helga, Anna in die absolute Verzweiflung getrieben zu haben. Die Versorgung der Kinder regelt er mit Hilfe von Rosi und Gabi.
Die Praxis ist geschlossen. Frank hat gestern mit dem kalten Entzug begonnen. In seinem Zimmer, das für den Entzug „unfallsicher" hergerichtet ist, „kämpft" Carsten mit Frank, der starke Schmerzen hat. Er bittet Carsten, ihm einen Schuß zu setzen. Er komme doch ran an dieses Zeug, und er solle „ihm" sagen, daß er sauberen Stoff bringen soll. Carsten hört sich Franks Gejammer verständnislos an. Als er durch Robert abgelöst wird, rastet Frank aus. Er sei das größte Schwein, das ihm je begegnet sei. Robert droht Frank gefährlich und leise, ihn umzubringen, sollte er Carsten je erzählen, woher er seinen Stoff bezogen hat. Als Frank erneut zu würgen beginnt, wendet sich Robert voller Ekel ab. Er informiert Dressler, daß er seinen Dienst nicht fortführen könne, er habe nicht die Nerven. Am Abend sitzt Dressler bei Frank, der sich in blinder Aggression gegen den Vater und den Entzug aufbäumt. Schließlich hält Ludwig es nicht mehr aus. Zutiefst aufgewühlt öffnet er die Tür und bietet Frank an, zu gehen.

Der Schlachtplan

Spieltag: 07.02.1991 • Sendetag: 10.02.1991

Folge: 271

Frank bittet Carsten, Ludwig mitzuteilen, daß er ihn zunächst nicht mehr sehen will. Aggressiv gibt er seinem Vater die Schuld an seinem Zustand. Dressler kann seine Verbitterung nicht verbergen, akzeptiert aber die Bitte seines Sohnes.
Vormittags hört Scholz mit, wie Kirch Merkel von seinen erfolgreichen Verhandlungen mit den osteuropäischen Partnern erzählt. Nun dürften sie die doppelte Menge Giftmüll exportieren. Beim Zoll gäbe es einen zuverlässigen Kontaktmann. Atemlos macht Scholz sich Notizen. Kurz darauf taucht er bei Berta auf, die ihm lachend von Lydias Plan berichtet, Amelie mit einer vierwöchigen Bildungsreise von Onkel Franz wegzulotsen. Später hat Berta einen Termin bei Dr. Kirch, um sich mit ihm über den U-Bahn-Bau und das Kiosk-Problem zu beraten. Der Rechtsanwalt sucht gerade eine Vertretung für seine kranke Se-

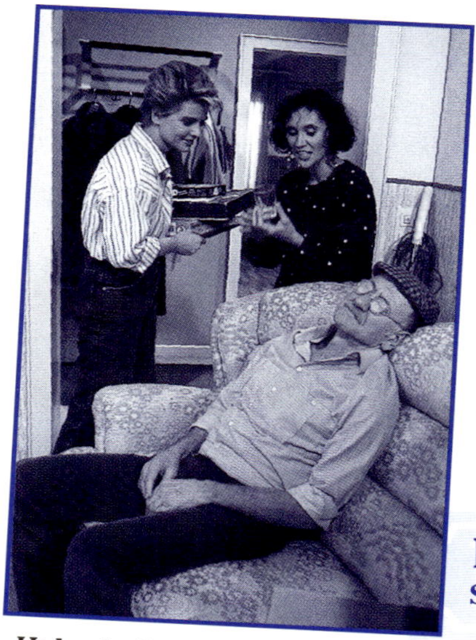

Hubert gönnt sich beim Umzug ein kleines Ruhepäuschen.

kretärin, und Berta bietet ihre Hilfe an. Am Abend erzählt sie Scholz von ihrer neuen Beschäftigung.

Mit viel Chaos werden heute die Wohnungen getauscht. Kochs ziehen in die Zenker-Wohnung, Zenkers in die WG-Wohnung. Am Abend sitzt Zorro dort am Tisch, als das Telefon klingelt. In heller Aufregung teilt er ein paar Minuten später Gabi mit, Friedhelm Ziegler habe eben angerufen, nachdem er vergeblich Hans zu erreichen versucht habe. Er habe nichts Genaues sagen wollen, nur daß es um Anna gehe...

Ein klarer Blick

Spieltag: 14.02.1991 • Sendetag: 17.02.1991

Folge: 272

Vormittags trifft Marion aus Paris ein und kommt schnell auf Helgas eigentliches Problem zu sprechen: Demnächst wird die einjährige Trennungsfrist verstrichen sein; Hans kann sich dann auch ohne Helgas Einwilligung scheiden lassen. Helga kann ihre Tränen und ihre Wut nicht länger zurückhalten und packt nun mit ihrer Meinung über Anna aus. Insgeheim ist Helga froh, daß sie verschwunden ist, da sie nun ihre Chance sieht, Hans zurückzugewinnen.

Frank hat seinen Widerstand gegen Ludwig aufgegeben, was den natürlich sehr freut. Als Vasily am Nachmittag kommt, wird er mit einem Ständchen empfangen. Dressler, Frank und Zorro gratulieren ihm zum Geburtstag, und Dressler lädt alle zum Abendessen ein. Else kocht für sie.

Hans findet auf der Rückseite einer Apothekenzeitung die Anzeige einer privaten Frankfurter Frauenklinik, die mit Filzstift dick umrandet ist. Sofort wählt er die Nummer und fragt nach Frau Ziegler. Die telefoniere gerade, bekommt der aufgeregte Hans zur Antwort. In dem Moment klingelt es, und Friedhelm steht in der Tür. Er bittet Hans, ihm Sarah zu überlassen. Ziegler macht einen etwas verwirrten Eindruck, und Hans macht ihm klar, daß er keine Chance hat, Sarah zu bekommen. Erneut wählt Hans die Nummer der Klinik – Frau Ziegler sei gerade nicht auf ihrem Zimmer. Kurz entschlossen überläßt Hans Marion die Kinder und fährt nach Frankfurt. Am späten Abend steht er mit Blumen in der Empfangshalle der Klinik. Die Dame am Empfang ruft im Zimmer von Frau Ziegler an und fragt, ob ein Herr Beimer noch hochkommen dürfe. Hans wartet gespannt.

Gangster

Spieltag: 21.02.1991 • Sendetag: 24.02.1991

Folge: 273

Marion bringt Tom und Sarah zu Helga, weil sie selbst nicht länger in München bleiben kann und Hans in Frankfurt mit einer Lungenentzündung im Krankenhaus liegt. Kurz darauf erfährt Helga von Hans' Chef telefonisch, daß Friedhelm einen Antrag auf das Sorgerecht für Sarah gestellt hat. Überzeugend schildert Helga Herrn Hütthusen, daß Hans gut für die Kinder sorgen könne, da sie selbst jederzeit zur Verfügung stehe. Nachmittags steht überraschend Hans vor der Tür. Er will die Kinder gleich mitnehmen, doch zwingt ihn ein Schwächeanfall dazu, sich auf Helgas Couch zu legen. Schluchzend erzählt er Helga von seiner Angst, daß Anna tot sei. Die Frau in der Klinik war nicht Anna, die Namensgleichheit ein Zufall.

Daß Hans sich auf Helgas Couch legt, ist ein fataler Fehler: siehe Folge 282.

Matthias besucht traurig Dominique, um sie zu verabschieden. Bevor sie geht, schenkt sie dem erstaunten Matthias einen knallbunten Anorak. Später verabschiedet sie sich von Helga und von Tanja, die die ganze Nacht gearbeitet hat.

Scholz reagiert wie elektrisiert, als er mithört, wie Kirch Berta bittet, ein Kuvert persönlich zu Merkel zu bringen. Er stürzt auf die Straße zu Berta und bringt unauffällig den Umschlag an sich, nachdem er ihr zugeflüstert hat, sie müsse ihm vertrauen. Die ganze Aktion wird von Kirch beobachtet. In seiner Wohnung fotografiert Hajo die im Kuvert befindlichen Dokumente, bevor er sie Berta zurückgibt. Am Abend erfährt sie dann endlich, daß Scholz Kirch und Merkel seit zwei Jahren auf der Spur ist. Merkel exportiere illegal Giftmüll, und Kirch mache die Kontakte. Noch während sich Berta und Scholz über das Thema Giftmüll unterhalten, klingelt es. Berta schaut durch den Spion. Sie traut sich nicht zu öffnen. Vor der Tür steht Dr. Kirch.

Aufbruchsstimmung

Spieltag: 28.02.1991 • Sendetag: 03.03.1991

Folge: 274

Immer noch kann Helga den von seiner Lungenentzündung stark geschwächten Hans bemuttern. Dem geht die Situation allerdings gegen den Strich. Da es keine Hinweise auf ein Verbrechen gibt, wird die von Hans geforderte polizeiliche Suchaktion nach Anna abgelehnt.

Frank ist immer noch im Haus eingesperrt. In seiner äußerst labilen psychischen Verfassung besteht die Gefahr, daß er abhaut, um sich wieder Heroin zu besorgen. In einem Gespräch mit ihm beschreibt Vasily seine eigene Situation ähnlich: Auch er fühlt sich als Gefangener – er kann nicht aufhören, Beate zu lieben, und er kann nicht in sei-

ne Heimat zurück. Am Abend schlägt Isolde den Sarikakis vor, den Pavarottis das Akropolis zu verkaufen, damit Enrico daraus ein italienisches Restaurant machen kann. Doch sofort schaltet sich Enrico empört ins Gespräch ein. Er wolle seinen Kiosk behalten und außerdem niemals einen Griechen vertreiben.
Scholz hofft mitzubekommen, wann genau der Giftmülltransport stattfinden soll, da man letztlich nichts beweisen kann, ohne einen Container zu öffnen. Kirch hat Berta vor einer Woche aufgesucht, um ihr mitzuteilen, daß sie nicht mehr kommen müsse. Ob der Anwalt doch etwas gemerkt hat? Scholz und Berta hören schließlich mit, wie sich Kirch und Merkel für den Abend verabreden.
Amelie will morgen zu ihrer Reise mit der Transsibirischen Eisenbahn aufbrechen. Nachdem Wittich die ganze Zeit gegen Rußland gewettert hat, teilt er Amelie nun mit, er habe sich entschlossen, sich selbst von den Zuständen im Roten Reich zu überzeugen. Er werde Amelie auf der Reise begleiten.

Der Schweinskopf

Spieltag: 07.03.1991 • Sendetag: 10.03.1991

Folge: 275

Jo überlegt ernsthaft, sich für acht Jahre bei der Bundeswehr zu verpflichten, und gerät darüber in eine äußerst erregte Diskussion mit seiner Schwester Walze.
Zorro, der schon länger seine Kunstwerke im Blumenladen ausstellt, versieht jedes seiner ausgestellten Objekte mit der Inschrift „Anna wo bist du" und hofft, auf diese Weise eine Spur zu finden. Nach anfänglichem Zögern geht Frank auf Zorros Vorschlag ein, Chris nach München zu holen. Offensichtlich hat er vor einem Wiedersehen mit ihr große Angst. Mit seinem Vater streitet er sich mal wieder. Er habe sich sein ganzes Leben von Dressler herumgeschoben gefühlt. Carsten will von dem Geld aus Elisabeths Lebensversicherung Roberts Roman drucken lassen; eine Idee, die Ludwig nicht sonderlich gefällt.
Ein weinerlich gestimmter Onkel Franz sitzt in Helgas Küche und malt sich aus, was Amelie in Sibirien alles passieren kann. Aber Helga hat keinen Nerv für seinen Kummer. Hans zieht heute wieder in seine Wohnung, und sie will nicht noch einmal ansehen, wie er sie verläßt. Nachmittags lenkt Iffi Onkel Franz

Der Beweis – Egon verdächtigt seine Frau, ihn mit Onkel Franz zu betrügen.

mit einer angeblichen Nachricht von Amelie ab, während Klausi und Manoel den ausgestopften Wildschweinkopf aus Wittichs Wohnung entwenden. Abends lockt Iffi dann Else vor die Tür – und die Jungs verschwinden mit dem Schweinskopf in ihrer Wohnung. Kurz darauf kommt Egon von seiner Reise zu Sohn Olaf zurück. Als er die Wohnung betritt, kommt die mosernde Else aus dem Keller, in den Iffi sie zuvor gelockt hatte. In heller Empörung empfängt Egon seine Frau und weist ins Schlafzimmer, wo der Schweinskopf auf Elses Kopfkissen liegt. Egon unterstellt ihr, sich den Besitzer dieses Kopfes ins Bett geholt zu haben. Entrüstet will Else zu einer Rechtfertigung ansetzen, doch kein Wort entringt sich ihrem Mund. Else bleibt stumm.

Die Geisha

Spieltag: 14.03.1991 • Sendetag: 17.03.1991

Folge: 276

Im Morgengrauen steigt Chris Barnsteg in der Lindenstraße aus dem Bus. Frank jedoch will Chris, die immer noch in Kopenhagen Theater spielt, nicht sehen. Zorro zeigt ihr seine Ausstellung. Offenbar gibt es da jemanden, erzählt Claudia Rantzow, der von dem lebensgroßen Objekt, das nachts im Laden steht, sehr angetan ist. Währenddessen stehen vier Typen vor dem Laden und blicken provozierend auf Zorro. Einer von ihnen bietet 95 Pfennig für eine der Skulpturen und meint, das sei schon zuviel – Zorro solle mal in Ruhe nachdenken. Frank hat sich in der Zwischenzeit total betrunken. Gegen Dresslers Rat besucht Chris ihn, weckt ihn aus seinem Rausch, und nach einem kurzen Kampf versöhnen die zwei sich.

Benny ist mittlerweile nicht nur die Arbeit bei Christoph zuwider: Er sieht überhaupt keinen Sinn mehr im Zivildienst und will sich krankschreiben lassen.

Hubert will sich bei Egon ein paar Werkzeuge ausleihen. Egon ist nicht da, und so übernimmt es die nach wie vor total sprachlose Else, den Gast mit reichlich Likör zu bewirten. Hubert hält dabei einen Monolog über die Probleme mit der Familie seiner Frau. Zum Schluß macht er der stummen Else ein großes Kompliment: Sie sei die erste Frau, die ihn ausreden lasse. Leicht alkoholisiert kommt Hubert von seiner „Unterhaltung“ in die Wohnung zurück, um die unterbrochene Reparatur der Klinken an der Tür zu Gungs Zimmer fortzusetzen. Hubert erstarrt. Im Bett liegen nackt Gung und Urzula. Empört fordert Hubert die beiden auf, sich bis morgen 12 Uhr zu überlegen, wer von beiden die Wohnung für immer verlassen wolle.

Da Else unter einem Kehlkopfkatarrh leidet, hat sie sich Papptäfelchen mit Verbotsaufschriften gebastelt.

Der Zombie

Spieltag: 21.03.1991 • Sendetag: 24.03.1991

Else liest mal wieder fremde Post: eine Postkarte aus Moskau von Amelie für Berta.

Folge: 277

Als Hubert auf Rosis Bitte hin versucht, mit Gung über Verhütung zu sprechen, erfährt er, daß sein asiatischer Untermieter nach erfolgreicher Wohnungssuche Urzula mitnehmen will. Daraufhin ändert Hubert seine Meinung und erlaubt doch beiden, in der Wohnung zu bleiben. Umständlich kommt er dann aufs Kinderkriegen zu sprechen. Gung begreift jedoch nicht, was Hubert von ihm will. Später erklärt Urzula lachend, daß sie für Verhütung schon selber sorge. Rosi ist voller Bewunderung für Hubert, dem sie diesen Erfolg fälschlicherweise zuschreibt.
Scholz belauscht eine erregte Unterhaltung in Kirchs Büro. Merkel ist stinksauer, weil die Abnehmer des Giftmülls mehr Geld verlangen. Später kündigt Merkel Kirch telefonisch an, er habe das Geld und werde es ihm in einer Stunde bringen. Aufgeregt bittet Scholz Berta, sofort einen gewissen Günther Katz herzurufen, ein ehemaliger Kollege von der Zollfahndung. Kirch und Merkel legen den Termin für den als Katastrophenschutzmittel getarnten Giftmülltransport für den 28.3. fest. Katz bittet Scholz, ihm sämtliches Material über diesen Vorgang auszuhändigen. Der Transport nächste Woche soll durch die Polizei gestoppt werden. Katz klärt Berta darüber auf, daß Hajos Ausscheiden aus dem Polizeidienst mit Kirch zu tun hatte.
Chris behagt Ludwigs Methode nicht, Frank zu helfen, ihm jedoch gleichzeitig das Gefühl zu geben, ein Schwächling zu sein. Während ihrer erregten Diskussion mit Ludwig behauptet Chris, seine Psyche weise schwerwiegendere Störungen auf als die von Frank. Mit seiner „Zombie"-Plastik zieht Zorro in den Blumenladen und wird plötzlich wieder von den Typen aufgehalten, die ihn schon vor einer Woche provoziert hatten. Sie fragen, ob er immer noch nicht geschnallt habe, daß er in dieser Gegend unerwünscht sei. Die Männer lassen ihn schließlich weitergehen – mit der drohenden Bemerkung, er solle aus dieser Gegend verschwinden, sonst ...

Prawda

Spieltag: 28.03.1991 • Sendetag: 31.03.1991

Folge: 278

Rosi berichtet Helga, daß Friedhelms Antrag auf das Sorgerecht für Sarah abgelehnt wurde. Außerdem habe sie deutlich im Gefühl, daß Anna zu Ostern nach Hause käme ... Später erhält Helga einen Brief vom Anwalt, liest ihn – und erstarrt. Hans hat die Scheidung eingereicht. Am Abend bittet Helga Hans, ihr Ostern seine Kinder zu schicken, sie wolle ihnen ein schönes Osterfest bereiten. Zögernd

stimmt Hans für den Montag zu. Den Anwaltsbrief erwähnt Helga nicht.
Scholz legt Berta Fotos vor, die die Bereitstellung der Container auf dem Hof der Firma Merkel vergangene Nacht dokumentieren. Später sitzen die beiden im Auto und beobachten den Hof. Die Container werden verladen, doch die Polizei greift nicht ein. Schließlich verlassen die Lastwagen den Hof. Scholz und Berta folgen ihm. Müde und erschöpft kommen sie abends nach Hause und beklagen sich bei Katz, daß die Container in ein Flugzeug verladen wurden, ohne daß die Polizei auch nur zu sehen gewesen wäre.
Im Blumenladen verkauft Zorro seine erste Plastik. Es paßt ihm zwar nicht, daß der Käufer Onkel Franz ist, doch auf Drängen von Claudia nimmt er DM 40 in Empfang. Chris verkündet Zorro, daß sie morgen wieder nach Kopenhagen fährt. Inzwischen ist Amelie aus Rußland zurück. Onkel Franz lädt sie zum Essen ein und schenkt ihr die von Zorro gekaufte Plastik, von der er vorher selbst die Buchstaben „NNA“ entfernt hat, so daß jetzt nur noch „A wo bist du“ zu lesen ist. Abends verlassen Zorro und Carsten heiter schwankend das Akropolis, als ein Jeep dicht an ihnen vorbeirast. Der Fahrer bremst ab, und drei Männer steigen aus. Zorro und Carsten werden brutal zusammengeschlagen. Blutend rappelt sich Zorro auf und rüttelt Carsten – keinerlei Reaktion!

Strategien

Spieltag: 04.04.1991 • Sendetag: 07.04.1991

Folge: 279

Schwer verletzt liegt Carsten im Krankenhaus. Zorro ist glimpflicher davongekommen. Mit seinen Schuldgefühlen, daß es Carsten so viel härter getroffen hat, obwohl die Fascho-Typen es ja auf ihn abgesehen hatten, findet er vor allem bei Vasily Verständnis. Auch der hat sich immer wieder gefragt, warum Beates Mutter, und nicht er, gestorben ist. Beate hat ihm immer noch nicht vergeben. Zu Besuch bei Carsten, erinnert Robert Frank unauffällig daran, daß er als Lieferant nach wie vor zur Verfügung stehe. Carsten ist glücklich über Roberts Besuch. Er ahnt nicht, daß der sich vorher mit Flora getroffen hat, um ihr sein Manuskript zum Überarbeiten zu geben – und wieder mit ihr zu schlafen.
Erneut versucht Isolde, den Sarikakis das Lokal abzukaufen. Die Griechen wollen aber noch ein paar Jahre in Deutschland bleiben. Die Diskussion wird durch das Auftauchen von Elenas Bruder Dimitri gestört, der in Begleitung eines Polizisten kommt, um sich zu verabschieden. Er wird nach Griechenland abgeschoben. Als er Vasily die Hand hinstreckt, stößt der ihn heftig zurück. Dimitri sei an seinem ganzen Unglück schuld. Seinetwegen habe er Dressler zum Krüppel gefahren,

München verlassen – und letztlich Beate verloren.
Günther Katz kommt vor dem Dienst bei Berta und Hajo vorbei, um ihnen ihre Unterlagen zurückzubringen. Scholz fühlt sich verarscht: Die Polizei hat seine Ergebnisse benutzt und hinter seinem Rücken mit Interpol Kirch das Handwerk gelegt. Er erklärt Berta, daß er sich an die Presse wenden will. Seine Arbeit soll nicht umsonst gewesen sein.
Amelie und ihre Freundin Emmy Schuchmann überhäufen Onkel Franz mit Vorwürfen seiner Untaten in der Vergangenheit. Wittich fleht Amelie an, ihr beweisen zu dürfen, daß er ein guter Mensch ist. Sie will sich etwas einfallen lassen ...

Verpflichtungen

Spieltag: 11.04.1991 • Sendetag: 14.04.1991

Folge: 280

Gabi bringt die Rede auf das Thema Heiraten. Andy ist erstaunt: Daran hat er echt noch nie gedacht. Mittags kündigt Gabi bei Kochs ihre Absichten an. Rosi ist begeistert.
Gemeinsam mit Berta macht Hajo sich heute auf den Weg zum Antrittsbesuch bei Lydia. Beim Skatspiel bittet Amelie Onkel Franz, einen jungen Mann, den sie in der Volkshochschule kennengelernt hat, eine Weile zu beherbergen. Nebenbei erklärt Amelie, daß der junge Mann aus Kapstadt komme. Wittichs Irritation ist nur von kurzer Dauer. Dann stellt er strahlend fest, ein Bure sei ja kein Ausländer, und es sei ihm eine Ehre, sein Heim mit David zu teilen.

In der Volkshochschule hatte Amelie gemeinsam mit Lydia einen sehr speziellen Kurs belegt: siehe Folge 203.

Berta erfährt die Wahrheit über Tanjas Job. Ihre Bedenken, diese Art von Arbeit sei zu riskant, weist Tanja zurück. Berta muß ihr versprechen, Franz auf keinen Fall etwas davon zu sagen. Später bekommt Tanja Besuch von einem Schweizer Geschäftsmann, der sie am Abend treffen möchte – ohne die Vermittlung der Agentur, deren Provision selbstverständlich Tanja zufallen würde. Abends, als er Tanja abholt, fordert der Mann sie unmißverständlich auf, etwas „freundlich" zu ihm zu sein. Tanja lehnt ab, worauf der Schweizer zudringlich wird. Nur mit größter Mühe kann Tanja den Mann rausschmeißen.
Als drei Faschos in den Kiosk kommen und Zorro anmachen, gelingt es Walze und Enrico nur mit Mühe, den wütenden Pichelsteiner zurückzuhalten. Am Nachmittag kommt Jo in Uniform nach Hause, zieht aber sofort Zivilklamotten an, als Walze sich darüber aufregt. Eine Diskussion der beiden über Militarisierung endet damit, daß Walze sich einschließt. Doch Jo erklärt, daß er sich heute für acht Jahre beim Bund verpflichtet hat. Walze ist entsetzt. Sie will nichts mehr mit ihrem Bruder zu tun haben.

Der Bure

Spieltag: 18.04.1991 • Sendetag: 21.04.1991

Folge: 281

Jo hat heute Geburtstag. Am Nachmittag erscheint er mit zwei seiner Kameraden und wird herzlich begrüßt. Nur Timo ist noch nicht nach Hause gekommen, und Walze, die Jo seit einer Woche aus dem Weg geht, hat sich in ihrem Zimmer eingeschlossen. Als Walze auf Jos Klopfen hin doch ihre Tür öffnet, erblickt er zu seiner großen Freude ein hübsch eingewickeltes Päckchen. Walze bittet Jo um Verzeihung für ihr Verhalten und gibt ihm ihr Geschenk: ein T-Shirt mit dem pazifistischen Symbol des zerbrochenen Gewehrs. Schließlich zieht er das Shirt an – allerdings unter dem Pullover ...
Isolde und Enrico sind wegen der Plattenaufnahme sehr aufgeregt. Die Studioarbeit gelingt dann sehr gut. Am Abend spielt Enrico Zorro stolz eine Kassette der Aufnahmen vor. Später betreten drei der Faschos den Kiosk, terrorisieren Zorro und verschwinden mit einer Drohung. Enrico ruft gegen den Rat Zorros die Polizei. Zwei Streifenpolizisten kommen und gestehen, daß sie gegen Provokationen nicht viel tun können. Enrico erklärt den beiden, daß es um das Klima der Angst geht, das diese Typen verbreiten.
Onkel Franz ist redlich bemüht, alles wohnlich zu gestalten. Er kann es kaum erwarten, den jungen Buren zu empfangen. Im Verlauf einer Diskussion mit Berta über Südafrika äußert er sich dann ziemlich abfällig über Schwarze. Am Abend wartet Wittich aufgeregt in seiner Wohnung auf Amelie, Emmy und David. Es klingelt. Vor ihm steht Amelie. Emmy und David kämen mit dem Lift und dem Gepäck gleich nach. Onkel Franz geht zum Fahrstuhl und reißt die Tür auf. Sein „Herzlich willkommen" erstirbt ihm auf den Lippen: Neben Emmy steht ein junger Farbiger, der ihm freundlich die Hand entgegenstreckt.

Güte

Spieltag: 25.04.1991 • Sendetag: 28.04.1991

Folge: 282

Dank David hat Else ihre Sprache wiedergefunden: Sein Anblick hat sie derart schockiert, daß sie ihrer Empörung einfach Luft machen mußte! Unterdessen deckt sich Onkel Franz mit Raumspray, Einweg-Klobrillen, Desinfektionsmitteln etc. ein. Er sieht keinen Ausweg aus dem Dilemma, wenn er vor Amelie sein Gesicht wahren will. Ihr gegenüber gibt er sich als toleranter Vermieter. Als Hülsch ihm mitteilt, daß die Untermiete gestattet sei, verflüchtigen sich Wittichs Hoffnungen auf einen raschen Rausschmiß Davids.
Mit ihrer Rechtsanwältin Frau Dr. Kummer spricht Helga den heutigen Scheidungstermin durch. Helga erzählt von der Zeit im Februar, als

Hat Else noch nie einen Mann im Trainingsanzug gesehen?

Hans mit den Kindern bei ihr gewohnt hat. Daraufhin legt Frau Dr. Kummer der Richterin vor, daß das Trennungsjahr unterbrochen wurde und die Scheidung deshalb nicht erfolgen kann. Dem Antrag wird stattgegeben ... und Hans platzt fast der Kragen. Als Benny zu Hause Helgas Spiel durchschaut, attackiert er sie mit heftigsten Vorwürfen. – Gleichzeitig ringt Hans in seiner Wohnung um Fassung. Rosi, die Sarah und Tom bei ihm abliefert, wirkt erschöpft. Hans hat ein schlechtes Gewissen, Rosis Gutmütigkeit so lange auszunutzen.

In der Klinik überredet Carsten Robert, die Veröffentlichung seines Romans vorerst auf Eis zu legen, ohne ihm Gründe dafür zu nennen. Kurz darauf kommen Frank und Ludwig zu Besuch. Ludwig erzählt Frank und Carsten, daß er Sohn und Stiefsohn zu gleichen Teilen als Erben eingesetzt habe. Carsten soll eines Tages die Praxis übernehmen. Im Kiosk holt Frank abends Pizza, als ihm auf dem Rückweg Robert in den Weg tritt. Er bietet Frank Heroin an und sagt, diesmal brauche er nicht zu zahlen.

Gemeinsam stark

Spieltag: 02.05.1991 • Sendetag: 05.05.1991

Folge: 283

Hocherfreut geht Hans auf Rosis Vorschlag ein, Sarah und Tom künftig in seiner Wohnung zu betreuen, und bietet ihr DM 300 Gehalt an. Wenig später fängt Helga ihren Mann im Treppenhaus ab und bemüht sich noch einmal um sein Verständnis für den gescheiterten Gerichtstermin. Doch Hans teilt ihr in aller Ruhe mit, sie könne sich ihre Ausreden sparen.

Niedergeschlagen zeigt Scholz Berta einen Artikel über die Giftmülltransporte, in dem sein Name nicht einmal erwähnt wird. Scholz fühlt sich hereingelegt, zumal er auch dringend auf das Honorar angewiesen ist. Berta rät ihm, sofort zur Redaktion zu gehen. Beim Mittagessen fragt sie Manoel, was er davon hielte, wenn Hajo zu ihnen ziehen würde. Falls der sich nicht als Vater aufspielt, hat Manoel nichts dagegen. In der Zwischenzeit bekommt Scholz von einem Redakteur einen Scheck über DM 4.000. Doch angesichts seiner Schulden von DM 34.000 ist das geradezu lächerlich. Berta bietet ihm an, sofort bei ihr einzuziehen, damit er schon mal die Miete spare.

Frank entscheidet sich endgültig gegen die Schauspielerei: das sei auch nur eine Art Flucht. Stolz berichtet er Zorro, vor einer Woche dem Angebot eines Dealers widerstanden zu haben – jedoch ohne dessen Namen zu nennen. Mittags stehen Frank und Zorro bei Enrico, als drei Faschos den Kiosk betreten und sich drohend aufbauen. Da öffnet sich die Tür, und David kommt herein. Offensichtlich verunsichert Davids imposante Erscheinung die Typen, denn sie ziehen sich – wenn auch drohend – zurück. Enrico atmet auf. In der Nacht erwacht Zorro aus tiefem Schlaf. Er bemerkt Brandgeruch und verläßt alarmiert den Wohnwagen – der Kiosk steht in hellen Flammen.

Ernüchterung

Spieltag: 09.05.1991 • Sendetag: 12.05.1991

Folge: 284

Timo macht anhand einer Mängelliste des TÜVs das Solarauto zur Zulassung fertig. Doch dann überredet ihn seine Freundin Simone, mit ihr in die sturmfreie Zenker-Bude zu kommen. Erst spätabends kehren Andy und Gabi vom Vatertagsausflug heim. Gabi schleppt den betrunkenen Andy zum Bett, das zu ihrem Ärger eindeutig benutzt worden ist. Auf Iffis Frage, ob sie und Andy heiraten und weitere Kinder haben wollten, zögert Gabi. Sie hätte schon gerne noch ein Kind, gesteht sie.

Enrico ist überzeugt, daß die Faschos den Kiosk angezündet haben, und hat sie angezeigt. Aber sie hatten ausnahmslos wasserdichte Alibis. Berta teilt Enrico nun auch noch mit, daß der Kiosk nicht versichert war und somit keine Entschädigung zu erwarten ist. Am Nachmittag schaufeln Zorro und der deprimierte Enrico den Schutt des Kiosks in einen Container. Als drei Faschos erscheinen und Enrico grinsend zu verstehen geben, das sei doch jetzt DIE Gelegenheit, in die Heimat zurückzukehren, ruft Enrico die Polizei. Die kann allerdings nichts unternehmen. Zorro hat das Gefühl, seine Freunde kommen nur seinetwegen in Schwierigkeiten. Er überlegt, ob er nicht wegziehen soll.

Onkel Franz und sein Freund Hilmar betreten das Akropolis. Als Hilmar David verdächtigt, den Kiosk angezündet zu haben, wird dieser von Franz energisch verteidigt. Wittich hat inzwischen seine Einstellung zu David geändert und sieht in ihm fast einen Freund

Enricos Pizzeria wurde Opfer der Flammen.

– frei nach dem Motto: Wer Neger ist, bestimme ich. Scholz muß heute einem Mann geliehenes Geld zurückzahlen. Er will um Zahlungsaufschub bitten. Doch Hajos Bemühungen sind vergeblich. Berta meint, sie könne ihm mit ihren Ersparnissen aushelfen und er solle umgehend zu ihr ziehen. Doch Scholz gesteht, daß er ihr nicht ganz die Wahrheit gesagt habe. Er schäme sich, und sie müsse ihn vergessen, es sei heute das letzte Mal gewesen ...

Frohe Pfingsten

Spieltag: 19.05.1991 • Sendetag: 19.05.1991

Folge: 285

Überraschend kommt Marion zu Besuch und teilt ihrem erfreuten Vater mit, daß sie bald einen Job habe und daher auf seine monatliche Unterstützung verzichte. Abends sitzt Helga in ihrer Wohnung inmitten einer Frauengruppe, die sie über eine Anzeige kontaktiert hat. So richtig wohl fühlt sie sich allerdings nicht. Besonders, als sie aufgefordert wird, von sich selbst zu erzählen, hält sie sich sichtlich zurück.

Früh morgens wird Zorro von Carstens Krankenschwester nach Hause gebracht, und er überredet sie, mit ihm in seinen Wohnwagen zu kommen. Vor dem Haus hoppelt ein Hase herum. Mit böser Vorahnung eilt Zorro in den Hof und sieht betroffen, daß sein Wohnwagen demoliert ist und seine Tiere freigelassen wurden. Die Krankenschwester macht sich davon, während Zorro die Hasen einsammelt. Später erzählt Zorro Walze, was ihm am Morgen „frauenmäßig" durch die Lappen gegangen ist, und muß feststellen, daß Walze tatsächlich eifersüchtig ist ... – Der Pazifist Zorro gesteht Walze, daß er zum erstenmal in seinem Leben bereit wäre, Terror heimzuzahlen.

Inzwischen hat Scholz Berta gestanden, daß sich seine wahre Schuldenhöhe auf DM 75.000 beläuft. Berta bietet ihm an, ihm ihre gesamten Ersparnisse von DM 50.000 zu leihen. Scholz seinerseits grübelt, wie er es anstellen könnte, eine lukrative Arbeit zu finden. Da fällt ihm ein Ex-Kollege ein, der jetzt bei einem Sicherheitsdienst arbeitet, und geht zu ihm. Am späten Abend kommt Hajo zurück und kann sich tatsächlich Hoffnungen auf den Job machen. Sollte es klappen, ist er mit Bertas Angebot einverstanden.

Helga begleitet Marion, die wieder nach Paris zurückfährt, auf die Straße. Ein Bus fährt vorbei. Helga erstarrt. Hinter einem der Fenster sitzt eine Frau, die Anna Ziegler zum Verwechseln ähnlich sieht ...

Ursache und Wirkung

Spieltag: 23.05.1991 • Sendetag: 26.05.1991

Folge: 286 Frank will Carsten aus der Klinik abholen – seine erste größere Unternehmung ohne Begleitung. Bei Robert bittet er um die Wagenschlüssel. Als der ihm erneut Heroin anbietet, gibt Frank ihm zu verstehen, daß er ihn, wenn er nicht damit aufhöre, anzeigen werde. Vom Krankenbett aus hat Carsten den Druck von Roberts Buch „Rosa Oktober" veranlaßt. Wieder zu Hause überrascht er seinen Freund mit den fertigen Büchern.

Helga ist sich nicht sicher, ob sie neulich wirklich Anna gesehen hat, und beschließt, Hans nichts von der Frau im Bus zu erzählen. Benny soll seinen Zivildienst in einem Altenpflegeheim fortsetzen. Abends meint Helga zu Benny, sie wisse überhaupt nichts mehr von ihm, da sie sich in letzter Zeit viel zu sehr mit sich selbst beschäftigt habe. Als Antwort serviert Benny ihr eine Portion Spiegeleier.

Nachdem endlich die Zulassung gekommen ist, fahren Andy und Gabi nachmittags stolz im Solarauto durch die Lindenstraße. Zum allgemeinen Erstaunen erscheint abends zu Gabis Geburtstagsessen Urzula mit David, den sie zu Gungs Leidwesen verliebt anschaut. Walze will kurz zu Zorros Wohnei, wo sie ihr Geschenk für Gabi versteckt hat. Im Hof wird sie plötzlich von drei Gestalten gepackt. Auf der Suche nach Walze entdeckt kurz darauf der fassungslose Zorro seine am Boden liegenden toten Hasen. In Panik reißt er die Wohnwagentür auf. Die Typen bedrohen gerade Walze mit einem Messer, verpassen dann Zorro ein paar Hiebe und flüchten. Wie von Sinnen ergreift Zorro eine Flasche mit Benzin und stürmt raus. Die Faschos haben ihren Jeep bestiegen. Zorro zündet ein Taschentuch als Lunte an und holt aus, als Walze hinter ihm auftaucht. Verzweifelt fleht sie ihn an, es nicht zu tun.

Im Café Bayer schenkt Isolde Gabi die erste Probepressung ihrer Single.

Panik

Spieltag: 30.05.1991 • Sendetag: 02.06.1991

Folge: 287 Scholz hat morgen seinen ersten Arbeitstag beim Sicherheitsdienst. Claudia Rantzow kommt bei Berta vorbei und bedankt sich, daß sie nun die Wohnung von Scholz übernehmen kann. Unterdessen macht Manoel Berta klar, daß er über Hajos Daueranwesenheit absolut nicht begeistert ist. Als Tanja vorbeischaut, äußert sich Berta nochmals besorgt über deren nächtlichen Job. Doch Tanja winkt ab. Über den – wie sie sagt – „Kleinbürgermief" in der Lindenstraße geraten die beiden Frauen in heftigen Streit.

Zwischen Urzula und David ist eine heftige Leidenschaft entbrannt,

Onkel Franz nimmt mit seinen Freunden Hilmar, August und Fritjof seinen „Streifendienst“ wieder auf.

worüber Wittich sich bei Amelie beklagt. Die aber freut sich, daß David sich verliebt hat. Bei ihren Worten wird Onkel Franz ganz warm ums Herz.
Zorro ist in Untersuchungshaft. Bei der Prügelei vor einer Woche hat er einen der Schlägertypen ernsthaft verletzt. Die tief geschockte Walze besucht den Freund. Draußen warten Andy und Anwalt Dr. Otto Pichelsteiner, Zorros Bruder. Er wird Zorro und Walze vertreten und erklärt, daß man den Faschos außer der Bedrohung von Walze nichts wird nachweisen können. Die versuchte Vergewaltigung streiten die Männer ab. Walze bittet alle in der WG, sich zu benehmen, als sei nichts passiert. Nur Gabi erfährt, daß die Typen sich über Walze lustig gemacht haben. Walze ist überzeugt, daß niemals ein Mann sie lieben wird. Am Abend berichtet Otto Zorro, daß er in ein paar Tagen entlassen werde. Dann will er seinen Bruder mit zu sich nach Landshut nehmen. Doch Zorro lehnt ab. Es würde doch den „Sieg“ der Rechten und damit den Sieg der Gewalt bedeuten.

Bewerbungen

Spieltag: 06.06.1991 • Sendetag: 09.06.1991

Folge: 288

Zorro wird aus der U-Haft entlassen. Der Typ, den er verprügelt hatte, ist inzwischen außer Lebensgefahr. Otto vermutet, daß der Junge zum Kronzeugen aufgebaut werden soll, um eine Strafminderung zu erreichen. Tatsächlich legt er ein volles Geständnis ab und nennt auch Namen. Ziel der Rechten sei es gewesen, ihr Viertel von Schwulen, Ausländern und Typen wie Zorro zu „säubern“. Gabi erhält einen Anruf von Andys Taxikollegen. Seit dem Vorfall mit Walze fahren sie Streife und melden Auffälligkeiten per Funk. Im Moment sei jedoch alles ruhig.
Carsten hat vor, ein Jahr in Australien zu studieren, und möchte Robert natürlich mitnehmen. Der hält sich allerdings vorerst bedeckt. Später trifft er im Park einen Mann und tauscht mit ihm eilig Geld gegen ein Päckchen. Der Unbekannte treibt ihn zu größerem Geschäftseifer an. Frank hat sich unterdessen entschlossen, eine Schreinerlehre zu machen. Seine Vergangenheit als Junkie will er nicht verschweigen.
Friedhelm beschwört Hans erneut, ihm Sarah zu überlassen. Als Hans entschieden ablehnt, wird Friedhelm hysterisch. Offensichtlich wäre er in sei-

Friedhelm besucht seine Tochter Sarah. Hubert und Rosi ahnen nicht, daß Ziegler Anna gefangenhält.

ner heilen Scheinwelt völlig glücklich, hätte er nur seine Tochter. Als sein ehemaliger Freund Matthias ihn fragt, ob man Anna inzwischen gefunden hätte, eilt Friedhelm aufgeschreckt davon.
In der Lindenstraße kreisen fünf Faschos David und Frank ein. Sie wollen wissen, wo Zorro ist. Vom Fenster aus beobachtet Andy die Szene. Er bittet Gabi, Polizei und Taxikollegen anzurufen, und stürmt wild entschlossen aus der Wohnung.

Tränen

Spieltag: 13.06.1991 • Sendetag: 16.06.1991

Folge: 289

Zorro hat sich doch entschlossen, zu seinem Bruder nach Landshut zu ziehen. Vor der Schule verabschiedet sich Walze von ihm. Beide sind sehr traurig. Zorro übergibt Frank, der am Morgen eine positive Antwort auf eine Bewerbung bekommen hat, seinen Wohnwagen. Als Zorro später noch bei Hans vorbeischaut, bedankt sich der herzlich für alles, was Zorro für die Kinder getan hat. Später dann taucht unerwartet und zu Hans' allergrößter Freude nach langen Monaten ungeklärter Abwesenheit die schwangere Anna in Begleitung einer Polizistin auf. Weinend fällt er Anna um den Hals. Bruchstückhaft erfährt er Annas Geschichte: Sie wurde von Friedhelm entführt, der sie in Fulda wie eine Gefangene im Keller gehalten hat. An diesem Morgen konnte Anna endlich entkommen. Friedhelm wurde in eine Nervenklinik eingeliefert.
Nacheinander empfängt Dressler drei Damen, die sich um die Stelle als Haushälterin bewerben. Erst an der dritten Kandidatin findet Dressler großen Gefallen – sehr zum Mißfallen von Egon Kling, der dem Doktor die Einstellung auszureden versucht. Schließlich betritt Egon mit Elses Schürze das Zimmer. Zu Franks großer Erheiterung bewirbt sich Egon um die Stelle als Haushälterin. Dressler bleibt die Spucke weg.

Eine Flut an Bewerbungen erreichte die Produktion, als Dr. Dressler in der Serie eine Haushälterin suchte. Die Autoren entschieden sich aber bekanntlich für Egon Kling.

Selbstverteidigung

Spieltag: 20.06.1991 • Sendetag: 23.06.1991

Folge: 290

Annas Rückkehr ist im ganzen Haus Gesprächsthema Nr. 1. Diese hat heute einen Termin bei Dressler und wird von Egon, der nun zu seiner großen Freude als Haushälter tätig ist, herzlich begrüßt. Dressler bestätigt Anna, daß das Kind in ihrem Bauch bei bester Gesundheit ist. Anschließend besucht sie Gabi in der WG, wo großes Durcheinander herrscht, weil Timo heute zu seiner Freundin Simone

zieht. Anschließend wird Jo das Zimmer übernehmen. Mittags begegnet Helga Anna auf der Treppe und versucht, mit einer mitfühlenden Bemerkung ein Gespräch zu beginnen. Doch Anna läßt sie nach einem knappen Gruß stehen. Sie kann Helga einfach nicht ertragen.
Benny trifft sich mittags mit seinem ehemaligen Schützling Christoph im Café Bayer. Dort begegnet ihnen Claudia Rantzow, die die jungen Männer durch ihre Schlagfertigkeit verblüfft. Als Christoph Benny nach Kornelia ausfragt, winkt der ab. Er hat sich seit Wochen nicht mehr bei seiner Freundin gemeldet und all ihre Annäherungsversuche abgeblockt.
Der verzweifelte Gung meldet sich krank. Hubert kümmert sich liebevoll um ihn und empfiehlt ihm, Urzula aus seinem Herzen zu verbannen. Gung freut sich, als die ihn besucht und sich bemüht, ihn auf ihre Weise zu trösten. Offen erzählt sie von ihrer Liebe zu David. Hubert macht Urzula Vorwürfe.
Abends berichtet Helga Benny von ihrem Zusammentreffen mit Anna. Obwohl Helga durchaus Mitgefühl für Anna hat, kocht in ihr wieder der Ärger über die Rivalin hoch. Aber Benny hat für Helgas Erbitterung kein Verständnis: Unmißverständlich fordert er seine Mutter auf, doch endlich in die Scheidung einzuwilligen. Doch sie protestiert. Soll sie nach dem langen Kampf, den sie um Hans geführt hat, so einfach aufgeben?

Eifersucht

Spieltag: 27.06.1991 • Sendetag: 30.06.1991

Folge: 291

Als Benny müde vom Nachtdienst nach Hause kommt, erklärt ihm Helga, sie werde sich nun doch scheiden lassen. Später erzählt sie Matthias von ihren Sorgen um Klausi. Matthias schlägt vor, ihn zu den Pfadfindern zu schicken. Beim Mittagessen lehnt Klausi den Plan wie erwartet als „ungeil" ab. Benny macht endgültig Schluß mit Kornelia. Da er in der Wohnung weder Ruhe noch Schlaf findet und Kornelia immer noch im Hobbykeller ist, geht er ins Café Bayer, wo er auf einem Stuhl einschläft. So wird er von Claudia Rantzow entdeckt, die ihm ihre Wohnung anbietet. Sie selbst sei bis zum Abend nicht da. Abends revanchiert sich Benny für die Schlafgelegenheit, indem er Claudia zum Essen einlädt.
Für ihren Sprachkurs muß Urzula einen Aufsatz zum Thema „Deutschland nach der Wiedervereinigung" schreiben. Sie bittet Onkel Franz um Hilfe: Der ist natürlich sogleich in seinem Element. Urzulas Beziehung zu David hat Gung in eine tiefe Depression gestürzt.
Carsten hat das Physikum bestanden und betreibt nun hochmotiviert die Vorbereitung für das Auslands-Studium. Er hat einen Studienplatz an der Uni in Sydney erhalten. Robert ist nicht begeistert. Abends fei-

ert Ludwig seinen 58. Geburtstag mit Frank, Carsten, Robert, Vasily und Egon. Nebenbei erwähnt Dressler, daß nächste Woche bei ihm eine neue Sprechstundenhilfe ihre Arbeit aufnehmen wird. Heiter sitzt die Geburtstagsrunde zusammen, als Beate mit einem Geschenk erscheint. Bevor sie geht, bittet sie Vasily um ein Treffen unter vier Augen – möglichst bald. Sichtlich hoffnungsvoll bleibt Vasily zurück. Will Beate die Beziehung wieder aufleben lassen?

Blockade

Spieltag: 04.07.1991 • Sendetag: 07.07.1991

Folge: 292

Walze fragt ihren Vater, warum er Gabi nicht endlich heirate. Nach den Erlebnissen mit den Rechten hat sie wohl das Bedürfnis nach einer möglichst harmonischen Umwelt. Mittags wird sie von Robert angesprochen, dem sie jedoch ausweicht.

Vasily berichtet Elena, daß es keine Versöhnung mit Beate gibt. Sie habe nur Geld gewollt. In der Mittagspause kommt Beate selbst und informiert Elena und Panaiotis, daß Vasily die Raten für den Kredit zum Pensionsbau in Griechenland seit Januar nicht mehr bezahlt hat. Vasily meint, daß ihn das alles nichts mehr angehe: Das Haus gehöre ihr! Beate hat das Erbe ihres Vaters, fast DM 100.000, hineingesteckt. Vasily macht ihr heftige Vorwürfe – daß er nicht mehr nach Griechenland zurück kann, daß ihre Liebe zerbrochen sei ... alles sei ihre Schuld! Elena überredet Panaiotis, das Haus zu verkaufen, damit Beate ihr Geld wieder zurückbekommt.

Am Morgen behauptet Manoel, krank zu sein. Als Scholz ein fehlerhaftes, noch nicht unterschriebenes Diktat entdeckt, vermutet er zu Recht, daß heute der Rückgabetag ist. Manoel reagiert aggressiv. Berta wird nachdenklich, als Amelie sie später fragt, ob es jemals eine Zeit gab, in der zwischen ihr und Manoel alles gestimmt hat. Amelie meint, daß der Junge in einem Internat besser aufgehoben wäre. Am Nachmittag geraten Scholz und Manoel in einen heftigen Streit, in dessen Verlauf Manoel Hajos Stottern höhnisch nachäfft. Verletzt und wütend kann der sich eben noch beherrschen. Als Berta und Scholz vom Einkaufen zurückkommen, steckt der Schlüssel von innen im Schloß. Wutentbrannt ruft Manoel, daß er die Wohnungstür nur dann öffnen wird, wenn Scholz draußen bleibt.

Tanja deponiert für Franz und Vera einen Wohnungsschlüssel bei Berta, sie selbst wohnt ab sofort in Bogenhausen.

Geduld

Spieltag: 11.07.1991 • Sendetag: 14.07.1991

Helga erhält Besuch von ihrer neuen Freundin Marlene Schmitt.

Folge: 293

Endlich lenkt Manoel im Streit mit Scholz ein: Wenn er, Manoel, nächstes Jahr in ein Internat dürfe, könne Scholz, der inzwischen in Helgas Gästezimmer untergekommen ist, sofort wiederkommen. Mittags holt Matthias Klausi zum ersten Pfadfindertreffen ab. Benny freundet sich immer mehr mit Claudia an.

Rosi macht sich Sorgen um Hubert. Seit zwei Wochen hat er sein Bett nicht verlassen, und Dressler ist ratlos. Huberts vielfältige Symptome ergeben kein einheitliches Krankheitsbild. Dressler empfiehlt Ruhe und leichte Kost. Im Vorzimmer versieht die neue Sprechstundenhilfe Petra Strauß routiniert ihren Dienst. Zu Hause legt sich Hubert sofort wieder vermeintlich appetitlos ins Bett. Doch sobald er allein ist, eilt er in die Küche. Er wird durch Gung gestört, der sofort auf das Thema Urzula zu sprechen kommt. Gung hat die Hoffnung noch nicht aufgegeben und beginnt sich – ebenso wie sie – für Autos zu interessieren. Gabi hat derweil die Taxifahrerprüfung bestanden.

In einer ersten Rezension des „Rosa Oktober" wird Robert als hoffnungsvolle Entdeckung für die deutsche Literaturszene beschrieben. Leider wurden aber bisher erst 86 Exemplare des Buches verkauft. Onkel Franz regt sich über das perverse, pornografische Machwerk furchtbar auf und überschüttet Robert mit wüsten Beschimpfungen. Später begegnet Robert Frank und erinnert ihn an die heimlichen Treffen im Park. Doch Frank erteilt ihm eine Absage. Am Abend klingelt bei Robert und Carsten das Telefon. Robert nimmt ab. Frank bittet total betrunken um Stoff. Zufrieden und böse lächelnd, verspricht Robert, in zehn Minuten da zu sein.

List und Tücke

Spieltag: 18.07.1991 • Sendetag: 21.07.1991

Folge: 294

Auf dem Weg zum Bus begegnet Frank Robert. Der fragt, was Frank letzte Woche gewollt habe. Er sei – mit Stoff – umsonst am Treffpunkt gewesen. Frank reagiert selbstbewußt: Zwar habe er Heroin haben wollen, aber so besoffen sei er schließlich doch nicht gewesen. Er sei jetzt stark genug, zu widerstehen.

Inzwischen hat Egon auch das Putzen der Wohnung bei Dressler übernommen. Else ist verbittert, daß ihr Mann inzwischen ganze DM 700 mehr verdient als sie selbst. Egon macht reichlich Überstunden und genießt den Frieden in Dresslers Wohnung.

Zu Elenas Kummer versucht Vasily seinen Liebesschmerz mit Alkohol und Frauengeschichten zu vergessen. Als Elena ihm deswegen Vor-

würfe macht, bricht er weinend zusammen. Als Beate mittags kommt, bedrängt Elena sie, eine zumindest freundschaftliche Versöhnung mit Vasily anzustreben. Das ist auch in Beates Sinn – Vasily wirft sie jedoch hinaus.
Friedhelm Ziegler beobachtet, wie Hans zur Arbeit fährt. Wie gebannt starrt er auf die Tür, in der eben noch Anna stand. In der Mittagspause holt Hans Sarah zum Schwimmen ab. Er setzt sie ins Auto, als Anna ihn zurückruft. Plötzlich rennt Friedhelm zu dem Auto, steigt ein und fährt ab. Das Entsetzen von Hans und Anna ist grenzenlos. Sofort verständigen sie die Polizei und erfahren, daß Friedhelm am Morgen aus der psychiatrischen Anstalt ausgebrochen ist. Hans und Anna sind verzweifelt. Am Telefon ist eine Fangschaltung eingerichtet worden. Aber Friedhelm meldet sich nicht. Das Auto wird gefunden. Leer. Gemeinsam mit Gabi versucht Hans Anna zu trösten. Doch Anna glaubt, daß Friedhelm Sarah töten wird.

Tod und Leben

Spieltag: 25.07.1991 • Sendetag: 28.07.1991

Folge: 295

Frühmorgens wird Helga von Onkel Franz heimgesucht. Er warnt die Nichte vor der Lektüre von Roberts Roman. Sie solle gut auf ihre Söhne aufpassen, dieser Perverse habe sein erstes Erlebnis schon mit einem 17jährigen gehabt. Helga wird nachdenklich – der Leiter von Klausis Pfadfindergruppe ist 17 Jahre alt. Mit Unbehagen sieht sie der bevorstehenden dreiwöchigen Wanderung entgegen. Benny und Claudia haben indes den Lift zwischen zwei Etagen zum Halten gebracht und umarmen sich mit größter Leidenschaft.
Am Morgen erhält Hubert Post von seinem Bruder Karl aus Rostock, der seine Reparaturwerkstatt für Nähmaschinen betriebswirtschaftlich umstrukturieren will, und um Rat fragt. Sofort packt Hubert einen Koffer. Endlich ist er bereit, sein Hypochonder-Lager zu verlassen. Er will den desolaten Betrieb Karls auf gesunde Beine stellen.
Erst heute steht plötzlich Sarah vor Helgas Wohnungstür. Friedhelm hat sie vor dem Haus abgesetzt. Dann nähert er sich unbemerkt Annas Wohnung. Hans und Anna sind auf dem Weg ins Krankenhaus, denn Anna spürt erste Wehen. Dort angekommen, erhalten sie dann die freudige Nachricht von Sarahs Rückkehr. Wenig später bringt Anna ein gesundes Mädchen – Sophie – zur Welt. Indes hat Friedhelm sich Zutritt zu Annas Wohnung verschafft ... Hans kommt nach Hause. Er stutzt, als er im Flur ein Kleid von Anna auf dem Boden entdeckt. Suchend eilt er durch die Wohnung und erstarrt: Im Badezimmer hat sich Friedhelm Ziegler erhängt.

Großmut

Spieltag: 01.08.1991 • Sendetag: 04.08.1991

Folge: 296

Der Wohnung ist von dem schrecklichen Ereignis vor einer Woche nichts mehr anzusehen: Hans hat alles frisch renoviert. Bevor er Anna und das Baby aus der Klinik abholt, geht er zu Friedhelms Beerdigung. Währenddessen kauft Helga Blumen bei Claudia und erzählt ihr von den Problemen mit Benny. Erstaunt hört Helga, daß Claudia Benny gar nicht so verschlossen findet. Zu Besuch bei Hans und Anna bekräftigt Helga erneut, in die Scheidung einzuwilligen.
Hubert reist heute nach Rostock ab. Die ganze Familie begleitet ihn auf die Straße, wo zur Überraschung aller Gung Urzula als Geschenk einen nagelneuen roten Kleinwagen präsentiert. Unklar ist, wie Gung bei seinem Verdienst so viel sparen konnte. Als Gabi Hubert beim Abschied zum erstenmal „Vater" nennt, schließt der sie glücklich in seine Arme. David und Urzula brechen mit dem Auto zu einer Spritztour auf. Gung ist zutiefst enttäuscht.
Mittags beobachtet Onkel Franz, daß Robert Besuch von Flora bekommt. Unerwartet kommt Carsten nachmittags nach Hause. Wittich empfängt ihn mit der hämischen Mitteilung, er werde gleich eine hübsche Überraschung erleben. In der Wohnung findet Carsten dann Robert und Flora spärlich bekleidet vor. Carsten ist enttäuscht und wütend. Unter dem Beifall von Onkel Franz wirft er Robert aus der Wohnung. Onkel Franz gibt Engel zu verstehen, daß sein unmoralisches Gastspiel in diesem Haus nun wohl beendet sei. Doch Robert warnt Onkel Franz, sich nicht zu früh zu freuen.

Carsten traut seinen Augen nicht. Hülsch präsentiert Robert und Flora als Nachmieter.

Adios

Spieltag: 08.08.1991
Sendetag: 11.08.1991

Folge: 297

Vor seiner Abreise nach Sydney verabschiedet sich Carsten von Ludwig, Frank, Egon und Beate. Nach dem Eklat mit Robert hat er umgehend seine Wohnung gekündigt. Von der Hausverwaltung erfährt Carsten, daß es bereits einen Nachmieter gibt. Am späten Nachmittag erscheint Hülsch mit dem neuen Mieter bei Flöter: Robert. Als Carsten auch noch Flora die Wohnung betreten sieht, verläßt er das Haus. Noch einmal geht er zu Elisabeths Grab und verläßt dann geknickt seine Heimat.

Berta wird nächste Woche allein mit Manoel für drei Wochen in seine mexikanische Heimat reisen. Zu Schuljahrsbeginn wird der Junge dann in ein Internat gehen.

Auf einer Parkbank lernt Amelie ein 10jähriges Mädchen kennen. Es hat einen Gipsarm und beobachtet nachdenklich die spielenden Kinder. Freundlich knüpft Amelie ein Gespräch an. Das Mädchen – Lisa – erzählt ihr zögernd, daß sie sich den Arm beim Spielen gebrochen hat. Amelie lädt sie zu einem Eis ins Café Bayer ein. Als Lisa ihre Mutter vor dem Friseursalon entdeckt, läuft sie nach einem schnellen Dank weg.

Amelie lernt die kleine Lisa Hoffmeister kennen.

Panaiotis ist aus Griechenland zurück. Ein internationaler Hotelkonzern hat die Pension für $ 220.000 gekauft. Beate erhält ihren Anteil, sobald der Scheck eingelöst ist. Am Abend ist das Lokal brechend voll. Alle sind glücklich und zufrieden – fast alle: Gequält beobachtet Gung David und Urzula, und Walze Robert mit Flora. Berta muß schockiert feststellen, daß jemand aus ihrer Handtasche die gesamten Pesos im Wert von DM 500 für die Mexikoreise gestohlen hat. An ihrem Tisch sitzen Gabi, Andy, Iffi, Gung, David und Urzula. Wer war's?

Einladungen

Spieltag: 15.08.1991 • Sendetag: 18.08.1991

Folge: 298

Nach einem Spaziergang kehren Amelie und Onkel Franz im Café Bayer ein, wo zu Amelies Freude Lisa auftaucht. Ihr rechtes Auge ist rot unterlaufen und dick geschwollen. Ein Wespenstich, erklärt sie. Amelie will Lisa zu etwas einladen, aber die Kleine lehnt höflich ab. Und Amelie schwant, daß das gar kein Wespenstich war ...

Als Helga die Tür zum Hobbykeller öffnet, erstarrt sie: Benny liegt mit Claudia Rantzow im Bett! Im Laufe eines Gespräches am Nachmittag schafft es Claudia, die aufgeregte Helga zu beruhigen. Grundsätzlich aber hält Helga nicht allzuviel von dieser Beziehung – vor allem wegen des Altersunterschiedes. Die Frau ist immerhin zehn Jahre älter. Als Benny erscheint, verhindert Claudia geschickt eine drohende Auseinandersetzung zwischen Mutter und Sohn.

Am Morgen bereitet Gung ein exquisites vietnamesisches Essen für Urzula vor und dekoriert sein Zimmer asiatisch. Außerdem versteckt er mexikanische Geldscheine in seiner Räucherstäbchenschachtel...

Als Urzula aufwacht, meint sie nur, eine Reistafel passe doch viel besser als Abendessen. Bei dem schönen Wetter fahre sie lieber mit David zum Schwimmen. Gung sackt in sich zusammen. Umgehend stellt Zorro, der überraschend zu Besuch ist, einen Notplan auf: Kurz darauf sitzt die ganze WG in der Koch-Wohnung über den fernöstlichen Leckereien. Gung sitzt immer noch still in der Ecke. Um ihn aufzumuntern, will Gabi die Räucherstäbchen holen. Als sie das Kästchen öffnet, entdeckt sie darin die Pesos. Sie stutzt einen Augenblick. Dann nimmt sie die Scheine und hält sie, von den anderen unbemerkt, Gung unter die Nase. Fragend blickt sie ihn an.

Gefeuert

Spieltag: 22.08.1991 • Sendetag: 25.08.1991

Folge: 299

Gung hat Gabi gebeichtet, nicht nur Bertas Pesos gestohlen zu haben, sondern auch bei der Post DM 4.200 unterschlagen zu haben – alles für Urzulas Wagen. Gabi hat Mitleid mit dem verzweifelten Gung, den nicht nur sie als ehrlichen und grundanständigen Menschen schätzt. Sie rät ihm, bei der Post alles zu gestehen. Man werde sicher von einer Bestrafung Abstand nehmen. Gung wird jedoch fristlos entlassen. Immerhin erreicht Gabi, daß keine Anzeige erstattet wird. Gabi fordert nun von Urzula die Rückgabe des Autos, damit Gung nach dem Verkauf wenigstens das unterschlagene Geld zurückzahlen kann.

Klausi kommt müde und schimpfend wie ein Rohrspatz von seiner Wanderung zurück – total verdreckt, mit riesigen Blasen an den Füßen. Hans' Gitarre hat er unterwegs verloren. Die Maultaschen, die Helga aus purer Sentimentalität zum 25jährigen Jahrestag ihres Kennenlernens mit Hans gekocht hat, weist er zurück und verzieht sich zu Iffi. Die hat inzwischen Matthias als Französischlehrer verpflichtet, da sie in drei Jahren auf die Zirkusschule nach Chalons-sur-Marne gehen will.

Matthias beginnt heute eine Weintrauben-Entschlackungskur.

Isolde ist deprimiert. Vom Vertriebsleiter der Plattenfirma muß sie sich sagen lassen, daß eine Platte dieses Genres entweder sofort beim Publikum ankommt – oder nie. Als sie am Abend im Akropolis singt, verlassen einige Gäste mit herablassenden Bemerkungen das Lokal. Isolde eilt hinaus. Enrico folgt ihr besorgt. Zutiefst verletzt bricht es aus ihr heraus, daß sie niemals wieder singen werde. Sie habe die Nase voll von allem, auch von ihm.

Fürs Leben

Spieltag: 29.08.1991 • Sendetag: 01.09.1991

Folge: 300

Der Tag der Scheidung ist da – Helga würde am liebsten gar nicht aufstehen. Im Gerichtssaal verliest der Richter später das Scheidungsurteil. Das Sorgerecht für Klausi wird Helga zugesprochen. Anschließend trinken Hans und Helga noch einen Kaffee zusammen. Helga erlaubt sich eine letzte sentimentale Erinnerung an den Tag ihres Kennenlernens. Geduldig hört Hans zu und verspricht, sie würden gute Freunde bleiben. Als Helga ihm den Ehering zurückgeben will, gesteht Hans, daß er seinen nicht finden konnte. Mit Tränen in den Augen bleibt Helga zurück, als ihr Ex-Mann gegangen ist. Zu Hause angekommen, wird Helga von ihrer Frauengruppe überrascht. Kurzerhand erklärt sie ihren Austritt aus der Gruppe und schickt alle weg. Als Benny und Claudia später nach Helga schauen, liegt die seit einer Stunde im Bett und heult. Klausi brät schon mal Spiegeleier ...

Vor allem aus Scham über seinen Betrug bei der Post geht Gung Urzula konsequent aus dem Weg. Rosi ist derweil in Gedanken bei ihrem Hubertchen, der keine Anstalten macht, aus Rostock zurückzukehren. Andy bespricht mit Gabi, wie man verhindern kann, daß Walze Roberts Roman liest. Er hat selbst das Buch gekauft, um zu wissen, ob es wirklich so schlimm ist. Vorsichtshalber versteckt er es. Iffi zieht sich inzwischen den Roman heimlich rein. Später belauscht sie Andy und Gabi: Zum erstenmal sprechen die beiden konkret über Heirat.

Isolde leidet schwer unter dem Mißerfolg ihrer Platte. Die immer so aktive und lebenslustige Frau ist zutiefst deprimiert. Ähnlich wie Helga: Die sitzt am Abend am Küchentisch und versucht, eine Annonce zu formulieren: „Lebensbejahende Dame sucht seriöse männliche Bekanntschaft ...“ Sie schaut in die Ferne und zögert.

Fehlstart

Spieltag: 05.09.1991 • Sendetag: 08.09.1991

Folge: 301

Isolde ist immer noch deprimiert. Deshalb ruft Enrico ein paar Freunde an und vereinbart, daß jeder von ihnen einen Stapel von Isoldes Schallplatten kauft. Abends bringen sie die Platten in Claudias Wohnung unter. Als Enrico später andeutet, daß Isolde vielleicht doch wieder einmal auftreten könnte, entgegnet sie energisch, dieses Thema sei ein für alle Mal erledigt!

Amelie bereitet den Empfang von Berta und Manoel vor, die aus Mexiko zurückerwartet werden. Da sieht sie Lisa, die mit geschwollenem Gesicht über die Straße geht. Gerade als Amelie Lisa rufen will, verschwindet das Kind im Haus neben dem Supermarkt. Gleichzeitig

kommen Scholz, Berta und Manoel an. Als Berta später von ihrer Reise erzählt, kommt Gung zu ihr, um ihr höchst verlegen das gestohlene Geld zurückzubringen.
In dem Reisebüro in der Kastanienstraße, das vor einem Monat neu eröffnet wurde, wird Helga von dem Besitzer, Erich Schiller, sehr zuvorkommend bedient. Zu Hause öffnet Helga dann die Zuschriften auf ihre Anzeige und trifft sich bereits am Nachmittag zu einem erfolglosen Gespräch mit einem Herrn. Abends erzählt sie Marlene am Telefon, daß sie doch nicht verreisen werde, da sie nicht vor der Wirklichkeit fliehen wolle.
Amelie und Manoel biegen, von einem Spaziergang kommend, in die Lindenstraße ein. Plötzlich hört Amelie aus dem Haus neben dem Supermarkt die Schreie eines Kindes. Das kann nur Lisa sein! Amelie ist wild entschlossen, etwas zu unternehmen.

Marmor, Stein und Eisenbeiß

Spieltag: 12.09.1991 • Sendetag: 15.09.1991

Folge: 302

Klausi und Iffi werden von Else in ihre Wohnung gebeten, weil sie dem jungen Beimer Post für Helga geben will. Dabei fällt Iffis Blick auf die „Betenden Hände", die in Elses Küche hängen. Als Else erfährt, daß Iffi noch nicht einmal getauft ist, schenkt sie dem „armen Kind" das Bild. Iffi bezahlt später Matthias mit dem Bild, der ihr bisher zwölf Stunden Unterricht gegeben hat. Nachmittags trifft Walze Robert im Treppenhaus. Auf seine Frage, ob sie inzwischen sein Buch gelesen habe, schüttelt sie den Kopf. Abends findet Walze dann durch einen Zufall den Roman zwischen Iffis Sachen und verzieht sich mit der heißersehnten Lektüre ins Bett.
Auf der Straße bittet Lisa Amelie, nicht mehr zu ihr nach Hause zu kommen. Sie habe letzte Woche nicht geschrien, und ihre Mutter habe sie auch noch nie geschlagen.

Helga bringt einen kaputten Stuhl in Frank Dresslers kleine Schreinerwerkstatt im Hof.

Helga gesteht Klausi, daß sie eine Kontaktanzeige aufgegeben hat und sich heute nachmittag mit einem Herrn Eisenbeiß treffen wird. Wie sich später im Café Bayer herausstellt, ist der ein passionierter Pfeifenraucher. Das Gespräch der beiden wird von Erich Schiller unterbrochen, der Helga bittet, später in seinen Laden zu kommen. Nachdem Helga Herrn Eisenbeiß für den Abend zum Essen eingeladen hat, geht sie ins Reisebüro, wo ihr Herr Schiller auf charmante Art einen neuen Reisevorschlag macht. Helga ist von Schillers offenkundiger Verehrung verwirrt. Abends bietet sie für Herrn Eisenbeiß all ihre Kochkünste auf. Doch der redet nur über seine Pfeifen. Gelangweilt trägt Helga das Geschirr in die Küche. Als sie wieder ins Wohnzimmer kommt, ist Herr Eisenbeiß verschwunden. Erleichtert geht Helga in ihr Schlafzimmer, wo eine Überraschung auf sie wartet: Herr

Eisenbeiß liegt nackt im Bett und bittet sie, einen Aschenbecher mitzubringen – für die Pfeife danach ...

Isoldes Erfolg

Spieltag: 19.09.1991 • Sendetag: 22.09.1991

Folge: 303

Von Bertas Wohnung aus beobachtet Amelie seit einer Woche täglich das Haus, in dem Lisa lebt. Mittags erblickt sie Lisa, die hinkend und mit blauen Flecken übersät aus der Schule kommt, und bringt das Mädchen zu Dressler. Dort beteuert Lisa weinend, ihre Mutter habe sie wirklich noch nie geschlagen.

Iffi will von Klausi wissen, wie dessen Mutter vor einer Woche Lothar Eisenbeiß wieder losgeworden ist. Doch Klausi traut sich nicht, Helga zu fragen. Ihm reicht es zu wissen, daß dieser merkwürdige Zeitgenosse nicht wiederkommen wird. Weil Iffis Fahrrad gestohlen worden ist, wird nachmittags eine Aktion vor dem Café Bayer veranstaltet. Klausi und Iffi führen allerhand Kunststücke vor, während Walze die wenigen Spenden der Passanten einsammelt.

Isolde eröffnet gutgelaunt ihren Salon wieder. Sie hat ein Telegramm von ihrer Plattenfirma erhalten: Von den gepreßten 20.000 Singles ist bereits über die Hälfte verkauft! Kurz darauf trifft sich Enrico mit seinen Freunden im Akropolis. Er gibt ihnen Geld, da sie heute wieder aufbrechen, um in ganz Deutschland Isoldes Platten aufzukaufen. Am Abend berichtet Isolde ausgelassen, wegen des riesigen Erfolgs ihrer Single habe die Plattenfirma vor, eine Langspielplatte zu produzieren – mit einer Auflage von 100.000 Stück. Enrico wird blaß und muß sich am Herd festhalten.

Enrico darf die Schallplatten in Claudias Wohnung einlagern.

Vorwürfe

Spieltag: 26.09.1991 • Sendetag: 29.09.1991

Folge: 304

Bei Zenkers wird über die Hochzeit gesprochen, die am 14. November stattfinden soll. Als Timo und Simone zu Besuch kommen, gibt es Streit wegen des Termins, denn die beiden haben für Mitte November eine Reise gebucht, die Simone nicht mehr verlegen will. Andy liegt der Prozeß gegen die Faschos im Magen. Überraschend erscheint Zorro mit einem Brief seines Bruders: Zu Walzes Erleichterung wird Otto Pichelsteiner an ihrer Stelle vor Gericht auftreten.

Die Plattenfirma produziert seit gestern die Langspielplatte mit Isolde. Als seine Frau ins Studio geht, bittet Enrico Panaiotis um die Rückzahlung der noch ausstehenden DM 80.000, die er ihm zur Renovie-

rung des Lokals geliehen hat. Panaiotis fährt zur Bank, aber mehr als DM 40.000 kann er Enrico heute nicht geben.
Amelie bittet Hans Beimer, seine Kollegen in den entsprechenden Abteilungen auf die alleinerziehende Frau Hoffmeister aufmerksam zu machen. Hans will sich um die Sache kümmern, allerdings verlasse er seinen Job Ende Oktober, um als Geschäftsführer in einem Hotel zu arbeiten. Unterdessen hat Dressler Lisa und ihre Mutter zu sich gebeten. Lisa beteuert, nicht geschlagen worden zu sein, und Frau Hoffmeister versucht, Dressler von einer Verkettung unglücklicher Zufälle zu überzeugen. Auf dem Nachhauseweg wird Amelie von Frau Hoffmeister angesprochen. In scharfen Worten erklärt sie, daß Amelie sofort aufhören solle, sie zu verleumden. Es kommt zum Streit, in dessen Verlauf Amelie Lisas Mutter eine schallende Ohrfeige verpaßt. Frau Hoffmeister schwört Rache ...

Opfer

Spieltag: 03.10.1991 • Sendetag: 06.10.1991

Folge: 305

Walze wird von aufdringlichen Journalisten wegen des bevorstehenden Prozesses belästigt. Der macht ihr schwer zu schaffen, weil sie sich für das, was passiert ist, die Schuld gibt. Sie sucht Robert auf, um sich neue Bücher auszuleihen. Als sie sieht, daß er von einem ihr unbekannten Mann namens Tommy Besuch hat, will sie wieder gehen. Robert kann sie aber dazu überreden, einzutreten.
Amelie sitzt im Café Bayer und wartet vergeblich auf Lisa. Urzula rät ihr, sie einfach zu Hause abzuholen. Als Amelie bei Hoffmeisters klingelt, macht niemand auf, aber sie hört deutlich das Schluchzen eines Kindes. Sofort ruft Amelie Scholz, der die Tür aufbricht. Die beiden finden Lisa in einem erbärmlichen Zustand vor. Scholz trägt sie zu Dressler, während Amelie die Polizei anruft. Dressler stellt zwar außer blauen Flecken nichts fest, veranlaßt aber trotzdem den Transport des Kindes in eine Klinik.
Isolde hat die Aufnahmen für ihre Langspielplatte abgeschlossen. Während sie sich für einen letzten Fototermin zurechtmachen läßt, bekommt Enrico Besuch von seinen Freunden. Sie präsentieren ihm die Schlußabrechnung: Alle Singles sind aufgekauft – für DM 200.000. Nun ist Enrico absolut pleite.
Während Walze Roberts Bücherregal in Augenschein nimmt, verabschiedet sich Tommy von Robert. Er steckt ein Bündel Banknoten ein und fordert Robert unmißverständlich auf, neue Kunden aufzureißen. Nachdenklich schaut Robert ihm nach. Dann fixiert er durch die offene Zimmertür Walze ...

Angst
Spieltag: 10.10.1991 • Sendetag: 13.10.1991

Folge: 306

Am Morgen will Iffi von Walze wissen, wie es gestern bei Robert war. So schön wie vor einer Woche, antwortet die. Er habe ihr von seinem neuen Buch erzählt. Weil Walze erneut als Zeugin befragt werden soll, kommen ein Vertreter der Staatsanwaltschaft und Otto Pichelsteiner mit Zorro zu Zenkers. In Anwesenheit von Andy und Gabi gibt Walze stockend Auskunft über die Vorgänge, die sich vor fünf Monaten im Hinterhof abgespielt haben. In der Zwischenzeit gibt Else Kling den Reportern der Boulevardpresse bereitwillig Interviews.
Am späten Nachmittag entdeckt Frank im Hinterhof Robert, der sich den Wohnwagen eingehend anschaut. Frank rät ihm, die Finger von Valerie Zenker zu lassen. Sollte er sie an die Nadel bringen, lasse er ihn hochgehen.
Benny hat seinen Zivildienst in dem Altenheim in Ottobrunn beendet. Seine neu gewonnene Freiheit genießt er vor allem mit Claudia. Helga versucht vergeblich, Benny für eine solide Berufsausbildung zu begeistern. Später erfährt sie von Klausi, daß Hans seinen sicheren Arbeitsplatz aufgeben wird. Sofort ruft sie ihren Ex-Mann an und macht ihm heftige Vorwürfe, weil sie befürchtet, daß er seinen Unterhaltszahlungen nicht mehr nachkommen kann. Beim Abendessen erklärt Benny ihr, er brauche keinen Pfennig von Hans, und es sei Zeit, daß auch sie endlich für sich selbst sorge. Es kommt zum Streit, und er läßt sie mit der Bemerkung allein, sie könne erst wieder mit ihm rechnen, wenn sie einen Job habe.

13 rote Rosen
Spieltag: 17.10.1991 • Sendetag: 20.10.1991

Folge: 307

Klausi feiert heute seinen 13. Geburtstag. Helga schenkt ihm eine Schlauchbootfahrt auf der Isar zusammen mit seiner Pfadfindergruppe. Außerdem hat sie beschlossen, sich einen Job zu suchen. Benny bewirbt sich unterdessen im Akropolis als Kellner und bekommt zu seiner großen Freude eine Zusage. Nach Dienstschluß kommt auch Hans vorbei, dem Helga zur Erinnerung 13 rote Rosen geschickt hatte, und schenkt Klausi ein Paar Fußballschuhe. Hans erklärt Helga, er habe seinen Vertrag mit der Hotelkette inzwischen in der Tasche, sie brauche sich also keine Gedanken mehr zu machen.
Walze sucht nach Else Kling, weil sie in der Zeitung einen „Augenzeugen"-Bericht von Else über den Schlägerprozeß gelesen hat. Speziell Walze kommt dabei sehr schlecht weg. Als sie Else schließlich im Café Bayer findet, zögert sie nicht lange und gibt ihr eine Ohrfeige. Frank,

der beobachtet hat, wie Walze und Robert sich morgens miteinander unterhalten haben, rät ihr später am Nachmittag, Robert aus dem Weg zu gehen. Am Abend reden Frank und Ludwig dann über Lisa, die bald aus der Klinik entlassen werden soll. Ihre Mutter ist in der Zwischenzeit zu einer Therapie genötigt worden. Nachdem Frank von Petra Strauß abgeholt worden ist, zeigt sich Dressler betrübt, daß sein Sohn so zurückhaltend Petra gegenüber ist. Egon aber ist zuversichtlich: Der Junge werde sich schon entwickeln, er brauche nur Zeit. Auf dem Heimweg nimmt Petra zärtlich Franks Hand, aber der scheint das gar nicht zu bemerken. Sein Blick ist auf Robert gerichtet, der gerade die Straße überquert. Frank läßt Petra stehen und geht zu Robert. Seine Drohung ist eindeutig: Er soll sich von Walze fernhalten, sonst wird er ihn umbringen.

Frank droht Robert.

Siebzehn und Vier

Spieltag: 24.10.1991 • Sendetag: 27.10.1991

Folge: 308

Frank beobachtet zufrieden, wie Robert Walze, die ihm nachgelaufen ist, zurückweist. Später bekommt Robert einen Anruf. Ärgerlich faucht er in den Hörer, er wisse, was er zu tun habe, er brauche nur noch etwas Zeit. Am späten Nachmittag beobachtet er dann, wie Frank, offensichtlich nicht mehr ganz nüchtern, im Wohnwagen verschwindet. Wenig später schleicht sich Robert in den Wohnwagen, wo der junge Dressler schlafend auf dem Bett liegt.
Urzula hat ein schlechtes Gewissen wegen Gung, der immer noch keine neue Arbeit hat. Sie möchte ihm gerne helfen, weiß aber nicht, wie. David hat eine Idee: Er bittet Onkel Franz, beim heutigen Kartenspiel mitmachen zu dürfen. Tatsächlich gewinnt er abends alle Spiele und steckt lächelnd seinen Gewinn von DM 1.200 ein. Onkel Franz und seine Kumpanen sind darüber sehr wütend und geraten in einen heftigen Streit. Urzula steckt das Geld mit einem Zettel in einen Umschlag und legt diesen unter Gungs Kopfkissen.
Am Abend wartet Berta ungeduldig auf Hajo. Sie hatte ihm morgens extra gesagt, daß sie ein intimes Diner vorbereiten werde, um den 463. Tag ihres Kennenlernens zu feiern. Als er endlich kommt, bringt er wieder einmal ein paar Kollegen mit. Berta bleibt nichts anderes übrig, als die heitere Gastgeberin zu spielen.

Auf der Suche nach Frank öffnet Egon die Tür zum Wohnwagen und schreckt zurück: Frank liegt bewegungslos auf dem Bett. In seiner Armbeuge ist Blut, neben dem Bett liegt eine Spritze ...

Das 13. Spiel

Spieltag: 31.10.1991 • Sendetag: 03.11.1991

Folge: 309

Seit einer Woche liegt Frank ohne Bewußtsein in der Klinik. Die Entgiftung soll durch eine Schlaftherapie erreicht werden. Dressler ist verzweifelt, weil er glaubt, Frank sei rückfällig geworden. Robert bestätigt ihn in dieser Meinung. Später aber erklärt ihm der zuständige Arzt, daß sein Sohn möglicherweise das Opfer eines Dealers geworden ist.

Benny ist bei Claudia im Laden. Gerade will er sie in den Arm nehmen, da sieht er Hans auf das Geschäft zukommen. Da er keine Lust hat, mit seinem Vater zu reden, versteckt er sich hinter der Theke. Weil kurz darauf auch Helga die beiden stört, schließt Benny die Tür ab und läßt die Rollos herunter. Als Else Kling den Laden verschlossen vorfindet, versucht sie durch die Scheibe zu spähen. Was sie sieht, scheint sie zu faszinieren.

David zieht bei Onkel Franz aus. Er wird bis zu Huberts Rückkehr in der Wohnung von Kochs unterkommen. Bevor Onkel Franz ins Café Bayer geht, überreicht er Amelie eine Orchidee und erinnert sie daran, daß die Probezeit, in der er durch die Aufnahme Davids in seiner Wohnung seine Menschlichkeit unter Beweis stellen sollte, abgelaufen sei. Nun sei es an ihr, das Versprechen einzulösen, seine Frau zu werden. In die Enge getrieben, schlägt Amelie vor, die Angelegenheit am Spieltisch zu entscheiden. In der Nacht sitzen Amelie und Wittich beim Poker. Bisher hat jeder sechs Spiele gewonnen. Das 13. Spiel soll die Entscheidung bringen. Zögernd deckt Amelie ihre Karten auf. Onkel Franz tut es ihr nach. Ein breites Grinsen erscheint auf seinem Gesicht. Er hat gewonnen!

Enricos Tränen

Spieltag: 07.11.1991 • Sendetag: 10.11.1991

Folge: 310

Gabi bittet Dressler, ihr Trauzeuge zu sein. Dressler erzählt, daß Frank beteuert, sich die Spritze nicht selbst gesetzt zu haben. Es sei aber noch nicht geklärt, wer der Täter war. Währenddessen beobachtet Frank, wie Robert zu einem fremden Mann ins Auto steigt. Sofort rennt er nach unten und fährt hinterher.

Scholz verspricht Berta, die nächsten Abende mit ihr allein zu verbringen. Später kommt Amelie zu Besuch, und die beiden Frauen suchen vergeblich nach einer Lösung, wie Amelie der Ehe mit Onkel Franz entgehen kann, ohne wortbrüchig zu werden. Hajo kommt am Abend wie versprochen allein nach Hause. Doch unverhofft steht Franz Schildknecht vor der Tür, der zu Gabis Hochzeit angereist ist und sich nun zum Abendessen einlädt.
Heute wird Isoldes Langspielplatte offiziell veröffentlicht. Sie ist davon überzeugt, daß die LP mindestens ebenso erfolgreich sein wird wie die Single. Zur Autogrammstunde in einem großen Plattengeschäft geht Enrico nicht mit, weil er einen Reinfall erwartet. Um so erstaunter ist er, als Isolde stolz und glücklich zurückkommt und vom großen Erfolg der Aktion berichtet.
Gegen Abend erscheint Rita bei Zenkers. Sie will Andy zur Hochzeit alles Gute wünschen. Weil sie ihr Geschenk aber im Auto vergessen hat, bringt Andy die junge Frau nach unten. So kommt es, daß Gabi, als sie nach Hause kommt, mitansehen muß, wie Andy in einem fremden Auto von Rita umarmt und geküßt wird. Entsetzt stellt sie fest, daß Andy Ritas Küsse leidenschaftlich erwidert. Wie eine Furie stürzt Gabi in ihre Wohnung. Ohne ein Wort zu sagen, reißt sie ihr Hochzeitskleid vom Bügel und beginnt, es zu zerschneiden. Ratlos schaut Rosi ihrer Tochter zu.

Gabis Hochzeit

Spieltag: 14.11.1991 • Sendetag: 17.11.1991

Folge: 311

Frank hat sich Zutritt zu Roberts Wohnung verschafft. Er entdeckt den schwarzen Aktenkoffer, den Robert am Morgen von einem Fremden in Empfang genommen hat. Doch bevor Frank Gelegenheit hat, den Koffer zu öffnen, betritt der Dealer Tommy die Wohnung und nimmt den Koffer mit, ohne Frank zu bemerken.
Isolde bietet Beate spontan an, den Salon als Pächterin zu übernehmen, da sie selbst keine Lust mehr auf diese Arbeit habe.
Gegen drei Uhr morgens kommen Gabi und Anna angeheitert von einer durchzechten Nacht nach Hause. Sie haben die letzte Nacht vor der Hochzeit ausgiebig gefeiert. Andy ist erleichtert. Er hatte ernstlich befürchten müssen, daß sein Ausrutscher mit Rita Gabi in letzter Se-

Gabi und Andy bei ihrer Hochzeitsfeier im Akropolis.

kunde veranlassen könnte, die Hochzeit abzusagen. Pünktlich zum Fest kommt Hubert aus Rostock zurück und wird überglücklich von Rosi begrüßt. Er hat sich in den neuen Bundesländern im Umweltschutz engagiert und berichtet nun von weiteren Plänen. Urzula bittet darum, daß David bei ihr wohnen darf. Nach der standesamtlichen Heirat beginnt im Akropolis ein rauschendes Fest. Amelie wird wiederholt von Onkel Franz bedrängt, der unbedingt den Termin für ihre eigene Hochzeit festlegen möchte. Gabi findet auf ihrem Platz eine Diamanthalskette, die Herr Hülsch im Auftrag von Phil Seegers vorbeigebracht hat. Hubert hält eine Rede, die Rosi zu Tränen rührt. Als Andy und Gabi ihren Hochzeitstanz tanzen, sagt Gabi ihrem Mann, daß sie vermutet, schwanger zu sein. Andy bricht den Tanz ab. Er ist sprachlos.

Die Versuchung

Spieltag: 21.11.1991 • Sendetag: 24.11.1991

Folge: 312

Dressler teilt Gabi mit, daß sie nicht schwanger ist. Er rät ihr, die Pille abzusetzen und sich gemeinsam mit Andy Gedanken über andere Verhütungsmethoden zu machen – beispielsweise könnte Andy sich sterilisieren lassen. Doch das möchte Gabi nicht. Phil hat Max mehrere Pakete voller Spielzeug geschickt. Kurz darauf kommt Herr Hülsch und liefert noch mehr Geschenke ab. Mit Grüßen von Phil überreicht er Gabi außerdem den Versicherungsschein für die Diamantkette. Er muß jedoch erfahren, daß Gabi die Kette verkauft und den Erlös einem wohltätigen Zweck gespendet hat.

Bei den Spielsachen für Max handelt es sich hauptsächlich um Kriegsspielzeug. Ein Grund mehr für Gabi, sich zu ärgern.

Isoldes Langspielplatte scheint ein Hit zu werden. Heute abend ist sie sogar in eine Talk-Show eingeladen. Unglücklicherweise sieht sie aber, wie Enrico Claudias Wohnung betritt. Entschlossen folgt sie ihm und erfährt so, wem sie ihren Erfolg zu verdanken hat. Sie fühlt sich gedemütigt und bebt vor Zorn. Abends sieht sich Enrico dann deprimiert die Talk-Show an. Auf die Frage nach dem Grund für ihren Erfolg, antwortet Isolde, ihr Mann habe sie mit einem raffinierten Trick populär gemacht. Fassungslos erlebt Enrico, wie Isolde schließlich in die Kamera blickt und sich leise bei ihm bedankt.

Walze besucht Robert. Er macht ihr Komplimente und zeigt sich überzeugt, daß auch sie schriftstellerisches Talent habe. Als das Telefon klingelt, nimmt er den Apparat mit in den Flur. Dabei fällt eine Keksdose vom Tisch. Als Walze sie aufhebt, entdeckt sie zu ihrem Entsetzen, daß sie mehrere Spritzbestecke und abgepackte Heroinpäckchen enthält. Als Robert zurückkommt, lächelt er Walze an und fragt sie, ob sie mal probieren wolle.

Fairneß

Spieltag: 28.11.1991 • Sendetag: 01.12.1991

Folge: 313

In der Küche trifft Gabi Walze, die William Burroughs „Naked Lunch" liest. Den ahnungslosen Fragen Valeries über Drogen weicht Gabi geschickt aus. Beim Frühstück diskutieren Gabi und Andy dann über Verhütungsmittel. Auch die Möglichkeit der Sterilisation wird dabei angesprochen. Iffi erzählt Gabi und Andy von einer „Julia", mit der Valerie jeden Nachmittag Hausaufgaben mache. Am Nachmittag hat Iffi dann heftigen Streit mit Klausi, dessen treue Gefolgschaft sie nervt. Gabi bittet Andy, mit Iffi zu reden: Es sei peinlich, wie sie mit Klausi und auch mit Matthias umgehe, dem sie bis jetzt noch keinen Pfennig für seinen Französischunterricht gezahlt habe.

Während eines gemeinsamen Spaziergangs sprechen Robert und Valerie später wieder über Drogen. Geschickt weckt er Valeries Neugierde und schafft es, ihre Einwände zu zerstreuen. Hingerissen verspricht sie, niemandem etwas zu erzählen.

Benny klagt Claudia sein Leid wegen seiner Mutter, mit der er wieder eine Diskussion über seine Zukunft führen mußte. Dann möchte er mehr über Claudias Jugend in der DDR wissen, doch diese weicht dem Thema gereizt aus. Als Benny später Christoph besucht, der unglücklich darüber ist, ständig von seiner Mutter umsorgt zu werden, bekommt Claudia unerwartet Besuch von ihrem Bruder Dieter. Er ist arbeitslos und bittet seine Schwester, ihm bei der Jobsuche zu helfen. Claudia ist sein Erscheinen sichtlich unangenehm. Als Benny abends vor Claudias Tür steht, will sie ihn nicht hereinlassen. Benny sieht den fremden Mann in ihrer Wohnung und möchte wissen, wer das ist. Doch Claudia schaut ihn nur verzweifelt an.

Claudia Rantzow wird von ihrer Vergangenheit eingeholt. Bruder Dieter taucht plötzlich in München auf.

Takt

Spieltag: 05.12.1991 • Sendetag: 08.12.1991

Folge: 314

Valerie hat sich entschlossen, Kokain einmal auszuprobieren. Geschickt nimmt ihr Robert jegliche Bedenken und schärft ihr nochmals ein, nichts zu verraten. Doch das Kokain erzielt nicht die

von Valerie erhoffte positive Wirkung, und benommen geht sie nach Hause. Gabi befürchtet, daß Valerie an einer schweren Grippe erkrankt ist. Jo vermutet jedoch, daß sie etwas geschluckt habe. Als Iffi verrät, daß Walze regelmäßig zu Robert geht, sind Gabi und Andy erleichtert, da sie ihn für einen guten Gesprächspartner halten.
Seit zwei Tagen ist Lisa aus dem Heim zurück. Nach der Schule trifft sie auf Amelie, die sie nach Hause begleitet. Frau Hoffmeister empfängt Amelie reserviert, aber nicht abweisend. Für die Rückkehr Lisas hat das Jugendamt Frau Hoffmeister zur Auflage gemacht, zweimal wöchentlich eine Gesprächstherapie zu besuchen.
Dieter macht Benny gegenüber Andeutungen, daß sein Lebenslauf schuld an seiner Arbeitslosigkeit sei. Als er Claudia später nach ihrem Bruder fragt, versucht sie erschrocken, das Thema zu wechseln. Doch Benny läßt nicht locker. So kommt schließlich heraus, daß Dieter wegen versuchter Republik-Flucht im Gefängnis saß. Als Claudia sich weigert, Dieter einen Job im Blumenladen zu geben, und ihm statt dessen DM 500 anbietet, stürmt dieser ohne Abschied wütend aus dem Laden.

Dieter war von 1976-1982 in Bautzen inhaftiert.

Andy sucht Robert auf. Nachdem er von seinen Sorgen um Valerie erzählt hat, bittet er ihn um einen Gefallen: Er möge sich doch in nächster Zeit ein bißchen mehr um Valerie kümmern, was Robert sehr gern verspricht ...

Weihnachtswünsche

Spieltag: 12.12.1991 • Sendetag: 15.12.1991

Folge: 315

Helga besorgt im Reisebüro zwei Zugkarten nach Paris als Weihnachtsgeschenk für Benny und Claudia. Schiller freut sich sichtlich, Helga zu sehen, und lädt sie zum Abendessen ein. Zu Hause überreicht Klausi seiner Mutter einen ellenlangen Wunschzettel. Sein Hauptwunsch: eine sehr teure Lederjacke. Wegen solch unverschämter Ansprüche kommt es zum Streit. Abends sitzen Schiller und Helga im Akropolis. Er bietet ihr einen Halbtagsjob in seinem Reisebüro an, und Helga findet an diesem Vorschlag zunehmend Gefallen.
Else stößt in der Zeitung auf ein Preisausschreiben: Das beste Schweinefleisch-Gericht wird gesucht. Sie beschließt, ihr Schweinebraten-Rezept einzuschicken, und ist überzeugt, den ersten Preis zu erhalten. Nachmittags steht Egon in Dresslers Küche und blättert im Kochbuch. Offensichtlich hat nun auch ihn der Ehrgeiz gepackt, das Preisausschreiben zu gewinnen: „Dir werd' ich's zeigen Else! DICH koch ich klein!"
Erneut schärft Robert Valerie ein, ihr Geheimnis nicht zu verraten. Später versucht Frank, Valerie zu warnen, und erzählt ihr, wie Robert ihn an die Nadel gebracht und Carsten ausgenutzt hat. Das Mädchen

ist entsetzt, will ihm aber nicht glauben. Aufgewühlt kann sie abends nicht schlafen und schleicht sich ins dunkle Treppenhaus. Roberts Wohnungstür ist nur angelehnt, so daß sie Zeugin eines Gesprächs zwischen Robert und Tommy wird. Zu ihrem Entsetzen muß sie mitanhören, wie sich ihr Freund abfällig über sie äußert. Er spekuliere darauf, sie abhängig zu machen und auf den Strich zu schicken. Valerie erstarrt.

Mütter

Spieltag: 19.12.91 • Sendetag: 22.12.91

Folge: 316

Bei Zenkers geht mal wieder alles drunter und drüber. Rosi fährt heute zu Hubert nach Rostock und nervt mit ihrer Aufregung die ganze Familie. Andy hat sich heldenhaft für eine Sterilisation entschieden und bereits den Termin für ein Informationsgespräch vereinbart. Walze ist so mitgenommen, daß sie seit einer Woche Fieber hat. Als sie erfährt, daß Robert mit seiner Freundin Flora nach Bali abgereist ist, sucht sie Frank auf und verspricht, Robert nie wieder zu sehen. Frank bittet sie, als Zeugin gegen Engel auszusagen, doch Valerie läuft entsetzt davon. Später verkündet sie ihrer Familie, ab sofort Diät zu machen. Nachts greift Valerie zum Telefon und verspricht Frank, ihm doch zu helfen.

Iffi erzählt dem verlegenen Matthias brühwarm, wie das alles so funktioniert mit der Sterilisation.

Dank ihrer Gesangskarriere kann es sich Isolde leisten, den Friseursalon aufzugeben. Ab Januar wird ihn Beate übernehmen. Im Akropolis teilt die Vasily mit, daß sie die Scheidung eingereicht hat. Während dieser sich längst damit abgefunden hat, bricht Elena unter Tränen zusammen. Abends singt Isolde im Akropolis, begleitet von Berta und Scholz. Nach dem Schlußapplaus versucht Berta ihren Hajo so schnell wie möglich nach Hause zu bringen. Engumschlungen kommen beide die Treppe herauf. Berta freut sich auf eine kuschelige Nacht zu zweit. Vor der Wohnungstür sitzt eine alte Dame auf ihrem Koffer und schläft. Scholz erkennt seine Mutter. Berta ist sprachlos.

Das vierte Gebot

Spieltag: 26.12.1991 • Sendetag: 29.12.1991

Folge: 317

Während Hajo und Mutter Hilde in der Kirche sind, bereitet Berta das Festessen vor, zu dem auch Amelie eingeladen ist. Diese hat zum Entsetzen Bertas Franz Wittich Bescheid gesagt, der alsbald vor der Tür steht und den Damen seine geschmacklosen Präsente überreicht: eine ramponierte Topfpflanze für Berta und für Amelie ein

Amulett, in das der Name „Dora" eingraviert ist ...
Faul und glücklich liegen Hans und Anna noch gegen Mittag im Bett. Sie genießen ihr Glück und ihren neuen Wohlstand. Später, als Hans im Hotel ist, erwischt Anna Klausi, wie er aus dem Geldbeutel seines Vaters DM 20 klaut, und stellt ihn zur Rede. Unter der Bedingung, daß er es nie wieder tue, verspricht sie, Hans nichts davon zu erzählen. Am Abend unterm Weihnachtsbaum überrascht Hans seine Schöne mit einem Heiratsantrag.
Ludwig sitzt vor einem rollstuhlfreundlichen Tisch für seine Eisenbahn – Franks Weihnachtsgeschenk. Carsten kommt aus Sydney zu Besuch und wird von Frank und Beate vom Flughafen abgeholt. Die Wiedersehensfreude ist groß. Neuigkeiten werden ausgetauscht, doch Carsten interessiert eigentlich nur Robert, den er immer noch nicht vergessen konnte.
Abends kommen Hajo und Hilde gutgelaunt von einem Konzertbesuch zurück. Berta schläft schon. Hajo weckt sie und verkündet ihr freudig eine Neuigkeit: Seine Mutter soll für immer zu ihnen ziehen. Berta ist entsetzt.

Da capo

Spieltag: 02.01.1992 • Sendetag: 05.01.1992

Folge: *318*

Helga bereitet sich aufgeregt auf ihren ersten Arbeitstag vor. Im Reisebüro macht sie ihre Sache hervorragend und wird immer souveräner. Als Helga sich mittags von Schiller verabschiedet und er sie für den Abend ins Akropolis einladen will, läßt sie es sich nicht nehmen, die Einladung umzukehren.
Jetzt, wo Manoel ins Internat zurückgekehrt ist, will Scholz seine Mutter in dessen Zimmer einquartieren. Doch Hilde weigert sich energisch. Sie hat nicht die Absicht, sich in der Lindenstraße niederzulassen, und ermahnt Hajo, sich besser um Berta zu kümmern. Für den Abend hat sich Hilde mit Amelie verabredet, damit Berta und Hajo mal wieder einen ungestörten Abend miteinander verbringen können. Berta freut sich riesig und deckt den Tisch festlich für zwei Personen. Um so enttäuschter ist sie, als sie erfährt, daß sich Hajo mit seinem Freund Rolf verabredet hat.
Carsten sitzt im Café Bayer und sieht, wie Robert aus seinem Urlaub

Helgas erster Arbeitstag im Reisebüro.

zurückkehrt. Er paßt ihn ab, und nach einer Aussprache kommt es zu einer leidenschaftlichen Versöhnung in Roberts Wohnung. Robert nutzt die Gunst der Stunde und fragt, ob er Carsten nach Sydney begleiten kann. Außerdem pumpt er ihn um DM 7.000 an. Überglücklich willigt Carsten ein und sucht sofort seine Bank auf. Valerie beobachtet zufällig, wie Carsten Robert das Geld gibt. Daraufhin verfolgt sie Robert, der sich in einem Park mit Tommy trifft. Geld wird gegen Stoff getauscht. Abends trifft sich Valerie mit Frank im Akropolis und erzählt ihm die ganze Geschichte. Frank glaubt, nun sei die Zeit günstig, Engel zu überführen. Er bittet die entsetzte Valerie, den Lockvogel zu spielen.

Der große Tag

Spieltag: 09.01.1992 • Sendetag: 12.01.1992

Folge: 319

Amelie scheint einen Plan zu haben, wie sie die Heirat mit Wittich abwenden kann, ohne ihr Wort zu brechen. Als Onkel Franz sie besucht, schenkt sie ihm immer wieder Sherry ein. Er bemerkt den etwas bitteren Geschmack des Getränkes, und Amelie spielt die Erstaunte. Auch ihr letzter Ehemann habe plötzlich einen bitteren Geschmack verspürt – drei Wochen später sei er tot gewesen. Unvermittelt eröffnet sie Wittich, daß sie sich nun entschlossen habe, ihn zu heiraten, und befragt ihn nach seinen finanziellen Verhältnissen.

Valerie ruft Robert an und verabredet sich mit ihm. Angeblich möchte sie neuen Stoff. Danach meldet sie sich bei Frank und bespricht mit ihm die Taktik: Sobald sie die Drogen hat, winkt sie aus dem Fenster. Als Valerie Roberts Wohnung betritt, sieht sie entsetzt, daß die Fenster mit Umzugskartons verstellt sind. Auf der Straße warten Frank und einige Zivilbeamten vergeblich auf Valeries Zeichen. Nach kurzer Zeit stürmen sie schließlich Roberts Wohnung. Dieser läßt die Wohnung anstandslos durchsuchen. Als Carsten nach Hause kommt, hört er noch, wie Frank Robert als Mörder beschimpft. Er stellt Robert zur Rede, der nicht widerspricht. Fassungslos droht Carsten mit einer Anzeige und will sein Geld zurück. Darüber kann Robert nur lachen.

Erst in Folge 364 wird der Dealer Robert Engel endlich verhaftet.

Kochs sind heute aus Rostock zurückgekommen, und Hubert kennt nur noch ein Thema: die Umwelt. Heute hat Andy auch den OP-Termin für seine Sterilisation. Als er nach Hause kommt, weicht er allen Fragen aus und legt sich ins Bett. Schließlich gesteht er Gabi, daß er gar nicht zur Operation erschienen ist. Abends erscheint Valerie mal wieder nicht zum Essen. Andy entdeckt sie tränenüberströmt in ihrem Zimmer, und sie erzählt ihm schließlich alles von Robert. Wutentbrannt stürmt Andy daraufhin zu Engel und schlägt ihn brutal zusammen. Regungslos bleibt Robert in einer Blutlache liegen.

Die englische Krankheit

Spieltag: 16.01.1992 • Sendetag: 19.01.1992

Folge: 320

Andy verlangt von Herrn Hülsch, Robert zu kündigen. Als dieser ablehnt, kommt es zu einer Auseinandersetzung. Gabi schlägt schließlich einen Mieterprotest als Alternative vor.
Zu Ludwigs Entsetzen erscheint Robert in der Praxis und will sich behandeln lassen. Doch Dressler weigert sich und setzt ihn vor die Tür. Frank, der seit einer Woche mit Fieber im Bett liegt, kann seine Niederlage nicht verwinden. Als sein Vater ihn abends fragt, warum er ihm nie etwas erzählt oder Carsten nicht schon viel früher gewarnt habe, bricht aus Frank die ganze Verzweiflung heraus. Er fühlt sich rundum als Versager.
Auch heute kocht Amelie wieder für ihren Verlobten Franz Wittich. Dabei befragt sie ihn unverhohlen nach seinem Testament und seinen Vermögensverhältnissen. Während Wittich eine große Portion aufgetischt bekommt, ißt sie selbst mal wieder nichts. Ganz wie nebenbei bemerkt Amelie, daß dem Tod ihrer Männer immer seltsame Magenbeschwerden vorausgegangen sind. Später stößt Franz versehentlich Amelies Handtasche vom Stuhl. Der Inhalt fällt auf den Teppich, u.a. ein unbeschriftetes Fläschchen und ein Buch über berühmte Giftmorde. Sein Argwohn scheint zur Gewißheit zu werden. Abends besteht Wittich darauf, mit Amelie im Akropolis zu essen. Dort verkündet diese plötzlich stolz der Runde, daß Wittich und sie zu heiraten beschlossen haben. Doch Wittich hält sich erstaunlich bedeckt, so daß Amelie ihn resolut fragt, ob er das Eheversprechen brechen wolle. Onkel Franz schaut sehr unglücklich ...

Der Virus

Spieltag: 23.01.1992 • Sendetag: 26.01.1992

Folge: 321

Hans und Anna besprechen ihre Hochzeit, die nächste Woche in kleinstem Kreis gefeiert werden soll. Neben Gabi fehlt noch ein Trauzeuge, und Hans fragt spontan Matthias, ob er dies nicht übernehmen wolle. Einzige Bedingung: Er darf niemandem etwas verraten. Vor allem Helga nicht. Überrumpelt, aber glücklich sagt Matthias zu – allerdings mit schlechtem Gewissen. Abends sprechen Hans und Anna erneut über die Hochzeit. Anna wünscht sich einen gemütlichen Abend zu Hause, mit Hans allein.
Im Café Bayer kauft Amelie eine große Tüte Pralinen für ihren Verlobten. Wittich, der seit einigen Tagen an einer Darmgrippe leidet, beäugt mißtrauisch Amelies Präsent. Später stellt er verstohlen einen kleinen Teller mit Amelies Pralinen vor Helgas Tür. Dann läßt er sich von Dr.

Dressler gründlich untersuchen. Der beruhigt ihn: ein harmloser Infekt. Auf dem Weg in die Wohnung klingelt Wittich bei Helga, die ihm im Morgenmantel, sichtlich angeschlagen, öffnet. Onkel Franz ist entsetzt. Nachts deponiert er den Rest seiner Pralinen vor Roberts Tür.
Amelie besucht Lisa, die sich riesig freut und ihr ein Lied auf der Flöte vorspielt. Fehlerfrei. Später kommt Frau Hoffmeister abgespannt von der Arbeit nach Hause und schon in der Türe schimpft sie über die Unordnung. Lisa läßt vor lauter Hektik alles fallen. Als sie ihrer Mutter stolz das Flötenstück vorspielen will, macht sie vor Aufregung viele Fehler. Später, allein mit ihrer Mutter, spielt Lisa zum hundertsten Mal das Flötenstück, doch die Fehler werden immer mehr. Ihre Mutter schleudert sie vor den Notenständer. Noch einmal muß sie das Lied spielen, fehlerlos. Zitternd beginnt Lisa – ein Patzer. Zornesröte steigt in Frau Hoffmeisters Gesicht.

Gute Absichten

Spieltag: 30.01.1992 • Sendetag: 02.02.1992

Folge: 322

Lisa kauert weinend im Hausflur. Sie hat die Aufnahmeprüfung für die Flötengruppe nicht bestanden und traut sich nicht, es ihrer Mutter zu sagen. Amelie eilt zur Hilfe und spricht selbst mit Frau Hoffmeister. Diese reagiert erstaunlich gelassen. Als Frau Hoffmeister von der Arbeit nach Hause kommt, überschüttet sie ihre Tochter jedoch mit Vorwürfen. Lisa habe sie vor fremden Leuten verraten.
Matthias hetzt in letzter Minute zum Standesamt. Er ist sichtlich nervös und gesteht unglücklich, daß ihm Helga über den Weg gelaufen ist und er sie nicht anlügen konnte. Später schmückt Anna liebevoll den Tisch. Es klingelt, Schirlinger und Ferdinand, der Koch vom Hotel März und dessen Gehilfe, stehen vor der Tür. Gönnerhaft wird Anna aus der Küche geschickt. Sie soll sich heute verwöhnen lassen. Nach einigem Chaos sitzt das Brautpaar endlich an der gedeckten Tafel. An eine zärtliche Unterhaltung ist allerdings nicht zu denken. Sei es, daß Ferdl durch seine Anwesenheit stört, sei es, daß Sarah quengelt ... Das einzige, was sich Hans nach dem Festmahl wünscht, ist Ruhe und Zeit für Anna. Diese ist jedoch inzwischen auf ihrem Stuhl eingeschlafen.

Punkt zehn trinkt Helga ihren Schnaps, woraufhin eine Kundin erschrocken das Reisebüro verläßt.

Nachdem Helga durch Matthias von der Hochzeit gehört hat, betritt sie völlig erschlagen das Reisebüro. Schiller fragt fürsorglich, womit er ihr helfen könne. „Schnaps“ ist Helgas knappe Antwort, um Punkt 10.00 Uhr. Dann heirate nämlich ihr Mann. Später lädt Helga ihren Chef bei sich zum Abendessen ein, denn heute will auch sie feiern. Abends klagt sie ihm ihr Leid als alleinerziehende Mutter, und Schiller hört ihr liebevoll amüsiert zu. Als er sich von seiner Gastgeberin verabschiedet, hören sie unten Else Kling schimpfen. Sie beugen sich übers Geländer und sehen Klausi sternhagelvoll auf dem Treppenabsatz liegen. Verstört eilt Helga zu ihm.

Besuche

Spieltag: 06.02.1992 • Sendetag: 09.02.1992

Valerie hält eisern ihre Diät durch. Gung macht einen Lehrgang zum Pflegedienst-Helfer.

Folge: 323

Gabi hat den geplanten Protest in Angriff genommen und sammelt erfolgreich Unterschriften von Mietern, die Roberts Auszug fordern. Rosi ist noch immer darüber gekränkt, daß Hans und Anna ihre Hochzeit verschwiegen haben. Zorro macht eine Stippvisite und beschließt, ein paar Tage zu bleiben. Huberts einziges Thema ist nach wie vor die Müllkatastrophe ... Abends hat sich eine große Runde bei Zenkers versammelt. Hans gelingt es, sich mit Rosi zu versöhnen, indem er sie fragt, ob sie nicht Taufpatin für Tom werden möchte.
Nachricht vom Preisausschreiben. Egon befürchtet eine schlimme Niederlage, Else sonnt sich bereits im Triumph. Zitternd werden die Umschläge geöffnet. Else hat nur einen Trostpreis gewonnen, Egon hingegen hat den zweiten Platz gemacht: sieben Tage auf einer Schönheitsfarm. Else ist am Boden zerstört. Abends jedoch schenkt ihr Egon den Gutschein über eine Woche Schönheitsfarm. Überglücklich sinkt Else in seine Arme.
Dicke Luft bei Beimers. Helga macht Klausi vergeblich Vorhaltungen über seinen Lebensstil. Hilflos bittet sie Hans, sich um den Jungen zu kümmern. Als dieser seinen Vater bei der Arbeit aufsucht, spricht ihn Hans gleich auf die Probleme mit Helga an. Doch auch dieses Gespräch führt nicht weiter. Abends steht Schiller vor Helgas Tür – er hat seinen Kugelschreiber vergessen. Erfreut lädt Helga ihn zum Abendessen ein. Als Schiller nachts das Haus verläßt, sieht er plötzlich eine Gestalt, die mit einem spitzen Gegenstand an seinem Wagen entlangschrammt. Es ist Klausi. Auf Schillers Zuruf rennt er davon.

Mißtöne

Spieltag: 13.02.1992 • Sendetag: 16.02.1992

Folge: 324

Helga macht sich Sorgen um Klausi, der neben Schillers auch zwei weitere Autos beschädigt hat. Hans nimmt ihn ernsthaft ins Gebet, DM 2.000 habe er für die Kratzer bezahlen müssen. Klausi muß nun die Schulden in Helgas und Annas Haushalt abarbeiten. Außerdem wird ihm das Taschengeld gekürzt, und er steht weiterhin unter Hausarrest. Helga erscheint diese Strafe zu hart, und sie versucht vielmehr, Klausis Verhalten zu verstehen. Schiller kommt vorbei, um

zu verkünden, daß er seinen alten Wagen nicht mehr reparieren läßt. Hans und Schiller begegnen sich zum ersten Mal und sind sich durchaus sympathisch. Unterdessen schleicht sich Klausi zur Garderobe und klaut aus Hans' Manteltasche DM 50.
Enrico hat bei einem Komponisten und Texter ein Lied gekauft und bittet Berta, es mit ihm einzustudieren. Er möchte mit Isolde zusammen auftreten. Später stößt Isolde zu ihnen, die gerade von ihrem Produzenten Müller-Blüm zurückkommt, mit dem sie die Tournee besprochen hat. Zu Enricos Erleichterung ist das Programm noch offen, und er fragt nach einer Aufgabe für sich. Isolde verspricht sich umzuhören. Berta und Enrico tauschen einen verschwörerischen Blick.
Beate hat einen Brief von Carsten erhalten, in dem er von seiner Trauer über die erneute Enttäuschung mit Robert schreibt. Im Friseursalon trifft Beate auf Robert und versucht, ihn zu ignorieren. Nach der Arbeit wird sie von ihm abgefangen: Er schlägt eine Verabredung vor. Empört sagt sie ihm die Meinung. Doch Robert läßt nicht locker. Völlig entnervt fragt sie ihn, was er von ihr wolle. Das will Robert ihr bei einem Treffen erklären ... Beate zögert.

Afrikanische Eröffnung

Spieltag: 20.02.1992 • Sendetag: 23.02.1992

Folge: 325

Auf dem Weg ins Reisebüro versucht Helga, ihren Klausi dazu zu bewegen, sich endlich bei Schiller zu entschuldigen – ohne Erfolg. Onkel Franz samt seiner Kameraden Hilmar, August und Fritjof haben unterdessen beschlossen, sich um Klausi zu kümmern. Sie halten ihm einen politischen Vortrag.
Als Hülsch Robert aufsucht, um ihm die Unterschriftenliste eines Mieterprotestes zu überreichen, wird er kurzerhand abgefertigt. Robert droht mit einer Verleumdungsklage und zerreißt das Schreiben. Im Akropolis gesteht Robert einige Zeit später Beate seine Sympathie. Heftig macht sie ihm klar, daß er ein für allemal verschwinden soll. Diese Szene ist von fast allen Nachbarn beobachtet worden, und Andy will Beate gratulieren. Davon will sie jedoch nichts hören und es kommt zu einem Streit über Vorverurteilungen und Unterschriftenlisten.
David ist dabei, ein Sektfrühstück vorzubereiten. Er hat sich heute freigenommen, um mit Urzula einen

Urzula liebt David sehr, doch der will zurück nach Südafrika.

besonders schönen Tag zu verbringen. Später sitzen beide im Akropolis. David ist sichtlich bedrückt. Endlich gesteht er Urzula, daß er heute noch nach Südafrika reist, für immer. Urzula kann es nicht glauben, doch David bleibt hart. Er habe seine Ausbildung beendet und wolle in seinem Land weiter gegen Unrecht und Gewalt kämpfen. Für Urzula gebe es dort keinen Platz. Als ihr Freund sich einige Stunden später von allen verabschiedet, dreht Urzula durch. Mitten in der Nacht wacht Hubert auf. In der Küche entdeckt er Urzula, die verzweifelt an die Decke starrt. Hubert versucht vergeblich sie zu trösten. Sie spricht von Selbstmord. Auf seinen Vorwurf, daß man an so etwas nicht einmal denke, entgegnet Urzula: „Oh DOCH!!"

Die Stimme des Blutes

Spieltag: 27.02.1992 • Sendetag: 01.03.1992

Folge: 326

Urzulas Zustand ist unverändert. Sie liegt im Bett und denkt nur an David. Hubert, Gung und Rosi schmieden einen Plan, wie man Urzulas Depression vertreiben kann. Später erscheint Hubert mit Jaruzlav Winicki und der kleinen Irina. Als Urzula ihren Vater und ihre Tochter so unerwartet wiedersieht, ist sie außer sich vor Glück.

Rosi zeigt Elena ihr Horoskop und rät ihr, Vasilys Geld zu investieren. Gerade bei Geldgeschäften hätte sie jetzt viel Glück. Abends erscheint Tanja mit einem Begleiter im Akropolis, und Panaiotis beobachtet sie fasziniert. Beim Weggehen läßt Tanja aus Versehen ihre Visitenkarte liegen. Panaiotis nimmt sie und liest: „Agentur Happy Hours".

Frau Hoffmeister läßt Lisa Geld für den Einkauf da. Beim Verlassen der Wohnung merkt Lisa nicht, daß sie den Geldschein auf dem Stuhl vergessen hat. Erst im Supermarkt an der Kasse entdeckt sie, daß ihre Geldbörse leer ist. Aufgelöst bittet sie Amelie um Hilfe, die ihr Geld gibt und verspricht, Frau Hoffmeister nichts zu verraten. Abends findet diese zufällig den vermißten Schein und stellt Lisa zur Rede. Lisa bricht voller Angst in Tränen aus, gesteht, daß sie das Geld von Frau von der Marwitz bekommen hat, läßt das Zahnputzglas fallen und tritt in die Scherben. Die Mutter prügelt außer sich vor Zorn auf Lisa ein. Als Berta, Scholz und Amelie nachts angeheitert das Akropolis verlassen, stürzt plötzlich Frau Hoffmeister auf sie zu. Völlig aufgelöst bittet sie um Hilfe. Sie habe es nicht gewollt ...

Tanja Schildknecht arbeitet bei der Agentur "Happy Hours".

Die Zwei

Spieltag: 05.03.1992 • Sendetag: 08.03.1992

Folge: 327

Enrico verspricht Isolde eine Überraschung und schleppt sie ins Akropolis. Dort sitzt Berta bereits am Klavier und ermuntert Isolde, Enricos kleines Lied, das Duett „Who is who", zu probieren. Isolde singt die ersten Takte vom Blatt, Enrico setzt, von Lampenfieber geplagt, ein. Isolde begreift, daß ihr Topolino ernsthaft einen Beitrag für die Tournee plant.

Nachdem Panaiotis bei der Bank DM 4.000 abgehoben hat, kauft er sich einen eleganten Abendanzug und geht zum Friseur. Abends trifft er sich mit Tanja, mit der er sich über die Agentur Happy Hours verabredet hat. Die kann erst gar nicht glauben, daß Panaiotis ihr Kunde für den heutigen Abend ist. Doch dann plaudert sie charmant, und Panaiotis hört ihr hingerissen zu. Sie beschließen, noch in eine Bar zu gehen. Spät in der Nacht steigt Tanja in ein Taxi und fährt nach Hause. Panaiotis blickt ihr regungslos nach.

Amelie besucht Lisa am Krankenbett und bleibt den ganzen Tag bei ihr. Lisa glaubt, daß sie schuld an allen Problemen sei. Behutsam versucht Amelie, ihr das auszureden und sie zu trösten.

Amelie nähert sich behutsam Frau Hoffmeister.

Nachdem Frau Hoffmeister nach Hause gekommen ist, spricht sie mit Amelie offen über ihre Situation: Das Kind sei für sie eine ständige Überforderung, und sie habe Lisa noch nie wirklich lieben können. Unterdessen lauscht Lisa an der Tür. Weinend schleicht sie in ihr Zimmer zurück. Schlaflos und tränenüberströmt liegt Lisa im Bett. Schließlich steht sie wieder auf, zieht sich an, nimmt das Geld, das ihr Amelie heute geschenkt hat, und schleicht aus der Wohnung.

Eigene Wege

Spieltag: 12.03.1992 • Sendetag: 15.03.1992

Folge: 328

Als Hans sich bei Helga nach Klausi erkundigt, hält sie ihm schnippisch vor, sich nicht genügend um den Sohn zu kümmern. Nachmittags treffen sich Vater und Sohn im Café Bayer. Doch sobald Hans auf die zerkratzten Autos zu sprechen kommt, erhält er nur freche Antworten. Wieder zu Hause, in Bennys Hobbykeller, nimmt Klau-

si das Schlagzeug auseinander. Helga ruft Hans an, um zu erfahren, wie das Gespräch verlaufen ist, und erneut kommt es zu gegenseitigen Vorwürfen. Während Helga telefoniert, packt Klausi schnell ein Bündel Geldscheine aus seiner Jacke und bringt es in der ehemaligen Pfadfindertasche in Sicherheit.
Anna hat Besuch vom Makler Panowski, der überzeugend die Vorzüge eines seiner Objekts anpreist. Als Hans nach Hause kommt, erkennt er den Makler sofort wieder: 1987 hatte er ihm und Helga eine Bruchbude andrehen wollen. Hans packt Panowski und setzt ihn samt Unterlagen kurzerhand vor die Tür.
Gemeinsam hören Amelie und Frau Hoffmeister im Radio die polizeiliche Suchmeldung nach Lisa. Wütend wirft Frau Hoffmeister Amelie vor, daß Lisa ohne das geschenkte Geld niemals davongelaufen wäre. Lisa versteckt sich unterdessen in einem verfallenen Bootshaus und ißt ihren letzten Keks. Später treibt sie der Hunger in die Nähe eines Hauses, dessen Tür offensteht. Drinnen schimpft eine alte Frau. Lisa schleicht sich in das Haus. Mit einem Topf und etwas Brot eilt sie wieder hinaus. In diesem Moment biegt die alte Frau um die Ecke und entdeckt sie. Vor Schreck läßt Lisa alles fallen und flieht, so schnell sie kann.

Abnabelung

Spieltag: 19.03.1992 • Sendetag: 22.03.1992

Folge: 329

An diesem Vormittag bucht Berta bei Helga eine Reise nach Tunesien. Es soll eine Überraschung für Hajo werden, der sich Urlaub genommen hat. Amelie sucht Wittich auf, um ihm für immer den Laufpaß zu geben. Später sitzt sie bei Berta und macht sich Sorgen um Lisa, als der erlösende Anruf kommt: Ein junges Paar habe Lisa gefunden. Sie sei vor Erschöpfung zusammengebrochen und liege im Krankenhaus. Unterdessen kommt Scholz mit drei Kollegen nach Hause, mit denen er ein Modellflugzeug basteln möchte. Bertas Hinweis, sie habe einen Flug nach Tunesien gebucht, wird von Scholz nicht weiter beachtet.
Else freut sich bereits riesig auf eine Woche Schönheitsfarm. Doch leider muß ihr Egon eine traurige Nachricht überbringen: Bei der Zeitung habe man ihm erklärt, daß sein

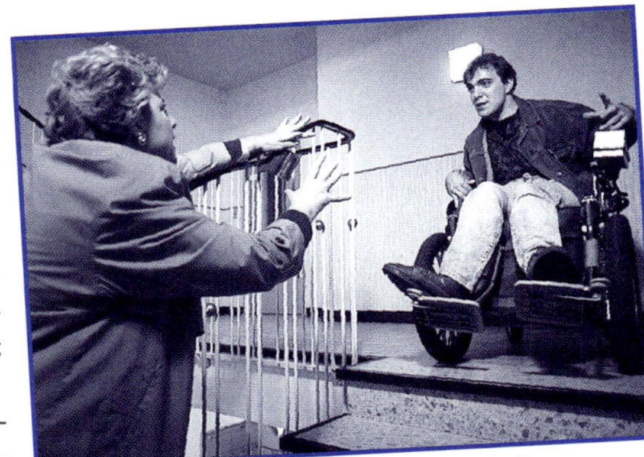

Christoph will seine Selbständigkeit unter Beweis stellen und fällt fast die Treppe hinunter.

Preis nicht übertragbar sei. Else ist fassungslos – doch nicht lange. Als Egon nach Hause kommt, erklärt ihm seine Frau freudestrahlend, sie werde eben in der Schönheitsfarm als E. Kling auftreten.
Christoph hat Ärger mit seiner Mutter. Er will ausziehen und endlich allein mit dem Leben zurechtkommen. Deshalb überredet er Helga, so lange bei ihr bleiben zu dürfen, bis er eine Wohnung gefunden habe. Am Abend macht Helga Christophs Bett zurecht, fragt, was er braucht, usw. Christoph wird immer ungeduldiger, er kann keine Hilfsbereitschaft mehr ertragen. Es kommt zu einer heftigen Auseinandersetzung. Um sich zu beruhigen, geht Helga spazieren. Christoph ist hochgradig erregt und versucht, seine Sachen zu packen. Als ihm Klausi seine Hilfe anbietet, brüllt Christoph ihn an, er solle verschwinden. Helga kehrt von ihrem Spaziergang zurück und sieht plötzlich Christoph mit dem Rollstuhl auf dem Treppenabsatz. Er droht im nächsten Moment hinunterzustürzen.

Wer mit wem

Spieltag: 26.03.1992 • Sendetag: 29.03.1992

Folge: 330

Seit einer Woche wohnt Christoph bei Beimers. Helga konnte ihn zum Glück vor dem gefährlichen Sturz retten. Seitdem kümmert er sich um die Wohnung und kocht. Heute überbringt Helga ihm eine gute Nachricht: Eine Wohnung wird frei – Frau Hoffmeister zieht aus. Benny erfährt, daß Klausi das Schlagzeug verkauft hat, und ist außer sich vor Wut.
Tanja sitzt im Akropolis an der Theke, während Panaiotis sie verstohlen beobachtet. Später bittet er sie um eine weitere Verabredung. Zwar lehnt Tanja ab, stellt aber in Aussicht, am Abend noch einmal ins Akropolis zu kommen. Abends betritt sie mit einem gutaussehenden Begleiter das Lokal, mit dem sie heftig flirtet. Panaiotis beobachtet sie wie gebannt.

Else fährt auf die Schönheitsfarm – als Mann verkleidet.

Egon betritt die Wohnung und erstarrt. In einem Sessel sitzt seine Else mit Einstein-Frisur, Schnurrbart und Hut. Verschmitzt fragt sie, ob er ihr jetzt zutraue, auf der Schönheitsfarm unerkannt zu bleiben. Verkleidet besteigt sie würdevoll Andys Taxi. Niemand erkennt sie.
Amelie sitzt bei einem Richter des Vormundschaftsgerichts. Sie sprechen über Lisa, für die Ame-

lie die Pflegschaft übernehmen will. Später besucht Amelie Frau Hoffmeister, die gerade dabei ist, die Umzugskartons zu packen. Voller Zorn wirft sie Amelie vor, Schuld daran zu sein, daß Lisa nicht mehr zu ihr zurück will. Berta, bei der Amelie ihr Herz ausgeschüttet hat, will ihren Gast nach Hause bringen. Als sie die Wohnungstür öffnen, stehen sie vor einem Stapel Umzugskartons. Frau Hoffmeister bringt gerade die letzte Kiste mit Lisas Kleider. Sie sei froh, nichts mehr mit diesem Kind zu tun zu haben. Voller Spott nennt sie Amelie eine Mumie, die sich ihre Tochter als Pagen gekrallt habe. Amelie und Berta stehen fassungslos vor den Kartons.

Angebote

Spieltag: 02.04.1992 • Sendetag: 05.04.1992

Folge: 331

In Bertas Wohnzimmer herrscht Bastelchaos. Zu Bertas großer Enttäuschung stellt sich heraus, daß Hajo die ganzen vier Urlaubswochen mit seinen Freunden verbasteln möchte, um das Modellflugzeug Anfang Mai bei einem Wettbewerb präsentieren zu können. Der Tunesienurlaub fällt also ins Wasser.

Modellbau im Wohnzimmer Griese.

Egon will gerade seine Wohnung verlassen, als Else vor ihm steht – im Einstein-Look. Freudig läßt er sich von ihrem Aufenthalt auf der Schönheitsfarm erzählen, wo sie leider wegen der Verkleidung kaum Anwendungen in Anspruch nehmen konnte.

Als Klausi aus der Schule kommt, wird er bereits von seinem Vater erwartet. Es kommt zu einem heftigen Streit. Helga nimmt ihren Sohn auch noch in Schutz, worauf Hans zornig die Wohnung verläßt.

Elena hat sich von Rosis Prognosen überzeugen lassen und ihr Geld in Gold angelegt. Während sie mit Rosi über Geldgeschäfte redet, beobachtet Panaiotis unentwegt das Haus Nr. 3. Als Tanja herauskommt, eilt er zu seinem Wagen und folgt ihr. Er beobachtet, wie sie sich in einem Café mit einer eleganten jungen Frau trifft und beide mit zwei Herren in einen teuren Wagen steigen. Panaiotis folgt ihnen. Abends ruft er Vasily aus einer Telefonzelle an und verkündet, später nach Hause zu kommen. Danach bricht er verzweifelt in der Zelle zusammen. Später beobachtet er eine vornehme Villa. Nach einiger Zeit erscheint Tanja und steuert zielstrebig auf Panaiotis zu. Wütend stellt sie ihn zur Rede. Sie habe genau bemerkt, daß er ihr den ganzen Tag nachspioniert habe. Panaiotis bittet Tanja verzweifelt um ein Wiedersehen und bedrängt sie, ihren Job aufzugeben. Er wolle für sie sorgen. Provozierend fragt sie ihn, ob er eine Vorstellung davon habe, was ihn das kosten würde.

Fleisch

Spieltag: 09.04.1992 • Sendetag: 12.04.1992

Folge: 332

Iffi fragt Valerie, ob Diät impotent macht.

Hubert verkündet voller Tatendrang, daß er ab heute den Müll des ganzen Hauses sammeln und nach vier Wochen das Ergebnis vorführen will. Beim Mittagessen ißt Valerie wieder einmal nichts. Später sitzt sie in der Küche und liest. Dabei schielt sie immer wieder auf den Gulaschtopf und wird vom Hunger übermannt. Gierig verschlingt sie die Reste. Jo hat Urlaub und kommt überraschend nach Hause. Zusammen mit Gabi tröstet er die verzweifelte Valerie. Beide versprechen, mit ihr gemeinsam zu fasten. Nachts ertappt Jo Gabi in der Küche beim Essen. Er scheint sie sehr gern zu mögen.
Tanja überfliegt spöttisch einen Brief, in dem ihr Panaiotis einen Scheck über DM 6.000 zukommen läßt und darum bittet, sie einmal am Tag sehen zu dürfen. Er sei froh, daß sie ihren Job aufgegeben habe, und wolle für sie sorgen. Abends geht Tanja ins Akropolis, ohne Panaiotis zu beachten. Als sie kurz darauf aufbrechen will, stellt sich dieser ihr in den Weg. Verletzt möchte er wissen, was sie jetzt vorhabe. Er habe doch gezahlt. Kühl erwidert Tanja, sie habe sich an die Abmachung gehalten. Er wolle sie einmal am Tag sehen und sie sei dagewesen.
Frank beobachtet, wie Herr Krüger, Roberts Verleger, mit einer Aktenmappe in dessen Wohnung verschwindet. Als Krüger wieder auf der Straße erscheint, raubt Frank ihm kurzerhand seine Aktenmappe und durchsucht sie fieberhaft. Er findet jedoch nichts. Abends beobachtet Frank, wie Robert zwei junge Mädchen trifft. Er kämpft mit sich, ob er die Mädchen vor dem Dealer retten soll oder nicht. Schließlich gibt er sich einen Ruck und schellt. Robert öffnet die Tür. Ironisch fragt er die Mädchen, ob sein Freund Frank an der kleinen Fete teilnehmen dürfe. Franks Augen leuchten fanatisch auf.

Fixe Ideen

Spieltag: 19.04.1992 • Sendetag: 19.04.1992

Folge: 333

Helga Beimer hat zu einem geselligen Osterfrühstück geladen. Das Gespräch kreist um die Zustände in der ehemaligen DDR. Zu Bennys Ärger erfährt er nur nebenbei, daß Claudia ihre Familie in Borna besuchen möchte. Später ist nur noch Schiller bei Helga. Zwischen ihnen herrscht eine besondere Art von Vertrautheit; Kindheitserinnerungen werden ausgegraben. Spontan beschließen sie, wie früher Ostereier zu verstecken.

Als Berta erwacht, findet sie ihre beiden Männer – ausnahmsweise mal einträchtig – beim Flugzeugbasteln. Vergeblich ruft sie die zwei zum österlichen Frühstück. Traurig sitzt Berta am Tisch, als Hajo und Manoel ihr aufgeregt das fertiggestellte Modellflugzeug „Berta" präsentieren. Beim Jungfernflug kommt „Berta" nach ein paar Kurven ins Trudeln und stürzt ab. Scholz beschließt, seine Freunde anzurufen, um das Flugzeug so schnell wie möglich zu reparieren. Für Berta ist der Tag gelaufen.

Frank gesteht seinem Vater, aus der Lehre geflogen zu sein. Nach wie vor ist er von dem Gedanken besessen, Robert zu überführen. Als er auf der Straße die zwei jungen Mädchen sieht, die bereits letzte Woche bei Robert waren, folgt er ihnen in dessen Wohnung. Frank untersucht Arme und Füße der erschrockenen Mädchen nach Einstichen – vergeblich. Frank ist verzweifelt. Sein Vater bittet ihn, München zu verlassen, um Robert Engel endlich zu vergessen.

Nach der Arbeit schlüpft Benny in Claudias Wohnung und hört, wie sie erregt mit ihrem Bruder Dieter telefoniert. Sobald sie Benny bemerkt, beendet sie abrupt das Gespräch. Benny fragt Claudia, ob er mit nach Borna fahren könne. Als sie dies allzu heftig ablehnt, wird er stutzig. Zornig möchte er wissen, was die Heimlichtuerei zu bedeuten habe.

Heimat

Spieltag: 23.04.1992 • Sendetag: 26.04.1992

Folge: 334

Benny begleitet Claudia nun doch nach Borna. Als sie dort ankommen, ist er entsetzt. Rundum dreckige Industrielandschaft. Claudia hält vor einem der vielen gleichförmigen Wohnblocks. Verlegen beobachtet Benny die herzliche Begrüßung zwischen Mutter Margot und Claudia. Die Begrüßung durch Vater Günther und Bruder Dieter fällt hingegen nicht besonders liebevoll aus. Beim Mittagessen ist die Atmosphäre sehr gespannt. Später schlendern Benny und Claudia durch Borna. Benny kann nicht begreifen, wie die Leute so leben

Folge 334 hält ausnahmsweise nicht die gewohnte Drei-Strang-Dramaturgie ein. Sie spielt in München, Borna und Leipzig.

können; er kann nicht verstehen, warum sie sich nicht gewehrt haben. Im alten Amphitheater möchte Benny wissen, wo all die Denunzianten geblieben sind. Es kommt zu einem heftigen Wortwechsel, bei dem Claudia das Verhalten vieler DDR-Bürger verteidigt. Benny könne sich doch gar nicht vorstellen, welche Methoden die Stasi angewandt hat. Aufgebracht gesteht sie endlich, ihren eigenen Bruder verpfiffen zu haben. Benny ist zutiefst erschüttert und empört. Später beschließt er, heute noch abzureisen. Er könne es hier nicht länger aushalten. Claudia macht keine Anstalten, ihn zurückzuhalten.

Benny und Claudia in Borna.

Bedrückter Abschied auf dem Bahnsteig. Claudia bittet ihren Freund um einen Gefallen. Er möge ab und zu in ihrem Laden die Blumen gießen, denn sie wolle sich noch ein wenig um ihre Familie kümmern. Niedergeschlagen fragt sie Benny, ob sie ihre Beziehung wohl noch retten können.

Wunder

Spieltag: 30.04.1992 • Sendetag: 03.05.1992

Folge: 335

Rosi und Elena feiern ein erfolgreiches Termingeschäft. Unterdessen sucht Panaiotis Tanja, die er die ganze Zeit beobachtet hat, in ihrer Wohnung auf. Es kommt zu einer schweren Auseinandersetzung. Provozierend wirft Tanja ihm vor, es gehe ihm ja doch nur ums „Ficken". Zornentbrannt stürzt er sich auf die junge Frau und würgt sie. In diesem Moment klingelt es, Tanja kann sich befreien und rennt zur Tür. Vor ihr steht ganz unerwartet Franz Schildknecht. Verstört verabschiedet sich Panaiotis. Abends sitzen Tanja und Franz im Akropolis. Panaiotis ringt vergeblich um Fassung. Schließlich behauptet er, krank zu sein, und zieht sich zurück.

Heute hilft Benny Christoph beim Umzug. Später verkündet er Hans seinen Entschluß, das Abitur nachzumachen. Hans ist begeistert. Fragen über seinen Aufenthalt in Borna weicht er aus.

Unbemerkt belauscht Iffi ein Gespräch zwischen Gabi und Andy und erfährt, daß Gabi ein Baby erwartet. Brühwarm erzählt Iffi Rosi ihre Neuigkeit. Diese ist entsetzt, denn sie glaubt, daß Gabi fremdgegangen sei. Andy habe sich schließlich sterilisieren lassen. Abends gesteht Andy zur allgemeinen Erleichterung, daß er zu feige war, sich dem Eingriff zu unterziehen, und er der Vater ist.

Huberts Müllsammlung im Hinterhof verbreitet einen strengen Geruch. Besonders belästigt fühlt sich Else Kling. Nachts kann sie nicht schlafen und beschließt, die Polizei zu rufen. Mit zwei Beamten stehen schließlich sie und Hubert im Hinterhof vor der Müllsammlung. Hubert wehrt sich energisch: Dies sei eine aufklärerische Aktion. Sollten die Beamten die Absicht haben, seine Abfallsammlung entsorgen zu lassen, dann nur über seine Leiche.

Götter und Helden

Spieltag: 07.05.1992 • Sendetag: 10.05.1992

Folge: 336

Vasily wird Zeuge, wie Tanja mit seinem Vater Schluß machen möchte. Um sie umzustimmen, stellt ihr Panaiotis einen Scheck über DM 10.000 aus. Um seinem leidenden Vater zu helfen, sucht Vasily Tanja auf und fordert den Scheck zurück. Es kommt zu einer vehementen Auseinandersetzung. Schließlich schleudert Tanja Vasily wütend den Scheck entgegen. Nie wieder solle Panaiotis es wagen, sie zu belästigen. Als Vasily seinem Vater später klarmacht, daß Tanja nur sein Geld wollte, bricht dieser in Tränen aus.

Zusammen mit Andy schichtet Hubert den Müll, den er auf Drängen der Polizei in Gabis Garage verfrachtet hatte, zu einer Pyramide auf. Unterdessen hat Elena Rosi als Dank für die gute Beratung DM 1.000 Gewinnbeteiligung geschenkt. Überglücklich steckt Rosi das Geld in ihre abgegriffene Horoskop-Zeitung. Bei seinem letzten Müllrundgang sammelt Hubert das restliche Altpapier ein, unter anderem auch Rosis Zeitschrift. Der große Augenblick ist endlich gekommen. Eine beeindruckende Müllpyramide ist entstanden, viele Schaulustige und sogar Presse und Fernsehen sind mit dabei.

Berta schlägt Scholz einen schönen Abend zu zweit vor, doch dieser hat bereits seine Freunde eingeladen, um gemeinsam den vierten Platz beim Modellflugzeug-Wettbewerb zu feiern. Abends – die Stimmung im Wohnzimmer hat ihren Höhepunkt erreicht – steht Berta allein und abgehetzt in der Küche. Als im Wohnzimmer die Musik aufgedreht wird, verliert sie die Nerven. Mit einem Schrei fegt sie alles zu Boden. Erschrocken kommen alle angerannt: Berta sinkt weinend in Hajos Arme.

Hajo meint, Berta brauche für den Abend keine Umstände zu machen: Bolles Frau bringe einen Nudelsalat mit.

Hubert, Gabi und Urzula beobachten vom Fenster aus, wie zwei Müllmänner die gesamte Pyramide wegräumen. Plötzlich stürzt Rosi in die Wohnung und sucht ihre Horoskop-Zeitschrift mit dem Geld. Hubert starrt Rosi an. Mit einem Aufschrei stürzt er aus der Wohnung und schwört, daß Rosi ihr Geld wiederbekommt.

Anziehungskräfte

Spieltag: 14.05.1992 • Sendetag: 17.05.1992

Folge: 337

Robert Engel sucht Frank auf und droht ihm mit einer Verleumdungsklage, sollte er ihm weiterhin nachstellen. Vergeblich versucht Ludwig Frank zu überreden, eine ihm angebotene Stelle außerhalb von München anzunehmen. Später beobachtet Frank, wie sich Robert mit einem 15jährigen Jungen in seiner Wohnung trifft. Er alarmiert die Polizei. Unterdessen hat Robert mit einem Interview begonnen; er sammelt Material für sein neues Buch über Jugendliche. Bereitwillig bietet Robert den Polizisten an, die Wohnung zu durchsuchen. Als die Beamten sich verlegen zurückziehen, kommt es zum Handgemenge zwischen Frank und Robert. Später entwendet Frank heimlich eine Pistole aus Franz Wittichs Waffenschrank.

Rosi und Hubert streiten noch immer wegen der verlorenen DM 1.000. Beim Mittagessen fragen sich alle, warum Gabi noch nicht von der Schwangerschaftsvorsorgeuntersuchung zurückgekehrt ist. Plötzlich hören sie ein unterdrücktes Schluchzen aus dem Schlafzimmer. Es ist Gabi – sie hat in der Praxis eine Fehlgeburt gehabt. Vergeblich versucht Andy sie zu trösten.

Erich Schiller ist von Helga begeistert. Er gesteht, wie sehr er sie schätzt. Abends dekorieren die beiden gemeinsam das Schaufenster. Sie flirten und lachen viel. Vergnügt machen sie sich dann auf den Heimweg. Plötzlich nimmt Schiller Helga in den Arm und küßt sie. Helga erwidert seinen Kuß leidenschaftlich. Als Schiller sie jedoch mit nach Hause nehmen möchte, zögert sie. Von der Situation hoffnungslos überfordert, weiß sie nicht, was sie will!

Das Ziel

Spieltag: 21.05.1992 • Sendetag: 24.05.1992

Folge: 338

Berta erzählt Amelie von ihren häufigen Depressionen und Migräne-Anfällen. Diese ist erschüttert und weist sie darauf hin, daß ihre Krankheit psychische Ursachen haben könnte.

Schiller und Helga sitzen sich angespannt im Reisebüro gegenüber. Seitdem Helga Schiller nicht nach Hause begleitet hat, haben sie sich privat nicht mehr getroffen. Sie beschließen, sich abends zu sehen, um in Ruhe ihre Situation zu klären. Später kommt Hans zu Besuch und bringt für Klausi eine teure Lederjacke mit. Sein Sohn verläßt jedoch sofort mürrisch das Zimmer, als sich herausstellt, daß es sich nicht um die richtige Jacke handelt. Abends sitzen Schiller und Helga beim Essen. Helga gesteht ihm ihre Sympathie, ist aber zu mehr noch nicht bereit. Schiller verspricht zu warten.

Dressler überrascht Frank, wie er in seinem Zimmer mit der gestohlenen Pistole Schießübungen macht. Als Frank ungerührt gesteht, daß er Robert töten wolle, rollt Ludwig eilig zum Telefon. Frank reißt jedoch den Stecker aus der Wand. Dann fesselt er seinen Vater an den Rollstuhl und verläßt wie in Trance mit der Waffe die Wohnung. Er klingelt an Roberts Tür. Der öffnet und läßt sich, als er die Waffe auf sich gerichtet sieht, fallen. Ein Schuß kracht. Frank legt die Waffe vor Wittichs Tür und eilt davon, ohne zu bemerken, daß er Robert gar nicht getroffen hat. Der Schuß hat jedoch Onkel Franz aufgeschreckt, der angetrunken die Tür öffnet und seinen Revolver auf der Matte vorfindet. In diesem Moment kommt auch Scholz die Treppen hinaufgerannt. Robert Engel deutet auf Wittich und ruft Hajo zu, er solle die Polizei holen, da Wittich versucht habe, ihn umzubringen.

Thema Fesseln: siehe Folgen 112, 154, 364, 397 und 465.

Gewissensqualen

Spieltag: 28.05.1992 • Sendetag: 31.05.1992

Folge: 339

Amelie hat Lisa am heutigen Himmelfahrtstag zu einem Spaziergang abgeholt. Sie versucht, dem niedergeschlagenen Kind zu erklären, daß es ihr leider gerichtlich verboten wurde, die Pflegschaft zu übernehmen, da sie zu alt sei. Unterdessen trifft überraschend Frau Hoffmeister ein und beobachtet die beiden unbemerkt. Nachdem Berta Lisa ins Heim zurückgebracht hat, entdeckt sie Frau Hoffmeister. Lisas Mutter gesteht, daß sie den Schmerz des Kindes zwar gesehen, aber nur Wut gefühlt habe. Das einzige, was sie für Lisa tun könne, sei, sie nie wieder zu sehen.

Christoph will den von Benny vernachlässigten Blumenladen wieder eröffnen. Zögernd stimmt Benny zu.

Wittich glaubt tatsächlich, auf Robert geschossen zu haben, und ist stolz darauf. Genau kann er sich aber nicht mehr an den Vorfall erinnern. Dressler gelingt es zunächst, seinen Sohn davon abzubringen, sich der Polizei zu stellen. Frank sucht Robert auf und will wissen, warum er ihn verschont und nicht angezeigt habe. Kalt antwortet Robert, Frank kriege ihn nie dran und er wolle dessen Zukunft nicht ruinieren. Dafür verlange er aber, daß Frank ihn künftig in Ruhe lasse. Wütend schwört Frank, dies nie zu tun.

Dr. Dressler wartet gemeinsam mit Egon vor dem Haus Nr. 3 auf seinen Sohn. Frank stürzt aus dem Haus und erzählt ihm von Roberts Kaltschnäuzigkeit. Er wolle sich jetzt doch der Polizei stellen. Damit reißt sich Frank von Ludwig los und rennt davon. Egon rührt sich nicht. Geknickt bleibt Dressler zurück; er befürchtet, seinen Sohn verloren zu haben.

Reiner Zufall

Spieltag: 04.06.1992 • Sendetag: 07.06.1992

Folge: 340

Tanja wird ihre Bogenhausener Wohnung wegen häufiger Männerbesuche gekündigt. Äußerst gereizt fragt Tanja ihren Vater, wann er endlich wieder nach Lucca zurückfahre. Abends wartet sie hochelegant in einem Luxushotel auf einen Kunden. Als sie Panaiotis erkennt, will sie zornig das Hotel verlassen. Panaiotis bittet sie flehentlich, mit ihm ein letztes Mal zu reden. Tanja verlangt DM 3.000 für den Abend und das Versprechen, danach von ihm nie wieder belästigt zu werden. In der von Paniotis gemieteten Suite beginnt sie sich langsam auszuziehen ... Tanja ist wieder bekleidet, Panaiotis liegt weinend im Bett. Sie gibt ihm die Hälfte des Geldes zurück und geht. Es tue ihr leid, daß es nicht geklappt habe, hoffentlich sei er jetzt endgültig von ihr kuriert.

Tanja ist genervt, Panaiotis verliebt.

Frank hat sich der Polizei gestellt und erhält heute Besuch von seinem Anwalt. Doch die Polizei glaubt ihm nicht und verdächtigt weiterhin Wittich. Frank beschließt, noch heute die Lindenstraße zu verlassen und die noch freie Lehrstelle in einer Restauratorenwerkstatt in Celle anzutreten.

Andy hat den Führerschein verloren. Gabi tröstet ihn, beschließt, ab morgen selbst Taxi zu fahren und bittet Jo, den Wagen zu holen. Dieser entdeckt im Inneren des Taxis Ritas Handtasche. Als Jo zurückkommt, erklärt er wütend, er habe ALLES mitgebracht. Als Andy ihn unter vier Augen zur Rede stellt, zieht er Ritas Handtasche heraus und wirft seinem Vater vor, die ahnungslose Gabi mit Rita zu betrügen. Andy leugnet dies und spricht von einem blöden Zufall. Er bittet Jo zu schweigen, um Gabi nicht unnötig aufzuregen. Zornig will dieser aber wissen, ob es wirklich nur ein Zufall war.

Männerleiden

Spieltag: 11.06.1992 • Sendetag: 14.06.1992

Folge: 341

Rosi überredet Elena zu neuen Geldgeschäften. Die Sterne stünden jetzt besonders günstig. Von Vasily zur Rede gestellt, erzählt Panaiotis verzweifelt von seinem Treffen mit Tanja. Daraufhin

stürmt er aus dem Lokal, um noch einmal mit ihr zu sprechen. Doch Panaiotis findet nur Franz vor, dem er verrät, wie Tanja ihr Geld tatsächlich verdient. Als diese nach Hause kommt, wird sie von ihrem Vater ins Gebet genommen. Sie solle ihr Geld auf ehrliche Weise verdienen und nicht in den Betten fremder Männer. Als Panaiotis später nochmals mit ihm spricht, verkündet Franz großspurig, er habe seiner Tochter die Arbeit bei der Agentur streng verboten – doch Tanja denkt gar nicht daran, ihren Job aufzugeben.
Isolde kehrt strahlend von der Tournee zurück – was man von Enrico nicht behaupten kann. Die gemeinsamen Duette waren ein Flop und mußten aus dem Programm gestrichen werden. Enrico hat dieser Mißerfolg sehr gekränkt; er fühlt sich nur noch als Diener der weltberühmten Isolde.
Andy hat den Führerschein für ein Jahr verloren und ist nun arbeitslos. Migränegepeinigt liegt Jo in seinem Zimmer, als Andy nach Hause kommt. Dieser wähnt sich alleine und wählt eine Nummer. Jo wird Zeuge eines intimen Geturtels zwischen seinem Vater und Rita, das beweist, daß sie ihr Verhältnis nie beendet haben. Außer sich vor Wut stellt er Andy zur Rede. Sie streiten sich immer noch, als Valerie und Iffi nach Hause kommen, und Jo erzählt ihnen alles. Die Geschwister treiben ihren Vater in die Enge, als Gabi zurückkehrt. Augenblicklich herrscht peinliches Schweigen, schnell verzieht sich jeder auf sein Zimmer. Irritiert schaut Gabi den Kindern nach, dann will sie von Andy wissen, was passiert ist.

Klassenunterschiede

Spieltag: 18.06.1992 • Sendetag: 21.06.1992

Folge: 342

Im Akropolis erscheint Bennys ehemalige Freundin Kornelia samt Freunden. Benny ist die Situation äußerst unangenehm, denn Kornelia zeigt ihm deutlich, daß ein Kellner ihrem Niveau nicht mehr entspricht. Unterdessen ist Claudia aus Borna zurückgekehrt. Sprudelnd erzählt sie von ihrem Aufenthalt, doch Benny hört gar nicht richtig zu und meidet jegliche Berührung. Claudia spricht schließlich seine Gefühle aus: die Abscheu vor ihrer spießigen Familie, ihr Alter, ihre Vergangenheit. Hilflos streitet Benny alles ab.
Seit einer Woche kümmert sich Andy

Seit dem Aufenthalt in Borna ist Benny wie ausgewechselt zu Claudia.

rührend um Gabi. Als der ganze Zenker-Clan ins Akropolis aufbrechen will, steht Frau von der Marwitz mit Lisa vor der Tür und bittet Gabi um eine Taxifahrt ins Kinderheim. Allein mit seinen Kindern im Akropolis dankt Andy ihnen erleichtert für ihr Stillschweigen und gelobt, in Zukunft treu zu sein.
Klausi erscheint im Reisebüro und bittet Helga vergeblich um Geld – nur ein Eis spendiert sie ihm. Während sie dieses im Café Bayer holt, bleibt Klausi allein zurück. Später erfährt Helga von Schiller, daß DM 100 aus der Kasse verschwunden sind. Zu Hause stellt sie Klausi zur Rede. Zu Helgas Verblüffung gibt er sofort den Diebstahl zu. Den Tränen nahe bringt sie Schiller, der gerade mit einer Inka Fuchs telefoniert, die Summe, mit der Bemerkung, der Fehler liege bei ihr, er solle sie aber bitte jetzt nicht ausfragen. Unterdessen überreicht Klausi im Akropolis seinem Bruder DM 100 als Anzahlung für das geklaute Schlagzeug und bittet um einen Schlafplatz im Hobbykeller. Benny ruft zu Hause an und erfährt von Helga die Wahrheit. Daraufhin knallt er seinem Bruder wütend den Geldschein auf den Tisch und fordert ihn auf, ihn zurückzubringen. Klausi ist beschämt und zornig zugleich.

Häusliche Harmonie

Spieltag: 25.06.1992 • Sendetag: 28.06.1992

Folge: 343

Isolde wartet aufgeregt auf die Journalistin und den Fotografen einer großen Zeitschrift. Genervt flüchtet Enrico ins Café Bayer. Dort wird er jedoch schon bald von Else aufgestöbert. Man wolle auch von ihm Fotos machen. Tapfer lächelnd stellt sich Enrico mit Isolde dem Fotografen.
Als Helga das Reisebüro betritt, telefoniert Schiller gerade wieder mit Inka. Irritiert hört Helga, wie er sich mit ihr für heute abend im Akropolis verabredet. Später trifft Helga Matthias, den sie unvermittelt zum Abendessen ins Akropolis einlädt. Im Lokal merkt dieser jedoch, daß Helga überhaupt nicht zuhört, sondern immer nur zum Nachbartisch schielt und unruhig beobachtet, wie Inka Fuchs und Schiller das Lokal verlassen. Ohne gekränkt zu sein, gibt Matthias Helga zu verstehen, daß er wohl nicht der richtige Partner sei, um Schiller eifersüchtig zu machen.
Scholz verspricht Berta heute, an ihrem 51. Geburtstag, einen wunderschönen Abend. Abends ist alles festlich vorbereitet, und Scholz beginnt peinlich genau sein Festprogramm. Doch Berta wirkt zunehmend verkrampft: Das geschenkte Buch hat sie in Hajos Gegenwart letztes Wochenende gelesen; das Nachthemd ist viel zu groß; der wirklich wunderschöne Schmuck erweist sich als Gelegenheitsschnäppchen. Mit Bertas Fassung ist es vorbei. Sie beginnt hemmungslos zu schluchzen. Scholz versteht die Welt nicht mehr. Später

im Bett nimmt er Berta unbeholfen in die Arme, um sie zu trösten. Als ihr abermals die Tränen kommen, steht Scholz verärgert auf. Wenn sie Probleme mit den Wechseljahren habe, solle sie zum Psychiater gehen. Verzweifelt bittet ihn Berta zu bleiben.

Kindermund

Spieltag: 02.07.1992 • Sendetag: 05.07.1992

Folge: 344

Helga ist eifersüchtig. Deshalb hat sie beschlossen im Universum-Reisebüro zu kündigen. Der Chef der Reisebüro-Zentrale, Leo Klamm, findet jedoch keinerlei Unterlagen über sie. Die herbeigerufene Buchhalterin, Inka Fuchs, gesteht, daß Herr Schiller Frau Beimer selbst bezahlt. Jeden Monat spalte sie von seinem Gehalt eine Summe ab. Etwas später erhält Schiller eine einzelne Rose und eine Karte. Abends wird er von Helga freudestrahlend empfangen. Sie versinken in einem langen Kuß.

Inka Fuchs ist nicht nur Buchhalterin bei Universum Reisen, sondern auch Schillers Ex-Freundin.

Freundlich rät Dr. Dressler Berta wegen ihrer anhaltenden Konzentrationsschwäche, erst einmal Urlaub zu nehmen. Später stellt sich Frau Dr. Eva Maria Sperling, die neue Ärztin, in der Praxis vor. Als Berta ihr die Hand reichen will, stößt sie eine Kaffeetasse um. Mit den Nerven am Ende bricht Berta in Tränen aus. Trotz guter Vorsätze kommt es auch an diesem Abend zu einer heftigen Auseinandersetzung zwischen Hajo und Berta.

Andy, der heute morgen allein zu Hause ist, bekommt Besuch von Rita. Sie bringt ihm seinen Schlüsselbund, den er bei ihr vergessen hat. Andy setzt Rita alsbald panisch vor die Tür. Nachmittags spielt Andy mit Max, als Rita abermals erscheint und ihn wegen seines Verhaltens zur Rede stellt. Max hört dem Streit interessiert zu, woraufhin Andy ihn zu Rosi bringt und mit Rita das Haus verläßt. Später erfährt Rosi, daß Iffi mit einem gebrochenen Bein auf der Straße liegt. Aufgeregt läßt Rosi Max zurück und eilt nach unten. Als kurz darauf Gabi eintrifft und ihren Sohn sucht, entdeckt sie ihn balancierend auf dem Fensterbrett im 2. Stock. Zu Tode erschrocken rast sie nach oben und reißt Max vom Fenster. Als Andy abends nach Hause kommt, fragt der Kleine, wohin er mit „Wita“ gegangen sei. Gabi erfährt nun die Wahrheit. Andy flüchtet ins Akropolis. Als er nachts zurückkehrt, wird er von Gabi erwartet. Außer sich, daß er sie seit der Hochzeit betrogen habe, schmeißt sie ihn endgültig aus der Wohnung.

Überredungskünste

Spieltag: 09.07.1992 • Sendetag: 12.07.1992

Folge: 345

Helga und Schiller sind glücklich verliebt. Erstmals hat Erich die ganze Nacht in Helgas Wohnung verbracht. Für Helga ist es selbstverständlich, weiterhin für ihn zu arbeiten, sie möchte aber nicht mehr dafür bezahlt werden. Während Klausi das Geturtel seiner Mutter ausgesprochen peinlich findet, hat Benny keine Probleme damit. Heute übernachtet Klausi wieder einmal im Hobbykeller. Er erzählt Benny, daß er sehr gerne mit seinem Freund Olli nach England wolle, aber keine Hoffnung hege, die Erlaubnis zu bekommen. Benny macht ihm Mut, dennoch zu fragen.

Ende 1997 erwacht Annas Wunsch nach einem eigenen Haus wieder: Das Sparprogramm wird eingeführt.

Heute überrascht Anna Hans mit dem Eingeständnis, daß ihr der Traum von einem eigenen Haus im Grünen nicht mehr wichtig ist. Außerdem, so sagt sie ihrem Mann, wolle sie ihre drei Kinder taufen lassen. Hans solle mit Pfarrer Betzenrieder sprechen. Die Einwände ihres Mannes unterbricht sie mit dem Geständnis, daß sie fest an einen Gott glaube, seit sie aus Friedhelms Gefangenschaft entkommen sei. Als Hans später mit Sarah spazieren geht, entdecken sie einen toten Vogel am Wegrand. Es kommt zu einem Gespräch über den Tod und das Jenseits. Hans ist nachdenklich geworden und verkündet abends Anna, daß er beschlossen habe, Pfarrer Betzenrieder wenigstens einmal anzuhören.

Gabi wird von allen Seiten um eine Versöhnung mit Andy gebeten. Wegen eines einzigen Seitensprunges könne sie doch nicht alles hinwerfen. Spätabends spricht Iffi aus, woran die drei Zenker-Kinder die ganze Zeit denken: Wirst du Andy verzeihen? Und endlich gibt Gabi eine Antwort, die hoffen läßt. Sie wolle mit ihm reden, mehr könne sie nicht versprechen. Es komme jetzt auf ihn an.

Reiner Tisch

Spieltag: 16.07.1992 • Sendetag: 19.07.1992

Folge: 346

Heute treffen sich Gabi und Andy, um sich auszusprechen. Gabi ist bereit, die Affäre mit Rita zu vergessen. Sie hofft, dieser Seitensprung sei sein letzter gewesen. Andy gesteht, daß er Gabi zwar immer noch liebe, aber auch in Zukunft nicht treu sein könne. Gabi ist fassungslos: Eine solche Haltung kann sie nicht akzeptieren.

Hoffnungslos kommt Urzula gegen Mittag von ihrer Putzstelle heim. Man hat ihr gekündigt. Seit Tagen hat Hubert akribisch seinen Vortrag zum Thema „Verpackungswahn“ vorbereitet, der heute in seiner Wohnung stattfinden soll. Hubert rechnet mit zahlreichen Zuhörern, doch zu seiner großen Enttäuschung finden sich nur Gung und Else ein. Als

später Benny nach seiner Abendschule dazukommt, findet Hubert zu seiner Freude einen kompetenten Gesprächspartner.
Dressler hat Dr. Eva-Maria Sperling zum Kaffee eingeladen. Die Ärztin hat bis vor kurzem mit ihren beiden Söhnen und ihrem Mann in Äthiopien gelebt und gearbeitet. Ihr Mann Kurt, ein Ingenieur, muß in Afrika bleiben, um einen Auftrag zu Ende zu führen. Mit ihren Kindern sucht Eva-Maria eine Wohnung in der Nähe der Lindenstraße. Unterdessen läuft Evas älterer Sohn Momo in ein Buch vertieft über die Straße. Dabei rennt er Iffi über den Haufen, die gerade ein Eis in der Hand hält, das zu Boden fällt. Momo entschuldigt sich und lädt sie zu einem neuen Eis ein. Später verrät Iffi ihrer Schwester, daß sie sich verliebt habe. Alle Einwände Valeries, dieser Momo habe bestimmt schon eine Freundin, wischt Iffi beiseite: Sie werde es machen wie Rita und sich den Typ krallen. Sonst wolle sie nicht Iffi Zenker heißen ...

Ferne Ziele

Spieltag: 23.07.1992 • Sendetag: 26.07.1992

Folge: 347

Iffi macht sich gerade zur Schule fertig, als sie Momo und seine Mutter vom Fenster aus entdeckt. Wie der Blitz verläßt sie die Wohnung. Beim Frühstück bricht Valerie in Tränen aus und verkündet, daß sie die Schule verlassen wolle, um Gabi nicht länger auf der Tasche zu liegen. Indes gelingt es Iffi, von Momo und seiner Mutter im Auto mitgenommen zu werden. Als Gabi nach der Arbeit nach Hause kommt, trifft sie zu ihrer Überraschung auf Andy. Er möchte zum Jobben nach Spanien an die Costa Brava gehen und die Kinder bei ihr lassen. Gabi ist außer sich vor Wut. Der hinzustoßende Hubert nimmt Andy mit in seine Wohnung und hält ihm eine gewaltige Standpauke.
Hans und Anna haben sich für eine 5-Zimmer-Wohnung in der Kastanienstraße 26 entschieden. Hans denkt mit gemischten Gefühlen an die unmittelbare Nähe zu Helga. Doch sein Antrittsbesuch läuft anders als erwartet. Gelassen und strahlend gratuliert Helga ihm zur neuen Wohnung. Anschließend trifft sich Hans mit Klausi im Café Bayer und fragt ihn, ob er Sophies zweiter Taufpate wird. Klausi ist zwar nicht begeistert, doch nutzt er die Gelegenheit und bittet um Erlaubnis für seine Englandreise.
Elena hat den gesamten Gewinn der vergangenen Wochen, 10.000 Dollar,

Andy will nach Spanien. Seine Kinder möchte er bei Gabi lassen.

bei ihrer letzten Investition verloren. Panaiotis' Gedanken kreisen indessen noch immer um Tanja. Nachdem er beobachtet hat, wie diese zum Friseur geht, folgt er ihr. Als Tanja den Friseursalon verläßt, wird sie von Panaiotis abgefangen. Flehentlich bittet er sie, niemandem von ihrem Treffen zu erzählen, und wünscht, sie noch einmal zu sehen. Wütend macht sich die junge Frau von ihm los: Wenn er es noch einmal wage, sie zu belästigen, werde sie ihn hochgehen lassen!

Enthüllungen

Spieltag: 30.07.1992 • Sendetag: 02.08.1992

Folge: 348

Anna überredet Hans, Klausi die Englandreise zu erlauben. Im Reisebüro führen Helga und Schiller die gleiche Diskussion. Erichs Fürsprache für Klausi ist jedoch nicht ganz ohne Hintergedanken, da er sich einen ungestörten Urlaub mit Helga auf Rügen wünscht.
An diesem Vormittag hilft Berta Frau Dr. Sperling bei den Vorbereitungen zur Praxiseröffnung. Eva erzählt von ihrem Leben mit Mann und Söhnen und ermuntert Berta, auch von sich zu berichten. Zu Hause wirft Berta ihrem Hajo vor, ein Langweiler geworden zu sein. Scholz verläßt wortlos das Zimmer, um kurz darauf mit einer dicken Mappe zurückzukehren. Verblüfft stellt Berta fest, daß Scholz akribische Aufzeichnungen zu Robert Engel angelegt hat. Frank, Carsten, Wittich – alle habe er befragt. Nur Berta fehle ihm noch. Später sitzen beide im Akropolis, wo Berta zögernd aus ihrer Vergangenheit mit Robert berichtet.
Panaiotis' Liebe zu Tanja ist der Angst gewichen, sie könne ihn verraten und bloßstellen. Deshalb sucht er sie erneut auf. Es kommt zu einem heftigen Streit. Tanja droht mit der Polizei und spottet über seine Geilheit. Sie werde Elena und allen anderen davon berichten. In maßlosem Zorn schlägt Panaiotis zu. In diesem Moment kommt Franz Schildknecht zurück. Fassungslos beobachtet er, wie Panaiotis von seiner blutenden Tochter abläßt und aus der Wohnung eilt. Im Akropolis steht Panaiotis an der Theke, als Schildknecht hereinstürzt und ihn wild beschimpft. Gefährlich ruhig will Elena von ihrem Mann wissen, ob es stimmt, was sie gehört habe. Kurz darauf steigt sie mit wild entschlossener Miene die Treppen zu Tanjas Wohnung hinauf. Sie klingelt, Tanja öffnet ahnungslos. Ohne ein Wort zu sagen, drängt sich Elena zu ihr in die Wohnung.

Schicksalsfragen

Spieltag: 06.08.1992 • Sendetag: 09.08.1992

Folge: 349

Verliebt genießen Helga und Erich den ersten Tag ihres dreiwöchigen Urlaubs auf Rügen. Schiller erzählt von seinem Leben in Kanada: Bevor er nach Deutschland gekommen sei, habe er in Toronto ein eigenes Reisebüro gehabt. Manchmal träume er davon, sich wieder selbständig zu machen. In einem Gasthof trifft Helga zufällig Wilhelm Lösch, ihren hartnäckigen Verehrer, den sie seinerzeit im Fichtelgebirge mit Hans kennengelernt hat. Lösch läßt sich auch diesmal nicht davon abhalten, Helga den Hof zu machen.

Amelie bittet Berta, Lisa über die Ferien zu sich zu nehmen, da Lydia krank ist. Den Nachmittag verbringen Lisa und Manoel gemeinsam bei Zenkers. Als Amelie später Lisa abholen will, sitzen alle Kinder einträchtig vor dem Fernseher. Lisa ist glücklich an Gabi geschmiegt. Amelie gesteht Gabi, wie dringend sie für Lisa eine liebevolle Pflegefamilie sucht.

Elena verbietet Vasily nach der Schande, die auf ihrer Familie laste, das Lokal wieder zu öffnen. Sie ist offensichtlich entschlossen, Deutschland mit ihrem Mann zu verlassen. Tanja hingegen scheint den Eklat gut überstanden zu haben. Zwar hat Elena sie angeschrien und bespuckt, doch so ein Vorfall, erklärt sie ihrem Vater, gehöre zum Berufsrisiko. Panaiotis ist inzwischen am Ende seiner Nerven, zumal Elena ihn mit Vorwürfen überschüttet. Plötzlich stürzt er sich auf ein Küchenmesser, um sich damit umzubringen. In letzter Sekunde kann Vasily ihn vor sich selbst retten.

Lisa liegt schlaflos und verzweifelt im Bett. Dann steht sie leise auf und schleicht aus der Wohnung. Einen Stock höher klingelt sie bei Zenkers. Als Gabi ihr öffnet, fragt Lisa herzergreifend, warum sie nicht ihre Mutter sein kann.

Störenfriede

Spieltag: 13.08.1992 • Sendetag: 16.08.1992

Folge: 350

Seit einer Woche lebt Lisa bei Gabi und fühlt sich sichtlich wohl. Mit der Post trifft der sehnlichst erwartete Brief vom Jugendamt ein, in dem Gabis Antrag auf Pflegschaft für Lisa zugestimmt wird. Nach mehreren vergeblichen Anläufen eröffnet Gabi nachmittags der verblüfften Runde, daß sie Lisa aufnehmen möchte. Lisa und Amelie sind überglücklich, die anderen scheinen eher gemischte Gefühle zu haben.

Das Akropolis wird heute wiedereröffnet, und Benny bekommt bei der Arbeit Besuch von Hubert Koch. Dieser möchte seinen Vortrag über

den Verpackungswahn noch einmal halten, doch diesmal in einem größeren Rahmen. Deshalb bittet er nun Benny, in dem er einen Gleichgesinnten vermutet, bei Vasily ein gutes Wort für ihn einzulegen. Vasily stimmt zu – zu Huberts Enttäuschung jedoch nur für einen publikumsfeindlichen Montagabend.
Urzula betritt den Friseursalon und fragt Beate schüchtern nach dem Preis für einen Haarschnitt. Als Beate merkt, daß Urzula der Preis zu hoch ist, macht sie ihr ein Angebot: Wenn Urzula sich als Modell zur Verfügung stelle, könne sie ihr die Haare umsonst schneiden. Vertrauensvoll erzählt Urzula, daß sie ihre Arbeit als Putzfrau verloren hat, und Beate zögert nicht lange, sie vorübergehend als Aushilfe bei sich einzustellen. Mitten in das freundschaftliche Gespräch platzt Robert Engel. Arrogant verlangt er, von Beate bedient zu werden, die ihn jedoch abblitzen läßt. Nach Ladenschluß putzt Urzula eifrig den Salon und wird von Beate später zum Essen eingeladen. Robert grübelt noch immer über Beate, die ihn durch ihre Ablehnung und Klugheit immer mehr zu reizen beginnt. Als er vom Fenster aus beobachtet, wie Beate und Urzula engumschlungen auf der Straße stehen, tippt er plötzlich in seinen Computer: „ ... mit einem Mal wußte er, wie er Tabea in seine Macht bekommen könnte. Endlich hatte er einen Plan."

Einsame Herzen

Spieltag: 20.08.1992 • Sendetag: 23.08.1992

Folge: 351

Tanja telefoniert vormittags mit ihrer Agentur, um sich Urlaub zu nehmen. Bei Vera in Lucca will sie über ihre Zukunft nachdenken. Als sie jedoch versucht, Vera zu erreichen, erwischt sie nur einen Freund. Von ihm erfährt sie, daß man Franz aus dem Haus geschmissen und Vera ihn bereits vor über einem Jahr verlassen hat. Als Franz nach Hause kommt, stellt Tanja ihn aufgebracht zur Rede. Wenig später ruft sie wieder bei der Agentur an und läßt sich eine lukrative Verabredung bereits für diesen Abend geben.
Mit einem polnischen Gedichtband sitzt Robert im Café Bayer beim Frühstück. Dort fängt er Urzula ab und bringt sie dazu, ihm ein Gedicht zu übersetzen. Einen ersten Vorschuß dafür bekommt sie bar auf die Hand. Am Abend putzt Urzula wieder bei Beate, findet aber keine Gelegenheit, ihr von Engel erzählen. Nach der Arbeit wird Urzula erneut von Robert abgefangen und auf ein Glas in einer Bar eingeladen. Urzula lehnt jedoch ab.
Zu Bennys Überraschung ist Klausi wieder da. Mürrisch erzählt er, daß ihn Olli auf ihrer Englandreise bereits nach einer Woche wegen eines Mädchens sitzengelassen hat. Später besucht Benny Hans und Anna, die in ihrer neuen Wohnung mitten im Umzugschaos stecken. Benny bittet sie, da Helga noch auf Rügen ist, sich um Klausi zu küm-

mern. Am Abend kann Anna gerade noch verhindern, daß Hans aus einer Wasserflasche trinkt, in der sich Terpentin befindet. Die beiden beschließen, ihren Durst im Akropolis zu löschen, und bitten Klausi, so lange auf die Kinder aufzupassen. Mit Kopfhörern sitzt Klausi vorm Fernseher und liest Comics. Dabei entgeht ihm völlig, daß Tom wieder aufgewacht ist und nach seiner Mami ruft, weil er Durst hat. Der kleine Tom tappt durch die Wohnung in die Küche und entdeckt die Terpentinflasche ...

Energie

Spieltag: 27.08.1992 • Sendetag: 30.08.1992

Folge: 352

Gabi liegt mit einer schweren Sommergrippe im Bett, und Frau Dr. Sperling mahnt sie nachdrücklich, sich zu schonen. Etwas später berichtet Rosi tränenüberströmt von einer drohenden Mieterhöhung um 30 Prozent.

Auf der Straße fängt Robert Urzula ab und bietet ihr einen neuen, lukrativeren Job an. Beate, der Urzula von Roberts Angebot erzählt, warnt die junge Polin eindringlich vor Engel und bietet ihr statt dessen eine Lehrstelle im Friseursalon an. Urzula ist von dieser plötzlichen Berufsperspektive begeistert. Am Abend klingelt sie bei Robert, um abzusagen. Dieser vermag es jedoch geschickt, sie umzustimmen.

Urzula soll für Robert Engel Tonbänder abtippen. Er bietet DM 20 pro Stunde.

Heute werden Helga und Erich aus Rügen zurückerwartet. Benny ist deshalb mitten im Hausputz, als Klausi mit Sack und Pack erscheint. Tom hat tatsächlich aus der Terpentinflasche getrunken, konnte zum Glück aber gerettet werden, weil Hans und Anna rechtzeitig zurückgekommen sind. Die Situation zwischen Klausi und Anna scheint jedoch noch immer nicht bereinigt zu sein. Auf Anraten Bennys entschuldigt sich sein jüngerer Bruder wenig später bei Anna. In der Zwischenzeit macht die Botschaft von der Mieterhöhung die Runde und erregt die Gemüter. Als Helga und Erich müde, aber gut erholt die Beimersche Wohnung betreten, trifft sie der Schlag. Im Putzchaos sitzt eine große Runde debattierender Nachbarn. Als Helga von der Mieterhöhung erfährt, ist sie zunächst geschockt. Doch alsbald gewinnt ihre Tatkraft die Oberhand. Auch wenn die Erhöhung juristisch nicht anfechtbar sei, werde sie gegen die Hausverwaltung kämpfen!

Sorgen

Spieltag: 03.09.1992 • Sendetag: 06.09.1992

Folge: 353

Helga nimmt den Widerstand gegen die drohende Mieterhöhung in Angriff und trifft sich mit Frau Köhler-Bergmann, einer Vertreterin vom Mieterschutzbund. Diese kann ihr jedoch keinen Ausweg nennen. Die einzige Möglichkeit sei, die Hausverwaltung auf unkonventionelle Art umzustimmen. Helga will alle Nachbarn zum Protest motivieren.

Die angekündigte Mieterhöhung ist auch bei Kochs, vor allem bei Rosi, Thema Nummer eins. Hubert begeistert Benny mit seiner neuesten Idee, einem Windrad auf dem Dach. Später beobachtet Hubert, wie Gabi verzweifelt ihr Haushaltsgeld nachrechnet. Er erfährt, daß sie das Taxi zu verkaufen plant. Sie habe sogar schon einen Interessenten, doch fehle die Zeit, sich darum zu kümmern. Hubert notiert sich heimlich dessen Adresse und verkündet abends der verblüfften Gabi, er habe ihr Taxi samt Lizenz für DM 64.000 verkauft. Glücklich fällt ihm Gabi um den Hals.

Während ihrer Morgentoilette entdeckt Claudia zu ihrem großen Schrecken einen Knoten in der Brust. Frau Dr. Sperling, die Claudia wenig später aufsucht, überweist sie zu entsprechenden Spezialisten und versucht sie zu beruhigen. Aber Claudia ist weiterhin äußerst nervös. So hat sie auch keine Nerven, Christoph zu besänftigen, der sich schwere Vorwürfe macht, weil er meint, daß wegen seiner Behinderung der Blumenladen immer schlechter geht. Als Claudia abends Benny ihre Befürchtungen mitteilt, bricht sie weinend zusammen. Gleichzeitig ruft Christoph unter Tränen an und möchte wissen, ob er Claudias Laden kaputtmache, weil er ein Krüppel sei. Völlig überfordert legt Benny auf, doch Christoph läßt sich nicht abwimmeln. Er rollt auf die Straße vor Claudias Fenster und brüllt verzweifelt, er habe ein Recht auf die Wahrheit!

Heiße Spur

Spieltag: 10.09.1992 • Sendetag: 13.09.1992

Folge: 354

Christophs Geschäft floriert plötzlich. Claudia liegt indessen im Krankenhaus und wartet auf ihre Operation. Verzweifelt hofft sie, daß die Brust vielleicht doch gerettet werden kann. Als sie dann im OP liegt, macht sich Benny schwere Vorwürfe, aus Feigheit mit Claudia nicht eher Schluß gemacht zu haben, obwohl ihre Beziehung schon lange brachliegt. Trotz Helgas dringlicher Einwände beschließt er, noch heute abend mit Claudia zu reden und ihr gegenüber ehrlich zu sein.

Heute wird das Taxi an Herrn Kusch übergeben. Betreten stehen Iffi, Valerie, Max und Gabi am Straßenrand, während Hubert aufgeregt auf Herrn Kusch einredet. Später erklärt Iffi gutgelaunt – und von ihrem Gips befreit –, daß sie heute vorhabe, im Wohnwagen mit Momo zu schlafen. Verliebt empfängt sie Momo im gemütlich hergerichteten Wohnwagen und läßt ihre Verführungskünste spielen. Als dieser Iffis Vorhaben durchschaut, ergreift er panikartig die Flucht.
Scholz und Berta wollen den letzten Spuren im Fall Robert nachgehen und suchen die Buchhandlung auf, die Frank als Drogenumschlagplatz beschrieben hat. Dort beobachten sie unauffällig das Geschäft und die Angestellten. Berta entdeckt plötzlich einen Mann, der ihr bekannt vorkommt. Später erinnert sie sich an seine Identität: Thomas Wertmeier, ein Freund von Robert Engel. 1988 ist er plötzlich in ihrem Buchladen aufgetaucht und danach mit Robert verschwunden.
Benny sitzt verstört am Krankenbett und hält Claudias Hand. Sie ist nur noch ein Häufchen Elend, hat große Schmerzen und gerade erfahren, daß ihre Brust amputiert werden mußte. Weinend bittet sie Benny, sie nicht zu verlassen. Auch Benny ist verzweifelt ...

Streß

Spieltag: 17.09.1992 • Sendetag: 20.09.1992

Folge: 355

Beate und Urzula haben sich richtig angefreundet und plaudern miteinander im Friseursalon, als Robert Engel plötzlich eintritt. Beate entnimmt dem Gespräch zwischen den beiden, daß ihre neue Freundin immer noch für Robert arbeitet. Als sie wieder alleine sind, stellt sie Urzula wütend zur Rede. Diese gesteht kleinlaut, das Geld zu brauchen, und versichert, daß zwischen ihr und Robert absolut nichts laufe. Nachmittags beobachtet Scholz, wie Robert Urzula in seine Wohnung läßt. Später erblickt er auch Thomas Wertmeier und wittert seine große Chance. Als Robert und Wertmeier später das Haus gemeinsam verlassen, folgt er ihnen.
Rosi streitet heftig mit Hubert über dessen Pläne, ein Windrad zu konstruieren. Doch während Rosi den Ideen ihres Mannes nur Unverständnis entgegenbringt, zeigt Amelie großes Interesse an dem Projekt und bietet sogar ihre Hilfe an. Unterdessen bittet Iffi Momo, ihr den plumpen Annäherungsversuch zu verzeihen.
Claudia hat die Brustamputation in eine tiefe Depression gestürzt, sie klammert sich an Benny. Dessen liebevolle Zuwendung entspringt jedoch eher seinem Mitleid als seiner Liebe. Deprimiert geht Benny später seiner Arbeit im überfüllten Akropolis nach. Als schließlich Christoph ihn auch noch um Hilfe bittet, flippt er aus. Er läßt ein volles Tablett fallen und bricht neben dem Scherbenhaufen zusammen. Beate eilt ihm zu Hilfe, versorgt ihn großzügig mit Ouzo und hört ihm ver-

ständnisvoll zu. Spätabends schleppt sie den betrunkenen Benny nach Hause. Im Hobbykeller erwartet Helga ihn bereits vorwurfsvoll: Claudia liegt auf der Intensivstation, man weiß nicht, ob sie durchkommt. Sie hat versucht, sich das Leben zu nehmen.

Bitten

Spieltag: 24.09.1992 • Sendetag: 27.09.1992

Folge: 356

Helga besucht Claudia in der Klinik. Die junge Frau, die sich mit Tabletten das Leben nehmen wollte, wirkt wieder relativ gefaßt. Sie gibt Helga einen Brief für Benny, den er sofort lesen soll. In ihrem Brief bittet Claudia Benny dafür um Verzeihung, daß sie sich in ihrer Verzweiflung an ihn geklammert habe. Er solle sich frei fühlen und sich keinerlei Schuld an ihrem Selbstmordversuch geben, denn ihre Beziehung sei tatsächlich bereits vor ihrer Krankheit kaputt gewesen. Wenig später steht Benny mit Rosen an Claudias Krankenbett und bittet sie sichtlich bewegt, Freunde zu bleiben.

Erich hat in der Badewanne eine große Kakerlake plaziert, aus dem Kran in der Küche kommt braunes Wasser.

Währenddessen empfangen Helga und Erich Besuch von Herrn Hülsch. Dieser soll davon überzeugt werden, daß eine Mieterhöhung aufgrund der Wohnungsmängel ungerechtfertigt ist. Erich hat ein paar zusätzliche „Mängel" vorbereitet ...

Hubert hat Besuch von Amelie, die ihn mit Komplimenten überschüttet, während Rosie beide eisig beobachtet. Iffi und Valerie streiten sich heftig um die Freundschaft mit Momo.

Franz Schildknecht malt in Tanjas Wohnzimmer an einem riesigen Ölgemälde. Tanja kommt wutentbrannt vom Einkaufen zurück und erklärt ihm, daß sie ihn nicht mehr finanzieren werde. Bevor sie am Abend ausgeht, bittet Tanja ihren Vater, die Wohnung aufzuräumen und nicht zu stören, wenn sie mit Besuch zurückkehrt. Als Tanja nachts mit ihrem Begleiter nach Hause kommt, sitzt Franz mitten im Chaos vorm Fernseher. Es folgt eine heftige Auseinandersetzung zwischen Vater und Tochter – der Begleiter verläßt entsetzt die Wohnung. Kurz entschlossen schmeißt Tanja ihren Vater aus der Wohnung. Franz bricht weinend im Treppenhaus zusammen.

Probate Mittel

Spieltag: 01.10.1992 • Sendetag: 04.10.1992

Folge: 357

Franz Schildknecht haust seit seinem Rausschmiß im Wohnei und schnorrt sich bei den Hausbewohnern durch. Gegen 6 Uhr in der Frühe klingelt Franz an der Beimerschen Tür. Helga öffnet ihm

schlaftrunken und muß zwei große abstrakte Gemälde für Hans in Empfang nehmen. Mittags begleiten Helga und Schiller Hülsch von Wohnung zu Wohnung. Überall sollen eventuelle Mängel von Hülsch festgehalten werden. Dieser verliert im Laufe der Besichtigungstour zunehmend die Nerven, da in jeder Wohnung Schäden auftreten.
Isolde bemüht sich vergeblich, neue Texte zu schreiben. Dementsprechend fühlt sie sich zu Enricos größter Verblüffung erleichtert, als ihr in einem Schreiben von ihrem Produzenten der Vertrag wegen mangelnden Erfolgs gekündigt wird. Isolde ist nunmehr fest entschlossen, das Singen für immer an den Nagel zu hängen. Zusammen mit Enrico schmiedet sie Pläne für ein kleines Restaurant.
Besorgt versucht Beate, Urzula erneut vor Robert zu warnen. Diese beteuert aber, daß ihre Beziehung zu Robert ganz harmlos sei. Später schreibt Beate Carsten und bittet ihn um Rat. Sie habe große Angst, daß Robert Urzula weh tun werde, nur um sie, Beate, zu treffen. Abends geht Urzula zu Robert, um zu arbeiten. Robert jedoch überrascht sie mit einem ganz vorzüglichen Diner. Auch Beate sucht Robert auf, wird aber nicht hereingelassen. Als sie ihn schließlich telefonisch erreicht und Urzula sprechen will, wird sie erneut abgewiesen. Urzula jedoch, bekommt von alledem nichts mit. Schließlich versucht Robert doch noch, sie zu verführen. Urzula, hin- und hergerissen zwischen Angst und Verlangen, wehrt sich. Sanft wird sie von Robert bedrängt ...

Behinderungen

Spieltag: 08.10.1992 • Sendetag: 11.10.1992

Folge: 358

Zu Kochs kommen heute die Handwerker und der Kammerjäger. Rosi ist das peinlich, Hubert hingegen ist begeistert, daß die Hausverwaltung so prompt jemanden schickt. Später kommt Amelie zu Besuch, und Hubert erzählt ihr betrübt, daß das Bauamt von seinen Plänen keineswegs begeistert war. Rosi beäugt die beiden mißtrauisch. Plötzlich erscheint Zorro mit einem Telegramm: Huberts Bruder Karl hat einen Schlaganfall erlitten. Das Ehepaar Koch macht sich in aller Eile nach Rostock auf.
Hans und Anna diskutieren über die künstlerische Qualität der Werke von Franz Schildknecht und ob man sie aufhängen solle oder nicht. Im Friseursalon haben Beate und Urzula eine heftige Auseinandersetzung. Beate ist wütend, daß Urzula sich von Robert verwöhnen ließ, und kann trotz gegenteiliger Beteuerungen Urzulas nicht an die Unschuld ihrer Beziehung glauben. Wenig später bittet Anna Urzula, Taufpatin für Sarah zu werden. Doch die lehnt ab, da sie die Verantwortung nicht übernehmen kann: Sie sei kein Vorbild und habe kein Geld.

Benny hat Claudia heute aus dem Krankenhaus abgeholt. Ihr erster Weg führt sie in den Blumenladen zu Christoph, der Claudia freudestrahlend begrüßt und sie zum Abendessen einlädt. Später finden Claudia und Benny die Gelegenheit, sich in aller Freundschaft auszusprechen. Abends sitzen Claudia und Christoph beim Nachtisch. Christoph versucht, der offensichtlich bedrückten Claudia Mut zuzusprechen. Auch er sei behindert und wisse, welche Gefühle sie jetzt durchleide. Ihn störe es überhaupt nicht, daß man ihr eine Brust abgenommen habe, denn für ihn sei sie immer viel mehr als nur eine Freundin gewesen. Claudia weiß nicht, was sie sagen soll.

Leid und Überwindung

Spieltag: 15.10.1992 • Sendetag: 18.10.1992

Folge: 359

Als Anna vormittags in den Blumenladen kommt, deutet Christoph an, daß Claudia ihn meide, weil er sich dumm benommen habe. Gabi ist total überlastet von Beruf und häuslichen Pflichten. Zu Hause versucht sie vergeblich für Ruhe und Ordnung zu sorgen. Rosi berichtet am Telefon, daß Huberts Bruder Karl gestorben ist. Abends gibt es wegen Gabis Organisationsplan erneut Streit zwischen Iffi und Valerie, die sich unter anderem darüber beschweren, wegen Lisa kein eigenes Zimmer zu haben.

Nach dem Frühstück fragt Egon Dr. Dressler, ob er die Essensreste Franz Schildknecht bringen dürfe. Aus Neugierde auf den Künstler und seine Tochter beschließt Dressler, die Frühstücksreste persönlich Herrn Schildknecht zu bringen. Wenig später sitzen beide im Hinterhof und plaudern über die Bilder des Künstlers. Schließlich lädt Ludwig Franz zum Abendessen ein, um ihm auf den Zahn zu fühlen, woraufhin Franz die tollsten Erfolgsgeschichten erfindet. Als Franz bereits ziemlich betrunken ist, bietet er Dressler ein Bild für DM 2.000 an. Dieser lehnt ab und wird daraufhin von Schildknecht ausfallend beschimpft.

Enrico und Isolde besichtigen ein Restaurant und kehren in Hochstimmung mit dem Entwurf für den Pachtvertrag in der Tasche zurück. Später erhält Isolde einen Anruf von Herrn Magirus, dem Redakteur eines privaten Fernsehsenders, der sie bittet, sich mit ihm wegen eines TV-Projekts zu treffen. Zwar sagt sie zu, ist aber empört über seine Arroganz. Sie beschließt sich zu rächen.

Lisa befürchtet, zurück ins Heim zu müssen.

Spät nachts klopft Lisa an Gabis Zimmertür. Mit verweinten Augen bittet sie Gabi, sie ins Heim zurückzuschicken: Ihretwegen gebe es immer nur Streit und sie nehme allen den Platz weg. Entsetzt fragt Gabi, ob sie so unerträglich geworden sei.

Stimmungen

Spieltag: 22.10.1992 • Sendetag: 25.10.1992

Folge: *360*

Heute ist Tauftag für Hans und Annas Kinder, und eine große Taufgemeinde hat sich in ihrem Wohnzimmer versammelt, sogar Marion ist aus Paris angereist. Neben Rosi, Klausi und Gabi ist auch Hans' Chef, Herr Dabelstein, Taufpate. Nachmittags sitzt die Festgesellschaft einträchtig – Lisas Befürchtungen, ins Heim zurückzumüssen, haben sich inzwischen zerschlagen – an der Kaffeetafel. Nach einem gelungenen Fest plaudern Hans und Anna, Helga und Erich fröhlich noch ein wenig.

Franz Schildknecht überreicht sein Taufgeschenk: ein abstraktes Triptychon, das nach seinen Worten die Wesenheiten der drei Kinder darstellt.

Scholz beobachtet, wie Thomas Wertmeier mit einer Tasche zu Robert hinaufgeht. Wenig später verlassen beide das Haus – diesmal ohne Tasche. Scholz bricht kurz entschlossen bei Robert ein, um den Inhalt der Tasche zu untersuchen. Wenig später sieht Berta zu ihrem Entsetzen Robert zurückkommen und versucht vergeblich, ihn in ein Gespräch zu verwickeln. Als Scholz Robert an der Wohnungstür hört, kann er sich gerade noch verstecken. Nachdem Robert seine Wohnung erneut verlassen hat, sieht Hajo zu seiner Enttäuschung, daß die Tasche verschwunden ist.

Dressler besucht Frau Dr. Sperling in der neuen Praxis und bestaunt etwas wehmütig die hochmodern eingerichteten Räume. Egon, der sich um die anhaltende Schwermut Dresslers Sorgen macht, hat unterdessen Beate zum Abendessen eingeladen. Diese bringt spontan Urzula mit, die jedoch bald wieder aufbricht. Als Beate merkt, daß Ludwig mit seinen Gedanken abschweift, verabschiedet auch sie sich. Dressler entschuldigt sich für seine Melancholie und gibt Beate noch eine Weinflasche für sie und Urzula mit. Mit der Weinflasche in der Hand klingelt sie bei ihrer Freundin. Von Gung erfährt sie, daß Urzula noch nicht zurückgekehrt ist. Sie sei doch mit ihr, Beate, zu Dressler gegangen. Beate vermutet Urzula bei Robert ...

Zurück

Spieltag: 29.10.1992 • Sendetag: 01.11.1992

Folge: 361

Helga und Marion sitzen beim gemütlichen Mutter-Tochter-Frühstück. Mitten hinein platzt Hülsch mit der guten Nachricht, daß die Hausverwaltung ihre Mieterhöhung zurückgezogen hat. Else bucht bei Schiller eine Woche Monaco für zwei Personen. Während Erich Elses Unterlagen vorbereitet, teilt ihm sein Freund und Chef der Reisebürozentrale, Leo Klamm, mit, daß die Filiale in der Kastanienstraße wegen mangelnden Umsatzes zum Jahresende geschlossen wird. Schiller soll in die Zentrale wechseln, was ihn sichtlich deprimiert – vor allem, weil er um die Nähe zu Helga fürchtet.

Rosi wollte heute eigentlich zu Hubert nach Rostock fahren, bringt es aber nicht übers Herz, Gabi, die eine Magenverstimmung hat, allein zu lassen.

Die Stimmung zwischen Beate und ihrem Lehrling Urzula ist frostig. Später taucht Robert im Friseursalon auf und lädt Urzula für den Abend ins Theater ein, was Beate in Rage bringt. Robert, der Elses Reisepläne mitbekommen hat, ruft Thomas Wertmeier an und erklärt ihm, daß die Aktion mit der kleinen Polin überflüssig geworden sei. Als Urzula abends kommt, hat sie sich sehr schön gemacht, und es fällt Robert heute nicht allzu schwer, sie zu verführen. Plötzlich jedoch zückt er eine Kamera und macht blitzschnell Fotos von der nackt daliegenden Urzula. Als sie verständnislos wissen möchte, was er vorhabe, meint Robert nur kalt, sie solle sich anziehen und gehen. Weinend fleht Urzula Engel an, ihr den Film zu geben. Kalt stößt Robert sie weg. Aufgelöst möchte sie wissen, warum er das getan habe. Zynisch lächelnd meint Robert, sie solle doch mal nachdenken.

Verraten und verkauft

Spieltag: 05.11.1992 • Sendetag: 08.11.1992

Folge: 362

Erich hat auch heute wieder bei Helga übernachtet. Als er sich auf den Weg ins Reisebüro macht, verabschiedet er sich von ihr mit einem Kuß und einer geheimnisvollen Andeutung: Er wolle sie etwas fragen ... Helga ist beunruhigt, da sie befürchtet, Erich zuliebe die neuerworbene Selbständigkeit wieder aufgeben zu müssen. Mittags stellt sich zu Helgas großer Erleichterung jedoch heraus, daß Schiller mit ihr zusammen lediglich ein eigenes Reisebüro eröffnen möchte. Feierlich gibt sie ihr Einverständnis. Wieder einmal drängt sich Onkel Franz zu Helga in die Wohnung. Er kündigt an, er wolle ihrem neuem Freund mal auf den Zahn fühlen. Als Schiller dann für ihn einen Stammbaum improvisiert, ist Wittich beeindruckt.

Urzula ist zutiefst verstört und kapselt sich von ihrer Umwelt gänzlich ab. Kurz nachdem Beate erfahren hat, daß Urzula wieder nicht zur Arbeit kommt, betritt Robert den Laden und zeigt der geschockten Beate Nacktfotos von Urzula. Beate wisse ja, was man mit solchen Fotos anstellen könne. Darum solle sie sich bei ihm melden. Else trifft Robert auf der Straße. Auf seine freundliche Frage hin berichtet Else in aller Ausführlichkeit von der bevorstehenden Reise. Daß Robert ihre Unterlagen sorgfältig studiert, fällt ihr dabei nicht auf. Nachmittags besucht er Else im Waschkeller. Bei sich trägt er einen neuen Lederkoffer, den Else sofort bewundert. Nach einem taktischen Zögern bietet ihr Robert freundlich den Koffer für ihre Reise an. Als Berta vom Einkaufen nach Hause kommt, erfährt sie von Roberts Leihgabe und von Urzulas seltsamer Krankheit. Aufmerksam geworden, berichtet sie Scholz die Neuigkeiten.

Kurz entschlossen packt Urzula ihre Koffer und erklärt Rosi, daß sie noch heute abend nach Polen abreisen wolle. Dort seien die Menschen besser. Erschüttert versucht Rosi, die junge Frau umzustimmen. Sie müsse doch wenigstens erst gesund werden. Hoffnungslos fragt Urzula, wie sie das machen solle.

Die ewige Nervensäge Onkel Franz hat sich mal wieder bei Helga breitgemacht.

Vorbereitungen

Spieltag: 12.11.1992 • Sendetag: 15.11.1992

Folge: 363

Heute fahren Else und Egon nach Monaco. Die Vorbereitungen laufen auf Hochtouren. Als die Klings endlich aufbrechen, hilft Robert der nervösen Else zuvorkommend, den von ihm entliehenen Koffer im Taxi zu verstauen.

Statt sich für das Treffen mit dem Fernsehredakteur Magirus wie gewohnt in Schale zu werfen, hüllt Isolde sich heute in Sack und Asche. Sie ist fest überzeugt, daß der Redakteur sie nur als Lückenfüller für eine drittklassige Show engagieren will. Wenig später sitzt Isolde im Café neben Magirus. Dieser erklärt, irritiert durch Isoldes Aufmachung, sein Anliegen: Man plane eine anspruchsvolle Sendung mit dem Arbeitstitel „Lebenshilfe für Frauen – leicht gesagt“, für die noch eine Moderatorin gesucht werde. Der erschrockenen Isolde gelingt es, Magirus zu einem zweiten Treffen am Abend zu überreden, und sie nutzt die verbleibende Zeit, um sich zurechtzumachen. Enrico beobachtet den Enthusiasmus seiner Frau mit gemischten Gefühlen. Doch

Für ihre große Reise nach Monaco hat sich Else extra eine Gracia Patricia-Frisur legen lassen.

die erreicht ihr Ziel: Magirus ist von ihrer Verwandlungsfähigkeit fasziniert.
Irina ist an Keuchhusten erkrankt, wodurch sich Urzulas geplante Abreise nach Polen verzögert. Obwohl Beate Urzula zu verstehen gegeben hat, nichts mehr von ihr wissen zu wollen, betritt Urzula erstmals wieder den Friseursalon und beginnt schweigend ihre Arbeit. Schließlich sprechen sie sich aber doch aus und beschließen, sich an Robert zu rächen. Später trifft Beate Robert auf der Straße und bittet ihn betont freundlich um eine Verabredung für nächste Woche. Es ist bereits Nacht, als Beate von ihren Besorgungen zurückkehrt. Ernst schwört Urzula, daß sich Beate bei der Racheaktion auf sie verlassen könne. Zweifelnd fragt Beate, ob das wirklich der Fall sei. Urzula habe sie schließlich schon belogen.

Erklärungen

Spieltag: 19.11.1992 • Sendetag: 22.11.1992

Folge: 364

Aufgeregt kommt Scholz von der Frühschicht zu Berta nach Hause. Wertmeier sei heute morgen um 6.30 Uhr nach Nizza geflogen, er habe ihn bei der Sicherheitskontrolle abgetastet. Etwas später beobachtet Berta jedoch, wie Thomas Wertmeier ins Haus geht, und zwar mit genau demselben Koffer, den Robert Else für ihre Reise nach Monaco geliehen hat. Im Nu sind Hajo und Berta draußen im Treppenhaus und sehen gerade noch, wie Wertmeier den Koffer bei Robert abgibt und sich sogleich wieder verabschiedet. Nach längerem Überlegen finden Berta und Scholz des Rätsels Lösung: Es existieren in Wirklichkeit zwei Koffer, und die Klings sollen unwissentlich als Drogenkuriere benutzt werden. Thomas hat Robert den Koffer mit der schmutzigen Wäsche der Klings gebracht, die heute zurückerwartet werden. Erst hier in der Lindenstraße wird Robert die Koffer wieder unbemerkt austauschen wollen.

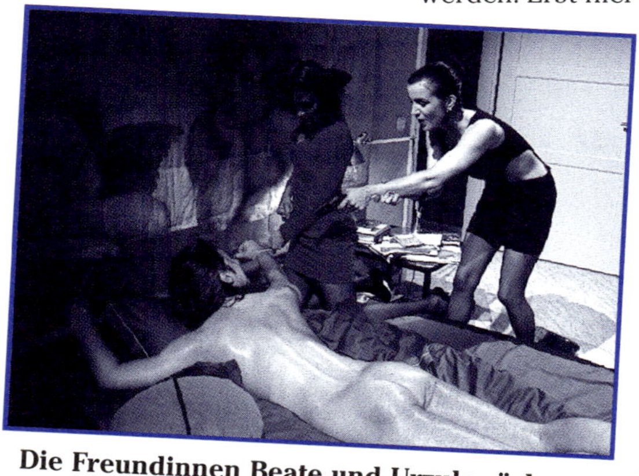

Die Freundinnen Beate und Urzula rächen sich an Robert Engel.

Der Tag der Rache ist gekommen. Beate und Urzula suchen Robert auf und zwingen ihn mit vorgehaltener Pistole, sich auszuziehen. Urzula fesselt ihn ans Bett und fotografiert. Nun holt Beate ein Tätowierungsgerät hervor ... Als Egon und Else von ihrer Reise zurückkehren, bittet Scholz sie, den Koffer zu öffnen. Statt Kleidung kommen zwei Kilo Heroin zum Vorschein. Die benachrichtigte Polizei stürmt En-

gels Wohnung: Robert ist nackt ans Bett gefesselt und frisch tätowiert. Auf seinem Hintern prangt eine Ratte.
Jo liegt mit Migräne im Bett, als Zorro zu Besuch kommt. Zorro tippt auf Liebeskummer. Jo widerspricht nicht, verrät aber nicht mehr. Als er mitten in der Nacht in die Küche schleicht, trifft er dort zu seiner Überraschung Gabi. Auch sie findet keinen Schlaf. Er verkündet Gabi, daß er ausziehen werde. Auf die überraschte Frage seiner Stiefmutter, warum er denn weg wolle, antwortet Jo leise: „Weil ich dich liebe."

Was du heute kannst besorgen

Spieltag: 26.11.1992 • Sendetag: 29.11.1992

Folge: 365

Else ist erbittert, daß ihre eigene Mitwirkung an der dramatischen Drogenaffäre in der Presse kaum Beachtung findet. Auch Berta hat die Zeitung gelesen und ist empört. Scholz hat Interviews gegeben, ohne sie mit einem Wort zu erwähnen. Unter Tränen verläßt sie die Wohnung und läßt Hajo zornig zurück. Nachmittags debattiert Else mit Herrn Hülsch. Vergeblich versucht sie, ihn zu überreden, Tanja Schildknecht oder Robert Engel zu kündigen. Für ihren Sohn Olaf, einen anständigen und soliden Menschen, suche sie dringend eine Wohnung.
Jos Liebesgeständnis ist bei Gabi auf Ablehnung gestoßen; ihre Gefühle ihm gegenüber gingen nie über Sympathie hinaus. Auch wenn Gabi sich um einen normalen Umgang mit Jo bemüht, kann dieser die Situation nicht länger ertragen und packt seine Sachen.
Isolde hat heute Geburtstag, und die Stimmung ist zunächst heiter. Allerdings werden Spannungen spürbar, sobald es um die beruflichen Pläne der Pavarottis geht. Enrico träumt von der Neueröffnung eines italienischen Feinschmeckerlokals, das „Casarotti" heißen soll, während Isolde ausschließlich an ihre Karriere als TV-Star denkt. Ihr Jubel ist groß, als sie erfährt, daß sie zu Probeaufnahmen eingeladen wird. Von Herrn Magirus persönlich bekommt sie zudem einen riesigen Blumenstrauß. Enrico wird seiner Eifersucht nicht mehr Herr und hat nur noch eine Frage, die ihn bewegt: Ob Isolde mit Magirus geschlafen habe. Isolde antwortet schließlich ernst und überzeugend mit „Ja". Die ganze Sendung sei nur ein Vorwand, um ihre Affäre zu tarnen. Außer sich vor Schmerz packt Enrico seine Frau und will hören, daß das nicht stimme!

Jo (Til Schweiger) erzählt bei seinem Abgang aus der Lindenstraße einen Mantawitz und wird von Freund Albert in einem Manta abgeholt.

Eine riesige Landschaft

Spieltag: 03.12.1992 • Sendetag: 06.12.1992

Folge: 366

Heute ist der Termin für die Probeaufnahmen. Enrico soll Isolde begleiten, um sich selbst zu überzeugen, daß seine Eifersucht vollkommen absurd ist. Im Studio muß Isolde diverse Tests über sich ergehen lassen. Doch dann bricht sie den Probelauf ab. Das alles sei ein Witz und sie lasse sich solche Albernheiten nicht länger bieten. Der stolze Enrico strahlt, und auch Magirus ist von Isoldes Reaktion sichtlich angetan.
Beim Mittagessen liest Rosi eine Karte von Andy vor, mit der er Iffi und Valerie nach Spanien einlädt. Die Mädchen sind von der Einladung ihres Vaters begeistert. Nachdem allerdings Iffi Momo getroffen hat, überrascht sie alle mit einem plötzlichen Sinneswandel: Sie wisse nicht mehr genau, ob sie wirklich ihren Vater besuche wolle.
Tanja kommt mit einem Kunden nach Hause. Vor ihrer Wohnungstür kauert Franz und bittet Tanja um einen Elektro-Ofen. Der Kunde macht sich aus dem Staub, und Tanja zerrt Franz in die Wohnung. Später schleppt Franz einige Gemälde ins Akropolis, um sie dort aufzuhängen. Dem sprachlosen Vasily verspricht er ein Bild, sollte die Ausstellung Erfolg haben. Als Vasily ablehnend reagiert, beginnt Franz zu randalieren. Einige Zeit später besucht er das Grab Meikes und Hennys. Dort findet Tanja ihn und versucht vergebens, den betrunkenen Vater zum Gehen zu bewegen. Sie habe ihm auch einen E-Ofen besorgt. Doch Franz trinkt weiter und denkt nicht daran aufzustehen. Tanja verläßt den Friedhof. Franz nimmt einen kräftigen Schluck aus seiner Weinflasche und fällt lächelnd zu Boden.

Schmarotzer

Spieltag: 10.12.1992 • Sendetag: 13.12.1992

Folge: 367

Benny wirft seiner Mutter vor, sie vernachlässige über ihren Liebhaber völlig ihren Jüngsten. Helga wird sehr nachdenklich. Später dann, nachdem Helga und Erich den neuen Mietvertrag im Reisebüro unterzeichnet haben, überrascht Benny sie mit einer Neuigkeit: Er werde heute noch nach Schwabing ziehen und Klausi den Hobbykeller überlassen.

Die Miete für das Reisebüro beträgt DM 1.870.

Claudia führt mit Christoph ein Grundsatzgespräch. Der Laden laufe so schlecht, daß sie ihn ab dem 1. Januar nicht mehr beschäftigen könne. Nach Ladenschluß kommt Benny zu Besuch und berichtet ihr von seinen Umzug. Claudia gelingt es nur schlecht, ihre Betroffenheit zu verbergen. Als Benny nach ihren Weihnachtsplänen fragt, erklärt Claudia, daß sie ihre Eltern in Borna besuchen werde. Ihrer Mutter

hingegen erzählt sie dann am Telefon, daß sie auf keinen Fall über Weihnachten nach Hause komme. Abends sitzt Christoph im Akropolis. Gedankenversunken starrt er auf sein Bier. Plötzlich bittet er die Gäste um Ruhe. Laut vernehmlich fragt er, ob jemand Arbeit für ihn habe, doch keiner antwortet.
Schwer erkältet hat sich Franz Schildknecht in die Praxis zu Frau Dr. Sperling geschleppt. Diese rät ihm nachdrücklich, das Trinken aufzugeben. Als Franz daraufhin ausfallend wird, bittet ihn Dressler energisch zu sich nach oben. Behutsam konfrontiert er ihn mit der Wahrheit über seine Lebenslüge als begnadeter Künstler und bietet ihm seine Hilfe an. Nachts zieht Franz erneut schwer betrunken durch die Straße. Er schreit der Welt und vor allem Dressler seinen Zorn entgegen. Schließlich schleudert er seine Flasche gegen Dresslers Haus und trifft ein Fenster. Es zerbricht klirrend. Ein Polizeiwagen biegt in die Straße ein, und Franz wird von zwei Polizisten ins Auto gezogen.

Der Überraschungsgast

Spieltag: 17.12.1992 • Sendetag: 20.12.1992

Folge: 368

An diesem Vormittag erliegt Helga ihrer sentimentalen Vorweihnachtsstimmung. Klausi nützt ihre Sanftmut geschickt, um ihr für die Weihnachtsferien nächtliche Ausgänge abzuschwatzen. Dann trifft er sich mit Olli und Rainer im Hobbykeller. Seine Freunde gehören einer geheimnisvollen Gruppe an; Klausi allerdings ist unsicher, ob er auch dazugehören möchte. Währenddessen beglückt Benny seine Mutter mit der Nachricht, daß er zu Weihnachten doch kommen werde.
Else erscheint in Claudias Laden und beschimpft Christoph als Krüppel. Darüber hinaus findet Christoph unter der Ladenpost einen Schmähbrief einer alten Frau, die sich durch seine Behinderung gestört fühlt. Claudia ist erschüttert. Spontan bietet sie Christoph an, weiterhin in ihrem Laden zu arbeiten.
Franz Schildknecht hat einen Brief von Vera bekommen, in dem sie ihn um die Scheidung bittet. Sie habe einen kleinen Maximilian geboren und wolle den Vater des Kindes bald heiraten. Seiner Tochter hingegen erzählt Franz, Vera habe Sehnsucht nach ihm und wolle ihn über Weihnachten besuchen. Da Tanja auf die Malediven fliegen möchte, bittet sie ihren Vater, sich über die Feiertage in einer Pension einzuquartieren, und gibt ihm DM 1.000.
Helga und Erich sitzen in Weihnachtsstimmung beisammen, als es an der Wohnungstür klingelt. Zu Helgas größter Freude fällt ihr Marion um den Hals, die soeben aus Paris eingetroffen ist. Marion kündigt ihrer Mutter eine weitere Überraschung an: Sie habe jemand mitgebracht, der Weihnachten bei Beimers verbringen wolle und draußen

vor der Türe warte. Helga solle nun erraten, um wen es sich bei dem Überraschungsgast handle.

Geiz und Wahnsinn

Spieltag: 24.12.1992 • Sendetag: 27.12.1992

Folge: 369

Heute, an Heiligabend, wird Helga Beimer von ihren Lieben – unter anderem Dominique, dem Überraschungsgast aus Paris – mit Hausmusik unter dem Christbaum überrascht. Die Rührung ist groß. Selbst Franz Wittich gelingt es, in den feiernden Familienkreis aufgenommen zu werden, nachdem er sich mit seinen Kameraden zerstritten hat. Claudia hingegen ist abends ganz allein. Gabi verabschiedet Valerie und Iffi, die zu ihrem Vater nach Spanien fliegen. Hubert kommt heute aus Rostock zurück, und Rosi ist über Amelies Anwesenheit alles andere als erfreut. Im Akropolis kümmert sich Beate rührend um Vasily, der an einer schweren Erkältung leidet. Ludwig hat seinerseits Besuch von Frank. Auch Beate schaut kurz vorbei, und Dressler genießt offensichtlich das Familienglück.

Franz Schildknecht versucht vergeblich, mit den Nachbarn ins Gespräch zu kommen. An allen Türen wird er abgewiesen. Jeder ist zu sehr mit sich selbst beschäftigt. Völlig überraschend bittet ihn jedoch Scholz in die Wohnung und beginnt alsbald mit ihm zu trinken. Daraufhin setzt Berta Franz kurzerhand wieder vor die Tür. Als es kurz darauf wieder bei Berta klingelt, will sie erst gar nicht aufmachen. Doch Manoel reißt die Tür auf: Überraschend steht Amelie mit Lydia vor der Tür. Freudestrahlend nimmt Berta ihre Mutter in den Arm.

Das traurige Ende von Franz Schildknecht.

Für Franz Schildknecht sind Hans und Anna die letzte Rettung. Doch die reagieren auf sein Klingeln nicht. Die Kinder schlafen bereits, und die beiden liegen gemütlich zusammengekuschelt im Bett. Franz torkelt betrunken weiter, es ist bitterkalt. Er schlurft mit seiner Flasche in den Hinterhof und prostet Tanja und allen Nachbarn zu. Plötzlich wird ihm schlecht, er übergibt sich, taumelt und bricht zusammen. Dann bleibt er regungslos liegen. Schneeflocken fallen auf sein Gesicht.

Gruppenbild

Spieltag: 31.12.1992 • Sendetag: 03.01.1992

Folge: 370

Helga hat die gesamte Familie zu einem Fototermin bestellt. Ein wenig genervt treffen Hans und Anna mit den Kindern ein. Auch Erich, Matthias und Dominique fehlen nicht auf dem Bild.
Bei Zenkers laufen Vorbereitungen für das im großen Familienkreis geplante Silvester-Essen. Zu Gabis Überraschung kehrt Iffi vorzeitig aus Spanien zurück. Auf Gabis besorgte Frage nach dem Grund ihrer verfrühten Heimkehr antwortet Iffi nur, sie habe keinen Bock mehr gehabt. Wenig später treffen sich Iffi und Momo im Hinterhof und flirten miteinander – verliebt und schüchtern zugleich.
Tanja ist von den Malediven zurückgekehrt. Berta, die sie im Treppenhaus trifft, bittet sie, nach Franz zu sehen, er sei Weihnachten sehr betrunken gewesen. Tanja reagiert gereizt.
Abends steigt die große Silvester-Party im Akropolis. Fast alle Nachbarn sind im Lokal versammelt, und die Stimmung ist ausgelassen. Hans jedoch drückt schon den ganzen Tag das schlechte Gewissen, weil er Franz zu Weihnachten abgewimmelt hat. Als er dessen Fehlen bei der Feier bemerkt, beschließt er, ihn im Hinterhof zu suchen. Dort findet er seinen alten Freund zusammengekrümmt auf der Erde liegend, starr und steif hinter dem Wohnwagen. Als Tanja, die von Berta herbeigeholt wurde, die versammelten Nachbarn und ihren toten Vater erblickt, bleibt sie wie erstarrt stehen. Dann bricht es aus ihr hervor. Wenn nur einer an dem Tod ihres Vaters unschuldig sei, so solle er es jetzt sofort sagen. Betreten schlagen alle die Augen nieder.

Beileid

Spieltag: 07.01.1993 • Sendetag: 10.01.1993

Folge: 371

Der einsame Tod von Franz Schildknecht hat die Bewohner der Lindenstraße nachdenklich werden lassen. Darüber hinaus überbringt Herr Hülsch eine unerfreuliche Nachricht: Ab 1. April wird die Miete aller Wohnungen um 30 Prozent erhöht. Später muß Helga eine weitere Hiobsbotschaft verkraften. Erich gesteht, daß er die DM 50.000, die sie als Stammeinlage für ihre GmbH einzahlen müssen, nicht aufbringen kann. Doch Helga hat eine Idee: Hans habe doch eine glänzende Position in der März-Hotelkette. Da das Geld nur für 24 Stunden benötigt werde, wäre Hans bestimmt bereit, ihnen die fehlende Summe aus der Hotelkasse zu leihen.
Matthias steht weinend vor dem frischen Grab von Franz Schildknecht. Als er Tanja kommen sieht, versteckt er sich unbemerkt hinter einem Baum und beobachtet sie. Tanja bleibt verzweifelt vor dem

Nach dem Tod von Franz gab es einen „run“ auf seine Wohnung. Ein Interessent bot an: „Wenn wir Schildknechts Wohnung günstig bekommen, dürfen Sie auch sonntags um 18:40 Uhr live bei uns drehen.“

Grab stehen, um dann eilig davonzulaufen. Matthias folgt ihr in ihre Wohnung und redet unablässig auf sie ein. Tanja läßt ihn reden, sie selbst bleibt stumm. Schweigend nimmt sie auch das Kündigungsschreiben für die Wohnung von Hülsch entgegen.
Franz Schildknechts Tod ist auch Berta sehr nahegegangen. Dabei fühlt sie sich von Scholz, der mit ihrem Weltschmerz eher nüchtern umgeht, unverstanden. Schließlich streiten sie sich wieder einmal, und in der Diskussion kommt heraus, was sie am meisten kränkt: Scholz habe sie, nachdem Robert aufgeflogen ist, in den Interviews mit keinem Wort erwähnt. Außer sich vor Zorn verläßt Hajo das Schlafzimmer.
Am Abend treffen sich Hans, Anna, Helga und Erich im Akropolis. Zu später Stunde rückt Helga vorsichtig mit ihrem Anliegen heraus. Trotz Annas Einwänden gibt sich Hans großspurig. Hoffnungsvoll fragt Helga, ob er ihnen wirlich helfen würde.

Kleine Einlage

Spieltag: 14.01.1993 • Sendetag: 17.01.1993

Tanja stellt die Bilder ihres Vaters auf den Sperrmüll – zum Glück von Egon. Siehe Folgen 429-431.

Folge: 372

Erich überredet Helga dazu, sich bei der GmbH-Gründung als einzige Gesellschafterin eintragen zu lassen, mit ihm als Angestellten. Er will mit ihr ein neues Unternehmenskonzept verwirklichen: Frauenfreundlicher Tourismus mit einer engagierten Frau als Chefin. Als Helga und Erich sich wie verabredet mit Hans in der Bank treffen, erklärt Hans, daß er ihnen das Geld doch nicht geben könne. Die ganze Aktion sei illegal. Helga schafft es jedoch mit ihrer ganzen Überredungskunst, ihn umzustimmen, und unterschreibt wenig später beim Notar den Vertrag.
Berta bekommt Besuch von Isolde, die stolz berichtet, sie habe die Zusage vom Sender bekommen. Für ihre Pilotsendung mit dem Thema „Partnerschaftsprobleme" könne Berta ihr doch sicher ein paar Informationen geben. Berta bricht in Tränen aus und bittet die verblüffte Isolde zu gehen. Als Berta Eva indirekt wegen Depressionen um Rat fragt, empfiehlt diese eine psychologische Betreuung. Abends fragt Berta Hajo, was er denn von Partnerschaftsberatung halte. Scholz reagiert sofort aggressiv: Zum Psychiater lasse er sich nicht schleifen. Hans bringt Anna Blumen mit, um ihr seine „Tat" zu beichten. Doch zu Hause geht sein Anliegen im allgemeinen Trubel unter. Dann klingelt das Telefon. Herr Dabelstein, der Hotelchef, bittet Hans, ins Büro zu kommen. Nervös macht er sich auf den Weg. Anna hat soeben die Kinder ins Bett gebracht, als Hans in die Wohnung zurückkehrt – sichtlich am Ende seiner Kräfte. Durch einen idiotischen Zufall sei entdeckt worden, daß er Geld vom Firmenkonto genommen habe. Verstört fragt Anna, ob Hans damit gefeuert sei.

Der Pate
Spieltag: 21.01.1993 • Sendetag: 24.01.1993

Folge: 373

An diesem Morgen erkundet Hubert zusammen mit Amelie auf dem Dachboden, wie das Windrad am sichersten anzubringen ist. Später erfährt Amelie von Flora, daß Roberts Wohnung aufgelöst wird. Amelie bittet, die Zimmer einmal anschauen zu dürfen.
Seit Valerie aus Spanien zurück ist, versucht sie, Gabi so gut es geht zu helfen. Sie hat ihr ehrlich erzählt, daß Andy in Spanien wechselnde Beziehungen hat. Gabi beschließt, sich von Andy scheiden zu lassen. Im Café erscheint überraschend ihr Chef, Herr Bayer, und befördert sie zur Filialleiterin. Zwar müsse sie dann ganztags arbeiten, bekäme aber mindestens doppelt soviel Gehalt. Zwischen Momo und Iffi kommt es zum ersten Kuß.
Hans und Anna sind verzweifelt. Dabelstein hat Herrn Beimer fristlos gekündigt, obwohl das Geld bereits nach 22 Stunden wieder auf dem Firmenkonto eingezahlt war. Hans sucht nochmals seinen Chef auf und trifft dort zu seinem Ärger auf Helga. Diese bemüht sich, Hans zu verteidigen, bis dieser ihr den Mund verbietet. Dabelstein bleibt hart. Draußen kommt es zu einer heftigen Auseinandersetzung zwischen Helga und Hans. Abends trifft sich Anna heimlich mit Dabelstein in einem Restaurant. Er ist fasziniert von ihrer Erscheinung und sieht durchaus eine Chance, Hans zu helfen. Doch das könne man besser nach dem Essen bei einem Glas Wein in seiner Wohnung besprechen. Anna macht empört Anstalten zu gehen. Daraufhin rät ihr Dabelstein süffisant, nicht so überstürzt wegzulaufen.

Männer
Spieltag: 28.01.1993 • Sendetag: 31.01.1993

Folge: 374

An diesem Morgen spricht Hans beim Arbeitsamt vor. Anna schreibt einen distanzierten Brief an Dabelstein, aus dem hervorgeht, daß sie sein Angebot zurückgewiesen hat. Mittags kommt Hans niedergeschlagen zurück und erhält alsbald einen Anruf seiner Bank. Hans schafft es, den Sachbearbeiter noch zu etwas Geduld zu überreden. Später besucht er Helga im Reisebüro und bittet sie, im Moment auf seine Unterhaltszahlungen zu verzichten. Als Helga zu Widerspruch ansetzt, kann Hans seinen Zorn nicht länger zurückhalten.
Mit einem akribischen Zeitplan versucht Hubert, das Zenkersche Chaos zu ordnen. Mittags überrascht Valerie alle mit dem Entschluß, von der Schule abgehen und Geld verdienen zu wollen. Doch Gabi nimmt Valerie beiseite und bittet sie eindringlich, keinen Fehler zu begehen und die Schule wenigstens bis zu einem Abschluß zu besuchen.

Im Hobbykeller machen Klausi und Olli Übungen im Messerwurf und Zwilleschießen. Dabei fragt Olli Klausi über alle Hausbewohner genauestens aus, vor allem über Onkel Franz. Klausi und sein Freund suchen Wittich schließlich auf und sprechen mit ihm über Ausländer, die Gefahr der Überfremdung und über Waffen. Am Abend sitzen Helga und Schiller mit Klausi vor dem Fernseher. In den Nachrichten läuft ein Beitrag über Bürgerkrieg und seine Flüchtlinge. Auf eine ausländerfeindliche Bemerkung Klausis hin fährt Helga entsetzt hoch und fixiert ihren Sohn: Das könne er doch nicht im Ernst meinen!

Unter Strom

Spieltag: 04.02.1993 • Sendetag: 07.02.1993

Beate kann Saxophon spielen, Urzula beherrscht die Gehörlosensprache.

Folge: 375

Urzula bekommt zu ihrer großen Freude einen Brief ihrer Freundin Sonja aus Warschau. Diese hat dort eine Boutique und bietet Urzula einen Arbeitsplatz ab dem 1. März an. Als Beate von diesem Angebot erfährt, reagiert sie verhalten. Für Hubert beginnt heute eine neue Strom-Ära. Gemeinsam mit einem Monteur befördert Hubert Windrad-Teile und Werkzeuge auf den Dachboden und läßt sich von Amelie beim Verlegen der Leitungen helfen. Dann ist es soweit. Das offizielle Licht wird aus- und die Windrad-Leuchten eingeschaltet. Es funktioniert zunächst – dann aber nicht mehr!

Tanja, der die Wohnung gekündigt wurde, ist im Begriff auszuziehen. Als Ludwig von ihrem Vorhaben hört, fühlt er sich verpflichtet, Tanja zu helfen, und bietet ihr unverbindlich Franks Zimmer an. Er habe ihrem verstorbenen Vater gegenüber einiges gutzumachen.

Wieder einmal versucht Helga, mit Klausi über seinen ausländerfeindlichen Ausspruch zu reden – vergeblich. Hilflos bittet sie daraufhin Schiller, ihren Sohn ins Gebet zu nehmen. Später wird deutlich, in welchen Kreisen sich Klausi bewegt. In einer Waldlichtung wird er in eine rechtsradikale Vereinigung mit dem entsprechenden Ritual aufgenommen. Währenddessen kommt Benny in den Hobbykeller und entdeckt zu seinem Entsetzen Hakenkreuzabzeichen. Als Klausi zurückkehrt, wird er von seinem Bruder wütend zur Rede gestellt. Als Helga zufällig in den Hobbykeller kommt, entdeckt sie Benny und Klausi in einem erbittertem Kampf. Klausis Gesicht ist blutüberströmt, ein Zahn ist ausgebrochen. Außer sich vor Zorn droht Klausi seinem Bruder, ihn fertigzumachen!

Außenseiter

Spieltag: 11.02.1993 • Sendetag: 14.02.1993

Folge: 376

Hans und Anna sind verzweifelt. Trotz aller Bemühungen findet Hans keine neue Stelle. Sobald er den wahren Grund für seine Kündigung nennt, steht er auf verlorenem Posten. Auch Helga ist in Sorge: Es gelingt ihr nicht, Näheres über die Hakenkreuze in Klausis Zimmer zu erfahren. Hans, der auf Helgas Bitte hin mit seinem Sohn zu sprechen versucht, wird von Klausi ebenfalls abgewiesen.

Sperlings sind in Tanjas ehemalige Wohnung eingezogen. Dort lernt Iffi, zu Besuch bei Momo, seinen jüngeren Bruder Philipp kennen. Dieser ist ordentlich, ein Computer-Freak und sportlich – also das Gegenteil von Momo. Abends erhalten die Sperlings einen Anruf von Kurt. Doch ehe sich ein richtiges Gespräch entwickeln kann, ist die Leitung zu aller Leidwesen schon wieder unterbrochen.

Seit einer Woche wohnt Tanja in Frank Dresslers Zimmer und läßt sich von Egon bedienen, ohne einen Handschlag dafür zu tun. Ludwig bittet den erbosten Egon um etwas Geduld. In einem längeren Gespräch legt Dressler Tanja seine Gründe für sein freundliches Angebot dar. Er sei ebenfalls einsam, ein Außenseiter, habe aber eine gesicherte Existenz und möchte einmal im Leben wirklich nützlich sein. Er stelle Tanja keinerlei Forderungen, sie könne frei entscheiden, zu gehen oder zu bleiben. Tanja bleibt skeptisch.

Als Anna mitten in der Nacht von einem Alptraum erwacht, findet sie das Bett neben sich leer. In der Küche entdeckt sie Hans, wie er gerade versucht, sich selbst ein Zeugnis zu schreiben. Entsetzt stellt sie ihn zur Rede. Wütend-trotzig entgegnet Hans, mit Ehrlichkeit käme man in dieser Gesellschaft sowieso nicht weiter.

Versuche

Spieltag: 18.02.1993 • Sendetag: 21.02.1993

Folge: 377

Bei einem Besuch im Café Bayer erzählt Anna ihrer Cousine Gabi, daß sie Hans nur mühsam davon abhalten konnte, sich selbst ein Zeugnis zu schreiben. Heute wolle sie sich an ihrem alten Arbeitsplatz, im Kindergarten, den auch Max besucht, bewerben. Mittags jedoch berichtet Gabi ganz aufgeregt, daß eben dieser Kindergarten wegen Asbestverseuchung schließen muß und daß für die Kinder keine anderen Räume zur Verfügung stehen. In der allgemeinen Aufregung findet Lisa, die stolz mit einer guten Note nach Hause gekommen ist, keinerlei Beachtung. Aus Enttäuschung versteckt sie schließlich eins von Maxls Spielzeugautos. Während dieses von Max abends fieberhaft gesucht wird, öffnet sie ihre Schatztruhe und betrachtet befriedigt den gestohlenen Gegenstand.

Altlasten im Kindergarten: Das Motiv wiederholt sich ab Folge 659.

Egons Verbitterung über Tanjas Verhalten wird immer größer. Als er schließlich mitbekommt, daß Dressler seinen Gast zu einem esoterischen Seminar mit dem Thema „Harmonische Kommunikation von Bewegung und Empfinden, Denken und Handeln“ einlädt, ist Egon grenzenlos enttäuscht.

Unterdessen bemüht sich Vasily sehr um Beate und taucht wiederholt unter diversen Vorwänden im Friseursalon auf. Kurz nach Ladenschluß sitzen Urzula und Beate zusammen, um Abschied zu feiern. Obwohl Urzula sich auf ihre Rückkehr in die Heimat sehr freut, stimmt sie der Abschied von Beate doch traurig. Herzlich versichert sie Beate ihre feste Freundschaft. Dann drückt sie ihr einen Kuß auf die Lippen. In diesem Moment erscheint mal wieder Vasily. Irritiert blickt er auf die sich umschlingenden Frauen. Später, es ist bereits Nacht, sucht Vasily noch einmal den Friseursalon auf und lauscht den Saxophonklängen, die aus dem Inneren nach draußen dringen. Als Beate ihr Spiel beendet, bekommt sie unerwartet Applaus. Vasily hat unbemerkt den Friseursalon betreten und fragt gepeinigt, ob sie Frau Winicki noch einmal sehen werde? Auf Beates erheitertes „vielleicht“ entgegnet Vasily hilflos–verliebt: „Matiamou!!!“

Chaos

Spieltag: 25.02.1993 • Sendetag: 28.02.1993

Folge: 378

Als Beate morgens ihren Salon öffnen will, trifft sie mal wieder Vasily. Die erotische Spannung während ihres kurzen Geplänkels ist unübersehbar. Währenddessen sitzen Helga und Erich in ihrem florierenden Reisebüro und müssen erschrocken feststellen, daß ihr Computer einen Virus hat.

Der MS Dos-Virus heißt Fu Manchu.

Frau Dr. Sperling diagnostiziert bei Rosi einen Bandscheibenvorfall. Doch trotz ihrer Schmerzen besteht Rosi darauf, Gabi tagsüber weiterhin Mäxchen abzunehmen. Da explodiert Hubert: Er könne nicht mitansehen, wie sein Röschen durch ihre Güte und Hilfsbereitschaft vor die Hunde gehe, statt in aller Ruhe gesund zu werden. Er werde es nicht zulassen, daß Max morgen noch einmal komme.

Amelie empfiehlt gegen Rosis Schmerzen die Urschrei-Therapie.

Guter Dinge holt Enrico die Einladungskarten für die Eröffnung seines italienischen Restaurants „Casarotti“ ab. Doch als er nach Hause kommt, wird er schwer enttäuscht. Isolde kann ihm nicht versprechen, bei der Eröffnung am 6. März anwesend zu sein, und denkt nur an ihre Sendung. Um ihn zu besänftigen, verabredet sie sich mit ihrem Mann für 19.00 Uhr, um das Lokal zu besichtigen, dann geht sie mit Magirus zu einem Interview-Termin. Nachmittags verteilt Enrico Einladungen an alle Hausbewohner, außer an Else. Abends wartet er ungeduldig auf Isolde – vergeblich. Als sie kurz vor 23.00 Uhr endlich eintrifft, hat sich Enrico bereits betrunken und beschimpft sie. Heftig steigert sich Enrico in seine Eifersucht auf Knut Magirus hinein. Isolde hört sich seine Vorwürfe erstaunlich ruhig an. Dann erklärt sie ihrem fassungslosen Mann, daß sie Magirus durchaus sympathisch fände. Und sollte sie sich tatsächlich in ihn verlieben, müßte Enrico einfach Geduld haben.

Survival

Spieltag: 04.03.1993 • Sendetag: 07.03.1993

Folge: 379

Bevor Isolde zur Aufzeichnung ihrer Pilotsendung aufbricht, versucht sie vergeblich, sich Enrico noch einmal zu erklären. Dieser bleibt hart, er könne nicht mehr an sie glauben. Später kommen Francesco, Alfredo, Giancarlo und Paolo, die von Enrico im Restaurant eingestellt wurden, vorbei und versprechen ihrem Freund zu helfen. Als Isolde nach Hause kommt, wird sie königlich empfangen. Doch als sie von ihrem Mann an den festlichen Tisch gebeten wird, gesteht sie, daß sie gleich wieder weg muß. Enrico bekommt einen gewaltigen Wutanfall, woraufhin Isolde türenknallend die Wohnung verläßt. Vor den Augen seiner entsetzten Freunde zerreißt Enrico den Pachtvertrag für das Restaurant. Als Isolde nachts nach Hause kommt, ist das Wohnzimmer verwüstet – von Enrico keine Spur.

Enrico hat das Wohnzimmer verwüstet – er selbst ist verschwunden.

Zum ersten Mal wirft Anna Hans seine ergebnislose Arbeitssuche vor, und es kommt zu einem heftigen Streit. Später sucht Hans Benny und Klausi auf, um den immer noch schwelenden Streit zwischen den beiden zu schlichten. Klausi ist jedoch nicht bereit, mit Benny zu reden, und rennt davon.

Da keiner auf Max aufpassen kann, nimmt Gabi ihren Sohn heute mit ins Café. Als Max allerdings mehrere Mißgeschicke unterlaufen, wird sie von ihrem Chef dazu aufgefordert, ihn sofort wegzubringen. Es bleibt Gabi nichts anderes übrig, als Hubert zu bitten, sich um Max zu kümmern. Abends kommt Urzula zu Zenkers, um sich zu verabschieden. Als sie die Abschiedspräsente in Empfang nimmt, fängt Gabi aus Erschöpfung plötzlich zu weinen an. Nach kurzem Zögern bietet Urzula Gabi an zu bleiben, um ihr zu helfen. Gabi kann ihr Glück nicht fassen.

Schlingerkurs

Spieltag: 11.03.1993 • Sendetag: 14.03.1993

Tanja und Dressler spielen ein Autoritätenspiel, wobei Dressler Tanjas „Ja" immer wieder ein „Nein" entgegensetzen muß.

Folge: 380

Tanja bestärkt Dr. Dressler darin, sich eingehender mit esoterischen Themen zu beschäftigen. Gemeinsam mit ihm macht sie bioenergetische Übungen. Haushälter Egon hingegen stößt mit seinem Protest bei Dressler auf taube Ohren, weswegen er Beate bittet, den Doktor wieder zur Vernunft zu bringen. Beate, die auch nichts von dem Eso-Kram hält, warnt Ludwig eindringlich vor Tanja – ohne Erfolg. Er vertieft sich sogar in ein Buch über Selbstverwirklichung ...
Nach Enricos Wutausbruch der vergangenen Woche ist die Wohnung noch immer ein Schlachtfeld, Enrico selbst bleibt nach wie vor verschwunden. Isolde ist im Vorbereitungsstreß für ihre neue Sendung. Als sie von Tanjas Esoterik-Spleen hört, glaubt sie, ein Thema gefunden zu haben. Unterdessen hofft Else, daß die Pavarottis ausziehen, damit ihr Sohn Olaf die Wohnung übernehmen kann. Gegen Abend holt Knut Magirus Isolde ab. Er merkt ihr an, daß sie mit ihren Gedanken bei Enrico ist und sich noch nicht endgültig zwischen den beiden Männern entschieden hat.
Während Anna eine Schwangerschaftsvertretung in einem Kindergarten angenommen hat, ist Hans noch immer arbeitslos. Tom und Sarah kann Anna mit zur Arbeit nehmen, doch Sophie muß sie bei Urzula lassen. Ein Hilfsangebot von Helga lehnt sie aggressiv ab. Anna leidet zunehmend unter der Geldknappheit und läßt Hans ihre Anspannung spüren. Nachts liegen beide wach und überlegen, wie sie die Misere bewältigen können. Sie kommen auf die Idee, einen Teil ihrer Wohnung unterzuvermieten: das Schlafzimmer. Hans' Verzweiflung und Annas Schluchzen zeigen die ganze Trostlosigkeit der Situation.

Hoch und Tief

Spieltag: 18.03.1993 • Sendetag: 21.03.1993

Folge: 381

Berta fühlt sich mal wieder wie gerädert, sie hat kein Auge zugetan. Scholz verliert auch langsam die Nerven und rät ihr, sich in ärztliche Behandlung zu begeben. Sie geht zu einem gewissen Dr. Freier und nimmt die von ihm verschriebenen Tabletten ein. Später ist sie bester Laune. Abends geht Berta mit Scholz ins Akropolis, sie ist ausgelassen und übermütig.
Provoziert durch Tanjas unverändert parasitäre Haltung, verliert Egon endgültig die Nerven. Er faucht Tanja an, sie solle endlich aufhören, ihm und dem Doktor auf den Nerven herumzutrampeln. Dressler versucht zu vermitteln, aber Egon verlangt, daß „die Drohne" das Haus verläßt. Schließlich ist er es, der die Tür hinter sich zuschlägt.

Bei Else sucht er Trost, und die hat nichts Eiligeres zu tun, als Dressler mitzuteilen, daß ihr Egon nie wieder einen Fuß in „diesen Saustall" setzen wird.
Eine an Hans' und Annas Schlafzimmer interessierte ältere Dame verläßt empört die Wohnung, als sie von den drei Kindern erfährt. Hans entscheidet sich schweren Herzens, Onkel Franz um Geld zu bitten, da er von der Bank keinen weitergehenden Kredit erhält. Wittich läßt ihn jedoch abblitzen. Ein weiteres Vorstellungsgespräch in einem Hotel bringt kein Ergebnis. Jetzt ist Hans so verzweifelt, daß er sogar bei Vasily anfragt, ob er als Aushilfskellner im Akropolis arbeiten könne. Anna telefoniert heimlich mit Dabelstein. Am späten Abend besucht sie ihn in dessen Wohnung. Ohne sich lange mit Begrüßungsfloskeln aufzuhalten, erklärt Anna entschlossen, daß sie für Hans das Zeugnis brauche. Und zwar auf der Stelle. Dabelstein überlegt. Er verlangt eine eindeutige Gegenleistung von Anna und gibt ihr eine Woche Bedenkzeit ...

Heimlichkeiten

Spieltag: 25.03.1993 • Sendetag: 28.03.1993

Folge: 382

Anna hat sich tatsächlich auf Dabelsteins Angebot eingelassen und mit ihm geschlafen. Ihr ist elend zumute. In der Früh erhält Hans einen Anruf, Dabelstein habe mit ihm zu reden. Dieser bietet ihm wieder die alte Stellung an, zu den gleichen Konditionen.
Hans ist überglücklich, und Dabelstein schickt noch schöne Grüße an Anna mit auf den Weg – und er wolle sich bald mehr um sein Patenkind kümmern ...
Scholz hat alle Mühe, Berta aus dem Bett zu holen. Völlig verschlafen torkelt sie durch die Wohnung und verspricht, in einer halben Stunde wieder fit zu sein – mit Hilfe einer kleinen Tablette. In der Praxis Sperling steckt Berta alle mit ihrer guten Laune an. Nachmittags besucht sie Amelie und Lisa, und alle drei spielen „Mensch ärgere dich nicht" zusammen. Später stibitzt Lisa aus Bertas Tasche einen Kamm und einen Tablettenstreifen. Wieder zu Hause, freut sich Berta sogar über den Besuch von Bolle und Rolf – Hajo gesteht ihr, daß er es sich so immer gewünscht habe.

Iffi ist glücklich. Endlich hat sie Momo dort, wo sie ihn haben wollte ...

Egon erklärt seiner Else, daß er bei Dressler nicht gekündigt habe, zumal im Moment Tanja auch nicht da sei. Unterdessen haben Iffi und Momo im Wohnei ein zärtliches Rendezvous. Momo schlägt vor, sich auszuziehen. Doch Iffi wehrt ab, sie habe doch noch nie ... In diesem Moment werden sie von Else gestört. Aufgebracht hält sie Moralpredigten und droht, alles Frau Dr. Sperling zu erzählen. Tatsächlich versucht Eva abends, Momo behutsam daran zu erinnern, daß er aufpassen solle. Nachts hört Iffi, wie Steinchen gegen das Fenster geworfen werden. Leise schleicht sie sich aus dem Zimmer. Vor dem Wohnwagen erfährt sie von Momo, daß Eva ihn nur an Verhütung erinnert habe. Beide einigen sich, heute sei ihre erste Nacht, denn tagsüber würden sie ja doch nur gestört.

Aprilscherze

Spieltag: 01.04.1993 • Sendetag: 04.04.1993

Folge: 383

Heute ist Momos 18. Geburtstag. Zärtlich umschlungen liegt er mit Iffi im Wohnei. Als er sich heimlich in die Wohnung zurückschleichen will, überrascht ihn Eva. Sie verlangt von ihm, daß die nächtlichen Eskapaden aufhören. Besorgt sucht Eva das Gespräch mit Gabi, und zusammen beschließen sie, zwar nichts zu verbieten, aber doch lenkend einzuschreiten. Abends bei der Geburtstagsparty jedoch schmusen Iffi und Momo wieder heftig miteinander, werden allerdings von Bruder Philipp gestört.

Rosi liegt mit Rückenschmerzen im Bett. Hubert, der mit Annas Hilfe versucht, so gut es geht den Haushalt zu schmeißen, bekommt Besuch von einem Verwaltungsbeamten: Er verlangt, die Genehmigung für das Windrad zu sehen und berichtet von Beschwerdebriefen. Bei einer gemeinsamen Besichtigung der Konstruktion kommt es mal wieder zu Streitereien mit dem Querulanten Wittich, den Amelie als Urheber der Beschwerden verdächtigt.

Die Monatsabrechnung im Reisebüro fällt wider Erwarten sehr positiv aus. Plötzlich steht Klausi in der Tür. Er will mit Olli über Ostern ins Schwäbische zu einer Tante seines Freundes fahren. Erich überzeugt Helga zuzustimmen – dann könnten sie beide doch einen kleinen Irlandurlaub machen! Olli und Klausi sitzen im Hobbykeller und sind schon in Ferienstimmung, als Matthias anklopft, der von ihren Reiseplänen erfahren hat. Da er die Gegend kennt, gibt er ihnen Tips und die Adresse eines Studienkollegen, den sie doch unbedingt besuchen sollen.

Hubert ist ganz niedergeschlagen und läßt sich von Amelie trösten, die ihn auffordert weiterzukämpfen. Sie jedenfalls ginge den Weg durch die Instanzen – notfalls bis Bonn.

Odysseen

Spieltag: 08.04.1993 • Sendetag: 11.04.1993

Folge: 384

Am heutigen Gründonnerstag bleibt die Praxis Sperling geschlossen, denn Eva, Momo und Philipp erwarten Kurt aus Äthiopien zurück. Leider verpassen sich Eva und ihr Mann am Flughafen, und erst nach einigen Wirren können sie sich endlich in die Arme fallen.
Als Lisa Amelie ein Osterpäckchen von ihrer Mutter zeigen will, stört sie sie bei einem wichtigen Telefonat mit dem Planungsreferat. Später will Amelie Lisas Päckchen auspacken, doch da umklammert Lisa es fest. Es sei doch für Ostern, so ihr Kommentar. Hülsch kommt vorbei, um sich selbst von den angeblichen Geräuschen des Windrades zu überzeugen. Er kann nichts Störendes feststellen. Amelie und Hubert sind hocherfreut, daß Hülsch sich einen so windstillen Tag für seinen Kontrollgang ausgesucht hat.
Im Hobbykeller will Klausi von Olli wissen, was geplant sei, doch dieser hält sich bedeckt und erinnert ihn nur an den Eid, den Klausi geschworen habe. Auf dem Weg zum Bus laufen sie Helga und Matthias in die Arme. Matthias steckt ihnen noch einen Brief für seinen Freund zu, den sie doch bitte abgeben sollen. Olli und Klausi versprechen dies und sind auf und davon. Matthias, der von Helga zum Abendessen eingeladen wurde, schaut Nachrichten, während Helga telefoniert. Bei einem Bericht über einen Anschlag auf ein Asylantenheim entdeckt er plötzlich Olli und Klausi in der ersten Reihe. Wie erstarrt bleibt er nach dieser Entdeckung sitzen. Helga, die inzwischen ihr Telefonat beendet hat, erschrickt: Matthias ist totenblaß geworden.

Als Kurt in der Lindenstraße eintrifft, realisiert keiner der Nachbarn, daß der junge Mann Herr Sperling sein könnte: Kurt ist neun Jahre jünger als Eva.

Konfrontationen

Spieltag: 15.04.1993 • Sendetag: 18.04.1993

Folge: 385

Als Klausi von seiner Reise zurückkehrt, wird er von Matthias direkt zur Rede gestellt. Er habe ihn im Fernsehen erkannt – zusammen mit Olli. Klausi widerspricht vehement. Doch Matthias läßt nicht locker und droht mit der Polizei. Wenn Klausi ihm aber verspreche, daß er sich von seinen kriminellen Freunden trenne, dann wolle er Stillschweigen bewahren. Alarmiert schlägt Klausi Olli später vor, erst einmal Abstand zur Gruppe zu halten. Doch Olli ist strikt dagegen: Soll er Matthias doch das gewünschte Ehrenwort geben – ohne sich daran halten zu müssen. Dadurch ermuntert, beteuert Klausi Matthias, daß er nichts mit dem Anschlag zu tun habe.
Kurt Sperling beschäftigt sich eingehend mit seiner „Molly“. Vor Elses Augen macht er die Motocross-Maschine startklar und muß sich natürlich einige Kommentare anhören. Iffis Bewunderung für den Va-

ter ihres Freundes ist grenzenlos, was Momo sichtlich verstimmt. Isolde ist ratlos – noch immer keine Nachricht von Enrico. In der Mittagspause trifft sie sich mit Beate im Café Bayer und schüttet ihr Herz aus. Doch diese kennt kein Mitleid. Wenn sich Isolde in Magirus getäuscht habe, sei das ihre eigene Schuld. Später löchert Isolde Enricos Freunde mit Fragen nach dessen Aufenthaltsort. Doch die vier Italiener bleiben wortkarg. Erst als die Rede auf Ischia kommt, fuchteln sie abwehrend mit den Armen. Isolde wird hellhörig ... Gerade packt sie ihren Koffer, als es an der Tür klingelt. Magirus macht ihr Vorwürfe, daß sie in der Branche unten durch sei, wenn sie jetzt ihre Talk-Show schmeiße. Doch Isolde bleibt bei ihrem Entschluß: Sie schmeißt ihr Fernseh-Engagement hin und will Enrico suchen.

Des Meeres und der Liebe Wellen

Spieltag: 22.04.1993 • Sendetag: 25.04.1993

Folge: 386

Helga und Schiller sind aus Irland, wo sie die Ostertage verbracht haben, zurückgekommen und finden zu Hause ein Chaos vor. Onkel Franz hat sich im Gästezimmer einquartiert und sich um nichts gekümmert. Abends sitzen Helga und Erich mit Marlene, Matthias und Klausi zusammen und erzählen vom Urlaub. Nur ein Zwischenfall stört das traute Zusammensein: Just als Marlene von einem Anschlag auf ein Asylantenheim in Baden-Württemberg erzählt, schmeißt Klausi ein Glas um. Matthias versucht, den Fauxpas von Klausi zu überspielen, obwohl er weiß, was dahintersteckt.

Verzweifelt sucht Isolde Enrico auf Ischia. Doch sie scheint einem Phantom nachzulaufen und klagt schließlich Enricos Bruder Natale ihr Leid. Insgeheim vermutet sie eine Verschwörung gegen sich. Natale sucht schließlich Enrico auf, um ihn davon zu überzeugen, wieder zu Isolde zurückzukehren. Schließlich sei sie seine Frau. Enrico will nichts davon hören. Später sieht Isolde zufällig, wie Enrico ein Wassertaxi besteigt. So schnell sie kann, ordert sie ein zweites Boot, um Enrico zu verfolgen. Gleichmütig wird sie von ihrem Mann begrüßt, der ihr rät, ihn in Ruhe zu lassen. Hartnäckig versucht Isolde, Enrico umzustimmen. Sie bittet ihn, mit ihr wieder in die Lindenstraße zu kommen, und versichert ihm, daß mit Magirus ein für allemal Schluß sei.

Natale und Enrico Pavarotti werden vom gleichen Schauspieler gespielt: Guido Gagliardi.

Abfuhren

Spieltag: 29.04.1993 • Sendetag: 02.05.1993

Folge: 387

In der Praxis passieren der unkonzentrierten Berta mal wieder diverse Mißgeschicke. Zu Hause findet sie eine Karte von Isolde und Enrico aus Ischia vor: Die beiden wollen noch ein paar Wochen bleiben, bevor sie gemeinsam zurückkehren. Später überfällt Berta ein heftiger Schweißausbruch, verbunden mit Atemnot und Herzrasen. Panisch ruft sie ihren Arzt an. Dieser rät ihr, sich hinzulegen und zu entspannen; solche Anfälle seien nicht besorgniserregend. Am späten Abend wacht Berta schweißüberströmt aus einem Alptraum auf. Scholz mahnt sie, ihren Tablettenkonsum einzuschränken, was Berta kleinlaut verspricht.

Morgens wirft Klausi heimlich einen an Urzula adressierten Brief in den Koch-Briefkasten. Als diese zutiefst verstört das anonyme Schreiben – zufällig in Helgas Anwesenheit – liest, rät Frau Beimer ihr vergeblich, die Polizei einzuschalten. Bald darauf trifft Helga Matthias auf der Straße und berichtet empört von dem Vorfall. Dieser konfrontiert später Klausi mit seinem Verdacht, er habe etwas damit zu tun.

Claudia kündigt Christoph endgültig. Zunächst schiebt sie Geldmangel als Grund vor, gesteht aber dann, ihn nicht mehr ertragen zu können. Christoph ist niedergeschlagen. Zudem beobachtet er einen Flirt zwischen Claudia und einem jungen Mann, der sich später als Olaf Kling, Elses Sohn, entpuppt. Dieser versucht später von seiner Mutter etwas über Claudia Rantzow zu erfahren, und Else stürzt sich begeistert auf das Thema „Frau ohne Brust“. Abends klingelt Olaf an Claudias Tür, um mit ihr etwas trinken zu gehen, was sie jedoch ablehnt. Olaf erwidert, daß für ihren Korb drei Gründe in Frage kämen. Entweder könne sie ihn – bzw. seine Mutter – nicht leiden. Oder aber, sie habe keinen Mut mehr ...

Versteckspiele

Spieltag: 06.05.1993 • Sendetag: 09.05.1993

Folge: 388

Wie jeden Tag kommt auch heute Olaf in Claudias Laden und kauft eine Blume. Als er erneut um ein Rendezvous bittet, willigt Claudia endlich ein. Abends kommt das Gespräch erst so gar nicht recht in Gang. Schließlich offenbart Claudia Olaf aber, daß sie ihn mag und daß mehr aus ihnen werden könne. In Olaf keimt Hoffnung auf, auch wenn Claudia meint, das Thema Liebe sei für sie erledigt.

Berta ist zu kaputt und kann wieder einmal nicht zur Arbeit gehen. Hajo ermahnt sie, auf die Schlaftabletten zu verzichten. Als sie einen „Gemütsaufheller“ nehmen will, wird Scholz energisch. Er wirft die

Packungen in den Müll und fordert, daß Berta ohne diese Helfer auskommen solle. Doch ohne ihre Tabletten ist Berta völlig am Ende und bekommt Wahnvorstellungen. Schließlich hockt sie sich vor den Mülleimer und kramt einen Streifen wieder heraus. Außerdem ruft sie Dr. Freier an, um sich neue Packungen verschreiben zu lassen.
Matthias will nach Urzula sehen, die weiterhin anonyme Briefe erhalten hat. Erstmals ist auch eine Drohung dabei. Er bittet daraufhin Helga um ein Gespräch und teilt ihr seinen Verdacht mit. Sie findet seine Vorwürfe gegenüber Klausi absurd, ruft aber direkt Hans an, damit sie gemeinsam mit Klausi reden. Doch abends ist Klausi nicht in seinem Hobbykeller. Also schließt Hans auf. In Klausis Papierkorb entdecken sie zerschnittene Boulevardzeitungen. Helga ist entsetzt.

Hausarrest

Spieltag: 13.05.1993 • Sendetag: 16.05.1993

Folge: 389

Helga hat sich vorgenommen, ihren jüngeren Sohn nicht mehr aus den Augen zu lassen. Klausi hat versucht, glaubhaft zu machen, daß die Zeitungsausschnitte für eine Collage im Kunstunterricht bestimmt waren. Benny kommt nach Hause, um mit seinem Bruder zu reden – vergeblich. Nach der Arbeit schaut Hans vorbei. Bevor jedoch das eigentliche Vater-Sohn-Gespräch stattfindet, überhäuft Helga Hans mit Vorwürfen wie in alten Zeiten. Unterdessen verläßt Klausi unbemerkt das Haus.
Als Lisa nach der Schule Amelie besucht, um ihr ihre hervorragende Deutscharbeit zu präsentieren, findet sie Frau von der Marwitz in hektischer Suche nach ihrem Hausschlüssel vor. Schließlich bittet sie Berta um den Zweitschlüssel, den sie bei ihr deponiert hat. Berta jedoch hat dessen Aufbewahrungsort vergessen. Wieder in ihrer Wohnung, trifft Amelie fast der Schlag: In der Küche sind die Kochplatten eingeschaltet. Vergeblich versucht sie sich zu beruhigen. Auf einmal stört sie das Windrad-Geräusch, und die Haustür öffnet sich wie von Geisterhand. Erschrocken beschließt sie, Wittich um Mithilfe zu bitten, ihre Wohnung nach einem Eindringling abzusuchen. Aber ihr Nachbar wehrt sarkastisch ab.

Onkel Franz hält Amelie für die einzig dubiose Figur weit und breit. Nie werde er auch nur einen Fuß über die Schwelle ihrer Kemenate setzen.

Iffi will mit Momo und Kurt zum Motocross-Training fahren, doch Gabi macht ihr einen Strich durch die Rechnung. Iffi soll am Nachmittag auf Max aufpassen. Während des nun entstehenden Wortgefechts erfährt Gabi en passant, daß Iffi die Pille nimmt. Gabi ist wütend und hilflos zugleich.
Klausi trifft in einer Schrebergartenkolonie ein, wo bereits Rainer und Olli auf ihn warten. Unsanft wird er von Rainer aufgefordert, endlich Taten zu zeigen. Die Polin sei überfällig. Ungeduldig greift er Klausi unters Kinn und fragt provozierend, ob er es nun mache oder nicht ...

Romeo und Julia

Spieltag: 20.05.1993 • Sendetag: 23.05.1993

Folge: 390

Amelie hat, geängstigt durch die Vorfälle der vergangenen Woche und ihre zunehmende Vergeßlichkeit, ihr Schloß auswechseln lassen. Plötzlich jedoch findet sie ihren alten Schlüssel wieder. Bei Zenkers hat sich Lisa in ihr Zimmer verzogen, um das Schatzkästchen anzuschauen, in dem sie all die Sachen aufbewahrt, die ihr lieb und wert und den anderen abhanden gekommen sind. Später spielen Lisa und Amelie noch in deren Wohnung. Dabei entdeckt Lisa, daß die Badewanne beinahe überläuft. Fassungslos behauptet Amelie, den Wasserhahn nicht angerührt zu haben.
Als Iffi frühmorgens Momo abholen will, wird sie von Eva-Maria abgewimmelt, die auch mal Zeit mit ihrem Sohn verbringen möchte. Mit ähnlichen Argumenten versucht Gabi wiederum Momo abzuspeisen, als er Iffi aufsucht. Doch Iffi wirft Gabi vor, sie und Momo auseinanderbringen zu wollen, und verläßt die Wohnung, um in den Wohnwagen zu ziehen. Gabi, Rosi, Eva und Kurt lassen das junge Liebespaar für eine Nacht gewähren.
Auf der Straße wird Klausi von Rainer und seinen Kumpanen abgefangen. Sie ziehen ihn ins Auto hinein und drücken ihm ein Fläschchen mit Salzsäure in die Hand. Noch heute abend soll er damit die Polin „erledigen“. Klausi weiß, was ihm blüht, wenn er seinen Auftrag nicht ausführt. Unruhig lauert er seinem Opfer auf. Er beobachtet, wie Urzula und Irina zurückkehren. Dabei hält er die Salzsäureflasche in der Hand, kann sich aber nicht überwinden, sie Urzula entgegenzuschleudern. Nach kurzer Zeit rücken Rainer und seine Schergen an und drohen Klausi nun, da er die Aktion verpatzt hat, mit einem Messer.

Viele Köche

Spieltag: 27.05.1993 • Sendetag: 30.05.1993

Folge: 391

Als Klausi Olli zu erklären versucht, warum er den Anschlag auf Urzula und das Kind nicht ausführen konnte, zeigt Olli erst kein Verständnis. Doch als Klausi verkündet, aus der Gruppe aussteigen zu wollen, verspricht ihm sein Freund, sich bei Rainer für ihn einzusetzen. Später jedoch wird Klausi von Rainer und dessen Kumpanen überrascht. Sie stoßen brutale Drohungen aus und brechen ihm den Arm. Abends erfahren Helga und Hans von Dr. Sperling, daß der Bruch ungewöhnlich sei und auf Gewalteinwirkung schließen lasse. Klausi beharrt auf seiner Version, er sei unglücklich gefallen. Dann äußert er den Wunsch, Marion in Paris zu besuchen.
Enrico und Isolde sind wieder aus Italien zurück und arbeiten auf

Hochtouren. Das Casarotti soll nächste Woche eröffnet werden. Isolde geht die Gästeliste durch, als plötzlich Enricos Freunde – Isolde nennt sie „die Mafia“ – auftauchen. Genervt verlangt Isolde, Enrico solle die ehrenwerte Gesellschaft an die Luft setzen. Paolo, Alfredo, Giancarlo und Francesco sollen nur stundenweise und auf Abruf im Lokal eingesetzt werden.
Bei Zenkers hängt wieder einmal der Haussegen schief – es geht um Iffi und Momo. Auch im Hause Sperling sind die beiden das Thema Nummer eins. Kurt bemüht sich, eine Pfingst-Paddeltour an seine beiden Männer zu bringen. Doch Philipp und Momo sind gar nicht begeistert. Als Iffi abends nicht einschlafen kann, sucht sie noch einmal Streit mit Gabi. Wütend schimpft sie auf Gabi ein, wird beleidigend und böse: Nichts dürfe Gabi bestimmen, denn sie sei schließlich nicht ihre Mutter. Iffi verlangt Freiheit für sich und Momo, sonst würde sie direkt wieder ins Ei ziehen – und dann für immer.

Klar Schiff

Spieltag: 03.06.1993 • Sendetag: 06.06.1993

Folge: 392

Der Eröffnungstag des Casarotti ist gekommen, Isolde und Enrico sind gestreßt. Als Enricos „Mafia“ zu früh zur Arbeit im Lokal erscheint, schickt Isolde alle direkt mit ein paar passenden Worten wieder nach Hause. Enrico ist stinkwütend und erklärt ihr, daß sie seine Freunde beleidigt habe. Tatsächlich erscheinen die vier Freunde nachmittags nicht zur Arbeit. Im letzten Moment hat Isolde die rettende Idee. Sie ruft bei Beate an, die samt Vasily zur Hilfe eilt. Die große Eröffnungsparty kann steigen, die Nachbarschaft ist bester Stimmung.
Rosi sucht Iffi im Wohnei auf und bittet sie, sich wieder mit Gabi zu versöhnen. Währenddessen sind Kurt, Philipp und Momo mit ihren Paddelbooten unterwegs. Immer wieder drehen sich die Gespräche um Iffi und Momo. Kurt warnt seinen Sohn, er solle sich nicht zu früh festlegen. Momo erwidert jedoch, daß er seinen Vater lediglich zum Vorbild nehme, so früh, wie er Eva geheiratet habe ...
Seit einer Woche hat sich Klausi in der Wohnung seiner Schwester in Paris verkrochen. Auf Marions bohrende Fragen hin, packt Klausi schließlich unter Tränen aus. Marion ist erschüttert. Sie versteht ihn nicht, will, daß er die Gruppe anzeigt. Spät in der Nacht noch versucht Marion, Klausi davon zu überzeugen, daß eine Anzeige bei der Polizei das einzig Richtige sei, um diesen Typen das Handwerk zu legen. Wenn er es nicht mache, dann übernehme sie es. Doch Klausi hat panische Angst vor der Rache seiner ehemaligen Freunde.

Happy Kadaver

Spieltag: 10.06.1993 • Sendetag: 13.06.1993

Folge: 393 Hubert empfängt heute einen Reporter, der einen Artikel über das Windrad schreiben will. Auch Amelie, die Hubert schließlich unterstützt hat, samt Lisa sollen mit auf das geplante Foto. In der allgemeinen Aufregung läßt Amelie beim Verlassen der Wohnung die Tür offenstehen. Onkel Franz entdeckt dies und inspiziert die Nachbarwohnung, wobei er von Amelie erwischt wird. Es entbrennt ein Streit. Lisa nutzt die Gelegenheit, unbeobachtet aus ihrem Schatzkästlein Amelies Brille zu holen, um sie bei Wittich gut sichtbar zu deponieren. Amelie drängt Wittich in seine Gemächer zurück und entdeckt ihre lang vermißte Brille. Ihr wird einiges klar – glaubt sie. Onkel Franz hingegen versteht die Welt nicht mehr. Später bittet Amelie Hubert, das Windrad abzubauen, da sein aufklärerisches Ziel erreicht sei. Hubert stimmt nach einigem Zögern zu.

Das Wiedersehen zwischen Iffi und Momo zeigt, daß die Argumente der Eltern nichts bewirkt haben. Als Momo erzählt, daß Kurt ihn immer wieder gemahnt hat, auf Verhütung zu achten, fällt Iffi ein, daß sie die Pille nicht genommen hat. Doch sie beruhigt Momo, daß nichts passieren könne.

Helga beklagt sich über Klausis Verhalten, der am Telefon nicht mit ihr reden will. Erich jedoch zeigt kein Verständnis für ihre Aufregung. Helga weiß in ihrer Verzweiflung nicht, was sie tun soll, und ruft Hans an. Den ganzen Tag über bleibt sie ziemlich gereizt und wirft Erich schließlich vor, er habe ihr Klausi entfremdet. Schiller verkündet entnervt, er werde in seine eigene Wohnung zurückgehen. Helga ruft ihm nach, wenn er jetzt gehe, dann solle er für immer wegbleiben.

Der Folgentitel ist eine verulkende englische Übersetzung des heutigen Feiertages: Fronleichnam.

Romantikmenü

Spieltag: 17.06.1993 • Sendetag: 20.06.1993

Folge: 394 Der Streit zwischen Helga und Schiller ist beigelegt. Erich gibt seine eigene Wohnung ganz auf und schenkt Helga einen Gutschein für einen Tanzkurs. Überraschend kehren Marion und Klausi aus Paris zurück. Marion erzählt die ganze Geschichte und berichtet, daß sie gerade bei der Polizei Anzeige erstattet haben. Erich, Helga und auch Hans sind fassungslos. Hans beantragt für Klausi Polizeischutz, solange die Mitglieder der Gruppe nicht gefaßt sind. Abends kommt Benny vorbei, der mit Klausi ein klärendes Wort sprechen will. Klausi vertraut ihm, und mit Bennys Unterstützung entschuldigt er sich sogar bei Urzula.

Unabhängig voneinander versuchen Gabi, Rosi und Hubert erneut, If-

fi zum Auszug aus dem Wohnei zu bewegen. Auf Anraten Rosis ringt sich Gabi endlich dazu durch, Andy anzurufen. Von diesem erfährt sie, daß er bereits durch Rosi von den Problemen wisse und sowieso kommen wollte. Unsanft stellt Gabi ihre Mutter zur Rede.
Anna erwacht schweißgebadet. Im Traum hat sie abermals erlebt, wie Dabelstein sich über sie geworfen hat, um mit ihr zu schlafen. Vergeblich versucht Hans sie zu beruhigen. Abends wartet Anna im Casarotti auf ihren Mann und bestellt das „Romantikmenü für zwei", als Hans zusammen mit Dabelstein erscheint. Dabelstein weidet sich an der Unsicherheit der fassungslosen Anna und quält sie mit seinen Freundlichkeiten. Unter anderem möchte er sich verstärkt um sein Patenkind Sarah kümmern. Wieder zu Hause wirft Hans Anna ihr unfreundliches Verhalten vor. Schließlich müsse man wieder engeren Kontakt knüpfen. Anna rastet aus – Hans versteht immer noch nichts.

Klausi entschuldigt sich bei Urzula. Benny gibt ihm Rückendeckung.

Wenn Frauen nicht wollen

Spieltag: 24.06.1993 • Sendetag: 27.06.1993

Folge: 395

Als Andy erschöpft von der langen Fahrt in der Lindenstraße ankommt, empfängt ihn Gabi reserviert. Seinen Schlaf solle er auf dem Küchensofa nachholen. Doch an Ruhe ist nicht zu denken: Das Windrad wird heute abgebaut. Später sucht Andy Iffi im Hinterhof auf und stellt sich dabei Momo vor. Iffi läßt ihn sofort spüren, daß er es nie schaffen wird, sie beide auseinanderzubringen. Lisa ist zu Amelie gezogen, damit Andy ein eigenes Zimmer hat. In einem Brief schreibt sie ihrer Mutter, daß sie eine Überraschung für sie vorbereite. Als sie von Amelie unterbrochen wird, versteckt sie schnell ihr Schreiben. Auch hat sie Angst, daß ihr Schatzkästchen entdeckt wird.
Am Frühstückstisch liest Anna Stellenanzeigen und schlägt Hans vor, sich um eine Position in Bad Tölz zu bewerben. Hans reagiert genervt. Er verstehe Annas Animosität gegen seinen Chef nicht. Er bittet sie, pünktlich um acht Uhr im Casarotti zu erscheinen, da Dabelstein sich revanchieren wolle. Anna ist froh, daß sich Gabi für abends angekündigt hat, so hat sie eine gute Ausrede. Abends sitzen Hans und Dabelstein ohne Anna im Casarotti. Sein Chef bietet Hans das Du an – ihre Vertrautheit wird immer größer. Derweil sitzen Gabi und Anna zu-

sammen. Anna vermutet, daß Gabi in bezug auf Andy doch noch nachgeben wird. Als sie von von ihrer Cousine zurückkommt, trifft Gabi auf Andy. Nach einem kurzen Disput macht Andy Gabi klar, daß er nicht allein wegen Iffi aus Spanien gekommen sei. Er habe verstanden, daß er zu Gabi gehöre. Schließlich behauptet er, daß sie ihn doch auch noch wolle. Gabi weiß nicht, wie sie darauf reagieren soll, und läßt die Behauptung im Raum stehen.

Eiszeit

Spieltag: 01.07.1993 • Sendetag: 04.07.1993

Folge: 396

Überraschend versöhnt sich Iffi mit Gabi und zieht in die Zenkersche Wohnung zurück. Doch der Frieden ist nur von kurzer Dauer. Als Andy vorschlägt, Iffi und Valerie mit nach Spanien zu nehmen, platzt Gabi der Kragen. Sie wirft Andy vor, verantwortungslos zu sein. Im Gegensatz zu Valerie reagiert Iffi ablehnend. Mit ihrem Vorschlag, sich ein eigenes Zimmer zu nehmen, heizt sie die Stimmung nur noch mehr an. Schließlich kehrt Iffi mit Sack und Pack ins Wohnei zurück.

Wie bereits seit einer Woche, so geht Klausi auch heute unter polizeilichem Schutz zur Schule. Später muß er mit seinen Eltern ins Polizeipräsidium: Endlich sind die Mitglieder der Gruppe gefaßt. Während Klausi mit stockender Stimme Rainer, Olli und die anderen identifiziert, wird Helga und Hans erklärt, daß es ab jetzt keinen Polizeischutz mehr für ihren Sohn gibt. Auf dem Flur tritt Olli seinem einstigen Freund heftig vor das Schienbein.

Seit einer Woche wohnt Lisa bei Amelie von der Marwitz. Nachmittags kommt Berta vorbei, und Lisa wird Zeuge, wie Berta wie in Trance auf dem Boden herumkriecht, unter Wahnvorstellungen leidet und ihre Situation nicht mehr zu überblicken scheint. Das Kind ist völlig hilflos. Als sie Berta bittet aufzustehen, braucht diese einige Zeit, um sich zu orientieren, eilt dann aber fluchtartig davon. In der Zwischenzeit hat sich Lisa erneut einen Tablettenstreifen aus Bertas Tasche geangelt. Nach dem Vorfall versucht Lisa, ihre Mutter telefonisch zu erreichen. Sie sehnt sich sehr nach ihr, gesteht dies aber keinem. Als Amelie nach einem Besuch bei Lydia zu Hause eintrifft, ist Lisa gerade dabei, eine Überraschung für sie aus einem Bettlaken zu basteln. Amelie ist gespannt.

Berta fühlt sich erst wie Pegasus, dann wie eine kleine Ameise.

Tea for Two

Spieltag: 08.07.1993 • Sendetag: 11.07.1993

Folge: 397

Lisa sitzt eifrig an ihrer „Überraschung" für Amelie, einer – wie sie sagt – aus einem alten Bettlaken gebastelten Bademattе. Beim Aufräumen findet Amelie später einen zerrissenen Brief von Lisa, der ihre Sehnsucht nach der Mutter verrät. Gabi und Amelie beschließen, Frau Hoffmeister anzurufen und sie zu bitten, Lisa zu besuchen. Nachmittags sitzt Lisa über ihren Hausaufgaben, während Amelie sich einen Tee kocht. Unbemerkt gibt Lisa einige Schlaftabletten in das Getränk. Bald darauf wird Amelie müde und legt sich hin. Am frühen Abend versucht Lisa, ihre Mutter telefonisch in Ulm zu erreichen.

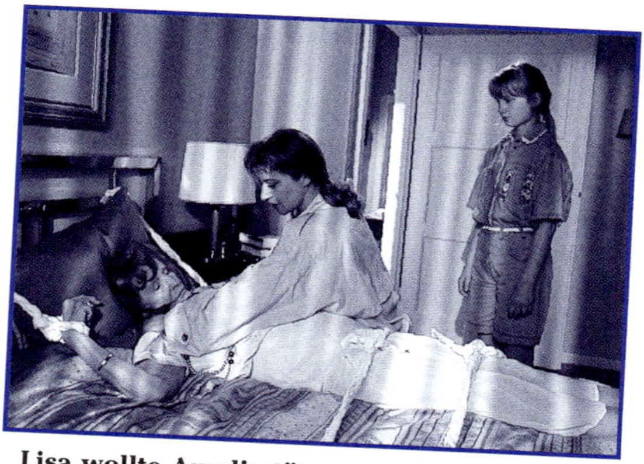

Lisa wollte Amelie töten, um die Liebe ihrer Mutter zu gewinnen.

Seit Klausi die Mitglieder der rechtsradikalen Gruppe identifiziert hat, wird er von Onkel Franz, Hilmar Eggers und dessen Schäferhund Hermann II. eskortiert. Von Rechtsanwalt Pichelsteiner erfährt die Familie, daß Klausi im Gegensatz zu den anderen keine gerichtliche Strafe zu erwarten habe.

Die Auseinandersetzungen im Hause Zenker reißen nicht ab. Andy reichen die Eskapaden seiner Jüngsten. Hinzu kommt Gabi, die nur wissen will, wann Andy endlich seine Koffer packt. Auch sie streitet erneut mit Iffi und Valerie. Später versucht Iffi jedoch, sich mit Gabi zu versöhnen. Mitten in diese Aussprache platzt überraschend Frau Hoffmeister. Sie erzählt, ohne Lisa gehe es ihr inzwischen gut – Muttergefühle habe sie eh nie gehabt. Lisa sitzt derweil betrübt bei Amelie im Wohnzimmer, als es an der Tür klingelt. Sie ist überglücklich, ihre Mutter zu sehen, und zeigt ihr direkt, was sie vorbereitet hat: eine mit Leintüchern ans Bett gefesselte, tief schlafende Amelie. Frau Hoffmeister traut ihren Augen nicht. Lisa bittet sie, ihr zu helfen und Amelie umzubringen, da diese einst Mutter und Tochter getrennt habe. Frau Hoffmeister schimpft heftig auf Lisa ein und erklärt, daß sie das besser mit ihr gleich nach der Geburt hätte tun sollen. Enttäuscht bricht Lisa in Tränen aus.

Zwänge

Spieltag: 15.07.1993 • Sendetag: 18.07.1993

Folge: 398

Else versucht, aus Hubert etwas Genaueres über die Ursache von Lisas Krankheit herauszufinden, als sie von ihrem Sohn Olaf überrascht wird. Er habe sich von seiner Inge in Regensburg scheiden lassen und werde nun hier im Supermarkt als Schnellschuster arbeiten. Später sucht Olaf Claudia auf und lädt sie ins Akropolis ein.
Alle kümmern sich rührend um die fiebrige Lisa. Aber nur Hubert findet wirklich Zugang zu ihr. Lisa zeigt ihm ihre gesammelten gestohlenen Schätze und klagt sich selbst an, böse zu sein. Außerdem fühle sie sich bei Gabi nicht zu Hause. Hubert erzählt ihr von seiner einstigen Spielsucht. Und er verspricht Lisa, daß auch sie eine Chance habe, über ihre momentane Orientierungslosigkeit hinwegzukommen.
Scholz hat heute Großes vor: Er überrascht Berta mit ihrem „neuen" alten Investigationsmobil und fährt mit ihr hinaus aufs Land. Nachdem Berta zwischendurch eine Tablette eingeworfen hat, verspürt sie auf einmal Lust auf Hajo. Dieser fühlt sich zunächst überrumpelt, preist und nutzt dann aber die Vorzüge seiner Neuanschaffung: Die Rolladen werden automatisch heruntergelassen. Wieder zu Hause sucht Berta erneut verzweifelt ihre Pillen ...
Im Akropolis stehen Olaf und Claudia unter Christophs Beobachtung. Beiläufig fragt Claudia, ob Olaf denn auch ein bißchen ihretwegen in die Lindenstraße gekommen sei. Daraufhin macht er ihr in seiner bedächtigen geraden Art einen Heiratsantrag.

Abrechnungen

Spieltag: 22.07.1993 • Sendetag: 25.07.1993

Folge: 399

Noch vor Arbeitsbeginn sucht Olaf Claudia im Blumenladen auf. Sie freut sich über das frische Obst direkt vom Biobauern, doch als Olaf sie nochmals aufs Heiraten anspricht, will sie sich auf nichts einlassen. Unterdessen bittet Christoph, dessen letzter Arbeitstag unmittelbar bevorsteht, Benny um Hilfe. Andernfalls muß er zurück zu seiner Mutter ziehen. Als Benny Claudia wegen Christoph anspricht, kommt es zum Streit, doch Claudia bleibt hart.
Klausi verkündet, daß er nach den Ferien die Schule wechseln will. Später erfahren Helga und Erich, daß der Junge, der momentan bei seinem Vater im Hotel arbeitet, seit der Mittagspause nicht mehr aufgetaucht ist. Außerdem spiele er sich wie der Chefsohn auf und verweigere die Zuträgerarbeiten.
Rosi ist in heller Aufregung, weil heute die Abfahrt der Mädchen mit Andy ansteht. Kurz bevor Andy losfahren will, erscheint endlich Iffi –

mit Momo im Schlepptau, der für die Ferien mitkommt.
Lisa geht jetzt mehrmals die Woche zu einem Therapeuten, Dr. Menzel. Dieser befürchtet, sie in eine psychiatrische Klinik einweisen zu müssen. Gabi merkt, wie allein sie auf einmal ist. Unter dem Kopfkissen des Flursofas findet sie Lisas Puppe, für die sie ein Kleid schneidert, das Lisas aufs Haar gleicht. Als Lisa die Puppe mit dem neuen Kleid sieht, verlangt sie von Gabi, die Puppe verschwinden zu lassen. Noch immer versucht Gabi, mit Lisa über deren Befinden zu sprechen. Doch diese weiß nicht, was sie sagen soll. Nur eins scheint ihr klar zu sein: Sie muß weg von Gabi.

Knalleffekte

Spieltag: 29.07.1993 • Sendetag: 01.08.1993

Folge: 400

Heute ist Lisas letzter Tag bei Zenkers, sie wird ab jetzt in einem Kinderheim leben. Gabi und Amelie müssen sich eingestehen, vieles falsch gemacht zu haben, und sind sehr bedrückt. Abends überbringt Hubert Amelie ein letztes Zeichen von Lisa – die Puppe, mit der sie immer gespielt hat. Amelie wird für mehre Wochen in Kur fahren.
Helga und Erich freuen sich schon auf ihren vierwöchigen Urlaub. Doch ihre Vorfreude wird gedämpft, als Klausi verkündet, im Hotel keine Handlangerdienste mehr verrichten zu wollen. Helga sieht ihren Urlaub gefährdet, da sie ihren Sohn nur ungern unbeaufsichtigt zurückläßt. Später verabschiedet sich Christoph Bogner von Helga und klagt, daß er nun mit seiner Mutter nach Freising ziehen muß.
Berta kommt freudestrahlend zu Scholz und Manoel, die am Investigationsbus basteln, und hält ihnen ihre Scheidungsurkunde unter die Nase. Noch heute will sie im Akropolis ein Fest feiern – mit allen Freunden aus der Lindenstraße. Die Feier läßt sich fröhlich an. Doch Helga kann es nicht lassen, vor Hans und Anna das Thema Klausi anzuschneiden. Anna reagiert gereizt, und es kommt zu einem Wortgefecht zwischen den zwei Frauen. Daraufhin verlassen Helga und Erich das Lokal. Noch in Rage und leicht angetrunken, kommentiert Helga den Abend. Als Schiller Anna in Schutz nehmen will, trifft er einen wunden Punkt. Helga sieht sich noch immer um Hans und ihr eigentliches Leben betrogen. Solche Äußerungen veranlassen Schiller, die Wohnung zu verlassen: Er will nicht der Ersatzmann sein!

Verwirrung der Gefühle

Spieltag: 05.08.1993 • Sendetag: 08.08.1993

Folge: 401

Noch immer haben sich Helga und Erich nicht wieder versöhnt. Klausi behauptet, Schiller sei für seine Mutter nur Ersatz, sie würde doch Hans sofort zurücknehmen. Helga verteidigt sich: 22 Jahre Ehe streife man eben nicht einfach so ab. Trotzdem – Helga hat auch panische Angst davor, wieder ganz allein zu sein. Im Reisebüro werden ihre Annäherungsversuche von Schiller abgeblockt. Später jedoch gesteht er, die Hotelzimmer in Irland noch nicht abbestellt zu haben. Am Abend feiern sie dann zu dritt die bevorstehende Reise. Als Hans vorbeikommt, um sich nach seinem Sohn zu erkundigen, versteht er nicht, daß Klausi für seine „Frechheiten" auch noch mit einer Reise belohnt wird. Helga bittet ihren Ex-Mann, er möge sich nicht mehr in ihr Privatleben einmischen.

Im Treppenhaus trifft Scholz auf Rosi und Hubert, die schwer beladen nach Rostock aufbrechen. Rosi spricht Scholz auf die bevorstehende Hochzeit mit Berta an – worüber der sichtlich verstört ist. Berta stimmt sich derweil mit ihren Tabletten auf den Arbeitstag ein. Als Dressler sie später auf ihre unnatürlich wirkende Euphorie anspricht, kontert sie, daß sich doch wohl keiner die alte verklemmte Berta zurückwünsche.

Am Morgen übergibt Eva Dr. Dressler vertretungsweise ihre Praxis. In der Zwischenzeit erfährt Egon von Tanja, daß sie nun für den Doktor kochen will, was Egon zur Weißglut treibt. Als abends die Klings zusammensitzen, erzählt Else aufgebracht, daß ihre Geldbörse weg ist. Olaf muß lachen, hat er die Börse doch von ihr zur Reparatur erhalten. Else tut nun so, als sei dies ein neuer Geldbeutel, da sie über den Tag alle Nachbarn mit dem „Diebstahl" genervt hat und sie nicht vor der ganzen Straße wie eine vergeßliche Alte dastehen will.

> Eva will im Urlaub surfen lernen und sich das Rauchen abgewöhnen.

Am Abend spricht Hajo Berta endlich darauf an, daß sie im Haus erzählt habe, sie wollten heiraten. Er wolle aber grundsätzlich nicht heiraten. Berta versteht ihn nicht – und fragt ihn und sich, ob er sie wohl nicht mehr liebe.

Euphorie

Spieltag: 12.08.1993 • Sendetag: 15.08.1993

Folge: 402

Um den dürftigen Umsatz ihres Blumenladens zu steigern, wird Claudia ab nächster Woche auch Gemüse aus ökologischem Anbau verkaufen. Noch am Vormittag macht sie das Geschäft mit dem Bio-Bauern Herrn Ecker perfekt. Olaf Kling will ihr die Stellagen für Obst und Gemüse bauen und besorgt für wenig Geld eine ausgemusterte Waage aus dem Supermarkt. Claudia freut sich riesig darüber – und bekommt von Olaf einen verschämten Kuß verpaßt. Sodann küßt sie ihn ebenfalls auf die Wange – sie möchte nur probieren, ob sie es noch kann, behauptet sie ...

Berta will von der Heirat mit Hajo scheinbar nichts mehr wissen. In der Praxis fragt Dressler sie nochmals, ob sie vielleicht Alkohol oder Tabletten einnehme. Nach und nach schlägt Bertas Fröhlichkeit in sichtliche Verzweiflung um. Abends gehen Berta, Hajo und Manoel ins Akropolis. Als Berta merkt, daß sie ihre Tabletten nicht dabei hat, eilt sie unter einem Vorwand zurück in die Wohnung. Währenddessen kommt Dressler ins Lokal, um Scholz unter vier Augen zu sprechen. Ludwig möchte wissen, was mit Berta los ist. Scholz bewertet ihre Stimmung als positiv und glücklich. Als Ludwig später seine Sorgen um Berta mit Egon besprechen will, schwenkt der direkt auf das Thema Tanja um. Er will wissen, warum Dressler sich so ausnehmen lasse. Dressler argumentiert, wenigstens das Leben von Tanja solle sinnvoll sein, wenn schon niemand ihrem Vater geholfen habe. Er zahlt ihr eine Ausbildung zur esoterischen Lebensberaterin. Egon ist verblüfft. Als Tanja von ihrem Einkauf wiederkommt, hält Egon ihr vor, daß sie nur das Geld vom Doktor wolle. Bereitwillig gibt Tanja zu, daß er ja davon auch etwas habe – zum Beispiel ihren Anblick. Über weitere Dienste ließe sich reden. Egon läßt sich provozieren und möchte sie am liebsten ... Tanja nimmt ihm das Wort aus dem Mund: umbringen? Egon stürzt davon. Abends im Akropolis stellt er den Doktor dann vor die Alternative: entweder er oder Tanja.

Egon versteht nicht, warum der Doktor sich so ausnehmen läßt.

Vibrationen

Spieltag: 19.08.1993 • Sendetag: 22.08.1993

Folge: 403

Vormittags schaut Else in Claudias Laden vorbei. Erst meckert sie über das „schrumpelige Gemüs'“ aus biodynamischem Anbau, dann über Claudia, die nichts für ihren Sohn sei. Claudia ist den Tränen nahe. Später rät sie Olaf, andere Frauen kennenzulernen: Sie könne doch gar nichts für ihn sein – mit ihrem Handikap. Olaf läßt das nicht gelten und überredet sie zu einem Abendessen im Akropolis.

Doch Else stört die Zweisamkeit. Olafs Geduld ist nun am Ende, er zerrt seine Mutter vor die Tür: Sie solle sich ein für allemal nicht mehr einmischen.
Schon am frühen Morgen hat Ludwig schlechte Laune. Daß Egon ihm fehlt, fällt sogar Tanja auf. Schließlich ist sie es, die Egon zur Rückkehr bewegt. Der Doktor ist begeistert. Beim Abendessen fragt Tanja Dressler, ob sie seine Wohnung in Percha für ihre Esoterik-Seminare nutzen könne. Miete will sie zahlen, sobald sie etwas verdient. Dressler sagt zu, muß jedoch noch mit Beate und Carsten darüber reden.
Urzulas Pläne haben sich geändert. Sie fragt Beate, ob sie ihre Lehre weitermachen darf. Beate ist begeistert. Mittags klingen Saxophontöne durch die Lindenstraße. Vasily fragt Beate wieder einmal, wann sie bei ihm im Lokal spiele. Am Abend kommt sie dann tatsächlich mit Saxophonkoffer in sein Restaurant und bittet ihn, darauf aufzupassen. Als die letzten Gäste das Lokal verlassen, gießt Vasily für sich und Beate Champagner ein. Für ihn bedeutet der Saxophonkoffer, daß heute sein Tag ist, um mit Beate wieder zusammenzukommen. Doch zu früh gefreut. Der Koffer ist leer. Traurig fragt er, wie lange er noch warten muß.

Liebe und Schmerz

Spieltag: 26.08.1993 • Sendetag: 29.08.1993

Folge: 404

Am frühen Morgen räumt Vasily das Lokal auf. Überraschend erscheint Beate, wieder mit leerem Instrumentenkoffer. Vasily ist gekränkt, doch auf einmal läßt Beate das Saxophon erklingen – vom Band. Sofort fallen die beiden übereinander her, küssen und entkleiden sich.

Beim Liebesakt werden Vasily und Beate von Hans Beimer überrascht.

Sichtlich niedergeschlagen und übermüdet kommt an diesem Vormittag überraschend Iffi aus Spanien zurück. Momo ist jedoch nicht dabei. Weder Gabi noch Urzula finden heraus, was passiert ist. Gabi teilt Sperlings mit, daß Iffi ohne Momo zurückgekehrt ist. Später unterhalten sich Eva und Kurt im Akropolis darüber, was zu tun sei – reden aber mehr aneinander vorbei als miteinander.
Auf Annas hartnäckige Bitten hin, erklärt sich Hans schließlich bereit, nach einer neuen Stelle Ausschau zu halten. Als Dabelstein später mit Geschenken und Blumenstrauß vorbeikommt, ist Anna entsetzt. Sie schmeißt ihn raus und verbietet ihm einen Zoobesuch mit Sarah, was er aber nur zum Anlaß nimmt, weitere Erpressungen und Drohungen auszustoßen. Als Hans von dem Besuch Dabelsteins hört, will er Anna besänftigen. Am nächsten Tag möchte er sich bei seinem Chef entschuldigen und ein Treffen mit Sarah für den Zoo vereinbaren. Anna sieht sich hintergangen und flüchtet aus der Wohnung. Erst spät kommt sie nach Hause. Als Hans sie in den Arm nehmen will und

nochmals das Thema Zoobesuch anschneidet, wird sie wütend. Sie findet nichts okay – nicht, daß Hans bei Dabelstein arbeitet, und auch sonst nichts. Anna weiß, daß etwas Schreckliches passieren wird, wenn Hans weiterhin mit diesem Mann zu tun hat.

Total Egal

Spieltag: 02.09.1993 • Sendetag: 05.09.1993

Folge: 405

In einem Brief an Hans versucht Anna, ein Geständnis abzulegen. Nach einigen Zeilen verwirft sie jedoch ihr Vorhaben. Später steht wieder überraschend Dabelstein vor der Tür. Er belästigt sie und versucht, sie mit Geschenken zu einem weiteren Seitensprung zu überreden. Als Hans später nach Hause kommt, will Anna endlich mit ihm sprechen, vertagt aber ihr Anliegen, als sie die Geschichte von Hans' Kollegen und dessen untreuer Frau hört. Fluchtartig verläßt sie die Wohnung. Mit dem Ziel, ein für alle Mal die Geschichte mit Hans' Chef zu beenden, eilt sie zu Dabelstein. Doch der wird wieder zudringlich, und Anna kann nur mit Mühe flüchten.
Heute muß Iffi die Übertrittsprüfung fürs Gymnasium ablegen. Zwar ist sie deswegen nervös, aber eigentlich denkt sie nur an Momo. Sehnsüchtig schaut Iffi aus dem Fenster und sieht auf einmal, wie ihr Freund aus dem Bus steigt. Sie läuft zur Tür und schaut durch den Spion ins Treppenhaus – doch Momo geht vorbei. Gegen Abend vertragen sich die beiden im Wohnwagen wieder. Leider hat Iffi mal wieder die Pille vergessen, doch sie glaubt, wenn man sich so liebt, dann könne gar nichts schiefgehen ...
Egon putzt, während Tanja und Ludwig sich wegen der Percha-Wohnung einig werden. Dressler will sie ihr für eine Mark pro Monat lassen. Egon hat gelauscht und ist geladen. Als Tanja ihn wieder einmal provoziert, will Egon ihr das freche Maul stopfen und schlägt ihr seinen Putzlappen ins Gesicht. Jetzt packt Tanja ihre Sachen, wobei sie von Ludwig überrascht wird. Als der hört, was vorgefallen ist, ist er so außer sich, daß er Egon Hausverbot erteilt – worauf Egon nur noch zorniger antwortet: Er werde eher alles in Brand stecken, als zuzusehen, wie sich der Doktor von Tanja ausnehmen lasse!

Der Ernst des Lebens

Spieltag: 09.09.1993 • Sendetag: 12.09.1993

Folge: 406

Seit Wochen fiebert Max dem ersten Schultag entgegen. Nun will er endlich mit Ranzen und Schultüte losziehen, um sich einen

Platz in der letzten Reihe zu sichern. Laut Iffi sei der ja am besten. Iffi rechnet an diesem Morgen nach, wann sie ihre letzte Periode hatte. 39 Tage! Nach ihrem ersten Schultag auf dem Gymnasium eilt sie mit einer Urinprobe zur Apotheke ...
Klausis erster Schultag auf dem neuen Gymnasium versetzt Helga mal wieder in unnötige Aufregung. Erich erinnert sie daran, daß auch für sie heute wieder der Ernst des Lebens beginnt. Nach dem herrlichen Irlandurlaub ist im Reisebüro viel Arbeit liegengeblieben. In aller Eile bringt Helga noch das Schlafzimmer in Ordnung und entdeckt plötzlich eine Maus. Der Gedanke an das Tier läßt Helga nicht mehr ruhen: Noch vor Geschäftsschluß ist sie wieder zu Hause. Sie kriecht auf dem Fußboden herum und kehrt die Mauseкötel zusammen, als es klingelt und Else vor der Tür steht. Helga versucht zu verbergen, was auf der Kehrschaufel ist, doch Elses geübten Argusaugen entgeht nichts. Sie wußte es schon immer: Der Frau Beimer mangelt es eben an der nötigen Hygiene.
Egon hat nach dem Streit mit Dressler Schlafstörungen. Keine Aufgabe mehr zu haben macht ihm sichtlich zu schaffen. Schon mittags sitzt er beim Bier im Akropolis. Überraschend taucht Frank dort auf. Er will Egon helfen, sich mit seinem Vater wieder zu versöhnen. Tatsächlich ringt sich Dressler durch, Egon zum Abendessen einzuladen. Egon gibt zu, falsch gehandelt zu haben, und schließlich kommt es zur Aussöhnung.
Kurz vor Ladenschluß eilt Iffi zur Apotheke und fragt nach dem Ergebnis ihrer Urinprobe. Positiv, sagt die Apothekerin nur. Iffi hofft, daß dies „nicht schwanger" heißt. Aber sicher ist sie sich nicht.

Als Gabi Max mit seiner Schultüte vor dem Haus fotografiert, stellt sich Else frech mit dazu.

Die Falle

Spieltag: 16.09.1993 • Sendetag: 19.09.1993

Folge: 407

Iffi sitzt bei Pro Familia. Die Beraterin muß ihr nach der Übergangsregelung zu dem Kind raten. Entscheidet sich Iffi für die Abtreibung, muß sie das Einverständnis eines Elternteiles einholen. Sie schickt Andy ein Fax und legt die Einverständniserklärung bei. Andy teilt seiner Tochter nur mit, daß er sie später anrufen wird. Er verspricht, daß er Gabi erstmal nichts sagt. Momo kann es kaum glauben, als Iffi ihm alles erzählt. Lieb nimmt er sie in den Arm und beruhigt sie. Beide sind ratlos. Etwas anderes als Abtreibung scheint wohl nicht in Frage zu kommen.
Mit einer neuen Schulfreundin, Jessica, taucht Klausi im Reisebüro auf. Helga wird prompt neugierig, ob Jessica mehr ist als nur eine Schulkameradin. Ansonsten hat sie hauptsächlich die Maus im Kopf, die immer noch nicht aufgespürt werden konnte ...
Im Café Bayer wird Anna von Dabelstein belästigt. Er droht ihr, wenn

Dabelstein ist tot. Hilflos starrt Anna auf die Leiche.

sie heute abend nicht zu ihm komme, müsse er Hans über seine untreue Frau aufklären ... Abends macht Anna sich dann tatsächlich auf den Weg. Die Kinder überläßt sie dem Kindermädchen Carola. Dabelstein geht es nur um eins: Anna soll mit ihm schlafen! Sie muß einen schwarzen Bodystocking für ihn anziehen. Als Dabelstein sich ihr nähert, drängt Anna ihn panisch weg. Der sieht darin eine Aufforderung, ein bißchen grob zu werden. Als sie ihn heftig beiseite stößt, stürzt er die Treppe herunter – und bleibt leblos am Absatz liegen. Blut rinnt ihm aus dem Mund. In aller Eile verwischt Anna die Spuren und stürzt aus dem Haus. Auf dem Rückweg vom Kino sehen Erich und Helga sie auf einer Isarbrücke in ein Taxi steigen. Als Anna nachts endlich nach Hause kommt, ist Hans – bereits im Schlafanzug – mürrisch und sauer. Doch als er sieht, in welcher Verfassung Anna ist, fragt er, was denn los sei.

Krisensitzung

Spieltag: 23.09.1993 • Sendetag: 26.09.1993

Folge: 408

Im Morgengrauen jagen Iffi und Momo mit Kurts Motorrad in halsbrecherischer Fahrt eine holprige Strecke hinunter. Doch Iffi macht sich keine Illusionen: Auf diese Weise ein Kind zu verlieren, das klappe doch nur im Roman. Vormittags kommt Andy aus Spanien. Erneut versichert er Iffi, Gabi nichts von der Schwangerschaft zu sagen. Währenddessen vertraut sich Momo Kurt an, der ebenfalls zu schweigen verspricht. Zu Mittag fädelt Kurt aber ein Gespräch über junge schwangere Patientinnen ein – Eva ahnt sofort, was los ist, und informiert Gabi. Die zitiert Momo und Iffi zur Familienkonferenz. Nun wird diskutiert, wie der ungewollten Schwangerschaft begegnet werden soll. Eva, Andy und Kurt sind für Abtreibung. Gabi hingegen meint, es sei doch schließlich ein Mensch, der da wachse – und außerdem sehe der neue Richterspruch zum § 218 vor, daß alles getan werden muß, um das Leben zu schützen. Iffi beschwert sich vor dem Zubettgehen bei Gabi, daß niemand sie gefragt habe, was sie denke.
Anna hat eine schwere Halsentzündung, und so geht Hans allein zu Dabelsteins Beerdigung. Abends trifft Hans im Akropolis auf Berta und Scholz. Als er kurz die Beerdigung seines ehemaligen Chefs erwähnt, kommt Scholz gleich die Idee, diesen merkwürdigen Fall zu untersuchen, damit er erstmals seine neue Ausrüstung einsetzen kann.

Berta ist Feuer und Flamme und vermutet ein Verbrechen aus Leidenschaft hinter dem Tod Dabelsteins. Noch bevor Hans zurückkehrt, erhält Anna einen Besuch von Dabelsteins Mutter. Inständig bittet sie darum, daß Hans die Aufgaben ihres verstorbenen Sohnes übernimmt. Anna ist verzweifelt. Wie kann sie dieses Angebot unter den Umständen, die nur sie kennt, annehmen?

Familienkonferenz. Die Eltern von Iffi und Momo in der Krisensitzung.

Mit dem Kopf durch die Wand

Spieltag: 30.09.1993 • Sendetag: 03.10.1993

Folge: 409

Heute ist der Termin für Iffis Abtreibung. Doch zur Verwunderung aller erklärt sie, daß sie ihr Kind behalten will. Momo ist sauer. Später verabschiedet Iffi Andy, der Gabi noch einen kurzen Gruß zusteckt, bevor er wieder gen Süden davonrauscht.

Vasily ist wieder ganz und gar von Beate verzaubert. Nur – Beate will keine so enge Bindung. Später kommt Egon aufgebracht zu Vasily ins Lokal. Er hat Tanja mit Dressler im Akropolis entdeckt, obwohl Tanja doch Hausverbot hat! Sturzbetrunken wird Egon später von Else abgefangen. Sie schimpft über Tanja, die sich heute von Ludwig verabschiedet hat und nach Percha umzieht. Else nennt sie eine Hure – wohingegen Egon plötzlich behauptet, sie sei ein anständiges Mädel –, oder soll der Doktor die gesamte Zeit mit einer Hure zusammengewesen sein? Else versteht die Welt nicht mehr.

Hans ist mehr als „happy“ ob seiner Beförderung. Helga mischt sich unterdessen wieder einmal in die privaten Angelegenheiten von Hans und Anna ein, Hans' 50. Geburtstag möchte sie gerne mitgestalten. Anna schlägt ihr folgendes „Geschenk“ vor: Auch wenn Hans jetzt sehr gut verdiene, sei es an der Zeit, daß er für seine Ex-Frau keine Unterstützung mehr zahle. Schließlich sei Helga inzwischen freie Unternehmerin. Helga zieht beleidigt von dannen. Später berichtet Hans von Kriminalbeamten, die ihn nochmal verhört haben. Der Verdacht erhärtet sich, daß Dabelstein ermordet worden ist. Anna entgleitet die Salatschüssel.

Abends schlüpft Iffi zu Gabi ins Zimmer und verkriecht sich mit unter die Decke. Sie hat jetzt doch Angst vor der eigenen Courage und bittet Gabi, ihr zu helfen, wenn das Baby da ist.

Die Aufgabe

Spieltag: 07.10.1993 • Sendetag: 10.10.1993

Folge: 410

Beim Frühstück erzählt Iffi Gabi, daß sie sich mit Momo noch nicht versöhnt habe. Bei Sperlings drehen sich die Gespräche nur noch um das Thema Baby. Momo bricht in Tränen aus und gesteht seiner Mutter, daß er es nicht ertragen könne, mit Iffi im Streit zu sein. Er freue sich doch auch auf das Baby. Später im Wohnei offenbart Momo Iffi dann, daß er sie noch mehr liebe, jetzt, wo sie schwanger ist.
Berta schluckt morgens im Bad schnell unbemerkt eine Tablette. Lydia macht sich inzwischen Sorgen um ihre Tochter. Im Café Bayer gesteht sie Berta, sie sei ihr fremd geworden. Berta will die Situation überspielen. Abends versucht Lydia dann, mit Hajo über ihre Tochter zu sprechen. Doch der kann Lydias Sorgen nicht teilen. Er meint, Berta sei glücklich.
Freudestrahlend kommt Helga im Wintermantel ins Reisebüro. Ohne abzulegen, bedient sie ihre erste Kundin. Als Erich wissen will, warum Helga so dick eingepackt herumsitze, meint sie nur, es gebe doch wohl keine Kleiderordnung. Schiller, entnervt, schaut nicht auf, als sich Helga ihm kurz darauf in einem schicken Ballkleid präsentieren will. Wütend verläßt sie das Büro. Erst jetzt kapiert er, daß Helga ihn überraschen wollte. Kurz entschlossen jagt er hinter ihr her. Vor Elses Augen geben die beiden sich einen dicken Kuß. Nach der Mittagspause kommt Klausi, er will heute nacht zu einer Fete an den Starnberger See – was Helga kurzerhand verbietet. Klausi geht trotzdem. Auf einem Steg drängen ihn drei Jungen beiseite. Sie wollen nichts mit ihm und seiner rechten Mischpoke zu tun haben. Er verteidigt sich und meint, was sie täten, wäre ebenfalls faschomäßig. Und damit wird er von ihnen in den See gestoßen. Helga indes kann nicht schlafen. Sie vermutet, Klaus sei etwas passiert ...

Rote Schuhe

Spieltag: 14.10.1993 • Sendetag: 17.10.1993

Folge: 411

Das Casarotti hat heute Filmleute zu Gast. Als Isolde ihr zusätzliches Personal einweisen will, merkt sie, daß die Kellnerinnen und Köche eingeschleuste Freunde und Verwandte von Enricos „Mafia" sind. Sofort setzt sie sie an die Luft – und sitzt sodann ohne Personal da. Später kommt der rettende Anruf. Die Filmleute sagen ab, sie müssen in der Nacht drehen. In trauter Zweisamkeit sitzen Enrico und Isolde bei üppigem Mahl und Caruso-Klängen, als plötzlich Enricos Freunde auftauchen. Isolde ist entsetzt und fordert Enrico auf, sie auf

der Stelle rauszuschmeißen, aber alle stimmen ein Loblied auf Isolde an, und sie muß sich gerührt ergeben.
Anna kann Dabelsteins Tod nicht verdrängen. Sie betet und geht schließlich sogar beichten. Verzweifelt sucht sie bei Matthias Rat, den sie zu Kaffee und Kuchen ins Café Bayer einlädt. Doch auch er ist letztlich keine große Hilfe.
Für Klaus hat sich inzwischen mit den neuen Schulkameraden alles geklärt. Schiller und Helga sind entsprechend erleichtert. Mit Hilfe von Onkel Franz und seinem Dietrich verschafft sich Else Einlaß in Olafs Werkstatt. Beglückt erblickt Else dort ein Paar neu geschusterte rote Stiefeletten: sicherlich ihr Weihnachtsgeschenk! Doch Olaf trägt die Schuhe später zur richtigen Adresse – zu Claudia. Leider verhindert ein reger Kundenverkehr im Blumenladen eine romantische Übergabe. Am Abend kommt Olaf endlich dazu, seiner Herzensdame sein Schuhpaket zu überreichen. Überschäumend vor Freude, gibt sie Olaf einen Kuß. Das Ende vom Lied: Die beide landen im Bett – später dann fragt Claudia Olaf, ob es ihn nicht gestört habe, daß eine Brust amputiert ist ...

Sirenen

Spieltag: 21.10.1993 • Sendetag: 24.10.1993

Folge: *412*

Morgens kommt Else in Claudias Laden und meckert drauflos. Enttäuscht, daß die Schuhe nicht für sie waren, fordert sie dreist Geld für Olafs Geschenk. Entrüstet schiebt Claudia Else aus dem Laden. Als Olaf von dem Vorfall hört, holt er seine Mutter wutschnaubend aus dem Treppenhaus. Die streitet gerade mit Iffi, die ihren Mutterschaftspaß vor den Briefkästen verloren hat. In der Wohnung stellt Olaf Else zur Rede, was ihr überhaupt einfalle! Nichts hält ihn mehr bei seiner Mutter.
Klausi spürt weiterhin, daß ihn seine Schulkameraden RECHTS liegenlassen. Plötzlich hören Helga und er eine durchdringende Sirene. Es scheint einen Großbrand oder einen Chemieunfall gegeben zu haben. Bald erscheint Erich und versichert, daß der Brand in der Möbelfabrik keine Schäden hinterläßt. Abends dann ist der große Ball. Helga, strahlend und schick, muß sich vom übelgelaunten Klausi anhören, wie fett und unnatürlich sie aussehe, was ihre Freude erheblich dämpft. Auf dem Ball jedoch, ein Wettbewerb zwischen zwei Tanzschulen, ertanzen sich Erich und Helga überglücklich den zweiten Platz.
Amelie, wieder aus der Kur zurück, besucht gemeinsam mit Berta Lydia im „Haus Tannenhöhe“. Dort angekommen, merkt Berta, daß ihre Tablettenpackung leer ist. Bei einem Gespräch unter den Frauen wird Berta darüber ausgefragt, was mit ihr eigentlich los sei. Berta wird

Olaf sendet Claudia übers Radio Liebesgrüße mit dem Stück „These boots are made for walking“.

fahrig und nervös. Sie schiebt Hajo als Grund für ihre Anspannung vor. Dann stürzt sie aus dem Zimmer. Panisch sucht Berta das Medikamentenzimmer des Heimes, denn ohne ihre Tabletten kann sie nicht länger durchhalten. Als sie fündig wird, zertrümmert Berta einen Glasschrank mit der Faust und schluckt in der Toilette die rettenden Pillen. Dabei muß sie entdecken, daß sie sich geschnitten hat. Als dann Lydia bemerkt, daß Berta verletzt ist, wird die ganze Dramatik offenbar.

Träume

Spieltag: 28.10.1993 • Sendetag: 31.10.1993

Folge: *413*

Zwischen Eva und Iffi kommt es wieder einmal zu Spannungen. Eva meint, Iffi wäre ihr eines Tages dankbar gewesen, wenn sie härter durchgegriffen hätte. In ihrer Praxis muß sich Eva erneut mit Momo und Iffi auseinandersetzen. Iffi will Evas Behauptung nicht widerspruchslos hinnehmen. Würde Eva das Kind etwa eigenhändig wegmachen? Iffi wurmt es, daß alle sie für bescheuert halten, weil sie nicht abtreiben will. Im Vorzimmer steckt Berta unterdessen hastig einige gestempelte Rezeptblätter ein. Ihrer Mutter Lydia hat sie letzte Woche vorgeschwindelt, sie habe sich am Getränkeautomaten verletzt.

Urzula und Gung frühstücken seit langem mal wieder gemeinsam und erzählen sich gegenseitig von ihrem Heimweh. Im Friseursalon kommt Beate auf die Idee, eine Band zu gründen. Abends im Akropolis treffen sie und Urzula auf einen mürrischen Vasily, der von solchen Plänen gar nichts hält.

Olaf ist es leid, immer bei seiner Mutter zu essen. Kurz entschlossen nimmt er den Topf Linsensuppe mit in Claudias Laden. Nach der Mittagspause fängt Else ihren Sohn ab. Er solle wieder bei ihr leben, sonst würde sie nicht für ihn sorgen. Abends macht sich Else auf den Weg zu Helga. Sie will für Olaf den Hobbykeller haben, damit er Geld spart und ihr wieder zu Dank verpflichtet ist. Kurze Zeit darauf überrascht Olaf Helga mit Blumen und entschuldigt sich peinlich berührt für seine Mutter. Aber Helga und Erich sichern Olaf zu, daß er den Raum ruhig für seine Möbel benutzen kann.

Else erinnert Helga daran, daß Beimers nie Miete für den Hobbykeller zahlen mußten.

Zwischen Eva und Kurt herrscht dicke Luft, beide haben sich auf ihre Weise über Iffi und sich selbst aufgeregt. Eva meint, Kurt sein unsensibel, Kurt wirft ihr den Verlust ihrer Ideale vor. Eva merkt, wie sehr sie sich verändert hat.

Im Schwitzkasten

Spieltag: 04.11.1993 • Sendetag: 07.11.1993

Folge: 414

Heute morgen verabschiedet sich Kurt von Eva mit einem langen Kuß. Die beiden haben ihren Streit beigelegt. Momo verabredet sich mit Iffi auf dem Schulflur, er will schließlich das erste Ultraschallbild vom Baby sehen. Später betrachten sie die Aufnahme und fragen sich, ob es ein Junge oder ein Mädchen wird. Momo nimmt das Bild mit und will es Kurt zeigen, als ein heftiger Windstoß das Foto fortweht. Schuldbewußt reicht er Iffi später ein Automatenfoto mit seinem Konterfei: Stolzester Momo der Welt, der die Iffi mit ihrem dicken Bauch liebt und sich auf den Zwerg freut.

Frau Dabelstein beklagt sich bei Hans, die Polizei käme nicht weiter, und bittet ihn, für sie einen Detektiv zu engagieren. Noch am Abend schellt Hans bei Hajo, der bereitwillig einwilligt, den mysteriösen Tod von Dabelstein zu untersuchen. Anna, auf dem Sofa eingenickt, wacht auf, als Hans nach Hause kommt. Zärtlich zieht sie ihn an sich und küßt ihn leidenschaftlich wie seit langem nicht mehr. Doch in dem Moment überkommt Anna der Ekel. Sie stürzt zur Toilette und muß sich übergeben.

Am Abend wird Onkel Franz von der heiteren Frau von der Marwitz und dem Witze erzählenden Herrn Kondi, Amelies Kurschatten, gestört. In Rage bittet Wittich sich Ruhe aus, was Amelie zum Anlaß nimmt, ihren Widersacher lächerlich zu machen. Wutschnaubend zieht Wittich ab. Doch bald wird es Onkel Franz zu bunt, der Lärm in der Nachbarwohnung hört nicht auf, er begehrt Einlaß bei Frau von der Marwitz und fordert Genugtuung von dem Kurschatten. Nach kurzer und heftiger Schlägerei – Onkel Franz hatte den „Eindringling" im Schwitzkasten – liegt Kondi reglos am Boden.

Auf den Spuren der Wahrheit

Spieltag: 11.11.1993 • Sendetag: 14.11.1993

Folge: 415

Onkel Franz gehört ins Altersheim, meint Amelie zu Helga und Erich. Dann würde auch dessen Wohnung für Lydia frei. Als Amelie später Wittich auf der Straße trifft, eröffnet sie ihm, daß ihr Freund Kondi ihn auffordere, den Gegenwert der Krankenhausrechnung einer karitativen Organisation zu spenden.

Draußen vor dem Akropolis sieht Vasily, wie Beate sich von zwei jungen Männern mit Küßchen verabschiedet. Er läuft ihr hinterher und möchte wissen, wo sie die Nacht war. Beate will erst am Abend bei Dressler mit ihm reden und erklärt, daß der Auftritt letzte Nacht eine Riesenchance für ihre neue Band gewesen sei. Abends sitzt Vasily mit

Beate bei Ludwig und platzt auf einmal damit heraus, daß er seine Existenz aufgeben will. Nichts könne ihn mehr halten, meint er traurig. Beate würde immer nur mit ihm spielen.
Heute befragt Scholz Hans' Sekretärin Frau Moser, die früher für Dabelstein gearbeitet hat. Leider kann sie außer der 50.000-Mark-Affäre um Herrn und Frau Beimer kaum etwas berichten. Allerdings sei bemerkenswert gewesen, wie sehr sich Dabelstein vor seinem Tod um die Freundschaft von Hans und seiner Frau bemüht habe. Später spricht Hajo mit Helga. Wie es zur Wiedereinstellung von Hans kam, weiß Helga jedoch auch nicht. Schließlich trifft Scholz Anna im Blumenladen und will mit ihr einen Termin vereinbaren. Sie eilt hinaus und vertröstet ihn. Am Abend reicht Hans Anna das Telefon, Scholz sei dran. Sie rennt aus dem Zimmer, will nichts davon wissen. Etwas später hat Anna sich wieder beruhigt. Sie klingelt bei Scholz – und will reden.

Verdacht

Spieltag: 18.11.1993 • Sendetag: 21.11.1993

Folge: 416

Nachdem Hans und die Kinder aus dem Haus sind, will Anna dem Tagebuch ihre Geschichte anvertrauen. Da klingelt es: Scholz will noch ein paar Fragen klären. Anna wird nervös und verrennt sich in eine entlarvende Beschreibung der Dabelstein-Villa; schließlich bittet sie Scholz zu gehen. Er befragt dann Hans' Chauffeur, Herrn Probst. Dieser ist sicher, daß Dabelstein im Suff gestorben sei. Von diesen Neuigkeiten will Hajo Berta erzählen, die gerade schnell ihre Tabletten einwirft. Er entwickelt die Theorie, daß Hans Beimer der Mörder sein könnte. Währenddessen hat Hans die alte Frau Dabelstein zu Besuch im Büro. Ihr geht der Buchstabe „A", der im Kalender ihres Sohnes stand, nicht aus dem Kopf.
Olaf hat für Claudia Blumen im Großmarkt besorgt. Da er die Baccara-Rosen vergessen hat, fährt er noch einmal los, genehmigt sich vorher aber noch einen Kaffee bei Egon und Else, die gleich wieder gegen Claudia wettert. Sie hat Olaf sogar ein Pornoheft besorgt, damit er mal wieder eine „echte" Frau zu Gesicht bekäme. Olaf verläßt sofort die Wohnung, und Egon hält Else vor, daß keine Pornographie der Welt so verdorben sein könne wie sie. Als Else später im Blumenladen erneut Bösartigkeiten gegen Claudia losläßt, wird sie endgültig vor die Tür gesetzt: Hausverbot! Am Abend versucht Else, Heiratsannoncen für ihren Sohn zu dichten.
Scholz ist immer noch bei seiner Mörder-Theorie. Inzwischen hat er auch Anna Ziegler unter Verdacht. Berta will ihm das alles ausreden, muß Scholz aber beipflichten, daß er gezwungen ist, zur Polizei zu gehen, wenn genügend Beweise vorhanden sind.

Kapitulation

Spieltag: 25.11.1993 • Sendetag: 28.11.1993

Folge: 417

Berta und Hajo diskutieren am Morgen erneut darüber, ob Anna oder Hans als Verdächtige für den Tod Dabelsteins in Frage kommen. Berta will nicht, daß Scholz ihnen nachspioniert. Dennoch macht er sich nochmals auf, um Anna nach der Freundin zu fragen, bei der sie am besagten Abend gewesen sein will. Bei der Befragung durch Scholz bricht Anna zusammen und gesteht ihm alles. Daraufhin will der von Polizei und Verhaftung nichts mehr wissen. Verzweifelt gesteht Anna nun endlich Hans, daß sie mit Dabelstein geschlafen hat, um ihrem Mann die Stelle zu sichern. Hans ist bestürzt: Er glaubt nicht, daß Anna ihn noch liebt. Am Telefon berichtet Frau Dabelstein Hans, daß Scholz den Fall abgeschlossen habe – ihr Sohn sei unter Alkoholeinfluß von allein gestürzt. Erleichtert nimmt Anna, die sich schon verloren glaubte, dies zur Kenntnis. Doch Hans hat weiterhin seine Zweifel. Scholz vernichtet derweil seine Unterlagen im Reißwolf. Als Iffi bemerkt, daß der Reißverschluß ihrer Jeans nicht mehr schließt, faßt sie den Entschluß, heute mit Momo zum Direktor der Schule zu gehen, um ihm ihre Schwangerschaft mitzuteilen. Als Momo zur verabredeten Zeit nicht auftaucht, sucht Iffi allein den Direx auf. Die Nachricht geht in der Schule um wie ein Lauffeuer. Momo wird mit dummen Sprüchen konfrontiert. Auf dem Nachhauseweg hält er Iffi vor, daß sie eine Klatschbase sei, Iffi hält ihn wiederum für feige. Einen solchen Vater brauche sie nicht für ihr Baby. Der Streit wird jedoch schon abends wieder beigelegt.

Hans kann Anna nach ihrem Geständnis nicht mehr vertrauen. Er flüchtet aus der Wohnung. Sarah fragt, ob der Papa wiederkommt. Anna weiß es nicht.

Jenseits von Eden

Spieltag: 02.12.1993 • Sendetag: 05.12.1993

Folge: 418

Noch immer hat Hans den Schmerz über Annas Offenbarung nicht verwunden. In die trübe Stimmung platzt Frau Dabelstein, erzählt von Scholz' Ermittlungen und dem Verdacht, den sie einst gegen Anna hegte. Als Anna später einkaufen geht, trifft sie unglücklicherweise auf Scholz, der sie gedankenversunken fast umrennt. Panisch eilt Anna zu Hans, sie fühlt sich verfolgt. Wenn die Polizei jetzt doch noch informiert wird? In dem Moment klingelt es. Scholz bringt eine Rose für Anna und versichert erneut, daß Dabelstein eines gewissermaßen natürlichen Todes gestorben sei. Es gebe keine Anhaltspunkte für Fremdeinwirkung – außer Alkohol.

Im Reisebüro herrscht Hochbetrieb, als zwei Herren den Laden betreten und sich nach „Passantenfrequenz“ und „Altersstruktur“ erkundigen. Dann verschwinden sie wieder und lassen Helga und Erich verwundert zurück. Kurz vor Geschäftsschluß treten die beiden Herren erneut ein, der größere gibt sich als Herr Bruck, der Vermieter der Geschäftsräume, zu erkennen. Der kleinere ist der Apotheker Leu, der künftige Nachmieter! Helga und Erich fallen aus allen Wolken. Helga beharrt auf ihrem 5-Jahres-Mietvertrag und weist Bruck die Tür.

Gung macht Telefondienst, solange die Winickis bei Kochs wohnen, damit diese nichts erfahren.

Urzula erhält heute Besuch von ihren Eltern, die Wiedersehensfreude ist groß. Beim Abendessen erfährt Gung von Jaruslav, daß sie keine Arbeit und keine Wohnung mehr haben. Wanda bricht in Tränen aus. Alle versuchen nun, den Winickis zu helfen. Erst einmal sollen sie in der Wohnung bleiben. Kochs kommen erst zu Weihnachten wieder.
Helga, Erich und Klaus sitzen beim Abendbrot zusammen. Die vorweihnachtliche Stimmung wird jäh gestört: Klaus hat ein Schreiben von Rüdiger P. Bruck in Empfang genommen – die Kündigung. Helga will sich mit allen Mitteln wehren.

Wünsche

Spieltag: 09.12.1993 • Sendetag: 12.12.1993

Folge: 419

Helga hat das Kündigungsschreiben von Bruck postwendend zurückgeschickt. Erneut taucht der Vermieter im Reisebüro auf. Unterstützt von Erich, legt Helga sich mit ihm an. Die DM 17.000 Schmiergeld, die er für den Auszug zahlen will, macht sie ihrer Kundschaft öffentlich. Aufgebracht verläßt Bruck den Laden. Noch vor Ladenschluß beginnen lästige Bauarbeiten über dem Reisebüro. Zu Hause telefoniert Schiller dann mit Anwalt Pichelsteiner und erfährt, daß sie die Miete bei Geschäftsschädigung kürzen können.
Gabi erfährt, daß Andy mit Valerie über Weihnachten kommen will. Bei Anna fragt sie nach einem Quartier für ihn. Im Gästezimmer, meint Anna, schlafe Hans, er arbeite ja immer bis spät in die Nacht ... Dieser Ausrede schenkt Gabi keinen Glauben. Sie bietet Anna Hilfe und Aussprache an. Iffi und Max können gar nicht verstehen, warum Gabi Andy nicht in der Wohnung haben will. Iffi sucht auf eigene Faust Olaf auf. Der ist schließlich einverstanden, im Tausch mit der Garage den Hobbykeller zur Verfügung zu stellen.
Urzula geht heute mit Wanda aufs Sozialamt, um sich nach Arbeits- und Aufenthaltsmöglichkeiten zu erkundigen. Verzweifelt berichtet sie später Beate, daß ihre Eltern bis zu zwei Jahren auf eine Wohnung warten müßten. Vasily schlägt vor, Beate solle zu ihm ziehen. Dann sei eine Wohnung frei. Beate findet diese Lösung alles andere als genial. Am Nachmittag kommt Vasily erneut in den Friseursalon. Er will Wanda einstellen: sechs Mal die Woche, die Stunde DM 17. Urzula gibt Va-

sily vor Freude einen langen Kuß. Beate beäugt dies argwöhnisch. Ihren Humor verliert sie aber nicht.
Spätabends kommt Max zu Gabi und legt ihr seinen Wunschzettel für Weihnachten aufs Bett. Gabi liest: Ich wünsche mir nur eine einzige Sache. Der Andy soll wiederkommen und für immer bei uns bleiben.

Heimkehrer

Spieltag: 16.12.1993 • Sendetag: 19.12.1993

Folge: 420

In der Mittagspause kommt Gabi heim. Sie trifft auf Andy, den sie kühl begrüßt. Valerie hat sich verliebt und kommt zu Weihnachten nicht. Andy gibt sich alle Mühe und macht sich nützlich. Iffi hofft derweil auf ein Zusammenwohnen mit Momo – wenigstens während der Ferien. In der allgemeinen Vorweihnachtsstimmung fällt es dann auch Gabi nicht schwer, Iffis Wunsch zu erfüllen. Andy muß allerdings trotzdem in den Hobbykeller!
Claudia und Olaf räumen den Hobbykeller aus, und das Thema Ehe kommt auf. Olaf ist wieder einmal geradeheraus. Er macht Claudia erneut einen Antrag und zaubert sogar einen Schleier aus seinem Ärmel. Lydia und Amelie, die jetzt zusammen wohnen, nehmen ihr erstes gemeinsames Frühstück ein, sprechen über die bevorstehende Zeit und den Streß zwischen den Jahren. Zum Kaffeetrinken findet sich Lydia bei Berta ein, die dank ihrer Pharma-Helfer wieder einmal bester Laune ist. Am Abend wird offenbar, daß Lydia und Amelie doch sehr eigen sind. Zu zweit im Bett schwelgen sie in Erinnerungen aus der Schulzeit. Das endet allerdings im Streit, Amelie verläßt die gemeinsame Bettstatt, kehrt aber wegen Rückenschmerzen mitten in der Nacht wieder zurück.
Else wartet noch immer auf Olaf, dem sie einen leckeren Schweinsbraten gekocht hat. Spät kommt er, aber nur um seine Sachen zu packen und zu verkünden, daß er von nun an bei Claudia wohnen wird. Else trifft fast der Schlag, sie droht an, ins Wasser zu gehen, wenn das wahr ist.

Der glückliche Olaf will Claudia zur Hochzeit goldene Schuhe schustern.

Mitgefühl

Spieltag: 26.12.1993 • Sendetag: 26.12.1993

Folge: 421

Heute, am zweiten Weihnachtstag, kehren Rosi und Hubert aus Warnemünde zurück. Alle hoffen, daß die Bleibe, in die die Winickis deshalb heute ziehen müssen, nur für den Übergang ist. In den Aufbruch platzen die Kochs. Noch in der Tür sieht sich Rosi uner-

Um Solidarität mit fremdsprachigen Mitbürgern zu zeigen, werden ab heute die Folgentitel im Wechsel jeweils in eine europäische sowie in eine „exotische“ Sprache übersetzt.

wartet mit Iffis Schwangerschaft konfrontiert. Wütend wirft sie Gabi Vertrauensbruch vor. Das Zimmer, das die Winickis gefunden haben, ist eines von vielen in einer Wohnung, die bereits überbelegt ist. Schweigend suchen sie sich dort eine Ecke.
Die Weihnachtstage hatten bei Sperlings so geruhsam begonnen, und nun sitzt Iffi mitten unter ihnen – für Eva ein Stein des Anstoßes. Kurt vermutet, daß Eva Probleme mit ihrem Alter hat und Iffi unbewußt als Konkurrentin wahrnimmt. Jetzt ist die Stimmung erst recht dahin.
Egon hat Else nach ihrer Prophezeiung, sie gehe ins Wasser, wenn Olaf zu Claudia zieht, beim Wort genommen. Jetzt sitzt er genüßlich feixend am Ufer und schaut zu, wie Else knöcheltief im Teich steht. Bei Beimers ist Marion zu Besuch. Sie hat versprochen, eine Gans zu kredenzen. Während der Vorbereitungen warten Anna, Hans, Erich, Helga, Klausi und Matthias in Klausis Zimmer. Als es soweit ist, bleibt Helga die Spucke weg. Eine lebendige Gans in einem Käfig steht auf dem gedeckten Tisch. Anna muß sich sofort übergeben, was aber andere Gründe hat – beim Warten kam die Sprache auf Dabelstein.
Bei Zenkers stehen plötzlich Winickis wieder vor der Tür. Sie haben es in der überfüllten Wohnung nicht ausgehalten. Gabi ist ob der geschilderten Zustände außer sich und wettert über die Verhältnisse in diesem Land, die unsere Politiker zu verantworten haben.

Engpässe

Spieltag: 31.12.1993 • Sendetag: 02.01.1993

Folge: 422

Silvester steht vor der Tür. Hektisch sucht Berta während der Festvorbereitungen ihre Tabletten. Als sie Hajo nach dem Katalog fragt, in dem sie ein paar Pillen versteckt hat, muß sie erfahren, daß er das gesamte Altpapier entsorgt hat. In heller Aufregung stürzt Berta aus dem Haus. Vor den Augen von Onkel Franz und dessen Freund Hilmar wühlt sie im Container, findet zwar den Katalog, aber nicht mehr ihre Pillen. Anschließend versucht sie, in der Praxis von Dr. Sperling eine Schublade aufzubrechen, um an ein Blankorezept zu kommen. Dabei wird sie von Egon überrascht. Panisch stürzt Berta davon. Als sie nach Hause kommt, ist sie wie von Sinnen und schlägt wild um sich. Amelie ruft einen Krankenwagen.
Olaf weckt Claudia mit einer Rose. Und er überrascht sie mit Verlobungsringen. Else trifft später diese Nachricht wie ein Schlag, während Egon sich riesig darüber freut. Abends verkünden Olaf und Claudia im Akropolis Ostern als Hochzeitstermin.
Iffi hält sich kaum an die ungeschriebenen Hausregeln der Sperlings, was Eva sichtlich in Rage bringt. Wieder ist es Kurt, der den Streit schlichten muß. Iffi und Momo ziehen es schließlich vor, in der Großfamilie das neue Jahr zu beginnen, und sitzen dann mit Rosi, Hu-

bert, Wanda, Jaruslav, Irina, Urzula, Andy, Gabi, Max und Gung beim Bleigießen. Zwischen Kurt und Eva kriselt es inzwischen gewaltig, sie läßt Kurt mit dem Essen sitzen, was ihr nur den Ruf einträgt, auf Iffi eifersüchtig zu sein. Betrunken lallt Kurt von Iffi vor sich hin, was Philipp schier auf die Palme bringt. Er setzt seinem Vater die Pistole auf die Brust. Wenn Iffi nochmals in die Wohnung einziehen sollte, dann ist er auf und davon!

Schattenseiten

Spieltag: 06.01.1994 • Sendetag: 09.01.1994

Folge: 423

Zwischen Rosi und Wanda kommt es immer wieder zu Streit. Nachmittags holt Hubert bei Zenkers Hilfe und erfährt, daß Valerie heute kommt. Nun hofft er, daß deren Erzählungen Rosi ablenken werden. Jaruslav sitzt derweil im Hof, träumt von den blühenden Wiesen in seiner Heimat. Else sieht ihn und fühlt sich von einem Voyeur beobachtet. Iffi und Momo genießen weiterhin ihre „Schulferienehe“. Später geraten Philipp und Momo sich wegen Iffi in die Haare. Kurz darauf sitzt Momo mit blauem Auge bei Iffi. In dem Moment kommt eine braungebrannte Valerie zurück aus dem Urlaub. Sie sprudelt über vor Glück und prahlt vor allen von ihrem Liebsten „Holger“, von dem sie ein Foto dabei hat. Andy, der ganz wild auf Gabi ist, sieht jetzt den geeigneten Moment gekommen, aber Gabi ist nur genervt durch seine Zudringlichkeiten. Andy trifft später Eva im Lift. Sie lädt ihn ein, sich in den nächsten Tagen in der Praxis die für ihn zusammengestellten Medikamente abzuholen.
Manoel will wissen, warum niemand etwas von Bertas Tablettensucht bemerkt hat, und fragt Scholz, Lydia und Amelie danach. Doch die Stimmung in der Marwitz-Wohnung ist bereits auf dem kommunikativen Nullpunkt. Die beiden alten Freundinen haben sich nichts mehr zu sagen, seit Amelie Lydia unangemessene Erziehungsmethoden vorgeworfen hat. Während Scholz mit Manoel zu Berta in die Klinik fährt, eskaliert ihr Streit. In Rage räumt Lydia schließlich das Feld. Sie wirft Amelie nur noch an den Kopf, daß nun für immer Schluß sei. Draußen im Flur nimmt Onkel Franz sie herzlichst in Empfang, um sie vor der „Hyäne“ Marwitz zu schützen. Amelie reibt sich die Hände und meint, daß sich da zwei gesucht und gefunden hätten. Dann knallt sie die Tür hinter sich zu und überläßt Lydia ihrem Schicksal.

Bedürfnisse

Spieltag: 13.01.1994 • Sendetag: 16.01.1994

Folge: 424

Kaum ist Berta zurück aus der Klinik, muß sie sich auch schon mit ihrer Mutter Lydia auseinandersetzen. Berta gibt ihr zu bedenken, daß sie in Therapie sei und sich ihren Weg selbst suchen müsse. Als Hajo erst zum Abendessen bemerkt, daß Berta gar nicht da ist, liest Lydia ihm die Leviten. Derweil unterhält sich Berta mit Amelie über ihr Leben und ihre Zukunft. Amelie rät ihr, sich jetzt ganz auf sich selbst zu konzentrieren.
Noch immer schwer verliebt, schwärmt Valerie vor Iffi von ihrem angebeteten Holger. Mittags platzt Valerie vor Gabi und Andy mit ihren neuesten Plänen raus. Sie will nicht mit ihrem Vater zurück nach Mataró, sondern sich eine Lehrstelle als Steuerfachgehilfin suchen. Andy ist enttäuscht. Abends kommt die Sprache wieder mal auf die „Ferienehe" von Iffi und Momo. Gabi versucht noch einen Vorstoß: Ob es nicht doch möglich sei, daß Iffi zu Momo in die Sperling-Wohnung zieht? Schon am Morgen entbrennt ein Streit zwischen Eva und Kurt. Sie will nicht, daß Momo und Iffi weiterhin zusammenwohnen, und muß sich von Kurt anhören, daß sie wohl mit ihrem Oma-Alter nicht klarkomme. Erbost kontert Eva, daß sie schließlich habe erleben müssen, wie es ist, in einer finanziell unabgesicherten Lage ein Kind großzuziehen – denn sie hatte einen Mann, der nichts hat, nichts ist und nichts kann. Im Treppenhaus trifft Eva zufällig Andy. Sie ermuntert ihn, sich noch heute bei ihr die Medikamente zu holen. Es ist schon spät, als Andy in der Praxis auftaucht. Eva schließt vorsichtshalber ab, manchmal kämen ja noch Patienten nach 20 Uhr ... Diese Ausrede gleicht für Andy einer Einladung, sich leidenschaftlich mit Eva einzulassen. Später liegt er verschwitzt auf der Patientenliege, Eva bringt Sekt. Da rüttelt es an der Tür. Kurt ruft nach seiner Frau. Andy und Eva erstarren vor Schreck.

Impulse

Spieltag: 20.01.1994 • Sendetag: 23.01.1994

Folge: 425

Unbemerkt kann sich Andy in die Sperling-Praxis schleichen. Er will sich vor seiner Abreise nach Spanien nur von Eva verabschieden. Eva ihrerseits möchte das Tête-à-tête der vorigen Woche am liebsten ungeschehen machen. Gabi muß sich um den gerade von der Frühschicht heimgekehrten Gung kümmern. Er ist total erschüttert: Eine Frau hat ihn angespuckt und „perverses Schlitzauge" genannt. Iffi und Momo helfen Andy beim Einladen seines Gepäcks. Sie hoffen, daß Andy zur Geburt ihres „Ferdinand" wieder da ist. Als Ga-

bi die Vorbereitungen zur Abreise bemerkt, rennt sie raus, um sich von Andy zu verabschieden. Aus dem Abschied wird ein inniger, langersehnter Kuß. Unter dem Gejubel der Kinder trägt Andy Gabi schließlich über die Haustürschwelle.
Beim Mittagessen verkündet Berta, daß sie allein wohnen möchte – ohne Lydia und auch ohne Hajo. Beide sind erschüttert. Scholz zieht in seinen Bus und schraubt sein Detektivbüro-Schild von der Griese-Tür ab. Deprimiert und leidend bittet Lydia erneut bei Amelie um Asyl und entschuldigt sich für ihre harten Worte. Die alte Freundin kann ihr den Wunsch letztlich nicht abschlagen.
Tanja ist zu Besuch bei Dressler und erzählt ausführlich von ihren Erfolgen in Percha mit ihren Frauengruppen, der Farbberatung und den verschiedenen Therapie-Ansätzen. Abends beobachtet Egon von der Straße aus, wie Tanja sich tanzend hinter der Fensterscheibe wiegt. Allein der Gedanke, was sich dort oben in des Doktors Wohnung abspielen könnte, beschert ihm Übelkeit. Ludwig ist derweil über Tanjas Erzählungen sentimental geworden. Zum Abschied überreicht er ihr eine Schatulle. Völlig sprachlos entdeckt Tanja die Perlenkette von Dresslers verstorbener Frau Elisabeth.

Wegen seiner Miesepetrigkeit rät Tanja Egon zu der Farbe gelb.

Realitäten

Spieltag: 27.01.1994 • Sendetag: 30.01.1994

Folge: 426

Dressler wirkt nicht eben glücklich. Egon versucht ihn aufzuheitern, doch der Doktor interessiert sich nur für einen Brief von Tanja. Den liest auch Egon heimlich. Als er dann später Dresslers telefonische Liebeserklärung an Tanja mithört, ist er endgültig alarmiert. Er stürzt hinunter ins Telefonhäuschen und will Frank informieren.
Lydia spricht sich beim Frühstück im Café Bayer mit Amelie aus. Sie fährt heute zurück nach Garmisch und möchte sich von Berta verabschieden. Die hat allerdings keine Zeit für sie. Sie will ihren Tagesplan einhalten. Später fängt Scholz Berta ab: Er hofft, nun wieder einziehen zu können, Bertas Rekonvaleszenz sei ja vorbei. Doch Berta muß ihn enttäuschen. Sie muß wieder zur Therapie. Dort erzählt sie von den Problemen mit ihrer Mutter. Berta glaubt, für Lydia sei sie immer nur eine Marionette gewesen, nie sie selbst.
Wanda arbeitet inzwischen in der Küche bei Vasily. Auch seine Eltern sollten seiner Meinung nach bald wieder mit im Akropolis helfen. Matthias sammelt derweil im Lokal für Bosnien und erhält von Beate DM 50. Abends kommen Eva und Kurt ins Lokal. Kurt will seine Frau aufmuntern, genehmigt sich einen Ouzo nach dem anderen und bleibt mit ihr bis weit nach Mitternacht. Er versucht Eva, die weiterhin mit ihrem Alter hadert, auf andere Gedanken zu bringen. Beide lassen es

sich im Bett gutgehen. „After action" holt Kurt Wein, macht Eva Komplimente und hört plötzlich ihre Beichte. Ein „Fehltritt" mit Andy? Das hält er für einen schlechten Witz.

Qualen

Spieltag: 03.02.1994 • Sendetag: 06.02.1994

Folge: 427

Als Eva schon aus dem Haus ist, bleibt Kurt noch im Hausflur stehen. – Andy kommt die Treppe herunter. Als der eine dumme Bemerkung über Kurts „Ritterrüstung" macht, fängt er sich einen Kinnhaken ein.
Dressler quält sich, da er von Tanja nichts hört und sieht. Unter einem Vorwand entschließt er sich, sie in Percha zu besuchen. Egon, der sich mal wieder einmischen will, wimmelt er ab. Per Taxi läßt er sich von Andy nach Percha bringen. Dort angekommen, wird der Doktor von Tanja freudig begrüßt. Da sie aber noch eine Gruppe betreut, bittet sie ihn, in einem Restaurant auf sie zu warten. Bei einem Waldspaziergang versucht Tanja dann, Ludwigs Blockaden aufzubrechen. Doch er will nur noch weg. Zu Hause grämt er sich weiter. Von Egon hört er, ständig rufe jemand an, sage aber nichts.
Zwei Hilfsaktionen laufen in der Lindenstraße an. Matthias sammelt für Bosnien. Panaiotis kehrt mit Elena zurück und berichtet von seinem Vorhaben, den Menschen in Georgien helfen zu wollen.
Währenddessen bemüht sich Helga herauszufinden, was mit Anna los ist. Von Claudia erfährt sie, daß Anna ihren kranken Vater zu sich holen will. Später lädt Helga Hans zum Abendbrot ein, was Erich dazu bringt, sich aus Rache mit seiner Ex-Freundin Inka Fuchs im Akropolis zu verabreden. Helgas Abend endet mit der Flucht von Hans, der nichts von ihrer Hilfe wissen will. Schiller hingegen amüsiert sich köstlich.
Nachdem Dressler auf ihre Anrufe nicht reagiert hat, kommt Tanja persönlich vorbei. Gedankenverloren sitzt Ludwig vorm Kamin, als sie plötzlich auftaucht. Ohne viele Worte streichelt sie ihn zärtlich und küßt seine Wangen, was Dressler sichtlich ersehnt hat.

Pharao

Spieltag: 10.02.1994 • Sendetag: 13.02.1994

Folge: 428

Anna richtet das Gästezimmer für ihren kranken Vater Willy Jenner her, Hans zieht unwillig wieder in das gemeinsame Schlafzimmer. Noch immer ist er nicht über die Geschichte mit Dabelstein

hinweg. Eva Sperling sichert Anna zu, sich jederzeit um Jenner zu kümmern. Noch am gleichen Abend beginnt der alte Mann zu phantasieren. Gemeinsam mit Hans gelingt es Anna, ihn wieder zu beruhigen. Im Lift erzählt Gabi Valerie vom schönen gemeinsam mit Andy verbrachten Wochenende. Dies hört auch Eva, die ebenfalls nach unten fährt. Andy scheint peinlich berührt – erst recht, als die Sprache auf sein verletztes Kinn kommt. Gabi hat er eine Geschichte von einem brutalen Fahrgast vorgeschwindelt. Valerie hat heute einen Vorstellungstermin im Steuerbüro Thanner und bekommt tatsächlich den Job. Überglücklich will sie nach dem Mittagessen ihren Holger anrufen. Gabi schlägt vor, sie solle ihn doch einladen – am Wochenende. Doch Walle erzählt, daß Holger nicht kommen könne.
Frank ist wegen eines Praktikums in München. Egon berichtet ihm, daß Tanja und der Doktor schon intim seien und daß Tanja ihn „Lu" nenne. Auch Frank findet das alles ekelhaft. Er versucht, mit seinem Vater zu reden. Aber Ludwig bleibt dabei, daß es ihm noch nie so gut gegangen sei wie jetzt. Tanja hat für Dressler eine Energiepyramide anfertigen lassen, die am Rollstuhl befestigt wird und ihn wie einen Pharao „behütet". Zufällig hört Frank, wie „Lu" Tanja einen Heiratsantrag macht. Als Dressler Tanja nach ausgiebigem Schmusen verabschiedet hat, wird sie unten in der Diele des Artzthauses von Frank brutal festgehalten. Er bietet ihr Geld an, damit sie seinen Vater aufgebe.

Tanja schenkt dem erbosten Egon einen gelben Overall.

Anfragen

Spieltag: 17.02.1994 • Sendetag: 20.02.1994

Folge: 429

Aufgeregt kommen Iffi und Momo zu Eva: Iffi spürt ihr Baby nicht mehr. Eva hört sofort die Herztöne ab und kann sie beruhigen. Iffi spürt, daß sie von Eva zunehmend anerkannt wird. Wenn Iffi bereit sei, sich in die „Hausordnung" einzufügen, ist Eva auch damit einverstanden, daß sie wieder mit Momo zusammenwohnt. Es sieht auch ganz so aus, als könnten auch Iffi und Philipp noch Freunde werden.
Helga fährt Matthias zum Flüchtlingslager, wo er als ehrenamtlicher Betreuer arbeitet. Als sie abends nach Hause zurückkehrt, erzählt sie Erich, wie schrecklich es in dem Lager aussieht, daß die Menschen alles verloren haben und daß sie sich auch als Helferin eingetragen hat.
Vor Dresslers Haus trifft Tanja auf Frank. Vergeblich versucht sie ihm zu erklären, daß sie seinen Vater wirklich lieb hat. Doch Frank giftet sie nur an, daß er notfalls auch DM 15.000 aufbringen würde. Überraschend steht Dominique bei Dressler vor der Tür und sucht Tanja: Dominiques Vater ist gestorben. Nun möchte sie mit Tanja über einen persönlichen Brief und eine persönliche Bitte sprechen. Der Tod Mourraits, die Kälte von Frank – Tanjas Laune ist auf dem Nullpunkt. Außerdem versteht sie nicht, warum der Doktor ihre Pyramide hat ab-

bauen lassen. Sie fühlt sich nicht ernst genommen. Die beiden jungen Frauen verabreden sich für den Abend im Casarotti. Dominique versucht, Tanja zu überreden, in Rom eine Galerie zu leiten. Doch Tanja lehnt ab, sie will nicht weg von Dressler – oder?

Wetten daß?

Spieltag: 24.02.1994 • Sendetag: 27.02.1994

Folge: 430

Die Hochzeitsvorbereitungen von Olaf und Claudia sind schon in vollem Gang: Claudia tütet die Einladungen ein, und Olaf verspricht seiner Ehefrau in spe, Flitterwochen in Venedig zu buchen, wenn sie es schaffen würde, ihn durch Kitzeln zum Lachen zu bringen. Als Claudia später mit Benny telefoniert, erklärt sie ihm, daß sie ihren Mädchennamen behalten wird.

Zufällig begegnet Erich Herrn Leu, der laut Vermieter Bruck das Reisebüro anmieten wollte. Von Leu erfährt Schiller, daß der inzwischen ein anderes Objekt gefunden habe. Matthias will indessen mit Helga sprechen, es geht ums bosnische Flüchtlingslager. Später sitzt sie gemeinsam mit Matthias, Klaus und zwei Neuankömmlingen, der 4jährigen Milena und dem 6jährigen Ivo, am Abendbrottisch, als Erich und Onkel Franz dazukommen. Zunächst ist Schiller wie vom Donner gerührt. Dann sieht er ein, daß Hilfe nottut und daß Helga in ihrem großen Herz eben viel Platz hat.

Inzwischen ist Dominique bei Dressler. Sie bittet ihn, Tanja nicht in deren Glück zu hemmen. Wenn die junge Frau gehen wolle, sollte er sie nicht aufhalten. Schließlich taucht Tanja beim Doktor auf. Als der nach Champager ruft, sinken in Egon alle Hoffnungen auf eine unbeschwerte Zukunft. Doch immerhin hat Egon erfahren, daß Franz Schildknechts Bilder in Paris ausgestellt wurden. Die Bilder, die er einst vom Sperrmüll hat retten können, wird er wohl an Dominique verkaufen können. Abends grübelt Egon darüber nach, was er für die Schildknecht-Bilder fordern kann: Zwölftausend schweben ihm vor. Else kann darüber nur lachen. Die beiden schließen eine Wette ab, bekommt er das Geld, geht sie in Schildknecht-Manier in den Wohnwagen und wird „Büldlmalerin".

Aug' um Auge

Spieltag: 03.03.1994 • Sendetag: 06.03.1994

Folge: 431

Egon hat für die Bilder gut kassiert. Else hat also ihre Wette verloren, sitzt nun als Künstlerin in Schildknecht-Manier vor dem

Wohnwagen und malt, was die Inspiration hergibt.
Helga ist inzwischen wieder ganz Mutter – für ihre Pflegekinder Ivo und Milena. Spontan schlägt sie vor, ein Kinderfest zu feiern, und lädt dazu auch Annas Kinder ein. Noch immer ist es zwischen Hans und seiner Frau zu keiner Aussprache gekommen. Anna sorgt derweil weiterhin aufopferungsvoll für ihren Vater. Mit ihrer Tochter Sophie spricht sie über den Tod und die Liebe, die der Opa in diesen schweren Stunden spüre. Am Nachmittag spielt Anna ihrem Vater Musik vor, die sie immer an ihrem Geburtstag gehört hat. Jenner scheint jedoch nichts davon wahrzunehmen.
Jetzt, da sein Praktikum zu Ende ist, wird Frank München wieder verlassen. Es belastet ihn weiterhin, daß sein Vater sich mit dieser „Hure" abgibt. Bevor Frank abreisen kann, hält Tanja, die sich inzwischen endgültig gegen Rom entschieden hat, ihm noch eine Standpauke. Auch Egon liest sie im Akropolis die Leviten. Als Tanja das Lokal verläßt, begegnet sie Panaiotis. Sie grüßt ihn kurz und emotionslos, er bleibt stumm. Kurz darauf erscheint Tanja beim Doktor, der kaum noch gehofft hat, daß sie zu ihm zurückkehrt. Später liegen die beiden zusammen im Bett. Tanja möchte gerne mit ihm fortgehen, doch Dressler hängt an der Lindenstraße. Nachdem Egon den Abend im Akropolis verbracht hat, geht er nochmals kurz zum Doktor. Er beobachtet, wie Tanja und Ludwig sich im Bett küssen, und verschwindet schnell. Wieder bei Else im Wohnei, gibt er seinen Kampf gegen Tanja auf. Sie wird beim Doktor bleiben, für ihn wird kein Platz mehr sein. Worin besteht dann noch der Sinn seines Lebens?

Frank hat in München geholfen, einen Schnitzaltar aus dem Jahr 1520 zu restaurieren.

Vater unser

Spieltag: 10.03.1994 • Sendetag: 13.03.1994

Folge: 432

Als Anna vor Erschöpfung eingeschlafen ist, bemerken die Kinder, daß der Opa sich nicht mehr rührt. Vielleicht ist er ja schon tot. Sie umkränzen ihn mit Blumen und führen später ihre Mutter zum entschlafenen Jenner. Erst abends erfährt Hans von Anna, daß ihr Vater gestorben ist, ohne daß sie dabei war. Jetzt habe sie alles verloren, schluchzt sie in seinen Armen.
Wie jeden Mittag will Wanda Jaruslav in seiner Fabrik aufsuchen. Als er nicht da ist, gerät Wanda in Panik. Später wartet sie in der Koch-Wohnung. Plötzlich klingelt es, Jaruslav steht vor der Tür. Er war im Wald, hat den Vögeln gelauscht und sich an Polen erinnert. Rosi versteht die Welt nicht mehr, für einen Spaziergang opfert er seinen Job? Urzula versucht, Jaruslavs Job zu retten, indem sie bei Eva nach einem Attest für ihren Vater fragt. Das hört Onkel Franz, der mit gerichtlichen Schritten droht. Eine Krankschreibung für einen gesunden „Schmarotzer" sei eindeutig illegal.

Allein in Dresslers Wohnung, findet Egon einen Brief vor: Dressler und Tanja seien in Tondern/Dänemark im Hostrup Hotel zu erreichen. Unterdessen versucht Else, die Hochzeitsreise von Olaf und Claudia nach Venedig zu hintertreiben. Sie erzählt Claudia, daß Olaf sich wieder mit seiner Ex-Frau Inge treffe und täglich mit ihr telefoniere. Claudia, leicht irritiert, nennt Else eine abscheuliche Lügnerin. Abends stellt sie ihren Verlobten zur Rede und gesteht, daß sie dessen Mutter zwar nicht geglaubt habe, ihr aber auch kein Paroli hätte bieten können. Olaf drängt sie, das ruhig nachzuholen. Claudia entschließt sich, doch noch mit Else ihr Hühnchen zu rupfen. Als sie in den Hinterhof kommt, sieht sie Flammen aus dem Wohnei schlagen ...

Nah und Fern

Spieltag: 17.03.1994 • Sendetag: 20.03.1994

Folge: 433

Es ist Claudia letzte Woche gelungen, Else aus den Flammen zu retten. Nun liegt ihre Schwiegermutter in spe mit starken Verbrennungen im Krankenhaus. Claudia selbst ist mit einer Rauchvergiftung und einer Verletzung an der rechten Hand davongekommen.

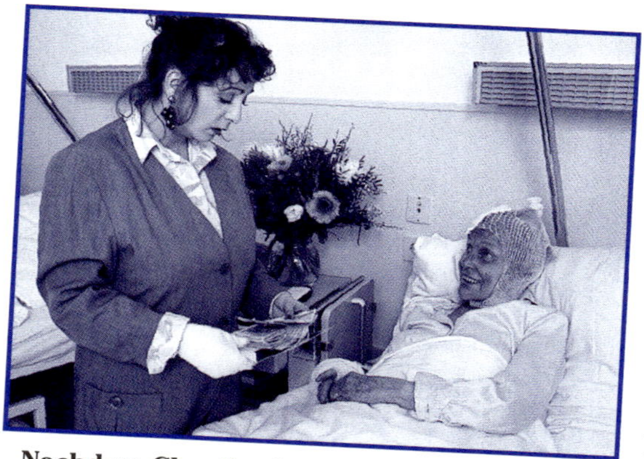

Nachdem Claudia sie aus den Flammen gerettet hat, bietet Else ihrer zukünftigen Schwiegertochter sogar das „Du“ an.

Über einen Besuch von Claudia freut sich Else sehr – und bietet ihr sogar das „Du“ an. Überraschend schenkt sie der jungen Frau DM 2.300 für die Hochzeit und die Hochzeitsreise. Egon hat derweil außer einer Karte aus Dänemark vom Doktor nichts gehört. Plötzlich kommt ihm eine Idee. Mit Olafs und Claudias Einverständnis lädt er Dressler schriftlich zur Hochzeit ein, aber ohne Tanja – aus Platzgründen, wie er dem Doktor schreibt ...

Am Nachmittag geht Helga zur Beerdigung von Annas Vater. Währenddessen soll Erich, dem die Arbeit im Reisebüro allmählich über den Kopf wächst, auf Ivo und Milena aufpassen. Als Schiller einen Kunden bedient, nehmen die lieben Kleinen den Laden auseinander. Erich bringt sie daraufhin zu Elvira ins Café Bayer. Später kehrt Helga von der Beerdigung zurück und muß zusehen, wie Ivo, der sorglos auf der Straße radelt, von einem Wagen angefahren wird. Hektisch stürzt Schiller aus dem Reisebüro – und wird von Helga mit Vorwürfen überschüttet. Auch abends wird der Streit nicht beigelegt. Der Junge ist bei dem Unfall zum Glück mit dem Schrecken davongekommen.

Scholz ist von seiner Israelreise mit Rolf und Bolle zurückgekehrt. Amelie ermahnt ihn, daß Berta Ruhe und Freiheit brauche. Noch immer müsse sie sich erholen – auch Scholz habe Berta schließlich meistens nur ausgenutzt. Hajo kann das nicht glauben. Er besucht sein Rehlein, macht ihr Komplimente und Avancen. Doch Berta läßt sich nur zu einer Einladung zum Abendessen hinreißen. Als er sie dann bittet, über Nacht bleiben zu dürfen, weiß sie nicht, was sie antworten soll.

Gruppendynamik

Spieltag: 24.03.1994 • Sendetag: 27.03.1994

Folge: 434

Berta hat Hajo letzte Woche nicht bei sich übernachten lassen. Auf ihren Wunsch hin beginnt er mit ihr eine Partnerschaftstherapie. Bei der Therapeutin Wessel-Neumann macht Berta Hajo herbe Vorwürfe. Nie hätte er ihr zugehört, nie hätte er auch nur ein uneigennütziges Interesse an ihr gehabt, was man auch daran feststellen könne, daß er nicht mal ihre Konfektionsgröße kenne. Peinlich berührt fühlt sich Scholz, als Berta gesteht, daß sie sich in ihrem gemeinsamen Sexualleben nie vollends befriedigt gefühlt habe. Scholz versteht nicht, wieso er Schuld sein soll an allem. Berta spricht von Trennung.

Schiller, Klaus, Ivo und Milena beglückwünschen Helga am Morgen zu ihrem 54. Geburtstag. Mit Erich hat sich Helga wieder vertragen. Auch Matthias schaut vorbei, weil er heute die Kinder zu ihrer Mutter zurückbringen will, Helgas Geburtstag hat er peinlicherweise vergessen. Zur Geburtstagsrunde stoßen nach und nach Marlene, Onkel Franz, Matthias und Else. Die Stimmung ist bombig. Das Kindermädchen Carola schaut kurz mit Sarah vorbei und bringt von Anna und Hans einen Blumengruß.

Heute, zehn Tage vor der Hochzeit, reisen Claudias Eltern an. Claudia hat kein gutes Gefühl. Als sich die beiden Familien schließlich gegenübersitzen, kommt es bald zum Konflikt. Claudias Mutter Margot versucht zu vermitteln. Als die Sprache auf Claudias Brustamputation kommt, ist allerdings nichts mehr zu retten. Vater Günther fühlt sich hintergangen, er sei eh immer der letzte, der alles erfährt. Claudia kommt gar nicht dazu, ihm alles zu erklären. Margot weint bitterlich. Nochmals versucht Claudia, mit ihrem Vater ins Gespräch zu kommen. Der will jedoch nach Hause, nach Borna – und zwar jetzt sofort!

Da bei dem Brand Elses Haare gelitten haben, wählt sie heute mit Urzulas Hilfe eine Perücke aus.

Treulich geführt

Spieltag: 03.04.1994 • Sendetag: 03.04.1994

Else trägt bei der Hochzeit ihre Zweitfrisur.

Folge: 435

Die Hochzeitsfeier steht unmittelbar bevor. Hektische Aufregung hat von Else Besitz ergriffen. Während Margot ihrer Tochter Claudia beim Anziehen hilft, reden sie über Heirat, Ehe und die Liebe auf ewig – die es wohl nicht gibt. Bevor sie Tränen vergießen, platzt Olaf dazwischen, der keine Manschettenknöpfe hat und unbedingt das Hochzeitskleid anschauen will. Doch Margot bleibt unerbittlich. Vor der Kirche warten schon alle Nachbarn, um Claudia und Olaf in ihrer Hochzeitskutsche in Empfang nehmen zu können. Nach der Trauungszeremonie versammeln sich alle Gäste im Akropolis. Im allgemeinen Trubel nimmt Else ihre Schwiegertochter beiseite und schenkt ihr ihren eigenen Hochzeitsschmuck, eine alte Granatkette. Claudia kommen die Tränen.
Momo steht inzwischen mit Iffi draußen, da ihr ein bißchen schlecht geworden ist. Sie fragt ihn nach Heirat, aber er findet das alles viel zu bürgerlich.
Nach anfänglichem Mißtrauen sprechen sich Günther und seine Tochter aus – für beide ein ersehntes und längst überfälliges Ereignis.
Während im Lokal zum Tanz aufgefordert wird, entdeckt Hubert unterm Tisch Irina, die sich an der Eierlikörflasche gütlich getan hat. Urzula ist völlig aufgelöst, als Dr. Sperling eine Alkoholvergiftung diagnostiziert.

Unliebsame Gäste

Spieltag: 07.04.1994 • Sendetag: 10.04.1994

Folge: 436

Zum Glück hat Irina die Alkoholvergiftung gut überstanden. Nun streiten sich Rosi und Wanda um ihre Gunst. Heimlich entflieht Jaruslav dem Gezeter. Mit Irina findet er im Hof eine verletzte Taube, die er nun heilen will. Iffi erfährt, daß es sich bei ihrer Magen-Darm-Verstimmung um Salmonellen handelt, und fühlt sich wie eine Aussätzige. Als sie Rosi davon erzählt, kommt das Gespräch auf das Thema Geburt. Geschockt von Rosis krassen Schilderungen, flüchtet Iffi aus der Wohnung. Ganz allein, abgespannt und verlassen muß Iffi dann den ganzen Tag auf Momo warten, der sich mit Freunden „rumgetrieben“ hat. Sie ist sauer. Später spricht Kurt, der im Hof an seiner Cross-Maschine bastelt, mit Momo über die Situation in der Familie.
Berta ist inzwischen wieder in der Praxis beschäftigt.
Aufgeregt erzählt Isolde Beate, daß Enrico und die „Mafia“ heute Tester von der Zeitschrift „Besser Essen“ erwarten. Schließlich sei es eine hohe Auszeichnung, das „Goldene Lorbeerblatt“ zu bekommen. Als

Isolde später mit Francesco und Paolo bedient, vermuten sie die Tester in zwei Herren mittleren Alters. Alle geben ihr Bestes. Der Service ist perfekt, die Speisen sind makellos. Als sich die Tische im Casarotti leeren, bleiben nur noch die vermeintlichen Tester übrig. Isolde bietet noch einen edlen Grappa an. Doch als sie kassieren will, entschwinden die beiden – mit einem Gruß aus Sizilien. Dorthin solle man auch die Rechnung schicken. Isolde ist erbost, doch Enrico hält sie zurück. Auch die anderen sind schockiert. Jetzt ist es soweit: Die echte Mafia hat sich angekündigt und wird Schutzgeld verlangen!

Kampfansage

Spieltag: 14.04.1994 • Sendetag: 17.04.1994

Folge: 437

Aus Angst vor der Mafia finden Enrico und Isolde nachts keinen Schlaf mehr. Mittags beäugt Isolde dann mißtrauisch die Gäste. Sie hat schließlich zwei Herren im Visier, die vier Vorspeisen und den teuersten Wein bestellen. Sie ist reichlich unfreundlich und läßt mit den Speisen auf sich warten. Die beiden Männer werden mit der Zeit ungeduldig. Isolde erkennt nicht, daß es sich diesmal beileibe nicht um Mafiosi handelt, sondern um die Tester der Zeitschrift „Besser Essen“. Als sie schließlich die Rechnung verlangen, knallt sie den beiden das Papier provokant vor die Nase, darauf gefaßt, daß sie, ohne zu zahlen, davoneilen. Doch sie blättern mehrere Hunderter hin. Sie, Isolde, könne bald nachlesen, wie sie den Service bewerten. Die Speisen waren fraglos köstlich. Glückwunsch an den Koch. Isolde kann es nicht fassen.

Bei einem gemeinsamen Spaziergang kommt es endlich zu einem Gespräch zwischen Anna und Hans. Beiden wird ihre ausweglose Situation klar. Die ganze Sache mit Dabelstein schwebt über ihnen wie ein Damoklesschwert. Zu Hause sprechen sie sogar über Trennung. Doch Hans merkt, wie sehr er seine Anna noch liebt. Alle beide gieren so sehr nach Liebe, daß sie gleich auf dem Flurboden übereinander herfallen.

Iffi und Momo liegen sich in den Haaren. Momo ist mit der ganzen Situation überfordert. Er flüchtet zum Volleyballtraining, was Iffi reichlich egoistisch findet. Als der Sportlehrer dann eine spöttische Bemerkung bezüglich Momos zukünftiger Vaterrolle macht, rastet Momo aus. Reflexartig ohrfeigt er seinen Lehrer.

Kehrtwendung

Spieltag: 21.04.1994 • Sendetag: 24.04.1994

Folge: 438

Seit einer Woche verkriecht Momo sich im Bett, nur um nicht in die Schule gehen zu müssen. Iffi und Eva werfen ihm seine Wehleidigkeit vor. Schließlich entschuldigt er sich bei seinem Lehrer, der seinerseits verspricht, keine dummen Sprüche mehr abzulassen. Wieder gutgelaunt, möchte Momo mit Iffi tanzen gehen. Iffi ist nicht begeistert. Aber er solle sich ruhig ohne sie amüsieren. Doch Momo möchte den Abend lieber mit seiner geliebten Freundin verbringen. Iffi ist glücklich.

Iffi meint, sie habe nichts zum Anziehen und würde doch nur eine Frühgeburt aufs Parkett legen ...

Mit Irina läßt Jaruslav die geheilte Taube frei. Als Wanda ihm mittags das Essen in die Fabrik bringt, ist er gar nicht aufzumuntern. Am liebsten möchte er nach Polen zurück. Nach der Arbeit hockt Jaruslav im Hof, trauert dem Vogel nach und schnitzt. Auch Wanda hat Heimweh.
Gabi und Anna verabreden sich zum Plaudern. Anna äußert den Wunsch nach einem vierten Kind, was Gabi als absurd abtut. Sie selbst will Andy sogar überreden, sich nun wirklich sterilisieren zu lassen. In den Plausch platzt Valerie, die wieder mal von Holger schwärmt. Anna kann darüber nur grinsen.
Nachts, nach leidenschaftlicher Liebe mit Andy, kommt Gabi tatsächlich auf das drängende Thema Sterilisation. Andy mag nicht recht, will es ihr aber auch nicht verweigern: Sollte es Gabi gelingen, alle, einschließlich Rosi, aus der Arena zu schaffen, so daß niemand etwas von der Operation mitbekommt, wird er sich unters Messer legen.

Der Lauscher an der Wand

Spieltag: 28.04.1994 • Sendetag: 01.05.1994

Folge: 439

Endlich scheint Holger geschrieben zu haben. Strahlend öffnet Valerie den – fingierten – Brief und liest ein bißchen vor. Gabi und Rosi sind von Holgers Manieren ganz angetan. Leider hat er am Wochenende wieder keine Zeit – angeblich kränkelt sein Vater. Am Kaffeetisch ist die Stimmung dann wieder gereizt. Erst geht Iffi Valerie wegen Holger an, dann attackiert sie Momo. Später will sich Iffi bei ihm entschuldigen. Diesmal ist er allerdings wirklich sauer.
Auch bei Berta und Scholz steht wieder eine Krise ins Haus. Hajo will die Therapie abbrechen. Berta findet es fatal, wie er seine Prioritäten setzt: Das Schnüffeln sei ihm wichtiger als ihre Zukunft. Unfreiwillig wird Helga Zeugin des Streits und hört, wie sich Scholz und Berta über die Vorkommnisse der Dabelsteingeschichte unterhalten. Scholz äußert seinen Mordverdacht gegenüber Anna. Sofort läuft Helga zu Schiller. Anhand der Kinokarten vom 16.9. beweist Helga dem

schockierten Erich, daß es der Abend war, als sie Anna auf der Brücke gesehen haben. Helga meint, wenn man nichts sagt, mache man sich mitschuldig ...
Isolde und Enrico haben ein „Goldenes Lorbeerblatt" erhalten. Der Wermutstropfen: Sie hätten ein zweites Lorbeerblatt bekommen, wäre nur der Service freundlicher gewesen. Die schöne Feier anläßlich der Verleihung wird durch zwei Mafiosi gestört. Nur mit Mühe können Isolde und Enrico ihre Wut überspielen. Enrico will nicht zahlen!
Während eines abendlichen Spaziergangs schüttet Momo seinem Bruder sein Herz aus. Er gesteht, daß er sich überfordert fühlt. Die Schule, Iffi, das Kind, alles wächst ihm über den Kopf. Er entscheidet, für eine Weile wegzubleiben – und ist auch schon auf und davon. Philipp kann ihn nicht aufhalten.

Verrat

Spieltag: 05.05.1994 • Sendetag: 08.05.1994

Folge: 440

Gabi, Andy, Max und Valerie sitzen beim Frühstück und sprechen über den verschwundenen Momo, als Iffi hinzukommt. Sie wirkt traurig und niedergeschlagen. Allerdings überwiegt ihre Wut. Flip versucht, mit ihr zu reden, und bekennt, daß er nicht auf Momos Seite steht. Eva hingegen fürchtet, daß ihr Sohn sich etwas angetan haben könnte. Schließlich ruft Momo an, trifft sich mit Philipp im Park und bittet ihn, Iffi einen Brief zu überbringen. Er selbst brauche jedoch noch Zeit. Später verzieht sich Iffi mitsamt der Post aufs Klo. Nachdem sie Momos Brief gelesen hat, spült sie ihn runter. Soll Momo doch bleiben, wo der Pfeffer wächst!
Enrico gelingt es nicht, die wegen der Mafia-Forderungen verängstigte Isolde zu beruhigen. Später am Nachmittag bittet Isolde Paolo, den sturen Enrico umzustimmen; er will der Mafia kein Schutzgeld zahlen. Auch als am Abend die beiden Mafiosi wieder aufkreuzen, läßt Enrico das kalt, während seine Freunde und Isolde wie Espenlaub zittern. Die Mafiosi kündigen nur an, daß sie sich melden werden.
Helga überlegt mit Schiller, ob sie Hans mitteilen soll, was sie gehört hat. Erich gibt zu bedenken, daß alles nur ein Verdacht sei. Aber Helga glaubt nach wie vor, sie würde sich mitschuldig machen, wenn sie ihrem Ex nicht mitteilt, was sie weiß. Als sie nachmittags Hans von ihrem Verdacht gegen Anna erzählt, ist dieser außer sich vor Wut. Sie solle diese unberechtigten Vermutungen nicht verbreiten. Helga ist völlig am Ende. Abends erinnert Anna Hans nochmal an sein Versprechen, beruflich kürzer zu treten. Der will nur ganz weg aus München, sagt aber nichts vom eigentlichen Grund seiner Mißlaunigkeit. Doch Anna ahnt, daß nicht die Arbeit dahintersteckt, sondern etwas ganz anderes ...

Männertränen

Spieltag: 12.05.1994 • Sendetag: 15.05.1994

Folge: 441

Morgens überrascht Sarah Hans und Anna schmusend im Bett. Die Krisenstimmung der vergangenen Woche scheint überwunden. Trotz Himmelfahrt will Hans auch heute ins Hotel fahren. Unten an der Haustür hört Anna dann zufällig mit an, wie Helga sich bei Hans für ihre Verdächtigungen entschuldigt. Hans ist kühl und abweisend, doch Anna klappt fast zusammen. Später telefoniert sie von der Telefonzelle aus mit Rosi: Gabi möge doch bitte die Kinder nehmen, sollte ihr etwas zustoßen. In seinem Büro erfährt Hans durch die Polizei, daß seine Frau sich selbst angezeigt hat, und informiert direkt seinen Anwalt Dr. Stern. Im Polizeipräsidium versuchen er und Stern, Anna zu überreden, ihre Aussage zurückzuziehen. Aber Anna wirkt wie gelähmt.

Iffis Wehen kommen eine Woche zu früh. Andy fährt sie und Gabi ins Krankenhaus. Momo kehrt derweil nach Hause zurück und macht sich sofort auf den Weg zu Iffi. Obwohl sie verständlicherweise sauer auf Momo ist, läßt sich sich dann aber doch bei der Entbindung des kleinen Nicolai von ihm die Hand halten. Später stoßen Kurt, Eva-Maria, Andy und Gabi gemeinsam auf das Wohl des Kindes an – nicht ohne den spürbaren Ingrimm, den die beiden „Opas“ gegeneinander hegen. Iffi und Momo bewundern zur gleichen Zeit ihren Zwerg.

Anna ist noch immer im Verhör. Im Innenhof des Polizeipräsidiums spricht Hans mit seinem Anwalt. Ein Polizist treibt Anna mit delikaten Fragen so in die Enge, daß sie nur noch eine einzige Rettung sieht und aus dem geöffneten Fenster springt.

Schock

Spieltag: 19.05.1994 • Sendetag: 22.05.1994

Folge: 442

Nach ihrem Sprung aus dem Fenster ist Anna ins Koma gefallen. Hans ist verzweifelt. Auch Helga, Claudia und Olaf machen sich Sorgen. Allerdings glaubt Helga immer noch, daß Anna wegen der Dabelstein-Geschichte Dreck am Stecken hat. Claudia findet dies völlig absurd. Auch nachmittags geht Helga der Verdacht gegen Anna im Kopf herum. Die habe doch nun den Beweis für ihre Schuld geliefert. Erich ist da jedoch ganz anderer Meinung. Als Iffi und Momo mit ihrem Baby ankommen, mag Helga nicht einmal richtig hinschauen, so sehr ist sie mit dieser Geschichte beschäftigt. Aber Else, die gerade ein Päckchen für Pavarottis annimmt, ist ganz begeistert von dem kleinen Nico.

Die Ankunft des Babys wird ausgiebig gefeiert. Wanda und Rosi strei-

Momo und Iffi sind stolze Eltern von Nicolai.

ten gleich um das Kind. Als später noch Kurt und Eva dazukommen, geht's hoch her: Wer nimmt Nico, wenn Iffi wieder zur Schule geht? Die Lösung ist mal wieder ein detaillierter Plan von Hubert – mit dem Ergebnis, daß im Grunde Rosi und er diejenigen sind, die ein Kind bekommen haben.
Nachdem Else das Päckchen bei Pavarottis abgeliefert hat, ertönt ein gellender Schrei. Statt der erwarteten Nudelmaschine hat Isolde darin einen abgetrennten menschlichen Finger gefunden – die Mafia! Doch Enrico weigert sich weiterhin standhaft, Schutzgeld zu zahlen. Isolde ist in Panik. Später im Restaurant beäugen sie, Paolo, Francesco und Giancarlo jeden Gast. Es könnte ja ein Mafioso sein!
Es ist Abend – und noch immer muß sich Erich Helgas Visionen anhören. Bald hat er ihre Selbstgerechtigkeit satt. Aggressiv versucht er ihr klarzumachen, daß es sich mit Annas Schuld nicht so einfach verhalte. Helga kommen Zweifel: Sollte sie etwa Anna auf dem Gewissen haben?

Schutzsuche

Spieltag: 26.05.1994 • Sendetag: 29.05.1994

Folge: 443

Helga beklagt sich bei Erich über Hans. Er hat sie in der Klinik kurzerhand vor die Tür gesetzt. Hans verhalte sich so, als trage sie, Helga, die Alleinschuld an Annas Selbstmordversuch. Daß Erich Hans auch noch verteidigt, bringt Helga gewaltig in Rage. Im Laufe des Vormittags erhält Hans von Frau Dabelstein seine fristlose Entlassung. Sie fühle sich nicht in der Lage, den Mann der Mörderin ihres Sohnes länger auf dem Stuhl ihres Wolf-Dieters zu wissen. Hans nimmt alles kommentarlos zur Kenntnis. Als er später nach Hause kommt, sitzt sein Fahrer, Herr Probst, bereits in der Küche. Er hat den Auftrag, Hans' Unterschrift für das Kündigungsschreiben einzuholen. Später trifft Schiller Hans auf der Straße und erfährt von der Kündigung. Er ermutigt Hans, rechtlich gegen Frau Dabelstein vorzugehen: Seiner Ansicht nach sei diese Entlassung leicht anfechtbar. Deprimiert winkt Hans ab. Als Erich am Abend von seinem Gespräch mit Hans berichtet, reagiert Helga wieder gereizt: Ob sie nun etwa auch an Hans' Arbeitslosigkeit schuld sein solle?! Zornig rauscht sie ab zu Onkel Franz.
Die Wohnung von Enrico und Isolde wird heute endlich einbruchsi-

cher ausgerüstet – mit einer hochkomplizierten Alarmanlage. Isolde fühlt sich sichtlich beruhigt, wie Enrico erleichtert feststellt. Noch viel sicherer würde sie sich allerdings fühlen, erklärt sie, wenn die Mafia ihnen endlich Gelegenheit gäbe, das geforderte Geld zu zahlen. Als weiterhin kein Mafioso erscheint, fährt Isolde früher nach Hause. Seit Tagen hat sie kaum Schlaf gefunden. Sie liegt gerade im Tiefschlaf, als die neu installierte Alarmanlage mit ohrenbetäubendem Lärm zu schrillen beginnt. Völlig geschockt schreckt Isolde hoch. Jemand muß die Wohnung betreten haben ...

Dicke Luft

Spieltag: 02.06.1994 • Sendetag: 05.06.1994

Else will mit Olaf zur Fronleichnams-Prozession nach Murnau.

Folge: 444

Als Else ihre Wohnung verläßt, löst sich in Isoldes und Enricos Wohnung schon wieder die Alarmanlage aus. Die Pavarottis können sich das einfach nicht erklären.

Strahlend kommen Dressler und Tanja aus Dänemark zurück. Abends empfangen sie Beate und Vasily zu einem festlichen Essen. Tanja bittet Vasily um Frieden. Zögernd willigt er ein. Nach dem Essen zeigt Ludwig ein Reisevideo: Als Eheleute verlassen er und Tanja das Standesamt im Rathaus von Tondern – schockiert verläßt Egon die Wohnung. Auf ihrem Heimweg kommen Beate und Vasily zu dem Schluß, daß Tanja sich Beates Stiefvater gekrallt hat, um ihn ab jetzt legal abzuzocken.

Seit langem versucht Panaiotis vergeblich, alle möglichen Behörden auf die traurige Situation der in Georgien lebenden Griechen aufmerksam zu machen und Hilfsmaßnahmen zu erwirken. Nun telefoniert er mit einem Kontaktmann in Saloniki – und beschließt, sich persönlich in Georgien umzuschauen.

Helga, die seit einer Woche bei Wittich wohnt, möchte sich mit Erich versöhnen. Kleinlaut bedauert sie ihr Verhalten und überlegt, wie sie alles gutmachen könne. Doch Schiller ist selbst schon aktiv geworden: Heute nachmittag treffe er sich mit Frau Dabelstein, um sie zu bitten, Hans' Kündigung rückgängig zu machen oder ihm eine entsprechende Abfindung anzubieten. Niedergeschlagen berichtet Erich später von seinem Mißerfolg. Helga meint, es wäre besser gewesen, sie hätte ihn begleitet. Schließlich vermutet sie sogar, daß er wohl gar nichts für Hans habe erreichen wollen. Noch immer sei Erich eifersüchtig auf ihn. Empört fordert der sie auf, zurück zu Onkel Franz zu gehen – er habe keine Lust, sich derart absurde Verdächtigungen anzuhören. Helga kontert wütend: Dies sei schließlich noch ihre Wohnung, und wenn einer ginge, dann wohl eher er. Schiller fordert sie kalt auf, das noch einmal zu wiederholen.

Italienische Nacht

Spieltag: 09.06.1994 • Sendetag: 12.06.1994

Folge: 445

In tiefer Wehmut und mit rührenden Worten erklärt Egon Dressler, daß er sich außerstande sieht, seine Arbeit unter den neuen Bedingungen fortzusetzen. Tanja legt Ludwig nun nahe, umgehend eine Haushaltshilfe anzustellen, da sie ihre Arbeit in Percha fortsetzen will. Vorsichtig fragt Tanja auch nach, ob ihr Mann nicht wieder seine Praxis unten im Haus übernehmen wolle. Ludwig gefällt die Vorstellung, wieder als Arzt eine sinnvolle Beschäftigung zu haben.
Rechtsanwalt Stern berichtet Hans, daß auf eine Anklage gegen Anna verzichtet wird. In einem Prozeß hätte man wegen Notwehr ohnehin auf Freispruch plädiert. Stern spricht Hans dann nochmals auf die Kündigung an: Er solle unbedingt dagegen vorgehen – die Chancen stünden gut. Hans räumt ein, daß er langsam in Geldnöte gerät. Stern will auf eine Abfindung über ein Jahresgehalt von etwa DM 230.000 hinaus. Anna fragt Hans nach den Kindern und gesteht, sie sehr zu vermissen. Der Gedanke an sie verbiete ihr, ihr verpfuschtes Leben zu beenden.
Auf dem Hinterhof präpariert Scholz sein provisorisches Heim für sein abendliches Geburtstagsfest, eine italienische Nacht. Abends finden sich die Gäste vor dem Bus ein. Else hat ihn mit einem Gutschein für zehn Mal Toilettenbenutzung in ihrer eigenen Wohnung überrascht. Helga und Erich, inzwischen wieder ein Herz und eine Seele, legen eine heiße Tango-Nummer aufs Parkett. Scholz ist mal wieder vergebens um Berta bemüht. Rolf und Bolle malen vor dem besoffenen Scholz in glühenden Farben ihre geplante Reise ans Nordkap aus. Nur eins fehlt den beiden noch: ihr Freund Hajo. Er solle Berta sausen lassen, meint Bolle, denn er wolle doch nicht seine Freiheit für eine Frau aufgeben ...

Um die Wurst

Spieltag: 16.06.1994 • Sendetag: 19.06.1994

Folge: 446

Während Iffi und Momo in der Schule sind, passen Rosi und Wanda auf Nico auf. Endlich kommt Lisa einmal zu Besuch in die Zenker-Wohnung. Psychisch offenbar stabil, berichtet sie von ihrem Leben im Heim und bestaunt das Baby. Valerie ist indessen enttäuscht, daß niemand Interesse für das Schmuckstück aufbringt, das Holger einem Brief beigelegt haben soll – Nico ist und bleibt der Mittelpunkt.
Paolo, Francesco, Giancarlo und Alfredo sind allein im Casarotti, als die beiden Mafiosi auftauchen und ein Schutzgeld von wöchentlich

DM 700 fordern. Paolo meint, da nur sie vier wüßten, wieviel die Mafia verlange, sei die Gelegenheit gekommen, sich an Isolde, die sich gegen Gehaltserhöhungen sperrt, zu rächen. Man solle die geforderte Summe erhöhen – und die Differenz behalten. Als Francesco protestiert, entbrennt zwischen den Freunden ein heftiger Streit. Später berichtet Paolo den Pavarottis von einer Schutzgeldforderung von DM 900 und bietet an, für die regelmäßige Übergabe zu sorgen. Isolde – erleichtert, nicht mehr vom unmittelbaren Zorn der Mafia bedroht zu sein – überrascht ihre Angestellten mit einer Gehaltserhöhung ...
Ungewohnt ernst bittet Hajo Berta zu einem festlichen Abendessen in seinen Bus. Er habe ihr eine sehr wichtige Frage zu stellen. Berta befürchtet, Scholz werde ihr einen Heiratsantrag machen. Als die beiden abends zusammensitzen, fragt Scholz sein Rehlein, ob sie mit ihm ans Nordkap fahren möchte.
Beim Schlafengehen fordert Gabi Andy ultimativ auf, sich sterilisieren zu lassen. Sie ist es leid, die Pille zu schlucken. Andy gibt schließlich nach. Aber nur unter der Bedingung, daß sie ihre Mutter „aus der Arena schafft". Die solle nichts davon mitbekommen.

Verordnungen

Spieltag: 23.06.1994 • Sendetag: 26.06.1994

Folge: 447

An diesem Morgen wälzt Eva schon lange vor der Sprechstunde Möbelprospekte. Sie will einige Anschaffungen für die Praxis machen. Spontan bietet Berta ihre Hilfe an. Hajos Angebot, mit ans Nordkap zu reisen, hat sie ausgeschlagen. Nun schmollt Scholz und wird womöglich selbst zu Hause bleiben. Auch Sperlings konnten sich bislang noch nicht über ihr Urlaubsziel einigen. Später wirbt Kurt bei Eva in den glühendsten Farben für eine Bootsfahrt auf der Themse. Er schlägt ihr vor, Momo, Iffi und Nico dazu einzuladen. Eva ist entsetzt. Rosi beklagt sich bei Hubert über die Anwesenheit der polnischen Verwandten, die mehr und mehr an ihrer Nervenkraft zehre. Hubert kontert trocken, Rosi könne den Auseinandersetzungen leicht entfliehen, indem sie ihn nach Warnemünde begleite. Derweil erzählt Wanda Urzula erneut von ihren Sorgen um Jaruzlav. Niemals werde er sich in der Fremde eingewöhnen. Am Abend schreiben die beiden Frauen dann Briefe an Freunde und Verwandte in dem Dorf bei Danzig, aus dem die Winickis stammen, und fragen, ob einer von ihnen Wanda und Jaruzlav aufnehmen könne. Jaruzlav soll vorerst nichts von ihrem Vorhaben erfahren. Auch Gabi will Rosi früher oder später nach Warnemünde schicken, damit Andy sich dann sterilisieren läßt. Mittags wird eine teure HIFI-Anlage für Valerie geliefert. Überhaupt ist Valerie ganz im Kaufrausch. Als Andy die neue Anlage in Walles neuem Domizil, dem Hobbykeller, installiert, kommt er auf Holger zu sprechen. Valerie reagiert gereizt und will nichts mehr von dem längst überfälligen Anstandsbesuch wissen. Nach dem Abendbrot kommt erneut die Sprache auf Holger. Andy schlägt vor, am Wochenende einen Familienausflug nach Nürnberg zu machen und den „Grafen“ kurz zu begrüßen. Valerie gerät in Panik ...

Verträge

Spieltag: 30.06.1994 • Sendetag: 03.07.1994

Folge: 448

Gabi will heute Anna im Krankenhaus besuchen. Ihr geht es besser, und wahrscheinlich wird sie in zwei Wochen entlassen. Im Hobbykeller richtet Valerie alles für den bevorstehenden Besuch her: Holger Graf soll heute in die Familie eingeführt werden. Schon zur Unzeit schneit „Holger“ in die Zenker-Wohnung. Valerie beschwert sich bei ihrem engagierten „Freund“, dem Schauspielschüler Jakob Grauvogel, daß er schon so früh gekommen ist, schließlich muß sie ihm ja jede Stunde seiner Kunst bezahlen. „Holgers“ Auftritt wird schließlich ein voller Erfolg.

Panaiotis fährt heute nach Georgien. Gegen Mittag finden sich Egon, Vasily, Beate und Elena zu seiner Verabschiedung vor dem Akropolis ein. Tränenreich fällt Elena ihrem Mann um den Hals.

Bei einem kleinen Imbiß in der Mittagspause eröffnet Dressler Eva, er müsse ihr den Mietvertrag für die Praxis zum 30. September kündigen, er wolle selbst wieder praktizieren. Wütend verläßt Eva Dresslers Wohnung. Berta hat Verständnis für Evas Wut. Beide sind der Meinung, daß Tanja hinter Dresslers Sinneswandel steckt. Am Abend beratschlagen Ludwig und Tanja, welche der Haushälterinnen, die sich am Vormittag vorgestellt haben, die geeignetste sei. Als es klingelt, steht Eva vor der Tür. Sofort beginnt sie, Dressler mit Vorwürfen zu überhäufen. In ihrer Rage findet sie auch böse Worte gegen Tanja. Die schließt ohne viel Federlesens einfach die Tür vor Evas Nase. Dressler zweifelt an seiner Entscheidung ...

Dresslers entscheiden sich letztlich für Chromo Hoyonda als Haushaltshilfe.

Heimkehr

Spieltag: 07.07.1994 • Sendetag: 10.07.1994

Folge: 449

Beim Frühstück errechnet Eva zusammen mit Flip die Ablösesumme für die Praxis. Ihre Mittagspause nutzt sie, um sich telefonisch auf die Suche nach einer neuen Praxis zu machen. Die Aussichten, in absehbarer Zeit etwas Geeignetes zu mieten, sind jedoch gleich Null. Kurt meint, Eva solle kein Drama aus der Kündigung machen,

sondern lieber in Ruhe eine Weile pausieren; sein Verdienst werde sie schon ernähren. Pampig fragt Eva, ob Kurt sie schon in Pension schicken wolle. Nun reagiert auch Kurt gereizt – wieder einmal Ehekrach! Obwohl Ludwig Evas Ärger und Probleme gut verstehen kann, bleibt er bei seinem Entschluß. Er versucht nun selbst, eine andere Praxis für Frau Dr. Sperling zu finden.
Wanda erhält per Eilboten einen Brief von Freunden in Winickis polnischem Heimatdorf. Sie sind bereit, Jaruzlav und Wanda bei sich unterzubringen und mitarbeiten zu lassen. Am Abend findet in der Kochwohnung ein fröhliches kleines Fest statt. Alle Freunde sind eingeladen – zum ersten Mal seit langer Zeit sind die alten Winickis heiter und uneingeschränkt glücklich.
Überraschend steht Manoel vor Bertas Tür. Sie erfährt von dem äußerst verstockten Halbwüchsigen nur, daß er nie wieder ins Internat zurückgehen wird und auch nie wieder auf eine andere Schule. Telefonisch erfährt Berta, daß ihr Sohn von der Schule geflogen ist. Manoel verweigert jede Aussage. Als Berta ihn in der Nacht laut stöhnen hört, geht sie zu ihm. Er träumt. Berta will ihn zudecken. Unter der Decke findet sie einen Beutel mit etwa DM 2.000. In diesem Augenblick wacht Manoel auf und entreißt Berta den Beutel.

Tränen

Spieltag: 14.07.1994 • Sendetag: 17.07.1994

Folge: 450

Heute, an ihrem Geburtstag, wird Anna aus dem Krankenhaus entlassen. Auf Krücken gestützt kommt sie nach Hause, herzt ihre Kleinen – und Hans kommen die Tränen. Dann gibt es ein kurzes Geburtstagsständchen von Gung, Urzula, Irina, Wanda, Jaruslav, Gabi, Andy, Iffi, Momo, Max, Matthias, Rosi, Hubert, Tom, Sarah und Sophie. Abends bringt Anna ihre Mäuse ins Bett, während sich Kindermädchen Carola mit einem Kuß von Hans verabschiedet. Hans wundert sich: so viel Glück an einem Tag! Hat er doch auch erfahren, daß er eine Abfindung von Frau Dabelstein erhält – ein Jahresgehalt von DM 230.000.
Noch immer ist es Berta nicht gelungen, Manoels Geheimnis zu ergründen. Er will nichts davon wissen, in eine neue Schule in München zu gehen, er müsse Geld verdienen. Lydia bezieht für einige Tage bei Amelie Quartier und hofft, aus Manoel alles herauszulocken – was ihr nicht gelingt.
Während Helga telefoniert, klingelt Olli Klatt an der Tür. Helga fordert ihn erzürnt auf, sich nie wieder blicken zu lassen. Im Treppenhaus trifft Helga später erneut auf Olli, der auf Klaus wartet. Wieder will sie ihm Hausverbot erteilen. Doch er meint frech, dazu brauche sie eine richterliche Ermächtigung. Erich, der heute im Reisebüro einen Schwächeanfall erlitten hat, bietet an, dem Jungen mal ordentlich Be-

scheid zu sagen – und ist schon aus der Wohnung. Als Klaus zurückkommt, hofft Helga, er habe Erich und Olli gesehen. Doch dem ist nicht so. Panisch sucht Helga die Lindenstraße nach ihrem Schiller ab. Claudia kann sie gerade noch davon abhalten, zu Hans hochzueilen und ihr Herz auszuschütten. Helga ist völlig verzweifelt. Sie wird es sich nie verzeihen, wenn Schiller etwas zugestoßen ist.

Endstation

Spieltag: 21.07.1994 • Sendetag: 24.07.1994

Folge: 451

Der Tag der Abreise von Jaruslav und Wanda nach Polen ist gekommen. Zum Kaffee haben sich alle noch einmal in der Koch-Wohnung versammelt. Nur Jaruslav sitzt im Hinterhof und läßt einen letzten Blick in den Himmel schweifen. In seinem vielleicht glücklichsten Moment entschläft er. Andy, der Jaruslav zur Abfahrt holen will, findet den Toten.

Jaruslav entschläft in seinem vielleicht glücklichsten Moment.

Matthias und Panaiotis sprechen über die abendliche Videovorführung im Akropolis zur Versorgungslage in Georgien. Der findet die Hilfsaktion seines Vaters nervend. Hier gäbe es schließlich auch genug zu tun. Manoel fragt Vasily nach einem Job im Akropolis. Vasily erklärt dem Jungen die Gesetzeslage, ist dann aber bereit, ihm eine Chance zu geben und ihn als „kleinen Bruder" zu beschäftigen. Später plaudert Scholz mit Manoel und erfährt dabei von dessen Absicht, nach Mexiko zu gehen und „Campesino" zu werden. Stolz erzählt Hajo Berta, Lydia und Amelie, was er erfahren hat. Alle drei sind entgeistert: Manoel will nach Mexiko?

Schiller ist letzte Woche nach einigen Bieren mit Olli wohlbehalten wieder aufgetaucht. Angeblich hat er dem Jungen gehörig ins Gewissen geredet, so daß er nie wieder auftauchen wird. Helga verarztet Erich mit Hausmittelchen, damit er nicht wieder eine Herzattacke bekommt. Vor ihrer Wohnung trifft Helga dann allerdings erneut auf Olli, der etwas mit Klaus besprechen will. Als Klaus hinzukommt, tritt er Olli vors Schienbein, der stürzt und sich böse verletzt. Wittich findet den Verwundeten und geht auf dessen Bitte ein, ihm zu helfen. Flugs nistet sich Olli bei Onkel Franz ein. Nachdem er es sich bei ihm auf der Couch gemütlich gemacht hat, möchte er nun auch hier übernachten. Onkel Franz zögert. Soll er Olli aufnehmen?

Fernweh

Spieltag: 28.07.1994 • Sendetag: 31.07.1994

Folge: 452

Olli ist bereits im Besitz eigener Wohnungsschlüssel und überrascht Onkel Franz beim Frühstück mit einem Mietanteil von DM 100, um letzte Zweifel Wittichs zu zerstreuen. Die nationale Gesinnung Ollis und seine traurige Geschichte, von der Familie vernachlässigt und verlassen worden zu sein, treffen bei Onkel Franz nur auf allzu offene Ohren. Vergeblich versucht Helga am Nachmittag, ihren Onkel über Olli aufzuklären. Am Abend bietet Onkel Franz Olli das „Du“ und eine lange, treue Kameradschaft an.

Die Abfahrt nach Polen steht bevor. Für Wanda gibt es keinen Trost, sie hat Angst vor der Zukunft und dem Alleinsein. Hubert und Urzula begleiten sie nach Polen. Beate schenkt Urzula zum Abschied die letzten gemeinsamen Bilder mit Jaruslav von der Feier vor drei Wochen. Lisa verpaßt Huberts Abfahrt und wird nun von Rosi nicht in die Wohnung gelassen, da ihr das Kind nicht geheuer ist.

Nachdem sie sich mit Momo nicht auf ein gemeinsames Urlaubsziel hat einigen können, bucht Iffi einfach eine Club-Reise nach Tunesien. Momo fühlt sich übergangen. Gabi, Andy und Valerie halten das Reiseziel ebenfalls für unpassend. Nicolai werde die Hitze nicht vertragen, und eine Flugreise von drei Stunden sei zu strapaziös. Iffi fühlt sich von allen gegängelt. Zornig verläßt sie den Abendbrottisch – sie fahre alleine mit Nico nach Agadir.

Fremde Heimat

Spieltag: 04.08.1994 • Sendetag: 07.08.1994

Folge: 453

Tanja verabschiedet sich von Ludwig, um in Percha wieder eine Frauengruppe zu betreuen. Bevor Dressler zum Akropolis fährt, trifft er Eva, die ihn um einen Aufschub der Praxisübergabe bittet. Dressler lehnt eine Verlängerung des Vertrages jedoch ab.

Hubert, Urzula und Wanda in Polen.

Hubert ist mit Urzula und Wanda nach Polen gereist, um dort an Jaruslavs Beerdigung teilzunehmen. Er macht Bekanntschaft mit der polnischen Gastfreundlichkeit, sieht aber auch die Armut und lernt die Ressentiments gegen die Deutschen kennen. Urzula kann sich nicht mehr vorstellen, hier in Polen

auf dem Land zu leben. Sie ist ein Stadtmensch.
Valerie bekommt Post von Iffi und Momo, die nun am Ammersee Urlaub machen. Später holt sie bei der Bank die Kontoauszüge für das Steuerbüro Thanner ab und läßt für sich einen Dispokredit über DM 2.000 einrichten. Am Nachmittag schlendert sie dann durchs Kaufhaus und ersteht eine Kette für knapp DM 400. Wieder zu Hause öffnet Valerie vor Gabis Augen ein Päckchen von „Holger" und findet die eben gekaufte Kette. Später taucht Andy mit „Holger" im Schlepptau auf – Valerie verliert beinah die Fassung. Schließlich geht sie mit Holger/Jakob in ihren Hobbykeller. Sie macht ihm klar, daß sie ihn nicht mehr bezahlen kann. Doch Jakob läßt sich nicht so einfach abwimmeln. Wie soll sie der Familie den plötzlichen Bruch mit ihrer großen Liebe erklären?

Theater

Spieltag: 11.08.1994 • Sendetag: 14.08.1994

Folge: 454

Rosis Abfahrt nach Warnemünde steht bevor – und Andys Sterilisation ist ebenfalls auf den heutigen Vormittag festgelegt. Rosi wird von Max, Gabi und Andy verabschiedet. Auf der Lindenstraße treffen sie auf Jakob alias Holger, der mit einem Stapel Kekskartons zu Valerie unterwegs ist. Die ist über den Besuch nicht gerade erfreut. Sie will endlich die Scheinbeziehung beenden. Jakob bietet ihr seine „Liebesrolle" daraufhin sogar unentgeldlich an. Valerie lehnt ab, und es kommt zu einem lautstarken Krach. Abends versucht Gabi vergeblich, mit Valerie über den Vorfall zu sprechen.
Inzwischen hat Onkel Franz Angst vor Olli. Meist liegt der auf dem Sofa und hört laut rechtsradikale Musik. Vergeblich sucht Onkel Franz Hilfe bei Helga. Im Treppenhaus trifft er auf Else und Amelie, die sich über Wittichs Ängstlichkeit hämisch amüsieren. Olli, der das Gespräch mit Helga belauscht hat, stellt Onkel Franz zur Rede und schüchtert ihn noch mehr ein. Abends schließt Wittich sich in seinem Zimmer ein.
In der Praxis unterstützt Berta Evas Wunsch, nach Afrika zurückzugehen. Evas Schuldgefühle gegenüber den Kindern und Kurt therapiert Berta: Evas eigene Unsicherheit bezüglich dieser Entscheidung sei doch viel mehr der Grund für die Zweifel. Noch am gleichen Nachmittag ruft Eva Dr. Mock, den Berater für Ärzte im Entwicklungsdienst, an und bewirbt sich bei ihm um eine Stelle. Am Abend überrascht sie ihre Familie mit einem afrikanischen Essen und verkündet ihre Pläne. Eher verwirrt stoßen die vier mit ihr an. Im Schlafzimmer gibt Kurt Eva zu verstehen, daß er mit ihren Plänen nicht einverstanden ist. Eva erkennt entsetzt, daß es keineswegs sicher ist, daß ihr Mann sie nach Afrika begleitet.

Männerbesuch

Spieltag: 18.08.1994 • Sendetag: 21.08.1994

Folge: 455

Die Stimmung zwischen Eva und Kurt ist weiterhin gespannt. Eva unterstellt ihm sogar eine Affäre, da er sich noch nicht positiv zu Afrika geäußert hat. Vom Praxisfenster aus sieht sie später, wie Kurt aus dem Cabrio einer jungen Frau springt. In der Praxis wird er von der eifersüchtigen Eva entsprechend unwirsch empfangen. Im Akropolis will sie dann abends die Streitereien mit Kurt beilegen. Er gibt ihr klar zu verstehen, daß ihre Beziehung an einem seidenen Faden hängt. Gekränkt verläßt Eva das Lokal.

Helga und Schiller haben im Reisebüro alle Hände voll zu tun, so daß Helga die Abgeschlagenheit und die kurzen Schwindelanfälle Erichs nicht bemerkt. Als Onkel Franz Helga später anbietet, während ihres Irlandurlaubes die Blumenpflege zu übernehmen, rückt sie ihre Schlüssel nicht heraus. Auf Wittichs verzweifelte Beschreibungen von Ollis Verhalten reagiert sie nicht weiter. Abends schaut Schiller sich besorgt die Kontoauszüge an, Helga knüpft unterdessen Fliegen für seine Angeln und bemerkt auch diesmal einen Schwindelanfall Schillers nicht.

Priesnitz hat seinen Jaguar im Halteverbot abgestellt, der Wagen wird abgeschleppt.

Zum Tee erscheint Lydia bei Amelie. Herr von Salen-Priesnitz, ein Mitbewohner des „Haus Tannenhöhe“, hat sie in seinem Jaguar mitgenommen. Angenehm überrascht registriert Amelie den unbekannten Gast. Amelie und er verstehen sich auf Anhieb. Lydias Versuche, Herrn von Salen-Priesnitz, der eigentlich auf dem Weg zu seiner Tochter war, zur Weiterfahrt zu bewegen, scheitern. Beleidigt verläßt sie die Wohnung. Als sie später zurückkommt, haben Amelie und Salen-Priesnitz ganz ordentlich dem Alkohol zugesprochen. Er kann unmöglich weiterfahren. Die Frage nach einer Übernachtungsmöglichkeit ist jedoch schnell geklärt. Er und Amelie komplimentieren Lydia regelrecht aus der Wohnung. Lydia ist entsetzt.

Carpe Diem

Spieltag: 25.08.1994 • Sendetag: 28.08.1994

Folge: 456

Mit einem Korb frischer Wäsche kommt Else bei Helga und Erich vorbei. In einem unbeobachteten Augenblick sieht sie die vermeintlich toten Fliegen – Schillers Angelköder – und wirft sie in den Müll. Als Else gegangen ist, erleidet Schiller erneut einen Schwindelanfall. Besorgt schickt Helga ihn ins Bett. Im Hausflur fleht Onkel Franz Helga erneut vergeblich um einen Wohnungsschlüssel an, damit er einen Zufluchtsort hat. Inzwischen kommt Erich wieder auf die Beine. Kurze Zeit später steigt er mit Helga endlich ins Taxi, und sie

rauschen ab – in den Urlaub Richtung Irland.
Priesnitz ist wieder bei Amelie. Nach einem Glas Champagner fackelt sie nicht lange und schiebt ihre Eroberung rigoros ins Schlafzimmer. Nach der schönen Anstrengung wollen sich die beiden im Café Bayer stärken. Zum erstenmal interessiert sich Amelie für den Inhalt von Priesnitz' Aktenkoffer. Er aber schweigt. Vor dem Café kann sich Else einen Kommentar natürlich nicht verkneifen und meint zu Gabi, mit dem Sex sollte es ab einem gewissen Alter ein für alle Mal vorbei sein. Nach dem Sektfrühstück verabschiedet sich Priesnitz und verspricht, Lydia kein Wort zu sagen. Amelie ist sich noch nicht sicher, was sie von Priesnitz halten soll.
Valerie sucht einen Ferienjob, denn ihre Geldsorgen sind so groß, daß sie ihren Dispokredit in einen Ratenkredit umwandeln muß. Als sie telefoniert, stört Jakob sie, der seine Besuche nicht unterlassen will. Zu allem Überfluß lädt Gabi „Holger" ein mitzuessen. Walle ist stinksauer. Jakob will den Kontakt zu Zenkers nicht verlieren. Er bittet Valerie, seine Rolle weiterspielen zu dürfen, doch die ist strikt dagegen. Jakob meint, dann müsse er den Schwindel eben auffliegen lassen.

Avancen

Spieltag: 01.09.1994 • Sendetag: 04.09.1994

Folge: 457

Per Post bekommt Valerie eine Mahnung mit Pfändungsandrohung. Zu Recht regt sie sich über das Gebaren der Bank auf: Man hätte ihr auch vorher sagen können, was alles auf sie zukommt, wenn sie sich auf Kredite einläßt. Sofort macht Valerie eine Liste all ihrer Habseligkeiten, die sie nun zum Verkauf anbietet. In ihre düstere Stimmung platzt wieder Jakob. Er versucht, sie zu trösten.
In der Praxis berichtet Anna Eva, daß sie nach dem Sturz zwar keine Schmerzen mehr hat, sich aber immer noch schlapp fühlt – und kein Bedürfnis mehr nach körperlicher Liebe hat. Für den Abend verabredet sich Anna kurz entschlossen mit Gabi im Akropolis. Hans möchte gern mit seiner Frau ein paar Tage nach Paris fahren. Carola schlägt ihm vor, sie mitzunehmen. Wie so oft in den letzten Wochen versucht Carola, Hans den Kopf zu verdrehen. Mit gemischten Gefühlen beobachtet Anna abends, wie die beiden die Kinder baden. Hans wünscht ihr einen schönen Abend mit Gabi.
Eva muß erfahren, daß sie keine Stelle in Afrika bekommt. Unter Tränen ruft sie Kurt im Büro an. Der kommt früher nach Hause und versucht, sie zu trösten – selbst sichtlich erleichtert. Er schlägt ein gemeinsames Wochenende im Grünen vor. Abends geht Eva mit Dressler die Kosten für die Praxisübernahme durch. Dabei bietet er ihr auf einmal großzügig an, noch ein bis zwei Monate zu warten, bis er wieder zu praktizieren beginnt. Doch Eva will kein Mitleid, nur weil sie bisher

noch keine andere Stelle gefunden hat.
Carola hat die Kinder ins Bett gebracht und möchte noch bei Hans bleiben. Sie suggeriert ihm, daß er sich bei ihr „aussprechen" will. Hans ist hin- und hergerissen.

Notbremsung

Spieltag: 08.09.1994 • Sendetag: 11.09.1994

Folge: 458

Anna will unbedingt wieder mit ihrer Familie glücklich sein und einen Neuanfang wagen. Während sie zum Einkaufen ist, wirft sich Carola Hans an den Hals und küßt ihn haltlos. Hans wehrt sich entschieden. Im Wohnungsflur hört Anna eindeutige Worte zwischen den beiden. In einer ruhigen Minute nimmt sie sich später Carola vor und entläßt sie fristlos. Hans staunt über Annas konsequentes Handeln und auch darüber, daß sie bereits ein neues Kindermädchen engagiert hat. Endlich steht nichts mehr zwischen ihnen. Sie versinken in einem langen Kuß.
Valerie erhält eine endgültige Zahlungsaufforderung. Endlich bittet sie Andy um Hilfe. Unter Tränen eröffnet sie ihm, daß sie rund DM 4.000 Schulden hat. Andy sichert ihr zu, das Geld erst einmal vorzustrecken. Als beide nach Hause kommen, ist wieder mal Jakob in der Nähe. Zum ersten Mal scheint Valerie erleichtert, ihn zu sehen. Im Hobbykeller erklärt sie ihm, daß sie endgültig ohne Lügen und Hintertürchen leben wolle. Deshalb müsse er das Feld räumen. Der Abschied fällt dann beiden nicht leicht.
Nach einem Frühstückshappen und gründlichem Amüsement bei Amelie kleidet Priesnitz sich an. Er will eine Stärkung einkaufen und holt heimlich wieder einige Scheinchen aus seinem Koffer, den Amelie erneut mit Interesse beäugt. Später telefoniert Amelie mit Lydia, läßt sie aber weiterhin im unklaren über Priesnitz – und amüsiert sich mit ihm über Lydias Senilität. Amelie und Priesnitz wollen einen Abend im Casarotti verbringen. Nachdem Amelie einen Tisch vorbestellt hat, stößt sie aus Versehen den Koffer um. Das Wunderding öffnet sich – und eine große Menge Geld kommt zu Vorschein. Auf Amelies Frage, was das sei, antwortet Priesnitz lapidar: „Falschgeld."

Auch in Folge 612 geht es um einen geheimnisvollen Geldkoffer.

Empfindlichkeiten

Spieltag: 15.09.1994 • Sendetag: 18.09.1994

Folge: 459

Bei einem üppigen Frühstück im Café Bayer unterhalten sich Amelie und Berta über Manoels anhaltende Widerspenstigkeit. Als

Amelie Berta zum Abendessen ins Casarotti einlädt, möchte Berta auf jeden Fall, daß der Junge mitkommt. Auch weiterhin zeigt sich Amelie von der spendablen Seite. Sie will auch die Kosten für Lisas Klavierunterricht bei Berta übernehmen. Als Lisa sich nach ihrem Unterricht bei Berta verabschiedet, kann das Mädchen ihren Blick kaum von Manoel lösen. Später eröffnet der Junge der erstaunten Amelie, daß er lieber das Geld in bar hätte, als mit ins Casarotti zu gehen. Sein Job bei Vasily ist inzwischen beendet. Amelie erklärt sich – zu Bertas Ärger – einverstanden.
Anna schickt das neue Kindermädchen Erika mit Tom und Sophie in die Schule, um Sarah abzuholen, und gleichzeitig zum Einkauf. Als sie wieder nach Hause kommen, hat Erika den Einkauf auf dem Rückweg allerdings vergessen. Dann muß Anna auch noch feststellen, daß Erika den Geschirrspüler mit Waschpulver gefüllt hat – und flippt aus. Später jedoch bewundern Hans und Anna heimlich Erikas nervenstarken Umgang mit den Kindern.
Am Telefon schildert Helga Marlene die Situation. Nachdem sie Klaus versorgt hat, will sie direkt zurück zu Schiller fliegen: Der liegt mit Halswirbelbruch in einem Dubliner Krankenhaus. Matthias bietet Helga an, in ihrer Abwesenheit zu Klaus zu ziehen. Olli fängt Klaus auf dem Heimweg ab. An die gemeinsame alte Freundschaft appellierend, will er zu Klaus in die Wohnung ziehen. Klaus lehnt jedoch rigoros ab. Insgeheim schwört Olli Rache. Als Klaus spitzkriegt, daß Matthias bei ihm einziehen soll, ist er sauer und fühlt sich mit seinen 16 Jahren mal wieder nicht ernst genommen. Als Matthias später an Beimers Tür klingelt, verweigert Klaus dem verblüfften Freund der Familie den Einlaß in die Wohnung.

Duelle

Spieltag: 22.09.1994 • Sendetag: 25.09.1994

Folge: 460

Klaus hat Matthias doch in die Wohnung gelassen und weist nun seine Bemutterungsversuche vehement zurück. Abends sitzen die beiden einmütig vor der Flimmerkiste. Matthias spricht das Thema Gewalt im Fernsehen an, als Olli klingelt. Doch Klaus weist ihn ab. Als Olli ihm eine verpaßt, springt Matthias hinzu und schlägt Olli nieder – was ihn selbst anschließend ziemlich nachdenklich stimmt. Wittich seinerseits kann sich gegen Olli kaum mehr zur Wehr setzen. Niedergeschlagen sitzt Claudia mit Olaf beim Frühstück. Sie hat Angst vor der Krebsnachsorge. Sie ertastet einen geschwollenen Lymphknoten, gerät in Panik und stürzt aus dem Haus. Als sie im Park Iffi mit Nico begegnet, quält sie der Gedanke, daß sie niemals Kinder wird haben können. Im Blumenladen bemerkt Else dann Claudias Blässe – und meint, hier sei „ein Braten in der Röhre". Mit seiner Bemerkung,

sie solle nicht schwer heben, bringt Olaf seine Frau in Rage – alle scheinen nur an ihre Krankheit zu denken.
Die Schulbehörde ermahnt Berta, Manoel müsse unbedingt seiner Schulpflicht nachkommen. Doch der blockt weiter. Lydia schlägt vor, daß Scholz vorübergehend wieder einzieht, damit der Junge zur Vernunft komme. Begeistert stimmt Hajo zu. In der Zwischenzeit ist Lisa zur Klavierstunde gekommen. Sie schaut bei Manoel rein und zeigt sich sehr interessiert an seinen Mexiko-Plänen. Er reagiert allerdings abweisend. Als Lisa ihm später einen Talisman – einen mexikanischen Kriegsgott – schenkt, betrachtet er ihn jedoch kurz lächelnd.
Claudia ist am Boden zerstört. Der Lymphknoten ist noch immer geschwollen. Olaf kann sie nicht beruhigen. Er spricht von Metastasen – was sie so aufbringt, daß sie den Tod vor Augen hat.

Blüten

Spieltag: 29.09.1994 • Sendetag: 02.10.1994

Folge: 461

Claudia muß beim Arzt die Untersuchungsergebnisse erfragen und umschleicht das Telefon. Schließlich überwindet sie sich, erfährt, daß alles o.k. ist – und bricht in Freudentränen aus. Dennoch bleibt ein Rest Unbehagen: Der Krebs kann wiederkommen. Olaf will seiner Frau etwas Gutes tun und sie überraschen. Mit großem Aufwand zaubert er ein festliches Abendmenü und verwandelt die Wohnung in ein Lichtermeer. Claudia ist von den Socken, als er ihr auch noch eine Steppnummer aufs Parkett legt.
Flip läßt sich von Beate die Haare schneiden, beim Bezahlen entdeckt sie, daß er einen falschen Fünfziger mit sich herumträgt. Philipp überlegt, wo er sich diese Blüte eingefangen haben könnte, und eilt ins Café Bayer zu Gabi. Lautstark verlangt er von ihr Ersatz. Gabi rät Philipp, zur Polizei zu gehen. Dort wird der Schein als Beweismaterial direkt einbehalten.
Amelie und Priesnitz frühstücken in bester Laune im Bett. Die Sprache kommt auf den Geldkoffer. Daß das Geld nun doch echt sein soll, kann Amelie nicht glauben. Schließlich klärt Priesnitz sie auf – über das Gebaren der Banken ... Er will sein Leben genießen und gibt sein Geld gerne großzügig aus. Seiner Angebeteten schenkt er prompt eine wunderschöne Brosche in Blütenform.
Abends ruft Philipp einen Freund an, dessen Vater einen Farbkopierer besitzt. Seine DM 50 muß er sich doch irgendwie wiederbeschaffen ...

Falscher Fuffzger

Spieltag: 06.10.1994 • Sendetag: 09.10.1994

Folge: 462

Heute will Philipp seinen kopierten 50-Mark-Schein unter die Leute bringen. Im Akropolis zahlt er damit ein Mittagessen. Vasily bemerkt nichts. Anschließend wechselt die Blüte zu Egon. Als Egon in der Bäckerei damit zahlen will, verlangt Scholz den Schein zu sehen. Schließlich sei in letzter Zeit so einiges an Falschgeld unterwegs. Da Egon tatsächlich eine Blüte erwischt hat, bringen die beiden den Schein wieder zurück zu Vasily. Der erinnert sich, ihn von Philipp erhalten zu haben. Scholz bespricht den Fund mit Berta. Sie erinnert sich, daß Philipp neulich von Gabi Geld erstattet haben wollte, nachdem er einer Blüte aufgesessen war.
Olli läßt es sich bei Onkel Franz weiterhin gutgehen. Dessen Aufforderung, die Wohnung zu verlassen, kommt er nicht nach. Statt dessen heult er Onkel Franz wieder die Geschichte vom armen Jungen vor – erfolgreich: Franz will mit Olli später im Akropolis speisen. Helga ruft aus Irland an und berichtet, daß es Schiller unvermindert schlecht gehe. Das Eis zwischen Matthias und Klaus ist inzwischen endgültig gebrochen. Abends gehen die beiden auf ein Bier ins Akropolis. Olli und Onkel Franz beobachten sie, und Olli vermutet, daß Matthias ganz sicher schwul ist.
Dressler eröffnet heute seine Praxis wieder. Ein Blumenmeer beweist ihm, daß seine Patienten ihm treu sind. Berta ist noch immer ernstlich besorgt um Manoel. Dressler rät ihr abzuwarten. Das sei die Pubertät. Später ist auch Egon beim Doktor und bekommt Diät verordnet. Als Dressler ihm anbietet, in den nächsten Tagen einmal sein Gast im Akropolis zu sein, strahlt Egon. Abends sitzen Tanja und Lu am Kamin, hören Musik und sprechen über seinen Neubeginn. Tanja bestärkt ihn weiterhin.
Eva und Kurt feiern ihre Anstellung in einer Privatklinik, als es klingelt. Scholz bittet um Einlaß. Er habe etwas mit Philipp zu besprechen. Der ist völlig überrascht und voller Angst, als Scholz ihm die Blüte unter die Nase hält.

Die Anzeige

Spieltag: 16.10.1994 • Sendetag: 16.10.1994

Folge: 463

Am heutigen Sonntag ist Bundestagswahl. Am Frühstückstisch will Manoel wissen, wieso Vasily nicht wählen darf. Nebenbei kommt auch zur Sprache, daß Hajo in Philipp den Kopf einer Geldfälscherbande vermutet. Als Scholz und Berta später das Wahllokal erreichen, sitzen Beate, Vasily und einige Freunde mit Plakaten auf den

Stufen und fordern das Wahlrecht für Ausländer. Die Polizei bittet die Demonstranten, sich zu entfernen.
Bei Olli und Onkel Franz ist das Verhältnis von Matthias zu Klaus Gesprächsthema. Wittich will etwas unternehmen und läßt sich darauf ein, mit Olli und Else in die Wohnung Beimer einzudringen. Dort finden sie Lederutensilien und Schwulen-Pornos. Onkel Franz wird den ehemaligen Priester anzeigen. Als Matthias nach Hause kommt, wird er von zwei Polizisten abgepaßt und muß mit auf die Wache. Klaus macht sich zur Wache auf, bekommt Matthias aber nur flüchtig zu Gesicht. Abends sehen Olli und Onkel Franz die Wahlsendung und sehen alle Hoffnungen auf die „richtige Partei" schwinden.

Panaiotis bekommt heute den klapprigen Kleinlaster für seine Georgienreise.

Panaiotis und Elena sprechen über die Zukunftspläne von Panaiotis. Nie werde er genug Geld sammeln können, um einen Hilfstransport zu organisieren, meint Elena. Er will aber alles daran setzen, um in Georgien zu helfen. Später erfährt Vasily von seiner Mutter, daß ein Anwalt im Lokal war und wegen Manoel das Gewerbeaufsichtsamt verständigen will. Vasily muß ihn endgültig wegschicken, sonst bekommt er selbst Ärger.
Scholz, der mit Sperlings und Iffi die Wahlsendung verfolgt, hört, wie Philipp nach Hause kommt. Im Wohnungsflur macht er dem Jungen das Angebot, Partner zu werden und Tausender zu drucken. Er könne die Scheine kopieren, und der junge Sperling solle sie vertreiben. Philipp ist sprachlos.

Freiheit

Spieltag: 20.10.1994 • Sendetag: 23.10.1994

Folge: 464

Beim Frühstück eröffnet Matthias Klaus, daß er Helga von dem Vorfall und der vorübergehenden Verhaftung telefonisch in Kenntnis setzen will. Klaus rät ihm allerdings davon ab. Heute wird Matthias durch Akteneinsicht erfahren, wer ihn angezeigt hat. Später rast er dann hoch zu Wittichs Wohnung und klingelt Sturm. Es öffnet ihm Eva, die gerade eine Visite bei Wittich macht. Sie versucht, den wutschnaubenden Matthias zu beruhigen. Der kann sich kaum zurückhalten, Onkel Franz zu schlagen. Als Hans mit Klaus und Matthias über die Anzeige von Onkel Franz spricht, parkt Olli sein Motorrad vor dem Haus. Klaus stürzt sich auf ihn. Später erzählt Olli gerade Wittich von Klaus' Angriff, als Hans den alten Mann zur Rede stellen will. Olli läßt dies jedoch nicht zu. Hans gibt auf und versteht, wieso sein Sohn zu anderen Mitteln greifen wollte.
Mit einem brüllenden Nico sucht Iffi Dressler auf. Der hat die Ursache schnell erkannt – Nico bekommt seinen ersten Zahn! Philipp rauscht gerade sein Bus davon. Hajo Scholz bietet ihm an, ihn zur Schule zu fahren – die passende Gelegenheit, sich zu versöhnen und die Falsch-

geldgeschichte zu begraben. Bei Berta taucht derweil ein Herr von der Schulbehörde auf. Manoel muß zur Schule; geht er nicht freiwillig, wird die Polizei eingeschaltet. Lisa, die gerade zur Klavierstunde da ist, hört dies mit Schrecken. Sie verspricht Manoel ein Versteck in ihrem Heim. Abends packt der Junge seine Sachen. Er läßt seinen Rucksack an einem Seil in den Hinterhof herunter und geht unter einem Vorwand aus der Wohnung. Als Manoel nicht zurückkommt, muß Berta entdecken, daß seine Sachen fort sind.

Handschellen

Spieltag: 27.10.1994 • Sendetag: 30.10.1994

Folge: 465

Beim Hausputz findet Onkel Franz einen Karton mit Porno- und SM-Ausrüstung. Er traut seinen Augen nicht. Säuberlich drapiert er alles auf dem Wohnzimmertisch. Als Olli nach Hause kommt, verliert er keine Sekunde, fesselt und knebelt den „Verräter" Onkel Franz. Nachdem Olli fort ist, um einen Lieferwagen zu holen – er will Franz als Geisel nehmen –, hört Amelie die Hilferufe des alten Mannes. Else holt sofort den Generalschlüssel. Im Lift treffen sie Kurt, der bei der Befreiung helfen soll. Die drei finden Onkel Franz auf dem Klo gefesselt vor, Kurt entdeckt auch sofort die Porno-Utensilien ... Später schleppt Kurt Wittich zu Matthias: Er solle sich entschuldigen. Empört weist Matthias dem Onkel die Tür. Polizisten in Zivil begleiten Onkel Franz in dessen Wohnung. Noch vor Einbruch der Nacht kehrt Olli zurück und wird von den Beamten in Handschellen gelegt. Es werden auch „Blüten" entdeckt, die Olli in einem Koffer aufbewahrt hat. Olli Klatt wird eingebuchtet.

Hajo wird von Berta wieder vor die Tür gesetzt. Jetzt, da Manoel verschwunden ist, habe er nichts mehr in ihrem Haushalt verloren. Während Lisas Klavierstunde packt Hajo seine Akten zusammen. Berta unterbricht kurz, um Scholz endgültig rauszuwerfen. In der Zeit stibitzt Lisa Geld aus Bertas Handtasche. Zurück im Heim, läuft Lisa auf den Dachboden zu Manoel, der sich dort bis zu seiner Überfahrt nach Mexiko versteckt hält. Lisa gibt ihm das Geld und verspricht, noch mehr zu organisieren. Am Abend schäkert Scholz im Akropolis mit einer feschen Blondine, Angi, die er dann tatsächlich in seinen Bus abschleppt. Schnell eilt er jetzt zu Berta hoch. Er eröffnet ihr, daß er sie betrügen wird – es sei denn, sie lasse ihn jetzt sofort wieder in die Wohnung.

Der Paß

Spieltag: 03.11.1994 • Sendetag: 06.11.1994

Tatsächlich hat Hajo eine Affäre mit Angi angefangen, die bei ihm im Bus übernachtet.

Folge: 466

Die Polizei eröffnet Berta, daß die Schulbehörde glaubt, sie unterstütze das Verschwinden ihres Adoptivsohnes. Berta kann glaubhaft das Gegenteil versichern. Manoel schleicht sich später unbemerkt in die Wohnung und wird auf der Suche nach seinem Paß von Hajo erwischt. Der stellt ihn zur Rede. Manoel will DM 2.000 von Berta und haut dann unverrichteter Dinge wieder ab. Am Nachmittag möchte Lisa Bertas Diplom sehen. Verwundert kommt Berta der Bitte nach. Lisa schnappt sich unbemerkt Manoels Paß aus der Dokumentenmappe. Später im Kinderheim zeigt Lisa Manoel den Ausweis und schenkt ihm gestohlene DM 100. Er bemerkt, daß sie schon gut Spanisch kann. Sie erklärt, daß sie mit dem Herzen lerne.
Rosi hat einen Geburtstagskuchen für Hubert gebacken. Sie fährt heute nach Warnemünde und wird von Andy zum Bahnhof gefahren. Valerie verabschiedet sie und offenbart gleichzeitig Andy ihre neuen Pläne: Sie will in Aachen ihre Lehre fortsetzen.
Olaf kommt zu spät mit der Ware vom Großmarkt. Claudia wird durch seine Neuigkeiten aber milde gestimmt: Er hat es geschafft, einen Auftrag über DM 18.000 bei der Pfarrgemeinde St. Anna einzuholen. Im Laden telefoniert Olaf mit Margot, Claudias Mutter, die ihm mitteilt, daß Claudias Vater Günther plötzlich gestorben ist. Claudia ist tief getroffen über die Todesnachricht und will direkt los nach Borna.
Beim Essen im Akropolis erkundigt sich Gabi bei Panaiotis nach seinen Georgien-Plänen. Kurz darauf steht auf einmal Phil Seegers, der Vater von Max, vor ihnen. Gabi ist wie vom Donner gerührt.

Wunder

Spieltag: 10.11.1994 • Sendetag: 13.11.1994

Folge: 467

Stolz zeigt Max am Frühstückstisch sein Federmäppchen – ein Geschenk von Phil. Andy und Gabi können ihren Unmut über Phils „Rückkehr“ nur schwer zurückhalten. Ohne Umschweife bittet Gabi ihn später, Max in Ruhe zu lassen.
Im Krankenhaus bekommt Gung von dem Patienten Haggerl spontan eine Filmrolle als Thailänder in einer TV-Serie angeboten. Gungs zaghaften Einwand, er sei doch Vietnamese, überhört der Produzent Haggerl und vereinbart telefonisch einen Casting-Termin für ihn. Urzula tröstet später den niedergeschlagenen Gung, der bisher vergeblich auf seine Sprechtexte wartet und seine „Karriere“ nun schwinden sieht. Endlich treffen die Texte von der Produktionsfirma ein.
Klaus, Matthias und Panaiotis beladen den Kleintransporter. Panaiotis

Amorn Surangkanjanajai alias Gung ist in Wirklichkeit Thailänder und spielt einen Vietnamesen!

erkundigt sich nach Schillers Befinden und erfährt, daß ein Transport von Irland nach Deutschland für Erich noch zu gefährlich ist. Beim Beladen bricht plötzlich die Hinterachse des Kleintransporters. Panaiotis bricht in Tränen aus. Elena hingegen kann ihre Freude nicht verbergen. Panaiotis bittet Phil, der gerade in seinen Rolls Royce steigen will, um Hilfe. Phil beauftragt Panaiotis, Gabi herbeizurufen – unter ihren Augen schenkt Phil ihm dann seinen Wagen. Später im Café Bayer kann Andy sich seine Wut über Phils „großkotziges" Gehabe nicht verkneifen.
Im Blumenladen trifft Olaf auf eine geschäftige Else, die ihm an seinem Geburtstag aushelfen möchte. Olaf lehnt jedoch ab. Beleidigt verläßt Else den Laden. Olaf schlägt auch ein gemeinsames Abendessen bei Egon und Else aus, er müsse noch die Wohnung aufräumen. Eiligst telefoniert Olaf daraufhin mit Margot, um Claudia auszurichten, daß er sich früh ins Bett lege und sie morgen anrufe. Danach wählt er Inges Nummer ...

Der erste Vater

Spieltag: 17.11.1994 • Sendetag: 20.11.1994

Folge: 468

Valerie verläßt heute München. Vor ihrer Abfahrt nach Aachen gesteht sie Andy und Gabi ihre Ängste. Max hat an diesem Mittag in Windeseile seine Hausaufgaben erledigt und zieht sich voller Stolz um. Andy beobachtet diesen Eifer mit gemischten Gefühlen. Als Max von Phils Chauffeur abgeholt wird, stellt Andy verblüfft fest, daß Phil selbst gar nicht im Wagen sitzt. Wieder zu Hause, präsentiert Max stolz Gabi seine Geschenke. Vom Chauffeur erfährt sie, daß der Junge den Tag ohne Phil verbracht hat.
Olaf erhält im Blumenladen einen Anruf von Inge. Er vertröstet sie auf ein späteres Treffen, da er Claudia heute zurückerwartet. Vom Laden aus beobachtet Olaf die Ankunft des Busses. Er stürzt auf die Straße und begrüßt seine Frau herzlich. Besorgt bemerkt er dabei ihre erhöhte Temperatur. Sie ist überglücklich, daß Olaf einen Besuch ihrer Mutter befürworten würde. Eindringlich bittet sie den überraschten Olaf jedoch, Dieter die Tür zu weisen, falls er auftauchen sollte. Später diagnostiziert Dressler bei Claudia eine Lungenentzündung.
Urzula bittet Beate telefonisch um einen halben freien Tag, damit sie Gung bei seinem Casting beistehen kann. Gegen Mittag erscheint ein Fahrer von Haggerl. Urzula kann Gung aber nirgends finden und nutzt die Gelegenheit zu einem kleinen Flirt als „Karrierevorbereitung". Sie übergibt dem Fahrer Bilder von sich. Gung, der sich derweil im Schrank versteckt hatte, faßt nach einer Standpauke von Urzula wieder Mut und sagt Haggerl telefonisch ab.
Verträumt lauscht Claudia Olafs Akkordeonspiel, als ein Klingeln die

Per Post erhält heute Olaf Kling seinen Mitgliedsausweis für den „Alpenverein".

beiden aufschreckt. Vor der Tür steht Dieter und bittet Olaf eindringlich um Einlaß.

Trost und Hilfe

Spieltag: 24.11.1994 • Sendetag: 27.11.1994

Folge: 469

Olaf verläßt frühzeitig den Frühstückstisch, um Dieter und Claudia Gelegenheit zu einer Aussprache zu geben. Erneut fordert Claudia ihren arbeitslosen Bruder zur Abreise auf. Dieters Vorschlag, im Blumenladen mitzuarbeiten, lehnt sie rigoros ab. Später hat Claudia einen Termin beim Frauenarzt. Die Untersuchungsergebnisse sind positiv. Überglücklich will Claudia das mit Olaf und Dieter feiern. Als sie jedoch gewahr wird, daß Dieter angetrunken ist und großspurig eine Aushilfstätigkeit bei Gabi ablehnt, platzt ihr der Kragen. Abends findet Claudia ihren Bruder im Akropolis, wo er traurig am Tresen sitzt, in der Hand eine Fotografie seiner Tochter Natascha.
Hans und Anna besuchen Jenners Grab, als Anna Frau Dabelstein entdeckt. Sie sucht ein Gespräch mit ihr, unter vier Augen. Es kommt zu einer ehrlichen Aussprache. Zurück zu Hause, ist Hans' berufliche Zukunft wieder einmal Thema. Hans möchte gerne wieder im Sozialamt arbeiten, sieht seine Chancen jedoch schwinden, da sein Freund Bödefeld, inzwischen ins Planungsreferat versetzt wurde.
Klaus bittet Matthias vorerst um Stillschweigen bezüglich der „Homosexuellen-Story". Seine Mutter erfährt davon jedoch gleich bei ihrer Rückkehr aus Irland – durch Else. Ohne große Umschweife stellt sie Matthias zur Rede, als dieser mittags die Wohnung betritt. Klaus ist sichtlich verärgert über Helga. Auch bei Erich – inzwischen wieder in München –, den sie im Krankenhaus besucht, findet sie kein offenes Ohr. Er ist vielmehr besorgt wegen des Reisebüros, plädiert für eine Direkteröffnung und die Einstellung von Inka Fuchs als Aushilfe. Als Helga auch noch abends über „Klausis Fall" brütet, platzt Klaus endgültig der Kragen. Provokativ fragt er sie, was sie denn machen würde, wenn er schwul wäre ...

Schwache Nerven

Spieltag: 01.12.1994 • Sendetag: 04.12.1994

Folge: 470

Helga fragt Hans nach Klaus aus. Hatte er nun was mit Steinbrück oder nicht? Hans verneint kategorisch, will sich aber in den nächsten Tagen mal wieder um Klaus kümmern. Zu Hause wird Helga überraschend von ihrer Busenfreundin Marlene begrüßt. Bereits et-

was angeschickert kommen die beiden auf das Thema Männer. Marlene fragt nach Helgas Bedürfnissen in ihrem jetzigen „Notstand". Doch Helga hat andere Sorgen, und die möchte ihre Freundin ihr nehmen: Marlene will Klaus verkuppeln. Helga aber will nicht wahrhaben, daß ihr Sohn vielleicht schon ein Mann ist.
Hubert verlangt telefonisch, daß Rosi sofort nach Warnemünde komme, eine Frau gehöre schließlich zu ihrem Mann. Iffi ist außer sich, wo soll sie denn nur den kleinen Nico lassen? Zufällig kommen Andy und Phil gleichzeitig in die Zenkersche Wohnung. Als Andy Phil zum Mittagessen einlädt, protestiert Gabi. Der kleine Max hingegen ist Feuer und Flamme, kann er doch jetzt all seine Weihnachtswünsche loswerden. Nachdem Gabi Phil verabschiedet hat, streitet sie sich mit Andy. Er unterstellt ihr, sie hege noch immer Gefühle für Phil. Abends versöhnen sie sich jedoch wieder.
Lisa bringt Manoel etwas zu essen in sein Versteck im Kinderheim. Bei der Klavierstunde soll sie ein mexikanisches Weihnachtslied einstudieren, das Berta einst für Manoel ausgesucht hat. Sie sorgt sich um ihn, weiß aber noch immer nichts Konkretes. Lisa erzählt Manoel später, daß sie von Amelie viel Geld für ein gebrauchtes Klavier bekommen wird. Dann können sie beide nach Mexiko. Manoel wird hellhörig: Sie will mit? Das wird er nie zulassen. Lisa hat aber vorsichtshalber seinen Paß „in Sicherheit" gebracht. Wie soll er nun nach Mexiko kommen?

Fluchten

Spieltag: 08.12.1994 • Sendetag: 11.12.1994

Folge: 471

Lisa und Manoel wollen heute nach Mexiko aufbrechen. Nach der Schule übergibt Lisa dem ungeduldig wartenden Manoel seinen Paß und schlägt eine Zugfahrt Richtung Hamburg vor. Manoel ist entrüstet, er will auf jeden Fall trampen. Als Lisa versucht, Manoel für die Zugfahrt zu gewinnen, werden beide vom Hausmeister in ihrem Versteck entdeckt. Manoel kann im Gegensatz zu Lisa entkommen. Sie wird später von der Heimleitung und einer Psychologin zu Manoel verhört: Gekonnt spielt sie die Unwissende. Als sie jedoch Berta besucht, verliert sie die Fassung und verläßt weinend die Wohnung.
Anna nimmt ein Telefonat aus der Schule entgegen. Aufgelöst erfahren sie und Hans, daß Sarah einen Unfall hatte und sofort aus der Schule abgeholt werden muß. Sarah hatte eine Schlägerei auf dem Pausenhof. Hans und Anna verarzten sie zu Hause liebevoll. Vergeblich versucht Anna, Einzelheiten zu erfahren. Nachmittags unterhalten sich Hans und sie mit ihrem Gast Herrn Bödefeld über die steigende Gewalt an Schulen. Sarah bittet ihre Mutter, bis Weihnachten zu Hause bleiben zu dürfen. Anna lehnt ab, verspricht ihr jedoch beruhigend,

sie zur Schule zu begleiten und abzuholen. Sarah wünscht sich nun zu Weihnachten statt des Puppenhauses ein Messer oder eine Pistole, um sich zukünftig wehren zu können.
Urzula erwacht durch Geräusche in der Wohnung. Erleichtert trifft sie auf Hubert, der überraschend aus Warnemünde gekommen ist, um Rosi abzuholen. Rosi reagiert fassungslos auf Huberts ultimative Forderung, mit ihm noch am gleichen Tag nach Warnemünde aufzubrechen. Erfolglos versucht sie, Hubert umzustimmen: Sie reisen ab. Eva wird von der aufgelösten Iffi mit der Bitte überrumpelt, Nico in den nächsten Wochen zu betreuen.

Daumenschrauben

Spieltag: 15.12.1994 • Sendetag: 18.12.1994

Folge: 472

Am Frühstückstisch liest Eva Zeitung. Sie will nicht gestört werden, was Kurt zu der Bemerkung veranlaßt, daß sie heute wohl wieder ganz auf Karrierefrau mache ... Ein weiteres Streitthema sind Iffi und Nico. Kurt nimmt Iffi stets in Schutz, weil sie seiner Meinung nach die Schwächere ist. Er wirft Eva vor, egoistisch zu handeln. In der Zwischenzeit kommt Iffi, die Nico abgeben will. Sie hat niemanden, der auf ihn aufpaßt, während sie in der Schule ist. Doch Eva will nicht schon wieder den Babysitter spielen. Auch bei Andy hat die junge Mutter kein Glück. Er rät ihr, mal wieder die Schule zu schwänzen. Dann trifft Iffi Else. Als die Sprache auf Enkelkinder kommt und Frau Kling bedauert, daß es in ihrer Familie leider noch nicht so weit sei, kommt Iffi die Idee, daß Else ja am „lebenden Modell“ schon einmal üben könne. Sie läßt Nico einfach bei ihr. Abends hat Eva ein Versöhnungsessen vorbereitet. Als Kurt endlich von der Arbeit kommt, berichtet er über den schlechten Zustand seiner Firma.

Beate eröffnet Vasily, daß sie eine Skihütte in den Bergen gemietet hat. Sie könnten dort herrlich eine ganze Woche gemeinsam hausen - mit Urzula. Vasily ist verärgert, daß er Beate wieder mit der Freundin teilen soll, und will auf keinen Fall mitfahren. Mittags sitzt Beate im Akropolis und hört Elenas Sorgen um Panaiotis, der sich noch immer nicht aus Georgien gemeldet hat. Vasily platzt dazwischen und versucht erneut, das Thema Urlaub anzusprechen. Doch da unterbricht Urzula die fast traute Zweisamkeit.

Training am lebenden Objekt. Iffi läßt Nico bei „Oma“ Else.

Demonstrativ steht Vasily auf. Kurz bevor Beate den Salon abends schließen will, kommt er noch einmal zu ihr. Sie solle sich zwischen Urzula und ihm entscheiden!

Schöne Bescherung

Spieltag: 24.12.1994 • Sendetag: 25.12.1994

Folge: 473

Unbeeindruckt von Vasilys Drohung, fährt Beate mit Urzula in Urlaub. Abends sitzt der enttäuscht mit Elena im dunklen Gastraum, als Scholz anklopft. Auch er ist an diesem Abend allein, denn Berta ist zu ihrer Mutter gefahren. Vasily lädt Hajo ein zu bleiben. Nach und nach erscheinen einige Gäste im Lokal, die sich am heutigen Weihnachtsabend alle ein wenig näherkommen.
Helga schickt Klaus zum Einkaufen. Dieser regt sich über die riesigen Mengen auf, schließlich seien sie ja nur zu zweit, da Benny mit seiner WG feiert und Marion mit ihrem Freund in Paris. Aber Helga, die immer noch auf einen Überraschungsbesuch hofft, will für alle Fälle gewappnet sein. Im Krankenhaus überhäuft sie Erich und die anderen Patienten mit Geschenken und stimmt mit ihnen ein Weihnachtslied an. Ihr Engagement wird jedoch eher skeptisch registriert. Abends findet sie anstelle von Klaus Onkel Franz in ihrer Wohnung vor. Ein paar Bemerkungen über die traditionslose Jugend kann er sich nicht verkneifen. Nach einem verweisenden Blick Helgas bittet er ängstlich, bleiben zu dürfen. Seufzend willigt seine Nichte ein.
Bei den Zenkers herrscht Weihnachtsstreß. Zutiefst betroffen bemerkt Gabi den Tod ihres Fisches Cyril. Später treffen Andy und Max, mit Einkäufen beladen, überraschend auf Valerie, die vor der Wohnungstür wartet. Andy bombardiert seine bedrückt wirkende Tochter mit Fragen über ihre Arbeit. Phil bringt Max Geschenke. Seine Bitte, bei der Bescherung dabeisein zu dürfen, lehnt Gabi ungehalten ab. Endlich ist es soweit, die große Bescherung findet statt. Gabi ist zutiefst gerührt über ihren neuen Fisch, zu dem Max DM 5 beigesteuert hat. Später sind Andy und Gabi bei Sperlings eingeladen. Gabi ist irritiert über die demonstrative Anti-Weihnachtsstimmung. Während die Frauen versuchen, sich zu arrangieren, machen die Männer keinen Hehl aus ihrer gegenseitigen Abneigung. Als die Zenkers von ihrem Besuch zurückkehren, ist Max nicht da. Voller Panik vermutet Gabi, daß Phil ihn entführt hat.

Fremde Welten

Spieltag: 31.12.1994 • Sendetag: 01.01.1995

Folge: 474

Max freut sich auf die gemeinsame Silvester-Knallerei mit Phil. Gabi bereut ihre Zusage und erinnert ihren Sohn vorwurfsvoll an seinen nächtlichen Weihnachtsausflug. Mit einem unguten Gefühl übergibt sie ihn nachmittags in die Obhut von Phils Chauffeur. Endlich gesteht Valerie Gabi und Andy, daß ihr fristlos gekündigt wurde: Sie hat Geld aus der Betriebskasse entwendet. Es folgt eine lautstarke Auseinandersetzung zwischen Vater und Tochter. Aufgelöst erzählt Andy dann der ungläubigen Gabi alles über Valeries erfundenen Freund und seine Angst über ein solch unnormales Verhalten. Indes diniert Phil mit Max in einem Luxusrestaurant. Als er dem Jungen eröffnet, daß er keine Raketen gekauft habe, rennt dieser weinend aus dem Lokal. Später verkündet er zu Hause, daß er Andy als Vater vorziehe.

Tanja wird von dem Besuch der ihr unbekannten Sonia überrascht, die sich als ehemalige Freundin von Frank vorstellt. Die junge Frau, die den Absprung aus der Drogenszene schaffen will, bittet den Arzt um eine Methadon-Behandlung. Als Ludwig um Bedenkzeit bittet, weist Sonia auf ihre geringen Überlebenschancen hin. Tanja ermutigt den skeptischen Dressler, sich für Methadon-Behandlungen ausbilden zu lassen.

Beate hat Vasily eine Kuhglocke aus dem Urlaub mitgebracht.

Gutgelaunt treffen Beate und Urzula in der Lindenstraße ein. Sie besuchen Vasily, der jedoch Beates Annäherungsversuche abweist und den beiden wutentbrannt Lokalverbot erteilt. Später treffen die Silvestergäste ein. Beate versöhnt sich endlich mit Vasily. Kurz vor Mitternacht verlegen die Gäste ihre Feier auf die Straße. Olaf führt den betrunkenen Dieter aus dem Lokal. Peinlich berührt muß Claudia mit ansehen, wie ihr Bruder durch die tanzende Menge torkelt und lautstark über die „vollgefressenen Wessis“ schimpft.

Schwarzer Donnerstag

Spieltag: 05.01.1995 • Sendetag: 08.01.1995

Folge: 475

Andy versorgt die rebellierende Gabi, die krank im Bett liegt. Eva vermutet eine Hepatitis A und überweist ihre Patientin ins Krankenhaus. Andy unterrichtet die fassungslose Iffi und den weinenden Max über Gabis Gelbsucht. Iffi und Valerie bitten ihren Vater, Rosi in Warnemünde anzurufen, ob diese sich um Nico, Max und um die leibliche Versorgung der Familie kümmern könnte. Vehement lehnt Andy ab und fordert von beiden absolutes Stillschweigen gegenüber Gabis Mutter.

Erfreut erfährt Ludwig, daß seine Frau überraschend aus Percha zurückgekehrt ist. Tanja beklagt sich bei Dressler über ihren nutzlosen Beruf. Sie fühlt sich von ihrer Frauengruppe überfordert und beneidet ihren Mann um dessen nützliche Arbeit, besonders im Hinblick auf das Methadon-Programm. Tatsächlich entschließt sich Dressler, an den entsprechenden Zulassungskursen teilzunehmen. Von Sonia, die ihn oft aggressiv provoziert, fordert er intensive Mitarbeit.
Scholz hat Grippe. Berta ignoriert Dresslers Anspielung, daß Hajos „Busbehausung" daran schuld sei. Scholz läßt sich jedoch nicht zur Wohnungssuche motivieren, da er in Bertas Nähe bleiben möchte. Vielmehr versucht er, sich bei ihr aus „Krankheitsgründen" einzunisten. Bei der Klavierstunde erzählt Berta Lisa von Manoels Karte aus Hamburg, auf die das Mädchen übermäßig emotional reagiert. Telefonisch erfährt Berta von dem Tod ihrer Mutter. Hajo versucht seine völlig aufgelöste Freundin zu trösten, die sich Vorwürfe macht, Lydia am letzten Wochenende nicht besucht zu haben. Als Hajo anbietet, über Nacht als Trostspender zu bleiben, zögert Berta mit einer Antwort.

Gute Zeiten, schlechte Zeiten

Spieltag: 12.01.1995 • Sendetag: 15.01.1995

Folge: 476

Frühmorgens steht Berta traurig am Fenster. Auch Amelie hat keine rechte Nachtruhe gefunden. Die beiden erinnern sich weinend an frühere Begebenheiten mit Lydia. Viele Nachbarn begleiten dann den Trauerzug auf den Friedhof. Hajo kümmert sich fürsorglich um Berta. Mit Amelie kann sie später über ihre zwiespältigen Gefühle gegenüber ihrer verstorbenen Mutter reden. Amelie reagiert verständnisvoll und hindert den besorgten Scholz daran, Berta beim nochmaligen Gang zum Friedhof zu begleiten. Hajo ist überrascht, als diese ihn danach im Bus besucht. Endlich versöhnen sich die beiden zärtlich.
Paolo, Francesco, Giancarlo und Alfredo werden vom Besuch der beiden Mafiosi überrascht. Zähneknirschend müssen sie die Erhöhung der Schutzgebühr auf wöchentlich DM 1.000 hinnehmen. Glücklich unterrichtet Isolde Enrico von einer zu erwartenden adligen Festgesellschaft mit 35 Personen. Mit dem Ehepaar von Schönborn stellt sie das Menü zusammen.
Hektisch sucht Kurt seinen Schlüssel. Die leicht bekleidete Iffi hilft ihm bei der Suche, als Eva übernächtigt von der Arbeit nach Hause kommt. Sie lehnt es ab, sich um Nico zu kümmern. Also nimmt Iffi ihr Kind mit in die Schule, wo sie nach mehrmaligen Störungen aus dem Unterricht verwiesen wird. Vor der Haustür bemerkt sie den Verlust ihres Wohnungsschlüssels. Kurt nimmt die weinende Iffi mit zu sich, verpflegt sie und schlägt ihr vor, Nico in eine Krippe zu geben. Er will

sich beim Jugendamt erkundigen. Verschlafen vernimmt Eva die Stimmen der beiden. Verwundert über die frühe Rückkehr ihres Mannes, erfährt sie, daß er seinen Job verloren hat.

Tabula Rasa

Spieltag: 19.01.1995 • Sendetag: 22.01.1995

Folge: 477

Kurts Firma hat Konkurs angemeldet und sein Gehalt nicht mehr überwiesen. Heute geht er zum Arbeitsamt. Auch Valerie bemüht sich weiterhin um einen neuen Job. Während sie auf Nicolai aufpaßt, schreibt sie Bewerbungen. Nur mit Mühe kann sie, als Rosi anruft, verheimlichen, daß Gabi im Krankenhaus liegt. Kurt, der frustriert vom Arbeitsamt zurückkehrt, bittet Valerie, Nico auf einen Spaziergang mitnehmen zu dürfen, da er auf andere Gedanken kommen will. Später unterhält er sich mit Eva über seine berufliche Zukunft.
Für die bevorstehende Lieferung von Lydias Nachlaß räumt Berta Manoels Zimmer auf. Gemeinsam mit Amelie schaut sie dann die Kartons und Koffer ihrer Mutter durch. Amelie schlägt vor, einiges zu verschenken. Beide besuchen Gabi im Krankenhaus. Diese freut sich über Lydias Granatring und wählt für Lydias Patenkind Max ein Bett aus. Berta erzählt Scholz von ihrer Erbschaft: DM 30.000. Sie bedauert, ihren verschwundenen Sohn mit dem Geld nicht unterstützen zu können. Hajo bietet an, Manoel zu suchen.
Im Casarotti laufen die Vorbereitungen für die adelige Festgesellschaft. Angeregt durch den glücklichen Verlauf des Abends, spekuliert Isolde in der Küche selbstsicher über neue Aufträge. Doch leider wird die Freude spätabends durch eine schlechte Nachricht getrübt: Telefonisch wird mitgeteilt, daß alle Angehörigen der Familie Schönborn unter akuten Vergiftungserscheinungen leiden. Sie wollen die Rechnung nicht begleichen und drohen, das Lokal schließen zu lassen.

Selbst ist die Frau

Spieltag: 26.01.1995 • Sendetag: 29.01.1995

Folge: 478

Deprimiert beobachtet Enrico eine erneute Kontrolle eines Beamten vom Gesundheitsamt. Seit in der Zeitung über die Salmonellenvergiftung der von Schönborns berichtet wurde, bleiben die Gäste aus. Scholz bietet Isolde, die den Lieferanten Patrini verdächtigt, seine Detektivdienste an. Vergeblich versucht er, von Enrico belastende Aussagen über Patrini zu erhalten.
Bedrückt verabschiedet sich Valerie zu einem bevorstehenden Be-

werbungsgespräch. Andy macht seiner Tochter Mut und rät ihr, den wahren Grund ihrer Kündigung anzugeben. Enttäuscht berichtet sie Andy später, wie negativ das Gespräch verlaufen ist. Kurz entschlossen will sie sich im Reisebüro als Aushilfe bewerben. Die geschäftige Helga reagiert ungeduldig auf Valeries stockend vorgetragenes Anliegen, woraufhin die fluchtartig das Reisebüro verläßt. Zu allem Übel berichtet Urzula der bedrückten Valerie euphorisch, daß sie ihre Gesellenprüfung bestanden habe. Währenddessen kündigt Herr Hülsch Andy fristlos den Hobbyraum. Valeries Vorschlag, vom Keller in Nicos Zimmer zu ziehen, wird von Iffi rigoros abgelehnt. Der folgende Streit zwischen den Schwestern eskaliert, ihr Vater versucht zu schlichten. Valerie weint und wäre lieber tot, als allen im Wege zu stehen. Als dann auch noch Kurt auftaucht, um Nico abzuholen, wird Andy sauer. Er empfindet Kurts Engagement als Einmischung in sein Privatleben.
Vergeblich versucht Isolde, ihren niedergeschlagenen Ehemann nach einem trostlosen Arbeitstag aufzumuntern: Enrico will das Casarotti verkaufen. Empört gibt sie zu verstehen, daß sie notfalls das Geschäft allein führen werde.

Bei der Gesellenprüfung war Urzula die zweitbeste von München.

Handicaps

Spieltag: 02.02.1995 • Sendetag: 05.02.1995

Folge: *479*

Der Streit zwischen Iffi und Valerie hält an. Andy droht auszuziehen, wenn das so weitergehe. Da Valerie nicht mehr bereit ist, auf Nico aufzupassen, bringt Iffi ihn zu Kurt, der ihr gerne hilft. Valerie hockt in ihrem neuen Zimmer, als Kurt ihr nun doch das Kind unterschieben will: Er muß zu einem wichtigen Vorstellungstermin. Widerwillig fügt sich Valerie. Mit Kopfhörern auf den Ohren verzieht sie sich in ihr neues Zimmer und läßt den Kleinen brüllen. Als Iffi heimkehrt und das Geschrei hört, ist sie außer sich vor Wut. Außerdem verdächtigt sie ihre Schwester, absichtlich einen Tubenstöpsel in Nicos Windeln gelassen zu haben. Valerie behauptet aber, ihren Neffen überhaupt nicht gewickelt zu haben.
Inzwischen managt Isolde das Casarotti. Für Enricos Wehleidigkeit hat sie kein Verständnis. Mit Elan macht sie ihren Mitarbeitern Beine und schwingt dann sogar selbst den Kochlöffel – wird aber schnell ungehalten, weil sie entweder die Wünsche der Kunden oder ihre eigenen Ansprüche nicht erfüllen kann. Schon resigniert sie. Nachmittags hängt sie gänzlich in den Seilen, als endlich Rettung naht. Enrico entschuldigt sich und wird in die Pflicht genommen, das entstandene Chaos stante pede zu beseitigen.
Helga ist sehr erleichtert, als Klaus ihr eröffnet, daß er wirklich nichts gegen Erich habe. Er will eigentlich nur seine Ruhe haben – und vor allem nicht mehr Klausi genannt werden. Schiller wird heute aus dem

Krankenhaus entlassen. Vorsichtig nähern sich Helga und Erich an. Er fragt sie nach eventuellem „Triebstau“. Unter sich feiern sie dann ihr Wiedersehen. Sie sind sich sehr nah, wissen aber um ihre beiderseitige Gewöhnungsphase nach dieser schweren Zeit. Erich macht Helga einen Heiratsantrag.

Wie du mir, so ich dir

Spieltag: 09.02.1995 • Sendetag: 12.02.1995

Folge: 480

Kurt, der Nico abholen will, trifft auf eine schlechtgelaunte Valerie: Sie hat ihren Aushilfsjob im Supermarkt verloren. Aber sie hat auch keine Lust, sich um Max und seine Hausaufgaben zu kümmern. Als Andy heimkehrt, sieht er den Kleinen weinen und tröstet ihn. Daraufhin poltert er an Valeries Tür. Keinen Widerspruch duldend, stellt er sie vor ein Ultimatum: Wenn sich in vier Wochen nichts an ihrer beruflichen und sozialen Einstellung geändert habe, werde er sie rausschmeißen! Letztlich macht er seiner unglücklichen Tochter dennoch einen Versöhnungsvorschlag und bietet ihr die Vorfinanzierung des Führerscheins an.
Erschrocken nimmt Anna einen Anruf aus Sarahs Schule entgegen. Hans fährt sofort hin und kommt mit dem verletzten Mädchen zurück. Besorgt schließt Anna ihre Tochter in die Arme und erfährt, daß Sarah die Prügelei verschuldet hat. Erfolglos versuchen Anna und Hans, dem Mädchen sein Fehlverhalten zu erklären. Am Abend kommt es zu Keilereien zwischen Tom und Sarah. Hans versucht, die besorgte Anna zu beruhigen. Ein Telefonat unterbricht die beiden. Hans erhält von Frau Dabelstein ein Arbeitsangebot in Schwerin.
Am Gründonnerstag möchten Erich und Helga heiraten. Marlene berichtet ihrer enttäuschten Freundin, daß sie an ihrem Hochzeitstag auf Reisen sein wird. Als Helga schon krampfhaft über einen neuen Trauzeugen nachdenkt, klärt Marlene sie über den geglückten Ulk auf: Natürlich ist sie zum großen Ereignis da! Im Reisebüro – Erich holt gerade etwas zu essen – muß Helga von Inka Fuchs erfahren, daß ihr Zukünftiger eine sehr große Verwandtschaft hat.

Schmerzen

Spieltag: 16.02.1995 • Sendetag: 19.02.1995

Folge: 481

Als Hajo unter Schmerzen zusammenbricht, vermutet Dressler ein Nierenleiden und überweist ihn zu der Internisten Tenge-Wegemann. Die vorläufige Diagnose gibt Anlaß zur Besorgnis. Ber-

ta macht Scholz Vorwürfe, daß er sich nie über Schmerzen geäußert hat. Endlich bietet sie ihm an, wieder zu ihr in die Wohnung zu ziehen, und gesteht ihm ihre Liebe. Heute stellt Dressler Berta die erste Methadon-Patientin Sonia Besirsky vor. Nach der Arbeit kümmert sich Berta um Scholz. Beide bedauern, daß es zu der Annäherung erst der Krankheit bedurfte. Sie gesteht, daß sie Angst hatte, von Hajo wieder emotional abhängig zu werden. Er gibt seinerseits zu, daß er sich dem Fall Casarotti nicht gewachsen fühlt. Amelie hat von Manoel eine Karte aus Mexiko erhalten, was Bertas Eifersucht weckt.
Immer noch lamentiert Helga über Schillers verheimlichte „Verwandtschaftsverhältnisse", was Klaus und Erich ganz schön nervt. Nach langem Hin und Her versöhnen sich Schiller und Helga wieder.
Egon kann Elses Keifereien nicht mehr ertragen und denkt an Scheidung. Olaf ist genervt von Dieter, der inzwischen als Zeitschriftendrücker arbeitet, und „mietet" als Zufluchtsort im Akropolis einen Stammtisch. Bei der Gelegenheit erkundigt er sich nach Neuigkeiten über Panaiotis. Vasily berichtet von einem Brief der Polizei aus Tiflis: Panaiotis sei dort nicht bekannt. Am Abend sitzen Egon und Olaf am neuen Stammtisch. Als Else das Lokal betritt, verstecken sie sich schnell. Wieder zu Hause, blitzt Olaf mit seinen Annäherungsversuchen bei seiner Frau ab. Wütend registriert er Dieters überlautes Fernsehprogramm und droht Claudia, ihren Bruder rauszuschmeißen.

Am Stammtisch treffen sich regelmäßig Olaf, Egon, Hajo und Erich. Ab Folge 547 darf auch Olli Klatt dort Platz nehmen.

Wunden

Spieltag: 23.02.1995 • Sendetag: 26.02.1995

Folge: 482

Claudia ist glücklich über die Versöhnung von Olaf und Dieter und fährt für eine Woche zu ihrer kranken Mutter.
Die Arzthelferin Corinna Marx kontrolliert die mürrische Sonia bei der Urinabgabe. Währenddessen verarztet Berta den Penner Harry. Dressler überreicht Sonia ihren Methadon-Drink. Im Hinausgehen macht die eine freche Bemerkung darüber, daß ausgerechnet die dunkelhäutige Chromo für Putzarbeiten eingestellt wurde.
Andy hat sich entschieden, sein Enkelkind Nico selbst zu betreuen, und komplimentiert Kurt aus der Wohnung. Kurze Zeit später sehen Flip und Kurt den einsamen Kinderwagen und nehmen Nico einfach mit. Andy, der nur kurz Isolde

Dr. Dressler gibt Sonia ihre tägliche Methadon-Ration.

behilflich war, findet den leeren Wagen und macht sich besorgt auf die Suche. Genüßlich spielt Kurt den Ahnungslosen. Valerie, die von der Fahrstunde kommt, durchforstet gemeinsam mit Andy das Haus. Gerade wollen sie die Polizei einschalten, als sie von Momo und Iffi erfahren, daß Nico bei Kurt war. In der Sperling-Wohnung schlägt Andy Kurt mit einem gekonnten Kinnhaken zu Boden.
Hans und Anna unterhalten sich über Zukunftsperspektiven. Da der Job in Schwerin auf zwei Jahre befristet wäre, lehnt Hans ab. Später bekommen sie Besuch von Frau Simson, Sarahs Lehrerin. Überrascht erfahren die beiden, daß sich das Mädchen in der Schule sehr ängstlich verhält. Auf einem Spaziergang mit Sarah erfährt Hans, daß sie von Daniel, einem Schüler aus der 3. Klasse, erpreßt wird.
Von der aufgelösten Berta begleitet, wird Scholz von Sanitätern auf einer Bahre aus dem Haus getragen – totales Nierenversagen!

Schiller oder Goethe

Spieltag: 02.03.1995 • Sendetag: 05.03.1995

Folge: 483

Hajo kann heute wieder nach Hause kommen, muß aber zweimal wöchentlich zur Dialyse. Die Aussichten auf eine Spenderniere sind sehr gering. Hemmungslos weint Berta sich bei Helga aus, die zu trösten versucht. Als Hajo Berta mit seiner verfrühten Rückkehr überrascht, kommt Isolde hinzu. Sie möchte weiterhin seine Detektivdienste in Anspruch nehmen. Doch Scholz lehnt ab. Vor der Haustür spricht Olli Lisa an und fragt frech nach Geld. Das Mädchen zahlt wortlos – und läßt einen positiv überraschten Olli zurück.
Helga verteilt ihre Hochzeitseinladungen. Onkel Franz, den sie bisher ausgespart hat, wünscht – auf Sitte und Anstand pochend – ebenfalls eine offizielle Einladung. Amelie erfährt endlich die Beweggründe für die längere Abwesenheit von Priesnitz: Er hat gänzlich mit seiner Familie abgeschlossen und seine Tochter enterbt. Onkel Franz überreicht Amelie einen geöffneten Brief ihrer Enkelin Julia, der versehentlich in seinem Briefkasten lag. Verächtlich äußert er sich darüber, daß Julia eine Ausbildung im Tierpark Hellabrunn anstrebt.
Unbeabsichtigt stößt Walle den Kinderwagen samt Nico die Treppen herunter. Iffi, die weinend ihren unversehrten Sohn ins Bett legt, wird von Momo beruhigt. Er ist sicher, daß Valerie es nicht absichtlich getan hat. Doch Iffi unterstellt ihr, daß sie aus Haß und Mißgunst den Kinderwagen gestoßen habe. Valerie bricht in Tränen aus. Iffi möchte nicht länger mit ihrer „mörderischen" Schwester zusammenleben, sondern bei Sperlings wohnen, was Eva jedoch rigoros ablehnt. Am Abend steht Iffi plötzlich mit finsterer Miene vor Andy und verlangt, daß ihre Schwester auszieht. Ansonsten werde sie sich auf Evas Kosten mit Nico im teuersten Hotel der Stadt einquartieren.

Reis aus der Dose
Spieltag: 09.03.1995 • Sendetag: 12.03.1995

Folge: 484

Gerührt liest Scholz den Brief seiner Mutter Hilde, in dem sie bedauert, ihm keine Niere spenden zu können, da sie die Altersgrenze bereits überschritten hat. Auch Berta bedauert, schon über 40 zu sein. Abends sind sie und Hajo bei Dressler eingeladen, um über das Thema Organspende aufgeklärt zu werden. Schockiert reagiert Scholz auf Ludwigs Erläuterungen, da der Arzt auch über illegale Möglichkeiten Auskunft erteilt. Er kann nicht ertragen, daß erst der Tod eines anderen Menschen ihm zu einem lebenswerten Dasein verhelfen soll. Auf dem Weg nach Hause versucht Berta vergeblich, Hajo Mut zu machen, als ihr plötzlich eine dunkle Gestalt die Handtasche entreißt. Der vermummte Olli entdeckt an der nächsten Ecke, daß sich sein Diebstahl nicht gelohnt hat.
Amelies Enkelin Julia, die heute zur Großmutter zieht, und Klaus treffen sich im Treppenhaus. Schon abends hocken die beiden bei Amelie wie zwei Frischverliebte zusammen.
Nachdem Anna Hans zum Vorstellungsgespräch ins Städtische Jugendreferat gebracht hat, besucht sie Gabi im Krankenhaus. Beide sind sich einig, daß die Sozialarbeit die wahre Berufung für Hans ist. Gabi kann ihre Heimkehr kaum noch abwarten, da sie sich Sorgen wegen der Auseinandersetzungen zwischen Valerie und Iffi macht. Als Anna heimkehrt, erzählt Sarah ihr schluchzend von einer erneuten Schlägerei mit Daniel. Unterdessen überrascht Bödefeld Hans mit der Neuigkeit, daß er die Stelle mit größter Wahrscheinlichkeit bekommen wird. Abends im Bett planen Hans und Anna, einen Termin mit Frau Simson und Daniels Eltern zu vereinbaren. Doch Sarah stammelt weinend, daß sie nie wieder zur Schule gehen wird.

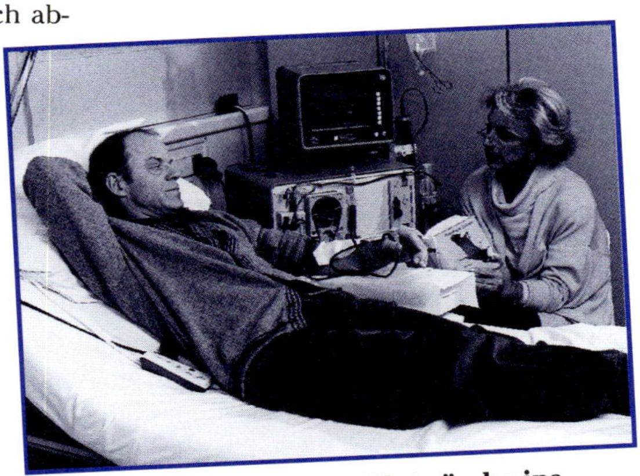

Berta begleitet Hajo zur Blutwäsche ins Krankenhaus.

Arbeitsscheu
Spieltag: 16.03.1995 • Sendetag: 19.03.1995

Folge: 485

Frau Simson stellt Hans und Anna Daniels Eltern vor. Sie sind verzweifelt, weil ihr Sohn auch andere Kinder verprügelt und

erpreßt. In einem Telefonat mit Andy erfährt Gabi von Valeries nichtbestandener Führerscheinprüfung. Anna bietet daraufhin ihrer Cousine an, Valerie als neues Kindermädchen einzustellen. Der phlegmatischen Erika will sie eine Abfindung zahlen. Geduldig versucht Anna, die unsichere Valerie auf ihre neue Stelle vorzubereiten. Hans liest am Abend Daniels Entschuldigungsbrief vor. Sarah bedauert den Jungen, weil er vermutlich in ein Heim kommt.
Dieter will Claudia im Blumenladen besuchen, trifft aber nur auf Olaf. Diesem erzählt er von seiner Scheidung und seiner 7jährigen Tochter Natascha, die er sehr vermißt. Schwager Olaf kann dies gut verstehen, wünscht er sich doch selbst innigst ein Kind. In den bevorstehenden Besuch von Natascha willigt Olaf sofort ein, worauf Dieter ihn herzlich umarmt.
Iffi und Momo erfahren, daß im Haus Nr. 1 eine Wohnung frei wird, und bitten Eva und Kurt um ihr Einverständnis, daß sie sich um die Wohnung bemühen. Eva willigt ein – vorausgesetzt, daß Kurt sich um eine neue Stellung bemüht. Zufällig trifft Iffi Herrn Hülsch und muß enttäuscht erfahren, daß die Wohnung in eine Eigentumswohnung umgewandelt wird. Damit will sich Iffi nicht zufriedengeben: Sie schlägt Momo vor, die Wohnung zu besetzen.

Glück

Spieltag: 23.03.1995 • Sendetag: 26.03.1995

Folge: *486*

Iffi kündigt ihren heutigen Umzug ins Haus Nr. 1 an. Sie hat einen Brief an Herrn Hülsch geschickt, in dem sie um einen Mietvertrag bittet. In ihrem neuen Heim finden Momo und Iffi ein Umzugspräsent mit Kartengruß von Andy. Gutgelaunt richten sie sich ein, als Eva auf einen Sprung vorbeikommt. Erstaunt registriert Iffi ihre Fürsorglichkeit. Auch Kurt wartet am Abend mit einem Freßkorb auf. Während Nico schläft und Momo lernt, begießt er mit Iffi den Einzug. Kurt kann seinen Blick von der strahlenden jungen Frau kaum abwenden.
Voller Elan bestellt Erich an diesem Morgen bei Claudia und Olaf einen riesigen Blumenstrauß für Helgas 55. Geburtstag. Während Claudia den Grund für deren „Fitneß“ in Schillers liebevoller Fürsorge vermutet, erinnert Olaf anzüglich an das „Lebenselexier Kinder“. Verärgert über die ständigen Anspielungen weist Claudia Olaf zurecht und verläßt sauer den Laden. Sie will Dieter wecken. Der ist frustriert, weil seine Tochter Natascha, für die er weder Sorge- noch Besuchsrecht hat, nun doch nicht kommt. Ungeduldig lockt Olaf später die widerstrebende Claudia zu einem Stelldichein ins Schlafzimmer. Aber sie ängstigt sich vor einem Kind wegen ihrer Veranlagung zu Krebs. Ihr Mann hat dafür kein Verständnis.
Zu fortgeschrittener Stunde spielen Erich und Philipp im Akropolis

Tavli. Matthias, Scholz, Egon, Dieter und Vasily schauen zu und kommentieren, während Onkel Franz und Hilmar sich über Ausgrenzung vom Stammtisch beschweren. Flip, selbst verwundert über seine Glückssträhne, schlägt sein „Ökothema" an, und unverhofft wird es ernst. Er wirft die Frage auf, inwieweit es zu verantworten ist, daß seine Generation die Umweltsünden der Eltern und Großeltern ausbaden muß.

Kontakte

Spieltag: 30.03.1995 • Sendetag: 02.04.1995

Folge: 487

Nach der Schule trifft Philipp auf Dieter, der ihn mit Vasily zu einer Fortsetzung des Tavli-Turniers lockt. Siegesprämie wird ein Abonnement für eine Computerzeitschrift sein. Philipp sagt zu. In eine Ausgabe eben dieses Magazins vertieft, öffnet er kurz darauf die Wohnungstür für Iffi. Kurt beobachtet sie verstohlen. Nach einem langen Blickkontakt verläßt Iffi die Küche. Im Akropolis bereiten sich Egon, Olaf, Erich und Flip auf das Tavli-Turnier vor. Dieter versucht wieder, seine Zeitschriften-Abos an den Mann zu bringen. Amelie bittet, das Turnier dem kranken Hajo zuliebe ins Haus Nr. 3 zu verlegen. Von ihr angeführt, treffen die Spieler im Treppenhaus ein. Auf Bertas Veranlassung hin wird der fröhlichen Runde jedoch wieder abgesagt. Später erzählt der heimkehrende Philipp Eva von seinem verlorenen Gewinn: Das Geld für das Abo hat Dieter gleich eingesteckt ...

Der geschwächte Scholz geht regelmäßig zur Dialyse. Berta bittet Dressler um ein Gespräch. Sie ist in einer von Dieters Zeitschriften auf einen Artikel gestoßen, der von einem Dr. Enkmann berichtet. Desillusionierend klärt Ludwig Berta über dessen Praktiken auf. Trotz Dresslers Warnungen besucht Berta Enkmann. Sie wird jedoch kühl abgefertigt, da der Arzt mit den „falschen Berichterstattungen" nicht länger konfrontiert werden will. Doch abends klingelt Berta völlig verzweifelt den verärgerten Dr. Enkmann aus dem Bett und fleht ihn an, ihr eine Kontaktadresse zu nennen.

Beim Ohrenputzen ist Matthias die Watte vom Stäbchen gerutscht. In der Praxis entfernt Corinna den Wattebausch. Matthias lädt sie zum Essen ein.

Matthias lädt Corinna zum Essen ein.

Auf eigene Faust
Spieltag: 06.04.1995 • Sendetag: 09.04.1995

Folge: 488

Als Iffi, Momo und Nico mittags nach Hause kommen, erwartet sie ein Napfkuchen von Kurt. Iffi ist gerührt. Dann steht Herr Hülsch vor der Tür und droht mit polizeilicher Räumung. Von Mietvertrag und Mietzahlungen will der Hausverwalter nichts wissen. Als Iffi am Abend weitere Dinge aus der Zenker-Wohnung abholt, bemüht Andy sich vergeblich, seine Tochter zur Aufgabe der besetzten Wohnung zu bewegen. Im Lift begegnet diese Kurt: Beide sind verlegen, und Iffi läßt einen völlig weggetretenen „Schwiegervater“ zurück.
Unverhofft betritt Matthias das Reisebüro und bedankt sich bei der strahlenden Helga für die Hochzeitseinladung. Er wird von einem überdimensionalen Blumenstrauß abgelöst, den Herr Lösch vor sich hereinschiebt. Helga fertigt ihn liebenswürdig ab. Später findet die Anprobe des Hochzeitskleides mit Marlene statt.
Mit DM 33.000 in der Tasche reist Berta heute nach Wien ab. Den wahren Grund ihrer Reise kennt Scholz nicht. Er wird derweil von Amelie, Lisa und auch Julia versorgt. Die Tierschützerin und strenge Vegetarierin Julia verweigert allerdings den von Berta vorbereiteten Auflauf.
In einer gediegenen Altbauwohnung am Stephansplatz sitzt Berta später einem mysteriösen Ungarn gegenüber, der sich nur für ihr Geld zu interessieren scheint. Schließlich übergibt sie die Papiere mit Hajos medizinischen Daten und wird ihrerseits verpflichtet, einer Dame am Prater das Geld zu übergeben. Aufgeregt wartet Berta am Riesenrad auf die unbekannte Frau. Dann steigen die beiden in ein Auto. Zwei Stunden später sind sie in einem Wiener Weinkeller gelandet. Die lange Autofahrt galt dem Kennenlernen. Berta ist verletzt über das Mißtrauen. Kann sie denn der Frau vertrauen und das viele Geld wirklich aus der Hand geben?

Mit Pauken und Trompeten
Spieltag: 13.04.1995 • Sendetag: 16.04.1995

Folge: 489

Scholz versucht vergeblich, Bertas Geheimnis zu lüften. Er entdeckt einen Kontoauszug mit der Abbuchung von DM 33.000 und fängt einen Anruf ab, der vermutlich mit Wien in Verbindung steht. Berta gibt an, ihr Erbe von Lydia in Wien fest angelegt zu haben. Sie möchte den verpaßten Anruf nachholen, besitzt jedoch weder Namen noch andere Daten.
Zwei Polizisten stehen mit einem gerichtlichen Eilbeschluß vor Iffis und Momos Tür. Die unverzügliche Räumung der Wohnung wird angeordnet – Argumentieren ist zwecklos. Als Iffis und Momos Möbel in

die Wohnung der Sperlings transportiert werden, entflammt dort eine heftige Diskussion über den Platzmangel. Unter Protest faßt Iffi den Entschluß, wieder zurückzuziehen.
In der Beimer-Wohnung laufen die letzten Hochzeitsvorbereitungen. Auf der Straße wird das Paar von vielen Nachbarn erwartet, als aus einem vorfahrenden Taxi eine junge Frau steigt, die freudestrahlend ihren Vater Erich beglückwünschen will. Helga, der nichts von einer Tochter bekannt war, rennt betroffen ins Haus zurück. Rundum schadenfrohe Gesichter. Schiller beordert seine Tochter Patricia ins Reisebüro und eilt Helga nach. Marlene versucht die weinende Braut mit einem Cognac zu trösten, leert ihn aber selbst und fertigt Schiller kühl an der Tür ab. Die Hochzeit ist geplatzt.

Hülsch hat seine Drohung wahrgemacht: Er läßt Iffis und Momos Wohnung räumen.

Stur
Spieltag: 20.04.1995 • Sendetag: 23.04.1995

Folge: 490

Momo, Iffi und Nico werden morgens von zwei Handwerkern und Herrn Hülsch überrascht. Eine erneute Diskussion über Mietrecht entbrennt, die Hülsch energisch abschmettert. Bei Philipp stößt Momo mit seinen Problemen auf taube Ohren, denn dieser ist voll in seine „Jugend forscht"-Ausschreibung vertieft. Da Nico bei Rosi schläft, schlägt Iffi ihrem Freund einen gemeinsamen Kinobesuch vor. Momo lehnt ab: Er will bei seinen Eltern in Ruhe lernen. Allein und frustriert bleibt Iffi zurück, als sie plötzlich Geräusche hört. Mit einem Küchenmesser bewaffnet, empfängt sie Kurt. Seine Versuche, ihr wegen der Wohnungsbesetzung ins Gewissen zu reden, scheitern. Eigentlich würde er gerne bleiben und auf sie aufpassen.
Gabi bittet Hans, bei seinem Freund Bödefeld nachzufragen, ob das Haus Nr. 3 ebenfalls saniert werde. Bödefelds Sekretärin übergibt Hans die erbetenen Anträge. Der Blick in die Akte macht Hans stutzig: Der Bauantrag von Phil Seegers, Besitzer der Häuser Lindenstraße 1 und 3, wurde vor 14 Tagen genehmigt, obwohl er zwei Monate zuvor abgelehnt worden war. Bödefeld weicht Hans' Fragen zu seiner Entdeckung aus ...
Helga will Erich auf den Mond schießen, denn in ihren Augen gibt es für seinen Vertrauensmißbrauch keine Entschuldigung. Trotzdem beobachtet sie heimlich, wie er Patricia vor der Pension Schott absetzt.

Im Reisebüro treffen Helga und Schiller dann aufeinander, doch seine Erklärungen verhallen im Raum – sie überreicht ihm die Kündigung. Wutentbrannt verläßt Erich das Reisebüro. Helga, in ihren Gefühlen schwankend, ruft Patricia an. Auch deren Erklärungen, daß Schiller schon vor ihrer Geburt ihre Mutter Sue verlassen habe, können Helgas Mißtrauen nicht schmälern. Patricia schlägt vor, eine Aussprache zu initiieren. Auf die Frage, ob sie Schiller denn wirklich nicht wiedersehen wolle, weiß Helga keine Antwort.

Bewußtseinsbildung

Spieltag: 27.04.1995 • Sendetag: 30.04.1995

Elena lehnt genervt Hilmars Angebot ab, seinen Schäferhund Hermann II. auf Panaiotis' Fährte in Georgien zu setzen.

Folge: 491

Philipp, der mit Kurt im Akropolis ißt, kennt nur noch sein „Jugend forscht"-Thema: „Nachweis zur Reduzierung des innerstädtischen Kraftfahrzeugaufkommens um die Hälfte" und „Re-Naturalisierung der City". Momo ist froh, daß er seine schriftlichen Abi-Prüfungen überstanden hat. Als Boris Ecker den Blumenladen beliefert, kommt er mit Valerie ins Gespräch; sie verabreden sich locker für kommenden Montag.

Im Café Bayer wartet Hans Beimer auf Hülsch, als Helga ihn um Rat wegen Schiller bittet. Er rät seiner Ex-Frau zum Gespräch, aber sie kommt über Erichs Lüge nicht hinweg. Hans' Kompliment, sie habe sich durch Erich positiv verändert, erntet nur Helgas Mißgunst. Die Befragung von Hülsch bringt für Beimer keine Erkenntnisse. Auf dem Amt fragt Hans seinen Freund Bödefeld nach der Baugenehmigung für Lindenstraße Nr. 1, da die Akte nicht aufzufinden ist. Er vermutet, daß die neue Eigentumswohnung Bödefelds ein Bestechungsgeschenk von Seegers ist, und droht mit offiziellen Schritten.

Olaf läßt seine männliche Gekränktheit an Claudia aus: Ohne Dieters ständige Anwesenheit wäre sie längst schwanger. Es kommt zu einer Schlägerei zwischen den Männern, und Claudia verläßt fassungslos die Wohnung. Später versucht Olaf, sich bei seiner Frau zu entschuldigen. Trotzdem beharrt er auf seiner These, Dieter müsse weg, und ein Kind sei für jede Frau ein Naturgesetz. Als Claudia am Abend in seiner Gegenwart die Pille nimmt, rastet er erneut aus, und es kommt zu beiderseitigen Ohrfeigen. Wütend will Olaf seine Frau zu ihren sexuellen Ehepflichten zwingen. Diese flüchtet panikartig aus der Wohnung. Unmittelbar darauf hört Olaf Unfallgeräusche von der Straße her. Ist Claudia verunglückt?

Mitten im Leben

Spieltag: 04.05.1995 • Sendetag: 07.05.1995

Folge: 492

Claudia wurde am Vortag beerdigt. Margot besucht noch einmal das Grab der Tochter, gestützt von Olaf und Dieter, der in später Reue fast am Grab zusammenbricht. Olafs religiösen Trost besitzt er nicht, aber endlich verträgt er sich mit seinem Schwager, der ihm gemeinsame Arbeit im Laden anbietet.
Hans hat Sorgen wegen Bödefeld: Wird er einen Freund verlieren, wenn er die Sache mit der verschwundenen Bauakte verfolgt? Schließlich legt er seinem Kollegen nahe, die korrupten Geschäfte mit Seegers zu beenden, und kündigt ihm selbst die Freundschaft. Wenig später sucht Bödefeld Phil im Akropolis auf. Es stellt sich heraus, daß der Beamte tatsächlich mit einer Eigentumswohnung geködert wurde und jetzt damit erpreßt wird. Während eines Gespräches mit dem Bauleiter wird Seegers von Momo und Iffi belauscht, und ein ungewöhnlich forscher Momo stellt sich heute Phil mit der Forderung nach einem Mietvertrag in den Weg. Iffi küßt begeistert ihren Helden. Jetzt setzt sie sich auch Rosi gegenüber durch: Nico kommt mit ins neue Heim.
Philipp befragt für seine Verkehrsuntersuchung erst Priesnitz, dann Scholz. Beide laden ihn zu einem Drink ein. Spätabends platzt dann ein völlig besoffener Philipp ins Casarotti.
Valerie trifft auf Ecker, der offen zugibt, daß er sich freut, sie wiederzusehen. Zu ihrer Überraschung lädt Boris sie ins Akropolis ein. Warum gerade sie? Meint er's ernst?

Ressentiments

Spieltag: 11.05.1995 • Sendetag: 14.05.1995

Folge: 493

Anna ist begeistert, wie flink und geschickt sich Valerie beim Bettenbeziehen anstellt. Doch die junge Frau ist in Gedanken bei Boris. Die beiden verabreden sich zu einem Treffen auf dem Spielplatz. Während die Kinder rumturnen, kommen sie sich näher und landen schließlich bei dem gegenseitigen „Du".
In der Beimer-Wohnung gibt es an diesem Morgen gleich zwei Verwirrte. Klaus, der einen Brief von Olli liest, in dem dieser mitteilt, daß er auf ein Jahr Bewährung verurteilt wurde, und der erneut um Klaus' Freundschaft wirbt – und Helga, die nicht weiß, ob sie Erich treffen möchte. Bei Olaf im Laden kauft Helga Blumen. Olaf belügt sie unverfroren: Claudia sei nicht aufgeregt gewesen, als sie das Haus verlassen habe. Später empfängt Helga Schiller. Trotz seiner Erklärungen fühlt sie sich immer noch hintergangen und kann ihm nicht verzeihen. Klaus ist mit seinem Olli-Problem bei Julia im Tierpark gelandet. Er er-

Im Blumenladen ist Kunde Metzen fasziniert von Helga ...

zählt ihr von der Faschogruppe und daß er Olli mal verpfiffen hat, was ihm ein schlechtes Gewissen bereitet. Julia reagiert verständnisvoll. Scholz wird von Andy zur Dialyse abgeholt. Endlich erhält Berta den so sehr erwarteten Anruf. Der Termin ist Ende nächster Woche, und sie soll DM 15.000 in bar mitbringen. Unumwunden bittet sie Amelie um dieses Geld. Jetzt klärt Berta Hajo über die Wienreise auf und sichert ihm eine Nierentransplantation durch beste Spezialärzte zu, aber Scholz lehnt ab, weil jemand anders dafür sein Leben lassen muß. Berta fragt ihn verstört, ob er selbst sterben wolle.

Verzicht

Spieltag: 18.05.1995 • Sendetag: 21.05.1995

Folge: 494

Heimlich klärt Scholz die Polizei telefonisch über das „Transplantations-Reiseziel" auf. Berta, glücklich über Hajos vermeintlichen Sinneswandel, will nicht über die Illegalität ihres Unternehmens nachdenken. Sie hätte auch gar nicht gewußt, wie sie alles hätte rückgängig machen sollen. In der Klinik werden Berta und Hajo in ein Privatbüro geführt. Berta ist überrascht, Dr. Pauli als Chefarzt der Privatklinik Rossbach wiederzufinden. Bevor jedoch die geschäftlichen Angelegenheiten geregelt werden können, wird Pauli verhaftet. Berta versucht den Kommissar davon zu überzeugen, den erschöpften Scholz mit weiteren Fragen zu verschonen und ihn zur lebenswichtigen Dialyse zu entlassen. Dann aber reagieren die beiden sprachlos auf das unerwartete Angebot des Polizisten, eine Transplantation in der Uniklinik Köln zu organisieren.

Kurt, Iffi und Nico bleiben im Lift stecken. Ihnen ist nicht nur die Enge des Aufzugs unbehaglich, sondern auch die damit verbundene Nähe. Zehn Minuten später hat Egon den Lift repariert, und sie können aussteigen. Später bricht Iffi unbegründet in Tränen aus. Momo tröstet sie liebevoll.

Steckengeblieben: Iffi und Kurt kommen sich näher.

Valerie wird ungewollt Ohrenzeugin einer Unterhaltung zwischen Gabi und Anna, deren Thema sie selbst ist: Mit ihren unausstehlichen Depressionen und ihrem barschen Verhalten werde sie nie einen Freund finden ... Gabi deutet sogar ihre „Holger-Geschichte" an. Später trifft Ecker auf die niedergeschlagene Valerie. Die Fahrprüfung hat sie auch noch verpatzt. Zum Trost lädt Boris sie spontan ins Kino ein. Auf dem Nachhauseweg überrascht ihn Valerie mit der Frage, ob er mit ihr schlafen wolle ...

Ungeziefer

Spieltag: 25.05.1995 • Sendetag: 28.05.1995

Folge: 495

Ecker trifft erstmals den ganzen Zenker-Clan. Später machen Valerie und Boris einen Waldspaziergang und versuchen, ihre Gefühle in Worte zu fassen. Er würde gerne mit ihr schlafen, aber nicht, damit sie sich etwas beweisen kann. Es kommt zum ersten Kuß. Doch dann müssen sie vor Vatertagsausflüglern an einen lauschigeren Ort fliehen. Seegers möchte Max zu einer Spritztour abholen, aber der Junge lehnt die Einladung zu Phils Ärger ab.

Scholz fühlt sich sehr schwach vor der Dialyse, zu der ihn Andy abholt. War es falsch, daß er die Polizei gegen die Organ-Mafia einschaltete? Berta zumindest bedauert es. Andy jedoch hat viel Respekt vor Hajos uneigennütziger Haltung. Berta muß sich von Amelie trösten lassen, die es dann immerhin schafft, einen Teil des verlorenen Geldes über ein Interview wieder reinzuholen.

Hans und Anna entdecken zu ihrem Schrecken Läuse auf Sarahs Kopf. Statt Picknick ist nun Entlausen, Großputz und eine große Waschaktion angesagt. In die Hektik platzt Bödefeld hinein. Hans weicht mit ihm ins Akropolis aus. Dort läßt er sich dann vertrauensselig auf die vermeintliche Erneuerung ihrer Freundschaft ein. Aber kaum hat sich Hans von Bödefeld verabschiedet, fährt Phils Wagen vor. Zu Hause entdeckt die erschöpfte Anna nun auch auf dem Kopf ihres Mannes Läuse. Die beiden tragen es mit Fassung. Phil übt unterdessen wieder Druck auf Bödefeld aus. Seegers will Beimer endgültig von seinem Posten im Sozialamt verschwinden lassen.

Thema Hygiene: Einmal beschwerte sich eine Zuschauerin, daß Anna Ziegler sich nur 21 Sekunden lang - also viel zu kurz - die Zähne putzte.

Irrwege

Spieltag: 01.06.1995 • Sendetag: 04.06.1995

Folge: 496

Als Hans seine Sekretärin in die Pause entlassen hat, klopft es an der Tür, und eine Anja Herrlinger stellt sich vor, die sich aber offensichtlich nur in der Tür geirrt hat. Hans läßt sich von ihr in ein Gespräch verwickeln und begleitet das junge Mädchen noch ein Stück, um ihr den Weg zu erklären. Aber als Hans verschwunden ist, kehrt Anja um und eilt in entgegengesetzter Richtung davon. Bödefeld kommt abends überraschend zu Besuch. Es wird ein gemütlicher Abend mit nostalgischen Erinnerungen.

Helga fühlt sich ohne Erichs Hilfe einfach überlastet, will dies aber nicht wahrhaben und ist unausstehlich. Sie ist auf der Suche nach Kundenunterlagen. Da sie annimmt, Schiller habe diese verschlampt, ruft sie in der Pension an, um ihm ihre Meinung zu sagen. Doch sie muß erfahren, daß er ohne Hinterlassen einer Adresse nach Kanada abgereist ist. Die gesuchten Reiseunterlagen findet Helga ausgerechnet in ihrem eigenen Schreibtisch, aber für sie bleibt Schiller der Schuldige. Als sie versucht, ihn in Kanada unter Tante Bettys Nummer anzurufen, scheint man sie am anderen Ende gar nicht zu kennen.
Rosi holt einen Strauß Flieder für Huberts Rückkehr. Beim Mittagessen kommt die telefonische Nachricht, daß ihr Mann beim Umsteigen in Leipzig den Anschlußzug verpaßt hat. Später erfährt Rosi dann, daß Huberts Brieftasche in der Telefonzelle gefunden wurde; auch der Koffer ging verloren. Gabi versucht, ihre Mutter mit Baldrian zu beruhigen. Abends erfahren sie, daß Hubert endlich im richtigen Zug sitzt. Andy fährt zum Bahnhof. Aber er kommt zu Rosis Schrecken alleine zurück: Kein Hubert im Zug. Ist ihm was Schreckliches passiert? Rosi befürchtet, ihn nie wieder zu sehen.

Schöne Ferien

Spieltag: 08.06.1995 • Sendetag: 11.06.1995

Folge: 497

Hubert hat Momos Abifeier vergessen. Bei Kochs kommt es zu Zänkereien über das Thema Vergeßlichkeit, und natürlich wird auch Huberts Irrfahrt von letzter Woche, die innerhalb Münchens noch weiterging, erwähnt. Mittags bringt Gabi am Tisch einen Toast auf Momos gut bestandenes Abitur aus. Hubert hat nochmals Vergeßlichkeitsattacken. Erst vergißt er seinen Schlüssel, dann steht er ohne Portemonnaie an der Supermarktkasse.
Anna und Hans packen für den Pfingsturlaub und sind bester Laune, als Hans' Chef ihn unerwartet ins Büro zurückbeordert. Er liest ihm ein Protokoll von Anja Herrlinger vor, die Hans massiver sexueller Übergriffe beschuldigt. Mit Bestürzung muß Hans feststellen, daß sein Chef dies glaubt. Da er vor dem Treffen mit Anja noch seine Sekretärin in die Pause entließ, kann Hans keinerlei Zeugen zu seiner Entlastung anführen. Wieder zu Hause, fahren sie los, ohne daß Hans seiner Frau etwas erzählt. Am Abend stößt Anna dann auf eine Zeitung mit der Schlagzeile: „Tatort Jugendamt: Sex mit Minderjähriger! Hans B., 51, Abt. Familienergänzende Hilfen ..." Hans ist erleichtert, als er merkt, daß Anna ihm vertraut, grübelt aber über Anjas Motive.
An diesem Morgen betritt Else Kling das Reisebüro, um zu Helgas Verblüffung eine Reise zu buchen. Eigentlich spendiert sie die Reise ihrem Olaf, der auf diese Weise hoffentlich zu einer neuen Frau kommt. Dann steht ein Araber in traditioneller Kluft vor Helga und

möchte von Schiller bedient werden. Helga antwortet knapp, daß der nicht mehr in Diensten sei. Daraufhin versucht der Araber, sich an „die schöne Frau“ heranzumachen. Doch Erich verrät sich und muß die Verkleidung abnehmen... Helga beweist keinen Humor und schmeißt ihn raus. Abends steht er wieder flehend vor ihrer Tür. Wird Helga ihn endlich erhören?

Rosige Zeiten

Spieltag: 15.06.1995 • Sendetag: 18.06.1995

Folge: 498

Das Haus Nr. 1 ist offensichtlich zur Vermietung freigegeben. Telefonisch versuchen Momo und Iffi, einen Mietvertrag zu ergattern, aber am heutigen Feiertag meldet sich niemand. In das Durcheinander platzt Kurt mit seiner unverhofften Rückkehr, nachdem er gut drei Wochen verschwunden war. Daheim bekämpft Iffi ihre Gedanken an Kurt und umarmt Momo impulsiv. Als Kurt Eva eröffnet, daß er zurück nach Afrika will, kommt es zum Streit.

Am Morgen besucht Anwalt Dr. Stern mit Hans die Herrlingers. Ziemlich penetrant verschafft sich Stern trotz Fronleichnam Einlaß in deren Wohnung. Anja wird vom Vater autoritär herbeizitiert. Als Hans mit dem Anwalt später das mit dem jungen Mädchen geführte Gespräch noch einmal auf Tonband abhört, verliert er alle Hoffnungen: Anjas Anschuldigungen sind ungeheuerlich. Zutiefst deprimiert geht er nach Hause. Mit Anna versucht Hans, den Hintergrund der Affäre zu beleuchten. Wieso wußte die Presse so schnell Bescheid? Will Anja Geld? Aber darauf möchte sich Hans nicht einlassen, denn dann bliebe er erpreßbar bis in alle Ewigkeit.

Nachdem Klaus seiner Mutter einen Korb gegeben hat, weil er mit Julia ins Grüne fahren will, verabredet sie sich mit Marlene. Helga hat Gewissensbisse wegen ihrer Schroffheit Erich gegenüber. Marlene macht ihr Mut, den „Entzug“ weiterhin durchzuhalten. Mittags sitzen die Freundinnen dann im Biergarten. Als Hans niedergedrückt vorbeigeht, ergeht sich Marlene weidlich in dem Skandal- und Männerthema. Helga schilt Marlene „geschmacklos“, Marlene Helga „sentimental“. Hastig verabschiedet Helga sich und ruft zu Hause sofort Hans an, um ihn mit solidarischen Worten zu trösten – vergeblich. Auch Anna spürt, daß ihr Mann sich seiner Resignation hingibt. Energisch fordert sie ihn auf, für seine Unschuld zu kämpfen. Doch Hans fragt sich verzweifelt, wie er das bewerkstelligen soll.

Letzte Versuche

Spieltag: 22.06.1995 • Sendetag: 25.06.1995

Folge: 499

Hans wird von seinem Chef Lott vom Dienst freigestellt. Anja hat sehr intime Beweise angeführt wie Blinddarmnarbe, gestreifte Unterhose ... Hans verschlägt es die Sprache. Weiterhin rückt Lott mit Recherchen über Hans' Vergangenheit heraus, die allesamt kein gutes Licht auf ihn werfen. Hans hat nun Angst vor einer Entlassung. Auch Anna reagiert zunächst mißtrauisch, weil Anja so bezeichnende Details kannte. Ein weiterer Versuch, das Mädchen zu einem Rückzug ihrer Aussage zu bewegen, mißlingt. Anna entschuldigt sich später bei ihrem Mann und bemüht sich, ihn zu trösten.

Bei Sperlings ist jeder so mit sich selbst beschäftigt, daß jegliche Kommunikation aneinander vorbeigeht. Philipp beschwert sich, daß seine Staubefragung von der Familie nicht unterstützt wird. Hilfe kommt aber von Amelie und Priesnitz, der einen finanziellen Zuschuß anbietet. Kurt möchte Momo, der neuerdings als Fahrradkurier arbeitet, einen Kühlschrank schenken. Doch bevor Momo seinem Vater alle Erneuerungen in der Wohnung vorführen kann, ist dieser schon wieder verschwunden. Auch Iffi spendet ihrem Freund kein großartiges Lob, ihr Interesse gilt Kurt. Gabi präsentiert Iffi und Momo einen legalen Mietvertrag.

Der Briefträger hat Vasily den Steuerbescheid 1994 zugestellt. Der junge Grieche beschließt, den abgezogenen Wahlanteil von DM 5,03 nicht zu zahlen, da er als Ausländer nicht wählen darf. Unverhofft kommt ein Anruf von amnesty international: Panaiotis lebt! Er befindet sich in einem Gefängnis in der Türkei. Vasily soll sich nun mit der Griechischen Botschaft in Ankara in Verbindung setzen. Sofort versucht Elena, zwei Flugtickets für den Abend zu besorgen. Vasily kommt bei der Botschaft nicht durch. Kurz vor der Abreise startet er einen letzten Telefonversuch und erfährt: Panaiotis vermag nicht zu reden, sie haben ihn gefoltert. Es geht ihm sehr schlecht .... Entsetzt starrt Elena ihren Sohn an.

Das Jubiläum

Spieltag: 02.07.1995 • Sendetag: 02.07.1995

Die Zahl 500 taucht in vielen Szenen auf.

Folge: 500

Elena und Vasily helfen dem völlig entstellten Panaiotis aus dem Wagen. Sein Gesicht ist von Zigaretten-Brandmalen verwüstet, die Haare sind geschoren. Er kann aus eigener Kraft nicht gehen und scheint überhaupt nichts wahrzunehmen. Doch Vasily ist nicht so sehr besorgt um die körperlichen, als vielmehr um die seelischen Wunden, die seinem Vater zugefügt wurden. Beate erklärt Dressler den Sachverhalt: Der Wagen mit den lange gesammelten Hilfsgütern ist verschwunden. Daß diese für Georgien bestimmt waren und nicht für die in der Türkei lebenden Kurden, hat man Panaiotis nicht geglaubt. Später bricht Panaiotis ohnmächtig zusammen und wird vom Notarzt abgeholt.

Klausi ist Neuvegetarier.

Noch im Morgenmantel sieht Helga sich plötzlich Erich gegenüber, der sie tanzend in Richtung Schlafzimmer führt. Ein inniger Kuß. Es dauert lange, bis das Federbett sie freigibt ... Auch der Champagner wirkt: Beide sind inzwischen bei Erichs Wiedereinstellung angelangt.
Heute versucht Anna, die Wahrheit aus Anja herauszupressen. Das Mädchen wird immer aggressiver, so daß Vater Herrlinger Anna vor die Tür setzt. Jetzt weiß sie, daß sie der Lösung des Problems sehr nahe war und bohrt weiter bei Hans. Wer könnte hinter Anja stehen und ihn vernichten wollen? Als sie ihren Verdacht gegenüber Bödefeld anspricht, sucht Hans lauter Gegenargumente und will die Wahrheit nicht sehen. Er schaltet Scholz ein, der Anja beschatten soll.
Else und Olaf kommen von der Kirche nach Hause. Else hat nur noch den neuen Videorecorder im Kopf, der die 500. Folge ihrer Serie aufnehmen soll. Aber sie schaffen es nicht, das Gerät richtig anzuschließen. Die Serie läuft bereits, ohne daß sie überhaupt schauen kann – und Olafs Fernseher ist in Reparatur. Tränenüberströmt verläßt Else die Wohnung, stürmt ins Akropolis und fliegt wieder raus. Vasily schreit sie an. Wo sie eigentlich lebe? Es gehe um Folter, und sie heule wegen einer Fernsehserie! Nun platzt Else bei Beimers rein, und zusammen mit der verdutzten Helga und dem sprachlosen Schiller sieht sie noch gerade die Schlußszene der Soap: Beate und Vasily fragen, wie lange alle dem schrecklichen Weltgeschehen untätig zusehen wollen ... Else ist hingerissen.

Panaiotis kehrt als gebrochener Mann in die Lindenstraße zurück.

Druckmittel

Spieltag: 06.07.1995 • Sendetag: 09.07.1995

Folge: 501

Schiller deponiert bei Vasily einen Stapel Reisewerbung im Lokal und erfährt, daß im Falle Panaiotis ein Schreiben an den Internationalen Gerichtshof in Den Haag gegangen ist. Kurz darauf bringt Vasily aufgebracht die Prospekte zurück, die für das Land werben, in dem sein Vater gefoltert wurde: die Türkei. Betreten entschuldigen

sich Helga und Erich, wobei Schiller aber auch zu differenzieren versucht. Vasily verläßt wütend das Reisebüro. Nachmittags schneit Beate ins Akropolis. Als sie das Schild „Türken werden hier nicht bedient“ sieht, kommt es zum Krach.
In Dresslers Praxis taucht mal wieder Matthias auf und nervt Corinna mit seinen plumpen Annäherungsversuchen. In Sonias Urinproben werden Cannabisspuren nachgewiesen, woraufhin Ludwig tägliche Analysen fordert. Sonia fühlt sich autoritär erpreßt, und die Situation eskaliert. Abends klingelt sie bei Dressler, um ausnahmsweise ihr Methadon schon abzuholen, weil sie morgen ihre Eltern in Nürnberg besuchen will. Dressler lehnt ab. Er habe kein Vertrauen in sie.
Im Akropolis kommt es zu einem Gespräch zwischen Olli und Lisa, und sie verabreden sich locker für nächste Woche. Von Gabi muß sich das Mädchen wieder Belehrungen über den „kriminellen“ Olli anhören, doch Lisa ist anderer Meinung: Ihm habe – wie ihr – Mutterliebe gefehlt. Als Olli vor dem Haus Nr. 3 wartet, um sie zum Bus zu begleiten, wird er von Else durchs Fenster beschimpft. Lisa erscheint und zögert leicht irritiert. Daraufhin bezichtigt sich Olli all der Schandtaten, die ihm vorgeworfen werden. Nun wolle Lisa ihn bestimmt nicht wiedersehen ... Diese ist ratlos.

Gefühlsqualen

Spieltag: 13.07.1995 • Sendetag: 16.07.1995

Folge: 502

Unangenehm berührt trifft Berta auf Olli, der zu seiner neuen Arbeitsstelle im Supermarkt gehen will. Olli bittet Berta, dem Klavierunterricht einmal beiwohnen zu dürfen, und verabschiedet sich zuvorkommend. Charmant trägt er Else ihre Einkaufstüten nach Hause und tituliert sie gar als „guten Geist der Straße“. Onkel Franz allerdings will Else vor Olli warnen und zerbricht im Eifer des Gefechts ihre Milchflasche. Else fordert vergeblich Ersatz und will jetzt als Pfand Wittichs Wäsche einbehalten. Der ist einer Herzattacke nahe. Später holt Lisa Olli von der Arbeit ab. Seine Anspielungen auf seinen schlechten Leumund weist das Mädchen von sich: Sie habe Vertrauen. Mit einem flüchtigen Kuß auf die Wange verabschiedet Olli die verliebte Lisa.
Eindringlich fordert Dressler von Sonia mehr Rücksichtnahme gegenüber seinen langjährigen Patienten, denn ihm mißfällt nicht nur ihre freizügige Aufmachung. Ein zusätzlicher Gesprächstermin nach Praxisschluß soll die Fronten klären. Doch er wartet vergeblich auf Sonia. Dementsprechend ungehalten reagiert er, als diese später noch bei ihm auftaucht. Nachdem Ludwig Sonia vor der Tür abgefertigt hat, eilt ihr Tanja nach und versucht erfolglos, sie zu einer Rückkehr ins Arzthaus zu bewegen. Ratlos bleibt Tanja zurück.

Momo bemüht sich vergeblich um ein Gespräch mit seinem Vater. Als er vorsichtig auf dessen Beziehung zu Eva anspielt, flüchtet Kurt aus der Wohnung. Später vertraut Momo Iffi seine Befürchtungen an: Kurt habe sich auf seiner Reise in eine andere verknallt – natürlich nur platonisch. Überraschend treffen Kurt und Iffi später in der Waschküche aufeinander. Verschreckt ergreift Iffi sofort die Flucht. Wieder zu Hause, schreibt sie aufgewühlt einen Brief an Kurt: Sie bittet ihn, sich nie mehr wiederzusehen.

Nie wieder

Spieltag: 20.07.1995 • Sendetag: 23.07.1995

Folge: 503

Wieder einmal versucht Iffi, einen Abschiedsbrief an Kurt zu formulieren – alles, was ihr einfällt, sind Liebesworte. Momo bringt Nico zu Sperlings und lädt zu einem mittäglichen Dankesessen für den geschenkten Eisschrank ein. Eva freut sich und hofft, daß Kurt und Philipp auch erscheinen werden. Kurt steht dann wirklich mit Blumen vor der Tür, doch zum Klingeln fehlt ihm der Mut. Vor dem Café Bayer sitzt derweil Philipp, dem Priesnitz für die geplante Staubefragung nochmals finanzielle Hilfe verspricht. Später lügt Kurt Eva vor, er sei gerade erst heimgekommen, habe starke Kopfschmerzen und wolle an die frische Luft. Auch Iffi entschließt sich, mit Nico spazieren zu gehen. Auf der Parkbank „Bodo Sonntag" treffen sie aufeinander, und es kommt zum ersten stürmischen Kuß in aller Öffentlichkeit.

Heute hat Gabi großen Ärger mit ihrer Kollegin Karin Atter, die sich darüber aufregt, daß Gabi während der Arbeitszeit Privatgespräche führt. Systematisch schikaniert sie außerdem alle Kunden im Café Bayer: Anna, Hubert, Priesnitz, Philipp ... Schließlich platzt Gabi der Kragen, und sie schickt die „Bißgurn" nach Hause. Als sie versucht, sich beim Chef zu beschweren, ist das Telefon besetzt. Max überlegt derweil, wie man die Atter ärgern könnte.

Die Atter bringt mal wieder ihren Spruch: „In der Maistraße hat's so was NET gegeben!"

Scholz berichtet Hans, daß Anja in einem teuren Hotel in Köln weilt. Wegen der Dialyse kann er ihr aber nicht nachreisen und sucht vergeblich nach einem Ersatzmann. Hans, äußerst nervös, entschließt sich, selbst die Beschattung aufzunehmen. Als er im Kölner Hotel ankommt, erfährt er durch den Portier, daß Anja Herrlinger mit unbekannter Adresse abgereist ist. Hans bleibt verstört und ratlos sich selbst überlassen.

Showdown

Spieltag: 27.07.1995 • Sendetag: 30.07.1995

Folge: 504

Iffi verkündet überraschend ihren Entschluß, noch heute mit Nico nach Warnemünde zu fahren. Momo will in 14 Tagen nachkommen. Im Café Bayer bemängelt Karin Atzer die fehlenden Hygienemaßnahmen, und Gabi befürchtet, daß die ungeliebte Kollegin ihr möglicherweise das Gesundheitsamt auf den Hals hetzt. Derweil plaziert Max Vogelscheiße auf einem von Karin servierten Kuchenstück. Rache für Gabi!

Heute, am ersten Ferientag, beginnt die große Staubefragung. Eine Blechlawine schleicht über die Autobahn am Irschenberg. Philipp, Kurt und ihre Helfer verteilen sich und interviewen die Autofahrer. Mittags ist Philipp wegen der schwachen Ausbeute enttäuscht. Auch die anderen sind nicht begeistert. Abends entdeckt Kurt Iffis Telefonnummer in Warnemünde – sie hängt am Spiegel im Flur.

Zufällig ist Hans in Köln wieder auf Anja gestoßen und beschattet sie hartnäckig. Er folgt ihr schließlich bis zum Flughafen. Hinter einer Zeitung verborgen, erlebt er dann ein Begrüßungsküßchen zwischen Anja und Phil Seegers. Hans fällt es wie Schuppen von den Augen: Dies ist der Drahtzieher, der Anja angestachelt hat, ihn zu Fall zu bringen! Er kann jedoch Seegers nicht am Abflug nach New York hindern. Zurück in München, gelingt es Hans, noch vor Feierabend Bödefeld abzufangen. Er geht seinen ehemaligen Freund erbost an und droht ihm mit einer Anzeige. Doch Bödefeld zeigt sich unbeeindruckt. Hans schaut ihm wütend und hilflos nach.

Hans hat endlich Gewißheit. Seegers steckt hinter dem Komplott mit Anja Herrlinger.

Fata Morgana

Spieltag: 03.08.1995 • Sendetag: 06.08.1995

Folge: 505

Helga und Klaus, der unter Julias Einfluß ebenfalls strenger Vegetarier geworden ist, streiten mal wieder über Fleischkonsum. Wenigstens bietet Erich Klaus eine sturmfreie Bude für seine heutige Verabredung mit Julia an. Alles läßt sich gut an, bis es klingelt und Onkel Franz das Stelldichein stört. Julia rauscht zu Amelie, Klaus zu Benny, und Onkel Franz spielt genüßlich Selbstversorger – glücklich,

sich vor Else mit ihren Geldforderungen für die zerbrochene Milchflasche versteckt zu haben. Aber Else kennt Wittichs Versteck und klopft hartnäckig an die Tür. Bei ihrer Rückkehr findet Helga dies alles nicht komisch und befördert beide aus der Wohnung.
Obwohl Anwalt Stern von einem Prozeß gegen Seegers abrät, wollen Hans und Anna von ihrem Vorhaben nicht abrücken. Im Café Bayer sieht Hans zufällig Hülsch, an dem er seine Wut ausläßt. Wenig später klingelt es, und Hülsch kommt in die Ziegler-Wohnung. Hans' Ausbruch ist ihm nahegegangen, und er will nicht mehr das „Schwein" sein: Er packt aus!
Iffi tummelt sich mit Nico am Strand, als Kurt, einer Erscheinung gleich, plötzlich auf sie zukommt. Vergeblich ringen beide um Fassung. Nachdem Iffi Nico nach Hause gebracht hat, schleicht sie sich zu Kurt heran, der am Strand sitzt. Bereits bei der ersten Berührung versinken sie im Taumel der Leidenschaft. Später bemerkt Iffi, daß sie ihre Momo-Kette verloren hat. Kurt verpaßt abends seinen Zug nach Leipzig, wo er ein Bewerbungsgespräch hat. Da er hofft, noch heute fahren zu können, steht er nachts mit Iffi engumschlungen am Bahnsteig. Der Zug läuft ein, aber Iffi will sich nicht trennen. Sie hat Angst vor Momo, weiß nicht, was sie ihm sagen soll. Jetzt, wo sie weiß, daß sie Kurt liebt.

Schlüsselerlebnisse

Spieltag: 10.08.1995 • Sendetag: 13.08.1995

Folge: 506

Um Hubert zu helfen, übernimmt Lisa das Blumengießen in Iffis und Momos Wohnung. Hubert gibt ihr den Schlüssel. Sie läßt diesen nachmachen und lädt Olli zum Abendessen in die fremde Wohnung ein. Bei ihrem Stelldichein werden die beiden plötzlich durch Türgeräusche aufgeschreckt, und sie verstecken sich schnell. Hubert kommt zum Gießen ... wobei der gedeckte Tisch ihn stutzig macht. Irritiert verläßt er die Wohnung. Als er wenig später in Rosis Begleitung zurückkehrt, ist alles aufgeräumt. Jetzt ist Hubert restlos verunsichert.
Iffi steht mit Nico am Bahnhof in Warnemünde, um Momo abzuholen. Dieser ist so glücklich dazusein, daß er Iffis Beklommenheit gar nicht bemerkt. Als Momo das Fehlen der Kette entdeckt, bricht sie in Tränen aus – die Erinnerung an Kurt ist zu traurig. Momo bleibt weiterhin ahnungslos. Abends überrascht er Iffi mit einem Geschenk, einem Bergkristall, so funkelnd und unverfälscht wie sie.
Nachmittags kommt die Gerichtsvollzieherin Borg-Schäuffle ins Akropolis. Noch immer weigert sich Vasily, seinen Wahlanteil zu zahlen, weil er die regierenden Politiker nicht anerkennt, die u.a. Waffen aus NVA-Beständen sowohl an die Türkei als auch an Griechenland liefern.

Frau Borg-Schäuffle scheint politisch nicht besonders informiert – stur klebt sie ihren Kuckuck an Vasilys Pfeffermühle. Matthias ist es gelungen, Corinna abends ins Akropolis auszuführen. Doch seine pedantische und moralisierende Art nervt sie so sehr, daß es zu einem Streit kommt. Als Corinna eilig das Akropolis verläßt, will Matthias ihr folgen, doch er entdeckt Lisa und Olli knutschend an der Bushaltestelle. Um das Mädchen zu retten, droht er Olli, ihn aus dem Verkehr zu ziehen. Dieser fragt freundlich-provozierend, wie er das denn bewerkstelligen wolle.

Laufpaß

Spieltag: 17.08.1995 • Sendetag: 20.08.1995

Folge: 507

Völlig überraschend erhält Erich heute von Helga einen Heiratsantrag und willigt freudestrahlend ein. Klaus hat weniger Glück: Erschüttert erfährt er von Julia, daß sie auch in Bremen einen Freund hat. Enttäuscht läuft er davon. Als Julia später mit ihm reden möchte, macht er – aus Protest gegen die Vegetarierin Braten mampfend – die Tür nicht auf.
Brüskiert und verständnislos unterhalten sich Beate, Vasily und Isolde über den Ablehnungsbescheid vom Internationalen Gerichtshof in Den Haag. Als sie zu dem Schluß kommen, daß offensichtlich in der Türkei ganz offiziell gefoltert werden darf, reagiert ein türkischer Gast erbost. Es kommt zu Handgreiflichkeiten mit Vasily.
In der Praxis erteilt Corinna Marx, der täglichen Besuche überdrüssig, Matthias eine klare Abfuhr, worauf dieser sprachlos das Feld räumt. Später fängt er sie nochmals ab. Auf eine gewünschte Aussprache und seinen Heiratsantrag reagiert Corinna eindeutig: Er sei ja wohl übergeschnappt! Zutiefst verletzt bleibt Matthias zurück und muß nun auch noch Olli mit Lisa ins Haus Nr. 1 verschwinden sehen. Fassungslos stürzt er den beiden nach und hämmert gegen Iffis und Momos Wohnungstür. Als Olli öffnet, zwingt ihn Matthias im Würgegriff zu Boden. Um ihrem Freund zu helfen, läßt Lisa mit geschlossenen Augen eine gußeiserne Pfanne auf Steinbrücks Schädel sausen. Leblos bleibt dieser auf Lisas Freund liegen. Wenig später fährt Olli mit einem kleinen Lieferwagen mit der Aufschrift „Alles für's Haustier“ vor.
In einer Nacht-und-Nebel-Aktion entsorgen Olli und die weinende Lisa Matthias' Leichnam auf einem Bahngleis. Lisa cool im rechten Arm haltend, links zittrig eine Zigarette, sieht nur Olli, wie der Zug die Leiche überfährt ...

Scham

Spieltag: 24.08.1995 • Sendetag: 27.08.1995

Folge: 508

Iffi und Familie sind aus Warnemünde zurück und erfahren, daß Matthias Steinbrück Selbstmord begangen hat. Darüber hinaus werden sie mit der Nachricht überrascht, daß Kurt eine Stelle in Bahrain im Persischen Golf annehmen will. Eva hingegen weigert sich mitzugehen.

Corinna weiß, daß Olli Ärger mit Matthias hatte. Deswegen befragt sie ihn nach etwaigen Gründen für dessen Selbstmord. Ollis Antwort: Liebeskummer. Corinna ist betreten; sie hat Schuldgefühle. Rückblickend bedauert sie ihr schroffes Verhalten, möchte sich aber die Verantwortung nicht aufhalsen lassen. Lisa ist sehr angeschlagen, und die Atmosphäre zwischen ihr und ihrem Freund hat sich verändert. Nicht mehr Verliebtheit scheint sie zusammenzuhalten, sondern vor allem Ollis Sorge um Lisas seelische Stabilität. Er paßt auf, daß Lisa sie beide nicht verrät.

Im Café Bayer erzählt Anna Gabi von den neuesten Entwicklungen: Seegers ist verhaftet worden, Hans wieder im Amt, Hülsch nicht rausgeflogen. Für diese Sensationsmeldungen nimmt Gabi sich natürlich Zeit und provoziert damit Karin Atter. Die Spannung zwischen den beiden eskaliert schließlich so weit, daß Gabi ihren Chef anruft und die unfreundliche Kollegin in die Maistraße zurückversetzen läßt.

Abends dann kommt es zwischen Eva und ihrem Mann zu dem überfälligen Gespräch. Sie fühlt sich vom Kurt in seiner eigenmächtigen Planung übergangen. Schließlich fragt sie ihn direkt, ob er vor ihr fliehen wolle.

Konfusionen

Spieltag: 31.08.1995 • Sendetag: 03.09.1995

Folge: 509

Noch vor Morgengrauen tappt Hubert, seine Hausschuhe in der Hand, in die Küche, um Kaffeewasser aufzusetzen. Die Pantoffeln vergißt er dabei auf einer Herdplatte, und wenig später brennen sie lichterloh. Zwar werden sie rechtzeitig von Gung entdeckt, doch Rosi ist außer sich und beschließt einen Arztbesuch mit ihrem Mann. Dr. Dressler rät ihnen, einen Neurologen aufzusuchen, um Hubert auf Alzheimer untersuchen zu lassen. Unterdessen bitten zwei Junkies vergeblich um einen Gesprächstermin bei Dressler. Daraufhin werden die beiden frech, und einer von ihnen pinkelt beim Rausgehen in Dresslers Wanduhr.

Hochzeitstag beim Ehepaar Sperling. Kurt überrascht seine Frau mit dem geplanten Tagesprogramm: Rosen, Brillantring, Sektfrühstück im

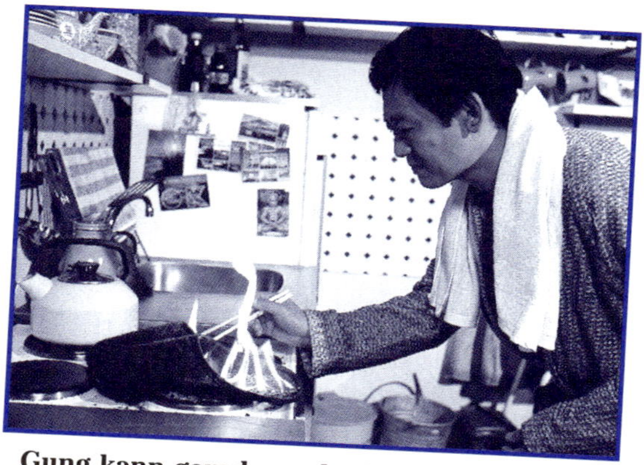

Gung kann gerade noch eine Katastrophe verhindern.

Café Bayer, Familienrunde, Casarotti. Eva kann ein leichtes Mißtrauen nicht verhehlen. Treibt Kurt ein schlechtes Gewissen? Später treffen sich Kurt und Iffi an der Parkbank „Bodo Sonntag". Während er auf Trennung drängt, will sie ihn nach Bahrain begleiten. Abends findet Momo Iffi erschöpft auf dem Bett vor. Es kommt zum Krach. Was sei nur los mit ihr? Das Jubiläumsessen im Casarotti verläuft formvollendet, aber langweilig. Unvermutet fragt Eva ihren Mann, ob er sie noch liebe.

Tanja ist von Fritz, Hanne – ihren Trauzeugen – und drei weiteren schnapstrunkenen Dänen völlig genervt. Doch abends gelingt es ihr, sie ins Akropolis zu locken. Unterdessen sitzt Ludwig immer noch hinter seinem Schreibtisch. Nachdem er seiner Frau telefonisch im Akropolis hat ausrichten lassen, daß er nicht mehr kommt, nimmt er seinen Schlüsselbund und schließt ab. Plötzlich schiebt sich eine schwarz behandschuhte Hand über seinen Mund und fordert die Schlüssel. Sollte der Doktor sich zu wehren versuchen, springe er über die Klinge!

Fettnäpfe

Spieltag: 07.09.1995 • Sendetag: 10.09.1995

Folge: 510

In der Praxis Dressler wird gerätselt, wer der Vermummte gewesen sein könnte. Else verdächtigt Sonia und kündigt fristlos – weil sie mit Drogen nichts zu tun haben will. Auch Ludwig hat die junge Frau in Verdacht, alle anderen tippen auf die „Urpinkler". Wenig später stellt Dressler Sonia zur Rede und droht, sie aus dem Programm auszuschließen. Carsten kehrt in die Lindenstraße zurück; er will sein Drittes Staatsexamen in München ablegen. Bei Vasily im Akropolis kassiert Gerichtsvollzieherin Borg-Schäuffle die gepfändete Pfeffermühle. Anna und Hans regen sich auf und raten zur alternativen „Stattreise": „Geehrt und verachtet – Ausländer in München". Auch Vasily, Dressler, Beate, Tanja und Carsten wollen an der Veranstaltung teilnehmen.

Isolde leidet unter ihrem Alter und hadert mit sich und der Welt. Enrico ist entsetzt, als er hört, daß seine Frau tatsächlich zu einem Schönheitschirurgen will.

Helga und Erich wollen am 16. November in Berchtesgaden heiraten.

Klaus versöhnt sich wieder mit Julia, die ihre Freundschaft in Bremen gelöst hat. Pfeifend erscheint Erich in der Wohnung und überrascht das junge Paar im Bett. Später kommt auch noch Helga unerwartet vorbei. Abends ist Klaus' Wut über die Störung noch nicht verraucht. Immerhin habe er sich Helgas Liebesgeturtel in der Wohnung auch gefallen lassen müssen! Später leiht er sich von Schiller sein Fernglas und verschwindet. Als Erich Klaus' Rückkehr meldet, damit Helga in Ruhe schlafen kann, platzt ihr der Kragen. Sie sei keine „Übermutter" und überhaupt, was verstehe Erich von Kindererziehung! Als Retourkutsche gesteht Schiller, drei eigene Söhne zu haben. Helga ist fassungslos.

Versuchungen

Spieltag: 14.09.1995 • Sendetag: 17.09.1995

Folge: 511

Helga ist äußerst schlecht gelaunt. Marlene schlägt der Freundin vor, einen Detektiv einzuschalten, um Schillers wahre Vergangenheit aufzudecken. Tatsächlich sucht Helga – trotz schlechten Gewissens – Scholz auf. Doch der lehnt es kategorisch ab, hinter seinem Nachbarn herzuspionieren. Im Reisebüro macht Erich Helga Vorwürfe, daß sie für Else und Olaf eine Karibikreise bei der Firma Collins gebucht hat, die keine Sicherungsscheine ausstellt. Auch am Abendtisch bleibt die Atmosphäre unterkühlt. Helga wirft Schiller erneut seine drei Söhne vor ... Daraufhin verläßt Erich die Wohnung. Klaus, der den Gag durchschaut, kann seine Mutter gerade noch daran hindern, sich an eine Detektei zu wenden.

Vergeblich versucht Enrico, Isoldes kosmetische Operation zu vereiteln. Ihr Entschluß steht fest: In fünf Wochen wird sie nach Bad Wörrishofen in die Klinik fahren.

Tanja, die im Akropolis etwas zu essen holen möchte, trifft nur Xeni an, die im Keller verschwindet. Tanja ergreift die Gelegenheit, um in der Küche Panaiotis ihr Mitgefühl auszudrücken und sich für die Vorkommnisse der Vergangenheit zu entschuldigen. Als Elena Tanja dann bei Panaiotis entdeckt, stürzt sie wutentbrannt zu der „Hure". Erst auf Wunsch ihres Mannes gibt Elena nach und verzeiht Tanja, die ergriffen das Lokal verläßt. Abends dreht sich die Unterhaltung im Akropolis um die „Stattrundfahrt", die heute durchgeführt wurde. Das Antwortschreiben des Anti-Folter-Komitees aus Straßburg, das Beate laut vorliest, ist allerdings niederschmetternd: Es arbeitet präventiv, Klagen werden nicht angenommen. Als Panaiotis daraufhin verzweifelt seine Gitarre zerschlägt, schwört Vasily, für seinen Vater zu kämpfen und die Verantwortlichen zur Rechenschaft zu ziehen.

Herzeleid

Spieltag: 21.09.1995 • Sendetag: 24.09.1995

Folge: 512

Vasily will Panaiotis als „lebenden Beweis“ mit zur Türkischen Botschaft nehmen und notfalls in Bonn demonstrieren. Abends überreicht Carsten Panaiotis eine neue Gitarre. Alle Gäste im Lokal hören die ersten Klänge eines griechischen Widerstandsliedes, und viele kommen bis in die Küche, um Panaiotis' Gesang bis zum Ende zu folgen ...

Lisa erzählt Olli, daß sie Blumen zu Matthias auf den Friedhof bringen will. Dieser ist entsetzt und befürchtet, seine Freundin könne sie beide ins Verderben reißen. Schnell entledigt sich Lisa der Blumen an Matthias' Grab und hastet schuldbewußt davon. Befreit hat dieser Grabbesuch sie jedoch nicht. Nach der Klavierstunde bei Berta wartet sie vor dem Supermarkt auf Olli. Als der sie sieht, ist ihm der Wunsch auf ein Feierabend-Bier im Akropolis vergangen: Er schleicht sich ungesehen davon.

Wegen ihres bewegenden Klavierspiels bezeichnet Hajo Lisa als „Rührmaschine“.

Kurt, der mit Reisevorbereitungen für Bahrain beschäftigt ist, trifft im Lift Max vor einem fast fertigen Schmierspruch. Kurt zeigt Verständnis und läßt den Kleinen sogar zu Ende schreiben: „... Piller“. Im Wartezimmer bei Dressler ist Iffi zunächst allein, bis plötzlich Kurt eintritt. Momo erfährt später von ihr, daß sie nicht in der Schule war, bei Dressler aber auch nicht gewartet hat. Der vermeintliche Grippeschub gehe sicher bald vorüber. In der Sperling-Wohnung muß Kurt Evas Träume von gemeinsamen Reisen und sogar eine Liebeseinladung ins Bett aushalten. Momo kommt spät vom Kurierdienst in eine dunkle Wohnung. Iffi liegt fiebernd in den Kissen. Ihr Bauch tue weh, alles eigentlich. Erschrocken über ihren Zustand, will er Eva zu Hilfe holen, aber Iffi lehnt dies vehement ab.

Neue Hoffnung

Spieltag: 28.09.1995 • Sendetag: 01.10.1995

Folge: 513

Heute fliegt Kurt nach Bahrain und hat Iffi, die wegen ihrer Blinddarmoperation im Krankenhaus liegt, einen Abschiedsbrief gesandt: Sie solle ihn vergessen und mit ihrer eigenen Familie glücklich werden. Der Abschied zwischen Kurt und Eva verläuft nicht so kurz und schmerzlos wie geplant. Am Flughafen starrt Kurt auf ein Foto von Iffi mit Nico und Momo in Warnemünde, das ihm sein Sohn geschenkt hat. Etwas später klingelt es bei Sperlings an der Tür: Kurt ist zurückgekehrt. Evas Freude ist groß, und alsbald besucht sie Iffi, der sie von der Neuigkeit berichtet ...

Heute ist Andy ist ziemlich aufgeregt, da er zum Chef gerufen wird.

Statt der befürchteten Kündigung erhält er aber das Angebot, das erste Elektrotaxi in München zu fahren. Später taucht Boris auf. Er hält offiziell um Valeries Hand an, was Andy viel zu altmodisch findet.
Helga will zum Augenarzt und drängt Schiller, ins Reisebüro zu gehen. Im Lift entdeckt sie das Max-Grafitti, das sie sofort mit einem Poster überklebt. Später sitzt Helga nicht beim Arzt, sondern beauftragt einen Detektiv mit Nachforschungen über Erichs Vergangenheit. Wieder zu Hause, überschreibt sie mit einem Filzmarker Maxls Schmiererei im Lift und münzt ihn auf Else um. Abends verdrücken sich Klaus und Julia nach einem Schäferstündchen ins Kino – Onkel Franz, mal wieder auf der Flucht vor Else, findet bei Beimers auf dem Sofa ein Präservativ. Als Helga ihn vor die Tür setzt, schmeißt er es verärgert ins Treppenhaus.
Abends bei Zenkers wird über die anstehende Verlobung von Valerie und Boris gesprochen. Hubert hält sich sehr bedeckt. Gibt es Grund für diese Eile, Schwangerschaft vielleicht? Andy, der das von Onkel Franz weggeworfene Präservativ im Treppenhaus gefunden hat, fragt seine Tochter verstört, ob sie ein Kind erwarte.

Boris hält bei Andy um Valeries Hand an.

Moral

Spieltag: 05.10.1995 • Sendetag: 08.10.1995

Folge: 514

Valerie schreibt eifrig Verlobungskarten. Später erzählt sie Anna, daß sie ihren Job aufgeben und künftig in der Landwirtschaft mitarbeiten will. Valerie strahlt bei dem Gedanken an Boris. Schwanger kann sie gar nicht sein, da sie noch nie mit Boris geschlafen hat.
Helga verteilt heute ihre Hochzeitseinladungen: 16. November, im Schloßhotel Waldeck in Berchtesgaden, für Transfer ist gesorgt. Erich bietet Onkel Franz das „Du" an, woraufhin der glücklich seinen „Goethe" umarmt. Jetzt sinnt Franz auf schnelle Versöhnung mit Else, da auch sie zu Helgas Heirat eingeladen ist. Schelmisch legt er einen Brief mit Schokotalern vor Elses Tür – ein Symbol für seinen guten Willen. Doch Else bleibt unversöhnlich und zerschneidet schließlich Wittichs warme Unterhosen, ausgerechnet vor dem anbrechenden Winter. Abends bringt Onkel Franz ihr ein Usambaraveilchen, doch ohne Erfolg. Wutentbrannt schmeißt Onkel Franz die Blumen hin. Sein Herz spielt nicht mehr mit, er stürzt zu Boden. Egon und Olaf eilen der

erschrockenen Else und Onkel Franz zur Hilfe.
Iffi ist wieder zu Hause und geht mit Hubert, Rosi und Nico vor Kurts Augen Richtung Park. Kurt folgt ihrem Signal. Geschickt weiß Iffi ihre Begleiter abzuhängen und schon fällt sie ihrem Geliebten stürmisch in die Arme; sie verabreden sich für den Abend im Waschkeller. Dort liegen sich die beiden schließlich ungestört in den Armen. Kurt ist in München geblieben – aber bedeutet das, für immer mit einer zu Lüge leben? Das kann Iffi sich gar nicht vorstellen!

Leichenteile

Spieltag: 12.10.1995 • Sendetag: 15.10.1995

Nach „Frau Beimer bläst Triller auf Herr Schiller sein Pill ..." und „Frau Kling macht Pling auf Herrn Kling sein Ding" gibt es im Lift heute einen Spruch über Eva.

Folge: 515

Onkel Franz liegt nach einem Herzinfarkt im Krankenhaus. Nach seiner Entlassung will er in einem Heim leben. Carsten, der ab dem 1.11. als Überbrückung bis zum „Arzt im Praktikum" im Krankenhaus zunächst eine Pflegerstelle antreten wird, kann Wittichs Wohnung übernehmen – zur Enttäuschung Urzulas, die ebenfalls interessiert war. Später kommt Else zu Besuch und legt schüchtern Onkel Franz seine Leibwäsche aufs Bett. Im Reisebüro streiten Valerie und Helga, da Verlobung und Hochzeit auf den gleichen Tag fallen. Das plötzliche Auftauchen des Detektivs unterbricht den Streit. Vor der Tür weist ihn Helga für sein Erscheinen zurecht.
Kurt lädt Iffi zu einem Treffen im Hotel Gloria ein. Anstatt zur Schule begibt diese sich zum verabredeten Ort. Da Eva sich zufällig ebenfalls im Hotel Gloria zu einer Besprechung aufhält, wird die Situation brenzlig: Die beiden laufen sich zweimal fast in die Arme. Nach seinem Rendezvous trifft Kurt auf Eva. Auch er hatte eine Besprechung ... Abends kommt es zwischen Momo und Iffi zu einem Schäferstündchen.
Carsten erfährt von Vasily und Beate, daß die Türkische Botschaft in Bonn Panaiotis keinen Gesprächstermin gewährt hat und sie sich notfalls zu einer Demonstration entschließen werden.
Beim Abendessen – für den Junior streng vegetarisch, für Helga und Erich kanadische Holzfällerfrikadellen – unterbreitet Klaus seiner Mutter einen Vorschlag: Eigentlich wollte er wegen der Großdemo „Gegen Tiere im Zoo" am 16.11. nicht zu ihrer Hochzeit erscheinen. Doch er würde mit Julia kommen, wenn Helga im Gegenzug bereit wäre, ihm zum Geburtstag einen Besuch im Schlachthof zu schenken – oder habe sie etwa Angst? Helga schaut verständnislos.

Das Brüllen der Tiere

Spieltag: 19.10.1995 • Sendetag: 22.10.1995

Folge: 516

Valerie hat ihre Verlobungsfeier auf das kommende Weihnachtsfest verschoben. Urzula trauert weiterhin um die nicht erhaltene Wohnung, doch Carsten überrascht sie mit einem WG-Angebot. Urzula kann ihr Glück kaum fassen und feiert im vollen Akropolis ihren bevorstehenden Umzug.

Mühsam schließt Enrico Isoldes Koffer für die Fahrt nach Wörrishofen. Seine Bedenken an dem „Lifting-Vorhaben" verhallen ungehört. Isolde bittet ihn, einen Kururlaub vorzugeben. In der Klinik angelangt, wird sie von Dr. Wiener überschwenglich begrüßt. Doch seine Schmeicheleien beendet sie energisch. Geschafft vom arbeitsreichen Tag, verabschiedet sich Enrico am Abend frühzeitig. Alfredo, Giancarlo, Paolo und Francesco schließen das Lokal und entlohnen sich selbst in Enricos Weinkeller. Schließlich überrascht Gina, Paolos Frau, die gemütliche Runde. Sie und weitere Italiener beteiligen sich am lustigen Trinkgelage.

Helga löst heute ihr Geburtstagsgeschenk an Klaus ein. Pünktlich erscheint sie vor dem Schlachthof, wo ihr Sohn und Julia bereits warten. Allerdings wird ihnen der Einlaß verwehrt – eine Genehmigung hätte bei der Direktion schriftlich eingereicht werden müssen. Klaus und Julia geben jedoch nicht auf. Sie springen unentdeckt auf einen Viehtransporter, der vor der Einfahrt auf Einlaß wartet. Als Helga Klaus' Zimmer spätabends immer noch leer findet, wird sie zusehends unruhiger. Sie macht sich Vorwürfe, die beiden am Schlachthof zurückgelassen zu haben. Ein Telefonanruf bestätigt ihre Befürchtungen: Klaus und Julia wurden festgenommen ...

Der Wahrheit ins Auge schauen

Spieltag: 26.10.1995 • Sendetag: 29.10.1995

Folge: 517

Isolde bekommt heute erstmals den Verband abgenommen und darf in den Spiegel schauen: nur Schwellungen und Narben. Als Enrico eintrifft, klagt Isolde – inzwischen wieder verbunden – trotz Spritzen über starke Schmerzen und den Anblick ihres Gesichts. Enrico ist alarmiert, doch Dr. Wiener speist ihn mit vagen Ausreden ab. Frustriert verläßt Enrico heute wieder frühzeitig das Casarotti. Seine vier Freunde nutzen die Gunst der Stunde und verwandeln das Lokal in ein italienisches Spielkasino.

Ludwigs und Sonias Verhältnis hat sich gebessert. Dressler verdächtigt sie nicht mehr, ihn überfallen zu haben, und ihre Urinproben sind sauber. Später bittet Chromo, Dresslers Haushälterin, Ludwig um Arbeit für ihre schwangere Freundin Mary aus Ghana, die im Asylantenheim wohnt. Ihre Aufenthaltsgenehmigung stehe aber noch aus – also Schwarzarbeit. Voller Elan renovieren unterdessen Carsten und Urzula die Wohnung. Sie verstehen sich sehr gut. Die Einladung, mit Carsten gemeinsam auf eine Party zu gehen, schlägt Urzula jedoch aus. Julia und Klaus droht eine Geldstrafe wegen Hausfriedensbruch. Im Reisebüro sorgt Elses Auftritt für Aufregung. Vor Wut zitternd, fordert sie DM 6.250 für ihre gebuchte Karibikreise unverzüglich zurück, da der Anbieter Pleite gemacht hat. Abends schaut sich Helga mit Klaus, Julia und Amelie das Schlachthofvideo der radikalen Tierschützer an. Am späten Abend kreuzt Else bei Beimers auf: Falls sie ihr Geld nicht bis zum nächsten Tag um 12.00 Uhr mittags zurückerhält, will sie die Presse einschalten.

Blauäugig

Spieltag: 02.11.1995 • Sendetag: 05.11.1995

Folge: 518

Vasily, Beate und Panaiotis brechen heute nach Bonn auf, um vor der Türkischen Botschaft zu demonstrieren. Vor Ort eröffnet ihnen der Botschaftssekretär äußerst höflich, daß er – nach Absprache mit dem Botschafter – nicht helfen kann. Von zwei Beamten der Türkischen Botschaft beobachtet, bauen die drei daraufhin ihr Zelt vor dem Gebäude auf. Inzwischen stehen bereits vier Botschaftsangehörige zusammen, und ein deutscher Streifenwagen fährt vor. Ein Polizist und ein türkischer Sicherheitsbeamter kommen zum Zeltplatz herüber. Panaiotis versucht, dem Polizisten sein Anliegen zu erklären.

Hubert wird heute 70 Jahre alt, und viele sind gekommen, um mit ihm zu feiern. Doch dem Jubilar ist der Rummel unangenehm, weswegen er sich schlafend stellt ...

Olaf, Dieter und Hans beobachten Else, die die Reisebüroleuchtreklame übersprüht. Kurz darauf belästigt sie Helga und zerreißt ihre Hochzeitseinladung. Über dem Reisebüro steht nun: „Betrügerreisen“. Ignorieren lautet Schillers Devise – ein neues Schild ist schon bestellt.

Im Wartezimmer Dresslers trifft Anna Chromo sowie Mary und erfährt deren traurige Geschichte: Trotz Schwangerschaft und Krankheit wurde auch ihr zweiter Asylantrag abgelehnt. Als sie zur Abschiebung von Beamten abgeholt wurde, gelang ihr am Frankfurter Flughafen die Flucht. Jetzt braucht sie einen sicheren Unterschlupf. Nachts

Else ist nach wie vor sauer auf Helga und greift zur Spraydose.

kommt Anna die rettende Idee, Mary als Kindermädchen einzustellen! Hans hält das für blauäugig, aber seine Frau reagiert empört: Er wolle doch sicher nicht mitschuldig sein, wenn Mary etwas Schlimmes zustößt!?

Mary

Spieltag: 09.11.1995 • Sendetag: 12.11.1995

Folge: 519

Heute zieht Mary bei Zieglers ein. Das kann große Schwierigkeiten und rechtliche Probleme mit sich bringen, aber Hans und Anna stehen ganz hinter ihrer Entscheidung. Auch wenn Gabi wegen der Kündigung Valeries sauer ist. Abends zeigt Mary Fotos ihrer Familie und erzählt von John, dem Vater ihres Babys.

Beate fährt heute nach Bonn, um Vasily abzulösen. In der Zwischenzeit wird Urzula den Salon alleine führen. Vor dem Zelt in Bonn werden die Vorräte ausgeladen, als der türkische Botschaftssekretär mit Kaffee kommt. Mutig sagt Elena, daß sie auch in der nun immer kälteren Jahreszeit solange wie nötig aushalten werden. Ein Reporter macht ein Interview, ohne zu verhehlen, daß ihm diese gefühlsduselige Demo gänzlich kalt läßt.

Helga hat Geldsorgen: Zum einen fordert Onkel Franz eine Zuzahlung von DM 1.600 für sein Seniorenheim in Pasing. Zum anderen stellt auch der Detektiv Helga eine sehr hohe Rechnung für die Kanadareise. Währenddessen hält Else Schiller vor, die Hochzeitsfeier mit ihrem Geld, den nicht erstatteten DM 6.250, zu bezahlen. Als Else schließlich „Diebe" an die Schaufensterscheibe sprüht, ruft er – vorgeblich – die Polizei. Abends probiert Helga das Kleid vom ersten Hochzeitstermin an – es paßt nicht mehr. Erich tröstet mit einer Woche Fasten und einer Champagner-Wette, daß sie es schafft. Helga ist voller Zweifel: Ob eine Woche wohl reicht ?

Die zweite Chance

Spieltag: 16.11.1995 • Sendetag: 19.11.1995

Folge: 520

Am Morgen des Hochzeitstages gewinnt Helga ihre Champagner-Wette: Das Kleid paßt mit Luftanhalten! Die Hochzeitsgesellschaft – nahezu alle Nachbarn – empfängt das Brautpaar auf der Straße. Helga steigt in den roten Rolls Royce. Erich fällt auf, daß er die Ringe nicht dabeihat, und läuft zurück ins Haus. Unterdessen fährt der Bus mit der Hochzeitsgesellschaft schon los, da er einen Umweg über den Ostbahnhof macht, um Marion und Benny aufzunehmen.

Schiller hat inzwischen im Schlafzimmer zwar nicht die Ringe, aber den Ratenvertrag des Detektivs gefunden. Helga, sehr nervös geworden, eilt ebenfalls ins Haus. Es kommt zu einer heftigen Auseinandersetzung. Wütend sagt Erich die Hochzeit ab und verläßt die Wohnung. Von den Sperlings werden nur Eva mit Nico und Momo an der Busfahrt teilnehmen. Philipp hat sich aus Enttäuschung über die Ablehnung seiner „Jugend forscht"-Arbeit eingeschlossen, und Kurt will unter einem Vorwand mit Iffi im eigenen Wagen fahren. Vorher kehren die beiden noch im Hotel Gloria ein ...
In Bad Wörrishofen meldet die Krankenschwester Besuch an, den Isolde vehement zurückweist. Aber die Köpfe von Francesco, Paolo, Giancarlo und Alfredo lugen durch das jalousienverhangene Fenster. Später beraten die vier, wie sie Enrico gegenüber mit der schrecklichen Wahrheit, die sie gesehen haben, umgehen wollen: am besten einfach lügen ...
Endlich in Berchtesgaden angelangt, betreten Iffi und Kurt nach langen Irrgängen den Festsaal, aber er ist leer. Zwei Kellner decken die Hochzeitstafel ab. Als Iffi erfährt, daß der Bus schwer verunglückt ist, steht ihr der Schreck ins Gesicht geschrieben: Nico ... Momo – die anderen! Was ist passiert?!

Wen die Götter lieben

Spieltag: 23.11.1995 • Sendetag: 26.11.1995

Folge: 521

Die Lindenstraße trauert. Benny ist bei dem Busunglück der vergangenen Woche tödlich verunglückt und wird heute beerdigt. Dieter ist ebenfalls umgekommen und wurde bereits in Borna beigesetzt. Während Bennys Beisetzung sind alle zu sehen, die nach dem Unfall mehr oder weniger wohlauf sind: Marlene, Schillers Freund Klamm, Dressler, Tanja, Rosi, Kurt, Philipp, Beate, Vasily, Boris, Valerie, Berta; Iffi mit Momo und Gabi, Carsten, Egon und Olaf. Bennys enge Angehörige nehmen nicht am Leichenschmaus teil, sondern ziehen sich in die Beimer-Wohnung zurück. Es klingelt. Freunde bringen ein letztes Geschenk von Benny. Helga bricht über dem Adventskalender mit einem Foto ihres Sohnes zusammen.

Diesmal hat es Lisa getroffen: Sie muß eine Halskrause tragen.

Die restlichen Businsassen sind im Krankenhaus: Hubert ist gänzlich eingegipst und teilt sich mit Gung ein Zimmer; Enrico liegt im Koma. Amelie teilt sich mit Else und Eva ein Krankenzimmer. In einem anderen Zimmer liegen Sarah mit Gipsbein und Lisa mit einer Halswirbelverletzung. Abends ruft Else Helga an und beschimpft sie: „Die Beimerin" trage die Schuld für das Busunglück. Helga ist fassungslos. Marion kontert mit bösen Worten und wirft den Telefonhörer auf. In diesem Augenblick steht Schiller vor Helga und will sich verabschieden. Das ist zuviel. Sie fleht ihn an zu bleiben. Kann Schiller standhalten?

Leidenschaft

Spieltag: 30.11.1995 • Sendetag: 03.12.1995

Folge: 522

Nachts streicht Helga durch die Wohnung und denkt an Benny; ein quälendes Unterfangen – auch für Erich. Während sie heute die Kondolenzpost beantwortet, wird Helga von Onkel Franz mit Geldforderungen für das Seniorenheim genervt. Unaufmerksam unterschreibt sie ihm ein Vertragsformular. Schiller wird unterdessen im Reisebüro von Else aufgesucht. Sie bezichtigt Helga des Mordes und verlangt Schmerzensgeld. Nachmittags sortiert Klaus mit seiner Mutter Bennys Nachlaß. Zerstreut legt Helga ein in Bennys Sachen gefundenes Pornoheft auf der Garderobe ab. Abends stößt Schiller zufällig das Magazin herunter und gerät bei Klaus in Verdacht, pervers geworden zu sein.

Paolo erscheint bei Urzula im Salon, und die beiden flirten heftig miteinander. Später findet im Casarotti eine Panschaktion statt. Reuig wird Billigwein in die geleerten Flaschen mit teuren Etiketten gefüllt. Plötzlich marschieren die beiden Mafiosi herein und entziehen dem Lokal vorübergehend den gewährten Schutz, was letztlich heißt: zur Zeit keine Zahlungen! Nach Feierabend erscheint Paolo im Friseursalon. Blicke reichen, etwas Gestammel, und schon liegen sich er und Urzula in den Armen.

In Bonn fängt Panaiotis einen Türken ab, der gerade das Botschaftsgebäude verläßt, und erzählt ihm seine Geschichte. Der Türke ist betroffen und entschuldigt sich für sein Land. Als er gehen will, packt Panaiotis ihn völlig unerwartet und behauptet, er habe in ihm einen seiner Folterer erkannt. Beate kann Panaiotis nicht zur Vernunft bringen und hastet davon, um die Polizei zu rufen. Indes versucht Panaiotis, ein schriftliches Geständnis zu erzwingen. Als Vasily zu schlichten versucht, richtet sich ein Messer gegen ihn. Auch vor der inzwischen eingetroffenen Polizei gibt Panaiotis nicht auf. Der Türke solle weiterschreiben, andernfalls sei er ein toter Mann.

Menschenrechte

Spieltag: 07.12.1995 • Sendetag: 10.12.1995

Folge: 523

Panaiotis' Ausschreitungen in Bonn sind noch glimpflich verlaufen – er mußte nicht ins Gefängnis, läßt sich aber auch nicht zu einer Therapie überreden. Beate ist heute ziemlich gereizt, und Urzulas Geheimniskrämerei um ihren neuen „Lover“ bringt sie zusätzlich in Rage. Den Abend verbringt Urzula heimlich mit Paolo, dessen Frau Gina zu einem Elternabend in die Schule mußte. Carsten kümmert sich derweil liebevoll um Irina.

10 Jahre „Lindenstraße“: In jedem Bild ist eine 10 sichtbar!

Anna hat heute einen sehr stressigen Tag: Sie hetzt zwischen Wohnung, Kindergarten und Krankenhaus hin und her; Rosi bricht vor Kummer um Hubert zusammen, Hans hat einen Schwächeanfall ... Mary versucht, ihr tatkräftig zur Seite zu stehen, doch hat auch sie große Sorgen – obwohl sie bereits im vierten Monat ist, spürt sie ihr Baby nicht, und noch immer gibt es keinerlei Nachricht von John.
Kurt holt Iffi von der Schule ab – er hat den ganzen Nachmittag Zeit für sie. Obgleich sie sich über die gelungene Überraschung freut, plagen sie Gewissensbisse wegen ihrer ständigen Lügen Momo gegenüber. Im Auto an einer Kiesgrube vergessen Kurt und Iffi jedoch schnell den Rest der Welt! Dafür ist das Erwachen danach um so ernüchternder. Iffi will Momo nicht länger belügen und bittet Kurt, auch Eva endlich die Wahrheit zu sagen. Sie beschließen, bis zu deren Krankenhausentlassung zu warten. Unterdessen besucht Momo seine Mutter im Krankenhaus und erzählt von seinen Schwierigkeiten mit Iffi. Diese wehrt am Abend wieder einmal seine Zärtlichkeiten im Bett ab. Momo empört sich: Drei Wochen Liebesentzug sind für ihn nicht mehr normal! – Er will endlich die Wahrheit wissen!

Macht hoch die Tür

Spieltag: 14.12.1995 • Sendetag: 17.12.1995

Folge: 524

Feierlich begeht Helga heute Bennys Geburtstag. Sie öffnet das Türchen am Adventskalender mit dem lachenden Foto ihres toten Sohnes. Zum Friedhof möchte Helga unbegleitet gehen. An Bennys Grab trifft sie auf Hans. Erinnerungen an gemeinsam verbrachte Zeiten läßt sanfte Zärtlichkeit zwischen ihnen aufkommen. Nachmittags lädt Anna Helga und die Familie zum Weihnachtsessen ein. Trotz Annas Herzlichkeit bleibt Helga distanziert und versinkt wieder in Erinnerungen. Die Plätzchen verkohlen im Ofen – Klaus freut sich über die seit Kinderzeit vertrauten „Raben". Abends sortiert er mit Julia Bennys CDs. Dabei ist er ungewöhnlich ernst und von der Trauer um den Bruder gezeichnet.
Isolde – mit riesiger Sonnenbrille und umhüllendem Schal – kehrt heim und will eiligst ins Krankenhaus zu Enrico. Ihr Besuch dort ist für sie ein Schock: nur Maschinen und ein scheinbar lebloser Körper. Isolde kann es kaum fassen und weint. Im Casarotti sitzt sie danach mit ihren Mitarbeitern zusammen. Der Wein will ihr so gar nicht schmecken ... Betretene Gesichter. Da keiner als Koch die Küche übernehmen mag, ruft Isolde schließlich Enricos Bruder Natale auf Ischia an; dieser willigt ein, das Lokal zwischenzeitlich zu führen.
Iffi kommt nach der Schule zu Kurt, um Nico zu holen. Obwohl beide unter der verlogenen Situation leiden, kommen sie sich mal wieder sehr nahe. Abends sitzt Iffi einsilbig neben Momo und Andy am Zen-

kerschen Familientisch. Valerie verkündet ihren Hochzeitstermin mit Boris: Ostern. Aber für eine Doppelhochzeit lassen sich Iffi und Momo nicht begeistern.
Bei der Adventsmusik „Macht hoch die Tür" bastelt Else Weihnachtsschmuck. Egon täuscht sich mit seiner Annahme, der sehr gelungene Stern sei für Helga bestimmt. Else sinnt im Gegenteil auf Rache. Ihr Mann warnt sie, Frau Beimer endlich in Ruhe zu lassen. Sonst werde er sie für immer verlassen!

Halleluja

Spieltag: 24.12.1995 • Sendetag: 24.12.1995

Folge: 525

Nach der Messe trifft Helga auf Else, die sofort loslegt und sie als Mörderin bzw. Betrügerin beschimpft. Die DM 6.250 von der Karibikreise sind nicht vergessen, und jetzt der Busunfall, weil die Gurte fehlten! Egon hält Else empört den Mund zu und schleppt sie in die Wohnung. Dort packt er seine Tasche. Im Akropolis sammeln sich an diesem Abend die Singles und Einsamen, zu denen neben Olli und Onkel Franz jetzt auch Egon gehört. Und dessen Augen hängen an Isolde, die in einer entfernten Ecke mit Natale speist. Warum hat er nicht sie geheiratet anstelle von Else?
Gabi und Andy bescheren heute als Weihnachtsmann und Knecht Ruprecht verkleidet all ihre Lieben, Freunde und Nachbarn, die die Feiertage im Krankenhaus verbringen müssen. Als die beiden erschöpft abends nach Hause kommen, geht es gleich weiter im Takt: Die Kerzen brennen, Max liest die Weihnachtsgeschichte vor, und Urzula, Iffi, Momo, Valerie sowie Boris hören andächtig zu.
Das Weihnachtsessen bei Hans und seiner Frau verläuft trauriger als erhofft – es ist Anna auch etwas mißraten. Erich bringt Mary mit seinen Höflichkeitsfragen unabsichtlich in Verlegenheit, und Klaus seilt sich frühzeitig ab. Helga nimmt an allem nach wie vor kaum Anteil.
Im Akropolis ist trotz Kerzen keine weihnachtliche Stimmung aufgekommen. Egon erzählt Kriegskameraden-Stories, als plötzlich Else auftaucht, um ihn abzuholen. Doch er weigert sich und fordert die Scheidung. Else hält ihren Mann für betrunken und glaubt, er sei selbst zum Einreichen der Scheidung zu dumm. Egon grinst – er ist da anderer Meinung ...

Egon behält Recht: In Folge 623 werden er und Else geschieden.

Kracher
Spieltag: 31.12.1995 • Sendetag: 31.12.1995

Folge: 526

Egon ist guter Dinge; er plant weiterhin seine Scheidung und hat sogar schon eine Anwältin dafür gefunden. Im Casarotti laufen die Vorbereitungen für die heutige Wiedereröffnung auf Hochtouren. Als Isolde bei Olaf die Blumendekoration abholt trifft sie auf Helga. Diese deutet an, daß ihr Feiern zur Zeit nicht möglich sei, wofür Isolde keinerlei Verständnis zeigt. Helga fühlt sich brüskiert. Natale, ganz der ehrgeizige Koch, wird durch das Erscheinen der zwei Mafiosi aus dem Konzept gebracht – er ist fassungslos.
Beates Laune ist heute auf dem Tiefpunkt. Als Vasily sie aufzumuntern versucht, explodiert sie. Sie kann die ganze Lebensplanung nicht mehr ertragen und wünscht sich etwas Neues, Spontanes. Vasily, der ihren Ausbruch ganz auf sich bezieht, ist beleidigt. Vergeblich bemüht sich Beate um eine Versöhnung. Scholz besucht unterdessen Lisa im Krankenhaus. Diese ist von seinem Erscheinen sehr angetan, da sie sich nach einem Vertrauten sehnt.
Abends finden sich zahlreiche Gäste aus der Lindenstraße im Casarotti ein. Zwischen Isolde und Helga kommt es wieder zu Unstimmigkeiten: Als Isolde Natale vorstellen möchte, bleibt Helga abweisend. Isolde platzt der Kragen, und sie vertreibt damit Helga samt Schiller. Selbst an diesem Abend können Iffi und Kurt nicht voneinander lassen, doch wieder einmal bemerkt Eva nichts. Carsten erscheint in Begleitung von Georg Eschweiler, auch „Käthe“ genannt, – und verliebt sich in Paolo. Nach Mitternacht ist die Verwirrung perfekt. Beate bietet Urzula an, ihren Salon zu übernehmen. Gleichzeitig fleht Carsten sie an, ihm und Paolo die Wohnung für diese Nacht zu überlassen. Urzula kann es nicht fassen.

In einem fremden Land
Spieltag: 04.01.1996 • Sendetag: 07.01.1996

Folge: 527

Mary ist außer sich vor Glück: Von Chromo hat sie erfahren, daß John sich in Freiheit befindet und daß sie ihn heute abend treffen wird. Abends fährt Hans Mary zu ihrer Freundin. Dort müssen die beiden verzweifelt zusehen, wie John von zwei Polizeibeamten abgeführt wird.
Paolo hat bei Urzula übernachtet, was Carsten, der nach seinem Nachtdienst in die Wohnung zurückkehrt, offensichtlich quält. Beate übergibt heute offiziell den Friseursalon an Urzula. Bevor sie den Nachtzug nach Berlin nimmt, wird im Akropolis abends Abschied gefeiert. Vergeblich versucht Vasily, sie zum Bleiben zu überreden. Bea-

tes Entschluß steht fest – sie braucht Veränderung. Plötzlich fällt Panaiotis einen südländischen Gast an, den er für einen seiner Folterer hält. Urzula erfaßt blitzschnell die Situation und beißt Panaiotis in die Hand, um ihn wieder zur Besinnung zu bringen.
Berta nutzt diesen Morgen zu einem Besuch auf dem Friedhof, wobei sie sich in Gedanken über den Tod verliert. Derweil beobachtet Olli, wie Hajo, der von der Dialyse zurückkehrt, auf der Straße plötzlich taumelt. Gerade bevor ein Auto Scholz erfassen kann, reißt Olli ihn zurück. Der zutiefst erschrockenen Berta gesteht Hajo später, daß es ihm oft schlechter gehe, als er zugibt. Im Krankenhaus ist Lisa ganz in ihre Bibellektüre vertieft. Ihre Ernsthaftigkeit und religiösen Anwandlungen beunruhigen Olli, der kurz vorbeikommt. Abends besucht er Scholz. Nach einem längeren Gespräch bietet er ihm eine Nierenspende an, aber das geht Berta zu weit. Mit dem Thema dürfe man nicht spaßen. Scholz hingegen entdeckt den rettenden Strohhalm: Was er dafür wolle? Und Olli kontert gewitzt, ob er jetzt an Geld denke ...

Absolution

Spieltag: 11.01.1996 • Sendetag: 14.01.1996

Folge: 528

Berta mißtraut weiterhin Ollis Angebot. Aber dieser wiederholt es – und er möchte kein Geld! Berta entschuldigt sich später bei Lisa, die aus dem Krankenhaus entlassen wurde, ihren Freund falsch eingeschätzt zu haben. Hajo hingegen ist nachdenklich geworden: Aus moralischen Gründen kann er das Angebot nicht akzeptieren; er sorgt sich, daß Olli beide Nieren irgendwann doch brauchen könnte.
Erstmals begleitet Helga Erich wieder ins Reisebüro. Dort taucht unversehens Else auf und bittet die beiden um Absolution. Diese brauche sie schriftlich, um Egon von ihrem Sinneswandel zu überzeugen. Er solle von der geplanten Scheidung absehen. Später trifft Helga auf eine aufgelöste Isolde. Enrico, tief im Koma liegend, hat keine Chance mehr. Jetzt weiß Isolde, was Trauer heißt, und entschuldigt sich bei Helga für Silvester. Abends lädt Helga Julia zum vegetarischen Essen ein, während Schiller seinen Stammtisch im Akropolis aufsucht. Egons Scheidung wird sofort zum Thema, und Schiller berichtet von Elses förmlicher Entschuldigung. Aber Egon bleibt bei seinem Vorhaben.
Anna fühlt sich von Haushalt und der ständigen Angst um Mary überfordert. Hans bangt nur um sein Geld – Marys Anrufe in Nigeria ... Mary geht es auch körperlich sehr schlecht. Beginnen die Wehen? Die hinzugezogene Eva rät zu Entspannung; mehr kann sie nicht tun. Abends telefoniert Mary erneut mit Port Harcourt.
Als Schiller nach Hause kommt, stinkt er nach Knoblauch, Kneipe und Bier. Nelken gegen Gestank will er nicht, nur seine Helga. Klaus und Ju-

Julia erzählt von ihren Lieblingstieren im Zoo: Gunnel und Akthelt. Ihre Namen haben die beiden Lamas aus John Irvings „Die wilde Geschichte vom Wassertrinker“.

lia verziehen sich. Als Helga sich auch entzieht, wird Erich deutlich: Was ihr eigentlich wichtiger sei? Er oder ihr heiliges Image?

Konsequenzen

Spieltag: 18.01.1996 • Sendetag: 21.01.1996

Folge: 529

Heute besucht Julia mit Klaus den Zoo. Dabei soll Klaus sich als Mitarbeiter der Schülerzeitung ausgeben, denn vor der Presse habe der Zoo berechtigte Angst. Sie fotografieren die beiden Lamas Gunnel und Akthelt, Julias Lieblinge. Später erlebt Julia eine schöne Überraschung: Der Hobbykeller ist zum Appartement umgestaltet – für sie! Zwischen Helga und Schiller bleibt die Stimmung gespannt; auch heute abend weist Helga ihren Erich ab und löscht das Licht.

Beate kommt übernächtigt aus Berlin zu einem Kurzurlaub zurück und trifft auf Vasily, der sie sogleich mit Fragen und Forderungen bombardiert. Später steht er mit Blumen vor Beates Tür, doch er wird erneut abgewimmelt. Vasily ist zutiefst verletzt und geht – scheinbar endgültig. Später besucht Beate Carsten. Sie möchte die Percha-Wohnung, zum Üben mit ihrer Band. Deswegen müsse Tanja gekündigt werden. Diese ist total entsetzt. Als Ludwig vermitteln will, läßt Beate ihn eiskalt auflaufen.

Urzula kauft sich in der Apotheke einen Schwangerschaftstest. Abends bittet sie Gung überstürzt, auf Irina aufzupassen. Dann eilt Urzula ins Casarotti, wo Natale und Enricos Freunde über einem Anti-Mafia-Plan brüten – „Operazione Carpaccio“. Dennoch schafft sie es, Paolo etwas zuzuflüstern. Benommen und voller Gewissensbisse klingelt dieser spätnachts bei Urzula. Während sie Liebesworte zwitschert, bleibt Paolos Miene verzweifelt.

Konfuze-Kommentar von Gung wegen der hektischen Urzula: „Wenn Ameisen und Frauen in Eile sind, folgt immer ein Erdbeben.“

Verantwortung

Spieltag: 25.01.1996 • Sendetag: 28.01.1996

Folge: 530

Tanja begibt sich auf die Suche nach neuen Räumlichkeiten für ihre Praxis. Unterdessen kommt es wieder einmal zu einem heftigen Streit zwischen Dr. Dressler und Sonia: Ihre Urinprobe weist Drogenspuren auf. Nachdem Tanja von dem Zerwürfnis erfahren hat, sucht sie Sonia bei ihrem Job im Plattenladen auf und überredet sie, sich bei Dressler zu entschuldigen.

Urzula bittet Beate um Rat. Diese befürwortet einen Schwangerschaftsabbruch, aber davon will Urzula ganz und gar nichts wissen. Sie ist überzeugt, daß Paolo sich scheiden lassen wird. Unterdessen

redet Francesco Paolo ins Gewissen, sein Verhältnis zu lösen. Abends nimmt die Situation zwischen Urzula und ihrem Liebhaber dramatische Züge an – Paolo fordert die Abtreibung. Doch der anstehende Abschied endet in einer leidenschaftlichen Umarmung ...
Eva überrascht ihren Mann mit Last-Minute-Tickets für einen zweiwöchigen Lanzeroteaufenthalt. Kurt sucht vergeblich nach Ausflüchten; Donnerstag in einer Woche geht es los. Als er Iffi davon berichtet, ist diese entsetzt: Wer wird es Momo sagen, wenn Kurt für Ehrlichkeit schon zwei Wochen Lanzerote braucht? Ihre schlechte Laune läßt sie später an Momo aus, der schließlich die Wohnung verläßt. Ausgerechnet bei seinem Vater landet er und erhofft sich Rat. Kurt bringt er damit in arge Verlegenheit, und Momo kommt letztlich selbst auf den Punkt: Da sei ein anderer, den er fertigmachen werde! Kurt erstarrt.

Heiliger Zorn

Spieltag: 01.02.1996 • Sendetag: 04.02.1996

Folge: 531

Die Stimmung zwischen Helga und Erich hat sich entspannt; auch im Bett finden sie wieder zueinander. Julia kreuzt bei Klaus in der Schule auf und berichtet aufgeregt, daß die alten Lamas Akthelt und Gunnel verschwunden und angeblich an einen Privatzoo Falkenau Nähe Bamberg verkauft worden sind. Aber sie mißtraut der Geschichte. Zusammen trampen sie nach Falkenau. Dort suchen sie den Hof des Dorfmetzgers auf, wo Julia die Lamas vermutet – an der Wand des Stalles hängen zwei Lamafelle zum Trocknen aus, und die Bäuerin gibt geradeheraus zu, daß die Tiere tot sind. Als im Gasthof die bestellten Schlachtplatten serviert werden, denken Klaus und Julia spontan das Gleiche. Während Julia schlecht wird und sie panikartig die Flucht ergreift, läßt Klaus geistesgegenwärtig die Würste mitgehen.
Else versucht sich mit allen Mitteln bei Egon einzuschmeicheln. Schließlich sitzen sie, ihr Mann und Olaf einträchtig beim Essen. Aber sie schweigen – Egons Bedingung für die gemeinsame Mahlzeit –, was Else natürlich sehr schwerfällt. Bei jedem Sprechansatz sagt Egon energisch: „Ruhe!“ Beim dritten Mal reicht es ihr, und sie verschwindet.

Else hat Egon ein 10.000-Teile-Puzzle gekauft.

Gabi überrascht Iffi samt Liebhaber Kurt in der Waschküche und sucht geschockt das Weite, ohne sich bemerkbar zu machen. Später versucht Andy, Frau Führbringer, eine Mitarbeiterin des Jugendamts, von seinen Qualitäten als Vater zu überzeugen. Mit Erfolg, sie wird seinen Adoptionswunsch für Max befürworten. Gabi sucht Iffi auf, um sie zur Rede zu stellen: Wie könne sie bei diesem Verhältnis von Liebe sprechen! Und was sei Kurt für ein rücksichtsloser Egoist! Sie will schweigen, wenn Iffi die Affäre beendet.

Operazione Carpaccio

Spieltag: 08.02.1996 • Sendetag: 11.02.1996

Folge: 532

Vor der Schule erinnert Gabi Iffi noch einmal an ihr Versprechen, mit Kurt Schluß zu machen. Später erhält sie einen Einschreibebrief: Das Vormundschaftsgericht hat Andys Adoption von Max zugestimmt. Abends bittet Gabi Momo telefonisch ins Café Bayer. Iffi reagiert sehr nervös und geht selbst zum verabredeten Ort, doch Gabi schließt die Tür vor ihr zu. Als dann Momo gutgelaunt das Café Bayer verläßt, versucht sie zu fliehen und stürzt. Momo schöpft keinerlei Verdacht und berichtet von Gabis Großmut, ihnen für eine Wochenendreise Nico abnehmen zu wollen. Ein Taschengeld habe sie auch spendiert.

Klaus und Julia erfahren im Institut für Lebensmittelchemie der Universität, daß Lamaleber in den Würsten verarbeitet wurde. Sie beschließen, sich an die Presse zu wenden. Julia läßt unklugerweise zu, daß ihr Name in dem Artikel genannt wird. Auf dem Nachhauseweg macht Klaus seiner Freundin klar, daß dies zu ihrer Entlassung im Zoo führen könnte, und will die Erlaubnis zur Namensnennung rückgängig machen. Zu spät – die Abendausgabe ist bereits erschienen.

Im Casarotti wird die „Operazione Carpaccio" erneut besprochen: Francesco fährt das Auto, Paolo schickt ein Hündchen in die Gefahrenzone der Straße, Natale lenkt die Frau des Mafiabosses ab, während Isolde in letzter Minute ihre Tochter vor dem Wagen retten muß, die natürlich von dem süßen Hund angelockt wird. Aus Dankbarkeit, daß dem Mädchen nichts passiert ist, werden dann die Schutzgeldforderungen eingestellt. Aber die Aktion mißlingt, und so kassieren die zwei Mafiosi wie gewohnt das Schutzgeld und auch noch den Hund. Abends schmiedet Natale einen neuen Plan. Isolde reagiert ironisch, aber er bittet flehentlich um ihr Vertrauen.

Mafia gegen Mafia

Spieltag: 15.02.1996 • Sendetag: 18.02.1996

Folge: 533

Heute wird Natales neuer Anti-Mafia-Plan in die Tat umgesetzt. Bea, die Tochter des Mafiabosses, wird diesmal entführt, ihre Mutter schreit um Hilfe, und Paolo soll auf dem Motorrad umgehend hinterherfahren, um sie zu retten. Nur ein auf die Straße zurücksetzender LKW war nicht eingeplant – Paolo landet in der Wiese. Die Kidnapper Natale, Francesco und Isolde warten vergeblich auf Beas „Retter". Schließlich gibt Isolde zähneknirschend das Mädchen frei. Im Casarotti erscheinen später die Mafiosi, und einer zieht zynisch lachend seine Waffe, um zu zeigen, was Dilettanten droht. Alle Anwesenden

lachen leicht hysterisch mit.
Dr. Dressler ist mit Sonia sehr zufrieden und erläßt ihr die täglichen Urinproben. Später zeigt Tanja ihr die Altbauwohnung, die sie als neue Praxis anmieten will. Sonia ist begeistert und verzaubert Tanja ... Für diese scheint die Welt wie verwandelt. Dressler, dem sie abends von ihrem Erlebnis erzählt, warnt sie vor Sonia.
Eva und Kurt sind aus ihrem Urlaub zurück und scheinen sehr entspannt zu sein. Gabi unterrichtet Iffi über die Rückkehr der Sperlings und insistiert, daß sie ihre Affäre noch heute beenden solle. Doch Iffi bestellt sogleich ein Zimmer im Hotel Gloria und läßt Kurt eine Nachricht zukommen. Während Momo sich bei seinem Vater über Iffi ausweint, sitzt diese im Hotel und wartet. Schließlich taucht Kurt doch noch auf, geht aber auf Abstand, scheint endlich bei Verstand. Iffi hingegen zeigt sich hartnäckig und zieht ihn aus. Doch auch das Schäferstündchen kann Kurt nicht bekehren. Wild entschlossen, ihren Liebhaber zu halten, behauptet Iffi sogar, schwanger zu sein. Kurt ist fassungslos.

Momo als Fahrradkurier in Montur und Helm mit integrierter Sprechfunkanlage.

Der Schrei

Spieltag: 22.02.1996 • Sendetag: 25.02.1996

Folge: 534

Hajo leidet unter starken Schmerzen und verspürt erstmals Angst – Ollis Angebot sieht er nun mit anderen Augen. Dieser will Scholz nach wie vor seine Niere schenken. Berta befragt Dressler zu etwaigen Risiken und wird beruhigt. Aber aus ethischen Gründen werde eine Lebendspende nur bei Blutsverwandten akzeptiert. Berta ist verzweifelt. Aber dann fragt Dressler, ob Olli vielleicht ein unehelicher Sohn sei. Für alles Weitere werde er seinen Freund Tenge-Wegemann motivieren ... Berta versteht und fällt ihm um den Hals.
Ludwig bittet Sonia um mehr Distanz zu Tanja, aber Sonia hält sich nicht daran – im Gegenteil. Zusammen mit Chromo und Tanja tanzt sie ausgelassen in der Wohnung, bis plötzlich Ludwig erscheint, um die Party abrupt zu beenden. Doch später entschuldigt er sich bei seiner Frau für seine übertriebene Reaktion.
Iffi läßt Kurt eine Nachricht zukommen. Sie sei nicht schwanger, aber sie liebe ihn und wolle deswegen Momo verlassen. Kurt atmet tief durch. Später sitzt er mit Eva einträchtig beim Sektfrühstück. Nachmittags beobachtet Gabi zufällig, wie Kurt im Haus Nr. 1 verschwindet. Wütend stellt sie ihn abends zur Rede. Während sie Momo bedauert und auch die minderjährige Iffi in Schutz nimmt, lastet sie ihm alle Schuld an. Kurt ist am Boden zerstört und verspricht, mit seiner Geliebten zu reden. Er stürmt an Iffi vorbei, die plötzlich an der Tür steht, und braust mit seinem Motorrad zu einem Baustellengelände. Während zu Hause Iffi vor Angst weder ein noch aus weiß, klettert

Kurt langsam auf einen Baukran. Immer höher – sein Blick ist irr. Schließlich steht er ganz oben. Er atmet tief ein und schreit ...

Kranke Herzen

Spieltag: 29.02.1996 • Sendetag: 03.03.1996

Folge: 535

Anna erfährt von Chromo, daß John nach der Abschiebung in Port Harcourt gefangengenommen wurde und nun im Gefängnis sitzt. Ihm werden Verrat und regierungsfeindliche Aktivitäten im Ausland vorgeworfen. Anna zögert genau wie Chromo, Mary die böse Nachricht zu überbringen. Doch diese hat selbst in Port Harcourt angerufen und weiß bereits alles.

Kurt beichtet seiner Frau, eine Affäre gehabt zu haben, die aber inzwischen beendet sei. Eva fällt aus allen Wolken und will wissen, wer Kurts Geliebte ist. Als sie die Wahrheit erfährt, verliert sie die Nerven und schlägt auf ihren Mann ein. Später betrinkt sie sich. Die Situation spitzt sich zu, bis Eva so erschöpft ist, daß sie einschläft. Unterdessen wird Philipp, der von Kurt weggeschickt wurde, von Iffi ausgequetscht. Auch sie wird vor Momo jetzt Farbe bekennen müssen. Doch als dieser erscheint, erkundigt sie sich nur, ob seine Eltern sich scheiden lassen.

Hajo ist farbenblind. „Sohn“ Olli täuscht den vererbten Sehfehler vor.

Berta fragt Hajo dessen konstruierte Geschichte als Ollis „Vater“ ab. Später sitzen „Vater und Sohn“ in der Klinik und warten auf das Ergebnis der Voruntersuchung – der Professor gibt grünes Licht; am 14. März wird die Transplantation stattfinden. Abends – die gute Nachricht wird gebührend gefeiert – entwendet Olli Hajos Busschlüssel. Als er es sich mit Lisa im Bus gemütlich machen will, werden sie durch Gezeter aufgeschreckt. Else hat endlich ihren Egon gefunden, den sie die ganze Zeit gesucht hat. In einer Woche feiert er seinen 70. Geburtstag, und Else fragt ihn, ob er dann vielleicht wieder zu ihr ziehen wolle. Doch Egon bleibt ihr eine Antwort schuldig.

Die Würde des Menschen ...

Spieltag: 07.03.1996 • Sendetag: 10.03.1996

Folge: 536

Else – ganz in Rosa – gratuliert Egon zum Geburtstag mit selbstverfaßtem Gedicht und bestellter Blaskapelle. Dieser ist so gerührt, daß er ihr mit „Auf uns!“ zuprostet, was Else natürlich besonders gefällt. Hat sie gesiegt? Sie verbringen fast den ganzen Tag miteinander, und abends wird im Casarotti weiter gefeiert. Doch als sie erschöpft nach Hause kommen, steigt Egon in den Lift und fährt

nach oben zu Olaf. Elses Enttäuschung ist riesig ...
Mary muß erfahren, daß John erschossen wurde. Offiziell hat er Selbstmord begangen. Vergeblich versucht Anna, die geschockte Mary zu beruhigen, deren Wehen frühzeitig einsetzen. Sie ruft Eva, aber die kann nicht helfen. Das Risiko ist im siebten Monat zu groß, weswegen sie Mary in die Klinik überweist. Doch das Kind ist bereits tot, als es geboren wird. Als Anna zu Mary ins Zimmer darf, gibt sie ihr genaue Anweisungen, wie sie ihren Illegalitätstatus verbergen soll – umsonst, denn abends läuten zwei Polizisten bei Zieglers.
Eva geht auf Kurts Vorschlag ein, getrennt zu leben, aber in Sachen Momo Verbündete zu bleiben: Er darf von seines Vaters Affäre niemals erfahren. Kurt verkündet Iffi, daß er bei Eva bleiben werde. Nun lernt er eine ganz neue Seite seiner Geliebten kennen. Eiskalt will sie Momo alles sagen, und Kurt solle seiner Frau ausrichten, daß sie nie auf ihn verzichten werde. Wütend beginnt Iffi, ihre und Nicos Koffer zu packen. Als abends Momo nach Hause kommt, erklärt sie ihm hastig, daß sie ihn aus Liebe zu Kurt verlasse. Und schon ist sie weg. Als Kurt vom Joggen nach Hause kommt, erwartet Momo ihn bereits mit einem Messer in der Hand.

Jeder Mensch ein Abgrund

Spieltag: 14.03.1996 • Sendetag: 17.03.1996

Folge: 537

Heute ist der OP-Termin für die Nierentransplantation, und Hajo überfällt im letzten Moment doch noch die Angst. Mit einer bewegenden Liebeserklärung verabschiedet er sich von Berta. Nach Stunden kommt der erlösende Anruf aus der Klinik. Keinerlei Komplikationen bisher, die Operation lief glatt.
Erstmals verzichtet Helga auf ihre Trauerkleidung und trägt eine farbige Bluse. Schiller freut sich und denkt an ihre bevorstehende Geburtstagsparty. Diese gedenkt Helga jedoch gar nicht zu feiern. Nichts gegen Erich, aber Bennys Tod sei erst vier Monate her. Schiller kann diesen Gedankengängen nicht mehr folgen.
Eva weist jegliche Annäherungsversuche Kurts schroff zurück. Auch bei Zenkers ist die Stimmung geladen. Andy verlangt vergeblich, über die Ereignisse der letzten Tage informiert zu werden. Iffis und Momos Wohnung ist kaum wiederzuer-

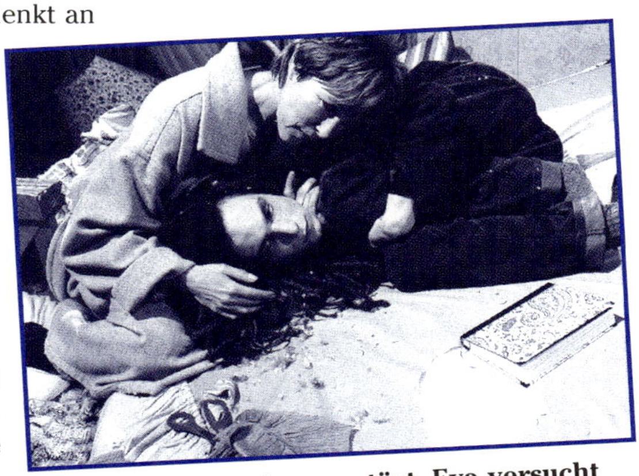

Momo ist am Boden zerstört. Eva versucht ihn zu trösten.

kennen – ein Chaos und mittendrin Momo, der Iffis Kleider zerschneidet. Seinen Vater, der um Einlaß bittet, läßt er vor der Tür stehen. Erst Eva, die sich den Schlüssel besorgt hat, dringt zu ihm vor und vermag es, seine Aggressionen abzubauen. Später zieht Philipp zu seinem Bruder in die Wohnung, weil er sich zu Hause nicht mehr wohl fühlt. Andys Mißtrauen wird indes immer größer. Was geht hier eigentlich vor? Gabi gibt ihm weiterhin nur den Rat, sich da rauszuhalten. Als dann Iffi in der Tür auftaucht, bricht alle Sorge und Wut aus ihm hervor: Er will endlich wissen, was los ist! Iffi schweigt verängstigt.

Platonisch

Spieltag: 21.03.1996 • Sendetag: 24.03.1996

Folge: 538

Auch heute morgen wehrt Helga Schillers Annäherungsversuche ab, worauf Erich verletzt das Schlafzimmer verläßt. Später klagt Helga im Café Bayer Marlene ihr Leid. Sie könne nach Bennys Tod nur eine platonische Beziehung tolerieren, aber ob Erich dies reiche? Den ganzen Tag hat Helga über ihr Problem nachgedacht. Abends trägt sie ein neues Kleid, und der Tisch ist liebevoll gedeckt. Doch Schiller ist im Akropolis gelandet und schüttet Leo Klamm sein Herz aus. Als er endlich nach Hause kommt, fällt er nur noch trunken ins Bett.

Urzula gesteht Carsten ihre Schwangerschaft – für eine Abtreibung ist es inzwischen zu spät. Abends bricht sie vor Carsten und Käthe in Tränen aus: Sie brauche einen Mann, aber sie wolle nur Paolo. Doch dieser sei als Ehemann und Vater von zwei Kindern nicht zu haben. Carsten belächelt Urzula: Sie solle sich ihn doch einfach nehmen!

Andy will sich heute Klarheit verschaffen, aber auch Momo läßt ihn auflaufen. Dieser findet später einen Hotelpaß vom Gloria. Er faßt einen Plan und lockt unter Iffis Namen Kurt in das Hotel. Als Vater und Sohn im ehemaligen Liebesnest aufeinandertreffen, rastet Momo schließlich aus: Haßerfüllt fällt er seinen Widersacher an und würgt ihn. Kurt schreit um Hilfe. – Ein riesiges Polizeiaufgebot steht vor dem Gloria. Eva erfährt, daß ihr Mann gerade noch rechtzeitig in die Notaufnahme gebracht wurde. Momo, der ruhiggestellt auf einer Trage vorbeigefahren wird, solle nach Haar, in die geschlossene Abteilung der psychiatrischen Klinik. Eva ist entsetzt und wendet sich verzweifelt an ihren Sohn. Keine Reaktion ...

Kopfwäsche

Spieltag: 28.03.96 • Sendetag: 31.03.96

Folge: 539

Eva besucht ihren Sohn in der Psychiatrie. Momo, völlig apathisch, erkennt sie nicht, reagiert auch nicht auf das, was sie sagt. Er läßt alles mit sich geschehen. Dr. Blohm, der behandelnde Arzt, erklärt Eva, daß bei Momo eine „abnorme Erlebnisreaktion" durch den Schock entstanden sei und er kompetente Hilfe dringend benötige. Abends ist die Stimmung zwischen Eva und Kurt äußerst angespannt. Dennoch möchte sie in dieser Situation nicht allein gelassen werden – Kurt zögert.

Überraschend taucht morgens Paolo bei Urzula im Frisiersalon auf, doch diese bleibt aufreizend kühl. Rosi versucht unterdessen herauszubekommen, wer der Vater von Urzulas Baby ist. Als sie von Carsten endlich den Namen erfährt, stürmt sie ins Casarotti, um den Übeltäter zur Rede zu stellen. Abends erscheint Paolo erneut bei Urzula, wird aber auch diesmal abgewiesen.

Als Anna Mary heute im Krankenhaus besucht, weist ein Arzt sie darauf hin, daß die Polizei zum wiederholten Male dagewesen sei und er eine weitere stationäre Behandlung nicht mehr verantworten könne. Morgen sei Marys Entlassungstermin. Anna beschließt kurzerhand, Mary zu entführen. Als Hans nach Hause kommt, wird er von zwei Polizisten erwartet, die erfolglos eine Hausdurchsuchung bei Zieglers durchführen. Die beiden Beamten begegnen vor der Haustür noch Olaf und Else. Olaf verspricht, die Augen aufzuhalten – eine Illegale also. Wieder allein, gesteht Anna Hans, Mary auf dem Dachboden versteckt zu haben. Natürlich kein menschenwürdiger Aufenthalt, und Mary ist noch sehr geschwächt. Aber in Polizeihände dürfe sie niemals fallen!

Andy installiert in Rosis Wohnung ein Babyphone. In Folge 542 hört er via Funkverbindung Gabis Gespräch mit Iffi.

Gute Seelen

Spieltag: 07.04.1996 • Sendetag: 07.04.1996

Folge: 540

Das heutige Ostereierverstecken gerät für Anna und Hans eher zu einem erzwungenen Ritual. Beider Gedanken sind bei Mary, die immer noch auf dem Dachboden lebt. Aber wer von ihren Bekannten bietet ein humanes Versteck? Schließlich bitten sie Helga um ihre Hilfe. Nach einiger Bedenkzeit stimmt diese zu, und bereits in der Nacht zieht Mary um.

Als Berta Hajo im Krankenhaus besucht, trifft sie auf eine fröhliche Gesellschaft: Lisa, Olli und Else sind vorbeigekommen. Berta ist der Tumult zu groß, aber Scholz verteidigt seinen Spender. Nachts, als Schwester Angelika die Medikamente bringt, sitzen Else und Olli im-

Amelie überlebte vier Ehemänner: den Gutsbesitzer Fritz, (angeblich) den Fabrikanten Ernst August, den Apotheker Eduard und den Physikprofessor Hannes.

mer noch da. Die Schwester protestiert: Scholz brauche Ruhe. Amelie erzählt Priesnitz von ihren Verflossenen und zeigt auch Fotos. Priesnitz wundert sich, daß gerade die Bilder aus dem Zweiten Weltkrieg fehlen; Ernst-August hätte er auch gerne gesehen. Amelie lenkt schnell ab. Berta besitzt jedoch ein Bild von Ernst-August aus Lydias Nachlaß, das sie Priesnitz überläßt. „Gefallen 1944" ist auf der Rückseite vermerkt. Priesnitz kann es nicht glauben, denn er meint den Mann zu kennen. Später erzählt er von seinem Kompanieführer Oberleutnant Thelen, 1942 stationiert an der Westfront, verheiratet, Frau mit drei Kindern ... Amelie winkt erschrocken ab. Priesnitz ist jedoch nicht zu stoppen. Er hat auf dem Foto den Mann erkannt und weiß, daß er in einem Seniorenheim bei Würzburg lebt. Ihr zweiter Mann, Ernst-August war Nazi, KZ-Kommandeur von Struthoff! Scheidung ändere an dieser Tatsache nichts. Ob ihr die vielzitierte Courage fehle, darüber zu reden?

Ohnmacht

Spieltag: 11.04.1996 • Sendetag: 14.04.1996

Folge: 541

Priesnitz besucht überraschend Amelie. Die Atmosphäre zwischen den beiden ist eisig. Priesnitz wirft ihr Feigheit vor, weil sie sich die Verfehlungen der Vergangenheit nicht eingesteht. Amelie hingegen zeigt sich uneinsichtig und versucht sich zu verteidigen. Abends, bei der Begrüßung von Hajo, der heute nach der Nierentransplantation aus der Klinik entlassen wurde, tendiert Amelie zu Wasser – ein eindeutiges Signal, daß es ihr schlecht geht.

Nach einer neuerlichen Schädeloperation Enricos hat Prof. Grimm nur schlechte Nachrichten für Isolde: Die Heilungschancen sind verschwindend gering. Isolde ist verzweifelt und bricht weinend zusammen, als sie Natale die Botschaft überbringt. Im Lokal angekommen, streiten sich hier mal wieder Paolo und Francesco. Isolde rafft sich auf. Sie wird das Casarotti in Enricos Sinne weiterführen!

Bei Beimers herrscht heute ein ständiges Kommen und Gehen: der Klempner, Onkel Franz, Marlene ... Eine ungünstige Situation für Mary, die kaum ihr Versteck verlassen kann, was Klaus leid tut und verärgert. Auch Erich ist grimmig, da Helga augenscheinlich lieber ihre Zeit mit Marlene als mit ihm verbringt.

Isolde versucht, die beiden Streithähne Paolo und Francesco zu beruhigen.

Anna will am späten Abend noch nach Mary schauen und erregt mit ihren häufigen Besuchen Elses und Olafs Aufmerksamkeit. Bevor Anna wieder aufbricht, verabredet sie sich mit Helga zu einem sonntäglichen Friedhofsgang. Schiller schmollt: Sonntags sollte das Schaufenster des Reisebüros umdekoriert werden! Spielt er überhaupt noch eine Rolle in Helgas Leben? Zornig funkelt er sie an: Lange könne das nicht mehr so gehen!

Polterabend

Spieltag: 18.04.1996 • Sendetag: 21.04.1996

Folge: 542

Beate möchte sich bei Ludwig DM 50.000 für Studioaufnahmen mit ihrer Band leihen. Da er ihr höchstens DM 10.000 geben kann, bietet ihr Tanja großzügig die fehlende Summe an. Später macht Dressler seiner Frau wegen dieses Angebots und wegen ihrer erneuten Verabredung mit Sonia Vorwürfe. Abends im Casarotti schwärmt Tanja davon, endlich eine Freundin gefunden zu haben. Ludwig solle dieses Glück bitte verstehen.

Bei Beimers beginnt heute der Tag mit einer guten Nachricht: Marys Vater ist aus dem Gefängnis in Port Harcourt entlassen worden. Nichtsdestoweniger ist Erich sehr schlecht gelaunt, und Helgas Versuche, ihn aufzuheitern, schlagen fehl. Nach Geschäftsschluß verspricht sie, den ganzen Abend mit ihm zu verbringen. Und bei Valeries Polterabend, der heute in der Zenker-Wohnung stattfindet, bräuchten sie nur kurz vorbeizuschauen. Doch auf der Party ist Helga ganz in ihrem Element und beachtet Erichs Zeichen zum Aufbruch nicht. Dieser gibt schließlich auf und geht. Als sie nachts nach Hause kommt, ist Erich nicht da – der flirtet nämlich mit Marlene im Akropolis.

Auf dem Polterabend hört Andy zufällig Fetzen eines Gespräches zwischen Gabi und Iffi. Endlich versteht er! Er stellt seine Tochter unter vier Augen wutentbrannt zur Rede, bevor er zu Sperlings hetzt. Aber Kurt ist nicht da. Andy flucht und droht, ihn umzubringen. Nach der Feier versucht Gabi vergeblich, den immer noch wütenden Andy zu besänftigen.

Schiller und Marlene sind die letzten Gäste im Akropolis. Als Erich aufbrechen möchte, startet sie ihren letzten Anmachversuch: Er solle mit zu ihr gehen – oder habe er etwa Angst vor Helga? Erich ist Marlene schon sehr nah ...

Helga von Sinnen

Spieltag: 25.04.1996 • Sendetag: 28.04.1996

Folge: 543

Julia kommt mit einem aus dem Versuchslabor geretteten Hund bei Beimers vorbei und erreicht für „Beule“ vorübergehend Asyl. Helga hat sich Erichs Vorhaltungen der letzten Wochen zu Herzen genommen und bemüht sich rührend um ihn. Im Reisebüro berichtet ihr Marlene, daß sie mit Schiller geschlafen habe. Allerdings kenne sie bessere Liebhaber. Helga schmeißt sie raus. Als Erich abends nach Hause kommt, empfängt sie ihn in festlichem Kleid und verführt ihn. Später – danach – gibt sie zu, von seinem Seitensprung zu wissen. Doch sie verzeiht ihm unter einer Bedingung: Es dürfe nie wieder vorkommen. Erich ist glücklich.

Wer ahnt hier schon, daß Erich und Helga sich gegenseitig noch oft betrügen werden ...

Aufregung bei Sperlings: Kurt ist von seiner gestrigen Tagung in Stuttgart nicht zurückgekehrt. Könnte Andys Drohung wohl mit seinem Verschwinden zu tun haben? Eva erzählt der Polizei die ganze Geschichte. Später verhören zwei Beamte Andy, der aber seine Drohung scheinbar nicht ernst meinte. Eva erhält schließlich einen Eilbrief von Kurt: Er wolle nicht wiederkommen – nicht aus Feigheit, sondern um Gras über die Sache wachsen zu lassen. Vielleicht fänden sie beide dann zueinander zurück. Eva ist zornig und verzweifelt zugleich. Als Iffi vorbeikommt, wird sie von Philipp abgewiesen.

Else versucht, Olaf auf ihre Seite zu ziehen: Wenn Egon bei ihm ausziehen müßte, käme er sicher in die gemeinsame Wohnung zurück. Später stöbert sie ihren Mann im Akropolis auf und versucht ihn umzustimmen. Doch Egon sagt ihr unverblümt, daß er sein Leben mit ihr vergeudet habe. Er werde nie mehr zurückkehren. Daraufhin spielt sie die verlassene alte Frau und läßt sich von Olli die Einkäufe nach Hause tragen. Dieser spürt ihre Einsamkeit, bietet sich als Retter an. Vielleicht helfe es, wenn er vorübergehend bei ihr wohne. Nachts taucht Else triumphierend bei Egon auf: Wenn er morgen nicht zurück sei, hole sie sich Olli ins Haus! Egon lacht herzlich.

Ansprachen

Spieltag: 02.05.1996 • Sendetag: 05.05.1996

Folge: 544

Olli ist bei Else eingezogen und genießt das üppige Frühstück. Nachmittags kommt Lisa vorbei, um ihn zu besuchen. Sie rät Else beim Abtrocknen zu einer Wallfahrt. Vielleicht bringe ihr echte Buße Egon ja zurück.

Isolde ist zutiefst bedrückt und sucht Beschäftigung, um nicht mehr an Enrico und die lebenserhaltenden Maschinen denken zu müssen. Später sitzt Natale an Enricos Bett. Er nimmt Abschied vom Bruder,

dem er nur noch durch Stoppen der Sauerstoffzufuhr helfen kann. Natale versucht es, seine Hand ist schon am Schlauch, beginnt aber zu zittern: Der endgültige Griff geht über seine Kraft. Er weint vor Verzweiflung. Die Beatmungsmaschine piept weiter.
Scholz hängt die Einladung zu seiner „Nierenfete“ am Schwarzen Brett für alle Mitbewohner auf. Später übt er seine Rede. Berta ermahnt ihn, Ollis Namen keinesfalls zu erwähnen, da dessen Lebendspende illegal war. Abends steigt die Party im Akropolis. Als Olli endlich kommt, beginnt Hajo seine Rede – die Bombe platzt: Olli Klatt ist sein Spender.
Iffi schreibt unterdessen zum wiederholten Mal an Momo. Und auch dieser Brief erscheint sinnlos. Der Blick auf das erhellte Akropolis lockt sie ... Als Iffi im Lokal erscheint, staunen alle – alles andere ist vergessen. „Die Hure der Lindenstraße“, wie Else sie nennt, verändert schlagartig die Stimmung. Klaus schaltet sich ein. Er rettet Iffi an den Tisch zu sich und Julia. Olaf packt Else und bringt sie nach Hause. Für ihn ist der Abend beendet. Schwerfällig tappt er die Treppe nach oben. Doch dann stoppt er vor Beimers Tür. Ein Hund bellt. Er hört Marys beschwichtigende Stimme ...

Impertinenzen

Spieltag: 09.05.1996 • Sendetag: 12.05.1996

Folge: 545

Vor Elses Abreise zur Wallfahrt nach Assisi muß Olli sich Verhaltensregeln einbleuen lassen. Während der nachmittäglichen Klavierstunde hören Lisa und Berta plötzlich Olli heftig weinen. Er hat die Tageseinnahmen des Supermarktes, die ihm Filialleiter Brecht anvertraut hatte, auf dem Weg zur Bank in einer Telefonzelle vergessen, als er seiner Mutter zum heutigen Geburtstag gratulieren wollte. Es waren DM 12.700. Berta zieht Hajo zur Seite: An der Geschichte sei doch irgend etwas faul. Scholz hingegen will Olli aus Dankbarkeit auf jeden Fall helfen. Schließlich leiht Berta sich die Summe von Dressler.
Amelie versorgt die kranke Julia. Diese macht sich ihrerseits Sorgen um ihre Großmutter, die sich in letzter Zeit ungewöhnlich hängen läßt. Später packt Amelie endlich vor ihrer Enkelin aus: Sie spricht über Ernst-August, seine Verbrechen in der Nazizeit, ihr Schweigen, ihre Lüge. Julia ist entsetzt, auch Klaus kann sie nicht besänftigen.
Olaf fängt Klaus ab und fragt ihn scheinheilig nach der Besucherin, deren Stimme er letzte Woche gehört

Marys Versteck bei Beimers wurde entdeckt. Der Umzug zurück zu Anna wird geplant.

hat. Klaus läßt ihn abblitzen. Da Olafs Neugier Helga sehr beunruhigt, wendet sie sich an Anna. Zusammen organisieren die beiden Frauen, immer auf der Hut vor Olaf, Marys Umzug zurück zu Zieglers. Julia und Klaus bieten ihre Hilfe an. Als Olaf seinen Laden schließt, kreuzen Klaus und Julia, engumschlungen, seinen Weg. Gleich flammt sein Mißtrauen auf: Schmusen können die doch viel besser in ihrem Keller. Und er geht in Deckung. Da kommt ein Auto, Anna steigt aus und auf der anderen Seite Mary, im Schutz von Julia und Klaus. Olaf staunt: Die verstecken tatsächlich die „Illegale"!

Fangfragen

Spieltag: 16.05.1996 • Sendetag: 19.05.1996

Folge: 546

Heute sind Hajo und Berta bei Lisa und Olli zum Mittagessen in Elses Wohnung eingeladen. Obgleich letzterer bereits die erste Schuldenrate an Berta zahlt, hält diese ihn weiterhin auf Distanz. Später gehen Scholz und sein neuer Freund zur Vatertagsfeier in den Biergarten. Olli schlägt vor, ins Spielkasino zu fahren, und sie leihen sich von Egon DM 200. Angetrunken steigen sie spätnachts aus dem Bus. Die Ausbeute im Kasino war reichlich, und Hajo freut sich auf Bertas Reaktion. Aber Olli stimmt ihn um: Sie sollten nur Egon die Schulden zurückzahlen, den Rest als Startkapital für weitere Kasinobesuche verwenden und dann Berta alles auf einmal zurückzahlen.
Paolo möchte Urzula besuchen, doch zu seiner Enttäuschung trifft er nur auf Carsten. Annähernd zwei Stunden wartet er und spielt ein Liebeslied auf der Gitarre, das er für Urzula geschrieben hat. Unterdessen sitzt diese mit Beate im Akropolis. Vasily ist sauer, weil Beate ihn am Vorabend versetzt hat, ohne anzurufen. Als Urzula, der Carsten Bescheid gesagt hat, nach Hause eilt, ist Paolo schon weg.
Olaf läßt nicht locker. Im Café Bayer schleicht er sich an Söphchen und Tom ran. Aber bevor er das Geheimnis lüften kann, erscheint Hans. Später überrascht Olaf Anna und Mary in der Wohnung. Mary kann sich gerade noch verstecken, und Anna komplimentiert den Störenfried mit wilden Ausreden hinaus. Im Biergarten fragt Olaf Vasily , wie er seine Aufenthaltsgenehmigung als Ausländer erhalten habe. Als EU-Bürger sei seine Situation mit Asylsuchenden nicht zu vergleichen. Ansonsten vielleicht mit einer Scheinehe ... Olaf fällt es wie Schuppen von den Augen. Abends spielen Hans, Anna und Mary heiter Halma. Als Hans in den Keller will, um neuen Wein zu besorgen, steht Olaf unversehens in der geöffneten Tür: Er weiß um Mary, weiß, daß die Polizei sie sucht. Annas Gesicht verrät Erschrecken, Hans ist todernst. Was wird Olaf tun?

Lockende Ferne

Spieltag: 23.05.1996 • Sendetag: 26.05.1996

Folge: 547

Anna steht am Fenster und starrt ein Gespenst an, das sie zu verfolgen scheint: Olaf. Kurz darauf steht dieser persönlich vor der Tür und möchte Mary sprechen, um sie für ein heimliches Abendessen im Blumenladen einzuladen. Im Schutz der Dunkelheit begleitet Hans sie zu Olaf. Der bringt seinem Gast ein Ständchen auf dem Schifferklavier, überreicht rote Rosen und fragt schließlich, ob sie ihn heiraten wolle. Natürlich nur zum Schein – wegen der Aufenthaltsgenehmigung!
Olli bittet Hajo, als Stammtischbruder aufgenommen zu werden – ein ideales Alibi vor Berta für weitere Spielbankbesuche. Diese trägt hart an den Schulden, die sie auf sich genommen hat. Hajo sieht das anders: Ohne Ollis Nierenspende lebte er vielleicht nicht mehr. Und so nimmt Scholz seinen Retter mit an den Stammtisch. Als Einstand schlägt Olli den gemeinsamen Besuch der Fußball-EM in England vor.
Auf Kurts Bitte hin trifft sich Eva heute mit ihm in einem Café. Er will zurück nach Afrika – mit ihrem Segen. Ihr platzt jedoch der Kragen. Nachdem Eva gegangen ist, ruft Kurt bei Zenkers an und hinterläßt eine geheimnisvolle Nachricht, die nur Iffi versteht. Dann geht er in die Psychiatrie, wo ihm Dr. Blohm erklärt, daß sein Besuch verfrüht sei und er vor seiner Abreise noch einmal anfragen solle. Später, an der Parkbank „Bodo Sonntag", beschimpft Iffi Kurt heftig, um dann doch in seiner Umarmung hinzuschmelzen. Nachts landen beide in Iffis Wohnung ... Kurt sehnt sich nach einem Neuanfang mit der Geliebten, die er samt Nico nach Afrika mitnehmen will. Aber Iffi wird eine Woche verreisen – mit Andy und Gabi an den Gardasee. Kurt ahnt Schlimmes: Sie komme doch mit ...?

Max nimmt den Anruf eines Unbekannten entgegen, der lediglich dreimal das Wort „Sonntag" wiederholt.

In Teufels Küche

Spieltag: 30.05.1996 • Sendetag: 02.06.1996

Folge: 548

Olafs Angebot ist nach wie vor unbeantwortet geblieben. Mary tendiert dazu, den Schritt zu wagen. Aber Anna traut Olaf nicht über den Weg, obwohl seine Beweggründe einnehmend sind: Helfen gegen eine inakzeptable deutsche Asylpolitik und – aus Menschlichkeit. Von Mary wolle er nichts, seine große Liebe war Claudia. Hans überbringt weitere schlechte Nachrichten: Eine Heirat sei nur im Ausland möglich, weil Mary keine Familienstandsbescheinigung besitze. Und die Scheinehe müsse für mindestens fünf Jahre aufrecht erhalten werden!
Familie Zenker kehrt vom Gardasee heim, und Andy hat schlechte

Laune. Der Urlaub war nicht nach seinem Geschmack. Beim Durchsehen der Post entdeckt Gabi einen Brief von Phil an Max: Er solle ihn im Gefängnis besuchen. Der Junge willigt ein, schließlich sei Phil sein leiblicher Vater. Adoptivvater Andy ist nun endgültig bedient.
Kurt besucht seinen Sohn in der Psychiatrie. Durch seine unbeholfenen Konversationsversuche bringt er Momo in Rage. Er wirft sich auf den Vater, beginnt ihn zu würgen. Entsetzt ruft Dr. Blohm nach dem Wärter. Als Kurt bald darauf im Haus Nr. 3 auf den Lift wartet, erscheint Andy und wird handgreiflich. Kurt kann jedoch entwischen und sich in Evas Wohnung retten. Hier möchte er von ihr und Philipp Abschied nehmen, doch seine um Verständnis werbenden Worte bleiben unbeantwortet. Er schleicht davon und rettet sich zu Iffi. Diese weiß bereits von Andys Angriff und hat verstanden: Kurt wird immer nur fliehen, und einen Feigling zum Lebenspartner wünscht sie sich nicht. Sie wird allein für Nico sorgen und sagt traurig ade. Später klingelt es. Kurt?! Iffi fliegt ihm entgegen. Vor ihr steht jedoch Momo und sucht seinen Vater. Er rast durch die Wohnung, dann greift er sich die entsetzte Iffi und packt sie am Hals.

Mit verstellter Stimme ordert Kurt das E-Taxi in die Sonnenstraße und wird so den wartenden Andy los.

Fronleichnam

Spieltag: 06.06.1996 • Sendetag: 09.06.1996

Folge: 549

Iffi hat Momos Würgegriff überlebt. Sie liegt auf dem Bett und liest gerührt Kurts Abschiedsbrief. Später sucht sie Eva auf, um mit ihr wegen Nico zu sprechen und ihre finanzielle Situation zu klären. Eva signalisiert große Distanz. Über Momo wisse niemand etwas seit letzter Woche. Als Iffi schließlich fragt, ob sie als Nicos Großmutter die halbe Miete weiterzahle, ist Eva empört. Wer sei übrigens der Vater – Momo oder Kurt? Jetzt wird Iffi patzig und geht. Sie ist entschlossen, ihr Leben selbst in die Hand zu nehmen.
Hubert wird heute aus der Klinik zurückerwartet. Rosi, Urzula und Gung bereiten die Wohnung vor. Im Krankenhaus dann die Katastrophe: Hubert ist gestorben. Eine Embolie nach dem Mittagsschlaf! Rosi kann es nicht fassen.
Wittich taucht überraschend bei Beimers auf. Er möchte in ein anderes Seniorenheim, an die Tauber. Helga ist begeistert: Sie wäre ihn endlich los! Onkel Franz, wie immer hinterlistig, nagelt Helga fest: Den Mietanteil zahle sie aber weiter? Seine Nichte willigt ein, ohne die Falle zu bemerken. Klaus wird hellhörig und begreift, wo der Onkel hin will: in die rechtslastige Kaderschmiere an der Tauber – dafür zahlt seine Mutter bitte nicht! Der Krach bei Beimers eskaliert. Klaus wird sehr heftig. Erich versucht zu vermitteln, doch Helga hört auf ihren Sohn: Sie wird politisch, kündigt die gegebene Zusage. Wittich platzt der Kragen, und er droht ihr, rechtliche Schritte einzuleiten.

Des Menschen Willen

Spieltag: 13.06.1996 • Sendetag: 16.06.1996

Folge: 550

Heute wird Hubert beigesetzt, und viele erweisen ihm die letzte Ehre; sogar Gundel ist aus Warnemünde gekommen. Nach der Beerdigung kehren Helga und Erich ins Reisebüro zurück. Plötzlich kreuzt Wittich samt seinem Rechtsanwaltsfreund Dr. Dr. Praller auf. Der von Helga am 30.11.95 unterschriebene Vertrag wird vorgelesen, in dem sie Wittich bis an sein Lebensende die Hälfte der Heimunterbringungskosten zusichert. Sie zerreißt den Kontrakt und schmeißt die Herren raus.

Iffi ist heute ins Jugendamt geeilt. Da sie diverse Behörden aufsuchen muß, schafft sie es nicht rechtzeitig zur Beerdigung und erscheint erst zum Leichenschmaus, den man bei Zenkers einnimmt. Höflich entschuldigt sie sich bei Rosi. Valerie wird wie immer verletzend mit Mutmaßungen, wo ihre Schwester gewesen sein mag. Doch als Iffi später Andy unter vier Augen ihren „Haushaltsplan" vorstellt, staunt dieser nicht schlecht. Da Gundel so viel Gutes von Hubert erzählt, will Rosi sie mit einem Andenken an ihn belohnen. Als sie deswegen im Schreibtisch wühlt, findet Rosi das Testament. Es trifft sie wie ein Schlag: Für sie nur Grüße, das Bargeld geht an Lisa. Auch Gabi ist fassungslos. DM 25.000 vom Warnemünder Konto sollen auf ein Treuhandkonto für das Mädchen überwiesen werden. Wann wurde das Sparkonto von Hubert eingerichtet? Rosi wußte überhaupt nichts davon. Sollte Erbschleicherei von dieser unscheinbaren Gans dahinterstecken? Gabi rät, das Testament zu unterschlagen, aber Rosi hat Gewissensbisse. Ihre Tochter ist da viel nüchterner: Wenn doch niemand etwas davon wisse ...

Ausflüge

Spieltag: 20.06.1996 • Sendetag: 23.06.1996

Folge: 551

Frühmorgens brechen die Stammtischbrüder nach England zur Fußball-EM auf. Else vermacht Olli ein Heiligenbild aus Assisi, das ihn beschützen soll. Während der von Rolf geliehene Campingbus beladen wird, entwendet Olli Olafs Scheckmäppchen. In England angekommen, sitzt Hajo am Lenkrad. Linksverkehr – und prompt kracht es: Blechschaden. Der Bus ist wegen Reparatur für Tage blockiert. Abends sitzt man vereint im Pub, als Egon sein Portemonnaie nicht findet. Schon in Frankreich hatte Olaf seine Schecks vermißt. Gut, daß Schiller die Goldene Kreditkarte dabei hat ...

Nachdem Sonia bei Dressler war, holt sie Tanja ab. Die hatte am Vortag Geburtstag. In einer Zoohandlung erstehen die beiden einen Sing-

vogel, dem sie die Freiheit schenken wollen. Im Wald finden sie ein lauschiges Plätzchen. Sonia gibt Tanja einen Geburtstagskuß auf die Lippen. Nach einem Sonnenbad kommen sich die zwei Frauen näher. Sonia küßt Tanja erneut. Der Kuß wird zur Umarmung ...
Rosi hat Huberts Testament noch nicht verwunden. Und um ihren Gatten auch bis übers Grab hinaus zu verletzen, läßt sie sich im Friseursalon eine Frisur machen, die Hubert geschockt hätte. Abends treffen sich Urzula und Paolo. Carsten will sich dezent ins Akropolis verziehen, womit er Paolo ungewollt an eigene Pflichten im Casarotti erinnert und das noch kaum begonnene Tête-à-tête abrupt beendet. Im Casarotti wirkt Paolo sehr abwesend und unaufmerksam. Zu allem Überdruß wird Francesco anzüglich, weil er Paolos Auto in der Lindenstraße geparkt sah. Nun kann er ihn erpressen und verlangt DM 300 pro Monat für sein Stillschweigen vor Gina. Paolo ist erschrocken. Woher soll er das Geld nehmen?

Tips

Spieltag: 27.06.1996 • Sendetag: 30.06.1996

Folge: 552

Heute ist Ludwigs Geburtstag. In der Praxis überreicht auch Sonia ein „Geschenk“: ihren Abbruch der Methadon-Behandlung. Dressler habe sie doch nie gemocht. Aber der Arzt reagiert betreten. Auch Tanja geht Sonias Abbruch nahe. Nachmittags eilt sie zu ihr in den Plattenladen. Sonia zeigt sich distanziert, weil sich Tanja nach dem Walderlebnis nicht wieder gemeldet hat. Schließlich wird sie sogar laut und ordinär. Tanja fühlt sich hin- und hergerissen, aber in dieser Umgebung fällt es ihr schwer, Entscheidungen zu treffen.
Paolo und Francesco streiten über die außereheliche Schwangerschaft Urzulas und den Erpressungsversuch. Auffallend bedrückt bedient Paolo mittags Carsten und gesteht ihm die Erpressungsgeschichte. Auch Carsten ist entrüstet. Zusammen mit Käthe beschließt er, Francesco im Gegenzug mit verfänglichen Fotos unter Druck zu setzen. Käthe soll die verführerische Dame spielen.
Die Stammtischbrüder befinden sich nach wie vor in England. Sie sitzen in ihrem mittlerweile wieder einsatzfähigen Bus und bemerken, daß die Tickets fürs Endspiel verschwunden sind. Bald ereilt sie die nächste Buspanne – wieder Zeit für Stadtbesichtigungen. Während sich seine Kameraden anderweitig vergnügen, verkauft Olli einem kriminell aussehenden Typen die Endspielkarten. Abends – wie gehabt – Pub-Fernsehrunde. In der Absteige teilen Olli und Scholz ein Zimmer. Hajo kämpft mit Alkohol, schlechtem Gewissen wegen nicht geschriebener Briefe an Berta und Ollis Hose, die auf der Stuhllehne nicht liegenbleiben will. Er greift nach etwas, das aus der Tasche fällt. Geldscheine. Er zählt nach, verzählt sich, 600 Pfund? Aufgeschreckt korri-

giert Olli: „500!" Scholz staunt. Olli war doch bereits gestern blank. Woher hat er dieses Geld?

Zu spät

Spieltag: 04.07.1996 • Sendetag: 07.07.1996

Folge: 553

Julia und Amelie besuchen heute Ernst-August Thelen zu seinem 90. Geburtstag. Doch der alterschwache Greis im Rollstuhl reagiert in keiner Weise auf das Erscheinen von Ex-Frau und Enkelin. Auf der Rückreise ist Julia verzweifelt: Zu spät! Einen völlig Weggetretenen kann man nicht mehr zur Verantwortung ziehen. Später im Casarotti macht Amelie Julia das erschütternde Eingeständnis, als Gattin eines KZ-Mörders mitschuldig zu sein: Zusehen und Schweigen könne auch ein Verbrechen sein! Auch Carsten und Georg sind im Lokal und baggern vergeblich Francesco an. Sie wollen den Versuch mit Käthe in Damenkleidern wiederholen.

Amelies Ex-Gatte bekommt gar nicht mit, wer da vor ihm steht.

Die Stammtischbrüder sind aus England zurück und treffen sich bei Hajo. Nach wie vor hegt der keinen Verdacht, da Olli die 500 Pfund als Geschenk seiner Mutter deklariert hat. Schiller macht sich an die Abrechnung seiner Kreditkarte – die geschuldeten Summen sind hoch. Später erzählt Lisa Olli von ihrer Erbschaft. Daß das Geld bis zu ihrer Volljährigkeit auf einem Treuhandkonto verbleibt, will ihrem Freund allerdings nicht schmecken.
Olaf erscheint bei Zieglers und verlangt eine Antwort von Mary, aber die bittet um weiteren Aufschub. Sie ist allein zu Hause, als es später klingelt. Durch den Spion sieht sie zwei Polizisten. Doch die Beamten haben offenbar nichts gehört und verschwinden. Olaf, der die Polizisten von seinem Laden aus beobachtet hat, erfährt, daß nachts ein Einbruch im obersten Stockwerk stattgefunden hat. Jetzt saust er zu Mary. Völlig verängstigt, gibt diese ihm ihr Jawort. Abends verspricht Olaf Hans erneut, Mary nicht anzurühren und ihr ein Visum nach England zu besorgen. Anna ist von der sachlich beschlossenen Heirat noch immer nicht überzeugt und verdächtigt Olaf des Mädchenhandels. Diese Phantasien gehen Hans zu weit, aber Anna insistiert: Sie will sich mit dieser Lösung nicht zufriedengeben!

Grenzen

Spieltag: 11.07.1996 • Sendetag: 14.07.1996

Folge: 554

Olaf und Mary brechen heute nach England auf, um dort zu heiraten. Der Treffpunkt für die Übergabe des gefälschten Passes ist eine Autobahnraststätte. Alles geht gut. Zittern vor der ersten Grenzkontrolle. Sie werden durchgewunken. Auch die folgenden Kontrollen überstehen sie und gelangen nach einigen Aufregungen schließlich auf ihren Zeltplatz in Dover. In der Lindenstraße plaudert unterdessen Sarah Max das Geheimnis um die illegal versteckte Mary aus, was Max später in einem Brief an Phil weitergibt.
Rosi tobt immer noch über Huberts Testament, und nichts kann sie von ihren grimmigen Gedanken ablenken. Nicht einmal Iffis freudige Nachricht, daß Nico einen Hortplatz hat. Ab jetzt will Rosi nur noch an sich denken!
Wegen Familienangelegenheiten beschließt Natale, mittags nach Ischia zu fliegen. Er schickt Francesco mit Isolde zu Enrico ins Krankenhaus, damit der Bruder jeden Tag ein bißchen Italienisch hört. Doch Francesco erträgt den Anblick des mittels Maschinen am Leben gehaltenen Freundes nicht. Derweil bereiten Carsten und Käthe die geplante Erpressungs-Session vor. Abends greift Francesco zum Alkohol, um den Schock des Krankenhausbesuchs zu verdrängen. Carsten erscheint in Begleitung von Elisabeth Murray, einer Studienkollegin aus Australien ... Ihr Plan gelingt: Käthe und Francesco flirten, Carsten knipst. Spät am Abend erhält Isolde einen Anruf aus der Klinik. Sie wird um die Einwilligung in die dringend notwendige Amputation von Enricos rechtem Bein gebeten, da die Durchblutung stockt. Isolde ist mit dieser nächtlichen Entscheidung gänzlich überfordert.

Gewissensqualen

Spieltag: 18.07.1996 • Sendetag: 21.07.1996

Folge: 555

Marys und Olafs Hochzeitstag ist da. Auf dem Zeltplatz bewundern die auserkorenen Trauzeugen Elfie und Jürgen das Brautpaar: Olaf in bayerischer Tracht, Mary mit afrikanischem Schal. Im „register office“ wird die Trauung schließlich in englischer Sprache vollzogen. Später fährt das Brautpaar nach London zur Deutschen Botschaft. Dort teilt man ihnen mit, daß sie bis zur Fertigstellung von Marys Aufenthaltsgenehmigung und Paß eine Woche warten müssen.
Hans macht sich für den Prozeßtermin in Sachen Seegers fertig. Gabi ist bei Anna zu Besuch, als die Polizei erscheint und Anzeige wegen Versteckens der illegalen Mary Dankor erstattet. Anna versucht, Gabi alles zu erklären. Diese ist jedoch gekränkt, nicht ins Vertrauen gezo-

gen worden zu sein. Später kommt Hans verstört nach Hause, da er von Phil eine Warnung erhielt. Irgend etwas signalisiere ihm einen Zusammenhang zwischen Phils Drohung und dem Besuch der Polizei. Beim Abendessen zu Hause schwört Gabi, kein Wort mehr mit Anna zu reden. Da erzählt Max, daß er das Geheimnis um Mary an Phil weitergegeben habe. Sofort teilt Andy Anna dies telefonisch mit.
Isolde befragt Prof. Grimm nach Enricos Gesundheitszustand. Ihrem Wunsch nach Erlösung steht ein klares Nein des Arztes gegenüber: Sterbehilfe lehne er ab. Später bespricht Isolde mit Enricos Freunden das heikle Thema. Natale sucht derweil Rat beim Priester im Beichtstuhl. Abends sitzen Carsten und Käthe im Casarotti mit den für Francesco kompromittierenden Fotos. Angesichts dieser Erpressung gibt es nichts mehr zu debattieren: Francesco und Paolo geben sich die Hand. Nach Feierabend sitzen die beiden mit Carsten und Käthe noch zusammen und erörtern erneut Enricos Situation und das Thema Sterbehilfe. Doch auch Carsten als angehender Arzt weiß keine Lösung.

Nur noch Kartoffeln

Spieltag: 25.07.1996 • Sendetag: 28.07.1996

Folge: 556

Tanja begibt sich auf die Suche nach Sonia, die seit dem Abbruch der Methadonbehandlung verschwunden scheint. Doch alle Spuren verlaufen im Sande. Unterdessen sucht Ludwig Erich und Helga auf, um Tanja mit einer Reise nach Island zu überraschen. Als er ihr abends die Flugunterlagen überreicht, fühlt sich Tanja zunächst überrumpelt. Aber letztlich geht ein geheimer Wunsch in Erfüllung.
Im Krankenhaus nimmt Isolde von Enrico Abschied, bevor Natale, Paolo und schließlich Francesco in feierlicher Kleidung eintreten. Isolde hält die Beatmungsmaschine an. Die Stille ist überwältigend – dann ertönen erneut die gewohnten Maschinengeräusche. Wenig später kann Prof. Grimm nur noch Enricos Tod feststellen. Als Isolde und Natale nach Feierabend nach Hause kommen, lesen sie Enricos Testament: Sein Eigentum in Deutschland vermacht er Isolde, sein Eigentum in Italien seinem Bruder. Und endlich fließen die Tränen. War es überhaupt richtig, ihn von seinem Leiden zu erlösen?
Helga und Erich berichten Else, daß Seegers zu 18 Monaten Gefängnis verurteilt wurde. Auch bei Beimers gibt es eine Neuigkeit: Pat möchte zu Studienzwecken nach München kommen und bei ihnen wohnen. Abends beim Stammtisch fragt Schiller Scholz, warum er Berta nie geheiratet habe. Keine Zeit, lautet die Antwort. Schiller hingegen fürchtet die „Parzen“, die sich ihm und Helga immer in den Weg stellten. Könnte man Helga mit einer Blitzhochzeit überlisten? Aber was ist mit dem Aufgebot? Scholz rät zu Gretna Green in Schottland. Sicherlich eine Möglichkeit, aber Helga brauche eine Hochzeitsfeier. Und in Mün-

Nach dem Tod von Enrico bewarben sich „reale“ Köche mit besten Referenzen um die Stelle des Küchenchefs im Casarotti.

chen sei eine Blitzhochzeit mit kleiner Feier wegen der Gesetze unmöglich. Doch Scholz scheint eine Idee zu haben.

Das Double

Spieltag: 01.08.1996 • Sendetag: 04.08.1996

Folge: 557

Olaf poltert mit seiner angetrauten Mary glücklich in die Wohnung. Er setzt Egon vor die Tür, da nun seine Frau bei ihm wohne. Als er Else ihre farbige Schwiegertochter vorstellt, bricht diese plötzlich zusammen – Schlaganfall. Die linke Seite ist gelähmt! Egon beschäftigt die Mitteilung nicht sonderlich. Er bettelt um Quartier bei Olaf auf dem Sofa, denn obgleich Elses Wohnung jetzt leer steht, will er die „Trennung von Tisch und Bett" nicht gefährden.
Bei Dresslers werden Reisevorbereitungen getroffen, als für Tanja überraschend ein Anruf kommt. Sonia bittet um ein kurzes Treffen. Im Café Bayer versucht sie Tanja zu überreden, die Reise abzusagen. Aber diese bleibt standhaft: Das hat Ludwig nicht verdient. Ein inniger Kuß als Überbrückung der Trennung ...
Mitten in der Innenstadt hält Scholz nach einem Double für Helga Ausschau. Unterdessen versucht Helga vergeblich, Klaus von seinem Umzug zu seiner Freundin in den ehemaligen Hobbykeller abzuhalten – Pats Ankunft ist die beste Ausrede für ihren Sohn. Julia berichtet Klaus von der militanten Tierschützergruppe „Salamander", deren Leiter, Chris, sie schon getroffen hat. Isolde erzählt Helga von Enricos Seebestattung bei Ischia. Strahlend betritt später Schiller mit Pat das Haus. Unter einem Vorwand setzt sich Erich dann zu Scholz ins Casarotti ab. Dieser hat Frau Godemann mitgebracht, die Helga wie aus dem Gesicht geschnitten ist. Als später Scholz und Schiller angetrunken nach Hause kommen, treffen sie den obdachlosen Egon. Scholz bietet ihm seinen Bus an. Wieder in der Wohnung, erhält Erich von Helga einen Heiratsantrag. Doch um seinen Coup nicht zu vermasseln, lehnt er entschieden ab. Helga ist verstört.

Keine bösen Erinnerungen an die geplatzte Hochzeit: Helga und Pat freunden sich sofort an.

Zweimal Mutter Beimer

Spieltag: 08.08.1996 • Sendetag: 11.08.1996

Folge: 558

Während Erich und Helga frühstücken, biegt Scholz mit einem Mercedes in die Lindenstraße ein; im Fond Frau Beimers Doppelgängerin, Frau Godemann. Helga ist noch immer gekränkt, weil Erich den Sinn der Eheschließung in Frage gestellt hat. Später bestellen Schiller und Frau Godemann als Helga das Aufgebot – es klappt! Der Standesbeamte freut sich, daß die beiden es noch mal versuchen wollen ... Dann kommt es zu einigen Wirren, da Frau Godemann erneut in der Lindenstraße auftaucht, um Helgas Ausweis zurückzugeben. Doch „Original" und Double treffen sich glücklicherweise nie.

Elena erzählt Vasily, daß sein Vater wieder sehr schlecht geschlafen habe. Vasily rät ihr, mit Panaiotis wieder zurück nach Griechenland zu gehen; er brauche seine Heimat. Elena weint; sie will Vasily nicht allein in Deutschland zurücklassen. Auch Panaiotis sorgt sich um seinen Sohn. Doch Vasily gelingt es, die Ängste seiner Eltern etwas zu zerstreuen.

Egon macht mit Beate aus, deren möblierte Wohnung während ihrer Abwesenheit zum halben Mietpreis zu übernehmen.

Julia fühlt sich von Klaus vernachlässigt. Klaus hingegen verbringt fast den ganzen Tag mit Pat. Als er seinen Einberufungsbescheid der Bundeswehr erhält, erklärt er ihr, daß er Zivildienst machen wird. Nach dem gemeinsamen Joggen sitzen sie beide im Biergarten, wo Vasily und Pat miteinander flirten. Später bittet Julia Klaus, mit ihr in die Tierschützergruppe „Salamander" einzutreten. Doch Klaus ist nicht so überzeugt wie Julia. Als er sich schließlich für einen Discobesuch mit Pat umzieht, kommt es zum Streit. Wieder zu Hause, wird er von Julia gefragt, ob er mit ihr bei der nächsten „Salamander"-Aktion Schmiere stehen wolle. Es gehe darum, über 30 Hunde aus dem Versuchslabor einer Kosmetikfirma zu retten. Klaus hat so seine Zweifel.

44 junge Hunde

Spieltag: 15.08.1996 • Sendetag: 18.08.1996

Folge: 559

Beim Frühstück hält Philipp seiner Mutter vor, immer nur an die beiden abwesenden Männer zu denken. Nach einigen ironischen Bemerkungen nimmt er sie aber schließlich in den Arm. Später bietet Philipp ihr an, zusammen ins Kino zu gehen, was Eva sehr freut. Als sie sich gerade aufmachen wollen, bringt sie ihren Sohn zufällig auf eine Idee, wie er ein Computerproblem lösen kann. Er eilt zurück in die Wohnung und läßt seine verdatterte Mutter einfach im Hausflur stehen.

Vasily und Beate verabschieden Elena und Panaiotis, die heute nach Griechenland zurückkehren. Später führt Beate den überglücklichen

Egon in ihrer Wohnung herum, in die er ab sofort einziehen kann. Als später Vasily vor der Tür steht, beschließt Egon, sich ins Akropolis zu verziehen. Vasily erklärt Beate, daß er ihre Beziehung für endgültig gescheitert ansehe. Beate ist ganz seiner Meinung. Doch als Egon später zurückkommt, stößt er im Dunkeln mit Vasily zusammen, der nur mit einem Laken bekleidet ist und ihn bittet, im Akropolis zu warten ...
Klaus verkündet seiner Freundin, daß er bei der „Salamander"-Aktion nicht mitmachen wolle. Später nimmt Julia am Tatort ihren Wachposten ein, während die Tierschützer ins Labor einsteigen und abgedeckte Körbe aus dem Haus holen. Während der Heimfahrt sind alle über den geglückten Einsatz erleichtert. Erst später stellt Julia entsetzt fest, daß die geretteten Hunde in einem schlimmen Zustand sind und alle eingeschläfert werden müssen. Wieder zu Hause, klingelt Julia an der Beimerschen Tür und bittet Klaus um etwas zu trinken. Als sie in die Wohnung tritt, steckt Pat den Kopf aus Klaus' Zimmer und bittet ebenfalls um ein Getränk. Julia kann es nicht fassen: Pat ist splitternackt!

Geschehen ist geschehen

Spieltag: 22.08.1996 • Sendetag: 25.08.1996

Folge: 560

Julia hat sich in ihrem Hobbykeller verschanzt und will Klaus nicht mehr sehen. Außerdem kündigt sie ihren Job im Tierpark. Als Amelie vom Einkaufen kommt, entdeckt sie Priesnitz und beobachtet, wie er mit Blumen und Champagner ins Haus geht. Aus Angst, ihn zu treffen, versteckt sie sich bei Julia, doch diese überzeugt ihre Großmutter schließlich, sich der Situation zu stellen. In Amelies Wohnung kommt es endlich zu einer Aussprache zwischen ihr und Priesnitz mit anschließender Versöhnung.

Philipp entdeckt, daß sein Bruder Momo auf den Strich geht.

Im Friseursalon wird Urzula – im 9. Monat schwanger – plötzlich ohnmächtig. Zwar will sie keinen Arzt, läßt sich aber überreden, frühzeitig nach Hause zu gehen. Später kommt Paolo zu ihr, worüber sich Urzula wahnsinnig freut. Er erzählt, daß seine Frau Gina mit den Töchtern noch in Italien bleibe und er über zwei Wochen mit ihr verbringen könne.
Bei Sperlings herrscht eine gespannte Stimmung, da Philipp sich mehr um seinen Computer als um seine Mutter kümmert. Nachdem er

an einem Kiosk eine Computerzeitschrift gekauft hat, sucht er eine öffentliche Toilette auf. Hier sieht er plötzlich Momo – offensichtlich mit einem Freier, der ihn für seine Dienste entlohnt. Momo verläßt die Toiletten für kurze Zeit, um mit einem zweiten „Kunden“ zurückzukehren. Philipp ist schockiert. Dann spricht er Momo an und versucht ihn zu überreden, wieder nach Hause zu kommen. Dieser reagiert abweisend, stößt seinen Bruder beiseite und verschwindet. Als Philipp – immer noch kreidebleich im Gesicht – nach Hause kommt, will er Eva etwas sagen, bringt jedoch keinen Ton heraus und fängt schließlich an zu weinen. Eva fragt ihn, was los sei, ob es etwas mit Momo zu tun habe. Philipps Gesicht ist voller Verzweiflung.

Der Papagei

Spieltag: 29.08.1996 • Sendetag: 01.09.1996

Folge: 561

Philipp geht wieder zu den besagten Herrentoiletten und findet Momo. Mit einem Foto von Nico versucht er den Bruder zu ködern, aber Momo warnt, wenn er Nico herbringe und jemand anderes sei dabei, wolle er sofort abhauen. Seiner Mutter hat Philipp nichts von dem Treffen erzählt, und so ist die in Gedanken ganz bei ihrem Mann. Aufgewühlt ruft sie in Addis Abeba an. Als Kurt sich meldet, legt sie aber auf. Philipp versucht derweil, Iffi zu überreden, Momo aufzusuchen. Aber Iffi sträubt sich. Sie will ein neues Leben mit Nico beginnen. Später will sie Momo doch sehen, entdeckt ihn mit einem Freier und hetzt ihnen nach; traurig sieht sie die beiden in einem teuren Wagen davonfahren.

Zu Julias Schrecken erscheint Priesnitz, der bei Amelie einzieht, mit einem Papagei im Käfig – und sprechen hat das arme Tier auch lernen müssen. Solange der Vogel in der Wohnung ist, wird Amelie sie nicht mehr sehen! Priesnitz bewundert die konsequente Haltung Julias, die über Chris die Rückkehr des Vogels nach Neuguinea anbietet. Doch Amelie und Priesnitz lassen sich nicht erpressen.

Der Papagei von Priesnitz heißt Alexander.

Erste Wehen wecken Urzula. Auf der Entbindungsstation schieben Carsten, Käthe und Paolo Urzula schließlich im Rollstuhl in den Kreißsaal. Jeder trägt Gründe vor, bleiben zu wollen. Urzula, leicht genervt, schickt alle hinaus. Das Warten wird lang. Endlich kommt die Nachricht: Mutter und Tochter sind wohlauf. Das Männertrio ist glücklich. Abends feiern Isolde, Natale, Giancarlo, Alfredo und Paolo im Casarotti die Geburt von Paula Maddalena Francesca. In die fröhliche Gesellschaft platzt plötzlich Gina, um Paolo abzuholen. Schnell wird ihr deutlich, daß eine Geburt gefeiert wird, und sie fragt, wer denn der Glückliche sei.

Daheim

Spieltag: 05.09.1996 • Sendetag: 08.09.1996

Folge: 562

Else Kling wird im Krankenwagen von zwei Pflegern nach Hause gebracht. Sie ist der Meinung, daß Egon als treusorgender Ehemann sie fortan pflegen wird. Olaf macht ihr klar, daß er sich jedenfalls nicht ständig um sie kümmern kann. Aber er und die „schwarze" Mary seien doch schuld gewesen an ihrem Malheur, kontert Else. Doch damit erweicht sie auch Egons Herz nicht, denn schließlich leben die beiden in Scheidung. Obwohl Else einen zweiten Schlag prophezeit, geht er. Während sie sich selbst bemitleidet, schleicht Olli in die Kling-Wohnung, packt einige Sachen und verschwindet wieder. Mary kommt, um nach der Kranken zu sehen. Stocksteif und stumm liegt Else im Bett, da sie sich vor ihrer Schwiegertochter ängstigt ...
Carsten, Käthe und Paolo bereiten alles für Urzula und das Baby vor. Paolo erzählt, daß Giancarlo vor Gina als offizieller Vater des Babys gilt. Wanda, die unverhofft erscheint, ist auf der Suche nach Unterkunft und findet schließlich eine Bleibe bei Rosi. Als Prinzen bzw. Prinzessin verkleidet, feiern Carsten, Käthe und Irina Urzulas Heimkehr.
Julia macht Klaus unmißverständlich klar, daß sie von ihm nichts mehr wissen will. Kurz darauf erfährt Helga, daß Pat der Auslöser für die Trennung war, und ist schockiert. Im Reisebüro streiten sie und Erich über Pats Affäre mit Klaus. Schiller sieht die Sache gelassen, wird aber von Helga gebeten, seiner Tochter ins Gewissen zu reden. Pat versucht derweil, Klaus zu verführen. Als aber Helga ins Zimmer kommt, vergeht beiden die Lust. Pat eröffnet kurz darauf der aufgebrachten Helga, daß sie die Sache mit ihrem Sohn beenden wird. Es sei sowieso langweilig geworden. Klaus hat alles mitgehört ...

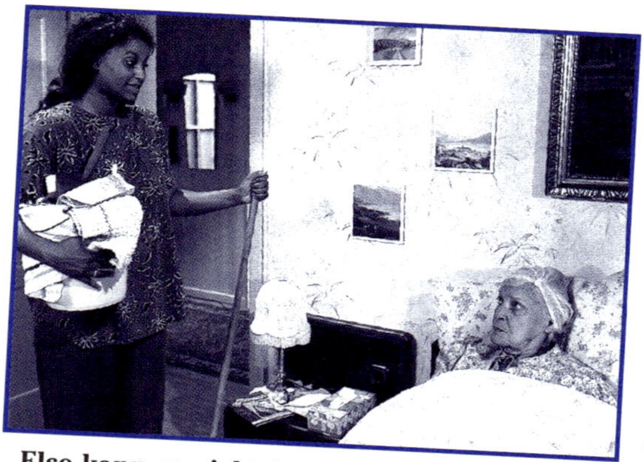

Else kann es nicht fassen: Mary soll ihr im Haushalt helfen.

Der Biß

Spieltag: 12.09.1996 • Sendetag: 15.09.1996

Folge: 563

Helga befürchtet, daß Pat Klaus das Herz gebrochen haben könnte, weil sie die Affäre so abrupt beendet hat. Sie hofft nun, daß Klaus wieder mit Julia zusammenkommt. Erich ist da skeptisch. Nach-

mittags trifft Klaus Julia. Es gelingt ihm nicht, sie versöhnlich zu stimmen. Obwohl er ihr gesteht, daß die Sache mit Pat ein Fehler war, läßt sie nicht mit sich reden und verschwindet schadenfroh grinsend mit dem dazukommenden Chris. Im Akropolis überrascht Klaus Pat und Vasily beim Knutschen. Danach sitzt er niedergeschlagen bei Philipp am Tisch und beobachtet Pat, die Arm in Arm mit Vasily davonrauscht. Chris beauftragt Julia, Nachforschungen über die Firma Vibra anzustellen. Sie soll herausfinden, wo die Labors und die Versuchstiere untergebracht sind. Sie schleicht sich in die Firma ein und macht sich Notizen über die Örtlichkeiten. Eine kläglich miauende Katze nimmt sie heimlich mit. Zurück im Hobbykeller, versucht Julia ohne Erfolg, die Katze zu füttern. Als Julia nach dem Tier greift, wird sie in den Arm gebissen, so daß es blutet.
Sonia besucht Tanja in ihrer Praxis. Wie Kinder kullern sie aufeinander zu und beginnen, sich auf dem Boden zu lieben. Derweil hat Ludwig zu Hause das Essen vorbereitet und wartet auf Tanja. Unruhig greift er schließlich zum Telefon. Die beiden Frauen lassen sich aber vom Klingeln des Telefons bei ihrem Liebesspiel unter der Dusche nicht stören. Dressler donnert außer sich vor Wut das liebevoll hergerichtete Essen in den Abfalleimer. Tanja gesteht, daß sie Angst vor Dresslers Fragen hat, wenn sie nach Hause kommt. Sonia will, daß ihre Geliebte Ludwig verläßt und bei ihr bleibt. Tanja ist unschlüssig.

Liebe?

Spieltag: 19.09.1996 • Sendetag: 22.09.1996

Folge: 564

Immer noch ist Helga enttäuscht, daß Schiller sie nicht heiraten will. Unter einem Vorwand gelingt es Erich, Helga aufs Standesamt zu locken. Erst als Schiller, vor Helga auf dem Boden kniend, um ihre Hand anhält, geht ihr hocherfreut ein Licht auf. Zeremonie vor der Standesbeamtin: Helga und Erich geben sich endlich das Jawort. Ihre Hochzeitsfeier findet im Casarotti statt. Erich erzählt seiner Frau von seinem Hochzeitsgeschenk – sechs Wochen Kanada mit dem Wohnmobil. Die Braut ist überglücklich.
Lisa will zu Olli in die Kling-Wohnung, als sie auf Julia trifft, die eine tote Katze aus dem Haus trägt. Später sitzt Lisa bei Berta und redet mit ihr über Olli. Bertas Meinung nach ist er ein Blutsauger und Schmarot-

Überraschung! Erich hält um Helgas Hand an.

zer. Daraufhin rennt das Mädchen aufgebracht zu Hajos Bus, in dem Olli inzwischen wohnt. Es kommt zur Versöhnung zwischen ihr und Olli, der Berta später auffordert, ihre Äußerungen zurückzunehmen. Diese denkt aber gar nicht daran und beschimpft ihn. Als er auf die gespendete Niere anspielt, wittert Berta Erpressung und schmeißt ihn aus Hajos Bus.

Ludwig bemerkt besorgt, daß seine Frau ihm aus dem Weg geht. Tanja trifft sich mit Sonia und tanzt mit ihr engumschlungen in einem der Therapieräume. Sonia, die heute Geburtstag hat, wünscht sich, daß Dressler endlich die Wahrheit erfährt. Tanja ist hin- und hergerissen. Schließlich schreit Sonia aufgebracht, daß sie ihre Geliebte nicht mehr länger teilen will, und rennt weg. Am Abend möchte Ludwig von seiner Frau wissen, was los ist. Endlich gesteht Tanja, daß sie eine Frau liebt. Dressler kann es nicht fassen.

Treue

Spieltag: 26.09.1996 • Sendetag: 29.09.1996

Folge: 565

Ludwig hat den Schock der letzten Woche noch nicht verwunden. Vor der Außenwelt will er den Schein einer funktionierenden Beziehung wahren. Aber Tanja will auf seinen Wunsch, mit verdeckten Karten zu spielen, nicht eingehen. Sie fühlt sich schlecht und kann Ludwigs gekränkte Eitelkeit nicht ertragen.

Der blinde Klavierstimmer ist heute wieder bei Berta. Auch in Folge 360 hat er ihr Instrument gestimmt.

Berta und Scholz sind in Geldnöten. Hajo hat ein Bewerbungsgespräch bei dem Modellbauer Baader, der ihm einen Modellauftrag für ein Haus anbietet. Doch seine Freude wird getrübt durch eine Konfrontation mit Olli. Dieser erwähnt immer wieder die gespendete Niere. Hajo wird eisern: Geld hat er ihm angeboten, aber moralisch erpressen läßt er sich nicht. Bei der Klavierstunde kommt es auch bei Berta und Lisa zu erneuten Differenzen wegen Olli, woraufhin das Mädchen den Klavierunterricht kündigt.

Julia liegt zähneklappernd im Bett. Ihr Zustand verschlechtert sich zusehends, so daß Amelie schließlich einen Notarzt ruft. Der findet sie bereits bewußtlos vor, aber Amelies Aussagen entnimmt er, daß es sich um eine Tollwutinfektion handeln könnte. Als er den Unterarmbiß entdeckt, wird Julia schnell in die Klinik gefahren. Amelie ist völlig gebrochen. Auch Berta trifft im Krankenhaus ein. Nach kurzer Rücksprache mit dem Pharmakonzern bestätigt der Arzt, daß die entwendete Katze zu Testzwecken mit Tollwuterregern infiziert worden war. Julias Zustand wird kritisch. Klaus, der von ihrer Einweisung erfahren hat, stürmt in den Krankenhausflur und findet die weinenden Frauen, die sich gegenseitig stützen. Julia liegt tot auf der Liege. Klaus ist verzweifelt und kann die Tränen nicht mehr zurückhalten.

Geschichte

Spieltag: 03.10.1996 • Sendetag: 06.10.1996

Folge: 566

Klaus versucht, einen Kondolenzbrief an Julias Eltern zu schreiben, aber er kämpft mit den Worten. Schließlich besucht er Hans, der heute Geburtstag hat. Doch schon bald verläßt er das Fest wieder. Als er am Biergarten vorbeikommt, sieht er Pat und Vasily beim Bedienen miteinander flirten. Dann stößt er auf Iffi und Nico und erhält eine Einladung zum Spaghetti-Essen. Am Abend ist Klaus erstaunt, daß Iffi eine so gute Hausfrau geworden ist, nachdem sie doch eigentlich eine Zirkuskarriere in Paris machen wollte. Gemeinsam erinnern sie sich an Matthias, der Iffi seinerzeit Französisch beibringen sollte. Plötzlich bricht Klaus schluchzend zusammen.
Pat sitzt an der Theke im Akropolis. Ihre Frage, was heute gefeiert werde, kann letztlich nur Vasily beantworten, der die Daten und Fakten der deutschen Wiedervereinigung parat hat. Pat hilft ihm beim Kellnern; völlig erschöpft räumen beide nachts auf. Plötzlich erklingt ein Sirtaki. Auf der Bühne steht Pat und präsentiert gekonnt einen Striptease. Fasziniert starrt Vasily sie an.
Andy ist schlecht gelaunt, weil Gabi wieder einmal nicht mit ihm schlafen wollte. Bei den Zenkers ist heute Renovierung angesagt, und alle arbeiten einträchtig zusammen. Valerie macht sich Sorgen, weil sie immer noch nicht schwanger ist. Rosi sträubt sich dagegen, auf Max aufzupassen, und Gabi ist über die neuerliche Egozentrik ihrer Mutter sauer. Selbstbewußt wehrt Rosi diesen Vorwurf ab. Am Abend ist Andy fest überzeugt, daß Gabi mit ihm schlafen wird, aber nach der harten Arbeit ist sie nur noch müde. Daraufhin zieht er sich an und will gehen. Gabi, einen Besuch bei Rita vermutend, warnt ihn eindringlich vor einem erneuten Seitensprung.

Ekel

Spieltag: 10.10.1996 • Sendetag: 13.10.1996

Folge: 567

Morgens im Bett nähert Andy sich Gabi. So instinktiv wie seine Hand ihre Brust findet, so prompt schiebt sie die Hand zurück. Andy schwört, sie nicht betrogen zu haben. Sie glaubt ihm zwar und liebt ihn weiterhin, aber zu einer Umarmung ist sie nicht in der Lage. Abends findet die Einweihungsparty für die renovierte Wohnung statt. Hans ist von Iffis Ernsthaftigkeit beeindruckt. Gleiches ist ihm auch bei Klaus aufgefallen. Plötzlich ist für die Kinder der Ernst des Lebens da, und man kann sie nicht mehr beschützen ...
Olaf redet Mary Mut zu, bevor er mit ihr und einem gefüllten Kochtopf die Wohnung seiner Mutter betritt. Else jault nach Egon und Pfleger

Isolde berichtet, daß Natale wegen Schwierigkeiten in seiner Pizzeria nach Ischia zurückgekehrt ist.

Toni. Mary versucht ihr geduldig zu erklären, daß ihre schwarzen Hände nicht abfärben. Sie ist entrüstet über die schlechte Behandlung und würde lieber arbeiten und für Elses Pflege bezahlen. Olaf weist sie zurecht: In ein Heim werde seine Mutter nicht gesteckt, und Mary habe als seine Frau bestimmte Pflichten. Else hört nicht auf, die „Negerin“ zu beleidigen, bis es auch Olaf nicht mehr erträgt.
In der Herrentoilette hat ein Mann Momo zusammengeschlagen. Philipp ist entsetzt und bringt seinen Bruder nach Hause. Schockiert erfährt Eva die Wahrheit: Momo – ein Stricher! Sie ekelt sich, macht sich aber Sorgen über Momos Selbstaufgabe und über die gesundheitlichen Gefahren. Momo hingegen versucht, sie zu beruhigen. Schließlich umarmt sie den Sohn. Später wird klar, daß Momo lieber zurück in das Strichermilieu will als freiwillig wieder in die Klinik. Eva erstarrt. Sie hat keine Lust, ihn gesund zu pflegen, damit er weiter auf den Strich gehen kann!

Volljährig

Spieltag: 17.10.1996 • Sendetag: 20.10.1996

Folge: *568*

Eva bittet Dr. Blohm um eine offizielle Entlassung Momos aus der Psychiatrie, was der Arzt eindeutig ablehnt. Er solle besser freiwillig in die Klinik zurückkehren! Momo vermißt Nico und spricht immer wieder nur von ihm, was Philipp sichtlich unangenehm ist. Eva bittet Iffi, heute mit Nico bei Momo vorbeizuschauen. Allerdings solle sie sehr behutsam mit Momo sein. So ein „Psychoteil“ will Iffi ihrem Sohn nicht zumuten und bietet Eva an, allein zu kommen. Diese erklärt sich widerwillig einverstanden. Als Iffi dann später zu Sperlings kommt, rastet Momo völlig aus.
Dressler erfährt, daß Tanja einen Nachsendeantrag gestellt hat und ihre Post direkt in ihre Praxis gebracht bekommt. Als er sie dort besuchen will, wird er unentdeckt Zeuge einer Eifersuchtsszene zwischen ihr und Sonia. Als Tanja wieder allein ist, kommt Ludwig herein. Er bietet seiner Frau an, ihm ihr Leid zu klagen und daß sie jederzeit zu ihm zurückkehren kann. Tanja ist ergriffen über sein Verständnis.
Klaus feiert heute seinen 18. Geburtstag. Bei Hans und Anna sind die Vorbereitungen für die Geburtstagsfeier in vollem Gange. Sarah, Tom und Sophie können es kaum abwarten, daß Klaus endlich kommt. Als der große Bruder die Wohnung betritt, muß er sich sogleich auf Drängen der Kinder bescheren lassen. Nach dem Fest begleitet Hans Klaus nach Hause. Er gesteht seinem Sohn, daß er sehr stolz auf ihn ist. Ihm sei bewußt, daß Klaus ein bißchen zu schnell erwachsen werden mußte nach all dem familiären Streß. Klaus ist gerührt und löst sich um Fassung ringend aus Hans' Umarmung. Von Iffi erhält Klaus einen Gutschein für „3 x Spaghetti-Essen und Heulen“. Auch Pat will ihn be-

schenken. Sie fordert ihn auf, in ihr Zimmer zu kommen, sie wolle „ganz lieb" zu ihm sein. Klaus ist verblüfft.

Drohgebärden
Spieltag: 24.10.1996 • Sendetag: 27.10.1996

Folge: 569

Obwohl Pat sehr nett zu Klaus ist, will dieser offensichtlich nichts mehr von ihr wissen. Vielmehr geht er zu Iffi und hilft ihr bei den Matheaufgaben. Klaus freut sich über die Ablenkung, weil er in letzter Zeit oft an Benny denken muß. Doch als er sich nach Momo erkundigt, bittet Iffi ihn, das Thema zu wechseln. Trotzdem – die beiden verstehen sich.

Von Salen-Priesnitz bringt seinen Papagei Alexander in den Zoo.

Olaf kommandiert Mary herum und überwacht jeden ihrer Schritte. Andererseits schenkt er ihr Geld für neue Schuhe. Rührend kümmert sich Mary um die bettlägerige und stänkernde Else. Die ist enttäuscht, daß Gung den Dienst des Pflegers Toni übernommen hat. Mary berichtet Olaf von Annas Angebot, gegen Bezahlung wieder auf die Kinder aufzupassen. Davon will ihr Mann allerdings nichts wissen.
Scholz hat sein Auftragsmodell fertiggestellt und freut sich bereits auf die Entlohnung. Olli klingelt und will etwas „Geschäftliches" mit ihm besprechen. Zu Hajos großem Ärger fordert Olli dreist das Geld für Lisas Klavierstunden zurück. Als er auch noch droht, Berta wegen der fehlenden Versteuerung ihrer Klavierstunden beim Finanzamt anzuschwärzen, will Scholz ihn vor die Tür setzen. Zu spät bemerkt er, daß Olli den Inhalt eines Honigglases über seinem Modell entleert. Sich für das „Versehen" entschuldigend, verläßt Olli die Wohnung. Das Modell ist ruiniert. Berta empfiehlt Hajo, Olli anzuzeigen. Aber es fehlen die nötigen Beweise, und so macht sich Scholz an die Erstellung eines neuen Modells. Am Abend sind Amelie und Priesnitz bei Berta und Hajo zu Besuch. Alle machen sich große Sorgen um Lisa, die Olli nach wie vor treu zur Seite steht. Amelie ist wild entschlossen, das Mädchen aus Ollis Fängen zu befreien. Nach Julia will sie nicht noch ein Kind verlieren.

Tiere
Spieltag: 31.10.1996 • Sendetag: 03.11.1996

Folge: 570

Zum wiederholten Mal fordert Sarah von Hans einen Taschengeldvorschuß. Später rückt sie mit einem Hamster an. Anna und Hans versuchen, ihr das Tier wieder auszureden, aber Sarah ist mehr als trotzig: Blanker Haß und Zorn schlägt ihnen entgegen. Sie sind ge-

schockt über das Verhalten ihrer Ältesten. Doch Sarah muß das Tier wieder abgeben.
Rosi, die heute ihre Canasta-Gäste empfängt, kommandiert Wanda herum. Als die sie um Hilfe für die kleine Paula bittet, macht Rosi ihr klar, daß sie mit dem Baby nicht verwandt ist. Als die Canasta-Runde im Wohnzimmer versammelt ist, kommt Rosi zu Wanda in die Küche und erzählt ihr, daß sie einen neuen Verehrer hat. Wenig später präsentiert sie Paula den Gästen als ihre Urgroßnichte. Wanda wundert sich nun doch sehr ...
Völlig übernächtigt legt Scholz letzte Hand an sein neues Modell. Als er das Haus verläßt, muß er feststellen, daß alle Reifen seines Busses platt sind. In der Arztpraxis will Olli sich vordrängen. Entnervt gibt Berta wegen Ollis Penetranz nach. Als sie den Raum kurz verläßt, schnappt sich Olli blitzschnell ihre Handtasche. Angeekelt entdeckt Berta kurz darauf in ihrer Tasche einen Hundehaufen. Derweil konfrontiert Hajo Lisa mit Ollis Missetaten, die sie zunächst nicht glauben kann. Auch hat sie Angst, ihren Freund zu verlieren. Doch dann erfährt sie von Olli, daß alles wahr ist und daß er sogar stolz darauf ist. Er meint, daß Hajo ihm für die Niere noch was schulde. Lisa verlangt, daß er fortan Berta und Scholz in Ruhe lasse; sie will keinen Verbrecher zum Freund. Ollis Antwort: eine schallende Ohrfeige. Er droht, den Mord an Steinbrück auffliegen zu lassen, sollte sie ihn verlassen oder verraten. Entsetzt starrt Lisa ihn an.

Wiedersehen macht Freude

Spieltag: 07.11.1996 • Sendetag: 10.11.1996

Folge: 571

Berta und Hajo besuchen das Kinderheim. Heimpsychologe Dr. Franzen bedankt sich bei Berta für die Fürsorge, die sie Lisa zukommen läßt. Als Berta von ihren Sorgen wegen Lisas Umgang mit dem vorbestraften Olli berichtet, wiegelt Franzen ab. Er ist der Ansicht, daß man dem Mädchen ihren Freund nicht verbieten kann. Trotz des momentan schlechten Verhältnisses zu Berta und Hajo läßt Lisa sich dann von ihnen zu einem Ausflug in die Lindenstraße überreden. Gemeinsam mit Amelie und Priesnitz verbringen sie einen wunderschönen Tag. Währenddessen wird Olli im Akropolis des Stammtisches verwiesen. Voller Rachegelüste beobachtet er Lisa mit Amelie und Priesnitz.
Gabi will den 5. Hochzeitstag mit Andy im Casarotti feiern, aber für Andy hängt der Haussegen schief, weil seine Frau sich ihm seit Wochen verweigert. Tief in seiner Männlichkeit gekränkt, haut er ab. Gabi redet mit ihrer Ärztin über ihre Unlust. Diese vermutet tröstend völlige Überlastung. Sie solle Geduld mit sich haben und mit Andy mal wieder etwas Schönes unternehmen. Gabi bittet also ihre Mutter, ihr für

das Wochenende Max abzunehmen, aber Rosi lehnt entrüstet ab. Glücklich treffen Helga und Schiller nach ihrer Hochzeitsreise in der Lindenstraße ein. In der Wohnung wird Helga bereits von Marlene erwartet, gibt sich aber unversöhnlich. Erst als Marlene ihr anbietet, eine Hochzeitsnachfeier zu bestücken, fallen sich die Freundinnen wieder in die Arme. Verwundert findet Erich sie in voller Eintracht über der Gästeliste brütend. Daraufhin begibt er sich zum Stammtisch ins Akropolis. Auf dem Weg zur Toilette muß er kurz darauf zu seinem Schrecken seine Tochter in den Armen Andys finden. Er zerrt sie beiseite. Pat macht sich verständnislos frei und fragt Schiller, was denn passiert sei.

Abrechnung

Spieltag: 14.11.1996 • Sendetag: 17.11.1996

Folge: *572*

Das Fest zu Ehren Helgas und Erichs im Casarotti hat begonnen. Schiller ist äußerst schlecht auf Pat zu sprechen. Daß seine Tochter sich an nahezu sämtliche Männer der Lindenstraße heranschmeißt und selbst vor dem verheirateten Andy nicht haltmacht, findet er das Allerletzte. Während Hans eine Tischrede hält, flirtet Pat zu Erichs Ärger heftig mit seinem Freund Klamm.
Der kleinen Paula geht es schlecht, und Urzula muß sie zu einem Arzt bringen. Auf der Suche nach der Intensivstation rennt bald darauf Paolo durch die Gänge des Krankenhauses. Urzula berichtet aufgelöst, daß Paula seit einer Stunde bewußtlos ist und die Ärzte noch nicht wissen, was ihr fehlt. Da Paolo wegen der Feier im Lokal nicht bleiben kann, verspricht er, so schnell wie möglich zurückzukommen, doch Urzula erinnert ihn an seine Frau. Paolo ist todunglücklich. Dafür kommt Carsten später in die Klinik. Gemeinsam blicken er und Urzula durch eine Glasscheibe in den Raum, wo Paula in einem Bettchen am Tropf liegt.
Olli wurde wegen Diebstahls im Supermarkt fristlos gekündigt. Er geht ins Akropolis. Egon erteilt Olli eine Abfuhr, als dieser ihn bittet, bei ihm übernachten zu dürfen. Verbittert läßt Olli ein paar Schimpftiraden auf Egon und Vasily los, die seiner Meinung nach nur „sozial rumquatschen". Bei einem Besuch entschuldigt er sich dann später dafür bei Egon. Über einen TV-Film, in dem hübsche Frauen zu sehen sind, kommt die Sprache auf Egons sexuellen Notstand. Auf dem Weg zur Haltestelle wird Lisa von Olli abgefangen. Er fordert von ihr Geld: Sie müsse dafür bezahlen, daß er wegen der Sache mit Matthias schweigt. Dann klingelt er mit ihr am Arm bei Egon. Zu Lisas Entsetzen will Olli seine Freundin „verkaufen". Lisa weint, Egon starrt Olli entgeistert an.

Schulden

Spieltag: 21.11.1996 • Sendetag: 24.11.1996

Folge: 573

Erich ist weiterhin sauer auf Pat. Die Mitteilung, daß seine Erbtante Betty über Weihnachten zu Besuch kommt, begeistert ihn – im Gegensatz zu Helga – auch nicht gerade. Pat kommt ins Reisebüro und berichtet, daß sie sich nach einem Appartement umgesehen hat. Als Erich erfährt, daß er die Miete zahlen soll, rastet er endgültig aus. In der Klinik versucht einer der Ärzte Urzula beizubringen, wie sie ihrer Tochter die Insulinspritzen geben muß. Paolo macht sich wegen Paulas Diabetes riesige Vorwürfe, weil er sie seiner Meinung nach vererbt hat. Solche Vorwürfe will Urzula nicht hören. Weiterhin befürchtet Paolo, daß ihn Fausto, der jetzt Küchenchef ist, feuern könnte, weil er häufig ins Krankenhaus muß. Und tatsächlich: Obwohl Isolde für Paolo Partei ergreift, droht Fausto, ihm zu kündigen.
Ollis Versicherungen, daß der versuchte „Verkauf" Lisas doch nur ein Witz gewesen sei, ziehen bei Egon nicht. Er solle sofort verschwinden, ansonsten werde er ihn anzeigen! Olli erpreßt Lisa weiterhin und will sie auf den Strich schicken. Am Rande einer Landstraße läßt er sie aussteigen. Lisa hat die Klamotten an, die Olli ihr gegeben hat. Sie ist grell geschminkt. Vollkommen deplaziert und in keiner Weise aufreizend stellt sie sich zu den Prostituierten. Weinend entblößt sich Lisa kurz darauf vor einem Freier. Der Mann erkennt, daß es keinen Sinn hat, und verlangt frustriert sein Geld zurück. Lisa flüchtet zu Berta und Hajo und erzählt ihnen etwas von einem Kostümfest. Als Berta mit Hajo das Gästezimmer betritt, stellt sich Lisa schlafend. Im Heim wüßte niemand etwas von einem Kostümfest, erzählt Berta Scholz. Als die beiden das Zimmer wieder verlassen haben, schreibt Lisa das Wort „Entschuldigung" auf ein Blatt Papier. Auf dem Bett sitzend setzt sie ein Messer an ihre Pulsadern.

Olli verlangt von Lisa, auf den Strich zu gehen.

Aphrodisiaka

Spieltag: 28.11.1996 • Sendetag: 01.12.1996

Folge: 574

Berta und Scholz beraten, wie sie Lisa helfen können. Berta befürchtet einen zweiten Suizidversuch und möchte, daß Lisa wieder zurück ins Heim geht. Hajo findet diese Lösung herzlos. In einem Gespräch versucht Dr. Franzen, die Gründe für den Selbstmordversuch zu erfahren. Erst als er Lisa erzählt, daß auch er in seinem Leben Dinge getan hat, die er heute maßlos bereut und die nie jemand erfahren hat, gibt das Mädchen zu, daß sie ein solches Geheimnis belastet. Mehr will sie jedoch nicht preisgeben. Olli steht später mit einem Blumenstrauß vor der Tür. Lisa schreit ihn an, daß er sofort verschwinden soll. Abends ertappt Hajo Lisa beim Schreiben eines Briefes, den sie sofort versteckt. Resigniert verläßt er das Zimmer.

Andy entdeckt unter Gabis Kissen eine Zeitschrift mit ausgefülltem „Ehetest“, bei dem er zu seiner Empörung schlecht abschneidet. Kurz darauf betritt er das Café mit einem großen Blumenstrauß und überreicht diesen mit einem Kuß der verblüfften Gabi. Am Abend dinieren die beiden fürstlich im Casarotti. Andy ißt Austern; Gabi probiert eine und muß dann leicht angewidert passen. Sie unterhalten sich über die aphrodisierende Wirkung dieser Speise. Nach dem Essen liegt Andy blaß und schweißüberströmt im Bett. Die Austern haben bei ihm einen allergischen Schock ausgelöst.

Welt-Aids-Tag. Else beschwert sich, daß sämtliche Nachbarn die rote Aids-Schleife tragen: Werbung für Schwule!

Kurt lädt Philipp über Weihnachten nach Äthiopien ein. Als er Eva davon erzählt, flippt sie aus. Dann besucht Philipp seinen Bruder in dessen neuer WG. Momo erzählt von seinen Plänen, Fotograf zu werden. Später flüchtet Philipp vor Evas ewigen Haßtiraden ins Akropolis, wo er in Klaus einen Gleichgesinnten findet. Die zwei beschließen, sich an Weihnachten zusammenzutun.

Hajo schaut nochmals nach der schlafenden Lisa. Neben ihr liegt ein Umschlag, der an ihn und Berta adressiert ist. Als Scholz den Brief aufnimmt, schreckt Lisa hoch und reißt ihn ihm aus den Händen. Sie gesteht Scholz unter Tränen, daß sie es war, die Matthias getötet hat.

Ruhestörung

Spieltag: 05.12.1996 • Sendetag: 08.12.1996

Folge: 575

Scholz glaubt, daß es allein Ollis Idee gewesen sein muß, den Tod von Steinbrück als Selbstmord zu tarnen, was Lisa vehement abstreitet; sie will die Schuld auf sich nehmen. Am Grab von Matthias erzählt Hajo Lisa von seinen Zweifeln, ob er sie nun anzeigen oder schweigen soll. Sie hat ähnliche Gedanken, ist aber dennoch froh, daß er sie nicht verraten will. Das Mädchen gesteht endlich, daß Olli sie erpreßt hat und sie zwingen wollte, auf den Strich zu gehen. Scholz ist geschockt. Nach diesem Spaziergang steht Olli wieder vor der Tür. Als er nochmals versucht, Lisa Angst einzujagen, erzählt sie ihm, daß Hajo alles weiß. Olli streitet jetzt vor Scholz die ganze Geschichte ab. Lisa befürchtet nunmehr, daß Hajo ihr nicht mehr glaubt.

Carsten lernt Käthes alten Schulfreund Theo Klages kennen und ist sofort hin und weg von ihm. Urzula schüttet Paolo ihr Herz aus und be-

schwert sich, daß er nie Zeit für sie habe. Hilflos versichert dieser, daß alles gut werden wird. Urzula hegt weiterhin Zweifel.
Philipp streitet mit seiner Mutter, weil sie die Küche verkommen läßt. Genervt verläßt er die Wohnung. Zufällig hört Eva mit, wie Berta und Helga über Sperlings familiäre Probleme reden. Dann trifft sie auf Iffi, der Eva wieder einmal die Sache mit Kurt vorwirft. Als Philipp heimkehrt, hat sie die Küche geputzt und gekocht. Sie eröffnet ihm, daß jetzt Schluß ist mit dem Selbstmitleid. Sie möchte umziehen. Von dem Gedanken, aus der Lindenstraße wegzuziehen, ist Philipp allerdings nicht begeistert. Bestürzt fragt Eva, ob er zu seinem Vater nach Äthiopien gehen wird. Hat sie ihn jetzt auch verloren?

Durchkreuzte Pläne

Spieltag: 12.12.1996 • Sendetag: 15.12.1996

Folge: *576*

Philipp berichtet Klaus, daß seine Mutter eine Wohnung in Starnberg gefunden hat, er aber keinesfalls gewillt ist umzuziehen. Klaus unterbreitet ihm den Vorschlag, die Sperling-Wohnung möglicherweise als WG zu übernehmen. Später diskutiert Klaus mit Helga und Erich über dieses Thema. Pat bietet sich als dritte Mitbewohnerin an, aber Klaus lehnt dankend ab. Auch Schiller wünscht sich Pat mehr abseits ... Im dritten Stock läuft bei Sperlings eine ähnliche Diskussion. Eva bedauert zwar die Auflösung der Familie, akzeptiert jedoch Philipps Wunsch nach Eigenständigkeit.

Else macht am Gehgestell mit Malteserpfleger Gung einen Spaziergang.

Nico ist heute extrem quengelig. Gabi tippt auf eine Grippe. Iffi hingegen glaubt, es liege am Hort. Sie hat aber noch ein anderes Problem. Sie möchte mit Schulfreunden zum Skifahren und bittet die Eltern, ihren Enkel zwischen Weihnachten und Neujahr zu übernehmen. Leider erhält sie keine positive Antwort, auch nicht von Rosi, und ihrer Schwester will sie Nico nicht anvertrauen. Valerie, die immer noch nicht schwanger ist, wirkt verletzt.
Bei Tanja und ihrer Freundin gibt es Zoff. Sonias Geldverbrauch überschreitet alle zumutbaren Grenzen. Tanja will heute Ludwig besuchen. Ihre eifersüchtige Geliebte droht mit einem Seitensprung. Tanja schwört, daß sie nicht mehr mit ihrem Mann schläft. Dann solle sie sich scheiden lassen und ihn abzocken – aber Tanja hat Skrupel. Bei Dressler geht es wieder um das leidige Thema Geld. Ludwig will aber das gemeinsame Konto beibehalten, wenn seine Frau ihm den Gefallen tut, während der Weihnachtsfeiertage bei ihm zu wohnen. Er erwartet Frank, der von der vorläufigen Trennung nichts weiß. Tanja weigert sich, Theater zu spielen, dennoch empfindet sie noch Zuneigung für Dressler. Wieder zurück, hört sie sich Sonias eifersüchtige Fragen an. Tanja berichtet von Dresslers Bitte und daß sie ihm diese erfüllen muß. Sonia droht mit der Trennung.

Gemütlich

Spieltag: 19.12.1996 • Sendetag: 22.12.1996

Folge: 577

Morgendliche Hektik bei Helga und Schiller: Man erwartet Erichs Erbtante Betty aus Toronto, die sie über Weihnachten besuchen will. Betty ist eine vitale alte Dame, sorgfältig geschminkt und geschmackvoll gekleidet. Abends sind Klaus und Erich völlig genervt; Helga ist gut gelaunt, und Tante Betty amüsiert sich königlich. Klaus verzieht sich, von Erich beneidet, zu Philipp.

Anna und Mary backen Plätzchen. Marys Erzählungen von Olaf und ihr Gehorsam ihm gegenüber gehen Anna sichtlich auf die Nerven. Als Olaf seine Frau abholen kommt, versucht Anna ihm zu erklären, daß Mary ein bißchen mehr Schonung brauche und vielleicht auch gerne einmal ihre Familie wiedersehen würde. Olaf entgegnet: Erst einmal sei das zu teuer, und zweitens würde dies das Heimweh nur noch verschlimmern. Angesichts einer solchen Sturheit wird Anna heftig. Kühl entgegnet Olaf, daß Mary gewußt habe, auf wen sie sich einlasse.

Frank kommt ein Tag früher als erwartet. Als Ludwig mit Tanja telefoniert, belauscht sein Sohn Teile des Gesprächs und vermutet zu Recht Eheprobleme, die Ludwig abzustreiten versucht. Frank fällt jedoch auf, daß Tanjas Sachen nicht mehr in den Schränken sind. Bei seiner Durchsuchungsaktion wird er von Dressler überrascht. Ohne Umschweife fragt Frank seinen Vater, seit wann Tanja ihn verlassen hat. Wütend verbietet dieser ihm, in seiner Privatsphäre herumzuschnüffeln. Unter Tränen erzählt Ludwig schließlich von Tanjas Liebe zu Sonia. Frank drängt seinen Vater, die Scheidung einzureichen, Tanja käme nur noch wegen des Geldes zurück. Die beiden geraten in einen heftigen Streit. Am Abend klingelt es bei Dressler, der seine Frau erwartet. Schnell verbarrikadiert Frank die Tür. Ludwig kann es nicht fassen. Sein Sohn stellt ihn vor die Wahl: entweder er oder Tanja!

Alte Kamellen

Spieltag: 26.12.1996 • Sendetag: 29.12.1996

Folge: 578

Ludwig glaubt, Tanja endgültig verloren zu haben. Er eröffnet ihr, daß er sich scheiden lassen will. Dabei ist er erstaunlich gefaßt, im Gegensatz zu Tanja, die dies nicht erwartet hat. Sie soll DM 4.000 monatlich erhalten. Später regt sich Sonia über den geringen Betrag auf. Inzwischen bemüht sich Frank, seinen betrübten Vater ein wenig abzulenken. Dressler ist erleichtert, daß eine Entscheidung gefallen ist. Zu seiner großen Freude bietet Frank ihm an, zu ihm zu ziehen.

Seit Tante Betty zu Besuch ist, stänkert Erich nur noch herum. Auch Klaus ist anhaltend genervt. Als Betty und Pat eine Ausstellung besu-

chen, will Erich die Gelegenheit nutzen, um Helga zu verführen. Die hat jedoch nur das Weihnachtsessen im Kopf. Zu Schillers Leidwesen werden auch noch Anna, Hans und deren Kinder erwartet. Onkel Franz platzt mitten in das Chaos. Wieder einmal diskutiert er mit seiner Nichte über deren Zahlungsverpflichtungen für sein Heim. Als alle vollständig zum Essen da sind, will Helga Sarah noch ihr Geschenk überreichen: ein Hamster! Es enbrennt eine heftige Debatte zwischen Helga und Hans ...
Carsten schüttet Urzula sein Herz über Theo aus, mit dem er so gern zusammen wäre. Schließlich faßt er sich ein Herz und ruft Käthe an. Er erfährt, daß Theo ihn attraktiv findet und heute mit Käthe zum Essen verabredet ist. Carsten klinkt sich erfreut ein. Eingekuschelt liegen Urzula und Paolo mit Irina und Paula im Bett, glücklich, daß sie endlich einmal alle zusammen sind. Sie sprechen über ihr kompliziertes Zusammen- bzw. Nichtzusammenleben. Er verspricht Urzula, sich im nächsten Jahr von seiner Frau zu trennen. Aber Paolo sei doch Italiener – und Katholik.

Happy new year

Spieltag: 31.12.1996 • Sendetag: 05.01.1997

Folge: 579

Paolo eröffnet Urzula, daß er Gina verlassen hat. Aus Angst vor ihrem Zorn hat er seiner Frau jedoch nur einen Brief geschrieben. Nun befürchtet Carsten, daß er bald ausziehen muß, weil die Wohnung zu eng werden wird. Doch Paolo kann ihn beruhigen. Immer wieder sieht er nervös auf seine Uhr. Wutentbrannt und lautstark schimpfend stürmt Gina unterdessen ins Casarotti und verlangt Urzulas Adresse.
Helga wirft Schiller vor, daß er sich nicht genügend um seine Tante kümmert. Erich redet sich mit dem fälligen Jahresabschluß heraus. Beide freuen sich diebisch auf Tante Bettys bevorstehende Abreise am nächsten Tag.
Olaf freut sich sehr, als Mary sich bei ihm für sein eingehaltenes Versprechen, sie niemals anzurühren, bedankt. Sie brauche jetzt keine Angst mehr vor ihm haben! Als Mary Anna erzählt, daß Olaf sich an alle Vereinbarungen hält, ist diese beruhigt. Mary vermutet, daß hinter Olafs Besuchen beim „Alpenverein" eine Freundin steckt, und gesteht Anna, daß sie John sehr vermißt.
Im Akropolis haben sich viele Nachbarn eingefunden. Olli wird postwendend wieder vor die Tür gesetzt, Else sieht sich suchend nach Egon um. Nur Eva feiert nicht mit, sie sitzt allein zu Hause und führt betrunken Selbstgespräche. Mit den Töchtern Marcella und Giovanna im Schlepptau stürmt Gina in das Lokal und macht Paolo in aller Öffentlichkeit eine Szene. Als sich auf der Straße alle zum traditionellen

Silvestertanz zusammenfinden, küßt Olaf Mary – zum 3. Mal. Helga und Erich erfahren von Betty, daß diese doch noch länger bleiben möchte. Es gelingt ihnen nicht, ihre Erbtante von dieser Idee abzubringen.

Etwas Warmes braucht der Mensch

Spieltag: 09.01.1997 • Sendetag: 12.01.1997

Folge: 580

Eva zieht heute aus. Iffi, die sich von ihr verabschiedet, hat ein schlechtes Gewissen, weil sie glaubt, daß sie hauptsächlich ihretwegen wegzieht. Eva steht allein in der leergeräumten Wohnung. Im Schlafzimmer erinnert sie sich weinend daran, wie sie mit Kurt in leidenschaftlicher Umarmung im Bett gelegen hat. Schweren Herzens verabschiedet sie sich von Philipp. Auch ihm macht der Auszug seiner Mutter mehr zu schaffen, als er zugeben will. Später richten er und Klaus ihre neue WG ein. Helga – mit einem gefüllten Suppentopf bewaffnet – klingelt an der WG-Tür. Als niemand öffnet, zieht sie unverrichteter Dinge wieder ab.

Olaf bekommt mit, wie Boris Mary Komplimente macht, und unterstellt ihr, ein Verhältnis mit Ecker zu haben. Auch später entbrennt wieder ein heftiger Streit zwischen Olaf und seiner Frau, wobei er ihr einmal mehr unterstellt, eine Affäre zu haben. Er verbietet ihr, künftig, wenn Ecker liefert, in den Laden zu kommen.

Beate eröffnet Egon, daß sie ihre Wohnung ganz aufgeben will und er sie übernehmen kann. Aus finanziellen Gründen erbittet sich Egon Bedenkzeit. Später findet eine Auseinandersetzung zwischen Beate und Ludwig statt, als sie ihn um Geld bittet und er, mit Verweis auf ihre Schulden bei Tanja, ablehnt. Wütend verschwindet Beate wieder. Dann schlägt sie Carsten vor, die Percha-Wohnung für eine Viertelmillion zu verkaufen. Carsten hingegen ist empört, schließlich gehörte die Wohnung einmal ihrer Mutter.

Als Olaf nach Hause kommt, empfängt Mary ihn freundlich. Sie erklärt, daß sie mit ihm ein rein freundschaftliches Verhältnis haben möchte, wobei sie aber nicht ausschließt, daß sie sich eines Tages verlieben könnte. Daraufhin packt Olaf sie und will sie küssen. Keuchend fragt er sie, warum sie keine Lust auf ihn hätte, er wolle sie schon lange ...

Zum Wohle! Philipp und Klaus stoßen auf den ersten Tag in der neuen WG an.

Anwälte

Spieltag: 16.01.1997 • Sendetag: 19.01.1997

Folge: 581

Seit dem Vorfall der letzten Woche hat Mary panische Angst vor ihrem Mann. Als Anna davon erfährt, will sie sich Olaf vornehmen. Aus Angst vor einer Abschiebung hält Mary sie zurück. Gegenüber Boris verhält Mary sich sehr zurückhaltend. Dieser vermutet zu Recht Olafs Eifersucht dahinter. Hans taucht im Blumenladen auf und wäscht Olaf wegen der versuchten Vergewaltigung energisch den Kopf. Dieser gesteht kleinlaut, sich in Mary verliebt zu haben, verspricht aber, daß derartiges nie wieder vorkommen wird. Später macht er Mary jedoch heftige Vorhaltungen.
Klaus und Philipp schlagen sich heute mit den Bewerbern um das dritte WG-Zimmer herum. Als Klaus die Zimmersuchenden wieder hinauskomplimentieren will, steht Dani Schmitz in Begleitung ihres Hundes Sahne vor ihm. Sie ist den beiden sympathisch, und so steht einem Einzug nichts im Wege.
Egon bietet bei einem Besuch Dressler wieder seine Dienste als Haushälter an, da er nicht weiß, wie er die Wohnung bezahlen soll. Zu Else will er in keinem Fall zurück. Doch Dressler lehnt ab. Tanja bittet Ludwig, ihr – solange bis die Percha-Wohnung verkauft ist und Beate ihr das Geld zurückgeben kann – DM 10.000 zu leihen. Von seinem Anwalt Dr. Mauch hat Dressler aber unterdessen erfahren, daß er keinen Unterhalt an Tanja zahlen muß, da diese selbst berufstätig ist und außerdem mit Sonia in „eheähnlicher Gemeinschaft" lebt. Mit Hinweis auf die monatlich freiwillig gezahlte Summe lehnt Dressler ab. Später verwöhnt Tanja ihre Geliebte im Bett mit Hummer. Ein letzter Luxus. Sonia verlangt, daß Tanja wieder zu Ludwig zurückkehren soll, bis er sie als Alleinerbin einsetzt. Tanja äußert ihre Bedenken, daß Dressler aber noch gut 20 Jahre leben könnte. Dann müsse man eben nachhelfen, meint Sonia. Doch da will Tanja nicht mitmachen. Sie wirft ihrer Freundin vor, nur wegen des Geldes bei ihr zu bleiben.

Überforderung

Spieltag: 23.01.1997 • Sendetag: 26.01.1997

Folge: 582

Ludwig öffnet freudig die Tür, da er Frank erwartet, der wohl früher als geplant in München eingetroffen ist. Doch vor ihm steht Tanja – mit einer Reisetasche. Sie habe Krach mit Sonia gehabt und wolle sie niemals wiedersehen. Aufschluchzend sinkt Tanja auf seinen Schoß. Dressler ist gerührt. Wie ein Häufchen Elend erzählt sie ihm von dem Zerwürfnis und daß der Anlaß eine ihrer Patientinnen gewesen sei, mit der Sonia sie betrogen habe. Überhaupt habe diese nur Geld gewollt. Als Frank später in die Wohnung kommt, telefoniert Tanja gerade leise mit Sonia. Wutentbrannt stellt er seinen Vater wegen Tanja zur Rede und verläßt die Wohnung. Tanja bietet Dressler zerknirscht an, wieder auszuziehen. Doch für Ludwig ist die Liebe zu seiner Frau wichtiger. Gegenüber Egon äußert Frank den Verdacht, daß Tanja gar nicht mit Sonia Schluß gemacht hat.

Die Erinnerung an Julia macht Amelie immer noch traurig. Gemeinsam fassen sie und Priesnitz den Entschluß, sich an einem schönen Plätzchen irgendwo auf der Welt niederzulassen.

Priesnitz hat einen Termin bei Dressler, der Arzt überweist ihn zum Neurologen.

Da Iffi nicht schon wieder die Schule schwänzen kann, versucht sie mit allen Tricks, dem quengeligen Nico den Gang in den Kinderhort schmackhaft zu machen. Doch Nico will nicht! Iffi ist mit ihren Nerven am Ende. Nach der Schule schaut sie in der WG vorbei. Doch Danis Einladung zum Essen muß sie sausen lassen, weil ihr Sohn nach Hause will. Als Nico schläft, ruft sie noch einmal in der WG an. Sie würde gerne noch auf ein halbes Stündchen hinaufkommen. Leise zieht Iffi die Tür hinter sich zu. Spätabends geistert Nico durch die Wohnung auf der Suche nach Iffi. Immer wieder ruft er: „Mama, Mama!“ Er tapst in den Hausflur.

Intensiv

Spieltag: 30.01.1997 • Sendetag: 02.02.1997

Folge: *583*

Anna und Hans feiern heute ihren 5. Hochzeitstag. Die Kinder bereiten das Frühstück vor. Trotz Olafs Widerstand bietet Mary Anna an, die Kinder zu hüten, damit das Paar feiern kann. Olaf untersagt Anna, Mary künftig für ihre Belange einzuspannen, und möchte vorher entsprechend informiert werden. Doch Anna denkt gar nicht daran. Sarah und Tom fahren mit den Fahrrädern das Geschenk für ihre Eltern abholen. Bereits auf dem Weg, bemerken sie, daß sie ihre Fahrradhelme vergessen haben.

Iffi bedankt sich bei Egon, daß er Nico letzte Woche von der Straße aufgelesen hat. Gabi bespricht mit einer Eheberaterin ihr Problem. Nach diesem Gespräch bittet sie Andy, beim nächsten Mal mitzukommen, schließlich sei es ja auch sein Problem, wenn es mit dem Sex nicht klappt. Andy findet das Ganze lächerlich. Die beiden versuchen sich im Schlafzimmer zu lieben – ein Martinshorn läßt Gabi hochschrecken, Andy vermutet ein Ablenkungsmanöver.

Tante Betty hat ihrer Großnichte ein Auto gekauft, und Pat kann Helga zu einer Probefahrt überreden. Gerade als sie um die Ecke biegen, wechselt Tom auf seinem Rad plötzlich die Straßenseite. Pat kann nicht mehr rechtzeitig bremsen. Bewegungslos liegt das Kind auf der Straße. Helga bringt die aufgelöste Pat nach Hause, die sich schreckliche Vorwürfe wegen des Unfalls macht. Als Helga sie tröstet, fällt ihr

Blick auf Bennys Foto. Tapfer kämpft sie gegen ihre Tränen.
Anna wartet verzweifelt vor der Intensivstation. Hans erzählt ihr unter Tränen, daß der Junge in Lebensgefahr schwebt. Mit brechender Stimme fleht Hans um Toms Leben, er habe doch schon einen Sohn verloren!

Hoffnung

Spieltag: 06.02.1997 • Sendetag: 09.02.1997

Folge: 584

Anna hat Nachtwache gehalten bei Tom, der immer noch bewußtlos auf der Intensivstation liegt. Beim Einkaufen begegnet sie Mary, die erleichtert aufatmet, als sie hört, daß Toms Kreislauf und Herz stabil sind. Trotzdem – der Verdacht einer Hirnquetschung besteht weiterhin. Er könnte also behindert bleiben. Marys Schuldgefühle räumt Anna beiseite: Sie selbst hat den Kindern nicht oft genug eingetrichtert, nie ohne Helme zu fahren. Im Krankenhaus steht wieder Pat mit Blumen vor Anna, die sie allerdings bittet, von weiteren Besuchen abzusehen.
Frank wohnt derzeit bei Egon. Beide Männer hegen einmütig den Verdacht, daß Tanja noch Kontakt zu Sonia hat. Frank sucht Tanja in ihrer Praxis auf und verlangt von ihr, Ludwig zu verlassen, weil sie seinen Vater nur ausnutze. Kurz darauf verfolgen Frank und Egon Tanja in einem Auto. Diese bemerkt die Observation und verrät den beiden ironisch die weitere Route.

Theo und Carsten freuen sich auf das gemeinsame Dinner.

Urzula hat Paula mit einer Insulinspritze versorgt, und diese Notwendigkeit zerrt an ihren Nerven. Als Carsten schon wieder von Theo schwärmt, fordert sie ihn barsch auf, tätig zu werden. Carsten nimmt sich diese Zurechtweisung zu Herzen und bittet seinen Schwarm um ein Rendezvous – mit Erfolg. Doch im Casarotti sind am Abend die reservierten Plätze schon belegt. Paolo nimmt diesen Fauxpas auf seine Kappe und schickt Theo und Carsten samt eingepackter Speisen ins Séparée nach Hause. Dort hat Urzula schon den Tisch gedeckt mit Kerzen, Champagner und Karnevalsdekoration. Die Ankömmlinge staunen nicht schlecht und wenden sich bald zärtlich einander zu.
Anna wacht wieder bei Tom. Behutsam versucht sie, mit ihm zu sprechen, und fleht ihn an, um sein Leben zu kämpfen.

Das Todesurteil

Spieltag: 13.02.1997 • Sendetag: 16.02.1997

Folge: 585

Der Neurologe Dr. Trautwein hat eine schreckliche Nachricht für Priesnitz: Untersuchungen haben ergeben, daß er an einem bösartigen Tumor leidet. Der Arzt gibt ihm, der erstaunlich gefaßt wirkt, nur noch wenige Monate Lebenszeit. Priesnitz bittet den Arzt, den Befund nicht an Dressler weiterzuleiten, damit Amelie nichts erfährt. Er will ihr selbst davon erzählen. Gutgelaunt sitzen die beiden später im Casarotti. Amelie möchte alles über die Ergebnisse der Untersuchung wissen, worauf Priesnitz ihr erzählt, daß alles in bester Ordnung sei. Amelie läßt aber nicht locker. Daraufhin hält Priesnitz formvollendet um ihre Hand an.

Gabi bittet Andy erneut, daß er die Eheberaterin aufsucht. Andys Meinung nach hilft es überhaupt nicht, über das Thema Sex endlos zu reden. Später, im Wartezimmer ihres Zahnarztes, bemerkt Gabi mit Schrecken, daß ihr Phil Seegers gegenübersitzt. Nach einigen Takten Smalltalk kommt das Thema auf Max. Aggressiv macht Gabi Phil darauf aufmerksam, daß Max nicht mehr sein Sohn ist. Als sie die Praxis verläßt, vergißt sie ihre Handschuhe. Auf der Straße eilt Phil ihr nach: Irritiert findet Gabi ein rotes Schokoherz in den Handschuhen.

Hans macht Anna Mut. Die ist voller Zweifel, schließlich ist ihr Sohn schon zwei Wochen im Koma. Später berichtet sie Hans aufgeregt, daß Tom letzte Nacht bei Bewußtsein war, fast fünf Minuten lang! Sie fallen sich in die Arme. Im Krankenhaus schlägt Tom im Beisein seiner Eltern langsam die Augen auf. Völlig aus dem Häuschen kommt Hans in die WG zu Klaus und teilt ihm die freudige Nachricht mit. Beim gemeinsamen Kochen erklärt er, daß er in Zukunft sorgfältiger auf seine Kinder aufpassen will, was Klaus ziemlich schwachsinnig findet. Man sollte lieber etwas gegen die Raserei in Wohngebieten unternehmen. Hans möchte wissen, worauf Klaus hinauswill.

Zeichen und Wunder

Spieltag: 20.02.1997 • Sendetag: 23.02.1997

Folge: 586

Als Klaus nach Hause kommt, teilt er Philipp euphorisch seine Idee zu einem Bürgerbegehren mit. Dann erfährt er von Anna, daß Tom heute gelacht hat. Sie ist jetzt fest davon überzeugt, daß ihr Sohn wieder völlig gesund wird. Als Klaus ihr von seinem Vorhaben berichtet, ist Anna begeistert: Dann wäre Toms Unfall nicht ganz umsonst gewesen.

Nach Absprache mit Amelie und Priesnitz wird Hajo den Hobbykeller für seine Modellbauarbeiten nutzen. Nun hilft Lisa ihm beim Umräu-

Sahne muß wegen einer Ohrentzündung zum Tierarzt.

men. Sie erzählt ihm, daß sie Olli Klatt nicht mehr gesehen hat, und möchte wissen, ob Scholz ihr Geheimnis bewahrt hat. Hajo verspricht weiterhin absolutes Stillschweigen. Lisa gesteht ihm, daß sie großes Vertrauen zu ihm hat. Priesnitz und Amelie bitten Berta und Hajo, die Trauzeugen für ihre Hochzeit zu sein.

Max wundert sich über seine Mutter: Er erhält die Erlaubnis, mit Phil ins Kino zu gehen. Gabi erzählt Anna, daß Phil ein ganz anderer Mensch geworden sei. Ein Schwein wie Seegers ändere sich nie, findet Anna, und hält ihrer Cousine inkonsequentes Verhalten vor. Unter einem Vorwand provoziert Gabi ein Gespräch unter vier Augen mit Phil. Sie verbiete ihm derartige „Mätzchen" wie neulich mit den Schokoherzen. Als Phil Max zurückbringt, erinnert er Gabi an die Ohrfeige, die sie ihm vor Jahren in der Wohnung gegeben hat. Das könne man gerne wiederholen ... sie schlägt ihm ins Gesicht, dann ein zweites Mal, irgendwann schlägt Phil zurück. Aus der Schlägerei entwickelt sich eine leidenschaftliche Umarmung. Wie zwei Ertrinkende küssen sie sich wild. Ein wenig angetrunken kehrt Andy nachts heim. Gabi, allein in ihrem Zimmer, verspricht ihrem Fisch Cyril hoch und heilig, daß die Sache mit Phil nie wieder vorkommen wird.

Pakete

Spieltag: 27.02.1997 • Sendetag: 02.03.1997

Folge: 587

Andy versucht, Gabi zärtlich zu wecken. Doch diese wendet sich ab ... Bei der Arbeit erhält Gabi per Kurier ein Päckchen ohne Absender, woraufhin sie einen Zahnarzttermin vorschiebt und hastig aus dem Café eilt. In der Absicht, Schluß zu machen, fährt sie zu Phil. Es kommt aber anders: Sie landen im Bett. Gabi vertraut ihm an, daß mit Andy nichts mehr läuft. Phil will, daß sie bei ihm bleibt. Derweil beschwert sich Elvira beim verwunderten Andy, daß ihre Chefin nach dem Zahnarzt nicht mehr zurückgekehrt ist. Als Gabi erscheint, erfindet sie eine Ausrede.

Gabi landet wieder im Bett mit Phil.

Als Lisa das Haus verläßt, wartet Olli auf sie. Sie ignoriert ihn. Trotzdem redet Olli unentwegt auf sie ein und läßt sie wissen, daß ab sofort ein guter Mensch aus ihm werde. Ab April sei er Soldat!

Tante Betty und Pat erscheinen mit einem riesigen Geschenkpaket bei Tom im Krankenhaus, doch Anna wimmelt sie ab: Es sei noch zu früh für einen Besuch. Helga ist aufgeregt, wegen des bevorstehenden Prozesses gegen Onkel Franz. Auch Klaus hat einen wichtigen Termin in Sachen Bürgerbegehren. Später steigt Helga aus dem Bus, gefolgt von einem triumphierenden Wittich. Er hat das Verfahren gewonnen und hält ihr einen Vortrag über die gerechte deutsche Justiz. Außer sich vor Wut, geht Helga ins Reisebüro. Als sie und Erich nach Feierabend ihre Wohnung betreten, feiern dort Tante Betty und Onkel Franz, der sofort Richtung Ausgang befördert wird. Lauthals singend sitzen Betty und Franz dann als letzte Gäste im Casarotti. Bei Helga und Erich sind Klaus, Hans und Anna zu Besuch. Sie besprechen das geplante Bürgerbegehren. Für die Beantragung sei das Sammeln von Unterschriften notwendig. Erich winkt gleich ab, er habe keine Zeit. Hochgradig erregt fragt ihn Anna, ob ihm das alles zuviel sei für das Leben der Kinder?

Umwidmung

Spieltag: 06.03.1997 • Sendetag: 09.03.1997

Folge: 588

An diesem Morgen ist Iffi wieder gestreßt: Nico muß sich ständig übergeben. Telefonisch bittet sie Eva, Nico zu hüten, da sie die heutige Matheklausur, die letzte vor dem Abi, nicht versäumen darf – vergeblich. Auch sonst kann ihr niemand helfen. Also bleibt sie frustriert zu Hause. Valerie läßt sich über Iffis Versagen als Mutter aus. Solche Kommentare bringen das Faß zum Überlaufen: Kurzerhand schmeißt Iffi ihre Schwester raus. Sven, ein Schulkamerad, bringt die Klausurfragen vorbei und kümmert sich um Iffi. Offensichtlich empfindet er mehr als nur Sympathie.

Tante Betty, stark engagiert für das Bürgerbegehren, besucht Anna und erkundigt sich nach dem neuesten Stand. Anna zeigt ihr ein Schreiben von Hans, mit dem die Umwidmung des Bezirkes in einen Fußgängerbereich erwirkt werden soll. Es besteht die Hoffnung, daß die Stadt den Bezirk von sich aus in eine Tempo-30-Zone umwandelt. Später werden Kunden im Reisebüro sowie Marlene Opfer von Quasselstrippe Betty. Dann will sie Hans und Anna noch einmal einen Besuch abstatten. Helga versucht, telefonisch vorzuwarnen. Zu spät!

Herr Baader teilt Scholz mit, daß die Auftragsfirma Konkurs angemeldet hat. Hajos Arbeit wird, außer einer kleinen Aufwandsentschädigung, nicht bezahlt werden können. Als dann ein Brief vom Finanzamt eintrifft, vermutet Scholz eine kleine Steuerrückzahlung. Doch als Berta den Brief öffnet, wird sie leichenblaß. Wie kann es sein, daß das Finanzamt auf sie aufmerksam geworden ist? Die Erkenntnis trifft sie wie ein Blitz: Olli! Amelie wollte Berta heute um die baldige Begleichung ihrer Schulden bitten, was nun nicht möglich ist. Mit verheulten Augen kauert diese auf dem Sofa. Wie soll sie bloß die DM 30.000 oder 40.000 für das Finanzamt auftreiben?

Reiner Wein

Spieltag: 13.03.1997 • Sendetag: 16.03.1997

Sahne muß wieder zum Tierarzt: Endlich kommt der Kratzschutz runter.

Folge: 589

Philipp tippt die Begründung für seinen Verweigerungsantrag, die nicht ganz auf Klaus' Zustimmung trifft. Er denkt, daß es höchste Zeit wird, daß „denen" mal jemand die Wahrheit sagt: Die Kosten für die Bundeswehr seien viel zu hoch und die Hierarchie außerdem total antiquiert. Zwischen den beiden entbrennt eine heiße Diskussion.
Iffis Physiklehrer eröffnet ihr, daß sie wohl kaum die nötigen Punkte fürs Abi zusammenbekommt. Er gibt ihr Aufgaben mit den dazugehörigen Lösungen. Iffi kommen die Tränen. Als sie Gabi bittet, auf Nico aufzupassen, sagt diese wieder ab: Zahnarzttermin ... Iffi hält ihr vor, wie „beschissen" sie sich verändert habe. Beim Lernen wird sie dann ständig von Nico gestört. Plötzlich ist er verschwunden. Als Iffi aus dem Haus stürzt, hört sie es krachen und entdeckt Nico, auf den ein Moped gefallen ist. In der Zenker-Wohnung sitzen dann alle beim Abendessen. Iffi ist mit den Nerven am Ende. Boris schlägt ihr vor, Nico mit nach Giesenbach zu nehmen. Iffi glaubt, daß Valerie ihren Neffen innerhalb kürzester Zeit zu einem „psychischen Krüppel" machen würde. Doch schließlich willigt sie ein.
Hajo zeigt Berta ein Telegramm der Firma Bau-auf-Stein GmbH, die ihn beauftragt hat, den Bau an seinem letzten Modell fortzusetzen. Bertas Laune bessert sich schlagartig. Heute heiraten Amelie und Priesnitz. Mit Berta, Hajo und Lisa stehen sie nach der Trauung im Foyer des Standesamtes. Plötzlich ertönt Vogelgezwitscher. Amelie kann es nicht fassen: Priesnitz hat ihr den Wunsch nach Vogelgesang an ihrer Hochzeit erfüllt – wenn auch nur vom Band aus seiner Manteltasche. Bei der Hochzeitsfeier im Casarotti gesteht sie Priesnitz, wie glücklich sie mit ihm ist: Ohne ihn würde sie keinen Tag länger leben wollen ...

Störungen

Spieltag: 20.03.1997 • Sendetag: 23.03.1997

Folge: 590

Amelie bemerkt eine Medikamentenschachtel. Sie liest ... und ist entsetzt! Jetzt kommt die Wahrheit ans Licht: Priesnitz erklärt ihr, daß er unheilbar krank ist. Im Gegensatz zu ihm hat Amelie große Angst vor dem Tod und vor dem, was sie danach erwartet. Ihr kommen immer wieder die Tränen. Trotzdem – ohne Priesnitz will sie nicht weiterleben. Doch der schüttelt nachdrücklich den Kopf.
Carsten muß lernen, wird aber andauernd gestört. Völlig genervt öffnet er die Tür. Theo steht vor ihm. Die beiden sind gerade dabei, sich gegenseitig auszuziehen, als es schon wieder klingelt. Es ist Beate, die Carsten um Geld anhauen will. Carsten wird sie schnell wieder los, als

er ihr erzählt, daß er eine Hypothek auf die Percha-Wohnung aufgenommen und ihr DM 174.000 überwiesen hat. Später versucht er, bei Ludwig weiterzulernen. Doch die nötige Ruhe findet er auch dort nicht, denn Tanja will mit ihm über Franks Verdächtigungen sprechen. Sie teilt ihm mit, daß die Geschichte mit Sonia vorbei, aber noch nicht vergessen sei.
Iffi findet, daß Gabi sich irgendwie merkwürdig verändert hat und nur noch an sich denkt. Diese wiegelt ab, daß eine solche Phase doch jeder mal habe. Kurz darauf entdeckt Iffi Boris vor dem Blumenladen, wo er gerade Mary mit Komplimenten überschüttet, und fragt ihn nach Nico. Obwohl Iffi anfangs strikt dagegen ist, daß ihr Sohn noch länger in Giesenbach bleibt, läßt sie sich schließlich überzeugen. Am Abend bereitet Iffi das Essen vor. Sven ist enttäuscht, daß noch weitere Freunde kommen wollen. Mit diesen sitzen sie dann in einer heiteren Runde zusammen. Momo kommt und drängt auf einen Besuchstermin, Iffi könne ihm nicht verbieten, seinen Sohn zu sehen. Iffi ist da anderer Meinung ...

Ruhm

Spieltag: 27.03.1997 • Sendetag: 30.03.1997

Folge: 591

Viermal kommt Boris unter einem Vorwand in den Blumenladen, trifft aber leider immer nur auf Olaf. Schließlich erfährt er, daß Mary beim Friseur ist. Derweil versucht Valerie, Iffi Gabi gegenüber schlecht zu machen. Diplomatisch äußert Gabi: Die bessere Mutter soll sie am eigenen Kind beweisen. Valerie bittet Rosi um Hilfe, damit sie Nico öfters bei sich haben kann. Dann beobachtet sie Boris, wie er beim Friseur eintritt, und geht ihm hinterher. Dieser gibt vor, daß er eine Nackenrasur wünsche. Valerie merkt weder, daß Mary das alles sehr unangenehm ist, noch, daß Boris auf Abwegen tappt.
Momo will sich mit Iffi vertragen, doch die ist nicht zu Hause. Beim anschließenden Besuch in der WG bemerkt Philipp, daß seinem Bruder etwas auf dem Herzen liegt. Nach Stunden ist er immer noch da, und es geht immer noch um Iffi und Nico. Philipp sagt Momo deutlich, daß er die Vermittlerrolle in der Familie nicht will. Endlich rückt Momo mit der eigentlichen Frage raus: Er möchte mit in der WG wohnen. Abends findet eine Beratung mit Dani und Klaus statt. Philipp sträubt sich gegen Momos Vorschlag. Man ist sich einig, aber wer wird es ihm sagen?
Fausto, der heißblütige Koch des Casarotti, lehnt die Zahlungen an die Mafiosi erneut ab. Angstvoll versucht Isolde ihm klarzumachen, daß er der Mafia nicht die Stirn bieten kann. Fausto droht verletzt mit fristloser Kündigung und verläßt das Lokal. Isolde beabsichtigt nun, heimlich zu bezahlen. Am Abend, Fausto hat seine Arbeit wieder auf-

genommen, sind alle mit dem Umsatz sehr zufrieden. Warum dann nicht abgeben, ertönt es. Die Mafiosi sind da. Isolde und die Mitarbeiter erstarren. Flehentliche Blicke, aber Fausto bleibt hart.

Krähenflug

Spieltag: 03.04.1997 • Sendetag: 06.04.1997

Folge: 592

Max und Andy haben eine Wochenendreise in die Berge ausgeheckt, doch seltsamerweise ist Gabi nicht begeistert. Sie gibt vor, arbeiten zu müssen. Statt dessen sollen Andy und Max doch alleine fahren. Entgeistert blicken die beiden sie an. Später fallen sich Gabi und Phil leidenschaftlich in die Arme. Seegers reicht es nicht mehr, daß sie nur seine Geliebte ist. Er will, daß sie und Max für immer zu ihm ziehen. Und obwohl Gabi dasselbe begehrt, weiß sie nicht, wie sie es Andy begreiflich machen könnte. Abends starrt sie mit ihrem Mann gelangweilt auf den Fernseher.

Mary hat die permanente Überwachung durch Olaf satt und sagt es ihm auch. Sie teilt ihm mit, daß sie zum Arzt gehe, trifft sich vorher aber noch mit Anna. Bei einem Waldspaziergang vertraut Mary ihrer Freundin an, daß sie schreckliche Angst vor Olaf habe. Abends steht dieser wütend mit ihren vom Waldweg schlammig gewordenen Schuhen vor ihr und unterstellt ihr ein heimliches Treffen mit Boris. Er verabreicht ihr eine schallende Ohrfeige.

Zwischen den Tischen im Casarotti entdeckt Isolde die Leiche von Giancarlo. Alle geben Fausto die Schuld an diesem Mord. Doch der ist weiterhin entschlossen, gegen die Mafia zu kämpfen. Die Polizei sichert die Spuren, und der Kommissar verhört die Beteiligten. Ihm ist klar, daß die Mafia dahinter steckt, doch keiner will das zugeben.

Gabi hat sich mit Cognac Mut angetrunken. Sie steht vor Andy; ihr Gesicht ist ernst und ruhig: Sie habe einen anderen und werde ihn deswegen verlassen ...

Familienschach

Spieltag: 10.04.1997 • Sendetag: 13.04.1997

Folge: 593

Momo fragt erneut bei seinem Bruder an, ob er in die WG einziehen könnte. Als Philipp ihm mitteilt, daß dies bestimmt nicht gutginge, schreit Momo, daß sie schließlich Brüder seien und er Hilfe benötige. Philipp hat danach Gewissensbisse, die aber von Klaus und Dani zerstreut werden. Klaus und Philipp sehen im Fernsehen einen Bericht über die Vereidigung der in Bayern neu eingezogenen Solda-

ten, unter denen Klaus den strahlenden Olli erkennt.
Amelie und Priesnitz sind zurück aus Mallorca. Berta fragt ihre Freundin um Rat wegen ihres Steuerproblems. Priesnitz erkundigt sich bei seiner Frau, ob sie bei ihrem Entschluß bleibe. Erneut versichert Amelie, daß sie ohne ihn nicht mehr leben wolle.
Andy, der zur Zeit bei Iffi wohnt, vermißt Gabi und Max sehr und ist am Boden zerstört. Wer Gabis Liebhaber ist, weiß er immer noch nicht. Als Gabi Anna ihr Verhältnis gesteht, rastet diese aus. Schließlich hat Seegers versucht, Hans und die Familie zu zerstören! Anna kündigt Gabi die Freundschaft und setzt sie vor die Tür. Später spricht sie Andy Mut zu und äußert unbedacht den Namen Phil Seegers. Wütend stürmt Andy daraufhin das Café Bayer und demoliert Teile der Einrichtung. Die Gäste stehen hilflos um den weinenden Andy. Ein Polizeiwagen fährt vor. Unterdessen versucht Gabi, den sich wehrenden Max aus der Wohnung zu schaffen. Er sträubt sich mit Leibeskräften, mit seiner Mutter wegzufahren. Dennoch schafft sie es, den Jungen in ein Taxi zu bugsieren. Als Max Andy auf der anderen Straßenseite erblickt, schreit er, er wolle dableiben!

Bettgeschichten

Spieltag: 17.04.1997 • Sendetag: 20.04.1997

Folge: 594

Rosi und Valerie besuchen den vergrippten Andy. Dieser will jedoch mit seinem Leid allein gelassen werden. Gerade liegt er im Halbschlaf, als Max an der Tür klingelt und klopft. Keine Reaktion. Max macht auf den Treppenstufen seine Hausaufgaben, als Andy schließlich aus der Wohnung kommt. Bei beiden ist die Freude über das Wiedersehen groß. Zusammen mit Phil kommt später Gabi, um Max abzuholen. Aber Andy und er lehnen es ab, sich zu trennen. Ausnahmsweise darf der Junge über Nacht bleiben. Der Streit hat ihn ziemlich mitgenommen, weinend liegt er auf dem Bett und muß von Andy getröstet werden.
Ludwig und Tanja turteln miteinander. Egon, der die Holzpaneelen mit Politur einreibt, paßt es nicht, wie gut sich die zwei verstehen. Später, in Sonias Wohnung, versucht Tanja, unter der Anleitung ihrer Freundin Dresslers Unterschrift zu fälschen. In der Praxis klagt Berta derweil Dressler ihr Leid mit der Steuerrückzahlung, die sie in vier Wo-

Tanja übt Ludwigs Unterschrift, um die Versicherungspolice zu fälschen.

chen bezahlen muß. Er rät ihr, einen Stundungsantrag zu stellen, und kann nicht glauben, daß Berta wirklich so naiv ist.
Hans sieht gerade seine Post durch, als er Helga auf der Straße trifft. Diese bekommt mit, daß er einen Brief von einer Dolly bekommen hat. Sie wittert gleich ein Verhältnis! Helga besucht Anna und fragt nach Dolly. Schließlich will sie nicht, daß es Anna geht wie ihr seinerzeit ... Anna wird es zu bunt, und sie setzt sie vor die Tür.
Ludwig lauscht den Klängen der CD, die Tanja ihm geschenkt hat, während die auf dem Computer in der Praxis einen Brief an Dresslers Lebensversicherung schreibt. Darin bittet sie um Streichung der bisherigen Bezugspersonen Frank Dressler und Beate Sarikakis und statt dessen um Einsetzung von Tanja Schildknecht-Dressler. Gekonnt setzt Tanja Dresslers Unterschrift unter das Schreiben.

Spielarten

Spieltag: 24.04.1997 • Sendetag: 27.04.1997

Folge: 595

Tanja fängt den Briefträger ab. Schriftlich wird von der Versicherung „Delphi" bestätigt, daß sie ab sofort die alleinige Bezugsperson von Ludwigs Lebensversicherung ist. Sonia ist noch nicht zufrieden und will jetzt Dresslers Testament manipulieren. Doch das liegt beim Notar. Frank verkündet, daß er wieder nach Celle zieht. In puncto Tanja kommen er und sein Vater zu keiner Einigung: Ludwig liebt sie, Frank mißtraut ihr. Dressler ist wütend, spricht sogar davon, ihn zu enterben. Zu Tanjas Zufriedenheit erklärt er, daß er sein Testament wieder zu ihren Gunsten ändern wolle.
Erich kehrt von einem Irlandtrip heim. Er fragt Helga, ob sie sich vorstellen könnte, mit ihm dort im „Claron Bridge"-Hotel zu leben. So begeistert wie Schiller ist Helga nicht von einer Teilhaberschaft. Zumal hierzu die stolze Summe von DM 280.000 notwendig wäre. Ein weiterer Punkt ist der Geschäftspartner „Dabbeljuh" Snyder, den Helga gar nicht kennt und der angeblich ein guter Freund Erichs ist. Tante Betty würde das Hotel gerne sehen.

Dabbeljuh steht für W., englisch Doubleyou. Daß sich hinter W. Snyder eine Frau verbirgt, sieht der Zuschauer in Folge 616.

Andy leidet nach wie vor sehr unter der Trennung. Iffis Versuche ihn zu trösten, erzielen leider nicht den gewünschten Erfolg. Unangekündigt steht Momo vor ihrer Tür und will mit Nico ein bißchen spazierengehen. Doch Iffi bleibt hart. Sie schlägt ihm die Tür vor der Nase zu. Verzweifelt und wütend schlägt Momo von außen dagegen. Da Iffi Angst vor einer Entführung Nicos durch dessen Vater hat, entschließt sie sich schweren Herzens, ihn zu Valerie zu geben. Derweil trifft sich Momo mit Eva. Sie will ihrem Sohn helfen, seine Rechte in bezug auf Nico durchzusetzen. Inständig bittet ihn Eva , sich im Gegenzug um eine Lehrstelle zu bemühen. „Wo-wie-wann?" fragt Momo aggressiv. Das solle er ihre Sorge sein lassen, antwortet Eva zuversichtlich.

Tanz in den Mai

Spieltag: 01.05.1997 • Sendetag: 04.05.1997

Folge: 596

Erich und die bestens gelaunte Tante Betty sind aus Irland zurückgekehrt. Sie haben das Hotel tatsächlich gekauft und ein Video mitgebracht. Helga sieht es sich bereits zum dritten Mal an. Doch nach wie vor bleibt sie skeptisch. Erich beruhigt sie, daß der Kauf bereits mit Bettys finanzieller Hilfe über die Bühne gegangen ist und daß er alleine die monatlichen Raten an die Tante zahlen wird. Schließlich macht Betty Helga die „traurige“ Mitteilung, daß sie mit Pat nach Irland gehen wird. Helga spielt die Geknickte ...
Priesnitz bereitet sich auf sein nahendes Ende vor. Nach wie vor versucht er, Amelie von ihrem Vorhaben abzubringen. Zwecklos! Sie will nicht mehr ohne ihn leben. Gemeinsam gehen sie im Englischen Garten spazieren. Sie strahlen eine unendliche Harmonie aus. Amelie nimmt ihrem Mann das Versprechen ab, daß er ihren Entschluß, nie mehr in Frage stellt. Sie habe ihr Leben gelebt.
Eva und Momo wollen mit Iffi sprechen. Nur fünf Minuten! Iffi stellt einen Küchenwecker entsprechend ein. Was sie Eva und Momo jetzt zu sagen habe, schaffe sie in dieser kurzen Zeit. Bereits in Rage läßt sie den irritierten Andy noch hinein. Dann brüllt sie Momo und Eva an, wie erbärmlich sie es findet, daß die beiden einen Anwalt eingeschaltet haben. Auch Andy mischt sich jetzt ein, die Auseinandersetzung eskaliert allmählich. Iffi kann es nicht fassen, als sich herausstellt, daß ihr Vater etwas mit Eva hatte. Ihre Wut verpufft: So wie die beiden möchte sie niemals werden! Sie setzt Momo und seine Mutter vor die Tür. Später kommt Eva abermals, und der Streit beginnt von neuem. Schließlich platzt Iffi der Kragen – sie stellt urplötzlich Momos Vaterschaft in Frage. Andy und Eva glauben ihren Ohren nicht zu trauen. Eva will wissen, ob etwa Kurt Nicos Vater ist. Iffi schweigt triumphierend.

Countdown

Spieltag: 08.05.1997 • Sendetag: 11.05.1997

Folge: 597

Mary begleitet Amelie zum Haus Nr. 3, aus dem gerade Paolo mit Irina und Paula kommt. Amelie wünscht den dreien alles Gute und läßt Urzula einen Gruß ausrichten, auch Mary macht sie Mut für die Zukunft. Dieser bleibt nicht verborgen, daß all das wie ein Abschied klingt. Amelie erzählt, daß Priesnitz und sie sich entschlossen hätten, ihre Wohnung nie wieder zu verlassen. Bald darauf bereiten die beiden sich auf ihren Freitod vor. Beide sehen sehr festlich aus: Amelie trägt ihr elegantestes Abendkleid, Priesnitz seinen Smoking.

Scheinbar friedlich schlafend, die Gesichter zueinander gekehrt, liegt das Paar dann auf dem Bett, das – wie die ganze Wohnung – mit Blumen geschmückt ist.
Andy und Iffi verlassen die Wohnung. Iffi gibt zu, daß sie geschwindelt habe, als sie Momos Vaterschaft in Frage gestellt hat. In der WG schüttet sie Philipp ihr Herz aus. Er empfiehlt ihr, zuerst einmal alles zu sortieren und das Wichtigste zu erledigen. Eva bittet ihren Jüngsten, sich mehr um Momo zu kümmern. Philipp verbittet sich aber ihre ständige Einmischung und wirft ihr vor, daß dies nur eine Ablenkung von ihren eigenen Problemen sei.
Beate und Carsten streiten, weil er die Percha-Wohnung neu vermietet hat und sie ausziehen muß. Carsten hatte keine andere Wahl, denn wegen der Hypothek hat er sich hoch verschuldet. Jetzt bittet Beate Ludwig um eine vorzeitige Auszahlung ihres Erbteils. Tanja mischt sich vehement ein. Dressler ist froh, daß sie es, im Gegensatz zu Beate, nicht auf sein Geld abgesehen hat ... Im Akropolis sieht Beate Vasily, mit dem sie gerne wieder mal reden möchte. Dieser reagiert sehr abweisend. Beate stellt Carsten jetzt vor die Wahl: Entweder er läßt sie und ihre Band in der Percha-Wohnung, oder er hat sie künftig als Mitbewohnerin am Bein.

Amelie und Ernst-Hugo sind freiwillig aus dem Leben geschieden.

Schwanengesang

Spieltag: 15.05.1997 • Sendetag: 18.05.1997

Folge: 598

Amelies Sohn, Gernot von der Marwitz, löst die Wohnung der Verstorbenen auf. Undine, Priesnitz' Tochter, kommt hinzu. Beide streiten sich über den Nachlaß. Berta erzählt Lisa, daß Amelie die beste Freundin war, die sie jemals hatte, und bricht in Tränen aus. Amelie hat ihr DM 40.000 für ihre Schulden beim Finanzamt hinterlassen und Lisas Klavierstunden für „Ewigkeiten" im voraus bezahlt. Berta, Hajo und Lisa erfüllen einen von Amelies letzten Wünschen: Sie machen sich einen heiteren Abend mit Champagner und Kaviar und gedenken freundlich der Freundin und ihres Mannes.
Beate schleppt ihre Koffer an der verdutzten Wanda vorbei in Carstens und Urzulas Wohnung und geht wieder. Im Casarotti macht sie am Abend alle nervös und betrinkt sich. Als Beate später in die WG will, findet sie einen Zettel an der Tür vor: „Klingel abgestellt. Emp-

fehle Pension Schott." Laut schreit sie im Treppenhaus herum. Theo kümmert sich derweil liebevoll um Carsten, der ein schlechtes Gewissen hat, aber Beate einfach nicht mehr ertragen kann.
Valerie ist bei Mary und spricht mit ihr über die Hochzeitsfeier, bei der auch Mary und Olaf als Gäste waren. Als Valerie Mary erneut einlädt, kann sie nicht zusagen, da sie zuerst Olaf fragen muß. Dieser sieht die Fotos von der Feier und meint, daß Mary Boris auf dem Foto verliebt anschaut. Als Mary Anna besuchen will, hält Olaf sie mit Gewalt zurück. Er will wissen, ob sie was mit dem Ecker habe, und bedrängt sie. Mary brauche keine Angst vor ihm zu haben, wenn sie ihm nur glaubhaft versichere, daß da nichts mit Ecker laufe. Glaubhaft!

Begehren

Spieltag: 22.05.1997 • Sendetag: 25.05.1997

Folge: 599

Siegessicher beobachtet Olaf Ecker beim Entladen seiner Ware und verkündet ihm kurz darauf, daß dies seine letzte Auslieferung war. Während Käthe und Theo erste Möbel in die ehemalige Marwitz-Wohnung bringen, sammelt Hans im Hausflur Unterschriften für das Bürgerbegehren. Olaf überredet seine Frau zu einem abstandssicheren Knoblauchessen beim Griechen. Auch ihr Dirndl soll heute endlich wieder zum Einsatz kommen. Im gut besuchten Akropolis sitzen Theo, Käthe, Carsten und Beate und begießen den Umzugstag, als Olaf und Mary im Bayernlook das Lokal betreten. Beate versucht vergeblich, Carstens Auszugsforderungen zu entgehen. Derweil diskutiert Anna mit einigen Frauen über die noch einzuholenden Unterschriften zum Volksbegehren. Olaf kauft Zeki alle Rosen ab. Währenddessen tauschen Vasily und Mary bedeutsame Blicke aus.
Tanja ist erbost über Sonias Unvernunft und Egoismus. Ihre DM 40.000 sind fast verbraucht, und Ludwig will sie nicht länger abzocken. Sonia leitet Tanjas Emotionalität gekonnt in andere Bahnen. Mit viel Fingerspitzengefühl unterbreitet sie ihr eine Lösung für die Zukunft: Dressler werde ein total glücklicher Engel ... Sonia hat bereits ein Treffen mit einem Mann für diesen Abend arrangiert, dem sie Dresslers Praxisadresse gibt.
Rechtsanwalt Bunsen hat wenig Verständnis für Philipps individuellen Verweigerungsantrag. Er drückt ihm statt dessen eine Musterbroschüre als Formulierungshilfe in die Hand. Später bricht Dani zu ihrem Job in der Disco „Filou" auf und verabschiedet sich von Klaus, Philipp und Momo. Verdattert schauen die drei der sexy gekleideten jungen Frau hinterher.
Dresslers ernsthafte und sehr liebevolle Sorgen um Tanjas Psyche lassen diese schluchzend vor ihm niedersinken: Wird Ludwig ihr wirklich alles verzeihen?

Zwischen den Stühlen

Spieltag: 29.05.1997 • Sendetag: 01.06.1997

Anläßlich der 600. Folge feierten etwa 100.000 Menschen mit den „Lindensträßlern“ auf dem WDR-Studiogelände in Köln-Bocklemünd.

Folge: 600

Leise stiehlt Tanja sich in das Ehebett zurück. Ihre wahren Gewissenskonflikte verbirgt sie weiterhin vor Ludwig. Später eröffnet sie Sonia, daß sie nichts mehr mit der Ermordung ihres Mannes zu tun haben möchte. Daraufhin erpreßt Sonia Tanja mit der gefälschten Lebensversicherung und zieht die so Überrumpelte kraftvoll zu sich hinab in die Badewanne. Sonia weist ihrer Freundin noch ihre Aufgabe für das Treffen mit Kiermeyer zu: Sie soll DM 7.500 besorgen und ein Foto von Dressler. Traurig verläßt Tanja die Wohnung. Im Park übergibt Sonia Kiermeyer Foto und Geld. Er läßt sie aber im Ungewissen, wann der tödlich endende Drogenraub stattfinden wird.
Als selbstbewußte Ehefrau sucht Valerie Olaf auf, um ihn zu veranlassen, seine Kündigung zurückzuziehen und sich seine grundlose Eifersucht einzugestehen. Olafs böswillige Äußerungen nehmen ihr jedoch schnell den Wind aus den Segeln. Nur noch sie darf die Ware – abzüglich 10% Rabatt – anliefern. Vasily ordert bei Olaf Tischdekorationen. Aufgrund der Blumenlieferung muß Mary ins Akropolis. Dort versucht Vasily mit ihr Körperkontakt aufzunehmen. Mary flüchtet aber vor der Berührung, es bleibt bei einem verstehenden Blick.
Iffi lernt lustlos Physik; Andy ist verärgert, weil er Max nicht sehen kann. Selbst mit Klaus' Küchen- und Nachhilfeunterstützung gelingt es Iffi nicht, sich zu konzentrieren. Sie flüchtet in ihr Zimmer und bringt endlich die „Lenzsche Regel“ über die Lippen. Klaus fordert später das Speed ein, das Iffi heimlich nehmen wollte. Sie bittet ihn inständig um die Abfrage der Geschichtsdaten, er solle sie diese Nacht nicht alleine lassen! Klaus will jedoch am nächsten Morgen ab 6.00 Uhr die fehlenden 3.000 Unterschriften für das Bürgerbegehren sammeln. Wird er bleiben?

Reifeprüfung

Spieltag: 05.06.1997 • Sendetag: 08.06.1997

Folge: 601

Iffi hat heute ihre mündliche Abiturprüfung. Klaus, dem sie immer noch vorwirft, letzte Woche nicht bei ihr übernachtet zu haben, begleitet sie bis zur Bushaltestelle. Für ihre Geschichtsprüfung hat sie sich auf das aktuelle Thema Afghanistan vorbereitet, aber die Prüfer wünschen Bismarcks Reformen zu hören – sie fällt durch. Wieder zu Hause, will Iffi nichts von einer Nachprüfung hören. Alle Einwände empfindet sie als Bevormundung, besonders die von Klaus, woraufhin dieser verletzt die Wohnung verläßt.
In der Praxis Dressler platzt Else in die Adreßaufnahme von Eduard

Kiermeyer, der seine Versicherungskarte vergessen hat. Kiermeyer nutzt die Unterbrechung und inspiziert interessiert die Räumlichkeiten. Unterdessen macht sich Sonia Gedanken über ein Alibi. Tanja hingegen versucht, von ihr nähere Angaben über Kiermeyers Pläne zu erfahren.
Erich, Tante Betty und Pat fliegen heute nach Irland. Beschwingt deckt Helga den Tisch für ein üppiges Abschiedsfrühstück. Schiller sucht überall vergeblich nach den Tickets. Endlich trudelt auch Betty ein und löst das Problem: Sie hat die Reiseunterlagen ... Völlig angeheitert feiert Helga abends mit Marlene die wiedergewonnene Freiheit. Die eine Woche ohne Erich wird sie zu genießen wissen!
Zu Opernklängen trifft Ludwig Vorbereitungen für die gemeinsame Nacht, während Tanja vorgibt, noch kurz duschen zu wollen. Heimlich eilt sie in die Praxis, um Kiermeyers nächsten Termin zu erfahren: Donnerstag 12.06.97, 17.30 Uhr. Nur noch eine Woche!?

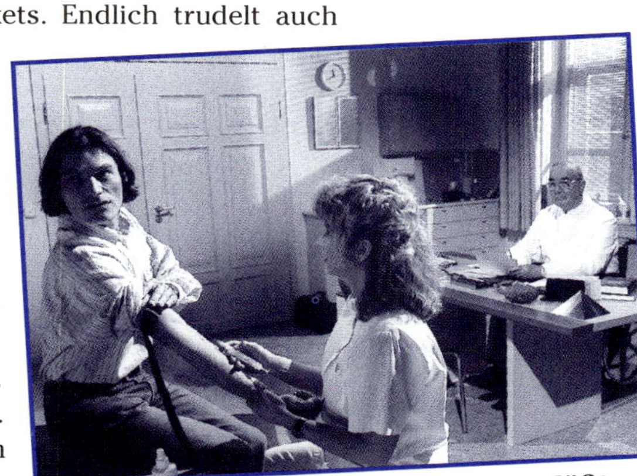
Der Killer und sein Opfer. Kiermeyer läßt sich verarzten und spioniert dabei die Räumlichkeiten aus.

Reisen

Spieltag: 12.06.1997 • Sendetag: 15.06.1997

Folge: 602

Während Dressler noch schläft, trifft Tanja diverse Reisevorbereitungen. Beim Frühstück bittet sie Ludwig überraschend, sämtliche Praxistermine abzusagen. Später bringt Tanja Sonia die zweite Rate für Kiermeyer, dann fährt sie mit Dressler zum Flughafen. Auch Sonia begibt sich dorthin, um Kiermeyer DM 7.500 in einem Umschlag zu überreichen. Er kontrolliert kurz den Inhalt und teilt ihr dann erst mit, daß der Doktor nicht da war. Und schon eilt er davon ... Schließlich sitzen die Dresslers im Flieger nach Griechenland, und Ludwig, der zunächst ein wenig sauer über die spontane Aktion war, freut sich nun über Tanjas „Überraschung“.
Iffi reist heute nach London. Andy äußert die leise Hoffnung, daß sie auf ihrer Reise über die Wiederholung der Abi-Prüfung nachdenkt, beißt aber auf Granit. Nachdem er seine Tochter zum Flughafen gebracht hat, geht er mit Hans ins Akropolis, wo Carsten sein bestandenes Examen feiert.
Helga ist stinksauer, als Schiller ihr telefonisch mitteilt, daß er wegen defekter Elektroleitungen im Claron Bridge heute nicht heimkehrt. An-

na kommt im Reisebüro vorbei. Sie trägt ein Bürgerbegehren-T-Shirt und hat einen Stapel Unterschriftenlisten dabei. Im Laufe des Tages versucht Helga wiederholt, Erich zu erreichen – vergeblich. Mit den ursprünglich für ihn gedachten Delikatessen möchte sie nun Klaus, Dani und Philipp beglücken, doch die WGler geben ihr deutlich zu verstehen, daß sie nervt. Abends versucht Helga erneut, ihren Mann anzurufen, bekommt aber diesmal nur Tante Betty an den Apparat: Schiller sei im Pub. Helga knallt den Hörer auf.
Tanja und Ludwig sind auf Rhodos angekommen. Als Tanja ihm den Mordplan beichtet, ist Dresslers gute Laune allerdings dahin. Unter Tränen sagt Tanja, daß er sie jetzt wegschicken könne. Ludwig ist wie versteinert.

Einsatz

Spieltag: 19.06.1997 • Sendetag: 22.06.1997

Folge: 603

Auf Rhodos versucht Ludwig, Tanjas Geständnis zu verkraften. Diese schwört, für Sonia nichts mehr zu empfinden. Während er ihr beim Schwimmen zuschaut, fordert er das Schicksal heraus: Wenn sie sich jetzt umdreht und mir winkt, wird vielleicht alles wieder gut ... In diesem Moment wirbelt Tanja tatsächlich zu ihm herum und winkt lachend. Später eröffnet er ihr, daß er sich hier eventuell ein zweites Zuhause aufbauen und die Praxis an Carsten übergeben möchte. Tanja ist von dieser Idee begeistert.
Gabi und Andy treffen sich, um eine Regelung in bezug auf Max zu treffen. Er will den Jungen jedes zweite Wochenende, womit sie nicht einverstanden ist. Der Streit eskaliert schnell. Als Gabi aufbricht, rennt Andy ihr hinterher und erwischt sie am Schlafittchen. Sie kann sich in die wartende Limousine retten, während er tobend zurückbleibt. Später kommt Phil vorbei. Andy setzt ihn schnell vor die Tür und schüttet den Inhalt eines Glases, das er gerade in der Hand hält, hinter ihm her – Fisch Cyril zappelt auf dem Boden. Daraufhin holt Phil sich bei Else ein Glas Wasser, in das er den Fisch hineingleiten läßt.
Heute findet das Straßenfest anläßlich des Bürgerbegehrens statt, und Anna ist mit den Vorbereitungen sichtlich überfordert. Das Fest wird dennoch ein voller Erfolg, und als Hans nach der Arbeit endlich kommt, findet er seine Frau schlafend auf einer Bank. Er weckt sie, um seine Hilfe für die Aufräumarbeiten anzubieten, doch sie reagiert gereizt. Abends schreckt Anna aus einem Alptraum hoch und tappt in die Küche, wo Hans mit zwei Architekten sitzt. Sofort eilt er zu ihr und bringt sie zurück ins Schlafzimmer. Es kommt zu einem heftigen Streit: Sie fühle sich allein gelassen. – Hans versucht ihr klarzumachen, daß er seine Arbeit nicht vernachlässigen kann.

Matt

Spieltag: 26.06.1997 • Sendetag: 29.06.1997

Folge: 604

Anna wirkt heute auffallend erschöpft, weswegen Hans sie zurück ins Bett schickt. Später wird sie von Gabi geweckt, die um eine Versöhnung bittet. Sie versucht ihre Cousine vergeblich davon zu überzeugen, daß Phil sich geändert habe. Später, im Blumenladen, hat Anna einen Schwindelfall, den sie nicht weiter beachtet. Doch zu Hause verliert sie das Bewußtsein. Der hinzugezogene Notarzt verabreicht ihr ein kreislaufstärkendes Mittel. Nunmehr ist absolute Schonung für sie angesagt.

Olaf begleitet Mary heute zur Ausländerbehörde, wo sie ihre Aufenthaltsgenehmigung erneuern lassen muß: Sie erhält eine Verlängerung für drei Jahre. Später bringt Mary neue Blumengestecke ins Akropolis, wo sich Vasily angeregt mit ihr unterhält. Abends spielt Olaf seiner Frau bayerische Weisen auf seinem Akkordeon vor. Mary ist sichtlich gelangweilt, dann unangenehm berührt, als Olaf wissen will, ob sie ihn wenigstens ein bißchen möge – platonisch. Platonisch? Dieses Wort käme von den alten Griechen. Bei dieser Erklärung wird Mary hellhörig und beginnt zu träumen.

Andy sucht heute seinen Anwalt, Herrn Sauerteig, auf, der ihm von seinem geplanten Kampf um Max abrät. Das Hin und Her tue dem Kind keinesfalls gut. Ähnliches muß sich Andy von Valerie anhören. Im Akropolis schließlich beginnt er sich zu betrinken und ist völlig platt, als Egon sich nach Max erkundigt. Endlich mal jemand, den das interessiert! Einige Zeit später torkeln die beiden betrunken aus dem Lokal. Andy klagt noch immer: Alle rieten ihm, auf Max zu verzichten. Dies mache ihn nachdenklich. Tieftraurig blickt er Egon an und will wissen, wie er das schaffen soll – ohne Max.

Vasily macht Mary schöne Augen.

Außer Kontrolle

Spieltag: 03.07.1997 • Sendetag: 06.07.1997

Folge: 605

Heute ist Andys 50. Geburtstag. Max kommt mit einem Geschenk vorbei, aber auf sein Klingeln wird nicht geöffnet. Traurig läßt er sein Präsent bei Rosi, die es dem Geburtstagskind schließlich über-

Andy bekommt von seinen Kindern zum 50. Geburtstag den Auftritt einer Stripperin geschenkt – in der Valerie eine ehemalige Schulkameradin wiedererkennt.

gibt. Andy erstarrt und weint leise in sich hinein. Während Iffi, wieder zurück aus London, zusammen mit Valerie ihren Vater sucht, sitzt dieser mit Beate im Akropolis, um sich zu betrinken.
Vasily trifft sich mit Mary im Botanischen Garten. Er will wissen, wieso sie ausgerechnet Olaf geheiratet habe. Dankbar sei sie, sehr dankbar. Doch sie wolle keine weiteren Fragen beantworten, da sie sonst ihr Leben riskiere. Er solle ihr nicht mehr folgen. Dann eilt sie davon. Während sich Olaf im Akropolis mit seinen Stammtischbrüdern trifft, schleicht Vasily sich in den Blumenladen. Hier erzählt ihm Mary ihre wahre Geschichte. Er nimmt vorsichtig ihre Hand ... Unterdessen will Olaf neue Spielkarten aus dem Laden holen. Während er vor der Tür nach seinem Schlüssel kramt, wagen Mary und Vasily kaum zu atmen. Doch in diesem Moment laufen Beate und Andy betrunken fast vor ein Auto. Olaf eilt zur Hilfe. Gleichzeitig erscheinen die Zenker-Geschwister, die endlich ihren Vater gefunden haben. Andy ist gerührt, daß – fast – alle da sind. Nur, wo sind Max und Gabi?!
Hans verwöhnt Anna und spricht erneut die Möglichkeit einer Kur an, die sie aber ablehnt. Sarah durchlebt eine Trotzphase; sie fühlt sich im Vergleich zu ihren Stiefgeschwistern benachteiligt und will Hans nicht mehr respektieren – allein der verstorbene Friedhelm sei ihr richtiger Vater gewesen. Beim Abendessen kommt es zum Eklat. Spätabends klingelt Mary bei Anna und gesteht ihr, schrecklich in Vasily verliebt zu sein. Sie weiß nicht mehr weiter.

Flüstern und Schreie

Spieltag: 10.07.1997 • Sendetag: 13.07.1997

Folge: 606

Obwohl Mary aus Angst vor ihrem Mann weitere Annäherungsversuche Vasilys zu unterbinden versucht, gesteht dieser ihr seine Liebe. Während Olaf Else abends ins Theater ausführt, sucht Vasily Mary in ihrer Wohnung auf. Trotz aller Ängste geben sie sich ihren Gefühlen hin. Unterdessen haben Olaf und Else die Vorstellung vorzeitig verlassen. Als das Liebespaar die beiden kommen hört, eilt Mary zur Wohnzimmertür und schließt ab. Olaf ärgert sich über ihr anhaltendes Mißtrauen und verzieht sich auf die Toilette – Vasily kann verschwinden.
Eva und Momo kommen, um Philipps bestandenes Abitur zu feiern. Doch Eva schimpft mal wieder auf den Zenker-Clan, weswegen sich Philipp mit ihr anlegt. Als dann Iffi, die von Gabi soeben erfahren hat, daß im Café Bayer eine Aushilfe gesucht wird, erscheint, wird sie von Eva provoziert. Ihre Auseinandersetzung mündet in zwei Ohrfeigen: Eva schlägt Iffi, die es ihrer Widersacherin mit gleicher Münze heimzahlt. Später versucht Momo vergebens, mit seiner Ex-Freundin Frieden zu schließen. Abends kommt Klaus bei Iffi vorbei, läßt sich aber

auf deren Anmachversuche nicht ein.
Nach erneuten Streitereien ist Paolo so sauer auf den Küchenchef, daß er am liebsten heute noch kündigen würde. Schließlich klagt er Isolde sein Leid, die ihm verspricht, Fausto in seine Schranken zu verweisen. Als Fausto und Paolo im gutbesuchten Casarotti erneut lautstark streiten, hält Isolde ihr Versprechen. Nach getaner Arbeit sitzt sie mit Paolo, Francesco und Alfredo zusammen. Alle sind der gleichen Ansicht: Krach in der Belegschaft wird von den Gästen sofort bemerkt. Als Fausto aus der Küche geschlendert kommt, stellt Isolde ihn vor die Wahl. Entweder er benimmt sich in Zukunft, oder sie kündigt ihm fristlos.

Der Ring

Spieltag: 17.07.1997 • Sendetag: 20.07.1997

Das polnische Geburtstagslied für Wanda heißt „Sto Lat“ (dt.: „100 Jahre“).

Folge: 607

Wanda hat heute Geburtstag und wird mit einem polnischen Geburtstagslied empfangen. Gerührt nimmt sie die Geschenke ihrer Lieben entgegen. Vor der Arbeit eröffnet Isolde Paolo resigniert, daß sie wegen Fausto überlegt, das Lokal aufzugeben. Aber zunächst versucht sie ein letztes Mal, vernünftig mit ihm zu reden. Und tatsächlich: Fausto zeigt sich einsichtig. Doch wenig später fetzen sich Paolo und er erneut. Wütend gebietet Isolde den Streithähnen Einhalt und schlägt Fausto vor, das Lokal unter der Voraussetzung zu pachten, daß alle Mitarbeiter einverstanden sind.
Iffi, die sich heute im Café Bayer vorstellt, überläßt Dani solange Nico. Als diese gerade für den Kleinen kocht, klingelt Eva. Erfreut entdeckt sie ihren Enkel in der Küche und verläßt trotz Danis Protest mit ihm die Wohnung. Später sitzt Eva mit Nico auf einer Waldlichtung, wo sie ihm unauffällig etwas Blut abnimmt. Als Iffi, die von ihrem gelungenen Bewerbungsgespräch zurückkommt, von Dani alles erfährt, rast sie aus der Wohnung, um Nico zu suchen. Auf der Straße trifft sie auf Eva und reißt ihren Sohn an sich.
Beladen kommt Carsten nach Hause, wo Beate schon auf ihn wartet. Da er aber ein Abendessen für Theo vorbereiten möchte, beachtet er sie nicht weiter. Beate fühlt sich übergangen, und es kommt zum Streit. Abends erscheint sie zum Essen, wird aber von Carsten und Theo, die ungestört sein wollen, hinauskomplimentiert. Feierlich macht Carsten mit einem Platinring seinem Freund einen Heiratsantrag – symbolisch. Theo willigt ein. Ob er auch den Mut habe, in aller Öffentlichkeit zu heiraten und somit für die Gleichstellung der Homosexuellen zu kämpfen? Theo hält Carsten bei aller Liebe für verrückt. Unbeirrt wiederholt dieser seine Frage.

Auf Grundeis

Spieltag: 24.07.1997 • Sendetag: 27.07.1997

Folge: 608

Heute abend findet Theos und Carstens öffentliche Hochzeitszeremonie im Akropolis statt. Doch zuvor muß sich Carsten mal wieder vor der spottlustigen Beate für seine Entscheidung verteidigen. Mitten in der Anprobe erscheint sie und bittet ihn, die Augen zu schließen: Blitzschnell kritzelt sie mit Filzstift ein Herz auf den Rücken des Jacketts, woraufhin er ihr eine Ohrfeige verpaßt. Vor Schreck läßt Beate das Weinglas fallen; der Wein ergießt sich über Carstens Anzugshose. Da rastet er aus und setzt sie mit Sack und Pack vor die Tür. Unterdessen betritt Sonia ziemlich heruntergekommen die Praxis Dr. Dresslers, doch Corinna läßt nichts über dessen Rückkehr verlauten. Die Hochzeitsparty am Abend im Akropolis wird trotz aller Aufregungen ein voller Erfolg.
Onkel Franz erscheint im Reisebüro, um Glückwünsche zu seinem 84. Geburtstag entgegenzunehmen. Außerdem will er zu Betty nach Irland fliegen. Die Flugtickets würden bestimmt Helga und Erich zur Verfügung stellen ... Als alles andere nicht hilft, wird er vor die Tür gesetzt.
Vergeblich warten Eva und Anwältin Angermayer auf Momo. Nicos Blutprobe hat eindeutig ergeben, daß Momo der Vater ist. Später berichtet Eva Iffi triumphierend von dem Bluttest. Diese ist außer sich und droht mit einer Anzeige wegen Körperverletzung. Später erscheint Momo und versichert ihr, gar keine Rechte bezüglich Nico anmelden zu wollen. Daraufhin nimmt Iffi ihm das Versprechen ab, sich auch noch in zehn Jahren daran zu halten. Einige Zeit später verabschieden sich die beiden lachend voneinander. Er fragt sie, ob sie eines Tages wohl wieder normal miteinander umgehen können, wie alte Freunde. Iffi scheint nachdenklich und traurig zugleich.

Auf Gedeih und Verderb

Spieltag: 31.07.1997 • Sendetag: 03.08.1997

Folge: 609

Den ersten Ferientag verbringen Klaus und Iffi, heftig miteinander flirtend, zusammen. Als Philipp nach Hause kommt, gesellt er sich zu ihnen und berichtet gutgelaunt, daß er sehr wahrscheinlich als Kriegsdienstverweigerer anerkannt werde. Abends, beim Job in der Disco, schaut Dani immer wieder fasziniert auf einen roten Koffer, der hinter der Theke steht und einem gewissen „Redford“ gehört. Als Dani in die WG kommt, hat sie den Koffer dabei. Mit einer Nagelschere versucht sie, ihn zu öffnen – Fehlanzeige! Resigniert versteckt sie den Koffer erst einmal.

Guter Dinge sitzt Ludwig mit Carsten beim Frühstück. Später in der Praxis will Sonia Dressler aufsuchen, muß sich aber aufgrund der langen Wartezeit erst einmal einen Schuß setzen. Als Ludwig sie dabei überrascht, fordert er sie auf, die Praxis unverzüglich zu verlassen. Sonia jedoch beginnt ihn zu erpressen: Entweder er gebe ihr soviel Stoff, wie sie brauche, oder sie wolle der Polizei von dem Mordplan erzählen. Sie, Sonia, habe nichts mehr zu verlieren, Dressler hingegen schon.

In der Praxis streitet sich Else mit Frau Birkhan, wer zuerst an der Reihe ist.

Anna fährt heute zur Kur nach Wyk auf Föhr. Hans, der sich Urlaub genommen hat, macht mit den Kindern eine Radtour und lädt sie danach ins Café Bayer ein. Helga erscheint und bringt Kekse für die Kinder mit. Sofort verkündet Sarah, die sich Hans gegenüber immer noch sehr widerspenstig verhält, bei Helga bleiben zu wollen! Abends, nachdem Helga nachgeschaut hat, ob Sarah endlich schläft, ermahnt Erich sie, sich nicht wieder in Hans' Familienangelegenheiten einzumischen. Unterdessen schleicht sich das vollständig bekleidete Mädchen aus dem Zimmer. Doch im dunklen Flur fällt das Telefon polternd zu Boden. Helga und Erich eilen herbei: Sarah verkündet entschlossen, zu Anna fahren zu wollen.

Flöhe hüten

Spieltag: 07.08.1997 • Sendetag: 10.08.1997

Folge: *610*

Hans hat es letzte Woche einige Mühe gekostet, Sarah zum Bleiben zu überreden. Doch nachdem er ihr heute Friedhelms Geschichte erstmals genau erzählt hat, scheint sie ihre starrsinnige Haltung aufzugeben. Unterdessen feiern Tante Betty und Onkel Franz ausgelassen in einem Pub in Irland. Die alte Dame spendiert eine Runde nach der anderen und beginnt schließlich wild zu tanzen. Doch plötzlich kippt sie um ... Telefonisch teilt Wittich Helga Bettys Tod mit.

In der WG steht der rote Koffer im Mittelpunkt der Gespräche und Spekulationen. Iffi, die seit dem 01.08. im Café Bayer arbeitet, schlägt vor, den Koffer zu öffnen, da Dani ja in Urlaub gefahren sei. Abends sitzen sie, Klaus und Philipp im Biergarten des Akropolis. Als Olli mit seinem Freund Uwe erscheint, ist Klaus wenig begeistert und erzählt von dessen früheren Schandtaten. Das Bier, das Olli ihm bringen läßt, läßt er zurückgehen.

Im Büro des Architekten Nabis erhält Hajo den Auftrag, ein Modell für einen Museumsbau anzufertigen – für eine Pauschale von DM 30.000. Der Haken an der Sache: Er muß die Mexikoreise, auf die sich Berta und er schon so freuen, verschieben, da das Modell am 22.09. gebraucht wird. Nach kurzem Zögern unterschreibt Scholz den Vertrag. Als Berta davon erfährt, zeigt sie sich nicht bereit, die Reise zu verschieben. Das viele Geld sei zwar dringend notwendig, aber sie und

Hajo bräuchten auch unbedingt etwas Zeit füreinander. Abends, nach einer weiteren vergeblichen Auseinandersetzung, verkündet Berta schließlich, allein nach Mexiko zu fahren. Hajo ist erschüttert.

Feuer

Spieltag: 14.08.1997 • Sendetag: 17.08.1997

Folge: 611

Berta ist nach wie vor fest entschlossen, allein nach Mexiko zu fliegen, und Hajo versucht mit allen Mitteln, die Reise zu verhindern. Doch trotz seiner Bemühungen bricht sie nach einer knappen Verabschiedung auf. Währenddessen führt Else einen Elektriker durch alle Wohnungen. In der WG entdeckt dieser den roten Koffer, der ihn als Geschenk für seine Tochter interessieren würde.
Laut Rosis Horoskop sorgt heute „Venus für Aufschwung in der Liebe". Welch ein Glücksfall – Pastor Traube, ein Witwer, wird zum Kaffee erwartet ... Später redet Rosi wie ein Wasserfall auf ihren Gast ein, als Wanda unerwartet auftaucht, um Insulinspritzen für Paula zu holen. Traube und Wanda scheinen sofort Sympathie füreinander zu empfinden. Daraufhin stellt Rosi Wanda unter vier Augen zur Rede, da sie doch versprochen habe, ihre Verabredung nicht zu stören!
Erich gesteht Helga, daß er umgehend nach Irland reisen müsse, um im Claron Bridge nach dem Rechten zu sehen. Später erhalten die beiden einen Anruf von Pat mit der Hiobsbotschaft, daß es im Hotel gebrannt habe. Alle wurden gerettet, nur Onkel Franz werde noch vermißt. Abends ruft Pat erneut an: Das Claron Bridge sei fast bis auf die Grundmauern niedergebrannt und Wittich noch immer unauffindbar. Helga und Erich liegen bereits im Bett, als das Telefon wieder klingelt. In Sekundenschnelle ist Schiller am Apparat – es ist Pat. Helga bekommt es mit der Angst zu tun: Was ist mit Onkel Franz? Ist er tot?!

Asche

Spieltag: 21.08.1997 • Sendetag: 24.08.1997

Folge: 612

Max ist mit Gabi und Phil von einer Karibikreise zurück. Andys Versuche, mit ihm Kontakt aufzunehmen, werden durch Gabi unterbunden. Später besucht Valerie ihren Vater und schneidet ein heikles Thema an: Ihrer Meinung nach sollte Boris sein Sperma untersuchen lassen, da sie noch immer nicht schwanger ist. Ob er nicht mal mit ihm reden könnte? Als Andy in der Küche fernsieht, erscheint plötzlich Max, der von zu Hause abgehauen ist und lieber bei ihm wohnen möchte. Doch dies ist zur Zeit unmöglich. Auf Andys Anruf

hin tauchen Phil und Gabi auf, um den Jungen abzuholen.
Onkel Franz lebt! Während er von aller Welt gesucht wurde, hat er sich in aller Seelenruhe im Pub vollaufen lassen ... Zusammen mit Schiller und Pat kehrt er heute nach München zurück. Den Brand im Claron Bridge hat wohl Onkel Franz mit seinem defekten Heizkissen verursacht – Grund genug für Schiller, sich heftig mit ihm zu streiten. Später erzählt Erich Helga von seiner Idee, mit der Versicherungssumme oder mit seinem Erbteil aus Tante Bettys Testament das Hotel als Altersversorgung wieder aufzubauen. Helga ist davon nicht gerade begeistert.
Heute ist Philipps Glückstag: Er ist als Verweigerer anerkannt worden und kann beim „Bund für Umweltschutz" ab September als Zivi anfangen. Dani, wieder aus dem Urlaub zurück, Klaus und Philipp entdecken zufällig einen Zeitungsartikel: Redford wurde tot aufgefunden; Mord wird nicht ausgeschlossen. Gegen Philipps Protest beschließen Klaus und Dani den geheimnisvollen Koffer zu öffnen. Ein schwieriges Unterfangen, so daß brachiale Gewalt notwendig wird – der Deckel springt auf. Die drei sind fassungslos: Der Koffer ist randvoll mit Geldscheinen.

Qualm

Spieltag: 28.08.1997 • Sendetag: 31.08.1997

Folge: *613*

In dem roten Koffer befanden sich ganze DM 735.000, und es ist noch keine Entscheidung gefallen, was zu tun ist: Philipp will das Geld zur Polizei bringen, Klaus schlägt Verbrennen vor – aber Dani will alles behalten! Allerdings gesteht sie verängstigt, einen Verdacht zu haben, wer Redford ermordet haben könnte. Gerade als Philipp sich den Koffer schnappt, um ihn zur Polizei zu bringen, klingelt es. Durch den Spion sehen sie zwei unbekannte Männer. Vor lauter Angst, es handele sich um die nach dem Geld suchenden Mörder, öffnen sie nicht.
Am Morgen redet Andy mit Boris, der ihm gesteht, daß es ihm einfach peinlich sei, eine Spermaprobe beim Arzt abzuliefern. Später eilt Andy ins Krankenhaus, wo Gabi bereits auf ihn wartet. Max ist mit hohem Fieber und furchtbaren Kopfschmerzen in die Klinik eingeliefert worden und hat nach Andy verlangt. Endlich teilt ihnen der Arzt das Untersuchungsergebnis mit: Max hat eine schwere Meningitis; es besteht Lebensgefahr!
Unverhofft steht Herr Traube vor Rosis Tür. Im Wohnzimmer rückt er langsam mit der Sprache heraus und gesteht, daß er eigentlich wegen Wanda gekommen ist. Rosi lügt, daß diese nicht da sei, verrät sich aber selbst, indem sie nach ihr ruft und nach einem Glas Wasser verlangt. Traube lädt Wanda zum Abendessen ins Akropolis ein. Indes

will Rosi ihrem Zorn bei Andy Luft machen, doch dieser unterbricht sie und erzählt ihr von Max. Abends besucht Iffi ihren Vater und möchte ihm in dieser schwierigen Situation beistehen. Schließlich bricht Andy in Tränen aus. Er hat große Angst, daß Max sterben könnte ... Verzweifelt versucht Iffi, ihm Mut zu machen.

Millionen

Spieltag: 04.09.1997 • Sendetag: 07.09.1997

Folge: 614

Max darf sich nach einer Woche strenger Bettruhe wieder bewegen. Andy ist euphorisch und hat ein Handy für ihn gekauft, damit der Junge ihn immer erreichen kann. Außerdem ist Andy nun fest entschlossen, um das Sorgerecht zu kämpfen, weshalb er Anwalt Sauerteig aufsucht. Abends treffen Gabi, Phil und Andy im Krankenhaus aufeinander. Als Max seine leiblichen Eltern vor die Tür setzen will, stellt Phil Andy wütend zur Rede. Doch dieser wird deutlich: Er wolle um den Jungen kämpfen und habe die Scheidung bereits eingereicht.
Vasily hat die Einbürgerung beantragt, aber nur für die Behörden – sein Herz gehöre immer noch Griechenland. Zwischen ihm und Mary herrscht eine gespannte Stimmung. Vasily erträgt es nicht, daß sie ihr Leben mit Olaf verbringt. Zornig erwidert Mary, daß er entweder noch drei Jahre zu warten habe, bevor sie geschieden werden kann, oder er müsse Schluß machen!
Heute wird Bettys Testament eröffnet, und Schiller freut sich bereits auf seine Millionen. Beim Notar platzt dann die Bombe: Alles, was Tante Betty besaß, soll einzig und allein Pat bekommen! Während Erich zu Hause seiner Wut Luft macht, erscheint die glückliche Erbin mit Champagner. Als sie ihren Vater darauf anspricht, daß er ja seit dem Erwerb des Hotels Schulden bei Tante Betty hatte und die monatlichen Raten über DM 3.500 nun an sie bezahlen müsse, flippt Schiller aus. Helga versucht ihr klarzumachen, daß sie Erich so ruinieren wird. Daraufhin fordert Pat sie süffisant auf, ihr auch nur einen Grund zu nennen, warum sie Mitleid haben sollte. Dann werde sie vielleicht über die Angelegenheit nachdenken.

Nattern

Spieltag: 11.09.1997 • Sendetag: 14.09.1997

Folge: 615

Andy begleitet heute Boris, dem alles entsetzlich peinlich ist, zum Urologen. Doch trotz einiger Anlaufschwierigkeiten gelingt es ihm schließlich, eine Spermaprobe abzugeben. Unterdessen verab-

Wunschträume

Spieltag: 02.10.1997 • Sendetag: 05.10.1997

Folge: 618

Hans erzählt Vasily, daß die Unterschriftensammlung für das Bürgerbegehren anerkannt und der Bürgerentscheid für den 23.11. festgelegt wurde. Eigentlich möchte er aber Vasilys Einwilligung für die Abtreibung einholen. Doch dieser lehnt ab. Unterdessen bittet Olaf Mary, das Geschäft während seiner kurzen Abwesenheit geöffnet zu lassen. Sie nutzt die Gelegenheit, um Vasily aufzusuchen, doch Olaf kehrt vorzeitig zurück. Als Mary abgehetzt im Laden erscheint, bezichtigt er sie erneut, ein Verhältnis mit Boris zu haben, und versetzt ihr eine Ohrfeige. Unterdessen ist Elena aus Griechenland zurück und berichtet, daß es Panaiotis wieder besser gehe.

Um dem Streit mit Hajo aus dem Weg zu gehen, stürzt sich Berta ganz in ihre Arbeit. Die Zänkereien zwischen Corinna und Carsten setzen sich auch heute fort. Abends erscheint plötzlich Beate, deren Anblick erschreckend ist: Sie wirkt verwahrlost, ihr Gesicht ist fiebrig und verquollen. Carsten bittet sie, sich ein paar Tage bei ihm auszukurieren. Theo hat nichts dagegen, denn er hat andere Sorgen: Ihm ist heute gekündigt worden, weil die Bank Konkurs angemeldet hat.

Heute fliegt Pat zurück nach Toronto und möchte sich zuvor von allen verabschieden. Im Akropolis überreicht sie Vasily ein Foto von sich in verführerischer Pose, was diesen aber nicht zu interessieren scheint. Dann sucht sie Klaus auf, der ebenfalls keinen Wert auf ihre Anwesenheit legt. Nur Andy zeigt sich bereit, sich „richtig“ zu verabschieden. Als die beiden sich im Schlafzimmer gerade verlustieren wollen, klingelt es an der Tür: Gabi ist ganz aufgelöst, da Max in den Hungerstreik getreten ist und nicht eher damit aufhören will, bis er zu Andy darf. Sie fleht Andy an, ihr zu helfen. Doch dieser scheint ratlos.

Giftmischer

Spieltag: 09.10.1997 • Sendetag: 12.10.1997

Folge: 619

Max wird heute aus dem Krankenhaus entlassen und von Gabi direkt zu Andy gebracht. Dennoch scheint er unzufrieden und wirft seinem Adoptivvater vor, nicht genügend um ihn zu kämpfen. Er droht sogar, den Hungerstreik fortzusetzen, wenn er nicht ganz bei ihm bleiben dürfe. Als Gabi erscheint, um ihren Sohn abzuholen, versucht Andy, ihr die Situation zu erklären. Fassungslos gibt sie schließlich nach.

Beate hat sich inzwischen erholt und sucht nach einer eigenen Wohnung. In der Praxis behandelt indes Carsten eine Platzwunde an Marys Jochbein. An einen Haushaltsunfall kann er allerdings nicht

glauben ... Zwischen Ludwig und Carsten kommt es zu einer heftigen Diskussion: Carsten darf als AiPler nicht alleine praktizieren und fordert, Ludwig solle die Praxis während seiner Abwesenheit schließen. Unmißverständlich macht Dressler Carsten klar, daß ihm die Rhodosreisen wichtiger sind als alles andere. Wenn ihm das nicht gefalle, müsse er sich eben nach einer anderen AiP-Stelle umschauen! Corinna, die dem Streit gelauscht hat, lächelt triumphierend.
Scholz hat Bertas Seitensprung mit Otmar Kirsch noch immer nicht verwunden. Zu gerne würde Berta ihm erklären, wie es dazu gekommen ist, wenn Hajo sie nur lassen würde! Auch während Lisas Klavierstunde kann Scholz seinen Frust nicht verbergen, so daß Berta ihm schließlich die Leviten liest. Sie halte es für das beste, wenn Scholz für eine Weile auszieht. Das genügt Hajo: Er werde ausziehen, aber für immer! Höchst theatralisch packt er seine Sachen, wobei er allerdings zu hoffen scheint, daß Berta ihn zu bleiben bittet. Weit gefehlt! Als Hajo sich schließlich verabschiedet, läßt er sie wissen, daß sie einen wie ihn nie wieder finden wird. Berta schweigt.

Dolce vita

Spieltag: 16.10.1997 • Sendetag: 19.10.1997

Aus dramaturgischen Gründen: Rosi hat drei Tage zu früh Geburtstag.

Folge: 620

Andy erzählt Max euphorisch, daß das Gericht seinem Antrag auf Sorgerecht zugestimmt hat. Doch der Junge starrt teilnahmslos auf den Brief. Bei Rosis Geburtstagsfeier freut er sich unbändig über Gabis Erscheinen und weicht nicht mehr von ihrer Seite. Abends, beim Zubettgehen, laufen Max plötzlich die Tränen übers Gesicht. Er will zu Gabi – und zwar jetzt gleich. Doch als Andy beginnt, seine Sachen zusammenzupacken, stoppt er ihn: Er möchte doch auch bei Andy sein. Dieser muß dem Kind klarmachen, daß beides zusammen im Moment unmöglich ist.

Mit gemischten Gefühlen beobachtet Andy das Wiedersehen von Gabi und Max.

Berta und Hajo sind wieder vereint – wie zwei Turteltauben kommen sie aus ihrer Wohnung. Erich überlegt, wie er nach Irland fahren kann, ohne Helgas Mißtrauen zu erregen. Er bittet Snyder, ihm ein Fax zu schicken und ihn darin aufzufordern wegen eines Käufers zu kommen. Vor Helga legt er sein ganzes schauspielerisches Können an den Tag und regt sich über seinen unfähigen Geschäftspartner auf. Helga muß ihn regelrecht dazu überreden, nach Irland zu fliegen,

um den Verkauf des Hotels zu regeln.
Klaus läßt sich von Carsten wegen seines heutigen Musterungstermins krank schreiben. Später, in der WG, teilen sich Philipp, Dani und Klaus das Geld aus dem roten Koffer. Während Philipp mit seinem Geldanteil Momo unterstützen möchte, verfallen Dani und Klaus dem Kaufrausch – unter anderem wird auch Kokain besorgt. Abends erscheint Helga plötzlich, um Klaus einzuladen, auf seinen morgigen Geburtstag anzustoßen. Als sie eine spitze Bemerkung zu seiner angeblichen Erkrankung macht, will dieser sie vor die Tür setzen. Doch da entdeckt Helga einen Taschenspiegel mit einer dicken Koks-Line. Alarmiert will sie wissen, was das ist.

In flagranti

Spieltag: 23.10.1997 • Sendetag: 26.10.1997

Folge: 621

Dani lobt Klaus nochmals dafür, daß er seiner Mutter letzte Woche glaubhaft versichern konnte, es handele sich nicht um Koks, sondern um Milchpulver. Unterdessen wirft Helga Hans vor, sich nicht genug um Klaus zu kümmern. Daraufhin erscheint Hans bei Klaus, der seinem Vater deutlich erklärt, daß er – vor allem von seiner Mutter – in Ruhe gelassen werden wolle. Abends versucht er vergeblich, Iffi mit Champagner und Koks zu beeindrucken.
Hans empfiehlt Vasily, nicht länger auf den Bescheid bezüglich seines deutschen Passes zu warten, aber er hält es für wenig vernünftig, heute schon mit Olaf zu reden. Erst müsse Mary aus der Schußlinie gebracht werden. Um sich mit Hans und Vasily für eine Lagebesprechung treffen zu können, gibt diese vor, wieder zum Augenarzt zu müssen. Doch Olaf ruft in der Praxis an und erfährt, daß sie dort gar keine Patientin ist. Daraufhin ruft er bei Valerie an. Boris ist jedoch nicht zu Hause. Als Mary heimkehrt, kommt Olaf drohend auf sie zu und fragt, wie es beim Augenarzt war ...
Carsten erfährt zu seiner Erleichterung, daß Dressler einen Praxisvertreter für seine langen Abwesenheiten sucht. Später erscheint Andy mit Rosi. Sie hat sich beim Fensterputzen das Handgelenk gebrochen. Da er noch kein ausgebildeter Arzt ist, will Carsten sie zum Röntgen in die Klinik schicken, aber Rosi und Andy bitten ihn, sie in der Praxis zu behandeln. Auf dem Nachhauseweg sieht Carsten Olaf aus dem Blumenladen kommen, Mary hinter sich herziehend. Diese wehrt sich heftig, hat aber keine Chance, so daß Carsten eingreift. Höhnisch sagt Olaf, der „windige Schwule“ solle sich raushalten. Carsten läßt aber nicht locker und droht mit der Polizei. Olaf umklammert mit verzerrtem Gesicht weiterhin Marys Handgelenk.

Canossagang

Spieltag: 30.10.1997 • Sendetag: 02.11.1997

Daß Isolde immer noch die Code-Karte zum Schließen ihrer Tür benutzt, findet Else ziemlich überflüssig.

Folge: 622

Paolo berichtet Isolde im Treppenhaus von seinem ewigen Kleinkrieg mit Fausto. Aus dem Friseursalon beobachtet Urzula, wie Beate sich zu Penner Harry gesellt. Sie eilt zu ihr hin und bietet ihr an, wieder im Salon zu arbeiten. Entschieden lehnt Beate ab. Doch etwas später hat sie es sich anders überlegt und nimmt das Angebot an. Abends berichtet Paolo Urzula, im Casarotti endgültig gekündigt zu haben.
Isolde und Beate sitzen im Café Bayer. Isolde klagt über ihre Einsamkeit, woraufhin Beate ihr empfiehlt, sich – wie Wanda – einen „Lover" zuzulegen. Doch was Isolde braucht, ist eine sinnvolle Aufgabe! Später läßt sie sich von Egon, der ihr unentwegt Komplimente macht, den Kühlschrank reparieren. Zögernd ruft Isolde schließlich Herrn Magirus an und schlägt ihm ein Treffen vor, bekommt jedoch einen Korb. Abends hängt sie düsteren Gedanken nach: Im Grunde könnte sie sich auch umbringen – wer würde sie schon vermissen?
Mary bedankt sich bei Carsten für seine Hilfe, als Olaf sie letzte Woche zwingen wollte, mit ihm zu Boris zu fahren. Später berichtet Vasily Hans, daß von deutscher Seite nichts gegen seine Naturalisierung einzuwenden sei – jetzt müsse noch die griechische Seite zustimmen. Wieder im Akropolis, erzählt Vasily Elena die ganze Wahrheit und gibt ihr die Adresse eines Freundes, wo Mary und er die nächsten Tage erreichbar sein werden. Währenddessen trifft sich Hans mit Olaf im Café Bayer und erklärt ihm die Situation. Olaf ist unfähig zu sprechen; Tränen laufen über sein Gesicht. Er habe Mary wirklich geliebt. Nachdem Hans aufgebrochen ist, steuert Olaf auf das Akropolis zu. Im Lokal lehnt Olli an der Theke. Nach einigem Herumdrucksen kommt Olaf auf den Punkt: Er bittet Olli, ihm eine Pistole aus den Beständen der Bundeswehr zu besorgen.

Scheiden tut weh

Spieltag: 06.11.1997 • Sendetag: 09.11.1997

Folge: 623

Heute werden Else und Egon nach 45 Jahren Ehe rechtskräftig geschieden. Im Café Bayer entdeckt Egon erfreut Isolde und lädt sie zum gemeinsamen Frühstück ein – erhält aber einen Korb. Nach der Scheidung im Amtsgericht verläßt Else mit versteinerter Miene den Saal. Sie reicht Egon ihren sichtlich abgenutzten Ehering. Dann schluchzt sie einmal auf und eilt davon.
Isolde bestellt bei Iffi noch einen Piccolo, weil sie geschäftlich eine nicht ganz angenehme Aufgabe zu erledigen hat, wie sie erzählt. Dann

betritt sie den Salon und bittet Urzula um ein Gespräch. Zum Jahreswechsel, wenn der Pachtvertrag ausläuft, will Isolde den Salon selbst wieder übernehmen. Urzula ist sprachlos – im Gegensatz zu Beate, die schrill auf Isolde einredet. Aber diese beharrt auf ihrem Recht, auch im Alter ein sinnvolles Leben führen zu dürfen.
Nachdem Olaf von Olli die gewünschte Pistole erhalten hat, fängt er Hans ab und bittet ihn um ein letztes Gespräch mit Mary. Vasily könne ruhig dabei sein. Später betreten Hans, Mary sowie Vasily Olafs Wohnung. Olafs Worte richten sich ausschließlich an seine Frau: Er sei bereit, alles zu vergessen und ihr Kind als sein eigenes anzunehmen, wenn sie „den Griechen" verläßt! Beschwörend redet Olaf auf sie ein, wobei er immer wieder von Vasily unterbrochen wird. Als dieser schließlich mit Hans und Mary die Wohnung verlassen will, dreht Olaf durch. Blitzschnell holt er die Pistole und richtet sie auf das Liebespaar. Dann stürzt sich Vasily plötzlich auf ihn und versucht, ihm die Waffe zu entwinden. Die beiden Männer keuchen. Mary schreit. Dann löst sich ein Schuß. Marys Schrei erstirbt, und ihre Augen weiten sich vor Schreck.

Feuer frei! Olli hat Olaf eine Waffe besorgt.

Rache ist süß

Spieltag: 13.11.1997 • Sendetag: 16.11.1997

Folge: 624

Glücklicherweise hat Mary letzte Woche „nur" einen Streifschuß abbekommen. Demütig bedankt sich Olaf dafür, daß Anna ihn nicht bei der Polizei verraten habe. Dafür dürfe Olaf sich bei Hans bedanken – sie hätte ihn angezeigt, entgegnet Anna kalt. Im Akropolis telefoniert Vasily mit Mary. Er will sie unbedingt sehen, muß ihr aber versprechen, vorsichtig zu sein. Unterdessen läßt sich Olaf von Else verwöhnen und erzählt ihr seine Version der Geschichte.
Heute ist Bennys Todestag, und Helga bittet Klaus, sie auf den Friedhof zu begleiten. Doch dieser versucht zu erklären, eine eigene Form der Trauer zu haben. Er werde auf jeden Fall zu Bennys Grab gehen – mit Dani und Philipp. Mit einem kleinen Blumenstrauß kommt Hans zu Helga. Die beiden versuchen, sich gegenseitig zu trösten, und Hans lädt Helga und Schiller zum Abendessen ein. Doch Erich hat sich bereits mit Snyder verabredet. Später besucht Helga mit Schiller Bennys Grab. Abends sitzt sie bei Anna und Hans, während sich Erich im Restaurant angeregt mit Winifred unterhält.

In der Praxis stellt sich ein gewisser Ahmet Dagdelen vor, ein weiterer Bewerber um die Vertretung Dresslers. Kurz darauf stellt Ludwig fest, daß Rosis Handgelenk schief zusammengewachsen ist. Als Dressler mit Carsten allein ist, macht er ihn für seinen Kunstfehler zur Schnecke. Es entbrennt eine hitzige Diskussion, die damit endet, daß Carsten nicht mehr bereit ist, allein zu praktizieren. Abends sitzt Corinna in der leeren Praxis und telefoniert. Sie erzählt von Carstens Versagen und daß sie ihn bei der Ärztekammer anzeigen will, den Brief habe sie schon fertig. Ihre Schadenfreude kennt keine Grenzen – seine Approbation könne Carsten vergessen, ein für alle Mal!

Im Glashaus

Spieltag: 20.11.1997 • Sendetag: 23.11.1997

Folge: 625

Rosis Handgelenk soll kommenden Mittwoch in der Klinik erneut gebrochen werden. In der Praxis eilt Dr. Tenge-Wegemann zu Carsten und berichtet, daß gegen Dressler eine Anzeige bei der Ärztekammer wegen Vernachlässigung der Aufsichtspflicht vorliege – von Corinna Marx. Obwohl Tenge-Wegemann versichert, daß keine große Gefahr bestehe, droht Carsten Corinna die fristlose Kündigung an. Die Vermittlungsversuche Dr. Dagdelens schlagen fehl. Später besucht Carsten Rosi, die ihm jedoch keine Schuld anlastet. Zu Hause leiden er und Theo unter Beate, die kiffend bei lauter Musik herumhängt. Schließlich platzt Carsten der Kragen, und er setzt sie vor die Tür. Beate verzieht sich in die Waschküche, wo sie auf Wanda und Traube trifft.

Rosi ist sicher, daß der Kunstfehler nur durch das schlechte Horoskop am 23.10. verursacht wurde.

Mary soll heute nach Emmendingen gebracht werden. Im Akropolis schaut Elena mißtrauisch hinüber zu Vasily, der mit dem Ehepaar Büchel über allerlei Papieren sitzt. Unterdessen hat Marys Geschichte die Runde gemacht – dank Olaf und Else, die keine Gelegenheit auslassen, verleumderische Reden zu schwingen. Olaf besucht Richter Walden, was diesem sichtlich unangenehm ist. Offenbar befürchtet er, seine „Freizeitgestaltung“ im „Alpenverein“ könne an die Öffentlichkeit dringen. Er fühlt sich erpreßt, und Olaf läßt die Katze aus dem Sack: Es soll jemand abgeschoben werden! Abends im Akropolis beschimpft Egon Vasily als Schweinehund. Auf Elenas Frage hin, warum er sich nicht wehre, erklärt Vasily, daß Olaf mit seinen Lügen alle gegen ihn aufgehetzt habe und außerdem eine Pistole besitze. Daher werde er dem Ehepaar Büchel das Akropolis verpachten und mit Mary nach Emmendingen ziehen, wo er in einem Schnellimbiß arbeiten kann. Elena ist fassungslos. Ihr Sohn will das Akropolis, das Lebenswerk der Familie, aufgeben? Für schlechte Arbeit in einer Imbißbude?

Morgenröte

Spieltag: 27.11.1997 • Sendetag: 30.11.1997

Folge: 626

Gegen vier Uhr morgens endet bei Hans und Anna die Feier zum gewonnenen Bürgerbegehren, und ihre Gäste verabschieden sich. Erich wird morgen nach Irland fliegen, um sich Snyder, der den Grundstücksverkauf vermasselt hat, „zur Brust zu nehmen". Abends möchte Erich trotz seines Katers angeblich zum Stammtisch ins Akropolis, trifft sich aber mit Snyder. In der WG verkündet Helga inzwischen Klaus, daß er wegen der prekären Finanzlage keine großen Geschenke zu Weihnachten erwarten könne. Klaus will aber nur seine Ruhe, und es kommt erneut zu einer heftigen Auseinandersetzung. Helga stürmt schließlich wütend davon.
Heute hat Isolde Geburtstag, doch die erhofften Glückwünsche bleiben allesamt aus – selbst im Casarotti denkt keiner an sie. Lediglich Egon hat sie nicht vergessen. Zwar kann Isolde ihre Rührung darüber nicht verbergen, doch seine Einladung ins Akropolis schlägt sie aus.
Vasily ist in Hochstimmung, da er eine Wohnung und einen Job in Emmendingen gefunden hat. Unterdessen begleitet Olaf Richter Walden aus dem Laden, mit dem er seinen miesen Plan für Marys Abschiebung besprochen hat. Dann sucht Vasily Olaf auf, um ihm mitzuteilen, daß Mary sich von ihm offiziell trennen will. Später überrascht Hans das Liebespaar bei einer innigen Umarmung. Freudig berichten die beiden, daß Olaf Mary freigeben will.
Um ihrem Ärger über Klaus Luft zu machen, geht Helga ins Akropolis, kann aber Erich nicht finden. Schiller sei zuletzt irgendwann letzte Woche dagewesen, meint Egon. Helga kann es kaum glauben – wenn Schiller nicht hier ist, wo ist er dann? Egons Grinsen bleibt Helga nicht verborgen. Sie stutzt. Will er damit etwa etwas Bestimmtes andeuten?!

Erich und Winifred begutachten die Aufbaupläne für das abgebrannte Claron Bridge Hotel.

Retour

Spieltag: 04.12.1997 • Sendetag: 07.12.1997

Folge: 627

Auf Maxls Wunschzettel steht immer wieder nur das eine: Er möchte Weihnachten mit Andy und Gabi feiern. Vergeblich versucht Andy Max zu erklären, daß dies unmöglich sei ... Abends erzählt Rosi Andy und Iffi hocherfreut, Phil habe ihr als Nikolausgeschenk künftige Mietzahlungen erlassen. Vater und Tochter wechseln einen Blick. Dann schmeißt Andy seine Schwiegermutter raus.
Seine Abwesenheit im Akropolis hat Erich mit der Besorgung eines Weihnachtsgeschenks für Helga erklärt, und diese ist nun natürlich sehr neugierig ... Wenig später trifft Helga zufällig auf Klaus und bittet ihn um einen normalen Umgangston, doch erneut kommt es zu einem gereizten Wortwechsel. Im Reisebüro taucht plötzlich Lösch mit einem Blumenstrauß auf und umschwärmt Helga wie eh und je. Wird sie seine Einladung in die Operette mit anschließendem Essen annehmen? Abends betrachtet Helga immer wieder verzückt die Blumen, was Erich nicht verborgen bleibt. Eifersüchtig lädt er sie nun seinerseits zum Essen und in die Operette ein.
Im Akropolis besprechen Elena und Vasily mit Büchels die Übergabe des Lokals, als plötzlich Olaf erscheint. Er will, daß Mary ihre Sachen bei ihm abholt. Von den Zieglers bis zu ihm sei es doch nur ein Katzensprung. Erschrocken will Vasily wissen, wie Olaf darauf komme, daß Mary dort sei. Beim Abendbrot klingelt es bei Hans und Anna: Polizei! Die Beamten stürmen in die Küche und nehmen Mary fest. Trotz des verzweifelten Widerstandes aller Beteiligten wird sie ins Polizeiauto bugsiert; Vasily läuft zu seinem Wagen, um ihnen hinterherzufahren. Sichtlich am Ende seiner Kräfte kommt er später vom Flughafen zurück. Er habe nichts für Mary tun können. Und er schildert auch, wie die Ogoni in Nigeria gefoltert und gequält werden ...

Hinterm Mond

Spieltag: 11.12.1997 • Sendetag: 14.12.1997

Folge: 628

Isolde leidet unter Kopfschmerzen und fühlt sich depressiv, weswegen sie Dr. Dagdelen aufsucht. Dieser rät ihr von der Salonübernahme ab. Vielmehr solle sie etwas für andere Menschen tun und z.B. mit Kindern arbeiten. Kurz darauf trifft Isolde auf Egon, der ihr ebenfalls von der Salonübernahme zugunsten von Urzula abrät. Kurz und gut – wenig später überrascht Isolde Urzula mit der freudigen Nachricht, daß sie ihr den Pachtvertrag nun doch verlängere.
Max ist hocherfreut: Gabi hat sich entschlossen, Heilig Abend mit ihm und Andy zu verbringen; der Skiurlaub mit Phil soll verschoben wer-

den. Doch als Gabi ihren Vorschlag „salomonisch“ nennt, bringt sie Andy auf die Palme ... Weinend flüchtet Max zu Rosi.
Olaf versucht telefonisch Richter Walden zu erreichen, muß jedoch erfahren, daß dieser unterwegs ist. Im Akropolis – der Pachtvertrag konnte problemlos wieder gelöst werden – erfährt Hans, daß Vasily erneut auf dem Ausländeramt etwas über Marys Aufenthaltsort herauszufinden versucht – doch vergeblich; obwohl die Abschiebung illegal erfolgt ist, kann bzw. will ihm niemand helfen. Vasily beschließt, selbst nach Nigeria zu fliegen. Elena ist vor Angst außer sich, als sie von diesen Plänen hört. Kurz darauf bricht sie zusammen; ein Arzt wird gerufen. Abends sitzt Egon trunken im Akropolis. Er hat die Wahrheit über Olafs miese Machenschaften erfahren und entschuldigt sich bei Vasily. Als Olaf großspurig das Lokal betritt, stürzt sich Vasily auf ihn. Sogleich eilt Egon dazwischen und schiebt ihn zur Seite. Dann drischt er selbst auf Olaf ein und verbietet ihm, ihn je wieder Vater zu nennen. Ab sofort seien sie geschiedene Leute!

Schatten

Spieltag: 18.12.1997 • Sendetag: 21.12.1997

Folge: *629*

In aller Frühe begleitet Olaf eine Prostituierte bis vor die Haustür. Vor dem Akropolis beobachtet er, wie Vasily zum Flughafen aufbricht. Elena bringt Vasily noch seinen – deutschen! – Paß. Dann sucht Olaf Egon auf, um sich zu versöhnen, wovon dieser aber nichts wissen will. Mit Richter Walden bespricht er später seine Scheidung von Mary.

Olaf will die Scheidungsklage gegen Mary im Bundesanzeiger abdrucken lassen.

Im Reisebüro unterrichtet Helga Schiller über ihr Vorhaben, sich um den Grundstücksverkauf vor Ort selbst zu kümmern, was er ihr aber verbietet. Sie solle sich zwischen den Feiertagen ausruhen! Später gönnen sich Helga und Erich eine Pause und liegen zärtlich aneinandergekuschelt im Bett. Mitten in diese Idylle platzt Pat, die gekommen ist, um ihr Geld in Empfang zu nehmen. Sie rechnet mit ihrem Vater ab: Nie habe er sich um sie gekümmert! Abends liegt Schiller auf dem Bett in Winifreds Hotelsuite und erzählt von seinen Problemen. Snyder versucht, ihn aufzumuntern. Ende nächsten Jahres könne er Helga mit einem neuen Hotel überraschen.
Tanja ist von Rhodos zurückgekehrt und lädt Carsten mit Theo zum Essen für den ersten Weihnachtsfeiertag ein. Dann habe Carsten die Gelegenheit, sich mit Ludwig wieder zu vertragen. Auf der Straße trifft sie auf Sonia, die sie wegen ihres Verrates aufgebracht zur Rede stellt. Später sucht Sonia Tanja in der Wohnung auf. Es kommt zu einer ruhigen Aussprache, und die beiden verabschieden sich offenbar im Guten voneinander. Abends klingelt es bei Dressler, und Sonia steht erneut vor der Tür: Zugedröhnt fordert sie Tanja auf, mitzukommen,

und fuchtelt dabei mit einer Spritze herum. Ansonsten wolle sie sich sofort den Goldenen Schuß setzen!

Süßer die Glocken ...

Spieltag: 25.12.1997 • Sendetag: 28.12.1997

Folge: 630

Ludwig möchte von Tanja wissen, ob er Sonia letzte Woche zu hart angefaßt habe – und wieder einmal geraten sie sich bei diesem Thema in die Haare. Theo, Carsten und Beate sind schon da, als Tenge-Wegemann nebst Gattin Edith erscheint. Hinter den beiden drängt sich plötzlich Sonia herein, drückt Tanja einen Kuß auf den Mund und posaunt gemeinsame Intimitäten aus. Tenge-Wegemanns ziehen es vor zu gehen, und Carsten und Theo werfen Sonia hinaus. Abends schlägt Tanja ihrem Mann vor, sich von ihr zu trennen, da sie doch nur peinlich für ihn sei. Nach kurzem Zögern nimmt Dressler sie in seine Arme. Schluchzend gesteht sie, Sonia nicht mehr gewachsen zu sein.
Anna und Hans lassen den Feiertag gemütlich angehen. Später telefoniert Hans mit Vasily in Nigeria, der aber keine Neuigkeiten von Mary hat und nach Lagos zurückfahren möchte, um der Deutschen Botschaft Druck zu machen. Anna träumt von einem Häuschen auf dem Land und beschließt, daß ab dem ersten Januar nach einem festen Programm dafür gespart werden soll.
Helga ist sauer, weil Klaus gestern, an Heilig Abend, nicht aufgetaucht ist. Mit Onkel Franz' Unterstützung versucht sie vergeblich, ihn zum heutigen Essen zu holen; Telefon und Klingel sind blockiert. Aus Sorge beschließt sie, den Schlüsseldienst kommen zu lassen ... Helga und Franz entdecken die drei Freunde fröhlich miteinander in der Badewanne. Kurz darauf sucht Klaus seine Mutter auf und verbietet ihr, sich jemals wieder in sein Leben einzumischen! Abends sitzt Wittich bei der schluchzenden Helga, die sich fürchterlich für ihre Tat schämt. Er schlägt vor, als Mann einmal mit Klaus zu reden. Allerdings müßte er sich dafür eine Woche lang bei seiner Nichte einquartieren. Im Gegenzug erlasse er ihr den Dezemberbeitrag für sein Seniorenheim. Helga scheint unentschlossen.

Frisch gewagt

Spieltag: 01.01.1998 • Sendetag: 04.01.1998

Folge: 631

Gemeinsam mit Onkel Franz sitzen Klaus, Philipp und Dani bei einem Katerfrühstück – gestern hat die traditionelle Silvesterpar-

ty in der Lindenstraße stattgefunden. Klaus fühlt sich durch Wittichs Anwesenheit genervt, während Philipp und Dani den putzenden Onkel „praktisch" finden. Abends treffen sich die drei mit Momo und Eva im Casarotti. Momo teilt mit, daß er sich seine Fotografenlehre abgeschminkt hat und wieder als Fahrradkurier arbeiten will.
Andy hat den Jahreswechsel mit Rita verbracht. Heute hat er seine gesamte Familie zum Brunch eingeladen. Später stürmt Max herein, gefolgt von Gabi und Phil, die gerade aus dem Skiurlaub zurückgekehrt sind. Als Gabi Rita erblickt, verhärten sich ihre Gesichtszüge. Sie möchte Max wieder mit zu sich nehmen, was Andy aber nicht zuläßt. Der nun entbrennende Streit läßt Max mal wieder zu Rosi fliehen. Als Andy ihn später fragt, ob er zufrieden sei, nun doch bleiben zu dürfen, antwortet der Junge nicht ... Unterdessen beschließt Gabi, Andys vorläufiges Sorgerecht aufheben zu lassen.
Annas Familie beginnt heute das umfassende Sparprogramm. Ab sofort soll alles Überflüssige weggelassen werden, um irgendwann das eigene Heim auf dem Land beziehen zu können. Beispielsweise tragen alle Familienmitglieder warme Wohnsäcke, um die Heizkosten zu reduzieren. Später erscheint Helga, um sich über Klaus auszuweinen; unter anderem irritiert sie das viele Geld, das er anscheinend zur Verfügung hat. Doch Hans schlägt sich auf die Seite seines Sohnes. Abends steht plötzlich Vasily, sichtlich abgemagert und erschöpft, vor der Tür. Anna stürzt aus der Küche und fragt, ob Mary noch lebt.

Verschnupft

Spieltag: 08.01.1998 • Sendetag: 11.01.1998

Folge: 632

Hans leidet an einer schweren Erkältung und bereut, die Sparmaßnahmen nicht im Sommer begonnen zu haben. Allerdings kann ein erster Erfolg verzeichnet werden: Der Verkauf von ausrangierten Dingen auf dem Flohmarkt hat einen Erlös von über DM 4.000 eingebracht! Im Akropolis berichtet Vasily Hans düster, wie in Nigeria mit Abschiebehäftlingen umgegangen wird.
Theo erzählt Carsten aufgeregt von einem Vorstellungstermin in Gera. Doch dieser kann Theos Euphorie nicht teilen, als er im Atlas sieht, wo der Ort liegt. Als Beate später klingelt, öffnet ihr Käthe. Sie platze mitten in eine „Krisensitzung" hinein! Nur Käthe, der auf eine Chance bei Carsten hofft, und Beate, die auf eine Schlafgelegenheit spekuliert, sind dafür, daß Theo das Jobangebot annehmen soll.
Max ist verschwunden. Andy ist der festen Überzeugung, daß Gabi dahinter steckt. Später erfährt er von Eberhard, einem Schulfreund, daß der Junge heute gar nicht in der Schule war! Unterdessen beliefert Valerie Olaf im Blumenladen und wird von Berta dafür getadelt, daß sie Olaf nicht wie alle anderen boykottiere. Zusammen mit Andy macht

Urzula schenkt Anna einen Karton voller leerer Shampooflaschen – Resteverwertung für 30 bis 40 Haarwäschen.

sich Valerie auf die Suche nach Max – erfolglos. Auch die Polizei kann nicht helfen. Abends sitzen Gabi, Andy und Phil beieinander und werfen sich gegenseitig vor, für Maxls Verschwinden verantwortlich zu sein. Andy fordert Phil auf, ein Alibi auf den Tisch zu legen, denn er glaubt, daß Phil Max entführt habe. Gabi ist empört: So etwas würde Phil nie tun. Und wieso sie sich da so sicher sei, fragt Andy. Plötzlich wirkt sie irritiert.

Letzte Runde

Spieltag: 15.01.1998 • Sendetag: 18.01.1998

Folge: 633

Dr. Dressler berichtet Carsten, daß dank Tenge-Wegemann sich die Angelegenheit um Corinnas Anzeige geregelt habe. In das Gespräch der beiden platzt Sonia, gänzlich high, und sucht Tanja. Zornig wirft Ludwig sie raus. Überglücklich stürzt Theo zu Carsten: Er hat den Job in Gera bekommen. Erst dann sieht er, daß sein Freund geweint hat. Dieser, um Freude bemüht, versichert jedoch, daß jedes Wochenende, das sie gemeinsam verbringen, ein rauschendes Fest sein wird.

Auf der Straße erzählt Isolde Berta, von ihrer neuen Tätigkeit als „gute Tante" in der Kinderklinik, die sie heute aufnehmen wird. Nachmittags kommt sie zu Berta, um mit ihr zu musizieren, was jedoch nicht so recht gelingen will. Auch Isoldes Besuch im Krankenhaus war ein Reinfall ... Später taucht sie im Casarotti auf, um sich mit Fausto zu versöhnen und ihre erneute Hilfe im Lokal anzubieten. Als Dank erntet sie Beschimpfungen ...

In der Frühe erkundigt sich Andy bei der Polizei vergeblich nach Neuigkeiten von Max. Es bestünden auch keine Verdachtsmomente gegen Phil. Dennoch beschuldigt Andy diesen weiterhin. Gabi bedauert, nicht bei ihrem Mann geblieben zu sein: Dann wäre Max sicherlich nie verschwunden. Schließlich will sie wissen, ob Phil nicht doch etwas damit zu tun habe – Dieser schlägt ihr ins Gesicht ... Später kommt es zu einem erneuten Eklat, und Gabi schwört, daß sie ihn bis an ihr Lebensende hassen wird. Dann flüchtet sie zu Rosi. Nachts berichtet Andy ihr atemlos, die Polizei habe einen Jungen ins Krankenhaus gebracht – ohne Papiere, ungefähr zehn Jahre alt. Gabi solle sich etwas anziehen und mitkommen, sagt Andy und stürmt davon. Sie will wissen, was die Polizei gesagt hat; ob Max gesund ist und ob er überhaupt noch lebt?!

Bangen und Hoffen

Spieltag: 22.01.1998 • Sendetag: 25.01.1998

Folge: 634

Zwischen Gabi und Phil scheint es gewaltig zu kriseln. In der Lindenstraße befragt Gabi Iffi und später auch Egon über Max und ob er ihnen am Tag seines Verschwindens merkwürdig vorgekommen sei. Anna erzählt sie schließlich von ihrer Verzweiflung, ihrer Wut auf Phil und ihrem eigenen schlechten Gewissen.
In der Praxis versucht Corinna vergeblich, Rosi zu einer Schmerzensgeldklage gegen Carsten zu bewegen. Unterdessen ist Sonia bei Tanja zu Besuch. Diese ist sichtlich nervös und bittet sie, wieder zu verschwinden. Sonia solle ihr endlich sagen, was sie von ihr wolle. Als Ludwig, der Sonia im Treppenhaus gesehen hat, in die Wohnung kommt, gesteht seine Frau ihm alles: Letzte Woche habe Sonia sie schon mal besucht und Geld für eine Reise in den Süden von ihr bekommen. Sie fühle sich schuldig an deren neuerlichen Heroinsucht ...
Isolde hat sich für einen kleinen Kater entschieden: „Tassilo" wird ihr fortan Gesellschaft leisten. Doch dieser verkriecht sich unter dem Sofa, während Isolde mit allen nur erdenklichen Mitteln ihn hervorzulocken versucht – das einzige Ergebnis ist ein blutiger Kratzer auf ihrem Handrücken. Später bringt Egon einen Entwurf für einen Kratzbaum vorbei. Bedrückt erklärt Isolde, daß „Tassilo" wieder abgeholt worden sei, weil er sich anscheinend bei ihr nicht wohl gefühlt habe – nicht einmal eine Katze wolle bei ihr bleiben! Aufweinend läßt sie ihr Gesicht an Egons Brust sinken. Dieser erinnert sie daran, daß sie nach wie vor seine Traumfrau sei. Zwischen Verlegenheit und Leidenschaft empfiehlt er der schluchzenden Isolde, ihn besser nach Hause zu schicken. Doch Isolde will, daß Egon bleibt ... Fassungslos vor Glück starrt er sie an.

Isoldes „adliger" Kater heißt mit vollem Namen Tassilo von Festenberg.

A Dieu

Spieltag: 29.01.1998 • Sendetag: 01.02.1998

Folge: 635

Als Egon verstohlen ein Geschenk vor Isoldes Tür legen will, wird er von Else überrascht. Es kommt zu einer heftigen Eifersuchtsszene, die Isolde durch den Spion beobachtet, bevor sie sich ärgerlich abwendet. Später möchte Egon von Scholz einen Rat: Seine Angebetete gehe ihm seit einer Woche aus dem Weg. Hajo erzählt Berta brühwarm von Egons Liebesnacht mit Isolde. Später stellt die Egon zur Rede: Sie habe auf seine Diskretion gehofft, und die Nacht mit ihm sei ein Ausrutscher gewesen, der sich nicht wiederholen werde!
Tanja möchte nach Rhodos zurück, da sie sich Sonia, die beinahe täglich Terror macht, nicht gewachsen fühlt. Später empfängt Ludwig

Das traurige Ende von Sonia Besirsky.

Sonia und bietet ihr DM 50.000, wenn sie für immer aus Tanjas und seinem Leben verschwinde. Doch Sonia verlangt erst einmal Morphium. Einen Moment lang hält Ludwig die Ampullen zögernd in der Hand ... Kurz darauf erscheint Harry atemlos in der Praxis: Sonia sei zusammengebrochen. Corinna eilt aus dem Raum, um die Arzttasche zu holen; Dressler bleibt einen Moment starr sitzen und flüstert: „Adieu, Frau Besirsky ...“ Als Ludwig zu Sonia kommt, ist sie bereits tot – Herzstillstand durch Überdosis. Abends trifft sich Tanja mit Ludwig im Casarotti. Als sie von Sonias Tod erfährt, erbricht sie sich mitten auf den Tisch.

Bei Urzula und Paolo herrscht Hektik, da Wanda erkrankt ist und als Babysitter ausfällt. Im Salon vermißt Hilmar sein Portemonnaie, als er bezahlen will. Abends erscheint Urzula im Akropolis. Sie ist wütend, weil Paolo die Kinder doch der kranken Wanda zugemutet hat. Nach ihrem Abgang beginnt Paolo eine Diskussion mit Beate, die hämische Bemerkungen losgelassen hat. Dabei stößt er an ihren Hocker. Aus ihrer Jacke fällt eine Brieftasche mit einem gelben Heftchen – ein Hundepaß auf den Namen Hilmar Eggers. Paolo will wissen, ob Beate die Sachen gestohlen hat. Zornig funkelt sie ihn an.

Argwohn

Spieltag: 05.02.1998 • Sendetag: 08.02.1998

Folge: 636

Unverhofft kommt oft – wie im Fall Onkel Franz. Der steht plötzlich bei Helga und Erich in der Tür und präsentiert einen Käufer für das Claron Bridge. Erich ist die Lage sichtlich peinlich. Denn spätestens jetzt müßte er Helga seinen angeblichen irischen Freund präsentieren – und der ist eine attraktive Frau. Schiller kriegt in letzter Sekunde die Kurve und behauptet, das Hotel sei längst verkauft.

Die Kontroverse zwischen Urzula und Paolo spitzt sich zu. Denn Paolo muß sich nicht nur um Irina und Paula kümmern, sondern nun auch um seine gemeinsamen Töchter mit Noch-Ehefrau Gina.

Obwohl Sonia verschwunden und Tanja damit ihr größtes Problem erst einmal los ist, geht es ihr gesundheitlich gar nicht gut. Ludwig Dressler untersucht seine Frau eingehend – und kommt zu einem unerwarteten Befund. Sie ist schwanger – und zwar von ihm. Als Dressler ein Gespräch mit ihr sucht, will Tanja allein sein. Sie hat längst eine Entscheidung getroffen. Ludwig ist entsetzt, will Tanja das gemeinsame Kind abtreiben lassen?

Verführt

Spieltag: 12.02.1998 • Sendetag: 15.02.1998

Folge: 637

Dressler versucht, Tanja von einer Abtreibung abzubringen. Doch seine Frau scheint fest entschlossen. Einige Stunden darauf sitzt sie blaß auf dem Bettrand, als Ludwig erscheint. Sie nimmt zwei Tabletten ein und legt sich dann wortlos ins Bett. Dressler stellt fest, daß es sich um ein Medikament für die Rückbildung der Gebärmutter handelt – nach Abtreibungen. Als Tanja den Abbruch bestätigt, steigen Ludwig Tränen in die Augen.
Klaus verfaßt ein Entschuldigungsschreiben, um sich erneut vor seinem Musterungstermin zu drücken. Philipp ist nicht wohl dabei, daß in der WG soviel Geld herumliegt. Er möchte seinen Anteil anlegen, z.B. in eine Eigentumswohnung. Zusammen mit Klaus will er Kassensturz machen. Doch ihr ganzes Geld ist verschwunden! Als Dani nach Hause kommt, gibt sie zu, das Geld genommen zu haben, um es vor Hülsch in Sicherheit zu bringen, der Fenster und Heizung in der WG kontrolliert hat.
Heute abend geht Helga mit Lösch in die Operette. Dem offenbar eifersüchtigen Schiller bietet sie an mitzukommen. Doch Erich lehnt dankend ab. Im Friseursalon kann Helga ihr Portemonnaie nicht finden. Als Urzula Beate einen vielsagenden Seitenblick zuwirft, bestreitet diese alles. Abends feiern Erich und Wini in einem Luxushotel den Jahrestag ihrer Partnerschaft. Helga sitzt mit Lösch nach der Operette in einer Bar und ist ziemlich angeheitert. Lösch überhäuft sie mit Komplimenten und bittet sie, mit ihm auf einen Drink in sein Hotel zu gehen. In der Zwischenzeit küßt Erich Winifred vor der Tür ihres Hotelzimmers zaghaft auf den Mund. Snyder erwidert seinen Kuß leidenschaftlich und fragt, ob er bei ihr bleiben wolle. Oder habe er Angst vor Helga? Schiller blickt auf das einladende Doppelbett in ihrem Zimmer.

Rache

Spieltag: 19.02.1998 • Sendetag: 22.02.1998

Folge: 638

Helga, die Erich in Irland wähnt, erteilt Lösch, der sie telefonisch zum Faschingsball einlädt, einen Korb. Schiller schläft derweil noch tief in Snyders Hotelbett. Im Reisebüro empfängt Helga

Erich, der gerade aus „Irland“ zurückgekommen ist. Später kommt es zum Eklat, da sie versäumt hat, Unterlagen zum Steuerberater zu schicken. Zu Hause findet Erich dann eine Notiz: „Bin bei Marlene. Kann sehr spät werden.“ Erfreut teilt er Winifred daraufhin mit, daß er heute doch kommen könne. Nachdem Helga und Lösch abends im Hotel beinahe auf Snyder und Schiller getroffen sind, versucht Lösch, Helga in seinem Hotelzimmer zu verführen. Sie wehrt sich zunächst, gibt aber schließlich nach ...
Klaus ist von Philipps Plan, zusammen eine Immobilie zu kaufen, alles andere als begeistert, und nachdem der erste Besichtigungstermin ein Reinfall war, will er nichts mehr davon wissen. Doch als Momo später zufällig das Geld in Klaus' Sportsack fast entdeckt, macht Philipp seinem Freund nochmals klar, wie wichtig es ist, das Geld aus dem Haus zu schaffen.
In der Arztpraxis schlägt Corinna Rosi erneut vor, Schmerzensgeld einzuklagen. Nach anfänglichem Protest wird Rosi nachdenklich. Tanja kommt herein, um sich von Dressler zu verabschieden. Sie wolle über Nacht in ihrer Praxis bleiben. Zu Hause hilft Traube gerade Rosi, ein Schreiben an die Versicherung aufzusetzen, als Gabi erscheint. Sie hat keinerlei Neuigkeiten von Max und quält sich mit schweren Selbstvorwürfen: Hätte sie Andy bloß nie verlassen ... Von Phil will sie nichts mehr wissen. Als dieser auftaucht und sie mit nach Hause nehmen will, fährt Gabi ihn an, er solle verschwinden. Sie fleht Rosi an, bleiben zu dürfen – sie habe doch nur noch sie!

Manöver

Spieltag: 26.02.1998 • Sendetag: 01.03.1998

Folge: 639

Helga und Erich spielen weiterhin Verstecken miteinander. Während Helga sich trotz ihres schlechten Gewissens auch heute mit Lösch verabredet – es ist sein letzter Abend in München –, telefoniert Schiller mit Snyder, die zur Zeit in Amerika weilt. Nächste Woche, so hofft er, werde man sich wiedersehen. Später teilt er Helga seine Überlegung mit, das Irlandprogramm des Reisebüros auszuweiten. Dafür müsse er sich übernächste Woche einmal vor Ort umschauen. Helga hat überhaupt nichts dagegen – im Gegenteil: Sie rät ihm sogar, eine ganze Woche zu fahren und nicht nur ein paar Tage ...
Carsten hilft Theo, der nach Gera zieht, beim Packen und ist über die bevorstehende Trennung tieftraurig. Später treffen die beiden Corinna auf der Straße, die triumphierend von Rosis beabsichtigter Schmerzensgeldklage berichtet. Carsten sucht Rosi auf und teilt ihr seine Sorge um seine berufliche Zukunft mit. Daraufhin zerreißt sie das Schriftstück und will die ganze Angelegenheit für immer ad acta legen.

Seit einer Woche wohnt Gabi nun schon bei ihrer Mutter. Da die Wohnung zu klein ist, hofft Rosi, daß sie doch noch zu Phil zurückkehrt. Doch Gabi will nichts mehr von ihm wissen. Auf Annas Rat hin bittet sie Andy um ein Gespräch. Im Akropolis ist Vasily sehr aufgeregt: Mary wurde gefunden! An einem der Tische sitzt Andy mit Gabi, die mit gesenktem Kopf über ihre Gefühle spricht. Sie habe sich von Phil getrennt. Andy will wissen, warum sie ihm das alles erzählt. Ob er sich das denn nicht denken könne? Verblüfft fragt Andy, ob sie etwa zu ihm zurückwolle.

Schnäppchen

Spieltag: 05.03.1998 • Sendetag: 08.03.1998

Folge: 640

Beate beschließt, die Lindenstraße vorerst zu verlassen und sich mit Penner Harry nach Italien abzusetzen.

Gabi und Andy zelebrieren heute jeweils für sich Max' elften Geburtstag. Gegenüber Valerie erklärt Andy, die Geschichte mit Gabi sei für ihn endgültig erledigt. Unterdessen bittet Traube Wanda um eine ernste Unterredung: Er könne nicht mehr zusehen, wie sie sich für Urzula und ihre Enkelinnen aufopfere, und bittet sie, bei ihm einzuziehen. Wanda ist hocherfreut, doch ein Leben ohne Trauschein kommt für sie auf Dauer nicht in Frage. Sie beschließen zu heiraten.

In der WG-Küche versucht Klaus Dani zu trösten, die durch die Fahrprüfung gefallen ist. Später sehen sich Philipp und Klaus mit einem Makler eine Wohnung an. Klaus ist skeptisch, und – Panowski kommt ihm bekannt vor. Doch Philipp hat keinerlei Bedenken; sie wollen kaufen. Panowski ruft einen Notar an und bittet um einen kurzfristigen Termin.

Im Friseursalon plaudert Urzula mit Gabi. Dabei sieht sie im Spiegel, wie Beate sich an Gabis Mantel zu schaffen macht. Als Gabi ihr Portemonnaie nicht finden kann, bietet Urzula ihr an, beim nächsten Mal zu bezahlen. Danach packt sie Beates Sachen zusammen und kündigt ihr fristlos. Im Akropolis versucht Beate Vasily ihr Leid zu klagen, der aber gar nicht richtig zuhören kann. Mary ist gefunden worden, und ihr und dem Baby geht es gut! Auch sonst hat Beate kein Glück. Weder Dressler noch Carsten nehmen sie auf. Abends berichtet Wanda der erschöpften Urzula strahlend, daß sie zu Traube ziehen wird. So sehr Urzula sich auch für ihre Mutter freut, hat sie doch Angst vor der Zukunft. Wie soll sie das alles schaf-

Traube bittet Wanda, möglichst bald zu ihm zu ziehen.

fen, die Arbeit im Salon, die Versorgung der Kinder? Ihr ganzes Leben baue auf die Hilfe von Wanda. Tränen laufen ihr übers Gesicht, während sie verzweifelt ihre Mutter anblickt.

Schluß mit lustig

Spieltag: 12.03.1998 • Sendetag: 15.03.1998

Folge: 641

Seit Wanda bei Traube wohnt, geht es bei Urzula und Paolo drunter und drüber. Urzula, die im Salon noch keinen Ersatz für Beate gefunden hat, ist am Ende ihrer Kräfte. Als Paolo ihr heute eröffnet, wegen eines Wasserrohrbruchs in Ginas Wohnung zu müssen, kommt es zum Eklat. Abends verliert Urzula die Nerven, als aufgrund eines Mißverständnisses Irina kurzzeitig verschwunden zu sein scheint ...
Klaus und Philipp sitzen mit einem Notar bei Panowski. In den nächsten Tagen sollen sie eine Ausfertigung des Kaufvertrags zugeschickt bekommen. Als Philipp um eine Quittung für ihre Barzahlung bittet, erklärt ihm Panowski, daß er dann das Geschäft über die Bücher laufen lassen müßte. Das wollen Philipp und Klaus keinesfalls! Als die beiden zu ihrer neuen Wohnung gehen, müssen sie feststellen, daß Panowski diese bereits an jemand anderes verkauft hat. Wütend stellen sie den Makler zur Rede. Dieser gibt vor, sie nicht zu kennen, und droht mit der Polizei. Klaus und Philipp räumen das Feld.
Als Iffi erfährt, daß Gabi künftig wieder im Café Bayer arbeiten wird, kündigt sie fristlos. Nachdem sie ihrer Wut bei Dani Luft gemacht hat, bastelt sie ungeschickt an einem uralten Fahrrad herum. Andy erzählt ihr, daß er vor Jahren mit einem Freund in Göttingen eine Fahrradwerkstatt aufmachen wollte ... Gutgelaunt sitzen Iffi, Momo und Dani beim Abendessen. Iffi ist fest entschlossen, in der Kastanienstraße eine Fahrradwerkstatt zu eröffnen. Da sie Startkapital braucht, will ihr Dani, die „geerbt" hat, unter die Arme greifen. Unterdessen klagt Klaus bei Philipp über den seit heute wieder akuten Geldmangel. Doch bevor er bei Helga betteln muß, will er sich lieber etwas anderes einfallen lassen!

Partner

Spieltag: 19.03.1998 • Sendetag: 22.03.1998

Folge: 642

Iffi hat das Ladenlokal neben dem Blumenladen angemietet, und Andy hat bereits mit den Renovierungsarbeiten begonnen. Auch Valerie hilft. Iffi ist sicher, daß ihre Fahrradwerkstatt ein voller Erfolg wird. Klaus erzählt, daß er den Führerschein bestanden hat – die feh-

lenden DM 700 hat er zuvor von Schiller erhalten. Doch Helga solle Schiller bitte nichts davon sagen ... Zu einer Versöhnung mit seiner Mutter will Klaus sich nicht überreden lassen. Im Akropolis sind alle über seine Nachfrage nach einem Aushilfsjob begeistert: Klaus soll am besten gleich anfangen. Später ruft Vasily aus Nigeria an. Er hat Mary im Gefängnis von Benin City gefunden!
Olaf erhält einen Brief von Herrn Bayer, der die Miete für den Blumenladen anmahnt. Olaf glaubt an eine Verschwörung. Alle wollen ihn vernichten! Valerie teilt er mit, daß er nur noch die Hälfte des Gemüses brauche, da sein Geschäft derzeit nicht gut läuft. Später kommt Olli vorbei. Angesichts der prekären finanziellen Situation empfiehlt er Olaf, „richtige" Geschäfte zu machen, und fördert nagelneue Bundeswehrklamotten zutage. Solche Kleidungsstücke gebe es nur beim Bund, so Olli: „Bosniengeprüft!" Abends erscheint er mit seiner Ware, die Olaf im Alpenverein verhökern soll. Olaf handelt sich 35 Prozent aus, hat aber auch noch ein anderes Geschäft im Sinn: Er will Waffen. Olli kann es nicht fassen.

Kleine Fluchten

Spieltag: 26.03.1998 • Sendetag: 29.03.1998

Folge: 643

Olafs Blumenladen wird weiterhin von den Einwohnern der Lindenstraße boykottiert. Iffi hat einige zum Verkauf bestimmte Fahrräder vor ihrem Geschäft „Drahtesel" aufgestellt, und wird von Olaf barsch aufgefordert, diese zu beseitigen. Auf dem Weg zu einem Gesellschaftskurs trifft der elegante Egon auf seinen Sohn, mit dem er aber nach wie vor nicht reden will. Abends ist Olli bei Olaf zu Besuch, um seine Beförderung zu feiern. Voller Vorfreude warten sie auf zwei Prostituierte, die Olaf organisiert hat. Doch leider sagen diese wegen einer Grippe ab.
Da Rosi ihrer Canasta-Freundin Hedy ein Gedicht zum Geburtstag schenken will, geht sie zu Anna, um sich helfen zu lassen. Zum Abendessen bei Zieglers erscheint Klaus und erzählt, daß Marys Mutter, die sich mit Vasily auf die Suche gemacht hatte, ihre Tochter einmal im Gefängnis besuchen durfte. Für Vasily habe sie eine Nachricht hinausschmuggeln können.
Scholz möchte Berta mit einer Kurzreise und mit einer Tastaturerneuerung ihres Klaviers überraschen. Das Instrument wird abgeholt, was damit endet, daß eine Klavierecke auf Hajos Fuß landet. Als Lisa zum Unterricht – auf dem Leihklavier – kommt, hat sie wie immer nur Augen für Hajo. Nach der Stunde überrascht Scholz Berta mit einer „Traum-Musikwoche in Wien". Während Berta sich sehr freut, wirkt Lisa betrübt. Kurzerhand lädt Hajo sie ein mitzukommen. Später tadelt Berta sein Verhalten. Dieses Kind sei in ihn verliebt. Noch im Bett

Für Annas Bemühungen in Sachen Geburtstagsgedicht stopft Rosi für sie einen riesigen Berg löchriger Strümpfe.

streiten sich die beiden. Berta fordert Hajo auf, die Einladung an Lisa rückgängig zu machen, was er hartnäckig ablehnt. Aber sie bleibt dabei, sonst könne er gleich seine Koffer packen. Wütend fragt Hajo, was Berta einfalle, ihn so herumzukommandieren. Das lasse er nicht mit sich machen!

Al gusto

Spieltag: 02.04.1998 • Sendetag: 05.04.1998

Folge: 644

Vasily ist aus Nigeria zurück und liest im Akropolis Marys Brief vor: Ihr und dem Baby gehe es gut und sie könne durchhalten, solange sie um Vasilys Liebe wisse. Auf Andys Anregung hin wird heute eine Neuerung im Akropolis eingeführt – die „Al gusto"-Aktion: Jeder Gast zahlt so viel, wie er kann und will. Paolo und Vasily äußern sich zunächst skeptisch, doch nach Feierabend sind auch sie überzeugt. Die heutigen Einnahmen sind höher als sonst üblich ...
Vor der Arbeit erinnert Berta Scholz noch einmal an sein Versprechen, Lisa von der Wienreise wieder auszuladen. Viel zu früh für ihre Klavierstunde steht diese mit Blumen vor Hajo und will ihm beim Putzen helfen. Scholz druckst verlegen herum. Doch Lisa ahnt bereits, worum es geht. Für sie sei das wichtigste, daß er sie auf die Reise überhaupt mitnehmen wollte ... Lisas Anhänglichkeit wird Berta allmählich zuviel, und sie ermahnt das Mädchen zu größerer Zurückhaltung. Später äußert Berta den Verdacht, Helga habe ein Verhältnis mit Lösch. Hajo ist empört und erwägt, seinem Stammtischfreund Erich reinen Wein einzuschenken.
Schiller fliegt heute zur Tourismusbörse nach Rom. Kurz nach seiner Abreise erscheint Lösch im Reisebüro. Helga übergibt ihm im Beisein einer Kundin unbemerkt ihren Wohnungsschlüssel. In der Beimerschen Wohnung kommen sich Helga und Lösch bei einer Flasche Sekt langsam näher ... Schließlich gesteht Wilhelm Helga seine Liebe und fragt sie, ob sie sich vorstellen könne, seinetwegen die Lindenstraße zu verlassen und mit ihm nach Gelsenkirchen zu gehen.

Meister Lampe

Spieltag: 09.04.1998 • Sendetag: 12.04.1998

Folge: 645

Meister Lampe stattet der Lindenstraße einen Besuch ab – Egon sieht ein Häschen in Dresslers Garten hoppeln. Lisa hilft Scholz, Bertas Sachen zu packen. Später zeigt sie ihm stolz ihren neu gelernten Judogriff. Dabei setzt sie absichtlich soviel Kraft ein, daß Scholz

auf das Steißbein fällt und vor Schmerz aufschreit. Die Wienreise ist nun gestorben ...
Dani hat sich für ihre Führerscheinprüfung in Schale geworfen, um bessere Chancen zu haben – ohne Erfolg! Klaus schuldet Philipp die Miete. Doch noch immer weigert er sich, seine Mutter um finanzielle Unterstützung zu bitten. Nachdem er vergeblich nach einem Job gesucht hat, bittet er Onkel Franz, der zu Besuch ist, um Geld. Dieser erklärt sich einverstanden, unter der Bedingung, daß er sich mit Helga versöhnt. Verzweifelt klaut Klaus DM 3.000 von Dani.
Nach einer Liebesnacht turteln Erich und Helga wie am ersten Tag. Später telefoniert Helga mit Wilhelm und bittet ihn – der sie erneut fragt, ob sie mit ihm nach Gelsenkirchen ziehen will – um Zeit. Sie ist völlig durcheinander und zwischen ihren beiden Männern hin- und hergerissen. Später erscheint Lösch unangemeldet bei Helga, und Berta wird zufällig Zeugin ihrer innigen Verabschiedung. Abends sitzen Helga und Erich wieder verliebt miteinander im Akropolis – Berta traut ihren Augen nicht ... Scholz sieht unterdessen eine Live-Fernsehsendung über das besondere Bezahlungssystem im Akropolis und beobachtet dabei Helgas und Erichs Geturtel am Bildschirm. Er meint, seinen Stammtischbruder aufklären zu müssen. Doch Berta sieht das anders.

Für ihren Nicki borgt Berta bei Zieglers einen aufblasbaren Schwimmreifen. Auf diesen setzt er sich, um seine Steißbeinschmerzen besser ertragen zu können.

Brüche

Spieltag: 16.04.1998 • Sendetag: 19.04.1998

Folge: 646

Olaf weigert sich, Valerie und Boris ihr Gemüse abzunehmen, da keiner mehr aus der Straße bei ihm kaufe. Später beschwert sich Boris bei Andy. Valeries Kinderwunsch gehe ihm nun wirklich auf die Nerven. Sie wolle sich nun künstlich befruchten lassen. Währenddessen unterhalten sich Gabi und Valerie im Café Bayer über das gleiche Thema. Die junge Frau erklärt, ein Kind zu brauchen, um sich zu verwirklichen. Damit erinnert sie Gabi unsensibel an Max.
Dani entdeckt, daß ihr DM 3.000 fehlen. Als sie Momo der Tat verdächtigt, gesteht Klaus alles, auch den Reinfall mit der Eigentumswohnung. Dani hat kein Mitleid mit ihren Mitbewohnern: Sie ist zutiefst enttäuscht und packt aufgeregt ihre Sachen zusammen. Klaus kann sie nicht aufhalten; Philipp heult Rotz und Wasser.

Hajo und Berta folgen einer heißen Spur. Was ist nur bei Helga und Erich los?

Hajos Schmerzen haben ihn letzte Woche daran gehindert, Erich über Helgas Verhältnis zu informieren, er möchte dies aber nun nachholen. Berta hingegen ist sich sicher, daß Schiller früher oder später selbst dahinterkommt. Später beobachtet Scholz fassungslos, wie Schiller und Winifred sich im Reisebüro küssen. Als Berta davon hört, beschließt sie, Helga auszuhorchen. Doch die zwei Frauen reden bezüglich eines „kleinen Geheimnisses" gänzlich aneinander vorbei – Helga von ihrem Kartoffelsalatrezept und Berta von Helgas Verhältnis. Unterdessen steht Lisa vor Hajo und schmeichelt sich bei ihm ein. Er sei der einzige Mensch, dem sie vertrauen könne. Plötzlich beginnt sie zu weinen und fällt Scholz um den Hals. Der weiß nicht, wie ihm geschieht. Lisa gesteht, ihn sehr lieb zu haben. Scholz ist hilf- und fassungslos zugleich.

Der Lenz ist da

Spieltag: 23.04.1998 • Sendetag: 26.04.1998

Folge: 647

Hajo steckt der Schreck über Lisas unerwartetes Geständnis noch in den Gliedern. Seinem lädierten Steißbein geht es zwar besser, aber die Zuwendung, die ihm Lisa neuerdings entgegenbringt, ist Scholz etwas zu viel des Guten. Vor der Klavierstunde redet er dem Mädchen ins Gewissen. Leider zeigt das Gespräch wenig Wirkung: Als Berta die beiden in der Wohnung allein läßt, geht Lisa abermals in die Offensive – sie gesteht Hajo erneut ihre Liebe.

Olaf steht das Wasser bis zum Hals. Der Blumenboykott der Nachbarn zeigt Wirkung. Die einst so grüne Pracht in Olafs Laden welkt traurig vor sich hin, und die unbezahlten Rechnungen stapeln sich. Mit einem Blumenlieferservice frei Haus glaubt Olaf die rettende Lösung zu haben. Auch Olli plant einen Lieferservice. Er hat vier Handgranaten im Gepäck. Olaf will das explosive Material in seinem Alpenverein an den Mann bringen.

Gutgelaunt kehrt Isolde aus Ischia zurück. Ihre Stimmung ändert sich jedoch schlagartig, als sie dem Casarotti einen Besuch abstattet. Der cholerische Fausto ist mit seinen Wutausbrüchen auf dem besten Weg, das einst blühende Restaurant zu Grunde zu richten. Isolde droht, ihm den Pachtvertrag zu kündigen. Doch Fausto ist nicht zu bremsen. Abends platzt er ins Akropolis und geht sofort auf Isolde los. Egon stellt sich schützend vor seine Herzensdame, und das hat Konsequenzen: In der Nacht lauern Fausto und ein paar Schläger dem ungleichen Paar auf und schlagen Egon brutal nieder. Verzweifelt ruft Isolde um Hilfe.

Auf Kriegsfuß

Spieltag: 30.04.1998 • Sendetag: 03.05 1998

Folge: 648

Nachdem seine Schläger den armen Egon krankenhausreif geprügelt haben, ist Fausto spurlos verschwunden und das Casarotti total verwüstet. Damit aber noch nicht genug: Als Isolde nach Hause kommt, hat ihr die eifersüchtige Else auch noch Müll vor die Wohnungstür gekippt. Mit der grantelnden Else wird Isolde fertig, aber was soll jetzt aus dem Casarotti werden?

Carsten freut sich auf Theo, der zum Wochenende aus Gera anreist. Der Kühlschrank ist gefüllt, der Lachs pochiert und der Wein sorgsam temperiert – einem romantischen Wiedersehen steht nichts mehr im Weg. Gerade als Carsten und Theo ihre traute Zweisamkeit in vollen Zügen genießen wollen, steht unerwarteter Besuch vor der Tür – Susanne und Georg aus Gera. Als die beiden sich über das lukullische Mahl und den teuren Wein hermachen, platzt Carsten der Kragen, und er setzt die ungebetenen Gäste kurzerhand vor die Tür.

Theo hat Susanne und Georg im Sauna-Club kennengelernt.

Für Iffi kann es zur Zeit gar nicht besser laufen. Es ist Frühling, die Zweiradsaison hat begonnen, und ihre Fahrradwerkstatt boomt. Die Geschäfte gehen so gut, daß sie Klaus einen Ferienjob im „Drahtesel" anbietet. Der stimmt freudig zu – nicht ohne Grund. Bei einer abendlichen Radtour im Park kommt es zu einem leidenschaftlichen Kuß zwischen den beiden. Als er nachts nach der Arbeit das Akropolis verläßt, sieht er noch Licht in der Fahrradwerkstatt und geht rüber. Ein wenig enttäuscht gesteht er Iffi, daß er sie nach dem Kuß vom Nachmittag gern im Akropolis wiedergesehen hätte. Die Entgegnung ist niederschmetternd. Iffi macht Klaus klar, daß er noch üben muß, bevor sie für ihn alles stehen und liegen läßt.

Mama

Spieltag: 10.05.1998 • Sendetag: 10.05.1998

Folge: 649

Es ist Muttertag. Nico überrascht Iffi schon am frühen Morgen mit einem Geschenk. Rosi nimmt sich vor, in der Familie endlich wieder Frieden zu stiften, und lädt zur Feier des Tages alle zum Essen ein. Andy hält anfangs überhaupt nichts davon, sich mit Gabi an einen Tisch zu setzen. Iffi muß ihre ganze Überredungskunst einsetzen.

Hajo hat sich für sein Rehlein eine besondere Überraschung ausgedacht: Er schenkt Berta ein Tandem. Aber schon die Jungfernfahrt erweist sich als äußerst problematisch. Berta und Hajo haben alle Mühe, das Stahlroß zu bändigen. Der Ausflug endet schmerzhaft, nach einem Sturz im Park sind nicht nur die Radler, sondern auch das Velo leidlich verbeult.

Dressler weiß nicht mehr weiter. Seine Frau sitzt den ganzen Tag apathisch vor dem Fernseher und beachtet ihn gar nicht mehr. Als Ludwig sie entschlossen zur Rede stellt, erfährt er den Grund: Tanja kommt über den Tod von Sonia nicht hinweg. Es sieht so aus, als würde Sonia nach ihrem Tod schaffen, was ihr zu Lebzeiten nicht gelungen ist – die Ehe endgültig zu zerstören.
Als Andy und Gabi sich abends im Hausflur begegnen, erzählt sie ihm, daß sie eine Hellseherin beauftragen will, nach Max zu suchen. Andy hält das für eine Schnapsidee und sträubt sich. Doch Gabi bittet ihn eindringlich ...

Bombenstimmung

Spieltag: 14.05.1998 • Sendetag: 17.05.1998

Folge: 650

Gabi gibt die Hoffnung nicht auf, den verschwundenen Max wiederzufinden. In ihrer Verzweiflung sucht sie tatsächlich übersinnlichen Beistand bei einer Hellseherin. Andy hält zwar alles für faulen Zauber, stimmt aber schließlich zu. Seine erste Begegnung mit Muriel Müller, so heißt das Medium, ist dann auch alles andere als übernatürlich: Andy kracht mit seinem Taxi in den Wagen der Seherin. Die Sitzung ist dann auch nicht gerade von Erfolg gekrönt, denn Andy verweigert sich vollkommen. So verläßt Muriel unverrichteter Dinge die Lindenstraße. Am Abend kommt es zu einer ersten Annäherung zwischen Gabi und Andy.
Erich begleitet seine Frau zu Bennys Grab. Zurück im Reisebüro verliert er keine Zeit und bestellt seine Geliebte zu einem Tête-à-tête. Plötzlich steht Helga nicht nur im Laden, sondern auch Winifred Auge in Auge gegenüber. Erich rettet die Situation für sich, indem er Wini als nervende Kundin aus dem Reisebüro hinauskomplimentiert. Helga schöpft keinen Verdacht.
Else hat Geburtstag – und keiner merkt es! Nur ihr Sohn Olaf wartet mit einem Ständchen und Blumen auf. Für den Abend plant er eine Feier, aber nicht zu Ehren seiner Mutter: Mit Wein, Weib und Gesang begießen Olaf und Olli ihre dunklen Geschäfte. Als die Stimmung auf dem Siedepunkt ist, löst der leichtsinnige Olli eine Katastrophe aus. Übermütig jongliert er mit Handgranaten, und im Eifer des Gefechts detoniert eine!

Rückkehrer

Spieltag: 21.05.1998 • Sendetag: 24.05.1998

Folge: 651

Nach der schweren Explosion in seiner Wohnung mußte sich Olaf im Krankenhaus einigen schmerzhaften Operationen unterziehen. Fürsorglich bemuttert Else ihren Sohn, jedoch hat sie neben zünftiger Hausmannskost auch schlechte Kunde für ihren Olaf: Die Pacht für den Blumenladen wird zum zweiten Mal angemahnt. Und auf Else wartet bei ihrer Heimkehr auch noch eine böse Überraschung. Ein völlig zerlumpter Olli überfällt sie vor ihrer Wohnungstür.

Philipp und Klaus trauen ihren Augen nicht, als unvermittelt Dani in der Tür steht. Ihre Freude ist aber nur von kurzer Dauer. Dani kommt gerade von einem Amerika-Trip wieder – aber nur, um ihre Sachen aus der Wohnung zu holen. Sie ist immer noch sauer, weil Klaus ihr Geld gestohlen hat. Philipp und Klaus flehen Dani an, wieder in die WG einzuziehen. Tatsächlich verzeiht Dani den beiden, und beim ersten gemeinsamen Frühstück seit langer Zeit schmieden die drei WGler schon wieder Zukunftspläne.

Vasily ist außer sich vor Glück. Gute Beziehungen und reichlich Schmiergeld machen es möglich – Mary kommt nach Hause! Noch während Elena und Anna alle Vorbereitungen für die Heimkehrerin treffen, rast Vasily zum Flughafen. Doch Mary hat die letzte Wegstrecke von Frankfurt nach München mit dem Zug zurückgelegt. Krank vor Sorge kehrt Vasily ins Akropolis zurück, wo Mary aber bereits auf ihn wartet. Erleichtert und überglücklich kann er endlich seine Geliebte wieder in die Arme nehmen – da bricht die hochschwangere Mary zusammen.

Klaus und Philipp versuchen mit allen Mitteln, Dani zum Bleiben zu überreden.

Ein Regentag

Spieltag: 28.05.1998 • Sendetag: 31.05.1998

Folge: 652

Erschöpft, aber glücklich liegt Mary im Krankenhaus: Sie hat einen Sohn zur Welt gebracht – Alexandros soll der Kleine heißen. Jetzt können Mary und Vasily eifrig Pläne für die Zukunft schmieden. Das ändert sich, als der Arzt Vasily zu sich bittet. Alexandros leidet an einer schweren Infektionskrankheit und wird sterben. Mühsam bewahrt Vasily die Fassung, weil Mary die Wahrheit

noch nicht erfahren soll. Aber zurück im Akropolis kann er seine Gefühle nicht mehr verbergen – verzweifelt und voller Wut wirft er alle Gäste aus dem Lokal.
Hajos heißgeliebtem Tandem ist die Luft ausgegangen. Und weil es draußen aus Kübeln gießt, hat er kurzerhand die Wohnung in eine Werkstatt umgewandelt – zum Leidwesen von Berta. Sie erwartet nämlich Lisa, die nach längerer Pause wieder zum Klavierunterricht kommt. Lisa bringt eine interessante Neuigkeit mit: Sie ist frisch verliebt.
Klaus hat sein Abitur bestanden. Jetzt steht in der WG erst einmal eine ausgelassene Feier auf dem Programm. Weil Philipp noch in Sachen Zivildienst unterwegs ist, lassen Klaus und Dani die ersten Sektkorken schon mal allein knallen. Als Philipp heimkehrt, sind seine Mitbewohner schon in bester Sektlaune. Zur Feier des Tages muß Sahne heute nicht auf die berühmte Rue de la Caque, sondern darf ganz bequem das Geschäft zu Hause auf einer Zeitung verrichten. Das unappetitliche Päckchen zünden die drei vor Elses Wohnungstür an. Allerdings ist es nicht Else, die zwecks Löscharbeit in den brennenden Unrat tritt, sondern Helga, die zufällig vorbeikommt. Plötzlich steht Helga in Flammen.

Absturz

Spieltag: 04.06.1998 • Sendetag: 07.06.1998

Folge: *653*

Helga trägt weiß. Seit sie vergangene Woche unfreiwillig und mit Isoldes Hilfe einen Brand vor Elses Tür gelöscht hat, zieren Mullbinden ihre Beine. Und schon wartet die nächste brenzlige Situation auf sie: Als Helga gemeinsam mit Erich nach der Arbeit den neuen Anrufbeantworter abhört, ertönt Löschs Stimme vom Band. Erich ist weniger eifersüchtig als erleichtert. Nicht auszudenken, wenn ihm Wini Liebesgrüße via Anrufbeantworter übermittelt hätte.
Egon ist voller Tatendrang. Nachdem er bei der Renovierung von Olafs Wohnung mal wieder sein handwerkliches Können unter Beweis gestellt hat, führt ihn sein nächster Weg ins Reisebüro. Zur Fußballweltmeisterschaft nach Paris soll es gehen. Doch allein will Egon nicht fahren: Seine holde Isolde soll mit an Bord kommen. Egon ist überglücklich, als sie verspricht, wenigstens darüber nachzudenken.
Der kleine Alexandros ist gestorben. Mary hat sich unterdessen soweit erholt, daß sie das Krankenhaus verlassen kann. Um ihre Genesung nicht zu gefährden, hat Vasily ihr den Tod ihres Sohnes verschwiegen. Jetzt aber will sie ihr Kind sehen und muß von einem Arzt die schreckliche Wahrheit erfahren. Vasily gibt Olaf die Schuld am Tod seines Sohnes und leistet einen Schwur. Er will Kling aus der Lindenstraße vertreiben!

Das Baby stirbt an einer Streptokokken-Infektion, die Mary sich unter den unhygienischen Zuständen im nigerianischen Gefängnis geholt hat.

Abseitsfalle
Spieltag: 11.06.1998 • Sendetag: 14.06.1998

Folge: 654

Bei Hajo geht es hoch her. Andy, Egon und Erich sind gekommen, um gemeinsam der wichtigsten Nebensache der Welt zu frönen. Mit viel Bier und guter Laune verfolgen die vier das heutige WM-Spiel. Auch Isolde kann die lautstarken Anfeuerungen nicht überhören. Schließlich wird ihr der Lärm zu viel: Sie zeigt den Fußballfans die rote Karte. Darunter hat besonders Egon zu leiden, denn die wütende Isolde erteilt ihm für die Reise nach Paris zum WM-Finale eine deutliche Absage.
Mary macht sich Sorgen. Sie weiß, daß Olaf bald aus dem Krankenhaus entlassen wird, und fürchtet sich davor, ihm zu begegnen. Vasily versucht, Mary zu beruhigen. Außerdem hat er eine Idee, wie er erstens sein Geschäft erweitern und zweitens damit auch noch Olaf schaden kann. Sein Ziel ist es nach wie vor, Marys ungeliebten Ehemann aus der Lindenstraße zu vertreiben. Vasily macht seinen ersten Schachzug und mietet den Blumenladen.
Olaf staunt bei seiner Rückkehr in die Lindenstraße nicht schlecht: Er ist ausgesperrt. Weder die Tür zu seiner Wohnung noch die zum Blumenladen lassen sich öffnen. Er eilt zu Else und hofft auf eine Erklärung, aber hier erwartet ihn die nächste Überraschung. Zum erstenmal seit der Explosion steht er Olli wieder gegenüber. Der hat sich bei Else eingenistet. Als Olaf seinen alten Kumpanen rauswerfen will, droht dieser, die Polizei zu verständigen – das könnte auch für Olaf äußerst unangenehm werden.

Allergien
Spieltag: 18.06.1998 • Sendetag: 21.06.1998

Folge: 655

Der ewig verschnupfte Hausverwalter Hülsch droht, die Polizei einzuschalten, wenn Olaf nicht unverzüglich seine Wohnung räumt. Widerwillig schafft der seine Habe in die Garage. Später bekommt er unerwarteten Besuch von Vasily, der ihn auffordert, ihm den Blumenladen zu übergeben, denn er sei der Nachmieter. Außerdem soll Olaf aus der Lindenstraße verschwinden. Olli, der sich immer noch bei Olaf und Else versteckt hält, fordert seinen Kumpan auf, Informationen über die Fremdenlegion einzuholen.
Seit einigen Wochen drückt sich Klaus erfolgreich vor seiner Musterung. Mit billigen Ausflüchten wie Wasserrohrbruch oder Durchfall hält er sich das Kreiswehrersatzamt im wahrsten Sinne des Wortes vom Leibe. Statt sich von Bundeswehrärzten mustern zu lassen, schmiedet er lieber mit Philipp und Dani Pläne. Sie wollen mit dem

Wohnmobil durch die USA reisen. Zuvor soll es aber dem betrügerischen Makler Panowski an den Kragen gehen. Dazu soll Dani den Lockvogel spielen.
Im Hause Dressler ist die Stimmung auf dem Tiefpunkt. Tanja, die den Tod von Sonia noch immer nicht verarbeitet hat, ist deprimiert. Bei Ludwig macht sich langsam, aber sicher Ratlosigkeit breit. Er überlegt, wie er „sein Mädchen" aufheitern kann, und beschließt, ihr ein Geschenk zu machen. Die Überraschung, ein Papagei, löst bei Tanja jedoch alles andere als Freude aus. Sie wird an den Tag erinnert, an dem sie und Sonia einem Vogel die Freiheit schenkten. Wütend wirft Tanja ihrem Mann vor, daß er sie wegen Sonia fertigmachen will. Sie gesteht ihm, daß sie Angst vor ihm hat, an Sonia hat er sich schließlich schon gerächt – wann sei sie dran?

Unter Zwang

Spieltag: 25.06.1998 • Sendetag: 28.06.1998

Bei dem Geschenk von Dressler handelt es sich um ein Buch über Paartherapie, es heißt „Der Froschkönig".

Folge: 656

Noch immer bemüht sich Dressler, Tanja aufzumuntern, und wagt ein zweites Geschenk. Später erklärt er Carsten, daß dieser die Praxis ausschließlich mit einem Doktortitel übernehmen darf. Während Carsten zu Recht ins Grübeln kommt, reagiert Tanja ganz unerwartet auf Ludwigs Geschenk. Sie erklärt ihm, daß sie ihn für immer verlassen will, und verschwindet wenig später tatsächlich aus der Lindenstraße.
Heute feiert Berta ihren Geburtstag, und Scholz bereitet ihr eine besondere Überraschung: eine gemeinsame Reise nach Leipzig. Leider taucht kurze Zeit später Lisa auf der Bildfläche auf. Wieder einmal versucht sie mit allen Mitteln, Berta und Hajo die Reise zu vermiesen, und nimmt heimlich die Hotelgutscheine an sich. Diesmal aber gelingt ihr das Verwirrspiel nicht. Schnell besorgt Scholz bei Schiller neue Gutscheine, die Reise ist damit gerettet.
Als die Polizei im Haus Nr. 3 erscheint, mutmaßt Else sofort den kleinen Lauschangriff. Indes holen die Beamten Klaus Beimer ab, der nunmehr in Begleitschutz zur Musterung geführt wird. Das Ergebnis fällt mehr als überraschend aus. Klaus ist untauglich – wegen Scheuermannscher Krankheit. Klar, daß er mit Dani und Philipp überglücklich das gute Ergebnis begießt.
Hajos Urlaub hat auch für Schiller seine guten Seiten. Er bekommt die Schlüssel zu Bertas Wohnung, ruft sofort Wini an und offeriert ihr das neue Liebesnest. Parallel dazu übergibt auch Berta einen Schlüssel an Helga mit der Bitte ums Blumengießen. Helga denkt weniger an die Blumen denn an Lösch ...

Die nackte Wahrheit

Spieltag: 02.07.1998 • Sendetag: 05.07.1998

Erste Sendung in Vollstereo-Ausstrahlung, die Folge ist 10 Minuten länger als sonst.

Folge: 657

Berta und Hajo wollen die Zeit in Leipzig genießen – und geraten sich schon beim morgendlichen Pläneschmieden in die Haare. Auch das übrige Tagesprogramm läuft nicht ohne Probleme ab, dauernd gibt es Streit. Schließlich beschließen die beiden, nicht länger zu zanken, sondern die Heimreise nach München anzutreten. Sie ahnen ja nicht, daß sich ausgerechnet in Bertas Wohnung für den Abend sowohl Helga und Lösch als auch Erich und Winifred zum geheimen Tête-à-tête verabredet haben – selbstverständlich ohne daß der eine vom anderen weiß. Nur Onkel Franz gelingt es fast, die komplizierte Planung durcheinanderzuwirbeln.
Und so spitzt sich die Lage am Abend verheerend zu. Während Helga mit Wilhelm ihren Durst nach Liebe löscht, meint Erich mit seiner Winifred aus dem Snyder zu sein. Als die Paare jeweils zum Höhepunkt des Tages schreiten, kehren die völlig ermüdeten, dafür aber auch völlig ahnungslosen Berta und Hajo in ihre zum Liebesnest umfunktionierte Wohnung zurück. Berta freut sich über die schönen Rosen, die im Badezimmer bereitstehen. Und obwohl Hajo gar nichts mit den Blumen zu tun hat, macht er Berta heute endlich einen Heiratsantrag. Dann kommt es, wie es kommen muß. Gleichzeitig versuchen Wini und Erich das Wohnzimmer, und Helga und Lösch das Schlafzimmer unbemerkt zu verlassen. Völlig verdutzt und nur halb bekleidet finden sich alle vier im Flur wieder.

Denn erstens kommt es anders...

Sendetag: 09.07.1998 • Sendetag: 12.07.1998

Folge: 658

Die Turbulenzen der vergangenen Woche scheinen überwunden zu sein. Zumindest sprechen und lieben Helga und Erich wieder miteinander. Für die Zukunft vereinbaren sie, immer ehrlich zu sein. Da meldet sich schon wieder Winifred bei Erich. Als Erich seiner Helga einen schönen Urlaub vorschlägt, ist die zunächst begeistert. Doch als er gesteht, daß er mit ihr ins Claron Bridge will, ist Helga zutiefst enttäuscht. Daß die Versicherung doch gezahlt hat und Erich das Hotel hinter ihrem Rücken gemeinsam mit Wini wiederaufgebaut hat, kann Helga Schiller nicht verzeihen. Trotzdem – als Lösch unangemeldet vor Helgas Wohnungstür erscheint, will sie ihn nicht erhören. Berta, die die beiden zusammen sieht, freut sich, daß sie diesmal wenigstens bekleidet sind ...
Weil er mit Egon zur Weltmeisterschaft fährt, übt Gung fleißig Abseits- und andere Regeln. Aber erst Andy schafft es, Rosi schließlich die

schwierigste Fußballregel zu erklären.
Dani soll den Makler Panowski, der Klaus und Philipp um einige hunderttausend Mark erleichtert hat, in die Falle locken. Bei der Polizei berichtet Dani von ihrem Plan und wird daraufhin vor dem Treffen mit dem windigen Makler mit einer Wanze ausgestattet. Atemlos verfolgen die Beamten das entscheidende Gespräch zwischen Dani und Panowski. Leider ist der so gewieft, daß er Dani nicht auf dem Leim geht. Nun ist auch Dani ihr Geld los – auch wenn sie als Gegenwert wenigstens eine Wohnung erstanden hat. Am Abend bleibt Momo bei der frustrierten Dani, während Klaus und Philipp mit Eva Essen gehen. Als Momo nach Hause will, bittet Dani ihn zu bleiben – die ganze Nacht ...

Auf in die Fremde

Spieltag: 16.07.1998 • Sendetag: 19.07.1998

Als Else dem frechen und durstigen Olli Tee anbietet, schreit der sie an, da könne sie ihre Füße drin baden ...

Folge: 659

Mary streicht gerade den ehemaligen Blumenladen, als Olaf hereinschleicht. Der ist nicht nur Vormieter, sondern auch noch immer Ehemann von Mary. Angesichts dieser Konstellation heizt sich die Atmosphäre rasch auf, das Gespräch eskaliert. Mary ist so mit den Nerven herunter, daß sie später Vasily bittet, die Lindenstraße um jeden Preis zu verlassen. Olaf trifft sich im Café Bayer mit einem geheimnisvollen Fremden, der für Olli neue Informationen in Sachen Fremdenlegion bringt.
Aufgeregt kommt Paolo zu Urzula in den Friseursalon. Seine Gattin Gina hat einen reichen Mann kennengelernt. Paolo bangt nun um die Zuneigung seine Töchter. Doch Urzula macht ihn darauf aufmerksam, daß der reiche Mann doch auch Vorteile mit sich bringen kann. Vielleicht muß Paolo ja bald nicht mehr so viel Unterhalt zahlen.
Iffi ist völlig überfordert. Weil in Nicos Kindergarten Altlasten gefunden wurden, bleibt die Einrichtung vorerst geschlossen. So kommt es, daß Nico den Fahrradladen zum Spielplatz umfunktioniert. Immerhin springen erst Andy und dann Momo als Babysitter ein. Beim Arzttermin am Nachmittag – tatsächlich könnte es sein, daß Nico durch den Kindergarten krank geworden ist – hat Carsten eine prima Idee: Kurzurlaub bei Tante Gundel in Warnemünde an der Ostsee.
Nach dem tragischen Unfall in Paris soll Egons Leiche nach München überführt werden. Am Stammtisch erzählt der verzweifelte Gung noch einmal den Hergang der traurigen Geschichte, die sich kurz vor dem Endspiel ereignet hat. Ein Mofafahrer hat Herrn Kling erfaßt und dann Fahrerflucht begangen. Else ist über den Tod ihres Egons so verzweifelt, daß sie selbst am liebsten sterben würde ...

Anstoß

Spieltag: 23.07.1998 • Sendetag: 26.07.1998

Folge: 660

Vor einem Jahr gaben sich Carsten und Theo ihr Jawort. Die kleine Feier, die Carsten aus diesem Anlaß so sorgsam vorbereitet hatte, wird jedoch nachhaltig beeinträchtigt. Denn erstens hat Carsten haufenweise Akten mitgebracht und ist zweitens hundemüde. Theo klagt über Carstens endlos erscheinende Arbeit an der Promotion. Er hat auch schon eine Idee, wie Carsten seine Doktorarbeit erheblich beschleunigen könnte. Ein Leihschreiber könnte die Arbeit doch für Carsten schreiben; für das nötige Schmiergeld würde Theo bei der Bank in Gera Carsten einen Kredit einräumen.

Sarah, Tom und Sophie geht der Spartick ihrer Eltern gewaltig auf die Nerven. Denn im Zuge der Einsparungsmaßnahmen sind auch die Süßigkeiten im Hause Ziegler rationiert. Kein Wunder also, daß die Kinder sogar zu illegalen Mitteln greifen, um an die gewünschten Sachen heranzukommen – indem sie im Café Bayer Süßigkeiten stehlen.

Nach einer langen Nacht bringt Vasily den deutlich angesäuselten Andy nach Hause. Obwohl Andy nicht mehr viele klare Gedanken fassen kann, äußert er eine für Vasily wichtige Vermutung: Könnte nicht Olaf hinter dem Verschwinden von Max stecken? Vasily horcht auf und schmiedet sofort einen heimtückischen Plan. Er besorgt sich ein Kinderpornoheft. Dann schreibt er einen anonymen Brief, in dem er auf Olaf Kling und dessen Garage hinweist, und schmeißt ihn in Rosis Briefkasten. Als Gabi und Andy in der Garage stöbern, finden sie das Kinderpornoheft und eine Unterhose von Max. Sofort eilt Andy zu Klings, stürmt in die Wohnung und stürzt sich auf Olaf. Else ruft die Polizei.

Gabi und Andy haben ein Kleidungsstück von Max gefunden.

Flucht nach vorn

Spieltag: 30.07.1998 • Sendetag: 02.07.1998

Folge: 661

Hans und Anna planen am ersten Ferientag eine Schnitzeljagd für die Kinder. Die lieben Kleinen haben inzwischen – um das Süßigkeiten- und Ferienembargo weiter zu umgehen – ihre illegale Geldbeschaffung dramatisch ausgeweitet. Während Sarah und Sophie betteln gehen, stiehlt Tom Gabi 10 Mark. Gabi erwischt ihn aber bei dem Dieb-

Sophie und Sarah betteln zusammen mit einigen Punkern. Sophie hält ein Schild in den Händen: „Bin unschuldig in Not".

stahl. Als Hans und Anna von den Aktivitäten ihrer Sprößlinge erfahren, sind sie total geschockt. Nach einer ausführlichen Standpauke, wird das Sparprogramm mit sofortiger Wirkung beendet.
Um die mittlere Reife noch zu schaffen, muß Lisa eine Nachprüfung über sich ergehen lassen. Auch in der Beziehung zu ihrem neuen Freund Johannes ist Reife gefragt. Der möchte nämlich mehr als nur „Händchenhalten". Auf Bertas Rat hin sucht Lisa Dr. Dressler auf, der ihr die „Pille" verschreibt.
Olaf Kling hat die letzte Woche im Gefängnis verbracht. Obwohl sich der Verdacht gegen ihn nicht bestätigt hat, haben Vasilys Intrigen für ihn schlimme Konsequenzen. Er erhält anonyme Anrufe, seine Fensterscheiben werden eingeworfen, und aus dem Akropolis fliegt er hochkant raus – Lokalverbot. Andy schwört, Olaf umzubringen, sollte der mit Maxls Verschwinden tatsächlich etwas zu tun haben. Die Gunst der Stunde nutzend, hetzt Vasily die Stammtischler weiter gegen Olaf auf. Mit Erfolg, denn Andy verbündet sich sogar mit seinem Intimfeind Phil Seegers. Der verspricht, Kling aus der Lindenstraße zu vertreiben.

Nervende Mütter

Spieltag: 06.08.1998 • Sendetag: 09.08.1998

Nach dreißig Jahre in der Lindenstraße wird Else Kling heute die Wohnung gekündigt – vergeblich bittet sie ihre Nachbarn um Solidarität.

Folge: *662*

Unverhofft erscheint im Akropolis Gina, die Paolo eigentlich im Urlaub in Italien wähnt. Sie bringt die erfreuliche Neuigkeit, daß sie wieder heiraten will. Nur Pastor Traube trübt Paolos gute Laune. Der hat nämlich beschlossen, daß Wanda ab sofort nicht mehr auf die Kinder aufpassen soll. Dessen ungeachtet geht Paolo bei Urzula in die Offensive. Er macht seiner Angebeteten einen Heiratsantrag.
Klaus schlägt sich mit einem altbekannten Problem herum: notorischer Geldmangel. Mittlerweile ist er verzweifelt genug, um bei Helga Unterhalt zu fordern. Die läßt ihren „Hasen" aber eiskalt abblitzen. Klaus überlegt sich daraufhin drastischere Maßnahmen, um an Helgas Geld zu kommen. Er will seine Mutter verklagen.
Auch Iffi hat Sorgen. Die endgültige Schließung von Nicos Kindergarten steht unmittelbar bevor. Gute Kunde gibt es nur von Tante Gundel. Iffi kann mit Nico nach Warnemünde kommen, damit sich ihr Sproß auskurieren kann. Als Iffi ihrem Sohn die freudige Nachricht mitteilen will, ist dieser plötzlich spurlos verschwunden. Verzweifelt sucht sie überall nach ihm, als ausgerechnet der vermeintliche Kinderschänder Olaf ihn zurückbringt. Iffi ist sofort mißtrauisch: Hat Kling ihrem Kind etwas angetan? Aus Angst vor Olaf fährt sie noch in dieser Nacht nach Warnemünde.
Eva feiert ihren 51. Geburtstag in der WG. Während Momo sich zu Dani verzieht, gehen Philipp und Klaus ins Akropolis. Eva, die allein in

der WG-Küche zurückbleibt, freut sich sehr, als Helga klingelt, die auf der Suche nach ihrem Sohn ist. Die Mütter schütten sich gegenseitig ihr Herz aus. Im Akropolis will Philipp es derweil noch einmal genau wissen: Will Klaus seine Mutter wirklich verklagen?

Selbstjustiz

Spieltag: 13.08.1998 • Sendetag: 16.08.1998

Folge: 663

Paolo traut seinen Augen nicht, als plötzlich seine Töchter Marcella und Giovanna im Akropolis stehen. Gina zieht mit ihrem neuen Freund für ein Jahr nach Amerika. Die Mädchen sollen ab sofort bei ihrem Vater wohnen. Als Urzula davon erfährt, ist sie zunächst geschockt. Notgedrungen heißt sie dann aber doch den unerwarteten Zuwachs willkommen.

Else hat es schwer. Im Café Bayer wird sie nicht bedient, und auch im Supermarkt hat sie Hausverbot. Als dann auch noch Phil Seegers bei ihr auftaucht und ihr droht, macht Elses Kreislauf schlapp. Daraufhin stürmt Olaf ins Akropolis und fordert die Nachbarn auf, wenigstens seine Mutter in Ruhe zu lassen.

Helga erhält per Einschreiben eine Zahlungsaufforderung von Klaus' Anwalt. Außer sich vor Wut, droht sie, den Sohn und seine Freunde wegen Drogenbesitzes zu verklagen.

Carsten ist am Ende seiner Kräfte. Tagsüber beschäftigen ihn Praxis, Pillen und Patienten, und anschließend schreibt er bis in die Nacht an seiner Doktorarbeit. Kein Wunder, daß der Schreibtisch kurzerhand mal zur Ruhestätte umfunktioniert wird – Carsten schläft in der Praxis ein. Wochenendgast Theo beklagt sich energisch, weil sein Gatte ihn sträflich vernachlässigt. Carsten trifft sich heute mit Jürgen Conrad, der für ihn die Doktorarbeit schreiben soll. Am Abend sind Ludwig und Carsten mit dem Ehepaar Tenge-Wegemann in einem Restaurant verabredet. Frau Tenge-Wegemann, die von dem Ehedrama der Dresslers nichts ahnt, erzählt, daß sie Tanja bereits einige Male in diesem Restaurant gesehen habe – immer in Begleitung verschiedener Männer. Tatsächlich entdeckt sie auch an diesem Abend Tanja im Lokal. Nachdem die Freunde sich verabschiedet haben, begibt sich Dressler zu dem Tisch, an dem Tanja sich mit ihrem Begleiter amüsiert. Ludwig, der vermutet, daß seine Frau wieder bei der Agentur Happy Hours arbeitet, bietet ihrem Begleiter Geld und bittet Tanja, mit ihm nach Hause zu kommen, wenigstens für eine Nacht ...

Heimkehr?

Spieltag: 20.08.1998 • Sendetag: 23.08.1998

Folge: 664

Carsten macht sich Sorgen um seinen Stiefvater. Dressler ist nicht nur erkältet, sondern vor allem krank vor Sehnsucht nach Tanja. Wenigstens konnte er ihre Telefonnummer herausbekommen. In der Hoffnung, sein „Mädchen“ zur Rückkehr zu überreden, hinterläßt er ihr eine Nachricht auf dem Anrufbeantworter. Aber Tanja meldet sich nicht zurück. Die Arbeit in der Agentur Happy Hours scheint sie voll und ganz auszufüllen. Carsten versucht Dressler aufzumuntern, dabei hat er genug eigene Probleme: Herr Conrad, der ihm seine Doktorarbeit schreibt, verlangt plötzlich mehr Geld. Das Gespräch wird von Dr. Dagdelen mitangehört.

Vasily hat schlaflose Nächte, denn inzwischen plagt ihn das schlechte Gewissen. Schweren Herzens gesteht er schließlich Mary, daß er für die Verleumdung Klings verantwortlich ist. Zu Vasilys Bestürzung fordert Mary ihn auf, Andy und Gabi die Wahrheit zu sagen, um auf diese Weise Olaf zu entlasten. Olafs Mutter Else kommt heute ins Krankenhaus.

Gabi ist völlig entnervt von Rosi, die ihre Tochter mit Horoskopen, die Maxls heutige Rückkehr prophezeien, quält. Dagegen wirkt die Arbeit im Café Bayer geradezu wie eine Erholung – bis Andy plötzlich aufgeregt hereinstürzt. Ein Münchner Krankenhaus hat sich telefonisch bei ihm gemeldet. Gabi und Andy eilen sofort in die Klinik. Später klingeln Mary und Vasily bei Zenker. Es dauert ziemlich lang, bis Andy die Tür öffnet. Er ist total verheult, auch Gabi ist da. Ihr Sohn Max ist tot – er wurde ermordet. Der Täter, ein 38jähriger Familienvater, hat gestanden. Andy bittet Mary und Vasily ihn und Gabi allein zu lassen ...

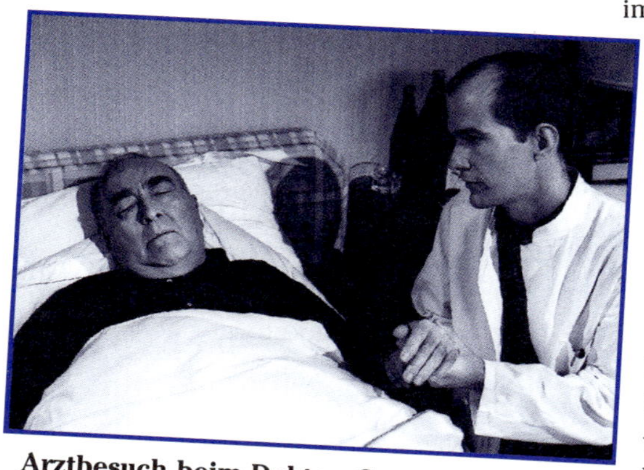

Arztbesuch beim Doktor. Carsten kümmert sich um Ludwig.

Trauer und Bosheit

Spieltag: 27.08.1998 • Sendetag: 30.08.1998

Folge: 665

Paolo und Urzula sind genervt vom geballten Kindersegen. Schon am frühen Morgen liegen sich Marcella, Giovanna und Irina in den Haaren. Zum Glück hilft wenigstens Wanda, die Mädchen zu bän-

digen. Pastor Traube fühlt sich dadurch allerdings zurückgesetzt. Er fordert Wanda auf, eine Entscheidung zu treffen: entweder er oder die Kinder. Letztlich entscheidet sich Wanda für ihn.
Klaus bedankt sich bei Helga für ihre Einsicht und das Geld. Die wundert sich. Schließlich gesteht Schiller, ein wenig „vermittelt" zu haben. Er hat das Geld von seinem Konto überwiesen. Allein im Reisebüro, steht plötzlich ein englisch sprechender Fremder vor Helga. Er ist auf der Suche nach Schiller. Weil ihr der Mann unheimlich erscheint, schweigt sich Helga über Erichs Verbleib aus. Als der Unbekannte dann aber in die Trauerfeier für Max im Akropolis platzt, sieht sich Erich genötigt, mit ihm zu sprechen. Der Ire verlangt von Schiller, Manager des wiederaufgebauten Claron Bridge zu werden. Andernfalls droht er, der Polizei eine interessante Geschichte zu erzählen.
Schweren Herzens entschuldigt sich Vasily während der Trauerfeier für Max bei Olaf, der ja – wie inzwischen alle wissen – unschuldig ist. Daß er, Vasily, alle Intrigen gegen Kling initiiert hat, läßt er dabei aber außen vor. Olaf nimmt die Entschuldigung nicht an. Mehr noch, er verlangt von Vasily seinen Blumenladen zurück. Es kommt zum Streit. Nach Gabi und Andy verlassen die meisten Gäste das Lokal. Tanja, die auf der Trauerfeier von Carsten erfahren hat, wie schlecht es um ihren Mann steht, geht zur Dressler-Villa und legt sich zum schlafenden Ludwig ins Bett. Abends klingelt Gabi bei Andy und bittet ihn, bei ihm bleiben zu dürfen, nur die eine Nacht ...

Schwindeln

Spieltag: 03.09.1998 • Sendetag: 06.09.1998

Folge: 666

Erneut setzt der geheimnisvolle Ire Helga und Erich unter Druck. Er verlangt, sofort als Geschäftsführer im Claron Bridge eingesetzt zu werden. Andernfalls will er die Versicherung über die Brandstiftung informieren. Erst glaubt Schiller ihm nicht, doch als Snyder telefonisch bestätigt,was der Mann sagt, ist er entsetzt. Polizei oder Versicherung will er jedoch nicht einschalten. Doch Helga reagiert prompt – und verblüfft sowohl Erich als auch den Iren. Sie ruft tatsächlich bei der Feuerversicherung an.

Das Ehepaar Dressler ist wieder zusammen, ebenso das Ehepaar Zenker.

Momo hat einen Studienplatz für Psychologie in Bielefeld bekommen. Dani kann sich gar nicht damit anfreunden, daß er in eine andere Stadt zieht. Doch schon am Abend kommt sie auf andere Gedanken. Im Akropolis entwickeln die WGler einen verwegenen Plan. Gung soll als Kandidat zur Bundestagswahl antreten! Mitten in die lustige Stimmung platzt überraschend Beate. Als sie einen Platz zum Schlafen sucht, bietet Dani ihr ihre Eigentumswohnung an.
Lisa hat die Prüfung zur mittleren Reife bestanden. Noch mehr Reife beweist sie, als Berta mit Isolde am Abend in ein Konzert geht. Sie ver-

sucht erneut, sich an Hajo heranzumachen, und präsentiert sich ihm halbnackt. Völlig überfordert weiß Scholz nicht, was zu tun ist. Als Lisa sich ihm eindringlich anbietet, kann er nur flüchten. Plötzlich hören sie, wie Berta die Wohnungstür aufschließt. Aufgeschreckt will Scholz Lisa helfen, sich anzuziehen, aber Berta steht schon im Zimmer. Die Situation mißverstehend, schmeißt sie beide raus.

Abreisen

Spieltag: 10.09.1998 • Sendetag: 13.09.1998

Folge: 667

Helgas Aktivitäten sind nicht ohne Folgen geblieben. Plötzlich hocken Erich und sie auf einem Berg voller Schulden. Schiller bekommt bei der Versicherung jedoch das Angebot, als Geschäftsführer das Claron Bridge zu leiten. Helga ist entschlossen, mit ihm nach Irland zu gehen. Da die Schwester von Dr. Dagdelen gelernte Reisekauffrau ist, will Helga sie bei Ehrlich Reisen einstellen. Auch Klaus bittet sie um Hilfe.

Lisas Auftritt hat tiefe Spuren hinterlassen. Berta glaubt Hajo zwar, doch sie ist zutiefst verletzt und will Lisa nie wiedersehen. Lisas Beteuerungen fruchten nicht: Berta bleibt hart.

Iffi will die Lindenstraße verlassen. Ihr neuer Freund hat ihr einen Job beim Rostocker Theater beschafft. Als Dani sie auf ihre Schulden von DM 12.000 anspricht, bietet Iffi ihr den Fahrradladen an. Dani kann es kaum fassen. In der WG ist die Stimmung später euphorisch: Die Idee, mit Gung einen eigenen Kandidaten zur Bundestagswahl aufzustellen, findet großen Anklang. Zwar handelt es sich bei der Aktion eher um einen Ulk, doch es wird damit auch für das Ausländerwahlrecht protestiert. Kurze Zeit später haben die Freunde die ganze Lindenstraße mit „Wählt Gung"-Plakaten zugeklebt. Dani, Philipp, Klaus und Momo machen sich mit einem alten VW-Bus auf die Reise. Sie wollen die ganze Bundesrepublik plakatieren ...

Enge

Spieltag: 17.09.1998 • Sendetag: 20.09.1998

Folge: 668

Einmal mehr geht es bei Paolo und Urzula drunter und drüber. Inzwischen entzieht sich Wanda der Einengung durch Pastor Traube, zieht dort aus und will wieder bei Rosi unterkommen. Die knüpft daran aber klare und unverschämte Bedingungen.

Nicht nur Helga ist von Canans Arbeit im Reisebüro angetan. Auch Klaus blickt mit wachen Augen auf die Schwester von Dr. Dagdelen –

schließlich ist Canan nicht nur fleißig, sondern auch attraktiv. Derweil ist überraschend Pat nach München gekommen. Mit Schiller hat sie ausgemacht, daß sie während Helgas Abwesenheit in deren Wohnung unterkommen kann. Auch Onkel Franz will sich dort häuslich niederlassen. Zunächst gehen Pat, Onkel Franz und dessen Freunde aber zum Oktoberfest.
Anna hat einen Schwangerschaftstest gemacht, und als der positiv ausfällt, geht sie zum Arzt. Doch es gibt keinen Zweifel: Anna ist wirklich schwanger. Hans ist nicht gerade begeistert von der Vorstellung, in seinem Alter noch mal Vater zu werden. Entsetzt fragt Anna, ob er etwa will, daß sie abtreibt.

Du hast die Wahl

Spieltag: 27.09.1998 • Sendetag: 27.09.1998

Folge: 669

Else kann es noch immer nicht fassen, daß ein Türke in das Haus zieht. Um so erstaunter ist sie dann, als es sich dabei um Dr. Dagdelen handelt. Denn ein Türke und Doktor – das paßt doch nicht, meint Else. Derweil findet Dagdalens Schwester Canan immer neue Bewunderer. Nach Klaus ist nun auch Philipp auf ihre Anmut aufmerksam geworden.
Wahlparty im Akropolis: Je nach politischer Ausrichtung interpretieren die Gäste das Wahlergebnis unterschiedlich. Sicher ist nur, daß Gung keine einzige Stimme bekommen hat.
Im Hause Ziegler hängt der Haussegen schief. Noch immer streiten Anna und Hans darüber, ob sie das Kind austragen soll. Mitten in die Diskussionen platzt ein lange verschollener Bekannter. Und Zorro macht seinem alten Ruf als Bürgerschreck erneut Ehre. Er hat Strommasten umgesägt und sucht nun einen Unterschlupf. Valerie, die bei Anna und Hans hereinschaut, macht ihrem alten Freund unterdessen schöne Augen. Allein mit Hans, bittet Zorro ihn um Hilfe. Er braucht einen neuen Paß, und den kann Hans ihm doch im Amt besorgen. Beimer ist fassungslos, daß Zorro eine Straftat von ihm verlangt, aber der erinnert ihn nur an das Versprechen, das Hans ihm gegeben hat.

Geburtstagswünsche

Spieltag: 01.10.1998 • Sendetag: 04.10.1998

Folge: 670

Zwischen Philipp und Klaus ist ein Wettbewerb um Canans Gunst entbrannt. Beide überbieten sich in Liebenswürdigkeiten für die schöne Türkin – und wetzen hinter ihrem Rücken gegenseitig die Messer. Der Streit in der WG spitzt sich zu, als Dani einen neuen Mitbewohner präsentiert: Ab sofort wohnt Momo, der seinen Studienplatz geschmissen hat, bei ihr. Philipp und Klaus flippen aus, und es kommt zu einem heftigen Streit.
Nächste Woche will Dressler mit Tanja nach Rhodos fliegen. Vorher aber gibt er noch ein Abschiedsdinner für Carsten und Dagdelen.
Erneut sind Boris und Valerie in Sachen künstliche Befruchtung unterwegs. Nachmittags, als Anna mit den Kindern in Giesenbach ist, trifft sich Valerie in deren Wohnung mit Zorro. Hier soll nun auch befruchtet werden, aber nicht künstlich, sondern eher menschlich. Beim Liebesspiel werden Valerie und ihr heimlicher Liebhaber jedoch gestört. Hans kommt zur Tür herein und kann kaum fassen, was er dort sieht. Als Hans und Anna später nach Hause kommen, hat Zorro wegen des Ausweises eine eigene Lösung gefunden: Er hat einfach Hans' Paß mitgenommen. Eine Nachricht läßt vermuten, daß er Richtung Marokko will. Anna macht sich Sorgen.
Abends schläft Valerie auch noch mit ihrem Mann. Danach ist sie sicher. Diesmal hat es geklappt, diesmal ist sie schwanger!

Vor dem Spiegel hat Zorro zuvor geübt, wie er als Hans Beimer aussieht ...

Gute Gründe

Spieltag: 08.10.1998 • Sendetag: 11.10.1998

Folge: 671

Mary hat Angstträume vom Gefängnis, außerdem kann sie Elena nichts recht machen. Vasily versucht zu vermitteln. Am Abend traut Paolo im Akropolis seinen Augen nicht. Fausto stolziert plötzlich herein, als ob er nie weggewesen wäre oder etwas Falsches getan hätte. Als Paolo ihn auf die Idee bringt, ein Kochbuch zu schreiben, ist der ehemalige Küchenchef des Casarotti ganz begeistert von diesem Einfall.
Hans hatte bisher keinerlei Schwierigkeiten wegen des Passes. Als er zur Arbeit geht, kommt Valerie bei Anna vorbei, um sie ein wenig auszuhorchen, ob es Neues von Zorro gibt ... Anna weiß, was vorgefallen ist, und findet die Aktion nicht gerade toll. Doch schließlich ist Valerie erwachsen. Am Nachmittag verabredet Anna telefonisch einen Abtreibungstermin. Sie ist völlig fertig. Um so erleichterter fällt sie Hans um den Hals, als er ihr sagt, sie solle den Termin absagen. Er möchte das Kind nun auch, seine Frau ist überglücklich.

Ludwig und Tanja reisen nach Rhodos ab. Andy, der wieder Diesel fährt, weil sein alter Chef Pleite gemacht hat, bringt sie zum Flughafen. In der Praxis taucht plötzlich Theo auf und fordert den Wohnungsschlüssel – er will seine Sachen abholen. Carsten, der die Praxis nicht verlassen kann, gibt sie ihm sauer und bittet ihm zu warten. Als er dann später in die Wohnung kommt, trifft er auf einen jungen Mann – Theos neuer Lover. Indes kommt Jürgen Conrad in die Praxis und fragt nach Carsten. Dagdelen, der weiß, daß Conrad Carstens Ghostwriter ist, erklärt, er wisse Bescheid, und nimmt den Umschlag für seinen Kollegen in Empfang. Carsten und Theo haben Theos neuen Freund weggeschickt, um ungestört miteinander reden zu können. Die Diskussion wird vor allem von Carsten sehr emotional geführt. Da steht Ahmet mit dem Umschlag vor der Tür und gratuliert Carsten zur fertigen Doktorarbeit. Als Dagdelen weg ist, stellt Carsten mit einem traurigen Blick auf den Umschlag fest, daß dieser Betrug, zu dem Theo ihn überredet hat, das einzige sei, was von ihrer Liebe übrigbleibe. Ungerührt meint Theo, daß ihn ja keiner zwinge, die Arbeit abzugeben, und verschwindet. Ratlos bleibt Carsten zurück.

Kriegserklärung

Folge: 672

Lisa spricht mit Dr. Dagdelen über ihre Lehrstellensuche. Dagdelen bietet ihr einen Praktikumsplatz an.

Mary bemüht sich, Elenas Erwartungen besser zu erfüllen. Elena akzeptiert das nicht und macht Mary weitere Vorhaltungen.

Zoff in der WG. Die frühere Harmonie ist dahin. Der Streit eskaliert, als Dani Dr. Eva-Maria Sperling helfen will und dafür aber Beate auf die Straße setzen muß. Klaus gerät darüber in Rage.

Schokoladentorte

Folge: 673

Beate will, flankiert von Klaus und Philipp, Dani dazu bewegen, daß sie die Kündigung zurücknimmt.

Pat versucht Paolo anzubaggern. Urszula hat mit Paolos Kindern Streß. Pats Fiesheiten nerven sie da zusätzlich.

Berta erfährt, daß ausgerechnet Lisa in „ihrer" Arztpraxis arbeitet. Sie ist konsterniert.
Rosi tyrannisiert Wanda. Sie wirft ihr vor, die Wohnung zu einem Kindergarten zu machen. Da kommt Valerie und berichtet euphorisch, daß sie endlich schwanger ist. Röschen befragt erneut ihre Karten und ist über das Ergebnis mehr als irritiert.

Kein Eingang

Folge: 674

Berta ist gerädert. Sie hat von Lisa geträumt und entsprechend schlecht geschlafen. Das Mädchen nervt sie auch den ganzen Tag. Leider verbrüht Berta versehentlich ihren Partner. Dr. Dagdelen muß Hajo behandeln. Lisa assistiert dabei. Rehlein wird zur Furie.
Isolde läßt Fausto abblitzen, bis seine Blumen ihre Tür öffnen.
Rosi ist äußerst besorgt um ihre Tochter Gabi und tyrannisiert andererseits Wanda mehr denn je. Die beschwert sich endlich über die „giftige alte Ziege". Röschen muß sich einem „Tribunal" stellen.

Ein Auszug für immer?

Folge: 675

Röschen mimt die Kranke, Carsten kränkelt, und Andy geht es schlecht.
Dicke Luft in der WG. Der Müll stinkt zum Himmel, und die Fronten darüber verhärten sich mit entsetzlichen Konsequenzen.
Die schwangere Valerie umreißt ihre Erziehungsziele für ihr ungeborenes Kind. Gabi hört's mit Grausen.

Tränen der Liebe

Folge: 676

Valerie schwelgt weiterhin in ihrem hysterischen Schwangerschaftsgehabe, bis ihr Gabi eins aufs Dach gibt.
Lisa findet ein neues Opfer für ihre sanften Ungeheuerlichkeiten.
Dr. Dagdelen nimmt Carsten ins Gebet und fordert ihn auf, endlich sein Privatleben zu ordnen. Carsten fängt auch gleich damit an. Er muß sich zwischen Theo und Käthe entscheiden. Den Adonis aus Folge 671 ist Theo jedenfalls schon wieder los.

Das Arbeitslos

Folge: 677 Lisas Intrige zieht Kreise. Berta und Scholz sitzen in ihrer Falle. Die Ärzte glauben Lisa, und Berta schmeißt ihren Job.
Olaf hat koa Arbeit, und Else koa Geld net. Sie verlangt von Olaf, daß er sich endlich eine Arbeit sucht.
Käthe zieht bei Carsten ein. Der hat Theo aber noch lange nicht vergessen.

Alte Wunden

Folge: 678 Olaf hat eine Arbeit bei der Müllabfuhr, zusammen mit Türken. Für einen „aufrechten Deutschen" eine Zumutung. Die Türken sind nett zu ihm – Olaf dankt es ihnen nicht so richtig. Im Alpenverein hat Pia dann viel Verständnis für Olaf.
Scholz kommt nicht zur Ruhe. Dr. Dagdelen glaubt Lisas Anschuldigungen. Doch Hajo spielt seinen letzten Trumpf auf und kann Lisa dazu bewegen, endlich die Wahrheit zu sagen.
Klaus und Philipp kommen mit Dr. Eva-Maria Sperling nur sehr schwer zurecht. Sie wollen sie schnellstens wieder loswerden. Doch Eva dreht den Spieß um: Klaus und Philipp sollen ausziehen.

Aus dem Reich der Toten

Folge: 679 Dr. Eva-Maria Sperling hat Klaus und Philipp erst mal gebändigt. Eva erzählt Philipp den Leidensweg eines ihrer Patienten, von ihren Konflikten und von ihrer mutigen Entscheidung.
Philipp ist verliebt und dadurch etwas ausgeglichener. Sogar zu seinem Bruder ist er richtig nett. Er verbringt den Abend an der Seite von Canan und erfährt einiges über den Islam.
Helga kommt zurück und wird von Olaf gleich auf seinen neuen Schuhservice hingewiesen. Helga findet in der Wohnung und im Reisebüro alles zu ihrer Zufriedenheit vor. Sogar Onkel Franz überrascht sie erst einmal angenehm.
Andy findet wieder Worte, bleibt aber letztlich unverständlich. Gabi macht sich große Sorgen. Valerie kapiert nichts, weil sie nur ihre Schwangerschaft lebt.

50 Jahre

Folge: 680

Vasily will Mary heiraten. Elena ist dagegen. Sie stichelt gegen Mary und demütigt sie bei jeder Gelegenheit. Vasily steht zwischen beiden Frauen.
Klaus und Philipp genießen ihr frauenloses WG-Dasein. Momo „traut“ sich auch mal wieder vorbeizuschauen und animiert die beiden zur Teilnahme an einer amnesty-Aktion. Sie treffen Dani, die sich riesig freut: Ihre angestrebte Praktikumsstelle in der Antarktis ist sicher. Klaus und Philipp versuchen, den somit von Dani verlassenen Momo wieder aufzubauen.
Anna erzählt ihren Kindern, daß die Familie wachsen wird. Valerie berichtet Anna, daß sie unglücklich ist. Sie kann Boris nicht mehr so lieben wie früher.

Hintenrum

Folge: 681

Helga hat Onkel Franz endlich rausgeschmissen. Sie ist aber sehr empört, als sie erfährt, daß er mit Penner Harry in der Toreinfahrt „wohnt“. Sie läßt ihn abtransportieren. Doch „einem Franz Wittich schreibt keiner vor, wo er verweilt“. So singt und trinkt er mit Harry – bis zur Atemlosigkeit.
Paolos Kinder singen auch und tanzen ihrem Vater auf der Nase herum.
Olaf besucht Pia im Alpenverein und ist danach gleich sehr viel entspannter: Sie hat einen Plan, wie er wieder an „seinen“ Laden kommen könnte.
Isolde lädt Elena zu einem Gespräch ein. Sie rät Elena, ihre Familie nicht leichtfertig zu verlassen. Elena scheint den Rat zu befolgen.

Karpfen blau

Folge: 682

Heiligabend in der Lindenstraße. Christbäume werden geschmückt – auch wenn Gung dabei auf der Kippe steht.
Die Wahrheit liegt im Dunkeln: Deshalb klebt Andy nachts Zettel mit der Frage, die über seinen Geisteszustand Auskunft geben soll.
Hans und Anna haben sich ihr Christkind wahrlich anders vorgestellt.
Else zetert: Philipp tropft das Treppenhaus naß, um Mütter glücklich zu machen. Schlußendlich sind es viele – auch wenn Karpfen blau machen.

Eine Serie ist eine Serie ist eine Serie

Der Fernsehzuschauer ist kein unbekanntes Wesen. Eigentlich weiß man alles über ihn. Zum Beispiel, daß er durchschnittlich täglich etwa drei Stunden fernsieht, Frauen etwas länger, Akademiker weniger, Arme mehr als Reiche. Demoskopen verkuddeln und vermuddeln ihre Untersuchungen dann so lange, bis sich offenbart, wie viele einbeinige, schwule Vegetarier die „Tagesthemen“ gucken und dabei per Telebanking fürs Müttergenesungswerk spenden. Programmplaner und ihre Werbekunden finden so etwas höchst interessant. Sie meinen so zu erfahren, was der Zuschauer sehen will, und schleifen alle quotenkillenden Kanten aus dem Programm. Mainstream ist angesagt – Tiefgang stört. Doch da gibt es eine Insel im Strom der austauschbaren Beliebigkeit: „Lindenstraße“! Daran scheiden sich die Geister. Für manchen Nichtseher ist sie der „Gott sei bei uns“ des Mediums Fernsehen, für Millionen Kenner spiegelt sie pointiert einen realistischen deutschen Alltag. Für mich ist sie themenorientierte Unterhaltung, manchmal bis über die Schmerzgrenze hinaus. Zugeständnisse an den Zeitgeist, an das Trallala und an das Blabla finden nur gelegentlich statt. Chef Hans W. Geißendörfer bewacht jedes Drehbuchwort und fordert es bei der Verfilmung unerbittlich ein. Seine aufrechte Haltung und die der Autoren und der Redaktion kann nervern, doch sie machte „Lindenstraße“ unverwechselbar und (trotzdem?) erfolgreich. Ein fiktives Universum konnte so real entstehen. Der Zuschauer erlebt und genießt es. Wir Macher auch. Mainstream und Demoskopen müssen warten. Das Universum pulsiert.

Joachim Christian Huth*

*Joachim Christian Huth ist Herstellungsleiter der „Lindenstraße“.